Baedeker

Allianz Reiseführer

Skandinavien

Norwegen · Schweden · Finnland

www.baedeker.com

Verlag Karl Baedeker

TOP-REISEZIELE ★★

Norwegen, Schweden und Finnland bieten eine Fülle von Sehenswürdigkeiten. Man könnte viele Reisen hierher unternehmen und hätte doch längst nicht alles gesehen. Hier haben wir für Sie zusammengestellt, was Sie auf keinen Fall versäumen sollten.

1 ★★ **Nordkap**
Eine sturmumtoste Klippe bildet das legendäre Ende der Welt. ► **Seite 278**

2 ★★ **Alta**
Rätselraten um Tausende Felsritzungen aus der Stein- und Bronzezeit ► **Seite 193**

3 ★★ **Inarisee**
Über 3000 Inselchen überziehen den drittgrößten See Finnlands. ► **Seite 575**

4 ★★ **Lofoten**
Bizzare Bergrücken und ein außergewöhnliches Licht kennzeichnen diese Inselkette. ► **Seite 269**

5 ★★ **Lyngenfjord**
Noch immer wenig besucht: die Gegend um den teilweise von Gletschern bedeckten Lyngenfjord. ► **Seite 330**

6 ★★ **Lappland**
In einer der großartigsten Landschaften Europas leben noch Rentiere, Wölfe und Bären. ► **Seite 256, 401, 571**

7 ★★ **Jämtland**
Vor allem Wintersportler schätzen diese Gebirgslandschaft um die Städte Östersund und Åre. ► **Seite 447**

8 ★★ **Trondheim**
Im prächtigen Nidaros-Dom werden die norwegischen Könige gekrönt. ► **Seite 331**

9 ★★ **Geirangerfjord**
Kein Fjord wird häufiger fotografiert, abgebildet oder besucht. ► **Seite 210**

10 ★★ **Nordfjord**
Hundertfach verzweigtes Labyrinth an der Westflanke Norwegens ► **Seite 275**

Lofoten
Malerische Fischerdörfer bilden die Zierde einer eindrucksvollen Landschaft.

1 Nordkap
2 Alta
3 Inarisee
4 Lofoten
5 Lyngenfjord
6 Lappland
Polarkreis
©Baedeker
7 Jämtland
8 Trondheim
irangerfjord
ordfjord
11 Jostedalsbre
13 Gudbrandsdal
gnefjord
14 Jotunheimen
18 Siljansee
15 Bergen
16 Hardangervidda
17 Oslo
19 Uppsala
20 Stockholm
21 Göteborg
22 Gotland
23 Turku
24 Helsinki
25 Porvoo
26 Saimasee
27 Savonlinna

Stockholm
Blick in den Goldenen Saal

Hurtigruten
Unser 28. Top-Ziel ist die gesamte Westküste Norwegens, und das als Seereise (S. 261)

DIE BESTEN BAEDEKER-TIPPS

Von allen Baedeker-Tipps in diesem Buch haben wir hier die interessantesten für Sie zusammengestellt. Erleben Sie Norwegen, Schweden und Finnland von den schönsten Seiten!

! Herrliche Wildwasserfahrt
Eine Schlauchbootfahrt auf dem weiß schäumenden Fluss Sjoa im Heidal ist ein einmaliges Erlebnis. ► **Seite 215**

! Moschusochsensafari
Begegnung mit urtümlichen Riesentieren im Dovrefjell-Nationalpark ► **Seite 220**

! Ostern bei den Samen
Den besten Eindruck von samischer Kultur erhält man an Ostern in Karasjok und Kautokeino. ► **Seite 259**

! Edvardas Hus
Nur neun Zimmer hat diese charmante Herberge bei Narvik, die schon mit dem norwegischen Kulturpreis ausgezeichnet wurde. ► **Seite 274**

! Mittelalter live!
Besuchen Sie Trondheim am besten während der Olavstage Ende Juli: Neben Theateraufführungen und Konzerten findet auch ein farbenprächtiger Mittelaltermarkt statt. ► **Seite 332**

! Grand Café
Speisen wie die Bohemiens kann man im Grand Café in Oslo, in dem schon Ibsen Stammgast war. ► **Seite 283**

Wildwasserfahrten
sind besonders spektakulär auf dem Fluss Sjoa in Norwegen.

Glaskunst
Berühmte Glashütten gibt es in Südschweden sowie in Finnland.

Hummerbier zum Schalentier
Im September herrscht an der Küste Bohusläns Feierlaune: Dann wird die Hummersaison eingeläutet und sogar eigens Hummerbier gebraut. ► Seite 347

Kulinarisches Gotland
Auf Gotland haben sich diverse Restaurants den lokalen Spezialitäten verschrieben. ► Seite 378

Eiskalt schlafen
Echt cool: Im Eishotel Jukkasjärvi schläft man auf Rentierfellen in Zimmern aus Eis. ► Seite 339

Samisches Kunsthandwerk
Einer der besten Orte, um samischen Schmuck zu kaufen, ist Jokkmokks Stencenter. ► Seite 403

Lappland per Bahn
Die Inlandsbahn zählt zu den schönsten Bahnstrecken Schwedens. Und gemütlicher als im Zug kann man Lappland kaum erfahren. ► Seite 406

Mittsommer am Siljansee
Um den 21. Juni herum feiert man in ganz Skandinavien das Mittsommerfest. Der Tanz um den Mittsommerbaum am schwedischen Siljansee gehört zu den schönsten Feiern. ► Seite 453

Tanz der Kraniche
Jedes Frühjahr kann man mit etwas Glück Zeuge des Tanzes der Kraniche werden, die am Hornbogasee in Gruppen bis zu 5000 Vögeln auftreten. ► Seite 491

Mit dem Rad durch die Schären
Finnische Schären einmal anders: mit dem Fahrrad von Insel zu Insel ab Mariehamn ► Seite 516

Den Meistern über die Schulter geschaut
In Ittala können Sie weltberühmten finnischen Glasbläsern bei der Arbeit zusehen. ► Seite 521

Saunieren bei den Profis
Die finnische Saunagesellschaft weiht Gäste in die Geheimnisse der Schwitzkunst ein. ► Seite 537

Pori-Jazz
Internationale Jazz-Größen treten jährlich im Juli in Pori auf. ► Seite 582

Ausflug nach Porvoo
Ein nette Abwechslung: von Helsinki nach Porvoo mit dem Dampfschiff, morgens hin, nachmittags zurück ► Seite 585

Saunieren
und nachher ein Sprung ins Eisloch oder in die Ostsee

Solche Lachse gehen in Skandinavien an die Angel.
► **Seite 149**

HINTERGRUND

Stabkirche bei Heddal, eines der außergewöhnlichsten Bauwerke der Welt
► **Seite 324**

PRAKTISCHE INFORMATIONEN

Preiskategorien

Restaurants: s. S. 100
Hotels: s. S. 146

TOUREN

REISEZIELE IN NORWEGEN

Schwedische Renaissancepracht: Schloss Örebro
► **Seite 444**

REISEZIELE IN SCHWEDEN

Rentierbegegnung im hohen Norden
► **Seite 70**

Russisch-orthodoxe Pracht: Kloster Uusi Valamo
► Seite 548

REISEZIELE IN FINNLAND

Hintergrund

KURZ UND KNAPP, VERSTÄNDLICH GESCHRIEBEN UND SCHNELL NACHZUSCHLAGEN: WISSENSWERTES ÜBER IHRE REISEREGION, ÜBER LAND UND LEUTE, WIRTSCHAFT UND KUNST, GESCHICHTE UND ALLTAGSLEBEN

IM LICHT DES NORDENS

Riesige Wälder, Fjorde, Seen und helle Nächte machen Skandinavien zu einem außergewöhnlichen Reiseziel. Wer unberührte Wildnis sucht, wird sie in dieser Fülle nirgendwo sonst in Europa finden. Für nette Ferienhäuser in ruhiger Umgebung sind Norwegen, Schweden und Finnland ebenso berühmt wie für die Vielfalt skandinavischer Kunst und Kultur.

Schon seit langem lockt der Norden Europas Reisende an, die das Besondere suchen: Wandern weitab der Zivilisation, Kajak oder Hundeschlitten fahren, in Ländern unterwegs sein, wo noch Bären und Adler leben und man Elch, Rentier und Biber beobachten kann. Andere Urlauber lockt die Aussicht auf einen erholsamen Hüttenurlaub, irgendwo an einem See oder an der sonnigen Küste. Regionen wie die Lofoten mit ihren bizzaren Bergen, die norwegischen Fjorde, die Schären Südschwedens oder die finnische Seenplatte gehören zu den Traumzielen in Europa.

Schären
Idyllische Inseln sprenkeln die skandinavische Küste.

Drei reiche Länder

Norwegen, Schweden und Finnland sind hochtechnisierte Nationen, die zu den reichsten der Welt zählen. Öl und Zuchtlachs aus der Nordsee, Handys von Nokia, Möbel von IKEA mögen genügen, um die Innovationskraft des Nordens zu umreißen. Die Infrastruktur aller drei Länder ist sehr gut, Hotels und Restaurants der Kategorien günstig bis internationale Spitzenklasse zahlreich vorhanden, das Reisen ist so sicher wie sonst kaum wo auf der Welt. Vor allem Autofahrer werden es mit der Zeit schätzen, dass auf den Straßen ein sehr geruhsamer Fahrstil vorherrscht.

Umdenken muss man auch, was Tag und Nacht anbelangt. Die skandinavische Sommernacht ist bestenfalls eine zartblaue Dämmerung, die rasch dem Sonnenaufgang weicht. Nördlich des Polarkreises wird es im Hochsommer überhaupt nicht dunkel und man kann im Licht der Mitternachtssonne die Urlaubstage endlos ausdehnen. Viele Urlauber erleben diese dauernde Lichtdusche als überaus wohltuend, andere tun sich anfangs mit dem Zubettgehn schwer. Im Winter hüllt dafür die Polarnacht diese Länder in eine lange Dunkelheit.

Schönheit
Prachtvolle Schlösser, hier Gripsholm, beeindruckende Kirchenkunst, Schätze aus Vergangenheit und Gegenwart gibt es reichlich.

Freude
Ausgelassen feiern: Die Sommersonnwend bildet den Höhepunkt im jährlichen Festkalender.

Weites Land
Riesige Regionen, vor allem im hohen Norden, sind noch völlig unberührt.

Wasser

Diesem Element begegnet man in all seinen Variationen: in allen Himmelsrichtungen als Meer, tausendmal als See, als Regentropfen, Schneeflocke und Eiskristall.

Sonne

Im Juni scheint in Südschweden die Sonne genauso lang wie in Madrid.

Farbe

Ein besonderer Charme wohnt den bunten Häusern im skandinavischen Stil inne.

Die Nordspitzen von Norwegen, Schweden und Finnland werden von Lappland eingenommen. Man kann hier viele Wochen unterwegs sein in einer Landschaft, die völlig reduziert ist auf einen Dreiklang aus Himmel, Erde und Wasser. Am Nordkap hingegen, dem legendären Ende der Welt, ist man selten allein. Die Zahl der Besucher ist immens, aber wer sich azyklisch verhält und nicht gerade im Schein der Mitternachtssonne die Aussichtsplattformen erklimmt, kann sogar hier ruhige Stunden erleben. Lappland ist die Heimat der Samen, die einst die Urbevölkerung Skandinaviens stellten. Heute leben immer weniger Samen von der traditonellen Rentierzucht und wenn, dann halten sie ihre großen Herden längst mit Hilfe von Motorschlitten, Handy und GPS zusammen.
Kulturell liegt der Schwerpunkt südlich des Polarkreises. Einzigartig sind die norwegischen Stabkirchen, die, so merkwürdig es auch klingen mag, von ihrer Konstruktion her eng verwandt sind mit den genialen Schiffen der Wikinger. Die Hauptstädte Oslo, Stockholm und Helsinki liegen wunderschön direkt am Meer und sind reich an international bekannten Museen, Galerien, Schlössern und architektonisch bedeutsamen Bauwerken. Bergen, Göteborg und Turku zählen ebenfalls zu den Höhepunkten einer Nordlandfahrt.

Fisch
Die regionale Fischküche ist köstlich – mitunter auch eigenwillig.

Köttbullar & Co.

Zwar dürfte jeder IKEA-Kunde mindestens optisch schon einmal mit Köttbullar in Kontakt gekommen sein, dennoch zählen diese Hackfleischbällchen nicht zu den Flaggschiffen der skandinavischen Küche. Jedes Land, jede Region hat eigene Spezialitäten. Fangfrischen Fisch bekommt man fast überall serviert. Im Norden kann man Rentierschnitzel kosten, in Norwegen Spezialitäten wie Mysost und Rømmegrøt, in Schweden Surströmming und Spettkaka und in Finnland die berühmten Loimulohi – Lachsfilets, die an Holzbretter genagelt am offenen Feuer gegart werden. Und diese Aufzählung ist keineswegs erschöpfend.
Wenn irgend möglich, sollte man Platz für Mitbringsel lassen, z.B. für Rentierfelle oder Silberschmuck aus den Werkstätten der Samen, eines der berühmten finnischen Messer, schwedische Glas- und Töpferwaren, Norwegerpullover, für schmucke Designerware aus Finnland. So mancher Outdoorfan hat sich hier auch schon komplett neu eingekleidet, denn die skandinavischen Ausrüster produzieren erstklassige Ware – die Faszination des Nordens kennt viele Seiten.

Fakten

Fjorde, endlose Wälder und Seen prägen weite Teile Skandinaviens. In den ausgedehnten Wildnisgebieten leben Elche und Rentiere, Bären und Seeadler. Gleichzeitig boomt die Wirtschaft: Norwegen ist dank Erdöl das reichste Land Europas, Finnland längst ein High-Tech-Standort und in Schweden entwickelt sich am Öresund eine der ökonomisch stärksten Regionen im Ostseeraum.

Natur

Das Kerngebiet Skandinaviens umfasst die beiden Länder Norwegen und Schweden, ferner werden Dänemark und Finnland zu den skandinavischen Ländern gezählt. Dieses Buch informiert über **Norwegen, Schweden und Finnland**. Von allen drei Ländern liegen Einzelbände in der Reihe Baedeker Allianz Reiseführer vor, weiter gibt es einen Band Dänemark sowie den Städteband Kopenhagen.

Das Gesicht Skandinaviens

Drei Länder

Norwegen und Schweden teilen sich die Skandinavische Halbinsel. Die westliche Hälfte gehört zu Norwegen, das direkten Zugang zum Atlantik hat, die östliche zu Schweden, das durch den Bottnischen Meerbusen von Finnland getrennt wird. Alle drei Länder haben Anteil an Lappland wie die karge Region nördlich des Polarkreises genannt wird. In der Reihenfolge von West nach Ost – also zuerst Norwegen, dann Schweden und Finnland – werden die einzelnen Länder in diesem Reiseführer vorgestellt.

Fjell, Fjord und See

Die skandinavische Halbinsel wirkt recht einfach gegliedert: Ungefähr von Nord nach Süd zieht sich fast über ihre ganze Länge das Hochgebirge der Skanden auf rund 1700 km Länge (die Alpen sind 1000 km lang). Die höchsten Berge sind um 2500 m hoch, überwiegend sind die Skanden aber ein Mittelgebirge (1000 – 1500 m). Weite, teils vermoorte, mit vielen kleinen Seen gesprenkelte Hochflächen, (norweg. Fjell, schwed. Fjäll), charakterisieren die Skanden. In der Umgebung des Sognefjord und in Nordschweden sind die Berggipfel vergletschert.
Auf norwegischer Seite schneiden **Fjorde** tief in das Gebirge hinein. Auf der schwedischen Seite laufen die Skanden in ein wald- und flussreiches Gebiet aus. Etwa auf der Höhe von Stockholm zieht sich quer durch Schweden von Ost nach West ein Tieflandstreifen über das Gebiet des Mälarsees in die Mittelschwedische Senke. Dort breitet sich der **riesige Vänersee** aus, zehnmal größer als der Bodensee und letzte Erinnerung an die Zeit, als Skandinavien noch unter dem Meer lag. Südschweden ist hügelig und vor seinen Küsten erstrecken sich ausgedehnte Schärengärten.

Sonderfall Schonen

Wie ein Fremdkörper hängt Schonen an der skandinavischen Halbinsel, und auch die geologischen Verhältnisse sind ganz anders als im übrigen Skandinavien. So entspricht der Untergrund ganz dem der dänischen Inseln, Fjorde und Schären gibt es hier nicht, vielmehr gestalten Nehrungen und Dünen die Küsten.

← *In den Weiten Lapplands lebt er noch: »Ursus arctos«, der Braunbär. Zu Gesicht bekommen ihn allerdings nur wenige.*

Skandinavien

Finnische Seenplatte Charakteristisch für das finnische Landeszentrum ist die Finnische Seenplatte, ein völlig unübersichtliches Wirrwarr von Seen, Seenbuchten, Inseln und Halbinseln. Im Norden begrenzt der Höhenzug **Suomenselkä** die Seenplatte, der die Wasserscheide zwischen dem

Bottnischen und dem Finnischen Meerbusen bildet. Im Südosten findet diese Landschaft ein jähes Ende an dem eigenartigen, nur bis zu 233 m hohen Hügelstreifen des **Salpausselkä**. Südlich davon dacht sich das Land gleichmäßig, eben und nur von wenigen kleinen Seen übersät zum Finnischen Meerbusen hin ab. Dieses Gebiet besitzt eine unvergleichliche Harmonie aus Wasser, Wald und Himmel und ist Naturliebhabern besonders zu empfehlen.

Land aus dem Eis

Die Eiszeit

Mehr als alle anderen Erdzeitalter formte die letzte große Eiszeit vor rund 100 000 Jahren die heutige Landschaft von Skandinavien. Ganz Nordeuropa und Norddeutschland waren mehrere Jahrzehntausende von mächtigen Eismassen bedeckt, und nur die höchsten Spitzen des skandinavischen Hochgebirges ragten als »Nunatakker« aus der Eisdecke heraus. Während aber Norddeutschland schon vor etwa 20 000 Jahren eisfrei wurde, war Skandinavien noch vor rund 10 000 Jahren weitgehend von Eis bedeckt. Von der alten mittelschwedischen Meeresbedeckung sind die großen Seen zurückgeblieben; durch die reichliche Zufuhr von Flusswasser sind diese aber längst ausgesüßt.

Landhebung

Hatten die etwa 3 km mächtigen Eismassen durch ihr Gewicht das darunter liegende Land stark in die Tiefe gedrückt, so schwand diese Belastung mit dem Abschmelzen des Eises; das Land hob sich, und zwar am stärksten im Zentrum der ehemaligen Eisbedeckung. Damit kamen die Meeresstraßen in Mittelschweden und in Finnland vor rund 8500 Jahren wieder über den Meeresspiegel zu liegen, wurden also festes Land.
Die Landhebung schreitet noch immer fort und beträgt in der Umgebung des Bottnischen Meerbusens etwa 1 m im Jahrhundert, sodass dort manche Städte (z. B. Luleå und Oulu) ihre Hafenanlagen immer wieder verlegen mussten, um dem zurückweichenden Meer nachzufolgen. Im 14. Jh. konnte Klaus Störtebeker mit seinem Schiff noch direkt vor den Toren Visbys vor Anker gehen. Heute erstreckt sich am ehemaligen Hafen der Stadtpark Almedalen. Und die reizvollen Schären vor Stockholms Küste werden immer zahlreicher: Hier beträgt die Hebung etwa 40 cm im Jahrhundert. Somit tauchen immer neue Inselchen auf.

Gletscher hobeln das Land ab

Vor allem die Gletscher gaben dem Land seine heutige Form. In den Skanden haben sie, riesigen Planierraupen gleich, die Fjellplateaus überschliffen und nur die markanten »Nuatakker« genannten Bergrücken stehen lassen, die schon immer die Eismassen überragten. Die einzelnen Gletscherzungen hingegen frästen die gewaltigen U-Täler aus. Oft wurden die Täler von der schürfenden Arbeit des Eises übertieft oder durch den Schutt, den die Gletscher vor sich herschoben (Moränen) versperrt, weshalb sich in ihnen häufig Seen angestaut haben.

Fjordbildung

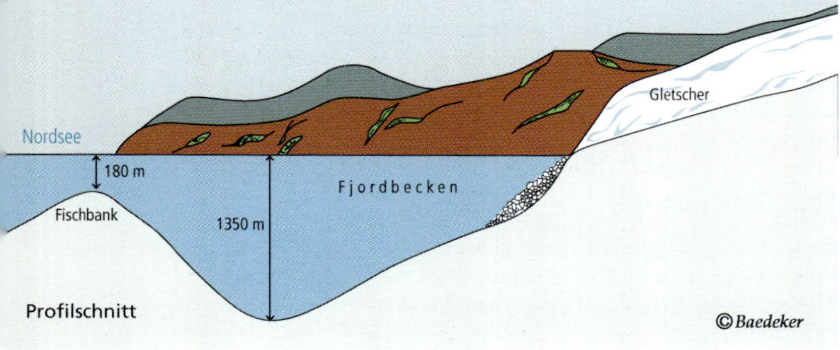

Fjorde – Täler der Superklasse

Am charakteristischsten für alle ehemals eisbedeckten Küstengebiete sind die Fjorde, die man in Skandinavien in den verschiedensten Abwandlungen findet. In Nordnorwegen greifen sie breit und trichterförmig in den Fjellrumpf ein. Breit und buchtenreich lagert sich dagegen der Trondheimfjord in ein Längstal. Wie überflutete Alpentäler muten die stark verzweigten Fjorde in der Umgebung der norwegischen Zweitausender an. Wo in Südnorwegen und im schwedischen Bohuslän die Gebirge sanfter zur Küste absteigen und die Eisbedeckung nicht mehr so mächtig war, sind die Fjorde kürzer. Nur der Oslofjord reicht im Bereich eines tektonischen Grabens weit in das Binnenland hinein.

In Schweden und Finnland sind die Fjorde stärker mit dem Schärensaum verzahnt als in Norwegen, ihre inneren Enden greifen nur zwischen die niedrigen Kuppen der Rundhöckerlandschaft.

Tiefer als die Nordsee

Wo während der letzten Eiszeit bereits Flusstäler vorhanden waren, gruben und schliffen die Eismassen immer tiefere Furchen. Da das Eis in Küstennähe dünner war und somit weniger Druck ausübte, wurden die Fjorde an ihren Mündungen entsprechend weniger tief ausgefurcht. Die Mündungsschwellen erreichen etwa 180 m ü.d.M., während im Inneren der Fjorde Tiefen bis zu 1350 m u.d.M. gemessen wurden, denn hier hobelten die Gletscher quasi auf der Stelle. So hat der Sognefjord mit 1245 m eine weitaus größere Tiefe als die Nordsee, die maximal rund 700 m tief ist.

Immer eisfrei

Als sich das Eis dann zurückzog, füllten sich die riesigen Fjordbecken mit Meerwasser. Dessen Salzgehalt und dem wärmenden Einfluss des Golfstromes ist es zuzuschreiben, dass die Fjorde – mit Ausnahme ihrer innersten Verzweigungen – heutzutage das ganze Jahr über eisfrei bleiben. Fjorde werden in Norwegen auch für die Anzucht von Lachsen in Gehegen genutzt, die sog. Aquakultur.

Klima

Region der Extreme

Wer hat sich vor einer Skandinavienreise nicht schon einmal Gedanken über das vermeintlich schlechte Wetter gemacht? Tatsächlich ist es häufig unfreundlich. Doch je nach Jahreszeit und Region gibt es große Unterschiede. Dafür sind drei Faktoren verantwortlich: die enorme Nord-Süderstreckung der Skandinavischen Halbinsel, die Lage der Skanden quer zu den vorherrschenden Westwinden und der wärmende Golfstrom, der die Westküste bis in den hohen Norden auch in strengsten Wintern eisfrei hält. Keine Region der Welt in vergleichbarer Breitenlage hat so mildes Klima wie Skandinavien und kaum eine Küste ist so stürmisch wie die norwegische. Während das Klima am Atlantik maritim gemäßigt ist, dominieren im Schatten der Skanden kontinentale Einflüsse mit großen jahreszeitlichen Temperaturgegensätzen und deutlich geringeren Niederschlägen. Wintermild sind das südliche Schweden und Südfinnland, die den atlantischen Winden weitgehend ungeschützt ausgesetzt sind.

Niederschläge

Im Herbst und Winter fallen die meisten Niederschläge. Sehr regenreich ist mit durchschnittlich 1000 – 1400 Liter/Jahr die Atlantikküste. Besonders unerfreulich ist dies für Besucher der alten Hansestadt Bergen, wo es oft wie aus Kübeln gießt. Auf 2250 Liter im Jahr an 202 Tagen bringt es die Stadt, die deshalb nicht zu Unrecht den Beinamen »europäische Hauptstadt des Regens« trägt. Jenseits des Gebirgshauptkammes, der als Wetterscheide wirkt, nehmen die Niederschläge rasch ab. Groß sind die Unterschiede auch zwischen dem nordschwedischen Sarek-Massiv (bis 2000 l/Jahr) und dem angrenzenden Nordnorrland (300 – 400 l/Jahr). Südfinnland, Mittel- und Südschweden erhalten mit 500 – 750 l/Jahr zwar wesentlich mehr Niederschläge, sind aber trockener als viele Teile Deutschlands.

Sommertemperaturen

Das Frühjahr beginnt in Skandinavien spät. Polare Winde lassen das Thermometer bis in den Mai nur langsam steigen. Und selbst im Hochsommer wird es oft nicht wärmer als 20 °C. Macht sich über Skandinavien jedoch ein stabiles Hochdruckgebiet breit, kann das Thermometer sogar in Lappland über 30 °C klettern. Während im Süden angenehme Temperaturen von Juni bis September gemessen werden, verkürzt sich diese Zeit am Polarkreis und in höheren Lagen auf Juli bis Mitte August, im nördlichen Lappland auf die vier Juliwochen. Auch im Herbst noch recht mild sind Südschweden und die Atlantikküste zwischen Stavanger und dem Sognefjord, wo dank des Golfstromes die Innenfjorde mit ihren reichen Obstplantagen und Gemüsegärten ein geradezu mediterranes Flair verbreiten.

Wintertemperaturen

Der Winter mit Schnee zieht in den Hochlagen schon Ende September ein, in Lappland im Oktober. Von November bis Ende April herrscht hier Dauerfrost zwischen -5 °C und -15 °C. In den östlichen Gebirgstälern von Norwegen kann das Quecksilber im kältesten Mo-

Skandinavien *Sieben regionaltypische Klimastationen*

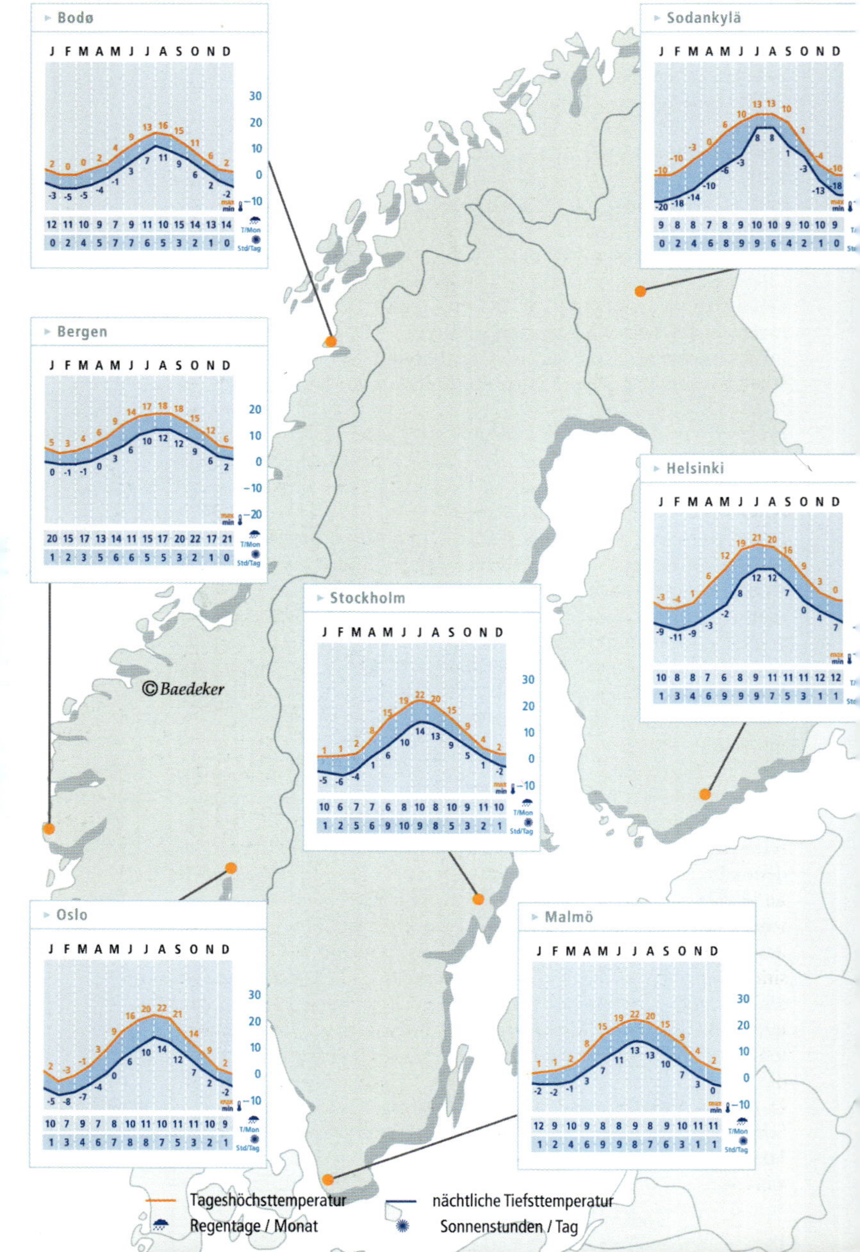

nat Februar auf unter -40 °C, in Lappland bis -50 °C sinken. Kältepol ist die norwegische Provinz Finnmark (absolutes Min. bei Kautokeino: -55 °C am 6. Feb. 1998). In Südskandinavien und am Atlantik überwiegt nasskalte Witterung mit längeren Frostperioden.
Auf den Hochflächen der norwegischen Fjells machen große Schneemengen mit Meter hohen Verwehungen die Straßen und Eisenbahnlinien gelegentlich unpassierbar. In Lappland erreicht die Schneedecke gewöhnlich über einen halben Meter. An der Atlantikküste, in Süd- und Mittelschweden und sogar im südlichen Finnland gibt sich der Winter, nicht zuletzt durch die Klimaerwärmung, zunehmend zahmer. Typisch ist der Wechsel von Frost- und Tauwetter, wobei eine vorhandene Schneedecke immer wieder abtaut.

Sonne

Über das Jahr gesehen sind viele Orte Skandinaviens sonniger als die meisten Regionen Deutschlands. Am freundlichsten ist Skandinavien im **Mai und Juni**, besonders entlang der schwedischen Ostseeküste. Deutlich benachteiligt ist das Fjordland. So werden in der westnorwegischen Stadt Bergen durch den Luv/Lee-Effekt der Jotunheimer Bergriesen 40 % weniger Jahres-Sonnenstunden beobachtet als in Kristiansand (1168 zu 1850 Std./Jahr). Entsprechend liegen alle sonnigen Regionen Skandinaviens östlich der norwegischen Gebirgsscheide. Es sind dies: die »Norwegische Riviera« von Kristiansand bis Oslo, alle östlichen Täler Norwegens, insbesondere das Gudbrandsdal und das obere Ottatal, Südschweden von Oslo bzw. Göteborg bis Stockholm und Öland, die Küsten rund um den Bottnischen Meerbusen und das südwestliche Finnland.

? WUSSTEN SIE SCHON ...?

- Im Juni bringen es Stockholm und Gotland auf genauso viele Sonnenstunden (320) wie Madrid. Ein Highlight ist Stockholm im September mit so viel Sonne (174 Std.) wie am Oberrhein. Auf Gotland ist Wetterstress fast ein Fremdwort: Viel Sonne und milde Temperaturen lassen hier sogar Weinreben gedeihen. Und an den flach abfallenden Sandstränden erreichen die Wassertemperaturen in manchen Jahren mediterrane 25 °C.

Der Sommer (Juni bis August) ist durch die angenehmen Temperaturen und die langen Tage die eindeutig beste Reisezeit. Für die Sonne gilt: je früher im Sommerhalbjahr, desto länger die Sonnen-scheindauer; für die Temperaturen gilt: je weiter östlich man sich in Skandinavien aufhält, desto angenehmer sind sie. Reisen nach Mittel- und Südskandinavien unternimmt man am besten zwischen Mitte Juni und Mitte August, Touren nach Lappland im Juli. Kennzeit für das Nordkap mit dem durchschnittlich besten Wetter (weniger Nebel und Wolken) sind die beiden Wochen um die Sonnenwende (21. Juni). Die größten Chancen auf klares Wetter in den Fjorden bestehen im Mai und Juni. Daher sollte man bei Schiffsreisen, z. B. mit der Hurtigrute, **unbedingt die Frühjahrsabfahrten buchen**. Für einen Skiurlaub in Südnorwegen ist der Spätwinter ideal. Der Vorteil: längeres Tageslicht und Schneesicherheit.

Mitternacht an einem nordfinnischen See im Sommer

HIMMLISCHE LICHTER

In nördlichen Breiten werden die Besucher je nach Jahreszeit Zeuge von zwei beeindruckenden Himmelsschauspielen: Im Sommer ist dies die Mitternachtssonne, in der dunklen Jahreshälfte und in der Nacht das Polarlicht.

Je höher im Norden man sich im Sommer aufhält, desto kürzer sind die Nächte. Dieser Unterschied fällt schon bei einer Reise von Süd- nach Norddeutschland auf. Das Extrem, dass die Sonne überhaupt nicht mehr unter den Horizont sinkt, tritt allerdings erst in den Gebieten jenseits des nördlichen bzw. südlichen Polarkreises auf. Es entsteht, weil die Erdachse gegenüber ihrer Umlaufbahn leicht gekippt ist. Auf den Polarkreisen selbst, die entlang 66,5° nördlicher bzw. südlicher Breite verlaufen, geht nur ein Mal pro Jahr die Sonne nicht unter, im Norden ist das die Nacht vom 21. auf den 22. Juni. Mit jedem Kilometer weiter Richtung Norden zählt man mehr dieser 24-Stunden-Tage; am Nordkap scheint die Mitternachtssonne vom 11. Mai bis 31. Juli. Am Nordpol, dem äußersten Extrem, müsste dieser Polartag ein halbes Jahr lang sein, dauert aber wegen der Lichtbrechung etwas länger. Wenn die Sonne stundenlang in der Nähe des Horizonts verweilt, können **die faszinierendsten Lichtstimmungen** entstehen. Für die Menschen im hohen Norden ist diese wochenlange Lichtdusche der Ausgleich für das Ausharren während der Polarnacht, denn die dauert genauso lange wie die Mitternachtssonne. Für Mitteleuropäer, die nur einen Urlaub im Norden verbringen, ist die Mitternachtssonne ein ungewohnter Luxus. Allerdings muss man sich an die dauernde Helligkeit erst gewöhnen, denn nicht jeder schläft gut bei Tageslicht.

Tanz der Polarlichter

Für alle Bewohner des hohen Nordens war der leuchtende Nachthimmel immer mit Aberglauben, Angst und ehrfürchtigem Staunen verbunden, denn mit irdischen Maßstäben waren Polarlichter nicht zu erklären. Die

Sonnenwinde zaubern die Polarlichter an den Himmel.

meist grünen, manchmal auch blauen oder roten Lichtschleier wabern lautlos über den Himmel, verändern ständig ihre Form und stundenlang können Strahlen, Draperien, Bögen, Wolken und Wirbel über den Himmel tanzen, um dann ganz plötzlich wieder zu verschwinden oder aber auch in einer Aurora zu kulminieren, die wie eine Krone aussieht, in die man von unten hineinschaut. Heute weiß man, dass die rätselhaften Lichter am Nachthimmel auf einer Wechselwirkung des **Sonnenwindes** mit dem Erdmagnetfeld beruhen. Alle elf Jahre zeigt die Sonnenoberfläche besonders viele Flecken, was mit heftigen Eruptionen einhergeht. Dabei werden lichtschnelle Röntgenstrahlen und elektrisch geladene Partikel wie Protonen und Elektronen ausgestoßen, die die Erde erst einige Tage nach dem Ausbruch als Sonnenwind erreichen. Dieser prallt auf das Magnetfeld der Erde, staucht es zusammen und bewegt sich entlang der magnetischen Feldlinien zu den magnetischen Polen. Dabei dringen die Partikel in die oberste Schicht der Erdatmosphäre ein, wo sie auf Sauerstoff- oder Stickstoffmoleküle treffen. Dadurch wird ein Teil ihrer Bewegungsenergie in Licht umgewandelt, wobei die Kollisionen mit Sauerstoff zu grünem, die mit Stickstoff zu rotem Polarlicht führt. Da die Partikel des Sonnenwindes von allen Seiten in Richtung auf die Magnetpole wandern, entstehen Polarlichter **stets zeitgleich um beide Pole**. Wird der Sonnenwind zum Sturm, staucht er das Magnetfeld stärker und die Partikel kommen schon vor den Magnetpolen mit der Erdatmosphäre in Kontakt. Deshalb sind Polarlichter bei starker Sonnenaktivität nicht nur auf dem so genannten Polarlichtoval, einer kreisförmigen Zone rund um die magnetischen Pole, sondern auch bis nach Süddeutschland zu sehen.

Pflanzen und Tiere

Flora

Grenzen der Vegetation

Die Vegetationsgrenzen ziehen sich trotz der Klimaunterschiede zwischen der Atlantikküste und dem Binnenland quer durch Skandinavien, denn die Vegetationszeit, die durch bestimmte Frühjahrs- und Herbsttemperaturen abgegrenzt wird, ist weniger vom west-östlichen Gegensatz betroffen, sondern gegen Norden abgestuft. Auch die für das Pflanzenwachstum so wichtigen Lichtverhältnisse ändern sich ja, je weiter man nach Norden kommt. Daneben ist in den Gebirgen wie überall auf der Erde eine deutliche Höhengliederung der Vegetation zu beobachten.

Der Wald

Skandinavien ist ein Dorado für Freunde der Wälder: In Finnland sind rund 70 % des Landes mit Wald bedeckt, in Schweden über 50 % und Norwegen ist zu rund 25 % bewaldet.

Nordische Spezialität: die Moltebeere

Die **Buche** kommt noch in Schonen, Halland und Blekinge vor, fehlt aber bereits in Småland. In Norwegen wächst sie bis zur Breite von Bergen. **Eichen** – ein Rest der alten Kulturlandschaft – sind noch bis zur Breite von Trondheim in Norwegen und Gävle in Schweden vorhanden, ferner im südwestlichen Küstengebiet von Finnland und auf den Ålandinseln. Der größte Teil Schwedens, vor allem Norrland, gehört zur nördlichen Nadelwaldzone, außerdem zählen Innernorwegen und Finnland zu ihr. Als vorherrschenden Waldbaum sieht man die **Nordische Fichte**, Picea excelsa, aber auch **Kiefern** kommen vor. Die Fichtenwälder in Nordskandinavien wirken sehr licht. In Nordschweden bilden die weitläufigen Kiefern- und Birkenwälder auf Sandböden den Übergang zur nordschwedischen Tundrazone.

Birkenzone ►

Typisch für Skandinavien und einmalig auf der Erde ist die Birkenzone, die sich in einem Streifen von 200 m relativer Höhe noch über der Nadelwaldzone ausbreitet. Die Gebirgstäler sind grün von Birkenwald und Weidengestrüpp, hier und dort sogar undurchdringlich. Die Baumgrenze des Birkenwalds liegt bei 500 – 800 m. Als Bodenwuchs sind für die nordischen Wälder Beerensträucher und in trockeneren Lagen die Rentierflechte bezeichnend. Ferner werden die großen Waldgebiete Skandinaviens nicht nur von den zahlreichen Seen, sondern ebenso von Mooren unterbrochen.

Fjellheiden

Ausgesprochene Almenmatten sind nur in den südlicheren Teilen Norwegens anzutreffen, während weiter nördlich Fjellheiden mit Zwergsträuchern und Krautvegetation bis zur Schneegrenze emporreichen. Die Vegetation der Gebirgsheiden ist an kalkhaltigen Südhängen besonders vielfältig; sie reicht von Orchideen bis zu trockenem Gestrüpp mit Wacholder, Weide und Heidekraut. In Skandinavien wachsen viele Beerensorten, darunter Blaubeere, Preiselbeere und Moltebeere (= Multbeere), außerdem zahlreiche Pilzarten.

Fauna

Reh im Süden

Weil hier weniger Menschen leben und weniger in die Natur eingegriffen wurde, ist die Vielfalt der Tierarten in Skandinavien größer als in Mitteleuropa. Vielfach kommen noch Tiere vor, die bei uns ausgestorben oder verdrängt worden sind. In Skandinavien unterscheidet sich die Tierwelt im Norden und Süden stark. Die Wälder der südlichen Landesteile gehören zur gemäßigten mitteleuropäischen Zone und werden im Wesentlichen von denselben Arten bevölkert, wie sie in den Wäldern Deutschland anzutreffen sind oder zumindest früher waren (Reh, Hirsch, Fuchs, Hase, Dachs u. a.).

Ren im Norden

Die nördlichen Gebiete Skandinaviens, insbesondere Lappland, gehören zum arktisch-alpinen Bereich. Ihre Fauna ist von Natur aus ärmer als die anderer Regionen und durch eine hervorragende Anpassung an härteste Lebensbedingungen ausgezeichnet.
Am verbreitetsten ist das Rentier, das die kargen Tundren in riesigen Herden beweidet und als Lieferant von Milch, Fleisch und Fellen für die einheimische Bevölkerung größte Bedeutung hat. Für diese Regionen typisch sind ferner Schneehuhn, Schneehase, Vielfraß und Polarfuchs sowie der Lemming, eine Wühlmausart von hamsterähnlichem Aussehen. Dass sich diese Tiere kolletiv in den Tod stürzen, ist übrigens ein Mythos. Durch gezielten Schutz hat sich der Bestand der **Elche** wieder stark vergrößert (mehr dazu auf den folgenden Seiten). Elche kommen auch in den Waldgebieten Südschwedens vor.

Tiere der Küste und des Meeres

Die stark zerklüfteten Felswände der norwegischen Küste bieten zahllosen Meeresvögeln, vorwiegend Alken und Lummen, aber auch in Mitteleuropa selten gewordenen oder gar ausgestorbenen Vogelarten noch immer geschützte Brutplätze, so etwa dem Seeadler und dem Steinadler. In den Küstengewässern Norwegens sind Robben und verschiedene Walarten beheimatet. Lachs, Forelle, Karpfen, Hecht und Saibling besiedeln viele nordeuropäische Flüsse und Seen. In den Küstengewässern der Ostsee kommt auch der Strömling vor, ein kleiner Weißfisch.

DER SCHÜCHTERNE RIESE

Von Südostasien über Westsibirien bis Alaska und Kanada kommen Elche vor, doch nirgendwo leben mehr als in Skandinavien. Für viele hat der Riesenhirsch fast Kultstatus, das zeigt schon die Anzahl der geklauten Elch-Verkehrsschilder. Allerdings erspäht ihn kaum einer leibhaftig, zieht der Einzelgänger doch meist sehr heimlich durch die nordischen Wälder.

Seit im Oktober 1997 ein Fahrzeug der Mercedes-A-Klasse in Stockholm umkippte, weiß jedes Kind, was ein **Elchtest** ist. Für die Testfahrer heißt es, mit hohem Tempo schnell die Spur zu wechseln, ohne dabei zu bremsen – ein Ausweichmanöver, das z. B. auf Skandinaviens Straßen nötig werden könnte, wenn ein Elch am Wegesrand auftaucht.

Zwar sind viele Strecken durch Wildzäune geschützt, aber an ihrem Ende, also dort, wo meist auch die Elchschilder warnend stehen, sowie in der Dämmerung treten die Tiere dafür gehäuft auf die Straße heraus. Dort halten sie sich gerne auf, weil hier in der Regel weniger Insekten umherschwirren. Fast jeder zweite tödliche **Autounfall** in Schweden hat mit Elchen zu tun.

800 kg Lebendgewicht

Immerhin bringt die **größte Hirschart der Welt** bis zu 800 kg auf die Waage. Elchbullen erreichen eine Schulterhöhe bis 2,4 m, der Körper ist mehr als 3 m lang. Charakteristisch ist das mächtige, schaufelförmige Geweih der Männchen. Aber nur den nordschwedischen Elchen wachsen fast ausnahmslos zwei **Schaufeln** auf dem Kopf, rund die Hälfte der südschwedischen Elche trägt ein Stangen-Geweih, ähnlich wie der Hirsch es tut. Eine Waffe

Elche halten sich gerne am und im Wasser auf.

ist der pompöse Kopfschmuck allerdings nicht. Wenn ein Elch sich gegen Wolf, Bär oder andere Angreifer verteidigen will, verteilt er gefährliche Fußtritte und Schläge mit den Vorderläufen. Das Geweih dient allein dazu, dem **Imponiergehabe** während der Brunftzeit den nötigen Nachdruck zu verleihen. Kaum ist die herbstliche Brunft vorbei, werfen die Bullen den Kopfschmuck ab und barhäuptig ziehen sie durch die Wälder, bis im Frühjahr nach und nach neue Schaufeln wachsen.

Elche sind überaus scheu und ziehen meist, bis auf Mutter und Kalb, als Einzelgänger durch die Wälder und Sumpfgebiete. Ihre Fähigkeit, sich »unsichtbar« zu machen, ist bei skandinavischen Jägern legendär.

Am liebsten fressen diese Wiederkäuer **Zweige**, knien auf dem Boden, um Gräser zu zupfen und junge Bäumchen anzuknabbern, sorgen für so manchen Forstschaden und setzen mitunter den Feldern der Bauern zu. Besonders **gerne äsen sie im Wasser,** denn dort entkommen sie den lästigen Bremsen und Mücken, weiden hier Schlingpflanzen und Seerosen ab und können bis zu einer Minute kopfunter im See abtauchen. Zum Wasser haben sie ein inniges Verhältnis. Sie **schwimmen gut** und außerordentlich schnell. Auch sonst sollte man Elche nicht unterschätzen, bloß weil sie so plump und ungeschlacht wirken. Denn sie schaffen es mühelos, über 2 m hohe Zäune zu springen. Zwar bleibt der Elch am liebsten, wo er ist, doch wenn es an Futter mangelt, wandert er mitunter mehrere Hundert Kilometer, um neue Weidegründe zu finden. Die nahrungsarme Winterzeit überstehen die Tiere dank ihrer Fettreserven unbeschadet.

Das große Halali

Derzeit leben schätzungsweise rund 800 000 Elche in Skandinavien, die Hälfte davon in Schweden, je 200 00 in Norwegen und Finnland. Jährlich im Herbst wird zum großen Halali auf den König der nordischen Wälder geblasen. Anschließend hat man gute Chancen, **Elchsteak oder Elchgulasch** auf der Speisekarte vieler Restaurants zu finden – eine Delikatesse, die man sich nicht entgehen lassen sollte.

Bevölkerung · Politik · Wirtschaft

Bevölkerung

Dünn besiedelt Skandinavien ist der Fläche nach wesentlich größer als Deutschland, hat aber weniger Einwohner als Nordrhein-Westfalen und Niedersachsen zusammen. Sieht man von den großen Metropolen ab, sind alle Städte verhältnismäßig jung. Der größte Teil der Bevölkerung lebt in den südlichen Landesteilen. Das ist ursprünglich einerseits klimatisch bedingt, vor allem macht aber die lange winterliche Dunkelheit den Norden als Wohnort unattraktiv. Nördlich des Polarkreises geht die Sonne an vielen Tagen überhaupt nicht auf, in Kiruna (Schweden) an 45, in Hammerfest (Norwegen) gar an 72 Tagen! Erst im Sommerhalbjahr sind dann die Verhältnisse umgekehrt und die Sonne scheint auch nachts (► Baedeker-Special S. 26).

Samen Wichtigste Minderheit Skandinaviens sind die Samen, die als Urbevölkerung Lapplands gelten (► Badeker-Special S. 408). Ethnologen nehmen an, dass die Samen sich aus einem finno-ugrischen Stamm entwickelt haben, der schon vor den Finnen nach Finnland eingewandert war und später nach Norden ins heutige Lappland abgedrängt wurde.

Samische Rentierzucht: Ein Tier wird zur Zeichnung gebracht.

Sprachen

Norwegen besitzt zwei offizielle Landessprachen: Bokmål ist eine Tochtersprache des Dänischen und wird von über 85 % der Norweger gesprochen; Nynorsk hingegen wurde aus verschiedenen norwegischen Dialekten konstruiert. Beide Sprachen zählen wie auch das **Schwedische** zu den indogermanischen Sprachen. Das **Finnische** hingegen gehört zur kleinen Gruppe der finno-ugrischen Sprachen, die nur von 23 Mio. Menschen gesprochen werden. Auch das sehr ähnliche Estnische und das weitläufig verwandte Ungarische zählen hierzu. Finnisch und **Samisch**, das drei Hauptdialekte hat, weisen eine deutliche Verwandtschaft auf.

Gut ausgebildet

Norwegen, Schweden und Finnland besitzen einige Gemeinsamkeiten: Bezeichnend für Skandinavien ist die hervorragende Schulausbildung, was sich nicht zuletzt in den Ergebnissen der PISA-Studie niederschlug. Das Bruttosozialprodukt ist ausgesprochen hoch, die drei Staaten zählen zu den **reichsten Ländern der Welt**. Die lutherische Kirche ist Staatskirche, doch mit recht bescheidenem Einfluss. Dem jeweiligen Staat hingegen wird von der Mehrheit der Bevölkerung auffallend großes Vertrauen entgegengebracht. Viel Geld müssen die drei Länder in die Infrastruktur investieren, denn die Distanzen sind gewaltig; in Norwegen stellen die Fjorde die Verkehrsplaner vor zusätzliche Herausforderungen.

Politik

Regierung

Schweden und Norwegen sind noch immer Königreiche. In **Norwegen** herrscht seit 1981 Harald V., doch ist die Macht des Königs zugunsten des alle vier Jahre vom Volke gewählten Parlaments stark begrenzt und beschränkt sich auf reine Repräsentation. Seit 2005 stellt die Arbeiterpartei mit Jens Stoltenberg den Ministerpräsidenten.
Schwedens Monarch Carl. XVI. Gustaf, der seit 1973 regiert, hat ebenfalls nur repräsentative Funktion; die gesetzgebende Gewalt übt der Reichstag aus, der auf vier Jahre gewählt wird. Regierungsoberhaupt ist seit 2002 Ministerpräsident Göran Persson. Er gehört der Sozialdemokratischen Partei an, die seit den 1920er-Jahren fast ununterbrochen regiert.

? WUSSTEN SIE SCHON ...?

- ... dass Finnland 1906 als erstes Land in Europa das Frauenwahlrecht einführte?

In **Finnland** ist der Präsident Staatsoberhaupt. Seit 2000 bekleidet dieses Amt Präsidentin Tarja Halonen, die 2006 wiedergewählt wurde. Anders als z. B. der deutsche Bundespräsident kann sich seine finnische Amtskollegin aktiv am Regieren beteiligen, hat sie doch ein Vetorecht und kann Gesetzesvorschläge einbringen. Der Präsident wird, auch dies ein Unterschied zu Deutschland, alle sechs Jahre direkt vom Volk gewählt. Parlamentswahlen finden alle vier Jahre statt. An der Spitze der Regierung steht seit 2003 Matti Vanhanen (Zentrumspartei) in seiner Eigenschaft als Ministerpräsident.

Zahlen und Fakten Skandinavien

Lage

- Nordeuropa

Geografische Daten

- Fläche:
  Norwegen: 386 958 km²
  Schweden: 449 964 km²
  Finnland: 338 144 km²
  (Deutschland 357 020 km²)
- Flächenanteile:
  Wald: Norwegen 25 %,
  Schweden 53 %, Finnland 69 %
  Ackerfläche: Norwegen 3,5 %,
  Schweden 8 %, Finnland 8 %
- Höchster Berg: Galdhøpiggen 2469 m (Norwegen)
- Größter See: Vänersee 5585 km² (Schweden)

Bevölkerung

- Norwegen: 4,6 Mio. Einwohner
  (Deutschland 82,5 Mio.)
  Bevölkerungsdichte: 14 Einw./km²
  (Deutschland 231 Einw./km²)
- Schweden: 9,01 Mio. Einwohner
  Bevölkerungsdichte: 20 Einw./km²
- Finnland: 5,2 Mio. Einwohner
  Bevölkerungsdichte: 15,3 Einw./km²
- Minderheiten: Samen (Lappen), Kvener (Kwänen), Roma

Religion

- überwiegend evangelisch-lutherisch (Norwegen zu 86 %, Schweden 75 %, Finnland 85 %)

Staat

- Norwegen und Schweden: parlamentarische Monarchie
- Finnland: Republik

Wirtschaft

- Bruttoinlandsprodukt
  Norwegen: 183,0 Milliarden US-$
  Schweden: 255,4 Milliarden US-$
  Finnland: 151,2 Milliarden US-$
- Arbeitslosenquote: Norwegen: 4,5 %, Schweden: 6,3 %, Finnland: 8,8 %
- Wirtschaftssparten:
  Dienstleistungen: Norwegen: 66 %
  Schweden: 68 %
  Finnland: 61 %
  Industrie: Norwegen: 32 %
  Schweden: 30 %
  Finnland: 35 %
  Land- und Forstwirtschaft: Norwegen: 2 %, Schweden: 2 %, Finnland: 4 %

Norwegen

Schweden

Finnland

EU und Euro

Seit 1995 sind Schweden und Finnland Mitglieder der Europäischen Union (EU). Schon vor dem Beitritt zur EU haben finnische und schwedische Firmen immer weniger im eigenen Land, dafür mehr im EU-Raum investiert. Der norwegische EU-Beitritt scheiterte jedoch an der erneuten Ablehnung der Norweger (Referendum vom 1994). Damit ist Norwegen von der Entwicklung in den zur EU gehörenden Nachbarländern abgekoppelt. Da die Erdölförderung jedoch weiterhin steigt, wird die norwegische Wirtschaft auf lange Sicht blühen. Norwegen ist seit 1994 Mitglied des Europäischen Wirtschaftsraums (EWR) und damit gezwungen, alle Entscheidungen der EU zu übernehmen, ohne darauf Einfluss nehmen zu können. Den Euro hat Schweden allerdings auch nicht eingeführt, allein in Finnland ist der Euro seit 2002 die gültige Landeswährung.

Land- und Forstwirtschaft

Wenig Ackerland

Innerhalb der Länder Nordeuropas sind die Bedingungen für die Agrarwirtschaft sehr unterschiedlich. Geeignetes Ackerland liegt in allen drei Ländern hauptsächlich im Süden, wo die Böden am fruchtbarsten sind. Natürlich spielt auch das Klima eine Rolle: Die Vegetationsperiode ist im hohen Norden ausgesprochen kurz; z. B. beträgt diese in Lappland nur etwa 140 Tage im Jahr. Deshalb wird im Norden eher Vieh gehalten als Ackerbau betrieben. Nördlich des Polarkreises ist noch heute die Rentierhaltung wichtig. Je weiter man nach Norden kommt, umso wichtiger wird die Forstwirtschaft.

Wald bringt Geld

Der Rohstoff Holz ist insbesondere für Finnland und Schweden von allergrößter wirtschaftlicher Bedeutung. Holz wird hier in der Regel mit hoch technisierten Maschinen geerntet, entsprechend groß ist der Rationalisierungsgrad. In Norwegen, Schweden und Finnland beträgt die geschlossene Waldfläche 50 Mio. ha, jährlich werden ca. 100 Mio. m³ Holz eingeschlagen.

Finnland ist das waldreichste Land Europas. Über zwei Drittel seiner Fläche sind mit Kiefern-, Fichten- und Birkenwald bedeckt, wobei die Nadelhölzer einen Anteil von 82 % haben. Der jährliche Holzeinschlag beläuft sich auf rund 55 Mio. Festmeter. Holz und Holzprodukte, Papier und Möbel stellen bis zu 40 % der finnischen Exporte. Finnland ist nach Kanada der zweitwichtigste Papier- und Kartonagen-Exporteur der Welt. In **Schweden** sind 53 % der Landesfläche bewaldet, wobei im Süden die Laubwälder überwiegen. Mit 85 % Nadelwaldanteil ist hier jedoch der Wert noch höher als in Finnland, ebenso der Holzeinschlag mit 60 Mio. Festmeter. Wie im Nachbarland wandert der allergrößte Teil des Holzes in die Zellulose- bzw. Papierindustrie. Gegenüber den Ländern Finnland und Schweden tritt in **Norwegen** die Waldwirtschaft – gemessen an ihrer nationalen Bedeutung – zurück. Nur 25 % des Landes sind Wald. Umso mehr ist man in Norwegen darauf bedacht, die Waldfläche längerfristig zu vergrößern.

Weitere Wirtschaftszweige

Fischerei Die Fischerei hat in **Norwegen** große Tradition. Gemessen am Jahresfang ist das Land **in Europa die bedeutendste Fischereination**, insbesondere, was die Hochseefischerei angeht. Jährlich werden 1,8 Mio. t Fisch angelandet. Heute wird vorwiegend nach Lodde (ein Lachsfisch), Kabeljau, Makrele, Schellfisch und Seelachs gefischt. Doch die Bestände in den Weltmeeren zeigen sich immer stärker überfischt: Hering und Kabeljau haben stark an Bedeutung verloren; ihre Fanganteile belaufen sich nur noch auf 15 bzw. 11 %.

Immer wichtiger wird die Lachs- und Forellenzucht in großen Fischfarmen; derzeit gibt es rund 1000 derartiger Betriebe. Die moderne Aquakultur gilt in Norwegen als Innovation mit großer Zukunft: Hier werden derzeit rund 51 Mio. t Fische, Muscheln und Krebstiere gezogen, Ende der 1980er-Jahre waren es noch 2,4 Mio. t. Jeder zweite weltweit verkaufte Zuchtlachs stammt heute aus norwegischen Aquakulturen. International bedeutend ist die fischverarbeitende Industrie, die Fischmehl, Fischöl und Fischkonserven produziert.

In **Schweden** hat die Fischerei kaum noch Bedeutung, ausgenommen an der Westküste, wo zwei Drittel der Anlandungen getätigt werden. Von der Fangmenge noch geringer ist der **finnische** Fischfangertrag, der sich zu 80 % aus Meeresfischen rekrutiert.

Kabeljau wird durch Trocknen sehr lange haltbar gemacht. Der so entstandene Stockfisch oder Klippfisch wird von Norwegen bis nach Portugal verkauft.

Bergbau

Weltwirtschaftlich bekannt wurden im 19. Jh. vor allem die Eisenerze von Kiruna und Gällivare-Malmberget in Schwedisch-Lappland. Über 80 % der schwedischen Erze kommen auch heute noch aus diesem Gebiet. Die Nutzung der umfangreichen Reserven (ca. 3 Mrd. t) an hochprozentigem Erz erhält allerdings auf dem Weltmarkt zunehmend Konkurrenz und der Export ist seit den 1970er-Jahren um gut die Hälfte zurückgegangen. Outukumpu, in Mittelfinnland gelegen, gilt als eine der bedeutendsten Kupferminen Europas.

Kohle, Erdöl und Erdgas

Die Energierohstoffe sind in Nordeuropa sehr ungleichmäßig verteilt. Finnland verfügt weder über Kohle noch über Erdöl. Schweden besitzt 80 % der bekannten Uranvorräte Europas. Kohle ist in nennenswertem Umfang nur im norwegischen Spitzbergen vorhanden.
Erdöl und Erdgas aus der Nordsee haben seit 1963 größte wirtschaftliche Bedeutung für Norwegen, das zu einem weltweit wichtigen Erdölproduzenten und Nettoexporteur aufstieg. Derzeit werden täglich rund 3,23 Mio. Barrel Öl gefördert, das sind 52 % von Europas Ölproduktion. Die Ergasförderung umfasst inzwischen rund 73,1 Mrd. m^3 pro Jahr. Trotzdem erzeugt Norwegen 99 % des Elektrizitätsbedarfs aus Wasserkraft. Atomkraftwerke gibt es in Norwegen keine.

Industrie

Bedingt durch seine Meereslage hatte sich in **Norwegen** die Wirtschaftsentwicklung zunächst stark auf die Bereiche Fischerei, Schifffahrt und Schiffbau konzentriert. Die bedeutendsten Standorte des Schiffbaus befinden sich heute bei Stavanger, Bergen und Trondheim. Dort hat dieser Wirtschaftszweig auch vom Ölboom profitiert, der eine große Nachfrage nach Offshore-Equipment – wie Bohrplattformen und Tankerausrüstungen – auslöste. Die billige Wasserkraft kommt vor allem der norwegischen Hüttenindustrie zugute, in der außer Aluminium auch andere importierte Rohstoffe wie Kupfer, Zink und Eisen zu hochwertigen Legierungen verarbeitet werden. So ist neben der Ölwirtschaft die Metallindustrie mit ihren Veredelungsbetrieben Norwegens wichtigster Devisenbringer.
Auch in **Schweden** ist die metallverarbeitende Industrie ein wichtiges Standbein der Wirtschaft. Knapp die Hälfte des industriellen Produktionswertes wird von dieser Branche erwirtschaftet. Noch stärker als in Norwegen wurde die Wirtschaft in Schweden während der letzten Jahre internationalisiert. Dies gilt auch für die Elektro-, chemische und Holzindustrie. Konzerne wie Volvo, Elektrolux, ABB und LM Ericsson sind Beispiele dafür.
In **Finnland** machte die Industrialisierung nach dem Zweiten Weltkrieg große Fortschritte. Das ist nicht zuletzt den Wirtschaftsbeziehungen zur (damaligen) Sowjetunion zu verdanken. Heute beansprucht das Land eine führende Rolle im IT-Sektor. 1972 wurde in Finnland das erste Mobilfunknetz der Welt eingerichtet. Die Herstellung von Mobiltelefonen (Nokia) und Mikroelektronik bescherte der Wirtschaft die imposanten Wachstumszahlen der jüngsten Zeit. Inzwischen sind 15 % der finnischen Exporte High-Tech-Produkte.

Am Puls der Zeit: Neue Handy-Modelle mit immer besseren Features gibt es im Jahrestakt. Und die alten überzeugen durch langlebiges Design und robuste Technik.

Rechts: Nokia Firmenzentrale in Espoo bei Helsinki. Hier werden die Geschicke eines der größten Arbeitgeber im Land gelenkt.

HIGH TECH »MADE IN FINLAND«

Finnische Angler, Waldarbeiter oder Sommerhausbesitzer kauften schon immer Nokia. Schwarz glänzend, wasserdicht und quasi unverwüstlich – die Gummistiefel aus einem kleinen Ort bei Tampere erfüllten höchste Qualitätsansprüche. Heute ist Nokia einer der größten Global Player der Telekommunikationsindustrie und das fast jedermann geläufige Aushängeschild finnischer Wirtschaftskraft. Der Elektronikkonzern mit Firmensitz in Espoo beschäftigt 58 800 Mitarbeiter in 130 Ländern und verbuchte im Jahr 2005 einen Umsatz von 34,1 Milliarden Euro.

Ein gewisser Fredrik Idestam gründete 1865 im finnischen Südwesten einen forstwirtschaftlichen Betrieb. 1898 entstand die »Finnish Rubber Works Ltd.«, spezialisiert auf Gummiummantelung von Telegrafenleitungen. 1912 begann die »Finnish Cable Works« die Produktion von Fernmelde- und Starkstromkabeln. 1915 ging »Nokia« erstmals an die Börse. Telefon- und Telegrafentechnik waren damals das, was man heute Zukunftsindustrien nennen würde.

Bereits in den 1960er-Jahren, als Gummistiefel zu den wichtigsten Produkten des Unternehmens gehörten, war Innovatoin kein Fremdwort: So verblüffte Nokia durch die Präsentation knallbunter Gummistiefel, stieg aber zur gleichen Zeit auch in den Telekommunikationsmarkt ein. 1963 wurde – unbemerkt von der Öffentlichkeit – bereits ein Funktelefon entwickelt, 1965 dann Datenmodems. 1981 führte Skandinavien das erste Mobilfunknetz der Welt ein – die Autotelefone hierfür kamen von Nokia.

Erstes Handy 1987

Der Konzern veränderte sein Gesicht und investierte in die Bereiche Fernsehen, PC-Technik sowie Telefon und Informationstechnik. Heute steht das Unternehmen auf den zwei Säulen Telekommunikationsnetze und Mo-

biltelefone. Die Spezialisierung auf Telekommunikation machte Nokia zu einem der wichtigsten Hersteller und Entwickler von modernen Datenfernübertragungssystemen.

Marktführer

Politik und Technologie haben die Branche in den achtziger und neunziger Jahren des letzten Jh.s stark beeinflusst. Es fand eine breite Deregulierung statt, die den Wettbewerb anregte. Nokia war auf diesen Wettbewerb durch die Konzentration auf die Telekommunikation bestens vorbereitet und entwickelte sich schnell zum weltweiten Marktführer. Mobiltelefone »Made in Finland« machen inzwischen zwei Drittel des Nokia-Umsatzes aus. Und der Markenname Nokia ist auch Nicht-Handy-Besitzern ein Begriff – wenn manche von ihnen auch immer noch glauben, dass Nokia ein Konzern aus Fernost ist ...

Kurzmitteilung – eine finnische Erfindung

»Nokia Research«, die firmeneigene Forschungseinrichtung, sorgt dafür, dass Nokia weiterhin mit eigenen Entwicklungen in diesen kapitalintensiven Branchen mithalten kann. An den Weltbörsen wird Nokia als die wichtigste nichtamerikanische Firma dieser Art gehandelt.
Übrigens: Auch die inzwischen so beliebten Kurzmitteilungen, SMS, wurden in Finnland erfunden. Als 1993 der Ingenieurstudent Riku Pihkonen die erste SMS abschickte, hielt man dies für keine besonders einschneidende Sache. Niemand konnte sich damals vorstellen, welche Bedeutung Textmitteilungen einmal gewinnen sollten. Heute sind sie weitaus beliebter als Telefonanrufe und ihr Datenvolumen entsprechend höher.

Arbeitsplätze für Deutschland

Nach der Eröffnung des Forschungs- und Entwicklungszentrums in Bochum Ende 2000 wurden innerhalb eines Jahres 1000 neue Mitarbeiter eingestellt. Aus der Tiefe der finnischen Wälder gelang der Aufstieg in die weltweiten Datennetze des heraufziehenden 21. Jh.s – der wackere Ingenieur und Nokia-Pionier Fredrik Idestam dürfte zufrieden sein, wenn er das noch mitbekommen hätte.

Tourismus Schweden, Finnland und Norwegen werden als Reiseziele immer beliebter, nicht nur bei Outdoor-Fans. Größte Anziehungskraft entfalten die mittelschwedischen Seen sowie die finnische Seenplatte. Norwegen hat bisher insbesondere von seinem Kreuzfahrttourismus profitiert. In die Wintersportgebiete wurde viel Geld investiert, sodass Touristen nun auch im Winter nach Skandinavien kommen.

Phase des Umbruchs Die Länder Nordeuropas befinden sich in einer Phase des Umbruchs. Das Modell des schwedischen Wohlfahrtsstaats begann zu bröckeln, was sich auf die Nachbarländer auswirkte. Hohe Steuern und vor allem sprunghaft gestiegene Löhne hatten die Wettbewerbsfähigkeit der exportorientierten Industrie stark beeinträchtigt. Seit 1991 sucht die schwedische Regierung das Übergewicht des öffentlichen Sektors zu reduzieren und die für den europäischen Durchschnitt extrem hohe Steuerbelastung abzubauen. Doch bisher konnten die Probleme (u. a. Sanierung der Staatsfinanzen und Minderung der Arbeitslosigkeit) nicht befriedigend gelöst werden.

Chancen im Ostseeraum Norwegen hat es immer noch nicht geschafft, seine starke wirtschaftliche Abhängigkeit vom Öl, aber auch von der Hüttenindustrie, Schifffahrt und der Fischzucht abzubauen. Weitaus größeren Problemen sah sich Finnland ausgesetzt, als 1991 der Warenaustausch mit der Sowjetunion nahezu gänzlich zusammenbrach – immerhin machte dieser bis zu einem Viertel des gesamten finnischen Außenhandels aus. Nun aber bietet die neue politische Konstellation im Osten auch für die Wirtschaft eine Chance, neue Impulse zu setzen. Im erweiterten Ostseeraum leben 40 Mio. Menschen, es gibt ca. 50 Großstädte, über 70 Ostseehäfen und neben einem gut funktionierenden Fährsystem auch sechs internationale Flughäfen. Die Wirtschaftsbeziehungen zwischen Helsinki und Tallinn sind heute schon sehr eng, und viele Esten arbeiten bereits als Wochenendpendler in Finnland.

Öresundregion Zu einem der Brennpunkte Skandinaviens hat sich die Öresundregion entwickelt, zu der der Großraum Kopenhagen (Dänemark) wie auch ganz Schonen (Schweden) gerechnet werden. Keine andere Sektion Europas ist so dicht besiedelt, dank der Öresundbrücke sind die Länder nun auch nicht mehr durchs Meer getrennt (► S. 434). Unternehmen der Pharma- und Biotechnologie haben den Standort für sich entdeckt, weiter zählt die Region nach London, Paris und Amsterdam zur **viertwichtigsten Forschungsregion in Europa**.

Umwelt

Tschernobyl Mit einem Schlag ins Licht der Weltöffentlichkeit rückte Nordskandinavien 1986 bei der Reaktorkatastrophe von **Tschernobyl**, als der radioaktive Fallout die Weiden der Rentiere verseuchte. Noch heute lässt sich in manchen Regionen erhöhte Strahlung nachweisen.

Der Tännfors ist Schwedens größter Wasserfall. Doch zahlreiche Flüsse sind gebändigt, um die Wasserkraft nutzen zu können und haben damit viel von ihrer Schönheit verloren.

Strom

Andere Umweltsünden gehen nicht auf das Konto eines ungünstigen Windes: Kein Land verbraucht europaweit mehr Strom als Norwegen (15 400 kwh pro Person), gefolgt von Schweden (9200 kwh/Pers.) und Finnland (8500 kwh/Pers.), in Deutschland sind es nur 3500 kwh/Pers. Die Gründe liegen nahe: So erfordern der dunkle lange Winter in den nördlichen Breiten ein Mehr an Beleuchtung und Heizung, wobei man in Skandinavien häufig mit Strom heizt. Sodann sehen weder Norweger noch Schweden Grund zum Stromsparen. Immerhin beziehen sie ihre elektrische Energie zum Großteil aus Wasserkraft. Die ist auf den ersten Blick billig zu haben, geht aber auf Kosten der Natur: Viele Flüsse sind gebändigt, Stauseen haben Lebensräume überflutet, Stromleitungen machen die Landschaft nicht schöner. In Schweden sah man sich genötigt, einen »Tag des Wasserfalls« einzurichten, an dem die zahmen Flüsse ihr ursprüngliches Quantum Wasser führen und in alter Pracht strömen.

Boden, Wasser und Wald

Ein großes Problem ist nördlich des Polarkreises auch die **Versauerung** der Böden und Binnengewässer, die auf schwefelhaltige Emissionen zurückgeht, welche aus den Schornsteinen außerhalb Skandinaviens herbeigeweht werden. In Südnorwegen gelten zwei Drittel der Seen als kurz vorm Umkippen, in Schweden und Finnland ist es nicht ganz so schlimm, aber dennoch Besorgnis erregend.
In Finnland ist vor allem der boreale Urwald vom **Raubbau** bedroht. Sind diese Wälder einmal abgeholzt, wachsen sie in dieser Form nie mehr nach. Aus dem Holz wird u. a. Zellstoff hergestellt für Werbebroschüren und Toilettenpapier. Deutschland gehört zu den besten Kunden.

Geschichte

Skandinavien rückte erstmals der Wikinger wegen ins Licht der Weltgeschichte. Später hatte Dänemark lange Zeit das Sagen im Norden, bis Schweden sich zur Großmacht aufschwang. Nach 1945 gingen Norwegen und Schweden den Weg der westlichen Industrienationen, während Finnland an den Ostblock gebunden wurde, ohne allerdings seine Souveränität zu verlieren.

Skandinavische Frühgeschichte

Jäger und Sammler

Kaum zog sich am Ende der letzten Eiszeit das Eis zurück, wanderten Jäger und Fischer über eine Landbrücke zwischen Dänemark und Schonen nach Schweden. Die **ältesten Funde** auf Schonen sind rund 13 000 Jahre, in Norwegen 10 000 Jahre alt. Finnland wurde vor 10 000 Jahren von Süden und Osten her besiedelt.

Erste Bauern

Sesshafte Ackerbauern sind in Skandinavien erstmals um 5000 v. Chr. in Schweden nachweisbar. Aus dieser Zeit stammen die Megalithbauten an der Küste von Västergötland. Diese als **»Gånggrifter«** (Ganggräber) bezeichneten Bauwerke aus großen Steinen wurden über mehrere Generationen für Bestattungen genutzt. Heute liegen die Steine frei, einst überdeckte sie ein Hügel aus Erde.

Felsritzungen

Ein herausragendes Zeugnis der frühgeschichtlichen Menschen bilden die Felszeichnungen, die in Norwegen und Schweden an vielen Stellen so eindrücklich zu studieren sind (z.B. in ► Alta/Norwegen, in Tanum nördlich von ► Göteborg, an der schwedischen Ostküste, nördlich vom Mälarsee und an der Westseite des Oslofjordes). Unbekannte Künstler haben Schiffe, Rentiere, Hirsche und Menschen mit Äxten in den Fels geritzt. Die Datierung der Kunstwerke ist schwierig, ein Teil reicht sicher bis in die **Jungsteinzeit** zurück, ist also über 8000 Jahre alt. Den größten Teil datieren Archäologen in die **Bronzezeit** ca. zwischen 1800 und 500 v. Chr. Allein im schwedischen Bohuslän wurden 40 000 dieser sog. Hällristningar gezählt.

Eisenzeit

Während der nordischen Eisenzeit (ca. 500 v. Chr. bis 500 n. Chr.), aus der nur spärliche Funde (z.B. auf Öland und Gotland) vorliegen, wurde die Waffentechnik verbessert. Seit dem 2. Jh. n.Chr. sind Runeninschriften auf Schmuck und Geräten bekannt; etwa am Ende des 4. Jh.s begann man in Norwegen und Schweden, **Runen** auch in Stein zu schlagen. Der germanische Siedlungsraum dehnte sich in dieser Zeit in Norwegen bis zum Polarkreis aus.

Scandinavia

Der Name »Scandinavia« tauchte erstmals bei dem römischen Geschichtsschreiber Plinius d.Ä. um 75 n.Chr. auf; Tacitus erwähnte die mächtigen Schwedenkönige (Suiones) um 100 n.Chr. in seiner Germania sowie die Finnen (Fenni). Auf der skandinavischen Halbinsel lebten Goten (Göta), nördlich von ihnen Schweden (Svear). Wald und Gebirge, im Südwesten der Vänersee und der Götaälv bildeten die Grenze zum Stamm der Norweger, dessen Name nicht überliefert ist. Das spätere Wort »Norvegr« bzw. »Nordmenn« deutet wohl mehr auf die Himmelsrichtung hin.

← *Skandinavien wurde lange mit dem Schwert regiert: 872 einte Harald Schönhaar Norwegen, woran diese Skulptur bei Stavanger erinnert.*

Leif Erikson entdeckt Amerika. Gemälde von Christian Krohg (1893), ausgestellt im Seefahrtsmuseum Oslo

DIE WIKINGER KOMMEN!

Über drei Jahrhunderte versetzte dieser Ausruf ganz Europa in Angst und Schrecken. Die Wikinger unternahmen ausgedehnte Kriegs- und Beutezüge, die bis heute ihren Ruf begründen. Doch taten sie sich auch als Händler, Entdecker und begnadete Schiffsbauer hervor.

Ihren ersten blutigen Auftritt auf der Bühne der Geschichte hatten die Wikinger 793 n. Chr., als sie die prachtvolle englische Abtei Lindisfarne überfielen. 845 eroberten sie Paris, 862 Köln, und 882 plünderten sie die Stadt Trier. Die große Zeit der Wikinger (von altnordisch »vik« = Bucht) dauerte rund 300 Jahre zwischen dem 8. und 11. Jh. Ursprünglich besiedelten sie küstennahe Gebiete der heutigen Länder Dänemark, Norwegen und Schweden, verließen sodann ihre nordische Heimat und zogen ins übrige Europa und weit darüber hinaus.

Als Erste in Amerika

Die so genannten »Rus« (wohl das finnische Wort für die aus Schweden stammenden Wikinger) zogen nach Südosten zu den slawischen Stämmen, trieben mit diesen Handel und ließen sich dort auch nieder. Sie gründeten **einen neuen »ru(s)ischen« Staat** und dehnten ihre Machtsphäre bis nach Konstantinopel und nach Bagdad aus. Die westlichen Nordmänner (Norweger) fuhren nach Südwesten, ließen sich in den fast unbewohnten Gegenden Schottlands nieder, ebenso auf den Shetland-Inseln, den Orkneys und den Hebriden. Von dort aus überfielen und besiedelten sie England und Irland. Jahrzehntelang pressten sie den Bewohnern der französischen Nordwestküste Tribute ab, bis ihnen der französische König das Land als Lehen gab: die **Normandie**, das »Land, in dem die Normannen herrschen«. Sie überfielen Spanien, Italien und drangen bis nach Antiochien vor, sie besiedelten Island, das bis dahin unbewohnt gewesen war, und brachten dort die nordgermanische Kultur zu ihrer größten Blüte.

Ihre Abenteuerlust trieb sie immer weiter. Von Island aus entdeckte Erik der Rote Grönland, wo sich bald viele Norweger niederließen. **Leif Eriksson**, sein Sohn, verließ im Jahre 992 Grönland, drang nach Westen vor und landete in Neufundland, das heute die östlichste Provinz Kanadas ist. Demnach haben die Wikinger **500 Jahre vor Kolumbus** Amerika entdeckt.

Auszug in die Welt

Was hatte die lange Zeit relativ friedlich lebenden Wikinger plötzlich in die Welt hinausgetrieben? Eine wichtige Rolle spielte in der bäuerlichen nordischen Gesellschaft das Erbrecht. Jeweils **der älteste Sohn erbte** den ganzen Hof, die anderen mussten ihr Auskommen dann selber suchen. Zum andern wurde Ende des 8. Jh.s das Klima wärmer, die Winter milder, weswegen die Felder besser genutzt werden konnten. Mehr Getreide bedeutete weniger Hunger und mehr **Bevölkerungswachstum**. Da die Ausdehnung der landwirtschaftlichen Nutzfläche nicht mit dem Bevölkerungswachstum Schritt halten konnte, waren viele Wikinger gezwungen, in der Fremde als Händler und Kolonisten oder als gefürchtete Krieger und Plünderer für ihren Unterhalt zu sorgen.

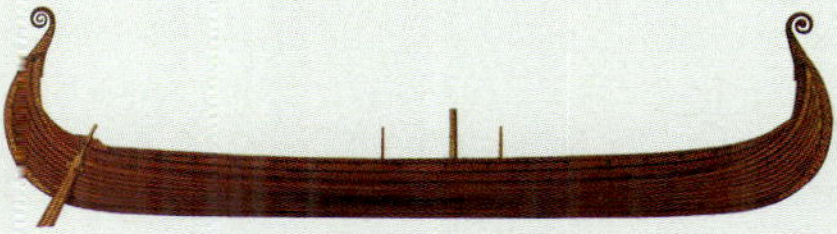

Geniale Seefahrer

Dass die Wikinger so erfolgreich die Welt erobern konnten, lag in erster Linie an ihrer Überlegenheit zur See. Auf den Weltmeeren waren sie zu Hause, sie erwiesen sich als hervorragende Seeleute und ihre langen, dennoch sehr wendigen **Drachenboote** waren die seetüchtigsten Schiffe ihrer Zeit. Der 20 bis 25 m lange und ca. 3 bis 5 m breite Rumpf war mit gleichartigem Bug und Heck versehen, was ein Steuern bei Vorwärts- wie auch bei Rückwärtsfahrt erlaubte. Die leichten und dennoch stabil gebauten Holzboote hatten geringen Tiefgang, konnten schnell ans Ufer oder gar über Land gezogen werden. Die bessere Technik allein erklärt den kriegerischen Siegeszug der Wikinger allerdings noch nicht ganz. Eine weltanschauliche Komponente könnte mitentscheidend gewesen sein. Ganz Skandinavien war bis weit ins Mittelalter hinein heidnisch geblieben. Im Götterhimmel der Nordmänner herrschte Odin, der Gott der Dichtkunst und des Krieges. Er entschied, wer auf dem Schlachtfeld sterben sollte, und nahm die Tapfersten zu sich ins Paradies, nach Valhall (Walhalla). Die Wikinger suchten daher den Kampf und den Tod mit der Waffe in der Hand richtiggehend, um nach Valhall zu gelangen – und um dort, zusammen mit den Göttern, **eine letzte große Schlacht** gegen die dunklen Mächte des Kosmos zu schlagen.

Geschichte von Norwegen

um 872	Harald Schönhaar eint das Land.
8.–11.Jh.	Wikinger verbreiten Angst und Schrecken.
10./11.Jh.	Gewaltsame Christianisierung der Bevölkerung
um 1250	Unter Håkon Håkonsson erreicht Norwegen den Höhepunkt seiner Macht.

Alle Macht in einer Hand

Bis zum 8. Jh. n.Chr. entstanden Dutzende kleiner Königtümer. Der aus einem alten Herrengeschlecht am Oslofjord stammende Harald Hårfagre (»Schönhaar«; 872–930) besiegte die anderen Kleinkönige und vereinigte um 872 West- und Südnorwegen unter seiner Herrschaft. Doch nach seinem Tod lebten die Kleinkönigreiche zum Teil wieder auf. In dieser Zeit unternahmen auch die **Wikinger** ihre spektakulären Kriegs- und Beutefahrten in weite Gebiete West- und Mitteleuropas sowie in den atlantischen Raum hinein.

Christianisierung

Rund zwei Jahrhunderte dauerte es, bis die gesamte heidnische Bevölkerung den christlichen Glauben angenommen hatte. Mit harter Hand setzte Olav Haraldsson (1015–1030) die Reichseinheit und das **Christentum** durch. Er kämpfte gegen die Dänen und die Trondheimer, wurde im Jahre 1028 vertrieben, versuchte zurückzukehren und fiel 1030 in der **Schlacht bei Stiklestad**. Bald darauf wurde er als Märtyrer verehrt. Als **Olav der Heilige** und Norwegens ewiger König ging er in die Geschichte ein, sein Leichnam wurde nach Nidaros (heute Trondheim) gebracht und dort begraben.

Geeintes Königreich

Unter Håkon Håkonsson (1217–1263) erreichte das durch Erbmonarchie gefestigte norwegische Königtum den Höhepunkt seiner Macht. Die Krone kontrollierte den Adel, die Verwaltung wurde neu geordnet, die Bevölkerungszahl stieg, Städte entstanden oder wuchsen weiter. Norwegen erlangte mit der Eingliederung von Island, Grönland, den Färöern, den Hebriden und Teilen Schwedens seine **größte territoriale Ausdehnung**.

Unter dänischer Herrschaft

1397	Die Kalmarer Union vereinigt Norwegen, Dänemark und Schweden.
1387–1814	Norwegen gehört zu Dänemark.
1536	Reformation

Verlust der Unabhängigkeit

Nachdem Norwegen bereits im 11. Jh. kurze Zeit unter dänischer Herrschaft gestanden hatte, kam das Land nach dem Erlöschen seines Königshauses 1319 in Personalunion an Schweden, denn laut

Erbfolgerecht war der schwedische Thronfolger **Håkon VI.** (1340–1380) rechtmäßiger Erbe der norwegischen Krone. Håkon heiratete **Margarete von Dänemark**, Tochter des dänischen Königs Waldemar IV. Atterdag. Nach dem Tod ihre Mannes 1389 vereinigte Margarete die Herrschaft über Dänemark, Schweden und Norwegen auf sich. Die verfassungsmäßige Grundlage für diesen Staatenbund, in dem Norwegen seine Unabhängigkeit endgültig verlor, legte 1397 die **Kalmarer Union**, in der die nordischen Länder gegen das Deutsche Reich vereinigt werden sollten. Norwegen wurde zu einem dänischen Teilgebiet erklärt.

Hanse und Reformation

1536 wurde der norwegische Reichsrat aufgelöst, ab 1572 herrschte ein **dänischer Statthalter** in Norwegen. Nach der **Reformation** 1536 wurde Dänisch Amts-, Kirchen- und Schulsprache; das Altnorwegische lebte nur noch in Mundarten fort. Wirtschaftlich erlebte Norwegen zwar einen Aufschwung, doch wurde der Handel im 15. und 16. Jh. nahezu vollständig von der deutschen **Hanse** diktiert. Zu einem Aufbegehren gegen die dänische Herrschaft kam es erst Anfang des 19. Jh.s.
Als **Napoleon I.** 1806 die Kontinentalsperre gegen England verhängte, reagierten die Briten mit einer Blockade der norwegischen Küste, wodurch die Schifffahrt lahmgelegt wurde und bald schon wirtschaftliche Not das Land heimsuchte. Verständlich, dass Norwegen sich nun von Dänemark lösen wollte, das mit Napoleon verbündet war. Nach der Niederlage Napoleons musste Dänemark schließlich im **Frieden von Kiel** Norwegen an Schweden abtreten. 1814 endete die dänische Ära.

Union mit Schweden

1814	Norwegen gibt sich am 17. Mai (Nationalfeiertag) eine liberale Verfassung.
1814–1905	Personalunion mit Schweden
1854	Eisenbahn zwischen Oslo und Eidsvoll

Eigene Verfassung

Die Norweger wollten sich jedoch nicht auf eine Union mit Schweden einlassen, sondern erklärten das Land für selbstständig und gaben sich am 17. Mai 1814 (heute Nationalfeiertag) eine liberale Verfassung. Erst nach dem **Einmarsch schwedischer Truppen** ins Land akzeptieren die Norweger notgedrungen die Personalunion mit Schweden. Im Gegenzug durften sie ihre neue Verfassung behalten.

Aufschwung der Wirtschaft

Von den 1830er-Jahren an erlebte Norwegen einen wirtschaftlichen Aufschwung. Textilfabriken und Maschinenwerkstätten bildeten die Grundlage für die Industrie des Landes. Zwischen 1850 und 1880 stieg Norwegen dank seiner immer größer werdenden Handelsflotte sogar zu einer wichtigen **Schifffahrtsnation** auf.

Norwegen wird unabhängig Dank schwedischer Zugeständnisse erhielten die Norweger die innere Selbstverwaltung. Doch alle Gesetze, die die norwegische Reichsversammlung (Storting) erließ, konnten vom schwedischen König per Veto abgelehnt werden. 1880 gelang es dem Storting, dieses Vetorecht aufzuheben. Von da ab war Norwegen innenpolitisch eigenständig, nur die Außenpolitik der Union wurde weiterhin von Stockholm im Alleingang bestimmt. Als **1905** das Storting erneut mit Abspaltung drohte, verlangte Stockholm eine **Volksabstimmung**, die über die Zukunft der Union entscheiden sollte. Nachdem 368 392 Norweger für die Auflösung der Union mit Schweden und nur 184 für den Erhalt gestimmt hatten, entließen die Schweden widerspruchslos Norwegen in die **Unabhängigkeit**.

20. und 21. Jahrhundert

1914–1918	Im Ersten Weltkrieg bleibt Norwegen neutral.
1940	Norwegen wird von deutschen Truppen besetzt.
ab 1946	Rascher Wiederaufbau und Aufschwung
1969	Das legendäre Ekofisk-Ölfeld wird entdeckt.
1972/1994	Nein zur Mitgliedschaft in EG bzw. EU

Erster Weltkrieg Zum Zeitpunkt der Unionsauflösung befand sich Norwegen in einem wirtschaftlichen Aufschwung. Auch politisch entwickelte sich Norwegen zu einer der fortschrittlichsten und liberalsten Nationen Europas. Im Ersten Weltkrieg blieb Norwegen **neutral**. Unter dem von den Deutschen geführten **U-Boot-Krieg** hatte das Land am Nordatlantik sehr zu leiden. Andererseits brachte der Krieg den Norwegern, deren Fische und Erze (bes. Kupfer) bei den Kriegsgegnern heiß begehrt waren, auch eine Menge Geld ein.

Zweiter Weltkrieg Auch im Zweiten Weltkrieg versuchte Norwegen neutral zu bleiben. Allerdings hatten Deutsche wie Alliierte größtes Interesse an einer Beherrschung der norwegischen Küste, insbesondere dem Hafen Narvik, über den Eisenerz aus dem schwedischen Kiruna nach Deutschland verschifft wurde. Im April 1940 marschierten deutsche Truppen in Norwegen ein. Die norwegische Armee zog sich zwar zurück, leistete aber Widerstand, unterstützt von britischen, französischen und polnischen Expeditionskorps. Im Juni 1940 kapitulierte die norwegische Streitmacht, die königliche Familie und die Regierung gingen nach London ins **Exil**, wo die norwegische Exilregierung ihre Arbeit aufnahm. **Vidkun Quisling**, Führer einer unbedeutenden faschistischen Gruppierung, wurde von den Deutschen zum Ministerpräsidenten einer Marionettenregierung gemacht. Im Zweiten Weltkrieg wurden 10 262 Norweger getötet, viele Städte waren durch Bomben oder Terrorbrände zerstört. Am 8. Mai 1945 kapitulierte Deutschland, im Juni kehrte König Håkon VII. aus dem Exil zurück.

Norwegens Königspaar Harald V. und Sonja, flankiert vom schwedischen Königspaar Silvia und Carl XVI. Gustav. Links die Thronfolger Victoria (Schwed.) und Håkon (Norw.), seine Frau Mette-Marit ganz rechts.

Wohlfahrtsstaat und Ölförderland

Der Wiederaufbau nach dem Krieg verlief unerwartet schnell: Bereits 1946 waren die Industrieproduktion und das Bruttosozialprodukt größer als im Jahr 1938, was den Aufbau eines Wohlfahrtsstaates nach schwedischem Modell ermöglichte. 1969 begann das Ölzeitalter, als die Erdöl- und Erdgasvorkommen des Ekofisk-Feldes in der Nordsee entdeckt wurden.

Norwegen und Europa

In den ersten Nachkriegsjahren hielt sich Norwegen außenpolitisch sehr zurück, orientierte sich aber mit den zunehmenden Spannungen zwischen Ost und West im Kalten Krieg neu. 1949 trat das Gründungsmitglied der Vereinten Nationen (UN) dem nordatlantischen Verteidigungsbündnis NATO bei. Das Verhältnis zur Europäischen Union blieb indes ein loses: 1972 und 1994 sprach sich das Volk gegen eine Vollmitgliedschaft in der EG bzw. EU aus. Zu groß war wohl nach den jahrhundertelangen Zwangsgemeinschaften mit Dänemark und Schweden und nach der deutschen Besetzung während des Zweiten Weltkrieges das Misstrauen gegen Unionen aller Art. Auch fürchteten viele, ihr an Ölvorkommen reiches Land würde von Europa als weiterer Nettozahler vereinnahmt werden.

Von Prinzen und Prinzessinnen

Als der norwegische Thronfolger Håkon seine Verlobung mit Mette-Marit Tjessem Høiby bekannt gab, wurde dies von vielen Norwegern keineswegs begeistert aufgenommen. Diskussionen entzündeten sich vor allem am Vorleben von Mette-Marit. Doch als dann Ende August 2001 die Vermählung stattfand, kannte der Jubel keine Grenzen. Am 21. Januar 2004 wurde dem Paar das Mädchen Ingrid Alexandra geboren. Sie könnte dank der neuen Thronfolgeregelung einst Königin werden, was Frauen bislang nicht möglich war. Am 3. Dezember 2005 kam ihr Bruder Prinz Sverre Magnus zur Welt.

Geschichte von Schweden

um 830	Christliche Missionare erreichen Schweden.
14.–16. Jh.	Hansezeit
1397–1521	Kalmarer Union: Dänemark, Schweden-Finnland und Norwegen unter einem König vereint
1471	Sieg über die Dänen
1521	Stockholmer Blutbad

Sverige

Der Name (Svea rike = **Sverige** = Schweden) leitet sich vom Stamm der Svear ab, die ab 500 n.Chr. im Gebiet um das heutige Stockholm lebten. Ein weiteres Zentrum der Besiedlung lag weiter südlich im Bereich des heutigen Östergötland. Die hier ansässigen Götar wurden um das Jahr 750 von ihren Nachbarn unterworfen, woraufhin der Stammesname der Svear auf das ganze Land überging.

Wikinger

Um 800 setzte eine starke Expansion ein. Die Skandinavier machten sich im Ausland als Händler, vor allem aber als plündernde Wikinger bemerkbar und die schwedischen Wikinger gelangten über die russischen Flüsse sie mit ihren leichten Booten bis zum Kaspischen Meer (► Baedeker-Special S. 44). Doch die Wikinger verstanden nicht nur mit dem Schwert umzugehen, wie der Runenstein von Lund (siehe Bild) belegt.

Christentum

Um 830 predigte der **Heilige Ansgar** das Christentum in Birka am Mälarsee, das seinerzeit Schwedens größte Handelsniederlassung bildete. Nur zögerlich legte die Bevölkerung den Glauben an die germanischen Götter wie Thor und Odin ab und lange existierte ein Nebeneinander von Heiden und Christen. Erst im Jahr 1000 ließ sich König Olof Eriksson taufen. 1157 rief Schweden zum Kreuzzug gegen die Heiden in Finnland auf. Weite Teile Finnlands wurden besetzt und seit 1284 stand das **Herzogtum Finnland** ganz unter Schwedens Einfluss.

Runenstein aus Lund

Unter der Führung Lübecks hatten sich im 14. Jh. die deutschen Städte in der **Hanse** zusammengeschlossen. Die Handelsgemeinschaft sicherte sich im gesamten Ostseeraum, so auch in Schweden, die Vorherrschaft und gründete auch hier zahlreiche Städte. Visby auf der Ostsee-Insel Gotland war einer der Hauptstützpunkte der Hanse.

Im schwedischen Kalmar wurde 1397 die Union zwischen Dänemark, Norwegen und Schweden unter dänischer Führung beschlossen.

Kalmarer Union

Vereinigt mit Dänemark und Norwegen

Ein wichtiges Datum in der schwedischen Geschichte ist das Jahr 1397, als unter der Führung der dänischen **Königin Margarete** Dänemark, Norwegen und Schweden zu einem Reich vereinigt wurden. Nach dem Tod Margaretes 1412 wurde die **Kalmarer Union** immer mehr zu einem Machtinstrument Dänemarks und entwickelte sich zum Nachteil Schwedens. Das Land wurde mit hohen Steuern belegt und der Dauerstreit mit der **Hanse**, die den Ostseeraum dominierte, führte zu einem Boykott von schwedischem Eisen und Kupfer. 1434 kam es deshalb unter der Führung des Bergwerksbesitzers **Engelbrekt Engelbrektsson** zum Aufstand gegen die dänische Vormacht. Nach dem Sieg seines Bauernheeres wurde Engelbrektsson für kurze Zeit sogar Reichsverweser. Zwar wurde er 1436 ermordet und der Adel eroberte sich die Macht zurück, doch viele Freiheiten blieben den Bauern erhalten.

Widerstand gegen Dänemark

Auch die folgenden Jahrzehnte waren von großen Unruhen geprägt. Ab 1436 stand Karl Knutsson an der Spitze des Kampfs gegen den Kalmarer Unionskönig Erich von Pommern. Karl Knutsson wurde 1448 zum König gewählt, verlor aber in den bis zu seinem Tod (1470) andauernden erbitterten Kämpfen gegen König Christian I. von Dänemark und gegen schwedische Adlige zweimal die Herrschaft. Doch der **Kampf gegen die Dänen** und für die Auflösung der Kalmarer Union ging weiter. Immer wieder eroberten die Dänen ihre Macht zurück. Tragischer Höhepunkt der Auseinandersetzung war das **»Stockholmer Blutbad«** 1521, als Dänenkönig Christian II. 82 schwedische Adlige, die angeblich einen Aufstand gegen ihn geplant hatten, brutal ermorden ließ. In der Folge brach nun tatsächlich ein Aufstand unter Führung von Gustav Wasa aus, der zur Absetzung von Christian II. führte.

Auf dem Weg zur Großmacht

1523	Gustav Wasa wird zum König gewählt.
1527	Reformation
1632	Gustav II. Adolf fällt in der Schlacht von Lützen.
1648	Im Westfälischen Frieden bekommt Schweden u.a. Vorpommern zugesprochen.
1658	Größte Ausdehnung des Staatsgebiets in der Geschichte
ab 1697	Niedergang Schwedens

Wasa-Zeit Gustav Wasa wurde 1523 zum König von Schweden gewählt. Er ließ 1527 die Reformation einführen, brach die Macht der Hanse und machte Schweden 1544 zur Erbmonarchie. Zu Beginn des 17. Jh. betrieb **Gustav II. Adolf** eine aggressive Expansionspolitik Richtung Osten und beendete die bereits von seinem Vater **Karl IX.** begonnenen Kriege gegen Russland und Polen siegreich. Er reformierte die Verwaltung und förderte die Wirtschaft. Auf Bitten der protestantischen Fürsten griff Gustav II. Adolf in Deutschland in den **Dreißigjährigen Krieg** (1618–1648) ein; dort fiel er 1632 in der Schlacht von Lützen.

Auf dem Gipfel der Macht Unter seiner Nachfolgerin Christine setzte sich der **Aufstieg Schwedens zur Großmacht** fort. Im Westfälischen Frieden, der den Dreißigjährigen Krieg beendete, sicherte sich Schweden unter anderem Vorpommern mit Rügen und Wismar sowie Bremen und das Bistum Verden. Weitere Eroberungen folgten im Krieg gegen Dänemark-Norwegen. 1658 stand Schweden auf dem Gipfel seiner Macht, eine größere territoriale Ausdehnung sollte es nie mehr erreichen.

Der Stern sinkt Doch fehlten dem rein agrarisch geprägten Land die wirtschaftlichen Ressourcen, um das riesige Gebiet absichern zu können. Als 1697 der 15-jährige **Karl XII.** den Thron bestieg, begann der **Niedergang Schwedens**. Zunächst konnte der kriegerische König zwar noch militärische Erfolge feiern, doch die Niederlage im **Großen Nordischen Krieg** (1700–1721) gegen Dänemark, Polen und Russland brachte den Verlust der Ostseeprovinzen, Bremens, Verdens und Vorpommerns, die Vormachtstellung in Europa war dahin.

Freiheitszeit · Industrialisierung

1719 – 1772	Freiheitszeit: Macht des Königs wird eingeschränkt.
1772 – 1809	Gustavianische Epoche
1809	Schweden verliert Finnland.
1814 – 1905	Union mit Norwegen
1818	Jean Baptist Bernadotte besteigt den Thron.
1900 – 1930	Aufstieg zur Industrienation

Reichsrat erhält mehr Macht

Nach dem Zusammenbruch erholte sich das Land wirtschaftlich überraschend schnell. In der »Freiheitszeit« genannten Epoche gelang es dem Adel, die Macht des Königs zugunsten des **Reichsrates** deutlich einzuschränken. Die Macht lag nun ganz beim Reichsrat/ Parlament – Vergleichbares konnte zu dieser Zeit nur England aufweisen. Gustav III., der 1772 den Thron bestieg, schränkte den Einfluss der Parteien wieder stark ein. Er regierte im Sinne des aufgeklärten Absolutismus, schaffte die Folter ab und führte die **Pressefreiheit** ein. Gustav ging auch als bedeutender Förderer von Kunst und Kultur in die Geschichte des Landes ein.

Union mit Norwegen

1805 tobte in Europa wieder ein Krieg. Schweden verbündete sich mit England gegen Russland und Frankreich – und unterlag. Die Provinz Finnland ging verloren. Da man Gustav IV. Adolf als Schuldigen für die Niederlage ausgemacht hatte, wurde er abgesetzt und durch **Karl XIII.** ersetzt.
Die eigentliche Macht übte aber **Jean Baptiste Bernadotte** aus, ein ehemaliger Marschall aus der napoleonischen Armee. Er wurde 1810 als Kronprinz ins Land geholt und zog 1813 gegen Frankreich und Dänemark in den Krieg. Als Kriegsfolge musste Dänemark **Norwegen** abtreten und dieses eine Union mit Schweden eingehen, die bis 1905 währte. 1818 bestieg Jean Baptiste Bernadotte als Karl XIV. Johann den Thron. Seine Nachkommen stehen noch heute an der Spitze des schwedischen Staates.

Auswanderung

Im Laufe des 19. Jh.s verschlechterte sich die wirtschaftliche Situation in Schweden zusehends. Vor allem die Landbevölkerung verarmte und rund 1,5 Millionen Menschen (bei einer Bevölkerung von nur 3,5 Millionen) wanderten vor allem **nach Nordamerika** aus. Wer nicht emigrierte, versuchte sein Glück in der Stadt.
Die einsetzende Industrialisierung schuf zwar neue Arbeitsplätze, doch für viele ehemalige Bauern endete der Umzug in die Stadt in größter Armut. 1889 wurden die ersten **Arbeiterschutzgesetze** erlassen und die Sozialdemokratische Partei sowie die Zentralgewerkschaft gegründet. Bis 1930 durchlief die Industrialisierung eine äußerst rasche Entwicklung; Wirtschaft und Kultur erreichten ein höheres Niveau.

20. und 21. Jahrhundert

1914–1918/ 1939–1945	In den Weltkriegen bleibt Schweden zumindest auf dem Papier neutral.
1946	Beitritt zu den Vereinten Nationen
2003	Schweden stimmt gegen den Euro.

Die Weltkriege

Im **Ersten Weltkrieg** verfolgte die schwedische Regierung offiziell eine Politik der Neutralität, da man aber in Wirklichkeit eine sehr deutschfreundliche Linie fuhr, verhängte England schließlich eine Blockade gegen das Land. Das Kriegsende leitete eine Reihe politischer und sozialer Reformen ein, durch die der Grundstein zur Schaffung des schwedischen Wohlfahrtsstaates gelegt wurde.
Im **Zweiten Weltkrieg** erklärte Schweden erneut seine Neutralität, trieb aber regen Handel mit Deutschland und lieferte Eisenerz für Hitlers Waffenschmieden. Außerdem wurde den deutschen Truppen ein Transitrecht ins besetzte Norwegen gewährt.

Wohlfahrtsstaat

Nach dem Krieg wurden die sozialen Reformen fortgeführt und eine sozialdemokratische Regierung folgte auf die andere. 1946 trat Schweden den **Vereinten Nationen** bei, 1949 dem Europarat und 1951 gründete das Land zusammen mit seinen Nachbarn den **Nordischen Rat**. All dies geschah unter der Führung des Sozialdemokraten Tage Erlander (Ministerpräsident 1946–1969). Ihm folgte **Olof Palme** im Amt. Der beliebte Ministerpräsident wurde 1986 von einem Unbekannten **ermordet.** Dasselbe Schicksal erlitt 2003 die schwedische Außenministerin **Anna Lindh**, die in einem Kaufhaus in der Stockholmer Innenstadt ermordet wurde.

Eine Deutsche wird Königin

1976 heiratete König Carl XVI. Gustaf **Silvia Sommerlath**. Er hatte die Deutsche 1972 während der Olympischen Spiele in München kennen gelernt. Am 14. Juli 1977 kam **Victoria** Ingrid Alice Desirée, ihr erstes Kind, auf die Welt. Seit 1980 gilt in Schweden bei der Königsnachfolge das Erstgeburtsrecht, damit ist Victoria schwedische Thronfolgerin. Ihr Bruder Prinz Carl Philip wurde 1979 geboren, ihre Schwester Prinzessin Madeleine 1982.

Schweden und Europa

Als eines der ersten Länder Europas schlitterte Schweden im Laufe der 1990er-Jahre in eine schwere Wirtschaftskrise mit hoher Arbeitslosigkeit und Betriebsbankrotten. In dieser Situation beantragte die Regierung den in der Bevölkerung äußerst umstrittenen **Beitritt zur Europäischen Gemeinschaft**. Seit 1995 ist das Land Mitglied der Europäischen Union. Der Beitritt zur Europäischen Währungsunion und damit die Übernahme des **Euro** wurde aber in einer Volksabstimmung im September 2003 von einer breiten Mehrheit der Bevölkerung **abgelehnt**. Ein Grund für die Ablehnung war der eigene Wirtschaftsaufschwung, den man durch den Euro gefährdet sah.

Geschichte von Finnland

Die Finnen kommen

Wohl aus dem Landschaftsraum westlich des Urals strömten im ersten Jh. n.Chr. die ersten Finnen bis nach »Suomi«. Im Zeitraum vom 6. bis 10. Jh. drängten die Finnen die **Samen**, die vor ihnen hier siedelten, aus dem küstennahen Raum im Südwesten ins Landesinnere zurück. Im Osten bildeten die **Karelier** am Ladoga-See ein eigenes Stammesgebiet. Finnen und »schwedische« Wikinger jenseits des Bottnischen Meerbusens pflegten einen regen Pelzhandel; die besten Jagdgründe dafür waren im Besitz der Samen.

Die schwedische Epoche

1157	Schwedischer Kreuzzug gegen die heidnischen Finnen
1284	Finnland wird schwedisches Herzogtum.
1527	Gustav Wasa I. führt die Reformation ein.
1700 – 1721	Nordischer Krieg, Ostkarelien und Vyborg gehen an Russland.

Christianisierung

Während die Fürsten von Nowgorod friedfertige Mönche vorschickten, um den Kareliern (vom heute russischen Vyborg aus) den orthodoxen Glauben näher zu bringen, bekehrten die Schweden die Finnen mit dem Schwerte zur römisch-katholischen Kirche: 1157 rief Erik IX. zum Kreuzzug gegen die Heiden auf. Mit Rittern und Priestern kamen die ersten Bauern und Fischer und siedelten an der Süd- und Südwestküste.

Herzogtum Finnland

Schweden kolonisierte sodann das Land von Süd- und West-Finnland her im 13. Jh. Ab 1284 ist das besetzte Gebiet, das Herzogtum Finnland, ein integraler Bestandteil der schwedischen Machtsphäre. 1293 dehnte sich der Machtbereich der Schweden bis zum Ladoga-See aus, Vyborg wurde befestigt. 1323 wurden Karelien und Mittel-Finnland zwischen dem Schwedischen Reich und dem Stadtstaat Nowgorod aufgeteilt.

Kalmarer Union

In der Kalmarer Union vereinte **Königin Margarete** 1397 Dänemark, Norwegen und Schweden (wozu Finnland damals gehörte). Schon unter dem ersten gemeinsamen Herrscher **Erik XIII.** brach das zentralistisch regierte Gebilde 1439 zeitweilig auseinander; 1523 löste **Gustav Wasa I.** (1523 – 1560) Schweden endgültig aus dem Verbund.

Finnland wird Großfürstentum

Finnland wurde 1581 zum Großfürstentum erhoben; kulturell und wirtschaftlich blühte der schwedischsprachige Teil dadurch auf (1640 Gründung der Universität von Åbo). Im **Nordischen Krieg** (1700 – 1721) kamen Vyborg und Ostkarelien von Schweden an Russland.

Die russische Epoche

1809	Finnland erhält von Russland den Status »autonomes Großfürstentum«.
1812	Helsinki löst Turku als Hauptstadt ab.
1863	Finnisch und Schwedisch werden zu gleichberechtigten Sprachen.

Helsinki wird Hauptstadt

1807 standen **Napoleons** Truppen an der Ostsee und besetzten Schwedisch-Vorpommern. Russland beteiligte sich an der Kontinentalsperre gegen Großbritannien; dafür bekam es freie Hand, Finnland in seinen Machtbereich einzugliedern. 1808 drang die russische Armee in Finnland ein. Um eine russenfreundliche Stimmung zu erzeugen, erklärte Alexander I. 1809 Finnland zum **autonomen Großfürstentum**. 1812 wurde statt Åbo das russlandnahe Helsinki zur Hauptstadt erklärt.

Russifizierung

Unter dem seit 1881 regierenden **Alexander III.** begann eine Russifizierungswelle in allen Außenposten des Zarenreichs; auch sein Nachfolger **Nikolaus II.** (1894 – 1917) ritt auf dieser Welle: Russisch

Beeindruckendes Erbe aus der Zeit, als Finnland noch ein russisches Großfürstentum war: die Uspenski-Kathedrale in Helsinki

wurde Pflichtfach an finnischen Schulen und Staatssprache in der Verwaltung. Ende Oktober 1905 kam es zu einer revolutionären Erhebung in St. Petersburg, auch die finnischen Arbeiter traten in den Generalstreik. 1906 billigte der Zar ein Parlament. Erstmalig erhielten jetzt alle Finnen das Wahlrecht, doch durfte das finnische Parlament, die Eduskunta, nur über Lokales bestimmen. Alles, was von übergeordnetem Staatsinteresse war, entschied wie bisher schon das russische Parlament, die Duma. 1905 konnten sich die Finnen für 10 Millionen Finnmark im Jahr von der Einberufung in die russische Armee »freikaufen«. Als Russland 1914 in den Ersten Weltkrieg eintrat, betraf dies Finnlands Soldaten nicht.

Unabhängigkeit und Weltkrieg

6.12.1917	Finnland wird unabhängig.
1918–1919	Bürgerkrieg zwischen »Roten« und »Weißen«
1939–1940, 1941–1944	»Winterkrieg« und Fortsetzungskrieg gegen die Sowjetunion
1944	Lapplandkrieg gegen Deutschland
1947	Der Pariser Friedensvertrag diktiert hohe Reparationszahlungen Finnlands an die Sowjetunion.

Der Schritt zur Souveränität

Am 15. März 1917 dankte Zar Nikolaus II. ab, Russland war nun Republik. Der Wunsch nach Unabhängigkeit erwachte von Neuem, Finnland sollte nicht Teil eines neuen »roten«, sowjetischen Reichs werden. Am 6. Dezember erklärte das Parlament die **Unabhängigkeit**, und Lenin entließ das gespaltene Finnland am 31. Dezember in eine Selbstständigkeit, die in einen Bürgerkrieg mündete, der 25 000 Menschen das Leben kosten sollte. 1919 entschieden die Regierungstruppen den Kampf unter **General Carl Gustav Mannerheim** in der Schlacht von Tampere für sich.

Winterkrieg

Der **»Hitler-Stalin-Pakt«** schlug Finnland 1939 der sowjetischen Interessensphäre zu. Am 30. November überschritt die Rote Armee die Grenze, und der von vornherein aussichtslose **»Winterkrieg«** (finnisch »talvisota«) begann. Am 13. April 1940 unterzeichnete Finnland in Moskau die Friedensbedingungen, die u. a. die Abtretung von Teilen Kareliens vorsahen. Finnland hoffte, mit Hitlers Hilfe verlorenes Terrain zurückgewinnen zu können, und billigte deshalb 1940 die Stationierung von deutschen Verbänden in Lappland. Am 22. Juni 1941 griff Nazi-Deutschland die Sowjetunion an, Finnland folgte Anfang Juli. Im so genannten **»Fortsetzungskrieg«** konnte das gut ausgerüstete Land seine eigenen militärischen Ziele in Karelien bis Ende 1941 erreichen. Doch nach der Niederlage der Deutschen in Stalingrad suchte Finnland wieder die Verständigung mit der Sowjetunion.

Teurer Frieden Die 1944 gestellten und 1947 bestätigten Bedingungen waren bitter: Die alten Grenzen von 1940, der Verlust von Petsamo und Hanko, dazu Reparationen an die Sowjetunion im Wert von 300 Mio. US-Dollar. 1948 schloss Finnland mit der Sowjetunion einen »Vertrag über Freundschaft, Zusammenarbeit und gegenseitigen Beistand«. Er band das Land an den kommunistischen Block, ohne dass es wie andere Staaten an den Grenzen der Sowjetunion seine innere Souveränität verlor.

20. und 21. Jahrhundert

1952	Olympische Sommerspiele in Helsinki
1956	Urho Kekkonen wird Staatspräsident.
1973 – 1975	Erste KSZE-Konferenz in Helsinki
ab 1991	Schwerste Wirtschaftskrise der Nachkriegszeit
1995	EU-Beitritt
1.1.2002	Der Euro löst die Finnmark ab.

Zwischen den Stühlen 1948 wurde zwischen Finnland und der Sowjetunion ein Friedens- und Beistandsvertrag geschlossen: Helsinki verpflichtete sich, keine fremden Truppen ins Land zu lassen und keiner Allianz beizutreten, die gegen die Sowjetunion gerichtet sein könnte. Während man sich im übrigen Europa auf die Konfrontation der Supermächte und auf feindliches Blockdenken einstellte, schien sich Finnland – obwohl eigentlich eine westliche Nation – von Moskau eine Neutralität diktieren zu lassen. Das erregte Widerwillen in vielen westlichen Hauptstädten. Doch die Finnen hatten keine Wahl: Das Schicksal der osteuropäischen Staaten bot ein überaus warnendes Beispiel dafür, wie die Sowjetunion mit Ländern innerhalb ihres Machtbereiches umspringen konnte; die damals sehr starke Position der finnischen, angeblich putschbereiten Kommunisten und die lange, verletzliche Landgrenze zur Sowjetunion taten ein Übriges, um die Regierung unter **Juho Kusti Paasikivi** zum Einlenken zu zwingen. Einen dritten Waffengang gegen die Russen innerhalb eines Jahrzehnts konnte und wollte man sich nicht mehr vorstellen. In der Folge musste Finnland stets sowjetische Interessen berücksichtigen: Weder konnte es am Marshall-Plan partizipieren noch der NATO beitreten. Im Gegenzug konnte die staatliche Souveränität erhalten bleiben. Wirtschaftlich ging es nach dem Krieg rasch bergauf, was zur Entschärfung der Lage beitrug; Finnland erlangte mit Holzexporten beträchtlichen Wohlstand und wurde eine florierende Industrienation.

Schaukelpolitik Viele Kritiker beargwöhnten die erfolgreiche Schaukelpolitik der Finnen. Vertraglich und wirtschaftlich an die Sowjetunion gebunden, hatte sich Finnland seine Unabhängigkeit und Neutralität bewahren können – besaß aber nicht die Freiheit, einem westlichen Militär-

Finnlands Außenminister Johannes Virolainen unterzeichnet 1955 das Porkkala-Abkommen, das auch die Kooperation mit der Sowjetunion regelt.

bündnis beitreten zu können. Kritik an innersowjetischen Angelegenheiten kam finnischen Politikern der Nachkriegszeit fast nie über die Lippen.

Staatspräsident Kekkonen

1955 wurde Finnland Mitglied in der **UNO** und im **Nordischen Rat**. Am 1. März 1956 übernahm Urho Kaleva Kekkonen das Amt des Staatspräsidenten, das er über 25 Jahre bis 1981 bekleiden sollte. Der große Staatsmann konnte in der Zeit des erbitterten Kalten Krieges das Kunststück des finnisch-sowjetischen Ausgleichs durchsetzen. Sein Rezept war einfach, aber wirkungsvoll: Nicht politischer Druck, nur Entspannung konnte den Weg der angestrebten Neutralität zwischen Ost und West offen halten. 1961 schloss sich Finnland der EFTA an, nachdem sich die Europäische Freihandelsgemeinschaft auch für die Sowjetunion öffnete.
Um aller Welt zu demonstrieren, dass Finnland nicht nur ein Werkzeug in den Händen der östlichen Supermacht ist, sondern seinen eigenen Weg geht, regte Kekkonen 1969 eine »Konferenz über Sicherheit und Zusammenarbeit in Europa (KSZE) an. Von 1972 bis 1975 tagten Abgesandte aller europäischen Staaten außer Albanien in der Hauptstadt, und fortan wurde Helsinki zum Synonym für politische Entspannung. Diese Konferenz endete 1975 mit der Unterzeichnung der »KSZE-Akte«.

EU-Beitritt

Am 25. Okt. 1988 erkannte der sowjetische Staatschef Michail Gorbatschow Finnlands Status als neutrales Land ohne Einschränkung an. Nach dem Ende der Sowjetunion 1991 orientierte sich Finnland neu, wurde am 1. Januar 1995 Mitglied der Europäischen Union und übernahm 1999 den Euro.

Kunst und Kultur

In der Frühgeschichte setzte Skandinavien mit der Wikingerkunst und den Stabkirchen eigene Impulse, nahm dann aber stark die Anregungen von außen auf. Nach 1850 gelangten Künstler wie Grieg, Sibelius, Edvard Munch oder Anders Zorn zu Weltruhm. Seit dem 20. Jh. setzt der Norden vor allem auf dem Gebiet von Architektur und Design international beachtete Akzente.

Kunst der Frühzeit

Felsbilder

Aus vorgeschichtlicher Zeit sind in Norwegen und Schweden vor allem die Felsritzungen bemerkenswert, die zu den bedeutendsten ihrer Art zählen. Entstanden sind sie teils in der Jungssteinzeit, teils in der Bronzezeit (►Baedeker-Special S. 352).

Germanische Kunst

Bronzezeit

Die Träger des nordischen Kulturkreises waren mit Sicherheit Germanen. Der Beginn der germanischen Kunst, die den Zeitraum von 1800 v. Chr. bis zur Christianisierung um 1100 n. Chr. umspannt, wird in die Bronzezeit datiert. Diese währte in Skandinavien etwa von 1800 bis 600 v. Chr. Die Bronzearbeiten sind künstlerisch und technisch sehr hochwertig. Wichtige Funde sind vor allem aus Gräbern überliefert, besonders beigabenreich waren die Hügelgräber in Uppsala und Seddin.

Tierstil

In der germanischen Zeit entwickelte sich die Kunst, Schmuckstücke aus Metall herzustellen, sehr weit. Bis um 350 n. Chr. wurden Fibeln (eine Art Brosche) mit gekörnten Gold- oder Silberdrähten verziert. Bis 550 n. Chr. ließ man sich vom Orient inspirieren, übernahm ornamentale Techniken iranischer Herkunft und versah Goldschmuck mit wunderschönen roten Einlagen aus Almandin. Charakteristisch ist auch der »Tierstil«: Schmuckstücke tragen dabei seltsam ineinander verschlungene Tiergestalten, die teils so abstrakt sind, dass man darin kaum ein Tier erkennt.

Bildsteine

Eine Besonderheit stellen die Bildsteine auf Gotland dar. Auf diesen 2–4 m hohen Kalksteinplatten sind Schiffe und Menschen, manchmal ganze Sagenzyklen dargestellt. Sie datieren in die Zeit der Völkerwanderung (ab ca. 375 n. Chr.) bis zur Christianisierung.

Wikingerkunst

Von zeitgenössischen Autoren werden die Nordgermanen ab ca. 800 n. Chr. Wikinger genannt, insofern kann man zwischen 800 und 1100 n. Chr. auch von Wikingerkunst sprechen. In der Tat zeichneten sich die Wikinger nicht nur durch ihre blutigen Raubzüge aus, sondern brachten einen eindrucksvollen Kunststil hervor, der als **jüngere Tierornamentik** bekannt ist. Prachtvolle Tierkopfpfosten zieren die Wikingerschiffe, z. B. das Osebergschiff. Der sog. Jellingstil (900–1100 n. Chr.) zeigt starken Einfluss von irisch-keltischer Tierornamentik. Mit der Übernahme des Christentums schwindet die Kraft der Tierornamentik. Die letzten Arbeiten, die Stabkirche von Urnes in Norwegen und die schwedischen Runensteine, stammen aus der Zeit um 1100.

← Kreationen der finnischen Marimekko-Designerin Maija Isola im Designmuseum in Helsinki

Die Stabkirche von Gol steht heute im Freilichtmuseum von Oslo.

MEISTERWERKE IN HOLZ

Die hölzernen Stabkirchen (norwegisch »Stavkirker«) sind die bekanntesten und eigenständigsten Zeugnisse mittelalterlicher Baukunst in Norwegen. Von ursprünglich rund 600 dieser Holzkirchen haben nur 31 die Stürme der Zeit bis heute überstanden. Diese werden nun wie Schätze gehütet.

Stabkirchen sind ein- oder dreischiffige Holzkirchen mit einem steilen, mehrstöckig gestuften Dach. Ihren Namen verdanken sie der **Stabbauweise**, die – im Gegensatz zur Blockbauweise mit horizontalen Balken – im Boden oder auf freiliegenden Schwellenrahmen verankerte Pfosten verwendet, die das Satteldach tragen. Ähnlich wie bei den **Schiffskonstruktionen der Wikingerzeit** (Spanten) versteift die Anordnung von Rahmenhölzern, Knaggen und Andreaskreuzen das bauliche Gefüge so stark, dass es den nordischen Stürmen gut standhalten kann. Massive runde Eckstützen stabilisieren die Außenwand, die vom Kircheninneren gelöst ist. Zwischen den Pfosten und Pfeilern im Inneren der Kirche, zu deren Bau weder Eisenteile noch ein einziger Eisennagel verwendet worden sind, gewährleisten die vorhandenen Rundbögen die notwendige Elastizität.

Die **Blütezeit** der schon im 9. Jh. nachweisbaren Stabkirchen fällt in das 12. und 13. Jh., also in einen Zeitraum, da mit dem Vordringen des Christentums auch in Skandinavien schon Kirchen aus Stein errichtet wurden.

Erbe der Wikinger

Romanische Formen verbanden sich mit der uralten Technik des Holzbaus, während die Ornamentik zunächst noch völlig der Tradition der Wikinger verhaftet war. Aus dieser Periode stammen kunstvoll stilisierte Tier- und Flechtwerkschnitzereien, die durch ihre dekorativen Kompositionen mit **Motiven der vorchristlichen Eddadichtung** eine fantastische, fast unheimliche Wirkung erzeugen. Mit der Christianisierung wurde allerdings der als heidnisch betrachtete Figurenschmuck zurückgedrängt und in der normannischen Stilepoche von der kargeren Ornamentik abgelöst, die ihre Vorbilder in zeitgenössischen Steinbauten suchte.

Zugleich trat neben den älteren einschiffigen Grundriss der **basilikale Typ** des Kirchenraumes mit überhöhtem Mittelschiff, das durch mastbaumartige Säulen von den Seitenschiffen

Lage der norwegischen Stabkirchen

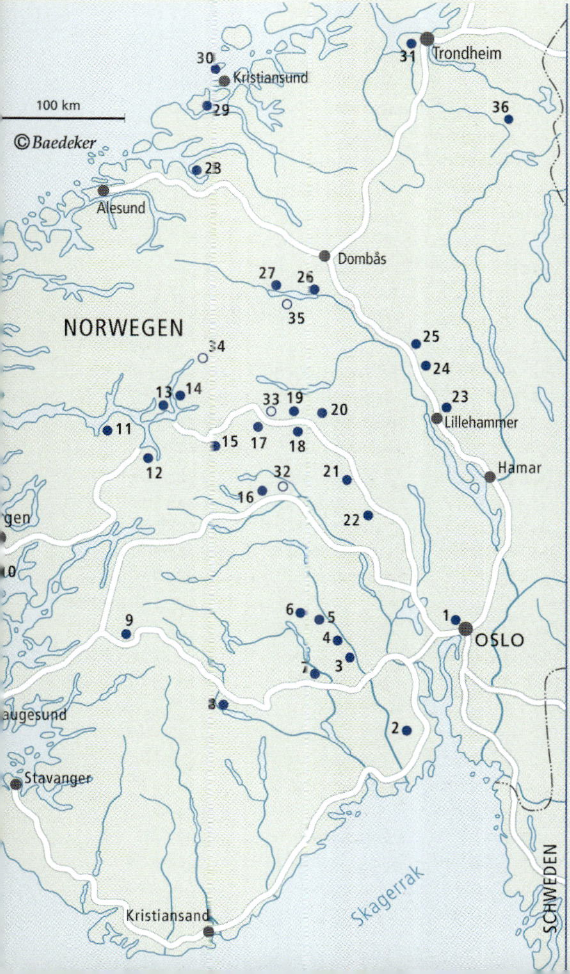

● **Stabkirchen**
(ganz oder teilweise erhalten)

1 Gol (um1520; Norsk Folkemuseum, Oslo)
2 Hoyjord (?)
3 Flesberg (1731 umgebaut)
4 Rollag (?)
5 Nore (um 1250)
6 Uvdal (um 1250)
7 Heddal (um 1300)
8 Eidsborg (um 1300)
9 Roldal (um 1300?)
10 Fortun (13. Jh., Fantoft 1997 wieder aufgebaut)
11 Hopperstad (frühes 13. Jh.)
12 Undreal (?)
13 Kaupanger (um 1200)
14 Urnes (um 1200)
15 Borgund (um 1250)
16 Torpo (um 1250)
17 Oye (urspr. 12. Jh.; in jüngerer Zeit wieder aufgebaut)
18 Lomen (um 1250)
19 Hurum (um 1250)
20 Hegge (um 1250)
21 Reinli (um 1300)
22 Hedal (um 1200)
23 Garmo (Maihaugen bei Lillehammer)
24 Fåvang (?)
25 Ringebu (um 1200)
26 Vågå (17. Jh.)
27 Lom (frühes 13. Jh.)
28 Rødven (um 1300?)
29 Kvernes (um 1300?)
30 Grip (15. Jh.)
31 Holtålen (um 1300; Sverresborg bei Trondheim)

○ **Ursprüngliche Standorte**

32 Gol (1884 abgebaut; s. Nr. 1)
33 Vang (1840 abgebaut; bei Brückenberg im schlesischen Riesengebirge wieder errichtet)
34 Fortun (1833 abgeb.; s. Nr. 10)
35 Garmo (1885 abgeb.; s. Nr. 23)
36 Holtålen (abgebaut; s. Nr. 31)

Die Liebe zum Detail zeigt sich auch in den Schnitzereien an der Stabkirche von Lom.

getrennt wurde. Während sich die römische Basilika zum vorherrschenden Bau entwickelte, entstanden auch die ersten festen Bischofssitze in Norwegen, wo es zuvor nur missionierende Wanderbischöfe gegeben hatte. Allmählich nahm der Figurenschmuck an Formenreichtum wieder zu, und die Wikingertradition erlebte formal eine Renaissance. Die heidnischen Ornamente von einst wurden von europäisch beeinflussten christlichen Motiven abgelöst. So entstand der berühmte **»Drachenstil«**, benannt nach den Furcht erregenden Drachenköpfen am First der Bauwerke. Große Wandmalereien waren aufgrund der dürftigen Lichtverhältnisse relativ selten.

Stabkirchen heute

Um das Jahr 1300 soll es in Norwegen weit über 600 Stabkirchen gegeben haben. Nachdem die **Pest** dann mehr als die Hälfte der norwegischen Bevölkerung dahingerafft hatte, verfielen die meisten der sakralen Holzbauten, und vom 17. bis zum 19. Jahrhundert wurden viele Kirchen, für die wachsenden Gemeinden zu klein geworden, abgerissen, sodass heute nur noch 31 Stabkirchen – mehr oder weniger verändert – erhalten sind. Die meisten dieser Holzkirchen stehen noch an ihren ursprünglichen Standorten. Einige wurden an andere Orte versetzt und als museale Sakralbauten neu errichtet (siehe Übersichtskarte auf der vorherigen Seite). Um die Mitte des 19. Jh.s erwachte ein **neues Interesse** an den mittelalterlichen Gotteshäusern, und zwar durch den norwegischen Maler J. C. Dahl, seit 1824 außerordentlicher Professor der Kunstakademie zu Dresden, der nach häufigen Reisen in seine norwegische Heimat den Kampf um die Erhaltung der einzigartigen Kulturdenkmäler begann. Er veranlasste den preußischen König Friedrich Wilhelm IV., die Stabkirche von Vang in Valdres zu erwerben, die zuerst auf der Pfaueninsel bei Berlin und später in Brückenberg im Riesengebirge wieder aufgebaut wurde. Damit rückte er die norwegische Stabkirche ins Rampenlicht der Öffentlichkeit.

Nun ging man daran, die noch vorhandenen Sakralbauten zu konservieren, wobei allerdings auch durch so manche Restaurierungsarbeiten der ursprüngliche Eindruck **verfälscht** wurde. So brachte man etwa **Fensteröffnungen** an, während der Kirchenraum früher nur durch hoch gelegene, kleine Luken schwach erhellt worden war.

Die heute noch erhaltenen Stabkirchen stehen im südlichen Teil Norwegens, in einem Gebiet, das zwischen Oslo und Bergen liegt und nordwärts etwa bis Trondheim reicht.

Norwegische Kunst

Romanik und Gotik

Den Stabkirchen (► Baedeker-Special S. 62) folgen die Steinbauten der Romanik. Sie gehen, wie der **Dom von Stavanger** (um 1130) und die **Kirche des Lyseklosters** (ab 1146), auf englische Vorbilder zurück. Der Architekturstil der **gotischen Kirchen** folgt vielfach französisch-spanischen Vorbildern. Einige Bauten sind der deutschen **Backsteingotik** verpflichtet. Besonders nachhaltig ist in jener Zeit auch der englische Einfluss, wie das Beispiel des **Doms von Trondheim** (Neubau ab 1152) zeigt. Sehr häufig werden seinerzeit Flügelaltäre aus Norddeutschland und den Niederlanden eingeführt.

Barock

Die Zeit in der Kalmarer Union unter der Oberhoheit Dänemarks bedeutet für Norwegens Kunst ein Tief. Erst mit der barocken »Rosenmalerei« besinnt man sich vor allem in Telemark und Halingdal im 18. Jh. wieder auf eigene Kunstformen. An barocken Baudenkmälern sind vor allem die **Håkonshalle** in Bergen und die Festung Akershus in Oslo erwähnenswert.

Holzarchitektur

Seit es dank Erfindung der Säge Ende des 16. Jh.s möglich war, Bretter herzustellen, entstehen Holzhäuser, deren Fassadengestaltung sich eng an die von Steinbauten anlehnt. Besonders schön sind die historischen Gebäude der Bergbaustadt Røros und die hanseatischen Kaufmannshäuser auf der Bryggen in Bergen. Der **Trondheimer Stiftsgården**, das größte Holzbauwerk Norwegens, zeigt imposant die Nachbildung einer barocken Steinfassade.

Baukunst im 19. Jh.

Nach der Auflösung der Union mit Dänemark nimmt das künstlerische Schaffen wieder stark zu, es entsteht z.B. das klassizistische königliche Schloss in Oslo. Auch der Holzbau öffnet sich neuen Impulsen: Überaus rasch verbreitete sich der sog. Schweizerstil in Norwegen, der sich stark vom **Drachenstil** der Stabkirchen inspirieren ließ. Eines der schönsten Beispiele ist das Restaurant **»Frognerseteren«**, das Holm H. Munthe 1890 am Holmenkollen erbaute.

Kunst im 20. Jh.

Bekannte Vertreter der jüngeren norwegischen Künstlergeneration sind die Bildhauer **Stephan Sinding** (1846 – 1922), **Ingebrigt Vik** (1867 – 1927) und vor allem **Gustav Vigeland** (► Berühmte Persönlichkeiten). Beachtliches leisten norwegische Künstler auch in der Malerei. Noch in das 19. Jh. fällt die Schaffenszeit des Romantikers Johann Christian Dahl (1788–1857). Wichtige Impulse kommen nach wie vor aus dem Ausland: So schließen sich J. Eckersberg (1882 – 1870) und Hans Gude (1825 – 1903) der sog. Düsseldorfer Schule an, während Gerhard Munthe (1849 – 1929), Erik Werenskiold (1855 bis 1938) und Christian Krohg französischen Vorbildern folgen. Von überragender Bedeutung ist **Edvard Munch** (► Berühmte Persönlichkeiten).

Kunst in Schweden

Romanik Die Übernahme des Christentums markiert auch in Schweden das Ende der germanisch-wikingischen Kunstentfaltung. Um 1160 wird der Backsteinbau eingeführt. Kirchenbauten aus Stein, die die Macht des neuen Glaubens demonstrieren, sind die besterhaltenen Baudenkmäler aus dieser Epoche. Das **bedeutendste romanische Bauwerk Skandinaviens** ist der Dom von ►Lund, eine von den Kaiserdomen des Rheinlands beeinflusste Basilika. Die Steinkirchen des 12. und 13. Jh.s sind meist einfacher Art; vor allem auf Gotland stehen auch noch einige Rundkirchen. Mitte des 12. Jh.s kommen Zisterzienser ins Land, die u.a. in Varnhem Klöster errichten.

Gotik Die gotischen Kirchen des 13. bis 15. Jh.s orientieren sich in Südskandinavien vielfach an französischen oder spanischen Vorbildern, etliche auch an der niederdeutschen Backsteingotik. In Schweden bleiben die Formen der Gotik eher gedrungen. Für größere Bauprojekte werden fremde Baumeister und Handwerker ins Land geholt; so wurde der gotische Hallenchor des Doms zu Linköping von dem Kölner Meister Gerlach geschaffen. Ein schwedisches Hauptwerk der Gotik ist der **Dom zu Uppsala** (um 1280 begonnen; allerdings im 19. Jh. durch Restaurierung verfälscht).

Die **Malerei des Mittelalters** zeigt kaum eine eigene Note. Bemerkenswert ist aber, dass sich in Schweden viele Wandmalereien in den Kirchen erhalten haben, besonders prachtvoll in den Domkirchen zu Strängnäs und Härkeberga. Wie in Norwegen hat man auch in Schweden im Spätmittelalter viele Skulpturen und Schnitzaltäre aus Deutschland importiert (z.B. den Hl. Georg von Bernt Notke in der Storkyrka in Stockholm). Hier schlägt sich auch der bedeutende Einfluss nieder, den die Hanse seinerzeit ausübte.

Renaissance und Barock Nach der Reformation werden deutlich weniger Kirchen, dafür aber mit Beginn der Wasa-Zeit mehr Schlösser gebaut (Kalmar, Vadstena, Uppsala). Wieder lässt man sich vom Ausland inspirieren: Deutsche Baumeister brachten im 16. Jh. lombardische Renaissanceformen nach Schweden. Der bedeutendste Schlossbau des 17. Jh.s ist **Drottningholm**, das königliche Sommerschloss, das sich an niederländischen Vorbildern orientiert. Ebenfalls erwähnenswert sind das Stadtschloss von Stockholm, das nach einem Brand umgebaut wurde, sowie der Dom von Kalmar.

Klassizismus Einer der bedeutendsten Bildhauer dieser Epoche ist **Johann Tobias Sergel** (1740–1814), mit dem sich der Klassizismus durchsetzt. In der Malerei sind vor allem die Innendekorationen der Schlösser von Kalmar und Stockholm zu erwähnen. Wichtige klassizistische Werke auf dem Gebiet der Architektur sind das Alte Opernhaus und die Börse in Stockholm.

Werke von Carl Milles, ausgestellt im Millesgården in Stockholm

Bauernmalerei

Die Blütezeit der südschwedischen Bauernmalerei liegt zwischen 1750 und 1850 (Dalarna, Gästrikland, Helsingland). Die vor allem für festliche Gelegenheiten hergestellten bemalten Wandbehänge bestehen meist aus Stoff oder Papier; im Norden wird die Wand- und Deckenmalerei gepflegt.

Kunst im 19. Jh.

Im 19. Jh. gehen viele schwedische Maler zur Ausbildung nach Düsseldorf, später nach Paris. Erwähnenswert sind der Landschaftsmaler C. J. Fahlcrantz (1774 – 1851), C. Wahlbom (1810 – 1858), A. Wahlberg (1834 – 1906), vor allem aber der Hauptmeister der neuen schwedischen Malerei, **Anders Zorn** (1860 – 1920), der auch als Radierer hervortrat.

Kunst im 20. Jh.

Für die Architektur des 20. Jh.s ist ganz Skandinavien von großer Wichtigkeit. Besonders in den 1920er- und 1930er-Jahren wird eine bodenverbundene Bauweise sehr geschätzt. So gewinnt der internationale Funktionalismus von **Gunnar Asplund** (1885 – 1940) an Bedeutung, der die Stockholmer Hallen für die Werkbundausstellung von 1930 in luftigen, von Beton und Glas bestimmten Formen geschaffen hat. **Sven Markehus** baut 1936 das Konzerthaus in Helsingborg. Die Ideen moderner Gestaltung des schwedischen Werkbunds lösten eine eigenständige skandinavische Schule der Inneneinrichtung und des Designs aus. Als der bedeutendste schwedische Bildhauer seiner Zeit gilt **Carl Milles** (1875 – 1955). Neben Anders Zorn, der sich u.a. dafür einsetzte, die alte Bauernkultur Dalarnas zu bewahren, wurde von den Malern des späten 19. und frühen 20. Jh.s besonders **Carl Larsson** (► Berühmte Persönlichkeiten) bekannt.

Kunst in Finnland

Mittelalter

Bis ins Mittelalter steht die Kunstgeschichte Finnlands eng mit den anderen Ländern Nordeuropas in Verbindung; so findet man auch hier Stabkirchen. Und wie in anderen skandinavischen Ländern arbeiteten auch in Finnland Künstler der Hanse. Dies bezeugt z.B. der vom Meister Francke gestaltet Barbara-Altar (um 1410, heute Nationalmuseum Helsinki). Die ersten Kirchen wurden im 12. Jh. gebaut, aus dem Mittelalter haben sich insgesamt rund 70 Kirchen erhalten, die z.T. deutlichen schwedischen Einfluss verraten. In diesen aus Feldsteinen gemauerten, einfachen Kirchenbauten hinterließ die internationale Gotik Spuren – die Ziegelsteinprofile der Tür- und Fensteröffnungen und der aus Backstein gemauerte Giebeldekor. Die bedeutendste mittelalterliche Kirche Finnlands ist der imposante **Dom zu Turku**, dessen wechselhafte Baugeschichte um 1250 begann. Auch in Finnland wurden viele Kirche im Spätmittelalter in volkstümlicher Weise ausgestaltet, so etwa in Salvinen (1632) oder Padasjoki (1675).

Renaissance und Barock

Während der Großmachtzeit Schwedens erlebte Finnland eine rasche wirtschaftliche Entwicklung, entsprechend viel wurde gebaut. Der wachsende Wohlstand des Adels zeigte sich in Herrenhäusern wie Louhisaari bei Askainen (1650); hier experimentierte man mit den Stilidealen des **Barock**. In der Kirchenarchitektur trat die Kreuzkirche als eine neue, durch internationale Vorbilder der **Renaissance** beeinflusste Bauart auf. Zu Beginn des 18. Jh.s hatte sich der Barock als maßgebender Stil in der finnischen Architektur durchgesetzt. Neue Festungsbauten wie die achteckige Radialstadt Hamina (ab 1723) und die im Jahre 1748 gegründete Festungsinsel Suomenlinna (früher Sveaborg) entstanden.

Klassizismus

In der sog. gustavianischen Zeit (1775 – 1809) wurden die **klassizistischen Züge** in der Architektur deutlicher. Zu den Hauptwerken dieser Periode gehören die Kirche in Hämeenlinna (1798) und das Akademiegebäude in Turku (1801 – 1815). Als 1812 Helsinki Hauptstadt wurde, beauftragte der russische Zar den Berliner Architekten **Carl Ludwig Engel** (1778 – 1840), das neue repräsentative Zentrum der Stadt zu planen – eines der schönsten und geschlossensten klassizistischen Ensembles weltweit.

Nationalromantik

In der als »Nationalromantik« bezeichneten goldenen Ära der finnischen Kunst machten sich auch die Architekten auf die Suche nach den Wurzeln der finnischen Kultur. Man fand sie teils in Karelien, teils in den bescheidenen Holzkirchen oder den Steinburgen des Mittelalters und vermischte in der Folge ostfinnisch-karelische Elemente mit denen des internationalen Jugendstils zu einer Synthese, die am besten in dem Gesamtkunstwerk **Hvitträsk** östlich von Helsinki zu besichtigen ist.

Funktionalismus

Nach der Ära der Nationalromantik gelangt die Architektur zu klaren, ruhigen Formen, welche die Weltgeltung finnischer Architektur begründen. Trotz einer bedingungslosen Progressivität bleibt sie der Herbe und Strenge der finnischen Landschaft verpflichtet. Internationale Geltung verschaffte sich vor allem Alvar Aalto (► Berühmte Persönlichkeiten); er berücksichtigte vor allem die Wirkung der Farbe. In Finnland baute er u.a. das Sanatorium in Paimio (1930), den Kulturpalast in Helsinki (1955 – 1958) und das Rathaus in Säynätsalo (1951/1952).

Zeitgenössische Architektur

Finnlands zeitgenössische Architektur war bis ins neue Jahrtausend noch stark durch die Tradition des Funktionalismus geprägt. Obwohl Alvar Aalto nie eine eigene »Schule« in Finnland schuf, sind seine Einflüsse bis heute spürbar. Interessant ist, dass sich nach einem Jahrhundert der öffentlichen Stein- und Betonarchitektur finnische Architekten wieder auf den ureigensten Baustoff des Landes, das Holz, besinnt. Ein weithin beachtetes Beispiel ist die 2000 entstandene Sibeliushalle in Lahti.

Eines der größten Holzgebäude der Welt: Konzerthaus Sibeliushalle in Lahti

»Der finnische Tango ist kein Kampf zwischen Mann und Frau im Liebesakt, sondern ein melancholisches Miteinander in dem Wissen, dass alle Gefangene dieser Erde sind«.

MELANCHOLIE AUF DEM TANZBODEN

Der Tango kam erstmals 1908 von Argentinien über Paris in die europäischen Hauptstädte. Allerorten löste der »verruchte« Tanz eine heftige, jedoch zumeist schnell verebbende Tangomanie aus. In Finnland hingegen trafen die melancholischen Klänge mitten ins Herz der Volksseele. Und so haben die schwermütigen Weisen im fernen Norden eine neue Heimat gefunden.

Es war der **Sommer 1913.** Damals trat ein dänisches Tanzpaar in einem populären Helsinkier Restaurant auf und betörte mit einem verführerischen und bis dahin unbekannten Tanz das Publikum. Nicht lange, und der Tango war der ausgemachte **Lieblingstanz** der weltoffenen Oberschicht und der finnischen Bohème. Der einfache Mann auf der Straße jedoch schüttelte den Kopf über solch schamloses und unverholen erotisches Gebaren ...

Dann kam der Zweite Weltkrieg. Auch die Barmusiker und -komponisten mussten zum Vaterlandsdienst in die Armee. Statt in den Salons der Hauptstadt entstanden ihre Stücke jetzt in den Schützengräben an der Front. Und der einst so frivole und feurige Tango wandelte sich, beeinflusst von russischen Romanzen und deutscher Marschmusik, zu einer ernsten, tieftraurigen Musik. Die Texte handeln vom Ende – dem Ende einer Liebe, des Sommers oder gar des Lebens, von unerfüllten Hoffnungen und Wünschen.

Nach dem Zweiten Weltkrieg blieb der finnische Tango auf Erfolgskurs. Fast jedes Lied, das damals im finnischen Rundfunk gespielt wurde, stammte aus der Feder des Komponisten **Toivo Kärki**. Als der Sender nicht immer nur einen Komponisten spielen wollte, reagierte Kärki mit finnischer Bauernschläue: Er erfand eine Reihe von »Pappkollegen« namens Kaari Aava oder den Spanier Pedro de Punta, den Italiener Antonio Brave, die Herren Stone aus Amerika und Klaparow aus Russland. Waren deutsche Klänge gefragt, agierte Kärki unter dem Pseudonym Karl Stein. Dem finnischen Rundfunk blieb dieses Schelmenstück über Jahre verborgen und deswegen spielte man dort nach wie vor – wenn auch ungewollt – weiterhin unzählige Kärki-Stücke.

Zwei tragische Gestalten

Der populärste Sänger der damaligen Zeit – und noch heute in Finnland eine Legende – war **Olavi Virta**. In den 1960er-Jahren entstand der Tango

Das Tangofestival in Seinäjoki:

TANGOMARKKINAT
Torikatu 15
FIN-60100 Seinäjoki
Tel. 06 / 4 20 11 11
Fax 06 / 4 20 11 50
www.tangomarkkinat.fi.

»Satumaa«, (dt. Märchenland), geschrieben von Unto Mononen – das bis heute bekannteste und beliebteste Lied Finnlands. Es gibt wohl kaum einen Finnen, der zu dieser Melodie nicht schon einmal getanzt, gesungen, geweint oder zumindest getrunken hat. Die Leben von Virta und Mononen verliefen tragisch wie die der Helden in ihren Liedern – sie liefen einem unerreichbaren Glück hinterher und **verfielen beide dem Alkohol.** Der eine starb 1972 völlig verarmt, der andere beendete 1968 seinen aussichtslosen Kampf gegen den Alkoholismus und nahm sich das Leben.

Tangohauptstadt in Lappland

Im Sommer **1985** veranstaltete die Gemeinde Seinäjoki erstmals ein Tangofestival. Schnell wurde aus der kleinen, regionalen Veranstaltung **das größte Festival Finnlands**, bei dem sich jeden Sommer Hunderttausende Musik- und Tanzbegeisterte treffen. Bei dieser Gelegenheit werden auch die besten Tangosänger des Landes – die Tangokönigin und der Tangokönig – gewählt. Die Gewinner des Wettbewerbes sind ganz automatisch Volkshelden und ihre Namen bleiben für lange Zeit im Gedächtnis haften. Ganz zu schweigen von den rasant steigenden Umsätzen, die ihre Platten machen. Beim Tangofestival wird eine Woche lang Tag und Nacht in den Straßen und Kneipen der Stadt getanzt, dabei herrscht eine Stimmung, bei der man sich in Argentinien wähnen könnte – zumindest fast. Denn in den Bewegungen der finnischen Tänzer sucht man die südamerikanische Leidenschaft meist vergebens und außerdem sind die Paare bei den Freiluftveranstaltungen nur selten mit geschlitztem Abendkleid und Frack unterwegs, sondern oft in der finnischen »Nationaltracht« – dem **Trainingsanzug**. Ein Besuch in Seinäjoki ist auch für Nichttänzer ein einmaliges Erlebnis. Nirgends kann man den finnischen Nationalcharakter – falls es denn so etwas gibt – so intensiv kennen lernen wie während der Woche des Tangomarktes Mitte Juli in Seinäjoki.

Berühmte Persönlichkeiten

Vielleicht lebt der Geist der Wikinger noch in manchem Skandinavier fort und vielleicht hat diese Region deshalb so viele große Entdeckungsreisende hervorgebracht. Auch Schriftsteller und Maler, glamouröse Schauspielerinnen und geniale Erfinder, Rennfahrer und Staatsmänner machen Norwegen, Schweden und Finnland auf der ganzen Welt bekannt.

Norwegen

Roald Amundsen (1872 – 1928)

Polarforscher

Der große norwegische Polarforscher Roald Amundsen war an der Erforschung der Nordpolarzone und der Südpolargebiete beteiligt. Von 1897 bis 1899 nahm er an einer belgischen Südpolarexpedition teil und 1903 bis 1906 durchfuhr Amundsen als Erster mit dem Schiff die Nordwestpassage, die kürzeste Verbindung zwischen Atlantik und Pazifik über den Norden Nordamerikas. Dann beteiligte er sich am Wettlauf zum Südpol, den bis dahin noch nie ein Mensch erreicht hatte: Im Januar 1911 landete der Forscher an der Küste der Antarktis (Ross-Barriere) und stieß mit Hundeschlitten über das Schelf- und Inlandeis zum Südpol vor, den er am 14. Dezember 1911 als Erster entdeckte. Als sein Rivale, der Engländer Robert Falcon Scott, am 17. Januar 1912 den Südpol mit Hilfe von Ponys erreichte, wehte hier schon die Flagge der Norweger. Auf dem Rückweg entdeckte Amundsen die Königin-Maud-Kette, alle Teilnehmer der Scott-Expedition hingegen kamen um, nur 18 km vom Basislager entfernt. Von 1918 bis 1920 bezwang er als Zweiter – nach Adolf Erik von Nordenskiöld – die Nordostpassage, den Weg, der ebenfalls Atlantik und Pazifik verbindet, aber nördlich von Sibirien vorbeiführt. Sein eigentliches Ziel, die Drift über den Nordpol, erreichte Amundsen jedoch nicht. Im Juni 1928 ist Roald Amundsen auf einem Flug nach Spitzbergen verschollen.

Edvard Hagerup Grieg (1843 – 1907)

Komponist

Der in Bergen geborene Komponist Edvard Grieg studierte am Leipziger Konservatorium Musik und setzte sein Studium bei N. Gade, dem damals führenden dänischen Komponisten, in Kopenhagen fort. 1866 gab Grieg in Christiania (heute Oslo) das erste Konzert mit eigenen Kompositionen (Klavier- und Violinsonaten, Lieder). In Rom lernte er Franz Liszt kennen und schloss sich nach seiner Rückkehr einem Kreis junger Musiker und Schriftsteller an, die eine nationale Kunst ins Leben rufen wollten. Grieg verschaffte der norwegischen Musik Weltgeltung, indem er bei Bearbeitungen von Volksliedern die nationale Idiomatik mit den Kompositionsformen seines Jahrhunderts verband. Er schuf Klaviermusik, Kammermusik sowie Orchesterwerke (»Aus Holbergs Zeit«; eine Festmusik zum 200. Geburtstag des Lustspieldichters Ludvig Holberg) und ein Klavierkonzert. Neben den Orchesterstücken zu Bjørnstjerne Bjørnsons »Sigurd Jorsalfar« (1872) ist besonders die Schauspielmusik zu Henrik Ibsens »Peer Gynt« von Bedeutung, die 1874 bis 1876 auf Wunsch des Dichters entstand.

←*Greta Lovisa Gustafsson schrieb als »Greta Garbo« Filmgeschichte.*

Knut Hamsun (1859 – 1952)

Schriftsteller Knut Hamsun (eigentlich Pedersen), Träger des Nobelpreises für Literatur, war der Sohn armer Schneidersleute. Die Familie siedelte 1862 nach Hamarøy, gegenüber den Lofoten am Hamsund gelegen, über; nach diesem Ort wählte der Schriftsteller seinen Namen. In seiner Jugend führte er ein ruheloses Wanderleben und verdiente seinen Lebensunterhalt u. a. als Arbeiter und Hilfslehrer. Zweimal besuchte er Nordamerika und gelangte dabei zu einem pessimistischen Urteil über die technisierte amerikanische Kultur. Nach weiteren Reisen lebte er ab 1918 auf dem Gut Nørholm bei Grimstad in Südnorwegen. 1920 erhielt er den Nobelpreis für Literatur. Aufsehen erregte er erstmals mit dem Roman »Hunger« (1890), in dem er das Ringen eines Schriftstellers nach Erfolg und seine bis zur körperlichen und seelischen Erschöpfung führenden Entbehrungen beschreibt. Hamsuns Werke lassen ein ausgeprägtes Naturgefühl und den Glauben an eine alles durchwaltende Lebenskraft erkennen. Bis heute ist Hamsun umstritten, denn er begrüßte die Besetzung Norwegens durch deutsche Truppen 1940. Ferner veröffentlichte er Artikel in den Zeitungen der Partei von Vidkun Quisling, der mit den Nationalsozialisten zusammenarbeitete. Nach dem Zweiten Weltkrieg wurde Hamsun verhaftet und zu einer Geldstrafe verurteilt, die ihn ruinierte.

Thor Heyerdahl (1914 – 2002)

Forscher Der Zoologe und Ethnologe Thor Heyerdahl setzte sich das Ziel, die Möglichkeit früher transozeanischer Kontakte zu beweisen. Zu diesem Zweck überquerte er mehrere Ozeane in einfachen Booten allein mit Hilfe von Wind und Meeresströmung. Bei seiner ersten Expedition (1947) wagte sich Heyerdahl auf einem Floß namens »Kon-Tiki« auf den offenen Pazifik. In Peru stach er in See und erreichte nach 8000 Kilometern und 101 Tagen schließlich Polynesien (Tahiti). Von 1969 bis 1970 führte ihn seine Expedition »Ra« von Marokko aus nach Mittelamerika zur Karibikinsel Barbados. Mit dem nach sumerischen Vorbildern gebauten Schilfboot »Tigris« gelangte er 1977/1978 von Basra durch den Persischen Golf nach Dschibuti. 1955/1956 erforschte er die Kultur der Osterinsel. 1983 entdeckte er auf den Malediven Reste einer alten Hochkultur. In mehreren Büchern hat Thor Heyerdahl über seine Unternehmungen berichtet.

Henrik Ibsen (1828 – 1906)

Dramatiker Henrik Ibsen, der größte Dramatiker Norwegens, wurde in Skien geboren und absolvierte in Grimstad eine Apothekerlehre; 1850 begann er ein Medizinstudium. Ab 1851 arbeitete Ibsen als Dramaturg am Theater von Bergen, dann wurde er zum künstlerischen Leiter an das Theater in Christiania berufen. 1864 verließ Ibsen nach Misshelligkeiten Norwegen und lebte viele Jahre lang im Ausland, u. a. in Rom,

Dresden und München. Ibsen, der schon in jungen Jahren als Theaterdichter hervortrat, begann mit dem Römerdrama »Catilina« (1850). Die Bühnenwerke der folgenden Jahre entstanden unter dem Einfluss der Nationalromantik, deren konservative Züge Ibsen bekämpfte. Im Anschluss an historische Dramen und Ideendramen schuf Ibsen die neue Gattung des »Gesellschaftsstücks«, das mit radikaler Kritik an den gesellschaftlichen Verhältnissen den Beginn des modernen Dramas markiert. In dem Stück »Stützen der Gesellschaft« (1877) und den nachfolgenden Werken enthüllte der Dichter an Stoffen aus dem Alltag die Lebenslüge und die oft verdeckte Brüchigkeit zwischenmenschlicher Beziehungen. Mit dem Ehedrama »Nora oder ein Puppenheim« (1879), in dem sich die Frau als eine dem Mann gleichwertige Partnerin behauptet, gelang Ibsen der Durchbruch zum Weltruhm. Zu dem in Italien entstandenen Schauspiel »Peer Gynt« (1867), dessen Schauplätze u. a. das Gudbrandsdal und das Hochgebirge sind, komponierte Edvard Grieg die Musik.

Leif Eriksson (um 975 – um 1020)

Entdecker Amerikas

Der norwegische Seefahrer Leif Eriksson kam um 1000 auf der Fahrt nach Grönland vom Kurs ab und gelangte an die Küste Nordamerikas. Vermutlich erreichte er das Gebiet von Nova Scotia, einer Halbinsel, die heute zu Kanada gehört. Leif Eriksson, der als erster Entdecker Amerikas vor Kolumbus gilt, nannte das Land an der Ostküste Nordamerikas »Vinland« (»fruchtbares, wiesenreiches Land«).

Edvard Munch (1863 – 1944)

Edvard Munch (sprich: Munk), der größte Maler Skandinaviens, wurde in Løten bei Hamar geboren und verbrachte seine Kindheit in Oslo. Ab 1885 lebte Munch mit Unterbrechungen in Paris, wo er durch Van Gogh und Paul Gauguin beeinflusst wurde. Später hielt er sich häufig in Deutschland auf, besonders in Berlin. 1909 kehrte Munch nach einem Nervenzusammenbruch nach Norwegen zurück und schuf hier die Wandbilder für die Universität Oslo (1916). Während seiner letzten Lebensjahre, die von einem Augenleiden überschattet waren, hielt sich der Maler oft in Åsgårdstrand auf. Die Küste und

2004 geraubt: »Der Schrei«

das Meer bilden den Schauplatz vieler seiner Bilder. In den Landschaften, deren Formen er in vereinfachten, dunkel leuchtenden Farbflächen zusammenfasste, kommt persönliches Erleben intensiv zum Ausdruck, sodass sie Vorläufer der expressionistischen Malerei bilden. In seinen meist düster gestimmten Menschendarstellungen finden Grunderfahrungen wie Angst, Tod und Erlebnisse erotischer Art ihren Niederschlag. Bekannt wurden von Munchs Bildern u. a. »Das kranke Kind« (1885/1886), »Der Schrei« (1893), »Tanz des Lebens« (1899/1900) und »Die Mädchen auf der Brücke« (1900). Rund 80 Arbeiten Munchs aus öffentlichen deutschen Sammlungen wurden 1937 von den Nationalsozialisten als »entartet« bezeichnet und konfisziert. Am 22. August 2004 stahlen bewaffnete, vermummte Räuber aus dem Munch-Museum in Oslo die Gemälde »Der Schrei« und »Madonna«. Ihr Schätzwert liegt bei rund 80 Millionen Euro. Die Hoffnung, sie wieder zurückkaufen zu können, hat sich bisher nicht erfüllt.

Fridtjof Nansen (1861 – 1930)

Polarforscher

Der Polarforscher und Friedensnobelpreisträger Fridtjof Nansen, der auf einem Hof bei Christiania (heute Oslo) geboren wurde, überquerte zusammen mit seinem Landsmann Otto Sverdrup (1854 – 1930) 1888 erstmals Grönland von der Ostküste zur Westküste – auf Skiern und mit Schlitten auf Skikufen. 1893 unternahm er mit dem Schiff »Fram« (»Vorwärts«) von den Neusibirischen Inseln (»Nowaja Semlja«) aus eine wissenschaftliche Driftfahrt ins Nordpolarmeer. 1895 gelangte er beim Versuch, von der »Fram« aus auf Schlitten den Nordpol zu erreichen, bis 86° 14' nördlicher Breite; ein Jahr später kehrte Nansen über Franz-Josef-Land nach Norwegen zurück. Dort wurde er Professor für Zoologie (1896) und für Ozeanografie (1897). Über die Erlebnisse seiner Forschungsreisen und Fahrten berichtete er in mehreren Büchern. Das Forschungsschiff »Fram« ist heute im sog. Fram-Museum auf der Halbinsel Bygdøy in Oslo ausgestellt. Nansen hat später auch politische Ämter übernommen: 1920 leitete er die Rückführung der Kriegsgefangenen aus Russland; 1921 – 1923 organisierte er als Hochkommissar des Völkerbundes eine Hilfsaktion in den Hungergebieten der Sowjetunion. Für sein Engagement erhielt Nansen 1922 den Friedensnobelpreis.

Sigrid Undset (1882 – 1949)

Schriftstellerin

Die mit einem Nobelpreis ausgezeichnete Schriftstellerin Sigrid Undset stammt aus dem dänischen Städtchen Kalundborg und wuchs ab dem 3. Lebensjahr in Oslo auf. Nach dem frühen Tod des Vaters musste sie ihr Studium aufgeben, arbeitete als Büroangestellte und war von 1912 bis 1925 mit dem Maler A. C. Svarstad verheiratet. Nachdem sie schon in den 1930er-Jahren vor dem Nationalsozialismus gewarnt hatte, floh sie 1940 nach Amerika. Einer ihrer Söhne

Vigelands Plastiken im Osloer Vigelandpark sorgen immer für Gesprächsstoff.

war im Widerstand gegen Hitler aktiv. 1945 kehrte sie nach Norwegen zurück. In ihren Romanen und Erzählungen stellte Sigrid Undset realistisch und mit tiefer Einfühlung scheinbar unkomplizierte Durchschnittsmenschen dar. Sie beschäftigte sich besonders mit der Frage, ob die Frau ihr Lebensglück in der Arbeit, in der Erotik oder als Mutter suchen solle. Sigrid Undset begann ihre literarische Laufbahn mit gegenwartsbezogenen Romanen und Novellen. Sie wandte sich dann Romanen aus der norwegischen Vergangenheit zu, die sich an altisländischen Sagas orientierten. Mit diesen Arbeiten sollte sie Weltruhm erlangen. Von 1920 bis 1922 entstand ihr dreibändiges Werk »Kristin Lavransdatter« (dt. »Kristin Lavranstochter«). Für ihr literarisches Gesamtwerk erhielt sie 1928 den Nobelpreis verliehen.

Adolf Gustav Vigeland (1869 – 1943)

Bildhauer

Im südnorwegischen Mandal erblickte der Bildhauer Adolf Gustav Vigeland das Licht der Welt. Seine Ausbildung erhielt der künstlerisch sehr begabte junge Mann in Oslo, Kopenhagen, Paris, Berlin, Rom und Florenz. Vigeland schuf Bildwerke und vor allem Büsten. In der frühen Periode seines Schaffens war er sehr stark von Auguste Rodin beeindruckt. Dies kommt in einer seiner bekanntesten Büsten zum Ausdruck, der 1905 entstandenen Studie von N. H. Abel. In seinen späteren Schaffensperioden wandte sich Vigeland einem mehr von der Klassik beeinflussten Stil zu. Zu seinen berühmtesten Werken aus der späteren Phase gehören die monumental wirkende Skulpturenanlage im Osloer Frognerpark, für die er rund 100 symbolistische Figurengruppen und Reliefs aus Granit und Bronze geschaffen hat. Vigeland starb 1943 in Oslo. Nach seinem Tode hat man sein Atelier als Museum zugänglich gemacht.

Schweden

Ingmar Bergman (geb. 1918)

Regisseur

Der Film- und Theaterregisseur Ingmar Bergman wurde als Sohn eines Geistlichen in Uppsala geboren. Ab 1937 studierte er Literaturgeschichte, brach sein Studium aber bald ab. Danach veranstaltete er Laienaufführungen, arbeitete an einem Studententheater und wandte sich schließlich dem Film zu. Anfangs zeichnete er in seinen Filmen Porträts der skeptischen Nachkriegsjugend; später behandelte er die Probleme der reiferen Generation, deren Aufgaben im Bereich von Familie und Beruf liegen. In den 1950er-Jahren wandte er sich dann eher religiösen Themen zu: den Fragen nach Gott, nach dem Sinn des Lebens und nach dem Selbstverständnis des Menschen. Nachdem Bergman eine Auseinandersetzung mit den schwedischen Steuerbehörden gehabt hatte, arbeitete er eine Zeit lang überwiegend in Deutschland. Besonders durch den Film »Wilde Erdbeeren« (1957), den melancholischen Lebensrückblick eines alternden Mannes, zog Bergman die Aufmerksamkeit des deutschen Publikums auf sich. Bekannt wurde auch der Streifen »Szenen einer Ehe« (1973) mit Liv Ullmann, die lange Zeit seine Lebensgefährtin war.

»Ich seh' dir in die Augen, Kleines ...« Humphrey Bogart und Ingrid Bergman im 1942 gedrehten Kultfilm »Casablanca«.

Ingrid Bergman (1915 – 1982)

Schauspielerin

Die in Stockholm geborene Filmschauspielerin Ingrid Bergman arbeitete ab 1935 beim schwedischen Film, später auch in Deutschland und den USA. Hier drehte sie zusammen mit Humphrey Bogart und unter der Regie von Michael Curtiz den Streifen »Casablanca« (1942), eine tragische Liebesgeschichte, die den Oscar erhielt und alsbald zum Kultfilm wurde. Ingrid Bergman selbst bekam die begehrte Auszeichnung für ihre Hauptrolle in »Gaslight« (1944), später für ihre Verkörperung der Anastasia (1956) und für die beste weibliche Nebenrolle in »Mord im Orient-Express« (1974). Als sie sich 1950 von Mann und Tochter trennte, um den italienischen Regisseur Roberto Rossellini zu heiraten, löste dies in Hollywood einen Skandal aus. Mit Rossellini hatte sie drei Kinder, darunter Isabella Rossellini, die ebenfalls Schauspielerin wurde. Ingrid Bergman starb an ihrem 67. Geburtstag in London.

Greta Garbo (1905 – 1990)

Filmdiva

Die Filmschauspielerin Greta Garbo, genannt »die Göttliche«, kam als Greta Lovisa Gustafsson in Stockholm zur Welt. Schon ihr erster Film, der 1924 nach der gleichnamigen literarischen Vorlage von Selma Lagerlöf gedrehte Streifen »Gösta Berling«, wurde ein überwältigender Erfolg. Nach dem im Folgejahr in Deutschland entstandenen Film »Die freudlose Gasse« arbeitete die Diva für die US-amerikanische Filmgesellschaft Metro-Goldwyn-Mayer. Die Garbo, die als eine der schönsten und geheimnisvollsten Darstellerinnen der Filmgeschichte gilt, verkörperte meist elegante, aristokratische Gestalten (»Anna Karenina«, »Mata Hari«, »Königin Christine«). Im Jahr 1941 zog sie sich völlig aus der Welt des Films zurück.

Gustav II. Adolf (1594 – 1632)

Monarch

Gustav II. Adolf, Sohn Karls IX. und Enkel Gustavs I. Wasa, gilt als der bedeutendste schwedische König. Gegen die Garantie umfassender Rechte, insbesondere der Mitwirkung des Adels an der Regierung des Landes, erklärte der Reichstag den 17-Jährigen 1611 nach dem Tod seines Vaters für mündig. Mit einer Reihe innerer Reformen schuf Gustav Adolf die Voraussetzungen für die schwedische Großmachtpolitik im Ostseeraum. Bedeutung hatten insbesondere die Heeresreform und der zielstrebige Ausbau der Wirtschaft. 1613 bzw. 1617 gelang es ihm, die Kriege gegen Dänemark und Russland zu beenden, die Karl IX. begonnen hatte. Auf dem europäischen Festland wütete seit 1618 der Dreißigjährige Krieg. Da das Vordringen der habsburgisch-kaiserlichen Macht in den Ostseeraum den schwedischen König beunruhigte, entschloss er sich, in den Krieg einzugreifen. Im Juni 1630 landete er auf der Insel Usedom, um die Protestanten zu unterstützen. In Mitteldeutschland besiegte er den kaiserlichen Feldherrn Tilly und zog durch Thüringen und Franken bis Mainz. Nach einem zweiten Sieg über Tilly kam es am 16. November 1632 bei Lützen zum Kampf zwischen den Schweden und den von Wallenstein befehligten kaiserlichen Truppen. Zwar siegten die Schweden, doch König Gustav II. Adolf fiel in der Schlacht.

Sven Hedin (1865 – 1952)

Asienforscher

Der Asienforscher Sven Hedin, der letzte große Landreisende der Entdeckungsgeschichte, wurde in Stockholm geboren. In Berlin wurde er Schüler des Geografen und Chinaforschers Ferdinand Freiherr von Richthofen. Zwischen 1894 und 1935 unternahm er vier Expeditionen nach Zentralasien, die ihn u.a. nach Tibet, Lhasa und zum Karakorum führten. Außerdem betrieb er Forschungen in entlegenen Regionen wie dem Tarimbecken, einer Senke zwischen den Gebirgen Tien Shan, Pamir und Kunlun. Er besuchte das Quellgebiet der Flüsse Brahmaputra und Indus an der Nordflanke des Himalaya und erforschte den Transhimalaya, der seither auch als »Hedin-Gebirge« bezeichnet wird. Auf seiner letzten Expedition leitete er eine internationale, interdisziplinäre Forschungsgruppe, die sich in der Gobi-Region und in Turkestan aufhielt. Sven Hedin wertete seine Reisen nicht nur in wissenschaftlichen Berichten aus, sondern schrieb auch volkstümliche Reise- und Abenteuerschilderungen für Jugendliche.

Sven Hedin

Ingvar Kamprad (geb. 1926)

IKEA-Gründer

Mit dem Verkauf von Streichholzschachteln verdiente der Förstersohn Ingvar Kamprad seine ersten Øre, heute wird sein Privatvermögen auf 23 Milliarden Dollar geschätzt. Damit ist er einer der zehn reichsten Männer der Welt. Kamprad, geb. 1926, gründete mit 17 eine winzige Firma, der er den Namen »IKEA« gab, zusammengesetzt aus den Initialien von Ingvar, Kamprad, Elmtyard, Agunnaryd: Auf dem Hof Elmtyard beim Städtchen Agunnaryd war Kamprad 1928 geboren worden. Anfangs handelte Kamprad erfolgreich mit Uhren und Strümpfen, erst 1948 kamen Möbel hinzu. Weil er sich Artikelnummern schlecht merken konnte, erhielten seine Möbel Namen und um Transportkosten zu sparen, wurden den Tischen die Beine abgeschraubt. Dieses Konzepte hat die Firma bis heute beibehalten bzw. weiterentwickelt. 1953 eröffnete das erste IKEA-Möbelhaus in einer Zeit, als in Schweden der Wohlstand wuchs und damit die Mittel vorhanden waren, Wohnungen neu einzurichten. Und IKEA produzierte erschwingliche, ansprechende Möbel. Heute werden die meisten IKEA-Möbel in Polen und China hergestellt. Kamprad hat sich aus dem Tagesgeschäft zurückgezogen und lebt in der Schweiz.

Selma Lagerlöf (1858 – 1940)

Schriftstellerin

Berühmt wurde Selma Ottilia Lovisa Lagerlöf, die bekannteste schwedische Schriftstellerin ihrer Zeit, mit dem Buch »Die wunderbare Reise des kleinen Nils Holgersson mit den Wildgänsen«. Das Buch über Nils Holgersson war ursprünglich eine Auftragsarbeit und als Lesebuch für Schulen bestimmt. Selma Lagerlöf wurde auf dem Gut Mårbacka im Värmland geboren, wo sie einen großen Teil ihres Lebens verbrachte. Nachdem sie einige Jahre als Lehrerin gearbeitet hatte, unternahm sie 1895/1896 eine Italienreise; im Anschluss an eine Reise durch Ägypten und Palästina (1899/1900) schrieb sie den religiösen Schicksalsroman »Jerusalem«. Bekannt wurde sie besonders durch Werke, die in Schweden spielen, darunter »Gösta Berling« und »Liljecronas Heimat«. Im Jahr 1909 erhielt Selma Lagerlöf den Nobelpreis für Literatur.

Carl Larsson (1853 – 1919)

Maler

Der Maler Carl Larsson wurde in Stockholm geboren. Er ist der Hauptvertreter des Jugendstils in Schweden; für das Treppenhaus des Nationalmuseums in Stockholm schuf er sechs große Fresken, deren Motive wichtige Ereignisse aus der kunstgeschichtlichen Entwicklung des Landes darstellen. Larsson war ein glänzender Zeichner und Aquarellist; volkstümlich wurde er insbesondere durch seine Bilder, die das Leben seiner Familie in Sundborn bei Falun schildern und von denen eine Auswahl sein 1909 erschienenes Buch »Das Haus in der Sonne« illustriert.

Zarah Leander (1907 – 1981)

Sängerin

Die als Zarah Stina Hedberg in Karlstad geborene Sängerin erlangte Berühmtheit durch ihre unverwechselbare dunkle Singstimme. Seit 1930 als Filmschauspielerin tätig, war sie 1937–1943 einer der wichtigsten und erfolgreichsten Stars der Berliner Ufa. Da man ihr Verbindungen zu den Größen des Dritten Reichs nachsagte, wurde sie nach Kriegsende bis 1949 mit Auftrittsverbot belegt. Zarah Leander starb in Stockholm.

Astrid Lindgren

Astrid Lindgren (1907 – 2002)

Die als Astrid Ericsson im südschwedischen Vimmerby geborene Astrid Lindgren ist eine der erfolgreichsten Jugendbuchautorinnen der Gegenwart. Am 13. September 1945 gab die damals 38-Jährige beim Verlag Raben & Sjörgen in Stockholm das Manuskript eines Buches ab, bei dem »Pippilotta Viktualia Rollgardina Pfefferminza Efraimstochter Langstrumpf« die Hauptrolle spielte, eine freche, selbstbewusste Göre mit knallroten, abstehenden Zöpfen. Anfangs gab es Kritiker, die diese Geschichten als geradezu anarchisch ablehnten, doch mit der Kinderbuchserie »Pippi Langstrumpf« war die Grundlage ihres weltweiten Erfolgs gelegt. Hier wie in vielen ihrer Werke geht es mitunter reichlich turbulent zu (u.a. »Karlsson auf dem Dach«, »Michel aus Lönneberga«, »Wir Kinder aus Bullerbü«, »Ferien auf Saltkrokan«), sie wurden verfilmt oder für das Fernsehen bearbeitet. 1978 wurde die Autorin mit dem Friedenspreis des Deutschen Buchhandels ausgezeichnet.

Carl von Linné (1707 – 1778)

Naturwissenschaftler

Der Naturforscher Carl von Linné (Carl Linnaeus), aus Råshult in Småland gebürtig, ist **Begründer der biologischen Systematik**. Er studierte zunächst an der Universität Lund Medizin und Naturwissenschaften, unternahm dann ausgedehnte Forschungsreisen (u.a. nach Lappland) und ließ sich als Arzt in Stockholm nieder. Hier wurde er auch Präsident der Akademie der Wissenschaften, deren Gründung er angeregt hatte. 1757 wurde Linné geadelt. Er gestaltete den botanischen Garten von Uppsala um und richtete das naturhistorische Museum ein. Seine letzten Lebensjahre verbrachte er auf dem unweit südlich von Uppsala gelegenen Gut Hammarby. Das große wissenschaftliche Verdienst Carl von Linnés ist die Entwicklung der binären Nomenklatur, die noch heute gültig ist.

Henning Mankell (* 1948)

Schriftsteller
Regisseur

Seine Kurt-Wallander-Krimis, mittlerweile mehrfach verfilmt, haben ihn weltberühmt gemacht und heute ist Henning Mankell der meistgelesene skandinavische Autor. In Stockholm wurde Mankell am 3. Februar 1948 geboren, mit 17 Jahren wurde er Regie-Assistent am

Riks-Theater in Stockholm. 1972 reiste Mankell das erste Mal nach Afrika, 1979 kam sein erster Roman heraus. Mankell pendelte in den folgenden Jahren zwischen Schweden und Afrika hin und her. In Maputo/Mosambik baute er eine Theatergruppe auf, die er bis heute leitet. Immer wieder übte er Kritik an den westlichen Industriestaaten, die Afrika seines Erachtens im Stich lassen. 2000 veröffentlichte er den Roman »Der Chronist der Winde«, in dem er das Leben der Straßenkinder in Maputo beleuchtet. Bereits 1991 erschien der erste Wallander-Krimi, »Der Mörder ohne Gesicht« (dt. 1993). Zwar spielen diese Krimis im südschwedischen Ystad, geschrieben hat Mankell sie jedoch zum größten Teil in Mosambik, das heute seine Wahlheimat ist. Doch im Sommer kehrt er oft mit seiner dritten Frau Eva, Tochter von Ingmar Bergman, in sein Ferienhaus in Ystad zurück.

Alfred Nobel (1833 – 1896)

Chemiker

Der Chemiker Alfred Nobel arbeitete zunächst in der väterlichen Maschinenfabrik im russischen St. Petersburg. Seit 1859 beschäftigte er sich in Stockholm mit der Sprengstoffchemie und erfand 1867 das Dynamit, eine Mischung von Nitroglyzerin und Kieselgur, die sicher zu handhaben ist und mit der er seinen Reichtum begründete. Aufgrund von Nobels Erfindungen entstanden Sprengstoff-Fabriken in vielen Industrieländern, u.a. in Deutschland (Dynamit Nobel AG). Das enorme Vermögen, das Alfred Nobel hinterlassen hat, bildet die Grundlage einer Stiftung. Nobel hat testamentarisch bestimmt, dass deren Zinsen alljährlich zu fünf gleichen Teilen an Persönlichkeiten vergeben werden sollen, die der Menschheit besonders großen Nutzen geleistet haben.

Anders Zorn (1860 – 1920)

Maler, Bildhauer

Der Maler, Grafiker und Plastiker Anders Leonard Zorn wurde in Mora am Siljansee geboren. Seinen Vater, einen unterfränkischen Bierbrauer, hat er nie kennen gelernt, nahm aber später seinen Nachnamen an. Seine Studienzeit verbrachte er im Wesentlichen in Stockholm; ursprünglich wollte er Bildhauer werden, fand aber sein eigentliches Ausdrucksmittel in der Aquarellmalerei. Längere Reisen führten ihn nach Spanien, Italien und in die Maghreb-Länder. Um 1888 verlegte er sich zusehends auf die Ölmalerei. Zorn ist der wichtigste Impressionist Schwedens. Seine Erfolge brachten auch eine Reihe offizieller Aufgaben mit sich; er zählte 1890 zu den Begründern der Pariser Société Nationale des Beaux-Arts und war 1893 Kommissar der schwedischen Delegation für die Weltausstellung in Chicago. Auch später führten ihn noch etliche Reisen in die Vereinigten Staaten von Amerika. 1907 gründete er die Bauernhochschule in Mora, wo er seinen ständigen Wohnsitz hatte. Zorn starb als reicher Mann und hinterließ dem schwedischen Staat 6 Millionen Dollar, um das Zorn-Museum einzurichten, das 1939 in Mora eröffnet worden ist.

Finnland

Alvar Aalto (1898 – 1976)

Architekt und Designer

Alvar Aalto gilt als Nestor der großen Architekten unseres Jahrhunderts. Er wurde am 1898 in Kuortane geboren. Nach seiner Ausbildung an der Technischen Hochschule in Helsinki eröffnete er 1923 im damals unbedeutenden Jyväskylä ein Architekturbüro. 1944 wurde Aalto mit dem Wiederaufbau der im Zweiten Weltkrieg zerstörten Stadt Rovaniemi beauftragt; von 1946 bis 1948 war er Gastprofessor am Massachusetts Institute of Technology in Cambridge (USA). Gemeinsam mit seiner ersten Frau Aino Marsio (gest. 1949) entwarf er Möbel wie die aus gebogenem Schichtholz gefertigte Serie **»Artek«**, die er in eigenen Industriebetrieben herstellen ließ und die zu weltbekannten Designklassikern werden sollten. Aalto gilt als ein Vertreter des so genannten »organischen Bauens«. Sein Konzept bestand darin, Baukörper ihrer landschaftlichen Umgebung anzugleichen, wobei er oft freie Formen verwendete, unter Nutzung einheimischer natürlicher Baustoffe, vor allem Holz. Sein bekanntestes Gebäude ist das 1962 – 1971 gebaute Kongress- und Konzertzentrum Finlandia-Halle in Helsinki. Alvar Aalto starb am 11. 5. 1976 in Helsinki. Sein preisgekrönter Entwurf des Opernhauses in Essen wurde unter Mitwirkung seiner zweiten Frau Elissa Makiniemi 1983 – 1988 posthum ausgeführt.

Alvar Aalto

Mika Häkkinen (* 1968)

Formel-1-Pilot

Mika Pauli Häkkinen wurde am 28. September 1968 in Vantaa geboren. Als Fünfjähriger saß er angeblich das erste Mal in einem Go-Kart – und das entfachte eine Leidenschaft, die ihn übers Kartfahren und Formel-3 bis in die Königsklasse des Motorsports brachte: 1991 fuhr er erstmals in der Formel-1, zunächst für das Lotus-Team, 1993 wechselte er als Testfahrer zu McLaren-Ford. Kaum ließ man ihn auch im Rennen ans Steuer, fuhr er schon im ersten Qualifying seinem Teamkollege Ayrton Senna davon. Einige Male stand Häkkinnen auf dem Treppchen, bis er 1997 den ersten Grand-Prix-Sieg errang, jetzt auf McLaren-Mercedes. Legendär ist der Wettstreit, den er sich mit seinem Erzrivalen Michael Schumacher lieferte. 1998 und 1999 holte sich Häkkinen den Weltmeistertitel, in der Saison 2000 behielt jedoch Schumacher die Oberhand, Häkkinen wurde Vizeweltmeister. Nach der enttäuschenden Saison 2001 beendete er seine Karriere als Formel-1-Pilot und fährt seit 2005 sehr erfolgreich DTM-Rennen (Deutsche Tourenwagen Masters) für Mercedes.

Urho Kaleva Kekkonen (1900 – 1986)

Staatspräsident

Der finnische Staatspräsident Urho Kaleva Kekkonen gilt als der überragendste Politiker in Nordeuropa während des vergangenen Jahrhunderts. Mit 26 Dienstjahren ist er bisher das am längsten amtierende republikanische Staatsoberhaupt der Welt (1956 – 1981). Kekkonen wurde in Pielavesi geboren und wuchs in einfachen Verhältnissen in Nordostfinnland auf. Am Freiheits- und Bürgerkrieg 1918 nahm er als Melder teil. Danach studierte er Jura und ging in die Politik. Seit 1936 war er Mitglied des Finnischen Reichstags (Bauernpartei, später Zentrum), bekleidete mehrere Ministerposten und war nach 1945 mehrfach Ministerpräsident. 1956 wurde er zum Staatspräsidenten gewählt, der in Finnland vor allem auf außenpolitischem Gebiet mit großer Machtfülle ausgestattet ist. Von Anfang an hatte er die Bürgerlichen und einen großen Teil der Sozialdemokraten gegen sich. Stützen konnte er sich nur auf die Agrarunion (jetzt Finnisches Zentrum) und auf die Volksdemokraten, die seinen Kurs der Verständigung mit der Sowjetunion begrüßten. Aus dieser Situation heraus entwickelte Kekkonen den autoritären Regierungsstil, der sich mit zunehmendem Alter verfestigte. Besser noch als sein Vorgänger Paasikivi vermochte Kekkonen die Staatsführungen der beiden damaligen Supermächte von der Ehrlichkeit des finnischen Neutralitätsstrebens zu überzeugen. Ein Angelunfall erzwang 1981 seinen Rückzug von den Staatsgeschäften.

Elias Lönnrot (1802 – 1884)

Schriftsteller

Lönnrot wurde am 9. 4. 1802 in dem westlich von Helsinki gelegenen Dorf Sammatti als achter Sohn eines Schneiders geboren. Der spätere Arzt, Schriftsteller, Sprachforscher, Volkskundler und Botaniker nahm nach dem Besuch der Kathedralschule in Helsinki, die er aus Geldmangel 1818 verlassen musste, zunächst Privatunterricht. An das Studium der Phiololcgie hängte er ein Medizinstudium an und promovierte 1832 mit dem Thema »On finnares magiska medicin«, was bereits auf sein späteres Interessengebiet hindeutete. Die von ihm mitgegründete Finnische Literaturgesellschaft erkannte den Wert seiner Arbeit und unterstützte ihn fortan finanziell. Nach dem Ab-

schluss seines Studiums war Lönnrot als Kreisarzt in ►Kajaani tätig und sammelte bei seinen Reisen überlieferte Volksdichtung, die er 1835 im Nationalepos **»Kalevala«** zusammenfasste.
Lönnrot stellte ein finnisch-schwedisches Wörterbuch mit allen vorhandenen finnischen Wörtern zusammen und gab 1874 einen »Schwedischen, finnischen und deutschen Sprachführer« mit etwa 10 000 Wörtern heraus. Mit diesem Wörterbuch schuf er die Grundlage zur finnischen Schriftsprache. Nebenbei gab Lönnrot 1839 »Des finnischen Bauern Hausarzt« heraus, in dem er zahlreiche, bisher in der finnischen Sprache unbekannte medizinische Begriffe prägte und einführte. 1850 übernahm er eine Professur für finnische Sprache und Literatur an der Universität Helsinki, die er 1862 aufgab, um sich ganz der Herausgabe des finnisch-schwedischen Wörterbuches zu widmen. Das zweibändige Werk, das zwischen 1867 und 1880 fertig gestellt wurde, umfasst mehr als 200 000 Wörter. Lönnrot starb am 19. 3. 1884 in seinem Geburtsort Sammatti.

Paavo Nurmi (1897 – 1973)

Leichtathlet

Einer der erfolgreichsten Leichtathleten aller Zeiten wurde am 1897 in Turku geboren. Der Langstreckenläufer Paavo Nurmi lief zwischen 1922 und 1931 insgesamt 22 Weltrekorde auf den Strecken von 1500 m bis 2000 m und »brachte damit Finnland auf die Weltkarte«, so ein US-Reporter. Bei den Olympischen Spielen 1920 (Antwerpen), 1924 (Paris) und 1928 (Amsterdam) gewann er neun Gold- und drei Silbermedaillen, wobei er allein 1924 in Paris innerhalb von 70 Minuten zwei Goldmedaillen erringen konnte. Von der Teilnahme an den Olympischen Spielen 1932 in Los Angeles, bei denen er seine Sportler-Laufbahn mit einem Sieg im Marathonlauf krönen wollte, wurde er durch einen stark umstrittenen Beschluss des Internationalen Leichtathletik-Verbandes wegen »Verstoßes gegen das Amateurstatut« ausgeschlossen. Da die Finnen diesen Beschluss ignorierten, konnte der 36-jährige Nurmi als »Nationaler Amateur« 1933 noch Finnischer Meister über 1500 m werden. Am Olympiastadion in Helsinki steht das 1924 von dem Bildhauer Väino Aaltonen geschaffene Bronzestandbild Nurmis.

Jean Sibelius (1865 – 1957)

Komponist

Der international bekannte finnische Komponist wurde als Johan Julius Christian Sibelius am 8. 12. 1865 in Hämeenlinna geboren. Ab 1885 studierte er Violine am Konservatorium in Helsinki und später Komposition in Berlin und Wien. Nach 1892 kehrte er nach Finnland zurück und lehrte als Dozent am Konservatorium und an der Orchesterschule des Philharmonischen Orchesters in Helsinki. Mit seiner vom finnischen Nationalepos »Kalevala« inspirierten Chorsinfonie »Kullervo«, die als bahnbrechend für die finnische Nationalromantik gilt, gelang ihm bereits 1892 der erste große Erfolg. Ab 1897 erhielt er ein unbefristetes staatliches Stipendium, und so konnte er sich ohne materielle Sorgen ganz der schöpferischen Arbeit widmen. Im Jahre 1904 zog er mit seiner Frau Aino in die Villa Ainola nach Järvenpää bei Helsinki, wo er, unterbrochen von zahlreichen Konzertreisen, bis zu seinem Tod lebte. Sibelius wurde zu einem der bedeutendsten Vertreter der skandinavischen Musik. Seine sinfonischen Dichtungen sind meist programmatisch ausgerichtet, indem sie Themen der finnischen Volksdichtung, Geschichte und Mythologie musikalisch umsetzen. Das Konzert auf der Pariser Weltausstellung von 1900 brachte Sibelius u. a. mit der 1. Sinfonie e-Moll und der sinfonischen Dichtung »Finnlandia« große Anerkennung.

Jean Sibelius

Linus Torvalds (* 1969)

Software-Revolutionär

Linus Torvalds' Familie gehört zur Schwedisch sprechenden Minderheit in Finnland. Er besuchte ab 1988 die Universität Helsinki. Dort entwickelte er 1991 eine Software, um sich effizienter in die UNIX-Rechner seiner Universität einwählen zu können. Bald entstand der Plan, ein richtiges Betriebssystem zu entwickeln. Die erste fehlerfrei lauffähige Version von Linux wurde im März 1994 an der Universität Helsinki vorgestellt. 1996 veröffentlichte Linus Torvalds den Linux-Kernel 2.0. Zusammen mit der freien GNU-Software der Free Software Foundation und vieler anderer Open-Source-Software verbreitete sich das auf dem Linux-Kernel basierende Betriebssystem auf vielen verschiedenen Rechnerarchitekturen auch mit Prozessoren, die nicht mit denen des Marktführers Intel kompatibel sind. Seinen Lebensstil beschrieb Torvalds in seiner Autobiographie so: »Ich aß. Ich schlief. Vielleicht ging ich zur Uni. Ich programmierte. Ich las eine Menge E-Mails. Mir war klar, dass manche meiner Freunde mehr Sex hatten, aber das war okay. Offen gesagt, die meisten meiner Freunde waren auch Loser.« **Tux** der Pinguin wurde zum offiziellen Logo für Linux.

Linus lebte mehrere Jahre mit Frau und drei Töchtern in der Nähe von Portland, Oregon (USA). Er arbeitet heute beim Open Source Development Lab (OSDL) um hauptberuflich an der Weiterentwicklung des Linux-Kernels zu arbeiten.

Praktische Informationen

WIE KOMMT MAN NACH SKANDINAVIEN?
WELCHES SIND DIE SCHÖNSTEN SOUVENIRS?
WAS HAT ES MIT STARKÖL, KALAKUKKO
UND LAXPUDDING AUF SICH?
LESEN SIE ES NACH – AM BESTEN
NOCH VOR DER REISE!

Anreise · Reiseplanung

Anreise mit dem Flugzeug

Von allen größeren Flughäfen Europas sind Norwegen, Schweden und Finnland gut erreichbar. Direktflüge von Deutschland aus gehen nach Oslo, Bergen und Stavanger, nach Stockholm und Göteborg sowie nach Helsinki. Mittlerweile steuern auch Billigflieger Skandinavien an, sodass man mit etwas Glück zu Spottpreisen gen Norden abheben kann. Auch die großen Fluggesellschaften bieten zum Teil sehr günstige Direktflüge – wer früh bucht, spart hier in der Regel am meisten. Auskunft geben die einzelnen Fluggesellschaften (siehe Info-Kasten).

Inländische Flugverbindungen siehe ►Verkehr.

Mit Bahn und Bus

Züge fahren von Hamburg über die Vogelfluglinie (Puttgarden – Rødby) bis nach Oslo (Weiterfahrt über Trondheim bis Bodø möglich) und nach Stockholm. Über Fahrpläne und günstige Leistungsangebote informieren die Vertretungen der Deutschen Bahn (www.bahn.de), der Österreichischen Bundesbahnen (ÖBB) und der Schweizerischen Bundesbahnen (SBB). Für Eisenbahnfahrten durch die skandinavischen Länder empfiehlt sich die ScanRail-Karte.

Busse verkehren für gewöhnlich nur bis in die skandinavischen Hauptstädte. Buchbar sind die Fahrten in Deutschland bei der Deutschen Touring.

Anreise mit dem Auto

Norwegen und Schweden

Seit der Eröffnung der 16 km langen Öresund-Brücke zwischen Kopenhagen (Dänemark) und Malmö (Schweden) kann man Schweden und Norwegen erreichen, ohne das Schiff benutzen zu müssen. Das hat allerdings seinen Preis, denn man muss für die einfache Fahrt 32 bzw. 64 € für die Brückenbenutzung bezahlen (Auto bzw. Wohnmobil, Stand 2006). Außerdem muss man auch die mautpflichtige Brücke über den Großen Belt zwischen den dänischen Orten Nyborg und Korsør benutzen, um überhaupt nach Kopenhagen zu kommen (Pkw 28 € einfache Fahrt, Wohnmobil je nach Länge 28 – 132 €, Stand 2006). Gegen die komplette Anfahrt auf dem Landweg spricht auch der Umweg, den man in Kauf nehmen muss. Man sollte daher die Fährverbindungen nicht ganz von der Hand weisen, zumal sich der Fahrer auf dem Schiff erholen kann.

Finnland

Eine finanziell günstige Möglichkeit ist die Anreise über Dänemark und Schweden: Mit den Fähren der sog. Vogelfluglinie oder über die

FLUGZEUG, BAHN UND BUS

DIREKTFLÜGE

- **Blue1**
  www.blue1.com

- **Finnair**
  www.finnair.com

- **Germanwings**
  www.germanwings.com

- **Lufthansa**
  www.lufthansa.com

- **Norwegian**
  www.norwegian.no

- **Ryanair**
  www.ryanair.com

- **SAS**
  www.flysas.de

- **Welcome Air**
  www.welcomeair.com

INLANDSFLÜGE

- **SAS Braathens (Norwegen)**
  www.sasbraathens.no
  Tel. 91 50 54 00

- **Finncomm airlines (Finnland)**
  www.fc.fi

- **SAS (Norwegen und Schweden)**
  www.flysas.de

- **Widerøe's Flyveselskap ASA (Norwegen)**
  www.wideroe.no

BAHN UND BUS

- **Deutsche Bahn**
  Tel. (01 85) 99 66 33
  www.bahn.de

- **Deutsche Touring**
  Tel. (069) 79 03 50
  www.deutsche-touring.com

Öresundbrücke gelangt man nach Schweden, von Stockholm wiederum verkehren Fähren nach Helsinki und Turku. Wer viel Zeit hat, kann statt der Finnland-Fähre auch den Landweg um den Bottnischen Meerbusen herum wählen.

Anreise mit der Fähre

Norwegen

Am angenehmsten gestaltet sich die Anreise über Kiel nach Oslo, denn die (Auto-)Fähre sticht täglich um 14.00 Uhr in See und ist morgens um 9.30 Uhr in Oslo. Man kann also die Schiffsreise genießen, den Tag auf oder unter Deck gemütlich ausklingen lassen und einen guten Teil der Strecke verschlafen.
Reisende nach Westnorwegen sind mit der Fähre von Hirtshals an der Nordspitze Dänemarks gut bedient, denn die Fahrzeit z.B. nach Kristiansand ist kurz. Wer gleich in Bergen an Land gehen möchte, schifft sich im dänischen Hanstholm ein. Auf den stark frequentierten Strecken über Dänemark sollte man in der Hauptsaison unbedingt im Voraus buchen!

Schweden Eine bequeme Alternative zur Öresund-Brücke ist die Anfahrt mit der Fähre von Rostock/Warnemünde, Sassnitz oder Travemünde nach Trelleborg oder via Dänemark (siehe Infokasten Vogelfluglinie). Wer mit der Fähre nach **Gotland** möchte, tut gut daran, diese frühzeitig zu buchen, auch um in den Genuss von Frühbucherrabatten zu kommen. Die Fahrzeit der Fähre ab Nynäshamn oder Oskarshamn beträgt ca. 3 Std.

Finnland Von Lübeck und Rostock aus laufen Autofähren den Hafen von Helsinki an; die mit nur 22 Stunden Fahrzeit schnellste Möglichkeit ist die Fährfahrt von Rostock nach Hanko.

FÄHREN

DEUTSCHLAND – NORWEGEN

- **Kiel – Oslo**
  20 Std., Color Line

DEUTSCHLAND – SCHWEDEN

- **Kiel – Göteborg**
  14 Std., Stena Line
- **Travemünde – Trelleborg**
  7 – 9 Std., TT-Line
- **Rostock – Trelleborg**
  6 – 6,5 Std., TT-Line
- **Sassnitz – Trelleborg**
  4 Std., Scandlines

DEUTSCHLAND – FINNLAND

- **Rostock – Hanko**
  22 Std., Superfast Ferries
- **Travemünde – Helsinki**
  36 Std., Finnlines

DÄNEMARK – NORWEGEN

- **Frederikshavn – Larvik**
  6 – 11,5 Std., Color Line
- **Frederikshavn – Oslo**
  8,5 – 12 Std., Stena Line
- **Hanstholm – Egersund**
  7 Std., Fjord Line
- **Hanstholm – Bergen**
  15 Std., Fjord Line
- **Hirtshals – Oslo**
  8,5 – 12,5 Std., Color Line
- **Hirtshals – Kristiansand**
  2,5 – 6,5 Std., Color Line
- **Hirtshals – Stavanger**
  11 Std., Color Line

DEUTSCHLAND – DÄNEMARK – SCHWEDEN (VOGELFLUGLINIE)

- **Deutschland – Dänemark**
  Puttgarden – Rødby
  1 Std., Scandlines
  Rostock (Überseehafen) – Gedser
  2 Std., Scandlines
- **Dänemark – Schweden**
  (Kopenhagen –) Helsingør –
  Helsingborg: 1,5 Std., Scandlines
  Frederikshavn – Göteborg
  2 – 3,5 Std., Stena Line
  Grenå – Varberg
  4 Std., Stena Line

SCHWEDEN – FINNLAND

▶ **Stockholm – Mariehamn – Helsinki**
12,5 Std., Silja Line, Viking Line

▶ **Stockholm – Mariehamn – Turku**
10 Std., Silja Line, Viking Line

▶ **Umeå – Vaasa**
3 Std., RG-Line

FÄHRGESELLSCHAFTEN

▶ **Bornholm Ferries**
Tel. (045) 56 95 18 66
www.bornholmferries.dk

▶ **Color Line**
Tel. (04 31) 730 03 00
www.colorline.com

▶ **Destination Gotland**
Tel. (046) 498 20 10 20
www.destinationgotland.se

▶ **DFDS Seaways (Deutschland)**
Tel. (040) 38 90 30
www.dfdsseaways.de

▶ **Eckerö-Line**
Tel. (09) 228 85 44
www.eckeroline.fi

▶ **Finnlines**
Tel. (04 51) 1 50 74 43
www.ferrycenter.fi

▶ **Fjord Line**
Tel. (040) 37 69 33 50
www.fjordline.com

▶ **RG-Line**
Tel. (0 6) 3 20 03 00
www.rgline.com

▶ **Scandlines**
Tel. (03 81) 54 35 801
www.scandlines.com

Skandinavisches Buffet auf der Fähre

▶ **Silja Line GmbH**
Tel. (04 51) 589 90
www.silja.com

▶ **Stena Line**
Tel. (018 05) 91 66 66
www.stenaline.de

▶ **Superfast Ferries**
Tel. (04 51) 88 00 61 66
www.superfast.com

▶ **Tallink**
Tel. (09) 22 83 11
www.tallink.fi

▶ **TT-Line**
www.ttline.com
Tel. (040) 36 01-442

▶ **Viking Line**
Tel. (045 02) 40 97
www.vikingline.de

▶ **Für Fahrten auf der Hurtigrute**
NSA Norwegische Schifffahrts-Agentur GmbH
Tel. (040) 37 69 30
www.hurtigruten.de

Reisedokumente

Personalausweis Die skandinavischen Länder sind dem Schengener Abkommen beigetreten, sodass für EU-Bürger keine Passkontrolle stattfindet. Trotzdem muss man den Personalausweis mit sich führen. So gilt für deutsche, österreichische oder Schweizer Staatsbürger die Faustregel: gültigen Personalausweis oder Reisepass einpacken. Eine Aufenthaltserlaubnis benötigt, wer länger als drei Monate bleiben will. Kinder unter 16 Jahren brauchen einen Kinderausweis, falls sie nicht im Reisepass der Eltern eingetragen sind.

Führerschein Es gilt der EU-Führerschein. Schweizer und andere Mitglieder von nicht EU-Staaten benötigen den internationalen Führerschein. Kraftfahrzeugscheine werden anerkannt und sind mitzuführen. Zweckmäßig ist die Mitnahme der Grünen Internationalen Versicherungskarte für Kraftverkehr. Alle Kraftfahrzeuge müssen die EU-Plakette oder das ovale Nationalitätskennzeichen tragen.

Krankenschein Zum Thema Krankenschein/ Kostenerstattung usw. ► S. 109. Seit 2004 ersetzt die **Europäische Krankenversicherungskarte** (EHIC) den Auslandskrankenschein.

Haustiere Hunde und Katzen können mitgebracht werden, sofern sie gegen Tollwut geimpft sind und für sie der blaue EU-Impfpass vorliegt (als Vorlaufzeit für die Impfung sollte man sechs Monate einplanen). Dennoch sollte man sich schon frühzeitig über die aktuellsten Bestimmungen bei den Touristinformationen der einzelnen Länder erkundigen, um unliebsame Überraschungen an der Grenze zu vermeiden (►Auskunft).

Zollbestimmungen

Schweden und Finnland gehören zur EU, Norwegen nicht. Daher ergeben sich unterschiedliche Zollbestimmungen.

Norwegen Zollfrei eingeführt werden dürfen an Alkoholika: 1 l Wein, 1 l Spirituosen (Mindestalter 20 Jahre) und 2 l Bier oder 2 l Wein und 2 l Bier, 200 Zigaretten oder 250 g andere Tabakwaren (Mindestalter 18 Jahre), ferner Geschenke bis zu einem Wert von 6000 NOK. Gegen Verzollung dürfen zusätzlich 4 l Wein oder Spirituosen oder 10 l Bier und 400 Zigaretten eingeführt werden. Das Mindestalter für die Einfuhr von Spirituosen beträgt 20, für die Einfuhr von Wein 18 Jahre.
Nicht eingeführt werden dürfen u.a. Milch und Kartoffeln, Medikamente nur für den persönlichen Gebrauch!

Schweden und Finnland Für EU-Bürger gibt es bei Waren für den Eigengebrauch keine Einfuhrbeschränkungen. Alkohol darf aber nur von Personen eingeführt werden, die das 20. Lebensjahr vollendet haben. Für Reisende, die aus einem der erst 2004 beigetretenen Staaten nach Finnland einreisen (z. B. Estland), ist die Mitnahme von Zigaretten auf 200 Stück begrenzt. Die Ålandinseln sind übrigens die einzige Duty-Free-Zone in der Europäischen Union.

◀ Einreise aus Nicht-EU-Staaten

Für Reisende, die direkt aus Nicht-EU-Ländern, beispielsweise der Schweiz, einreisen, liegen die Freimengengrenzen bei der Einreise für Personen über 18 Jahren bei 200 Zigaretten oder 50 Zigarren oder 250 g Tabak, ferner bei 1 l Spirituosen und 2 l Wein.

Mückenplage

Nicht ohne Mückenschutz!

Die Mückenplage in der warmen Jahreszeit betrifft besonders die feuchten und tiefer gelegenen Gebiete Skandinaviens. In Flusstälern, an Seen und vor allem im hohen Norden, wo ein halbes Jahr lang die Sonne kaum untergeht, schwirren Myriaden von Insekten durch die Luft, darunter auch Stechmücken. Daher unbedingt entsprechende Schutzmittel einpacken (Autan, Moskitonetz). Auch in den skandinavischen Supermärkten und Apotheken sind allerlei Abwehrmittel chemischer Art erhältlich. Salzwasser ist für Mücken uninteressant, wer also in Meernähe bzw. an den Fjorden reist, dürfte kaum gepiesackt werden.

Auskunft

WICHTIGE ADRESSEN

TOURISTENINFORMATION

▶ **Norwegian Tourist Board**
Deutschland, Österreich und Schweiz:
Postfach 11 33 17
20433 Hamburg
Tel. (01 80) 500 15 48
Fax (040) 22 71 08 15
www.visitnorway.com

▶ **Visit Sweden-Touristeninformation**
Box 90
SE-88122 Sollefteå
Fax (00 46) 62 01 50 11
Deutschland: Tel. (069) 22 22 34 96
Österreich: Tel. (01 92) 867 02
Schweiz: Tel. (044) 58 06 29
www.visitsweden.com

▶ **Finnische Zentrale für Tourismus**
Lessingstraße 5
60325 Frankfurt
Deutschland:
Tel. (069) 50 07 01 57
Österreich: Tel. (01) 79 56 71 51
Schweiz: (01) 654 51 32
www.visitfinland.de

AUSKUNFT VOR ORT IN SKANDINAVIEN

▶ **Lokale Büros**
siehe Reiseziele von A-Z

ZENTRALE AUSKUNFT IN SKANDINAVIEN

► **Innovation Norway**
Akersgata 13
0104 Oslo,
Tel. 22 00 25 00, Fax 22 00 25 01
www.visitnorway.com
www.innovasjonnorge.com

► **Visit Sweden-Touristeninformation**
Box 90
88122 Sollefteå
Fax (00 46) 62 01 50 11
www.visitsweden.com

► **Finnische Zentrale für Tourismus**
Töölönkatu 11
00101 Helsinki
Tel. (09) 417 69 11
Fax 41 76 93 99
www.mek.fi

KONSULATE

► **in Norwegen**
Deutsche Botschaft
Oscarsgate 45
0258 Oslo
Tel. 23 27 54 00
Fax 22 44 76 72
www.oslo.diplo.de

Österreichische Botschaft
Thomas Heftyesgt. 19 – 21
0244 Oslo
Tel. 22 55 23 48
Fax 22 55 43 61

Schweizer Botschaft
Bygdøy Allé 78
0268 Oslo
Tel. 22 43 05 90
Fax 22 44 63 50
www.eda.admin.ch/oslo

► **Konsulate in Schweden**
Deutsche Botschaft
Skarpögatan 9
11527 Stockholm
Tel. (08) 670 15 00
Fax 670 15 72
www.stockholm.diplo.se

Österreichische Botschaft
Kommendörsgatan 35
11458 Stockholm
Tel. (08) 665 17 70
Fax 662 69 28
www.aussenministerium.at/stockholm

Schweizer Botschaft
Valhallavägen 64
10041 Stockholm
Tel. (08) 676 79 00
Fax 21 15 04
www.eda.admin.ch/stockholm

► **Konsulate in Finnland**
Deutsche Botschaft
Krogiuksentie 4
00340 Helsinki
Tel. (09) 45 85 80
Fax 45 85 82 58
www.helsinki.diplo.de

Österreichische Botschaft
Keskuskatu 1 A
00100 Helsinki
Tel. (09) 6 81 86 00
Fax 66 50 84

Schweizerische Botschaft
Uudenmaankatu 16 A
00120 Helsinki
Tel. (09) 64 94 22
Fax 64 90 40
www.eda.admin.ch/helsinki_emb

Badeurlaub

Norwegen

Baden an Meer und Seen

Lange Sandstrände, geschützte, abgelegene Buchten und Tausende kleiner Inselchen und vom Eis geschliffene Felsen (Holmen, Schären) laden im Hochsommer vor allem an der Küste Südnorwegens zum Baden ein. Das Wasser wird mindestens ca. 18 °C warm und kann in geschützten Buchten und während langer Schönwetterperioden sogar 20 °C erreichen. Auch an vielen Seen im Landesinnern kann man ein kühles Bad nehmen. Wenn es länger heiß und schön ist, erreichen die seichteren der inländischen Seen recht angenehme Temperaturen. Gleichzeitig muss man hier mit lästigen Stechmücken rechnen!
Das **Nacktbaden** ist in Norwegen nicht grundsätzlich verboten. Allzu freizügiges Auftreten unterlasse man an stark frequentierten Badeplätzen sowie in der Nähe privater Anlagen. Auskunft erteilt der norwegische Nudistenverband.

Schweden

Ziele für Sonnenhungrige

Im Sommer sind die Küsten Südschwedens bevorzugte Badeziele sowohl von Einheimischen als auch von zahlreichen Gästen aus dem Ausland. Wassertemperaturen von 20 °C sind hier im Juli und August keine Seltenheit. **FKK** ist nur an offiziellen Nacktbadestränden erlaubt.

Auf Gotland badet man an den schönsten Stränden Schwedens, hier bei Tofta.

Die schönsten Strände sind in Schonen: Hävang in Ostskåne, in Bohuslän: Björnsängen auf Nord-Koster, in Halland: Halmstad (Tylösand, Östra Stranden). Zu den bevorzugen Badezielen gehören natürlich die Inseln **Öland** und **Gotland** vor der schwedischen Südostküste. Empfehlenswert auf Gotland ist der Strand bei Tofta, 20 km südlich von Visby, oder Ljugarn und Åminne auf der Ostseite der Insel. Auch die Badestrände der 35 Autominuten nordwestlich von Göteborg gelegenen Insel **Marstrand** (auch Bus- und Schiffsverkehr ab Göteborg) sind sehr beliebt.

An den Binnenseen

Weitere schöne Badestrände finden sich an den unzähligen Binnenseen im Lande. Varamon bei Motala am Vättersee ist das größte nordische Binnenseebad und verfügt über einen kilometerlangen, kinderfreundlichen Sandstrand.

Finnland

Gar nicht mal so kalt!

Niemand wird nach Finnland reisen und dort einen ausgiebigen Badeurlaub planen. Dennoch gibt es auch hier während der sommerlichen Hochsaison (Juli/August) Möglichkeiten, in der mindestens 18 °C warmen Ostsee zu baden. An der Küste Süd- und Südwestfinnlands übersteigen dann die Temperaturen auch nicht selten die 20 °C-Marke. Entlang der Westküste gibt es einige gut zum Baden geeignete Strände, und auch in den geschützten Schärenbuchten der Südküste kann ein Bad im Meer ein schönes Erlebnis sein.
Finnlands Top-Strände sind: der legendäre kilometerlange Sandstrand von Yteri bei Pori, der Sandstrand von Kalajoki und der Strand von Hanko.

Seen im Landesinneren

Im Sommer erreicht das Wasser in den seichteren Bereichen der Tausenden von Seen, die das Landesinnere durchziehen, durchaus angenehme Badetemperaturen. Ansonsten hält man es wie die Finnen: Nach einem Gang in die Sauna spielt die Temperatur des Sees, in dem man sich abkühlt, nur noch eine sehr untergeordnete Rolle.

Mit Behinderung in Skandinavien

Norwegen, Schweden und Finnland sind seit Jahren vorbildlich bei allen Vorkehrungen für Menschen mit Behinderungen. Viele Hotels bieten besonders ausgestattete Zimmer, alle öffentlichen Gebäude verfügen über Behindertentoiletten. Oft sind Bordsteine an Straßenecken für Rollstuhlfahrer abgeflacht, in der Regel gibt es Rollstuhllifts. Verkehrsampeln geben entsprechende Signale für Seh- und Hörgeschädigte. Schnell- und Expresszüge führen behindertenfreundlich gestaltete Waggons mit. Campingplätze verfügen über entsprechend eingerichtete sanitäre Anlagen.

ADRESSEN BEHINDERTENVERBÄNDE

AUSKUNFT IM HEIMATLAND

▶ **Bundesverband Selbsthilfe Körperbehinderter**
Altkrautheimerstraße 20
74238 Krautheim/Jagst
Tel. (0 62 94) 42 81-0
Fax 42 81-79
www.bsk-ev.org

▶ **Verband aller Körperbehinderten Österreichs**
Schottenfeldgasse 29
1170 Wien
Tel. (01) 914 55 62
www.social.at

▶ **Mobility International Schweiz**
Froburgstr. 4
4600 Olten
Reisedienst
Tel. (062) 2 05 88 35, Fax 206 88 39
www.mis-ch.ch

NORWEGEN

▶ **Norges Handikapforbund**
Schweigaardsgt. 12
Postboks 9217, Grønland
0134 Oslo
Tel. 24 10 24 00
Fax 24 10 24 99
www.nhf.no

SCHWEDEN

▶ **De Handikappades Riksförbund**
Katrinebergsvägen 6
11743 Stockholm
Tel. (08) 685 80 00
Fax 645 65 41
www.dhr.se

FINNLAND

▶ **Rullaten ry**
Pajutie 7c, 02770 Espoo
Tel. (09) 8 05 73 93, Fax 8 55 14 70
www.rullaten.fi

Elektrizität

Die Stromnetze in Norwegen, Schweden und Finnland führen in der Regel 220 Volt Wechselspannung, sodass keine Adapter nötig sind.

Essen und Trinken

Teure Restaurants!

Essen gehen ist in Skandinavien verhältnismäßig teuer. Die Preise in den Restaurants liegen in Norwegen um etwa 50 – 100 % über den mitteleuropäischen. Schweden und Finnland sind etwas günstiger. Selbstverständlich haben Fast-Food-Ketten längst auch die nordischen Länder erobert, doch landestypische Kost ist hier nicht zu erwarten. Restaurantempfehlungen finden Sie unter den einzelnen Ortskapiteln nach Preisen gestaffelt (zu den drei Preisstufen siehe den umseitigen Kasten »Restaurantkategorien«).

Norwegen

Kaltes Büfett (Kolbord)

In Norwegen ist das Kalte Büfett in jedem Speisesaal obligatorisch. Der große, mit zahlreichen Leckerbissen beladene Tisch wird gewöhnlich zum Frühstück und zum Abendessen aufgebaut.

Fisch

In der traditionellen norwegischen Küche spielt der Fisch eine tragende Rolle, der in allen Variationen angeboten wird. Ganz herrlich mundet gedünsteter oder gebratener **Wildlachs** mit frischen Kräutern, zu dem meist Salzkartoffeln gereicht werden. Die an der Küste in großen Aquafarmen **gezüchteten Lachse** schmecken längst nicht so gut wie ihre wilden Verwandten. Berühmt sind norwegischer **Räucherlachs** und »Graved Laks«. Am besten kauft man Räucherlachs in der Räucherhütte. Vortrefflich schmecken die im Tannenholzrauch gegarten Forellenfilets. Von Ende Juli bis Anfang September werden in Salzwasser gekochte **Krebse** mit Dill angeboten.

Fleisch

Schaffleisch ist aus der norwegischen Küche nicht wegzudenken. »Spekamat« ist eine luftgetrocknete Hammelkeule. Lammfleisch wird mit besonderer Raffinesse und vielen Kräutern auf den Tisch gezaubert. **Rentierfleisch** ist sehr delikat, aber recht teuer. Die Wurst entspricht meist nicht dem mitteleuropäischen Geschmack. Probieren sollte man dennoch die dunkle, sehr würzige **Schafswurst**.

Weitere Spezialitäten

Weit verbreitet sind in Norwegen der **Ziegenkäse** (Geitost) und der **»Mysost«**, ein süßlicher, aus eingekochten Molken bereiteter Käse von brauner Farbe, den man in ganz dünnen Scheiben aufs Brot legen muss. Als Nachtisch erhält man oft eingemachte Früchte, die mit süßer Sahne übergossen sind. Sehr beliebt ist das unter der Bezeichnung **»Rømmegrøt«** bekannte Mehlmus, das mit heißer Butter übergossen und mit Zimt und Zucker bestreut wird.

Sehr beliebt ist in Norwegen die Milch (melk), Kaffee (kaffe) wird praktisch zu allen Tageszeiten konsumiert. Norwegen hat sehr restriktive Alkoholgesetze. Bier kann man im Supermarkt kaufen, Wein und Spirituosen hingegen zu sehr hohen Preisen nur in den unter staatlicher Regie (»Vinmonopolet«) stehenden Geschäften, die nur in größeren Orten zu finden sind. Die meisten Restaurants haben eine Ausschankgenehmigung für Bier

i Restaurantkategorien

- Norwegen
  Fein & Teuer: über 220 NOK
  Erschwinglich: 90 – 220 NOK
  Preiswert: bis 90 NOK
- Schweden
  Fein & Teuer: über 220 SEK
  Erschwinglich: 130 – 220 SEK
  Preiswert: bis 130 SEK
- Finnland
  Fein & Teuer: über 30 Euro
  Erschwinglich: 12 – 30 Euro
  Preiswert: bis 12 Euro

Die Preise gelten jeweils für ein Hauptgericht.

und Wein. Hochprozentiges (»Brennevin«) ist an den Bars der größeren Hotels zu haben. An Sonn- und Feiertagen herrscht Ausschankverbot für Spirituosen.

Schweden

Der Butterbrottisch

Auf dem weltberühmten schwedischen Buffet, dem »smörgåsbord« (wörtl. übersetzt: Butterbrottisch), stehen kalte und warme Gerichte, bei denen sich der Gast selbst bedient, u.a. gebeizter Lachs, in Dillmarinade eingelegte Heringe, geräucherter Fisch, Krabben, Hackfleischbällchen, alle Arten kalten Fleisches, Saucen, geräuchertes Rentierfleisch, Leberpastete, Salate, Eierspeisen und diverse Käsesorten. Beliebt ist auch Kalops (schwedischer Rindertopf).

Fisch

Wer sich Anfang August in Schweden aufhält, sollte einmal an einem Krebsessen teilnehmen. Beim »strömming« handelt es sich um den kleinen Ostseehering, der gern als Vorspeise mit Dill (senapsgravad) oder mit roten Zwiebeln (ättiksströmming) serviert wird. Surströmming gilt in Schweden zwar als Delikatesse, doch dieser stark gegorene Hering ist nicht jedermanns Sache. Eine Spezialität ist **»laxpudding«**, der aus Lachs, Kartoffeln und Eiern zubereitet und mit geschmolzener Butter serviert wird.

Fleisch und Wurst

Eine bekannte Wurstsorte ist die **»Värmlandskorv«**, die aus Rindfleisch, Schweinefleisch, Zwiebeln und rohen Kartoffeln gemacht und oft zusammen mit Erbsensuppe gegessen wird. Fast überall erhältlich ist die **Faluner Wurst**, hergestellt u.a. aus gehacktem Rind-, Kalb- und Schweinefleisch sowie Kartoffelmehl und Gewürzen. Restaurants sevieren auch **Rentierfleisch** (renkött). Tunnbröd (dünne Scheiben aus Gerstenmehl, gebacken auf offenem Feuer in Steinöfen) kann auch mit »rökt Rensteak« (geräuchertem Rensteak) belegt werden.

Nachtisch

Ein leckerer Nachtisch sind Moltebeeren. Preiselbeermarmelade wird zu verschiedenen Mahlzeiten und als Dessert gereicht. »Ostkaka« (Käsekuchen) ist eine süße Spezialität, die mit warmem Kompott, Beeren und Schlagsahne serviert wird.

Getränke

Den Schweden haftet der Ruf an, kaffeesüchtig zu sein. Tatsächlich ist **Kaffee** in Schweden eine Art Nationalgetränk und beendet Mittag- und Abendessen. **Bier** (öl) wird nach Alkoholgehalt klassifiziert angeboten: Lättöl (unter 2,8 vol.%), Folköl (bis 3,5 vol.%), Mellanöl (bis 4,5 vol.%) und Starköl (ab 4,5 vol.%). Während man Bier bis 3,5 vol.% in Supermärkten bekommt, werden Mellanöl und Starköl sowie Wein und Schnaps nur in staatlichen Geschäften (so genannten **»Systembolaget«**) verkauft, die in der Regel Mo. – Fr. 9.30/10.00 – 18.00 (Do. bis 19.00) und am Samstag (dies aber nur in manchen Großstädten) bis 14.00 Uhr geöffnet sind.

Finnland

Essen gehen

Restaurants sucht man in Finnland nur zu besonderen Gelegenheiten auf, sie bleiben zumeist ein teures Vergnügen. Eine angenehmere Art, seinen Mittagshunger zu stillen, bieten die im ganzen Land üblichen **Mittagsbuffets**. Dort bekommt man zumeist Suppe oder einen Eintopf, Brote, Salate, eingelegten Fisch und als Getränke »Kotikalja« (hausgemachtes Malzbier) und Kaffee.

> ! *Baedeker* TIPP
>
> **Karjalan Piirakka**
>
> Die beliebteste finnische Spezialität sind wohl die Karelischen Piroggen. Sie bestehen aus einer feinen »Sohle« aus Roggenteig mit einer Füllung aus Milchreis oder Kartoffelmus. Man isst sie frisch aus dem Ofen mit einer gehörigen Portion »Munavoi«, einer Mischung aus salziger Butter und hart gekochten Eiern. Die besten gibt es frisch gebacken auf dem Markt in Joensuu.

Die finnische Küche ist ihrer Herkunft nach einfach und nahrhaft, Bestandteil fast jeder Mahlzeit sind Kartoffeln, die in Finnland übrigens besonders schmackhaft sind. Auch die Finnen lieben **Buffets**. Berühmt ist das Weihnachtsbuffet mit einem gekochten Schinken im Mittelpunkt. Unbedingt dazu gehören Aufläufe aus Steckrüben, gesäuerten Kartoffeln, Karotten, Leber, Reis oder Makkaroni und **»Rossoli«**, ein Heringssalat mit Kartoffeln, Äpfeln und Rote Beeten.

Fleisch

In Finnland sollte man auf jeden Fall einmal Rentierfleisch probieren, sei es gebraten oder geräuchert. Die Kraftbombe schlechthin heißt **Karelischer Fleischtopf** (Karjalan paisti) und besteht aus Rinder-, Hammel- und Schweinefleisch mit Kalbsnieren, Karotten und Steckrüben.

Fisch

Eine besondere Delikatesse sind Krebse, die zwischen dem 20. Juli und 20. September mit Dill in Salzwasser gekocht und eiskalt serviert werden. Eine Spezialität der Region Savo (Kuopio) ist Kalakukko, ein mit Fisch und Schweinefleisch gefülltes Roggenbrot.

Getränke

Zu den Mahlzeiten trinken die Finnen Wasser, Milch, Buttermilch oder leichtes Bier. Legendär ist der exorbitante Kaffeekonsum der Finnen: Schon seit vielen Jahren halten sie die Top-Stellung im weltweiten Pro-Kopf-Verbrauch. Der Verkauf alkoholischer Getränke ist durch früher stark einschränkende, heute jedoch gelockerte Gesetze geregelt. Der Fremde, der in der Regel größere Lokale besucht, wird davon lediglich merken, dass Alkohol vor allem in Kneipen und Restaurants immer noch erheblich teurer als in Mitteleuropa ist. Leicht- und Mittelbier kann man heute überall im Supermarkt kaufen, für Wein und Höherprozentiges sind nach wie vor nur die staatlichen Alko-Läden zuständig.

»Loimulohi«: Flammlachs wird auf Bretter genagelt, mit Salzwasser besprengt und am offenen Feuer gegart. →

Feiertage, Feste und Events

GESETZLICHE FEIERTAGE

NORWEGEN

- **1. Januar**
  Neujahr
- **1. Mai**
  Tag der Arbeit
- **17. Mai**
  Nationalfeiertag
- **25. und 26. Dezember**
  Weihnachten
- **31. Dezember**
  Silvester
- **Bewegliche Feiertage**
  Gründonnerstag, Karfreitag,
  Ostersonntag und -montag
  Christi Himmelfahrt
  Pfingstsonntag und Pfingstmontag

SCHWEDEN

- **1. Januar**
  Neujahr
- **6. Januar**
  Dreikönige
- **1. Mai**
  Tag der Arbeit
- **6. Juni**
  Nationalfeiertag
- **24. Juni**
  Mittsommer
- **1. November**
  Allerheiligen
- **24., 25. und 26. Dezember**
  Weihnachten
- **31. Dezember**
  Silvester
- **Bewegliche Feiertage**
  Karfreitag, Ostersonntag,
  Ostermontag
  Christi Himmelfahrt
  Pfingstsonntag und Pfingstmontag

FINNLAND

- **1. Januar**
  Neujahr
- **6. Januar bzw. folgender Samstag**
  Dreikönigstag
- **1. Mai**
  Tag der Arbeit
- **vorletzter Fr. / Sa. im Juni**
  Mittsommer
- **1. November**
  Allerheiligen
- **6. Dezember**
  Unabhängigkeitstag
- **25. und 26. Dezember**
  Weihnachten
- **Bewegliche Feiertage**
  Karfreitag, Ostersonntag,
  Ostermontag
  Christi Himmelfahrt
  Pfingstsonntag

KALENDER

ALLGEMEINES

▶ Abkürzungen
Die Veranstaltungen sind nach Termin und Ort sortiert. (N) steht für Norwegen, (S) für Schweden, (F) für Finnland.

▶ Informationen zu Festivals
(N): www.norwayfestivals.com
(S): www.visitsweden.com
(F): www.festivals.fi

JANUAR

▶ Tromsø (N)
Die Musikpalette beim Nordlichtfestival reicht von Barock und Klassik über Jazz bis zu Werken zeitgenössischer Komponisten. Gleichzeitig findet hier auch das Internationale Filmfestival statt.

▶ Kiruna Schneefestival (S)
Kunst aus Schnee, aber auch Hunde- und Rentierschlittenrennen stehen beim größten europäischen Schneefestival auf dem Programm (www.kiruna.com/snowfestival).

FEBRUAR

▶ Wintermarkt in Jokkmokk (S)
Anfang Februar wird ein großer samischer Wintermarkt abgehalten. Bei diesem ältesten Markt Schwedens werden samisches Handwerk verkauft und samische Kultur vorgestellt (www.jokkmokksmarknad.com).

MÄRZ

▶ Lillehammer (N)
Eine lange Tradition hat das internationale Langlaufrennen »Birkebeiner« von Rena nach Lillehammer (58 km).

▶ Oslo (N)
Berühmtes Skifestival am Holmenkollen mit Weltcup-Veranstaltungen in Langlauf, Nordischer Kombination und Skisprung

Norwegens Traditionsinstrument: die Hardanger-Geige

▶ Wasalauf (S)
Das bekannteste Sportereignis im Winter ist der Wasalauf, an dem jedes Jahr mehr als 30 000 Skilangläufer teilnehmen (90 km lang, von Sälen nach Mora, www.vasaloppet.se).

▶ Helsinki (F)
»Musica nova« – die ganze Welt der Neuen Musik mit Konzerten und Workshops (www.musicanova.fi).

▶ Oulu (F)
Die Frühjahrsmusikfestspiele kombinieren verschiedene Musikstile und Kunstgattungen virtuos miteinander (www.oulunmusiikijuhlat.fi).

Mittsommertanz am Siljansee

APRIL

► **Espoo (F)**
»April Jazz« ist das bedeutendste Jazzfestival in der Region Helsinki (www.apriljazz.fi).

OSTERN

► **Kautokeino (N)**
Beim Sami Grand Prix wird der traditionelle Gesang der Samen, der so genannte »Joik«, vorgetragen. Höhepunkt am Karsamstag ist das Rentierschlittenrennen.

► **Karasjok (N)**
Am Ostersamstag mittags um 12.00 Uhr finden Rentier- und Schlittenhunderennen statt.

MAI

► **Bergen (N)**
Ende Mai putzt sich die Hafenstadt zu ihrer Festwoche heraus. Es treten namhafte Interpreten klassischer und moderner Musik sowie der darstellenden Kunst auf.

► **Tjejtrampet (S)**
Tjejtrampet ist das größte Fahrradrennen der Welt – nur für Frauen (www.tjejtrampet.com).

JUNI

► **Honningsvåg (N)**
Nordkap-Festival mit Folklore, Konzerten, Tanz, Schiffsparaden und Tonnenwerfen

► **Oslo (N)**
Færder-Seilas: Segelregatta auf dem Oslofjord
Sommerkonzert mit Klassik, Ballett und Volksmusik an der Sprungschanze am Holmenkollen

► **Mittsommer**
Mittsommer wird in ganz Skandinavien ausgiebig am dem 24. Juni nächstgelegenen Wochenende gefeiert; meist mit großen Feuern, Tanz und reichlich Alkohol oder auf ganz traditionelle Art im Freilichtmuseum Skansen/Stockholm (S) bzw. am Siljansee (S) mit Tanz um den Mittsommerbaum.

► **Hultsfredfestival (S)**
Das größte Rockfestival des Landes steigt jährlich in Hultsfred (www.rockparty.com).

► **Ikaalinen (F)**
Akkordeonmusik von Klassik bis Moderne präsentiert das internationale Festival »Sata-Häme Soi« (www.satahamesoi.fi).

► **Sodankylä (F)**
Tausende von Filmfans wandern Mitte Juni über den Polarkreis, um die Sonnenwende beim fünftägigen »Midnight Sun Film Festival« zu feiern (www.msfilmfestival.fi).

JULI

► **Molde (N)**
Beim internationalen Jazz-Festival (das größte in Norwegen) waren schon viele berühmte Musiker aus aller Welt zu Gast.

- **Førde (N)**
  Internationales Folklorefestival: wichtigstes Volksmusikfestival Norwegens mit Teilnehmern aus aller Welt

- **Vinstra (N)**
  Peer-Gynt-Festspiele: Freilichttheater mit Ibsens »Peer Gynt« und Musik von Edvard Grieg, Trachtenumzüge etc.

- **Musik am Siljan (S)**
  Die Gäste rund um den Siljansee können unter 100 Programmen wählen (www.musikvidsiljan.se).

- **Folkmusikfestival Falun (S)**
  Freunde der skandinavischen und internationalen Folkmusik zieht es seit 20 Jahren nach Falun (www.falufolk.com).

- **Kaustinen (F)**
  Das »Kaustinen Folk Music Festival« ist das größte Fest für Volksmusik und -tanz in Skandinavien (www.kaustinen. net).

- **Pori (F)**
  »Pori Jazz« ist eine internationale Großveranstaltung mit Stars der Weltklasse (www.porijazz.fi).

- **Savonlinna (F)**
  Zu Finnlands Top-Festival, den »Savonlinna Opernfestspielen«, siehe S. 594

- **Seinäjoki (F)**
  Das Tango-Event schlechthin in Finnland: der »Tangomarkkinat« (www.tangomarkkinat.fi).

AUGUST

- **Oslo (N)**
  Jazz-Festival: Auftritt von internationalen Jazz-Größen

- **Mandal (N)**
  Schalentierfestival: Auf den Altstadtstraßen wird ein langer Tisch mit frischen Krustentieren und anderen Meerestieren aufgebaut.

Großes Kochen in Mandal beim Schalentierfest

- **Stockholm Pride (S)**
  Das schwedische Gegenstück zum Christopher Street Day (www.stockholmpride.org)

- **Mittelalterwoche Visby (S)**
  Eine Woche lang wird man ins Mittelalter zurückversetzt. Es winken Ritterturniere, Gauklervorführungen und Theaterstücke (www.medeltidsveckan.com).

- **Helsinki (F)**
  Ein Feuerwerk an Events für alle Sinne sind die »Helsinki Festwochen«. Highlight ist die Nacht der Künste (www.helsinkifestival.fi).

- **Rovaniemi (F)**
  In den hellen Nächten vereint das »Jutujaiset Festival«, ein Folklorefest zum Thema Rentierkultur, Samen, Ethnologen und Touristen (www.jutujaiset.net).

▸ **Tornio (F)**
In den Grenzstädten Tornio und Haaparanda treffen sich Jazz- und Bluesbegeisterte zum größten Festival des Nordens (www.kalottiazzblues.net).

SEPTEMBER

▸ **Haugesund (N)**
Norwegisches Filmfestival mit Verleihung der Amanda-Preise

▸ **Trondheim (N)**
Kammermusikfestival auf hohem Niveau

OKTOBER

▸ **Bergen (N)**
Nicht übers Wetter meckern, sondern feiern beim Regenfestival

▸ **Oslo (N)**
Ultima: Größtes Festival Norwegens für zeitgenössische Musik

▸ **Järvenpää (F)**
Musik rund um Sibelius im »Sibelius-Festival« der Sibelius-Akademie (www.jarvenpaa.fi/tapahtumat).

NOVEMBER

▸ **Stockholm Filmfestival (S)**
Im Vergleich zu Cannes oder Berlin geht es auf dem Filmfestival von Stockholm eher beschaulich zu. Für Liebhaber skandinavischer Filmkunst ist es aber ein Muss (www.filmfestivalen.se).

▸ **Tampere (F)**
Das »Tampere Jazz Happening« bringt heiße Klänge in den kühlen Herbst (www.tampere.fi/jazz).

DEZEMBER

▸ **Oslo (N)**
10. Dezember: Verleihung des Friedensnobelpreises

▸ **Weihnachtsmärkte**
Die beiden größten in Schweden werden im Vergnügungspark Liseberg in Göteborg (www.liseberg.se) und im Museum Skansen in Stockholm veranstaltet.

Geld

Kreditkarten Fast überall in Skandinavien werden die gängigen **Kreditkarten** (Eurocard/Mastercard, American Express, Visa und Diners) als Zahlungsmittel akzeptiert. An wichtigen touristischen Brennpunkten sind Geldautomaten installiert, die Bank-Karten akzeptieren, mit denen man mit der Geheimnummer Bargeld abheben kann.

Norwegen Barzahlungsmittel ist die norwegische Krone (NOK). Die Schalter der norwegischen Banken sind zu folgenden Zeiten geöffnet: Mo. – Fr. 8.15 – 15.30, einige auch Do. 8.15 – 17.00 Uhr.

Schweden In Schweden gilt die schwedische Krone (SEK). Banken öffnen im Allgemeinen Mo. – Fr. 9.30 – 15.00 Uhr (donnerstags bis 17 Uhr), in den Großstädten sind manche Filialen auch länger geöffnet.

Finnland

Als einziges »Euroland« hat Finnland keine 1- und 2-Cent-Münzen im Umlauf. Wer solche als Souvenir mitbringen möchte, erhält sie bei Banken oder an einigen Kiosken in Helsinki. Geldautomaten sind durch ein orangefarbenes Schild mit der Aufschrift »OTTO« gekennzeichnet. Banken haben Mo. – Fr. 9.00 – 16.30 Uhr geöffnet.

WECHSELKURSE

NORWEGEN

1 Euro = 7,51 NOK
1 NOK = 0,12 Euro
1 NOK = 0,18 CHF
1 CHF = 4,55 NOK

SCHWEDEN

1 Euro = 8,91 SEK
1 SEK = 0,10 Euro
1 SEK = 0,15 CHF
1 CHF = 5,40 SEK

FINNLAND

In Finnland ist der Euro die offizielle Währung, umrechnen müssen nur die Schweizer:
1 Euro = 1,51 CHF
1 CHF = 0,61 Euro

Kreditkarten sperren

- Seit 2005 gibt es eine einheitliche Nummer, mit der Bank- und Kreditkarten, aber auch Handys gesperrt werden können:
- von Skandinavien aus:
(00 49) 116 116
(00 49) 30 40 50 40 50
- in Deutschland:
116 116 (gebührenfrei)
- Der herkömmliche Bankkarten-Notfallservice unter Tel. (00 49) 1805 / 021 021 oder (00 49) 69 / 74 09 87 ist weiterhin erreichbar.

Gesundheit

Kranken-versicherung

Seit 2004 ersetzt die **Europäische Krankenversicherungskarte** (EHIC) der deutschen Krankenkassen den Auslandskrankenschein. Bisher sind aber noch nicht alle Versicherten im Besitz dieser Karte – in diesem Fall bei der Krankenkasse nachfragen und eventuell doch auf den Auslandskrankenschein ausweichen. In Norwegen, Schweden und Finnland wird die Europäische Krankenversicherungskarte bei Arztkonsultationen akzeptiert. Eventuelle Eigenbeteiligungen entfallen dadurch aber nicht. Die Versicherungskarte ersetzt auch nicht eine zusätzliche Auslandsreisekrankenversicherung. Solch eine Zusatzversicherung abzuschließen ist unbedingt ratsam, z.B. um den Krankenrücktransport abzudecken sowie Kosten, die die deutschen Kassen nicht übernehmen. Denn der Arztbesuch ist in Skandinavien deutlich teurer, die Kassen jedoch richten sich bei der Erstattung nach deutschen Sätzen.

Norwegen Eine ärztliche Erstbehandlung von Kranken und Unfallopfern erfolgt in Norwegen normalerweise über die Aufnahmen der Krankenhäuser (sykehus, sjukehus) bzw. Notfallpraxen (legevakt) und nur in seltenen Fällen durch Privatärzte. In allen Städten und zentralen Orten auf dem Lande gibt es Apotheken in ausreichender Zahl. Sie sind zu den normalen Geschäftszeiten geöffnet, hinzu kommen Bereitschaftsapotheken in den Städten. Medikamente sind in Norwegen nur in Apotheken gegen Vorlage von Rezepten norwegischer Ärzte erhältlich.

Schweden Bei einem akuten Notfall ist die Notaufnahme (akuttmottagning) der Krankenhäuser zuständig. Man kann sich aber auch in einem Gesundheitszentrum (vårdcentral) oder von einem Arzt behandeln lassen. Wie jeder Schwede auch muss man dort je nach Behandlung zwischen 150 und 280 SEK **Eigenanteil** bezahlen. In Apotheken wird ebenfalls eine Eigenbeteiligung fällig. Wechselnden Apothekennachtdienst gibt es in Schweden nicht, doch finden sich in den Großstädten in Krankenhausnähe Apotheken mit verlängerten Öffnungszeiten. Der Gang zum **Zahnarzt** (tandläkare) kann dagegen teuer werden, denn hier müssen bis zu 70 % der entstandenen Kosten selbst getragen werden.

Finnland Die Behandlung von Kranken und Unfallopfern erfolgt normalerweise über die Aufnahmestationen der Krankenhäuser (finn. Sairaala). Apotheken (finn. apteekki) haben zu den gewöhnlichen Geschäftszeiten geöffnet; Bereitschaftsdienste sind eingerichtet.

Notrufe ► Seite 120.

Mit Kindern unterwegs

Kinderfreundliche Umgebung Norwegen, Schweden und Finnland sind ausgesprochen kinderfreundliche Reiseländer. Wälder, Seen, Strände am Meer, Kletterfelsen, Spielplätze, Abenteuer-, Freizeit- und Vergnügungsparks, dazu kindgerecht ausgestattete Campingplätze, Ferienhäuser, Hotels und zahllose Möglichkeiten für Urlaub auf dem Bauernhof lassen keine Langeweile aufkommen. Kindermenüs und Kinderstühle in Restaurants aller Preisklassen sind Standard, ebenso Wickelräume und oft sogar Spielecken. Auf Campingarealen und auf vielen Rastplätzen gibt es Kinderspielplätze. Auch Züge und die großen Fähren sind mit Spielabteilen für Kinder ausgestattet. Zahlreiche Museen bieten extra Kinderprogramme.

Norwegen Norwegen als Heimatland der Trolle hat natürlich in dieser Hinsicht einiges zu bieten: Im **Familienpark Hunderfossen** bei Lillehammer kann man den größten Troll der Welt bestaunen und den Tag mit

Baden oder im Märchenschloss verbringen. In der Hauptstadt Olso gibt es ein **Kinderkunstmuseum**. Wer gerne in den **Zoo** möchte, hat in Norwegen kaum Auswahl: Hier ist nur der »Dyrepark« von Kristiansand wirklich empfehlenswert. Bei **Aquarien** sieht es schon deutlich besser aus. Unter den zahlreichen Angeboten ist vor allem der Atlantikpark in Ålesund einen Umweg wert, wo man durch eine Glasscheibe die Fischfütterung ganz genau beoachten kann.

Schweden

Zu den Favoriten der Kinder zählen Aufenthalte in **Astrid Lindgrens Welt** (Vimmerby), im **Lustigen Haus** (Lustiga huset), einem Spielparadies in Helsingborg, sowie im **Wasserpalast Aq-va-kul** in Malmö. Spannend sind auch Detektiv-Experimente in der Molekülwerkstatt im **Kulturhaus von Stenungsund** (Bohuslän). In Göteborg lockt der Freizeitpark Liseberg mit Karussell und Achterbahn. Wer im Urlaub auch etwas lernen will, sollte ins **»Wasserreich«** (Ekomuseum) nach Kristianstad (Skåne) gehen oder ins **Fischereimuseum** auf Hönö (Bohuslän). In der Hauptstadt Stockholm ist vor allem der **Junibacken**, ein Freizeitpark, bei dem sich alles um Pippi Langstrumpf dreht, für Kinder erste Wahl. Das **Freilichtmuseum Skansen** mit seinem Tierpark und das **Vasa-Museum** sind für Erwachsene und Kinder gleichermaßen interessant.

Finnland

In Helsinki kann man Kindern mit dem Besuch des Vergnügungsparks **Linnanmäki** eine Freude machen, wo sich Karussells und Riesenräder drehen. Zum richtig Austoben lockt das **Wasalandia** in Vaasa mit Wildwasserrutsche und Piratenschaukel. Sehr interessant für Wissbegierige aller Altersstufen ist das Wissenschaftszentrum **Heureka** in Helsinki mit Planetarium und interaktiven Ausstellungen rund um Mensch und Technik. Ähnlich gelagert ist auch das **Wissenschaftszentrum Tietomaa** in Oulu.

Zum Knuddeln hingegen sind die Mumins, kleine trollartige Wesen, die im **Mumintal** in Tampere nicht nur die ganz Kleinen begeistern. In Tampere locken auch die Karussells von **Särkäniemi**. Ganz auf Kinder eingestellt ist man natürlich in Rovaniemi in Lappland, wo Kinder den Santa-Park sowie die **Weihnachtsmannwerkstatt** besuchen und ihren Wunschzettel fürs nächste Fest beim Nikolaus persönlich abgeben können.

Riesengaudi nicht nur für Kinder verspricht Särkäniemi.

Knigge

Umgangsformen

In Skandinavien gibt es einige Besonderheiten, die für Norwegen, Schweden und Finnland gleichermaßen gelten: Bei der Begrüßung ist der Händedruck eher unüblich, ein kurzes »hei/hej« (Norwegen/Schweden) bzw. ein knappes »moi« (Finnland) genügt und hat nichts mit Geringschätzung zu tun. In Norwegen und Schweden duzt man sich grundsätzlich (Ausnahme: Mitglieder der Königsfamilie). In Finnland gibt es das »Sie«, dennoch ist es im öffentlichen Leben und am Arbeitsplatz normal, sich über alle Rangunterschiede hinweg mit Du anzusprechen.

Die Gleichberechtigung von Mann und Frau hat in Skandinavien Tradition. Frauen in bedeutenden politischen Funktionen und als geschäftliche Verhandlungspartner sind schon lange keine Ausnahme mehr. Männlicher Chauvinismus und eine herablassende Behandlung von Frauen gilt als grober Verstoß gegen die Etikette.

> **i Rauchverbot**
>
> - Striktes Rauchverbot besteht in Norwegen und Schweden in allen öffentlichen Gebäuden und Verkehrsmitteln, in Restaurants, Cafés und Bars. In Finnland nehmen rauchfreie Zonen immer stärker zu.

In allen drei Ländern ist es üblich, vor Betreten des Hauses die Schuhe auszuziehen. Das gilt auch für Gäste. Wer das vorher weiß, hat die Möglichkeit, ein passendes Paar Socken für den Anlass zu wählen. Auch in vielen Berghütten bleiben die dicken Stiefel vor der Tür.

Privatsphäre

In Skandinavien gibt es zwar das Jedermannsrecht (► S. 144) – weit darüber steht aber das Recht auf Privatsphäre. Damit verbietet es sich von selbst, in (zumeist gardinenlose) Fenster, Höfe und Gärten zu schauen. Sollte man bei einem Spaziergang oder einer Wanderung zufällig auf eine Hütte stoßen, hält man angemessenen Abstand, denn auf Privatgrund haben Fremde nichts zu suchen.

Norwegen

Zurückhaltende Menschen

Wenn ein Norweger reserviert wirkt, ja sogar unfreundlich, ist dies in der Regel nicht so gemeint, sondern der **sehr zurückhaltenden Art** vieler Norweger zuzuschreiben. Umgekehrt schätzen die Norweger taktvolles Benehmen und Zurückhaltung. Das schließt die reichliche Benutzung des Wortes **takk – Danke** aber nicht aus.

Die Fettnäpfchen

Bei der Konversation gibt es eigentlich nur zwei Themen, bei denen man ins Fettnäpfchen treten kann: **Nationalstolz und Walfang**. Die Norweger sind stolz auf sich und ihr kleines Land und zeigen dieses Nationalbewusstsein auch vollkommen selbstverständlich. So ist es normal, die norwegische Fahne am Sommerhaus zu hissen und den

Nationalfeiertag fähnchenschwingend und in festlicher Tracht zusammen mit der Königsfamilie zu feiern. Beim Thema Walfang merkt man schnell, dass im hohen Norden nur wenige mit Greenpeace sympathisieren.

Norway by night?

Das norwegische Nachtleben ist nicht mit mittel- oder gar südeuropäischen Verhältnissen vergleichbar. Dafür sorgt schon eine äußerst restriktive Gesetzgebung, was den Konsum von Alkohol und Tabak betrifft. Die Schankrechte und **Sperrstunden** sind ebenfalls genauestens geregelt. Am weitesten entwickelt hat sich das Nachtleben bislang in Oslo, wo es inzwischen etliche »Night Clubs« und Bars gibt. In Bergen, Stavanger, Tromsø und Bodø finden Nachtschwärmer mittlerweile ebenfalls geeignete Lokalitäten.

Trinkgeld

In der Regel wird in Norwegen für normale Dienstleistungen kein Trinkgeld erwartet. Man sollte allerdings bedenken, dass in Norwegen die Preise hoch sind, viele Gehälter im Dienstleistungssektor aber keineswegs. Bei Stadtführer/innen z.B. stellt das Trinkgeld oft einen nicht unerheblichen Teil des Verdienstes dar. Im Restaurant ist es üblich, die Rechnungssumme aufzurunden. Auch Taxifahrer freuen sich über eine kleine Anerkennung.

Schweden

Umgang

Die Schweden sind sehr freundliche Menschen und dies zeigt sich im täglichen Umgang besonders. So bedankt man sich z.B. für alles, und das ausgiebig mit einem »tack«/danke. Bei Einladungen zum Essen sollte man **pünktlich** kommen. Bei Privateinladungen werden 10 min. Verspätung akzeptiert, bei Geschäftsessen sind Verspätungen tabu. Nach Beendigung des Essens, das immer mit einer Tasse Kaffee abgeschlossen wird, bedankt man sich mit einem »tack för maten« (Danke für das Essen).
In Schweden kleidet man sich in der Regel leger, bei Geschäftstreffen hingegen konservativ, und wenn sie abends ausgehen, werfen sich die Schweden gern in Schale. Manches Lokal hat einen **»Dresscode«** und verlangt entsprechende Kleidung.

Trinkgeld

Trinkgeld wird in Restaurants nicht erwartet, bei gutem Service kann man sich aber erkenntlich zeigen. Über ein aufgerundetes Entgelt freut sich auch jeder Taxifahrer, bis zu 10 % sind nicht überzogen.

Finnland

Nationalstolz

Die Finnen haben ein stark ausgeprägtes Nationalgefühl. Es ankert sowohl in ihrer Geschichte als auch in den jüngsten spitzentechnologischen Leistungen des Landes. Und obwohl die Finnen zuweilen selbst nicht unbedingt sehr gut über die Geschichte anderer Länder informiert sind, kratzt es doch empfindlich am nationalen Ego, wenn

SAUNIEREN – WIE DIE PROFIS

Wer jemals in deutschen Wellness-Oasen nach Sanduhr und Gebrauchsanweisung saunierte, vergisst das Gelernte am besten, bevor er eine Sauna in Finnland betritt. Eine Nation, für die das Saunieren bereits vom Kleinkindalter zum Leben gehört, lacht nämlich über derartigen Firlefanz. Erlaubt ist, was gut tut, man bleibt, solange es gefällt, sucht Abkühlung, wenn einem danach ist, geht so oft rein, wie man mag, und das höchste Lob an den Gastgeber muss anschließend lauten: »Sauna oli hyvää!«

Der **weltweite Siegeszug** der finnischen Sauna begann etwa vor 2000 Jahren, als die steinzeitlichen Stämme der Finno-Ugrer vom nördlichen Ural kommend das heutige Finnland erreichten und es sich nach ihrem langem Marsch endlich gemütlich machen konnten. Schon im fernen Russland hatten sie so mächtig gebibbert, daß sie vom Lagerfeuer allein nicht richtig warm wurden. Die erste Sauna muss eine Hütte oder ein Zelt um ein Feuer herum gewesen sein. In den Flammen wurden Steine erhitzt. Dann löschte man das Feuer, schloss die Luken und genoss wohlige Wärme rundum. Außerdem reinigte das Schwitzen die Poren – sehr praktisch, denn Badezuber oder gar Duschen gab es nicht. **Rauchsauna** hieß diese frühe Form nordischer Erquickung, die von Enthusiasten noch heute als unübertroffene **Mutter aller Saunen** gepriesen wird.

> *»Schon bereit ist nun die Sauna,*
> *Wasser steht dort, Büschel warten,*
> *frisch gefegt sind alle Bänke.*
> *Nimm ein Bad dir zur Genüge,*
> *Wasser gieß nach Wunsch und Willen.«*
> *(aus der Kalevala)*

Mit der Zeit kamen die Verfeinerungen: Die Erfindung des Ofens aus Gusseisen oder Stein war der große Schritt nach vorn im mittelalterlichen Finnland. Erste Exporte und Nachahmungen im Ausland waren zu beobachten, hauptsächlich in Schweden und Russland. Dank eines Ofenrohrs konnte nun rauch- und rußfrei durch- und vor allem aufgeheizt werden. 90 Grad und mehr – davon

Außerhalb der Familie saunieren Männer und Frauen in Finnland stets getrennt.

dürften die alten Finnen nur geträumt haben. Das Schlagen von kunstvoll gebundenem, aromatisch duftendem **Birkenreisig** auf den Schwitzenden erhöhte den Genuss und die Blutzirkulation.

Kulturgut Sauna

Der Nationalismus des 19. Jh.s erfasste erstaunlicherweise auch das bis dahin rein bäuerliche Saunawesen und rettete es vor dem moralisierenden Zugriff der Kirchen: Die finnischen Patrioten der ersten Stunde erklärten mangels anderer urfinnischer Traditionen die steinzeitliche Schwitzhütte zum Jungbrunnen der Nation. Was dem Preußen der heldische Gewaltmarsch und dem Briten der mannhafte Segeltörn war, war dem Finnen von nun ab das glühende Dampfbad. Der Besitz einer Saunahütte wurde zu einer Art vaterländischem Statussymbol. Der bis heute übliche Brauch, politische Männerfreundschaften demonstrativ im Schwitzhaus zu besiegeln, nahm damals seinen Anfang (der finnische Staatschef Urho Kekkonen verhandelte mit dem sowjetischen Staatschef Nikita Chruschtschow mit Vorliebe in der Sauna).

Medizinisch sind die Mythen der hölzernen Gluthölle längst geklärt und bestätigt: Abhärtung und Vorbeugung gegen Erkältungen, Kreislauftraining, Hauttonisierung, muskuläre Entspannung, seelisches Wohlbefinden und so fort. Auch die Libido wird gefördert, was die Popularität mit zu erklären vermag. Die das Schwitzen fördernde Luftfeuchtigkeit wird dadurch reguliert, dass man mittels einer Schöpfkelle Wasser auf die glühenden Steine wirft. Wenn es aufhört angenehm zu sein, kann man ruhig rausgehen, auch ohne auf die Uhr zu schauen.

Die anschließende **Abkühlung** ist unerlässlicher Bestandteil der gesamten Zeremonie. Es gibt kaum etwas Schöneres, als im Abendlicht direkt aus der Sauna nackt in einen stillen See zu springen. Im finnischen Winter hackt man zum Zweck der Abkühlung ein **Loch ins Eis** oder die Saunagesellschaft wälzt sich im frisch gefallenen weichen Schnee. Man kann sich aber auch gemächlich an der frischen Luft abkühlen, solange man nicht friert. Zum Saunieren muss man nicht eigens nach Finnland reisen. Aber wer einmal das »originale« Vergnügen hatte, in einer holzbeheizten Sauna in einem »Saunamökki« auf dem Land mit Steg zum See zu schwitzen – für den wird alles andere immer nur ein Ersatz sein ...

der Besucher zu den entscheidenden Ereignissen der finnischen Geschichte nicht zumindest ahnungsvoll nicken kann oder wenn er sich gar die Blöße gibt, Nokia für einen japanischen Mobilfunkgiganten zu halten.

Keine großen Redner Besonders im Umgang mit Fremden geben sich Finnen zwar freundlich, aber eher zurückhaltend. Fast alle Finnen verstehen gut Englisch, haben jedoch häufig große Scheu, in der ungewohnten Sprache unbefangen zu plaudern. Es scheint fast, als ob **Handys** eigens für die Kommunikationsbedürfnisse der »schweigsamen Finnen« erfunden wurden, denn das Bild von einsam an der Kneipentheke telefonierenden Finnen ist mehr als ein treffendes Klischee. Handyklingeln beim Essen und bei Besuchen gilt kaum als unschicklich, absolut tabu ist und bleibt es jedoch in Kirchen und Konzerten.

Trinken Die Finnen stehen in dem zweifelhaften Ruf, eine Nation notorischer Trinker zu sein. Statistisch gesehen bewegen sie sich jedoch mit etwas über neun Litern reinen Alkohols im Jahr im europäischen Mittelfeld. Dennoch gibt es einen Trend zu besonders häufigem Genuss von Hochprozentigem, und das dann durchaus in der Absicht, sich einen Rausch anzutrinken. Das Trinkverhalten der Finnen ist jedoch stark im Wandel begriffen; besonders die Anghörigen der gebildeteren Schichten belassen es bei dem einen oder anderen Bier in der Kneipe oder der Flasche Wein beim Essen mit Freunden.

Sauna Eine besondere Ehre ist es, wenn man von finnischen Bekannten auf ihr Sommerhaus und dort in die eigens für den Gast geheizte Sauna eingeladen wird. Wer hier kneifen will, findet nur bei plausiblen gesundheitlichen Gründen ehrlich gemeintes Verständnis. Wenn Gäste dabei sind, gehen Frauen und Männer gewöhnlich getrennt in die Sauna. Auch öffentliche Mischsaunen gehören nicht zur finnischen Saunakultur.

Literatur

Klassiker

Selma Lagerlöf: Gösta Berling. dtv 1962. Auf andere Art auf Schweden einstimmen lassen kann man sich von den Kindheitserinnerungen der Nobelpreisträgerin. Sie porträtiert die Landschaft und Menschen ihrer Heimatprovinz Värmland.

Carl von Linné: Lappländische Reise. Insel 1964. Der berühmte Botaniker bereiste im 18. Jh. Lappland. Seine Tagebuchaufzeichnungen drehen sich vor allem um die herrliche Natur der nordischen Länder.

Klaus Mann: Flucht in den Norden. Rowohlt TB 2003. Der älteste Sohn von Thomas Mann unternahm 1932, als sich die politische Situation in Deutschland bereits verfinsterte, mit seiner Schwester Erika eine Reise nach Finnland. Die Eindrücke, die er auf dieser Reise sammeln konnte, inspirierten ihn zu seinem ersten Roman, der bereits 1934 veröffentlicht wurde. Er erzählt die bittersüße Liebesbeziehung einer jungen Deutschen, die aus politischen Gründen aus Deutschland fliehen muss, mit einem jungen Gutsbesitzer in Finnland. Zugleich zeichnet Mann ein sehr lebendiges Bild des fernen Finnlands der 1930er-Jahre.

Land und Leute

Arto Paasilinna: Im Wald der gehenkten Füchse. Lübbe 2000. Paasilinna ist einer der erfolgreichsten finnischen Autoren im Ausland. In seinen Büchern zeichnet er ein von skurrilen Individuen bevölkertes Finnland, deren Abenteuer die Grenzen des Absurden streifen – wie in diesem Roman den skrupellosen und doch weichherzigen Goldräuber Juntunen, der sich in der Wildnis Lapplands versteckt, und den alkoholkranken Major Remes, der vom Gegner zum Freund wird.

Barbara Schaefer: Nordlicht, Joik und Rentierschlitten. Lebensweisen in Lappland. Picus 2006. Die Autorin schildert ihre mehrwöchige Reise ins nördliche Skandinavien, Begegnungen mit Minenarbeitern, Skischnitzern und Samen, berichtet über Robbenröllchen, Walschinken und Kamtschatka-Krabben. Und über ihre Teilnahme an einem Hundeschlittenrennen – genau das Richtige, um Reiselust zu wecken.

Leena Lander: Mag der Sturm kommen. btb Verlag 2001. Der Roman der erfolgreichsten Schriftstellerin der finnischen Gegenwartsliteratur ist gleichzeitig Liebes- und Familiengeschichte, Thriller und bietet Eindrücke von Finnlands sozialer Zerrissenheit während des Bürgerkriegs zwischen »Weißen« und »Roten«.

Krimis

Karin Fossum: Evas Auge. Piper 2005. Nichts für schwache Nerven! Fossum, eine hochkarätige Vertreterin der norwegischen Krimiautorenszene, lässt eine junge Frau in den Strudel eines Verbrechens geraten, dessen Zeugin sie aus Neugier wurde.

Anne Holt: In kalter Absicht. Piper 2003. Die Osloerin ist nicht nur eine höchst erfolgreiche Krimiautorin, sie ist auch Rechtsanwältin und Ex-Justizministerin. In diesem Krimi bekommen die Eltern die Leiche ihres Sohnes als Paket zugestellt. Hauptkommissar Ingvar Stubo steht vor einem Rätsel und versucht deshalb die Universitätsdozentin Inger Johanne Vik als Profilerin zu gewinnen.

Leena Lehtolainen: Die Todesspirale. Rowohlt TB 2004. Lehtolainen hat in ihren Krimis mit der Kommissarin Maria Kallio eine sympathische Frauengestalt geschaffen, die Mordfälle in Helsinki löst. So auch den einer Eiskunstläuferin, die von ihren eigenen Schlittschuhen erschlagen aufgefunden wird.

Henning Mankell: Mittsommermord. dtv 2002. Drei Jugendliche werden in einem Naturpark ermordet aufgefunden. Mankell, der wohl berühmteste schwedische Krimiautor, schickt seinen Kommissar Wallander auf die Jagd nach einem Serienmörder.

Medien

Film und Fernsehen Das Fernsehen hat einen nicht zu unterschätzenden Anteil daran, dass die meisten Skandinavier über sehr gute Fremdsprachenkenntnisse verfügen. Alle Filme werden nämlich im **Original mit Untertiteln** ausgestrahlt. Von Interesse ist nicht zuletzt der **Wetterbericht** am Ende der abendlichen Nachrichtensendungen. Merken sollte man sich folgende Abkürzungen: »H« (bzw. »K« in Finnland) bedeutet ein Hoch; »L« (bzw. »M« in Finnland) bedeutet ein Tief.

Radio In Skandinavien kann man Radiosendungen der Deutschen Welle rund um die Uhr auf Kurzwelle 6075 kHz empfangen. Programme erhält man bei der Deutschen Welle Bonn, Tel. (02 28) 429-40 00 oder www.dv-world.de. Der Deutschlandfunk sendet in Nordeuropa auf Mittelwelle (1269 kHz) und Langwelle (153 kHz und 207 kHz).

Zeitungen Die führenden deutschsprachigen Tageszeitungen und Zeitschriften sind in der Regel in allen wichtigen touristischen Zentren erhältlich, z.B. an Flughäfen und den Bahnhofskiosken der großen Städte, allerdings mitunter erst einen Tag später.

Internet Finnland hat nach den USA die zweithöchste Internetdichte der Welt. Kostenfreien bzw. preisgünstigen Internetservice bieten die städtischen Bibliotheken und Postämter. Internetcafés sind in allen größeren Städten vorhanden, auch in Norwegen und Schweden.

Norwegen Am weitesten verbreitet ist in Norwegen die Tageszeitung **»Aftenposten«**. Die norwegischen **Rundfunkanstalten** bringen zu unterschiedlichen Zeiten auch Sendungen in deutscher Sprache. Als Service für Touristen gibt es in den Sommermonaten zwischen 10.00 und 11.00 Uhr Nachrichten in englischer Sprache.

Schweden Die wichtigsten schwedischen Tageszeitungen sind die liberale **Dagens Nyheter** (www.dn.se) und das konservative **Svenska Dagbladet** (www.svd.se). Boulevardblätter: Aftonbladet (www.aftonbladet.se)

und Expressen (www.expressen.se). **Radio Schweden** sendet täglich, meist ab 16.30 Uhr, ein Programm auf Deutsch (Sendezeiten und Frequenzen unter www.sr.se/rs/deutsch/).

Finnland

Die wichtigste Tageszeitung Finnlands ist der **Helsingin Sanomat.** Der finnische **Rundfunk** (YLE) bringt im Sommer immer werktags um 22.55 Uhr Nachrichten auf Deutsch im 1. UKW-Programm.

Nationalparks

Viel Platz für Nationalparks

Nationalparks sind großräumige Landschaftsschutzgebiete, die unter staatlicher Verwaltung stehen. Die Landschaft mit ihrer ursprünglichen Tier- und Pflanzenwelt soll dort **möglichst unberührt** erhalten bleiben.
In Norwegen, Schweden und Finnland gibt es zahlreiche solche Schutzzonen, die größten davon überwiegend im Norden. Sie sind jedermann zugänglich und zumindest in Teilen durch markierte Wanderwege, Feuerstellen, Zeltplätze und Wildmark-Hütten erschlossen. Im Winter kann man in der Fjällregion Skiwanderungen und -touren machen. Sehr detaillierte Auskünfte zu den einzelnen Nationalparks gibt es auf Englisch auf den Internetseiten der Nationalparkverwaltungen.

Alle Pflanzen (auch Bäume!) und Tiere sind hier **vollständig geschützt.** Angeln ist unter bestimmten Auflagen erlaubt. Pilze und Beeren dürfen, so nicht anders bestimmt, gesammelt werden. Motorisierter Verkehr ist grundsätzlich nicht gestattet. Markierte Wege sollen nicht verlassen werden. Im Sommer ist es strengstens untersagt, Feuer im Freien zu entfachen.

NATIONALPARKS

- **Norwegische Nationalparkverwaltung**
  Direktoratet for Naturforvaltning
  Tungasletta 2
  7485 Trondheim
  Tel. 73 58 05 00, Fax 73 58 05 01
  www.naturforvaltning.no

- **Schwedische Nationalparkverwaltung**
  Swedish Environmental Protection Agency (Naturvårdsverket)
  Blekholmsterrassen 36
  10648 Stockholm
  Tel. (08) 698 10 00, Fax 20 29 25
  www.naturvardsverket.se

- **Finnische Nationalparkverwaltung**
  Metsähalitus
  P.O. Box 94
  01301 Vaasa
  Tel. (02 05) 641 00
  www.metsa.fi, www.luontoon.fi

Notrufe

WICHTIGE RUFNUMMERN

bezogen auf Telefonate im Inland (Vorwahlen Ausland S. 121)

NORWEGEN

- **Notarzt**
  Tel. 113
- **Feuerwehr**
  Tel. 110
- **Polizei**
  Tel. 112
- **Pannenhilfe**
  Tel. 81 00 05 05

SCHWEDEN

- **Polizei, Feuerwehr, Rettung**
  Tel. 112
- **Pannenhilfe**
  Tel. (020) 91 00 40

FINNLAND

- **Zentraler Notruf / Unfallrettung / Notarzt / Feuerwehr**
  Tel. 112 (gratis)
- **Polizei**
  Tel. 100 22

DEUTSCHLAND

- **ADAC-Notrufzentrale München**
  Tel. (089) 22 22 22
- **Deutsche Rettungsflugwacht**
  Tel. (0711) 70 10 70

ÖSTERREICH

- **AMTC-Notrufzentrale Wien**
  Tel. (01) 982 13 04

SCHWEIZ

- **Pannenhilfe**
  Tel. 08 44 81 10 01

Post · Telekommunikation

Mobiltelefon Selbst abgelegene Gegenden sind in der Regel mit starken Mobilfunk-Sendern abgedeckt, nur in Nordschweden kann das Netz etwas löchrig sein. Handybesitzer werden per Roaming automatisch an die skandinavischen Betreiber weitergeschaltet. Vom Handy aus wird nur +Länderkennzahl eingegeben ohne 00 (Eingabe für Deutschland wäre: +49). Mit dem Handy im Ausland telefonieren ist sehr teuer, lieber also eine SMS verschicken oder das Festnetz nutzen.

Norwegen Briefmarken erhält man in allen Postämtern, an Automaten sowie an vielen Kiosken und in zahlreichen Schreibwarengeschäften. Alle Telefonnummern in Norwegen sind achtstellig, es gibt **keine Vorwahl-**

VORWAHLEN

- **Norwegen** 00 47
- **Schweden** 00 46
- **Finnland** 0 03 58
- **Deutschland** 00 49
- **Österreich** 00 43
- **Schweiz** 00 41

Bei Anrufen aus dem Ausland entfällt die 0 der jeweiligen Ortskennzahl (Ausnahme: Norwegen – hier gibt es keine Ortsnetzkennzahlen).

nummern für die einzelnen Städte. Münzfernsprecher funktionieren mit 1-, 5-, 10- und meist auch 20-Kronen-Münzen. Telefonkarten (telekort) kann man in Kiosken und Postämtern kaufen.

Schweden

Die **Postämter** (postkontor) öffnen im Allgemeinen: Mo. – Fr. 9.00 bis 18.00, Sa. 9.00 – 13.00 Uhr. Briefmarken (frimärken) sind außer bei Postämtern auch in Tabak- und Papierwarengeschäften, in größeren Lebensmittelgeschäften und zum Teil auch in Kaufhäusern erhältlich.
Die meisten **Telefonzellen** in Schweden sind Kartentelefone. Telefonkarten gibt es zu 25, 50 und 100 Einheiten. Erhältlich sind die Karten bei Zeitungskiosken, Touristenbüros und Geschäften in der Nähe der entsprechenden Telefonzellen. Die jeweils nächste Verkaufsstelle ist in den Zellen angegeben.

Finnland

In Finnland öffnen die Postämter Mo. – Fr. von 9.00 – 18.00 Uhr. Telefonkarten (Tele-Puhelukortitt) für die öffentlichen **Telefonzellen** kann man sowohl hier kaufen als auch an Busstationen, Kiosken und in Hotels.

Preise · Vergünstigungen

Flugzeug

Mit dem **SAS Visit Scandinavia Air Pass** kann man erhebliche Preisvorteile auf innerskandinavischen Flugstrecken erlangen. Über die aktuellen Bedingungen informieren SAS und Reisebüros. Fluggäste ab 18 Jahren haben die Möglichkeit, am **SAS-EuroBonus-Programm** teilzunehmen, d.h. sie bekommen bei mehrfachen Flügen Flugmeilen gutgeschrieben. Ferner erhalten SAS-EuroBonus-Teilnehmer Vergünstigungen bzw. Bonusmeilen beim Einchecken in SAS-Hotels sowie beim Mieten von Autos bei den Gesellschaften Avis und Hertz.

Bahn Die Eisenbahnen der nordischen Länder Dänemark, Norwegen, Schweden und Finnland bieten die **ScanRail-Karte** an, die auf allen Bahnstrecken gültig ist. Es gibt zwei Kategorien: den 21-Tage-Pass oder den Flexi-Pass, mit dem man entweder fünf oder zehn frei wählbare Tage innerhalb von zwei Monaten reisen kann. Zusätzlich gibt es Ermäßigungen bei einigen Hotelketten. Die Karte kann man bei allen Reisezentren der Deutschen Bahn kaufen (www.bahn.de). In allen drei Ländern gibt es darüber hinaus Ermäßigungen für Gruppen, Studenten und Senioren.

Railpässe Finnland ▸ Unbegrenzt reisen an 3, 5 oder 10 Tagen eines Monats kann man mit dem **Finnrail Ticket**. Mit dem **Holiday Pass** hat man von Juni bis August an drei Tagen innerhalb eines Monats freie Fahrt.

Hotels Übernachten ist in Skandinavien oft teuer, aber es gibt bei vielen Hotels Wochenendrabatte. Um die **Sonderangebote** der Hotelketten nutzen zu können, muss man häufig einen Hotelpass oder Hotelscheck erwerben. Damit legt man sich allerdings von vornherein auf eine Hotelkette fest und kann dann ein eventuelles Sonderangebot der Konkurrenz nicht mehr nutzen. Zudem sind in manchen Hotels die Sommersonderangebote billiger als die Übernachtung mit Scheck.

In allen skandinavischen Ländern gilt z.B. der **Nordic Hotel Pass**. Die Hotelschecks müssen vor Antritt der Reise erworben werden (Infos unter www.choicehotels.fi oder Tel. 0047/22 33 42 00).

WAS KOSTET WIE VIEL?

PREISE IM VERGLEICH

	Einfache Mahlzeit	3-Gang-Menü	Doppelzimmer im Hotel	Glas Bier im Lokal
Norwegen	ab 10 Euro	ab 30 Euro	ab 60 Euro	ab 5 Euro
Schweden	ab 9 Euro	ab 18 Euro	ab 50 Euro	ab 4,50 Euro
Finnland	ab 7 Euro	ab 20 Euro	ab 50 Euro	ab 3 Euro

City-Karten

Alle großen Städte in Skandinavien bieten eine City Card an, mit der man billiger parken kann und freien oder ermäßigten Eintritt bei Museen und anderen Sehenswürdigkeiten hat (mehr dazu siehe in den Kapiteln Bergen, Oslo, Göteborg, Malmö, Stockholm, Helsinki, Tampere, Turku). Zum Teil können in Verbindung mit der Karte auch günstige Wochenend- und Ferientarife bei den großen Hotels gebucht werden.

Vergünstigungen in den einzelnen Ländern

Norwegen

Der DNT (De Norske Turistforenig) unterhält 420 Hütten in Norwegen. Wer einen DNT-Ausweis besitzt, kann hier sehr viel günstiger übernachten. Ausweise können bestellt werden über das deutsche Portal www.huettenwandern.de.
Wer den **Fjordpass** für 100 NOK erwirbt, erhält für zwei Personen und Kinder unter 15 Jahren in rund 170 norwegischen Hotels Rabatt (www.fjordpass.no, Tel. 0047/55 55 76 60).
Die norwegische Fluggesellschaft Widerøe, die über 30 Flughäfen im Land ansteuert, bietet für 512 € (Stand 2006) ein **Norwegen-Entdecker-Ticket** an, mit dem man 14 Tage lang unbegrenzt innerhalb Norwegens fliegen kann (Verlängerungswochen sind möglich). Die Maschinen der Braathens SAFE verkehren von Kristiansand im Süden bis Tromsø und Spitzbergen im Norden des Landes und fliegen dabei 15 Flugplätze an. Vergünstigungen gibt es mit dem **Visit Norway Pass** für Reisende, die ihren Wohnsitz außerhalb der skandinavischen Länder haben. Er ist einen Monat lang gültig (weitere Infos bei den Fluggesellschaften, siehe S. 91).

> **! Baedeker TIPP**
>
> **Rechtzeitig einkaufen**
>
> Wer eine Skandinavien-Tour unternimmt, sollte rechtzeitig einkaufen: Norwegen ist am allerteuersten, es lohnt also, vor dem Grenzübertritt die Vorräte aufzufüllen. Für Malmö-Kopenhagen-Hopper: Dänemark ist teurer als Schweden!

Schweden

Schweden ist kein billiges Reiseland, allerdings auch keineswegs so teuer wie vielfach vermutet. Bei **Hotels** lohnt es grundsätzlich, sich nach Sondertarifen zu erkundigen. An Wochenenden, wenn die Geschäftsreisenden nicht unterwegs sind, erhält man die Zimmer in der Regel deutlich billiger, werktags gilt dasselbe dann auch im Sommer zwischen Mitte Juni und Mitte August. **Restaurants** servieren zwischen 11.30 und 14.00 Uhr das preisgünstige »dagens rätt«.

Finnland

Finnland war früher eines der teuersten Reiseländer der Welt. Seit dem EU-Beitritt liegt das Preisniveau nur noch ca. 10 % über dem deutschen. Essen gehen im Restaurant ist immer noch vergleichsweise teuer, Alkohol ist wie auch in Schweden und Norwegen deutlich teurer als in Deutschland. Mit dem **Finnrail-Pass** kann man wahlweise 3, 5, oder 10 Tage unbegrenzt mit der Bahn fahren.

Reisezeit

Beste Reisezeit für die drei skandinavischen Länder sind die Sommermonate Juni, Juli und August, wenn die Tage am wärmsten sind und die Sonne im hohen Norden gar nicht oder nur für kurze Zeit unter dem Horizont verschwindet. Bei einer Fahrt zum Nordkap muss man in Lappland auch im Juni noch mit winterlichen Straßenverhältnissen rechnen. September ist ein sehr guter Monat für Aktivurlauber. Jetzt hat man die Wanderpfade für sich allein und die Mückenplage hört auf. Die Nächte können jedoch schon sehr kalt werden. Für Schiffsreisen empfehlen sich die Monate April bis Juni mit klarer Sicht und viel Sonnenschein.

Besonders geeignet für **Wintersport** sind die Monate März und April, weil dann die Tage wieder länger werden (Details zum Klima siehe im Kapitel Fakten, S. 23).

Shopping

Tax-Free-Service

Nicht-EU-Bürger können beim Einkaufen größerer Gegenstände vom Tax-Free-System Gebrauch machen. Geschäfte, die diesen besonderen Service bieten, sind mit einem blaugelben Aufkleber gekennzeichnet. Die gekauften Waren werden verpackt und versiegelt und dürfen erst außerhalb Skandinaviens wieder ausgepackt werden. Die Steuer wird dem Käufer gegen Vorlage des Tax-Free-Scheins bei der Ausreise zurückerstattet.

Norwegen

Öffnungszeiten

Ein einheitliches Ladenschlussgesetz gibt es in Norwegen nicht. Die Geschäfte haben normalerweise Mo. – Fr. 10.00 – 17.00, Do. 9.00 / 10.00 – 19.00, Sa. 10.00 – 15.00 Uhr geöffnet.

Viele Supermärkte öffnen abends bis 20.00, Sa. bis 18.00 Uhr.

Wein und Spirituosen gibt es im Vinmonopolet Mo. – Mi. 10.00 bis 16.00, Do. 10.00 – 17.00, Fr. 9.00 bis 16.00, Sa. 9.00 – 13.00 Uhr (15. Mai bis 31. Aug. 8.15 – 15.00 Uhr). Die Schalter der norwegischen Banken sind Mo. – Fr. 9.00 bis 15.30 geöffnet, teils auch Do. bis 17.00 Uhr. Die Post öffnet Mo. – Fr. 8.00 / 8.30 – 17.00, Sa. 8.00 bis 13.00 Uhr. Immer mehr Postfilialen befinden sich nun in den Lebensmittelgeschäften. Diese sind wie die Läden selbst geöffnet.

! *Baedeker* TIPP

Outdoorkleidung

Schweden, Norwegen und Finnland sind die Heimat hervorragender Outdoor-Ausrüster. Es lohnt, sich in skandinavischen Sportgeschäften nach Outdoorkleidung umzutun, die hier in bester Qualität recht günstig einzukaufen ist!

Souvenirs

Beliebt als Souvenir ist norwegisches Kunsthandwerk, vor allem Gebrauchsartikel aus Holz (Löffel und Gabeln), Glas, Zinn, Email, Messing und auch Silberschmuck v. a. aus der Telemark. Ein nettes Mitbringsel sind auch gewebte Wandteppiche und Stickereien. Weltbekannt sind die **Norwegerpullover** mit ihren schönen Mustern. Die in der norwegischen Mythologie verwurzelten **Trolle** werden sowohl als hübsche Holzschnitzarbeiten als auch als billiger Kunststoffkitsch angeboten. Der »Hit« unter den Reisemitbringseln aus Norwegen ist Goldschmuck im altnordischen Stil bzw. originalgetreu nachgebildeter Goldschmuck der Wikinger. Norwegische Töpferwaren, vor allem aber Porzellan, sind sehr begehrt. Norwegisches Porzellan wird in die ganze Welt exportiert.
Wer es rustikal mag, kann in Form von **Rentierfell** oder Schnitzereien aus Rentier-Geweih ein Stück Norwegen mit nach Hause nehmen.

Schweden

Öffnungszeiten

In Schweden gibt es, anders als in Deutschland, keine staatlich festgelegten Öffnungszeiten. Große **Supermärkte** haben bis 20.00 Uhr, manchmal sogar bis 22 Uhr geöffnet, viele von ihnen auch am Sonntag. Die meisten kleinen Boutiquen sowie Geschäfte auf dem Land schließen dagegen schon um 18.00 Uhr. **Banken** haben montags bis freitags von 9.30 bis 15.00 Uhr geöffnet, am Donnerstag bis 17.00/ 18.00 Uhr.

Souvenirs

Schweden ist bekannt für modernes Design mit klaren Konturen. Das setzt sich bis in die alltäglichen Gebrauchsgegenstände fort. Beliebte Souvenirs sind Glaswaren, z.B. aus den Hütten Kosta, Boda und Orrefors in Småland. **Samisches Kunsthandwerk** aus Rentiergeweih oder Birkenholz ist ebenfalls ein nettes Andenken. Knallrot mit weiß-blauem Zaumzeug ist das **Dalapferd**, das in Dalarna hergestellt wird. Es soll das Reittier des Gottes Odin darstellen und ist zu einem der beliebtesten Mitbringsel aufgestiegen. Kulinarisch kann man in Schweden einige Raritäten erstehen: Das reicht vom Elchschinken bis zur **»Hjortronsylt«** das ist Marmelade aus Moltebeeren. Sehr gut schmeckt auch **schwedischer Senf**, aromatisch und leicht süßlich.

Finnland

Öffnungszeiten

In der Regel sind die Geschäfte Mo. – Fr. 7.00 – 21.00 und Sa. 7.00 – 18.00 Uhr geöffnet. Lebensmittelgeschäfte haben oft auch So. 12.00 – 21.00 Uhr geöffnet; Kioske, Blumenläden und Apotheken haben freie Öffnungszeiten.

Souvenirs

Die finnischen Märkte sind eine gute Fundgrube für typisch Finnisches. Große und kleine Korbwaren aus Birkenspänen, typisch finnische Häkelmützen, Holzbecher und -löffel sind die schönsten und

preiswertesten traditionellen Souvenirs. Aber auch Rentierfelle, Finnmesser, Leinenstoffe und Töpferwaren sind gute Mitbringsel.
Finnland ist zu Recht berühmt für seine hochwertigen **Design-Produkte**. Seien es Möbel, Stoffe, Kleidung, Glas, Geschirr oder Haushaltswaren. Möbel von Artek, Textilien von Marimekko, Glas aus Iittala, Haushaltswaren von Hackmann, Geschirr von Arabia oder Pentic: Solche Produkte sind in den großen Kaufhäusern wie z.B. Stockmann, Forum oder Sokos zu erhalten. Die meisten Geschäfte übernehmen es, die gekauften Waren an die Heimatadresse zu versenden.

Sprache

Sprachgruppen

Norwegisch und Schwedisch gehören zur nordgermanischen oder skandinavischen Sprachgruppe. Eigentümlich ist die Neigung zu Suffixen, wie sie sich im angehängten bestimmten Artikel und in der Bildung des Passivs zeigt (z.B. veien/vägen = der Weg, hjelp søkes = Aushilfe gesucht).
Finnisch gehört zu den finno-ugrischen Sprachen und ist somit nicht mit Norwegisch und Schwedisch verwandt. 6 % der Bevölkerung Finnlands sprechen Schwedisch (besonders an der Süd- und Südwestküste).
Im skandinavischen Alphabet folgen æ, ä, å , ø, ö am Ende nach z.

Englisch hilft

In Skandinavien kann man sich an vielen Orten mit Englisch gut verständigen, manchmal wird auch Deutsch verstanden. In abgelegenen Gebieten, besonders in Lappland, ist es nützlich, die wichtigsten Wörter und Redewendungen in der Landessprache parat zu haben.

Norwegen

Zwei Sprachen

Die norwegische Sprache teilt sich heute in das an das Dänische angelehnte Bokmål und das aus den verschiedenen Dialekten aufgebaute Nynorsk (Neunorwegisch), das bis 1929 auch Landsmål genannt wurde. Das seit der Loslösung von Dänemark (1814) erstarkte Nationalbewusstsein der Bevölkerung lenkte die Aufmerksamkeit wieder auf die alte norwegische Sprache. Während Nynorsk (Landsmål) hauptsächlich im Südwesten und Westen des Landes verbreitet ist, wird Bokmål im Osten des Landes und in den Städten gesprochen; beide sind gleichberechtigt.

Aussprache

å ist ein breiter, dunkler o-Laut (vor tt jedoch kurz)
æ = ä
d ist meist stumm vor s, nach n und l
sowie als Endkonsonant nach r
g meist wie im Deutschen, aber vor j und y wie j, jeg = »ich« wird

jäi ausgesprochen
gj wie j
egn wird fast wie »ein« gesprochen
g auf n (ng) im Auslaut nasal sprechen (z.B. in mange = viele)
h ist stumm vor j und v, z.B. (h)jerte = Herz, (h)val = Wal
j wie im Deutschen, nach Vokalen wie i
k vor i und y und in der Verbindung kj wie ch im deutschen Wort »ich« (z.B. kirke, skip wie chirke, schip)
o häufig ganz dumpf, fast wie u
ø wie ö
s stets scharf wie das deutsche ß
sk vor i und y, sj und skj entsprechen dem deutschen sch
tj wie tch
v immer wie w
y wie ein Laut zwischen i und ü.

Schweden

Aussprache

å wie ein breiter dunkler o-Laut
o meist etwas dumpf, mitunter wie u
u fast wie ü
c vor e, i, y wie ein scharfes s (ß), sonst wie k
ch vor e, i, y, ä, ö, wie sch
d, h, l vor j stumm, also djur (Tier) wie jüür
f am Silbenende wie w
g vor ä, e, i, ö, y und nach l und r wie j; gj vor o und u wie j
k vor ä, e, i, ö, y und in der Verbindung kj wie sch, z.B. kyrka wie schürka, kött wie schött
s immer scharf wie ß; sj wie sch
tj vor ä, e, i, ö, y wie sch; ti in der Endung -tion wie sch
v immer wie w
y wie ü

Finnland

Finnisch ist eine sehr vokalreiche Sprache. Das finnische Alphabet umfasst 21 Buchstaben; b, c, d, f, g, w, x und z findet man nur in Fremdwörtern oder bei Eigennamen.
So kompliziert das Finnische aussehen mag – die Aussprache ist verblüffend einfach: Was man liest, das spricht man auch, wobei die Betonung stets auf der ersten Silbe des Wortes liegt. Die einfachen Vokale spricht man kurz (y wie ü), die Doppelvokale (z. B. aa, uu) sehr lang, aber nie getrennt, falls sie nicht durch einen Bindestrich getrennt sind. H wird immer deutlich gesprochen und dient niemals der Dehnung (h nach Vokal vor Konsonanten wie ch, z. B. die Stadt Lahti wie lachti); s immer stimmlos; v immer wie w. Doppelkonsonanten verkürzen nicht wie im Deutschen den vorhergehenden Vokal, sondern sind doppelt lang bzw. besonders deutlich zu sprechen.

SPRACHFÜHRER SKANDINAVIEN

Auf einen Blick

Deutsch	Norwegisch
Ja./Nein.	Ja./Nej.
Bitte. (als Aufforderung)	Vær så snill.
Bitte. (als Antwort auf Danke!)	Ja takk!
Danke.	Takk.
Gern geschehen.	Det var da så lite.
Entschuldigung!	Unnskyld!
Wie bitte?	Unnskyld?
Ich verstehe Sie/dich nicht.	Jeg forstår deg ikke.
Ich spreche nur wenig …	Jeg snakker bare litt …
Sprechen Sie deutsch?	snakker De tysk?
Das gefällt mir (nicht).	Det liker jeg (ikke).
Haben Sie …?	Har dere/du …?
Ich möchte gern …	Jeg ville gjerne ha ...
Wie viel kostet es?	Hva koster det?
Wie viel Uhr ist es?	Hvor mye er klokka?

Kennenlernen

Guten Morgen!	God morgen!
Guten Tag!	God dag!
Guten Abend!	God kveld!
Hallo! Grüß dich!	Hallo!/Hei!
Ich heiße …	Navnet mitt er …
Wie ist Ihr Name, bitte?	Unnskyld, hva var navnet?
Wie geht es Ihnen/dir?	Hvordan har du det?
Danke. Und Ihnen/dir?	Takk, bra. Og du?
Auf Wiedersehen!	På gjensyn!

Unterwegs Auskunft

links/rechts	til venstre/til høyre
geradeaus	rett fram
nah/weit	nær/langt
Bitte, wo ist …?	Unnskyld, hvor ligger …?
Hauptbahnhof	hovedstasjon
Ich möchte … mieten	Jeg ville gjerne leie …
… ein Auto	… en bil
… ein Fahrrad	…en sykkel

Schwedisch	Finnisch
Ja (Ha), Jo, Ju/Nej.	niin , kyllä/en, ei
Var så god.	olkaa hyvä.
För all del!	olkaa hyvä / pyydän!
Tack.	kiitos.
Det var ingenting.	Ei se mitään.
Ursäkta!	Anteeksi
Förlåt?	Anteksi, mitä?
Jag förstår inte.	en ymmärrä.
Jag talar bara litet …	Minä puhun vain vähän
Talar ni tyska?	puhutteko saksaa
Det tycker jag (inte) om.	Tästä minä pidän.
Har ni …?	Onko teillä ...?
Jag skulle gärna …	haluaisin mielelläni ...
Vad kostar …?	paljonko maksaa?
Hur mycket är klockan?	Paljonko kello on.

God morgon!	Hyvää huomenta!
God dag!	Hyvää päivää!
God kväll!	Hyvää iltaa!
Hej!	Moi/ Hei
Jag heter …	Minun nimeni on ...
Vad heter du?	Mikä sinun nimesi on?
Hur mår du?	Mitä kuulu?
Bra tack. Och du själv?	Kiitos hyvää. Entä itsellesi?
Adjö!/Hei då!	Näkemiin.

till vänster/till höger	vasemalla/oikealla
rakt fram	suoraan eteenpäin
nära/lång	lähellä/ kaukana
Var är …?	missä on ...?
centralstation	rautatieasema
Jag skulle vilja hyra …	Minä haluan vuokrata ...
… en bil	... auton
…en cykel	... polkupyörän

Panne

Deutsch	Norwegisch
Ich habe eine Panne.	Jeg har en skade på bilen.
Wo ist hier in der Nähe eine Werkstatt?	Fins det et verkstedi nærheten?

Tankstelle

Wo ist bitte die nächste Tankstelle?	Unnskyld, hvor er nærmeste bensinstasjon?
Ich möchte …Liter …	Jeg skal ha …liter …
…Normalbenzin.	…normalbensin.
…Super.	…super.
…Diesel.	…diesel.
…bleifrei/ verbleit.	…blyfri/ …blyholdig
Voll tanken, bitte!	Full tank, takk!

Unfall

Hilfe!	Hjelp!
Achtung!	Se opp!/Forsiktig!
Rufen Sie bitte schnell …	Vær så snill og ring etter …straks.
…einen Krankenwagen.	…en sjukebil.
…die Polizei.	…politiet.
…die Feuerwehr.	…brannvesenet.
Geben Sie mir bitte Ihren Namen und Ihre Anschrift.	Kan jeg få navnet og adressen din.

Essen/Unterhaltung

Wo gibt es hier …	Hvor er det …
…ein gutes Restaurant?	…en god restaurant?
Auf Ihr Wohl!	Skål!
Bezahlen, bitte!	Kan jeg/vi få betale!
Das Essen war ausgezeichnet.	Maten var utmerket.

Einkaufen

Wo finde ich …?	Hvor finner jeg …?
Apotheke	apotek
Bäckerei	bakeri
Kaufhaus	varehus
Lebensmittelgeschäft	dagligvareforretning
Markt	marked

Schwedisch	Finnisch
Min bil har gått sönder.	Minun autossani on vikaa.
Finns det någon verkstad häri närheten?	Onko täällä lähellä autokorjaamoa
Ursäkta, var ligger närmaste bensinstation?	Antecksi missä on lähin huoltoasema
…liter, …, tack.	Minä haluan ... litraa...
…bensin.	bensaa.
…95 oktan.	95 oktaania.
…diesel.	dieseliä.
…blyfri bensin/blyad.	lyijytöntä bensaa/ lyijyllistä bensaa
Full tank, tack!	Tankki täyteen, kiitos.
Hjälp!	Apua!
Se upp!/Giv akt!	Huomio!
Var snäll och ring genast efter…	Soittakaa nopeasti ...
…en ambulans.	... ambulanssi.
…polisen.	... poliisi.
…brandkåren.	... paloauto.
Kan jag få ditt namn och din adress.	Saisinko nimenne ja osoitteenne.
Var finns det …	Missä täällä on ...
…en bra restaurang?	... ravintola?
Skål!	Kippis!
Får jag be om notan!	Saanko laskun!
Maten var utmärkt.	Ruoka oli erinomaista.
Var hitter jag …?	Mistä löydän ... ?
apotek	apteekin
bageri	leipomon
varuhus	tavaratalon
livsmedelsaffär	ruokakaupan
marknad	torin/ markkinat

Übernachtung

Deutsch	Norwegisch
Können Sie mir bitte …empfehlen?	Kan du anbefale meg …?
…ein gutes Hotel	…et godt hotell
…eine Pension	…et pensjonat
Ich habe bei Ihnen ein Zimmer reserviert.	Jeg har reservert et rom hos dere.
Haben Sie noch Zimmer frei?	Har dere noe ledig rom?
ein Einzelzimmer	et enkeltrom
ein Zweibettzimmer	et dobbeltrom
mit Dusche/Bad	med dusj/bad
für eine Nacht/Woche	for ei natt/uke
Was kostet das Zimmer mit Frühstück?	Hva koster rommet med frokost?
…Halbpension?	…halvpensjon?

Arzt (läkare, doktor = schwedisch, lääkari = finnisch)

Ich habe hier Schmerzen.	Jeg har vondt her.

Bank und Post

Wo ist hier bitte …	Unnskyld, hvor finner jeg …
…eine Bank?	…en bank?
…eine Wechselstube?	…et vekslingslkontor?
Ich möchte …Euro (Schweizer Franken) in Kronen umwechseln.	Jeg ville gjerne veksle EURO (sveitsiske francs) i kroner.
Was kostet …	Hvar koster …
…ein Brief …	…et brev …
…eine Postkarte …	…et postkort …
nach Deutschland?	til Tyskland?

Wochentage

Montag	mandag
Dienstag	tirsdag
Mittwoch	onsdag
Donnerstag	torsdag
Freitag	fredag
Samstag	lørdag
Sonntag	søndag

Spisekart, Meny/Matsedel/Ruokalista (Speisekarte)

Kaffee	kaffe
Tee	te

Schwedisch	**Finnisch**
Kan du rekommendera mig …?	Voitteko suositella minulle ... ?
…ett bra hotell	hotellia
…ett pensionat	täyshoitolaa
Jag har reserverat ett rum hos er.	Minä olen varannut teille huoneen.
Har ni något rum ledigt?	Onko teillä vapaita huoneita?
ett enkelrum	yhden hengen huone
ett dubbelrum	kahden hengen huone
med dusch/bad	kylpyhuoneella
för en natt/vecka	yhdeksi yöksi/ viikoksi
Vad kostar rummet med frukost?	Paljonko huone aamiaisella maksaa?
…halvpension?	... puolihoito?

Jag har ont här.	Minua sattuu tästä.

Var finns det …här?	Missä on ... ?
…en bank?	pankki
…ett växelkontor?	vaihtokonttori?
Jag skulle vilja växla euro	Minä haluan vaihtaa ... euroa
(schweizerfranc) till kronor.	kruunihin
Vad kostar …	Paljonko ... maksaa?
…ett brev …	... kirje
…ett vykort …	... kortti
till Tyskland?	... Saksaan?

måndag	maanantai
tisdag	tiistai
onsdag	keskiviikko
torsdag	torstai
fredag	perjantai
lördag	lauantai
söndag	sunnuntai

kaffee	kahvi
te	tee

Deutsch	Norwegisch
Fruchtsaft	fruktsaft/juice
weich gekochtes Ei	blødkokt egg
Rühreier	eggerøre
Brot/Brötchen/Toast	brød/rundstykke/ristet brød
Butter	smør
Käse	ost
Wurst	pølse
Schinken	skinke
Honig	honning
Marmelade	syltetøy
Müsli	mysli
Joghurt	yoghurt
Obst	frukt

Vorspeisen und Suppen

Suppe	suppe
Fischsuppe	fiskesuppe
Lachs	laks
Hering	sild
Krabben	reke
geräucherter Lachs	røkelaks

Fleischgerichte

Elchbraten	elgsteik
Hammel	får
Rind	okse
Schweinefleisch	flesk
Braten	steik
Hähnchen	kylling
Lamm	lamme
Rentierbraten	reinsdyrsteik
Fleisch	kjøtt
Schweinebraten	svinesteik
Wild	vilt

Fisch und Schalentiere

Aal	ål
Fisch	fiske
Hecht	gjedde
Hummer	hummer
Flusskrebs	kreps

Schwedisch	Finnisch
saft	mehu
löskokt ägg	pehmeäksi keitetty muna
äggröra	munakokkeli
bröd/franskt bröd/rostat bröd	leipä/sämpylä/paahtoleipä
smör	voi
ost	juusto
korv	makkara
skinka	kinkku
honung	hunaja
marmelad	hillo
müsli	mysli
yoghurt	jugurtti
frukt	hedelmät
soppa	keitto
fisksoppa	kalakeitto
lax	lohi
sill	silli
räkor	rapuja
rökt lax	savustettu lohi
älgstek	hirvi
får	lammas
oxfilé	nauta
fläsk	sika
stekt	paisti
kcykling	kana
lamm	lammas
renstek	poro
kött	liha
grisstek	sianpaisti
vild	riista
ål	ankerias
fisk	kala
gädda	hauki
hummer	hummeri
kräftor	rapu

Deutsch	Norwegisch
Heilbutt	kveite
Lachs	laks
Makrele	makrell
Forelle	ørret
Scholle	rødspette
Hering	sild
Dorsch	torsk

Gemüse

Gurken	agurk
Kartoffeln	poteter
Salat	salat
Kohl	kål
Zwiebeln	løk
Pilz	sopp

Gebäck und Torten

Kuchen	kake
Gebäck	bakverk

Dessert

Obstkompott	fruktkompott
Obstsalat	fruktsalat
Eis	is
Pudding	pudding
Schlagsahne	krem
Käseplatte	osteanretning

Getränkekarte

Aquavit	akevitt
Weißwein	hvitvin
Bier	øl
Rotwein	rødvin

Alkoholfreie Getränke

Limonade	brus

Schwedisch	Finnisch
hälleflundra	ruijanpallas
lax	lohi
makrill	makrilli
forell, laxöring	taimen
rödspätta	kampela
sill	silli
torsk	turska
gurka	kurkku
potatis	peruna
huvudsallat	salaatti
kål	kaali
lök	sipuli
svamp	sieni
kaka	kakku
småkakor	leivonnainen
kompott	hillo
fruktsallad	hedelmäsalaatti
glass	jäätelö
pudding	vanukas
vispgrädde	kermavaahto
ostbricka	juustotarjotin
akvavit	akvaviitti
vitvin	valkoviini
öl	olut
rödvin	punaviini
läskedryck	virvokejuoma

Deutsch	Norwegisch
Kaffee	kaffe
Milch	melk
Fruchtsaft	saft/juice
Tee	te
Wasser	vann

Zahlen

0	null
1	ehn/ett
2	to
3	tre
4	fire
5	fem
6	seks
7	sju (syv)
8	åtte
9	ni
10	ti
11	elleve
12	tolv
13	tretten
14	fjorten
15	femten
16	seksten
17	sytten
18	atten
19	nitten
20	tjue (tyve)
21	tjueen
22	tjueto
30	tretti (tredve)
40	førti
50	femti
60	seksti
70	sytti
80	åtti
90	nitti
100	hundre
200	tohundre
1000	tusen
2000	totusen
10 000	titusen
1/2	en halv
1/4	en fjerdedel

Schwedisch	Finnisch
kaffee	kahvi
mjölk	maito
saft	mehu (SAFT)
te	tee
mineralvatten	vesi

noll	nolla
en, ett	yksi
två	kaksi
tre	kolme
fyra	nelj
fem	viisi
sex	kuusi
sju	seitsemän
åtta	kahdeksan
nio	yhdeksän
tio	kymmenen
elva	yksitoista
tolv	kaksitoista
tretton	kolmetoista
fjorton	neljätoista
femton	viisitoista
sexton	kuusitoista
sjuton	seitsemäntoista
arton	kahdeksantoista
nitton	yhdeksäntoista
tjugo	kaksikymmentä
tjugoett	kaksikymmentäyksi
tjugotvå	kaksikymmentäkaksi
trettio	kolmekymmentä
fyrtio	neljäkymmentä
femtio	viisikymmentä
sextio	kuusikymmentä
sjuttio	seitsemänkymmentä
åttio	kahdeksankymmentä
nittio	yhdeksänkymmentä
hundra	sata
två hundra	kaksisata
tusen	tuhat
två tusen	kaksituhatta
tio tusen	kymmenentuhatta
en halv	puolikas
en fjärdedel, en kvart	neljännes

Straßenverkehr

Die Straßen in Skandinavien sind im Allgemeinen so gut wie in Mitteleuropa. Besonders in abgelegenen Gebieten kann so manche **Nebenstraße** aber auch nur als Schotter- oder Sandpiste ausgebaut sein. Hier empfiehlt es sich, Abstand zum vorausfahrenden Fahrzeug zu halten, um keine Steine auf die Windschutzscheibe zu bekommen. Bei längerem Regen werden solche Straßen schmierig oder gar schlammig, dann sollte man besonders vorsichtig fahren.

> **? WUSSTEN SIE SCHON ...?**
>
> - ... dass in Schweden bis 1967 Linksverkehr herrschte, gleichzeitig die Autos aber das Steuer auf der linken Seite hatten? Am 3. September 1967 stand der große Seitenwechsel an: Zwischen 1 und 6 Uhr mussten sämtliche Fahrzeuge stillstehen und dann von der linken auf die rechte Fahrspur wechseln.

Die zum Teil recht schmalen und oft unübersichtlichen **Gebirgsstraßen** in Norwegen und Schweden erfordern Geschick, starke Nerven und ein besonders diszipliniertes Verhalten vom Fahrer. Bei Begegnungen an schwierigen Stellen hat der bergauf Fahrende stets Vorfahrt. Es gibt Bergstraßen, die nur im wechselnden Einbahnverkehr befahrbar sind. Urlauber mit Wohnwagen oder Wohnmobilen sollten sich vor Antritt der Fahrt bei den Automobilclubs erkundigen, ob die geplante Route auch machbar ist.

Maut ▸ Viele Brücken, Tunnels und Privatstraßen sind in Norwegen mautpflichtig (Maut = »bompenger«). An den Stationen zahlt man am Münzautomaten bzw. der Kasse, meistens sind auch Kreditkarten möglich. In Schweden sind die Brücken über den Öresund und den Großen Belt mautpflichtig.

Kilometer oder Meilen?

Grundsätzlich werden Entfernungen in Kilometern (km) angegeben. Fragt man jedoch Einheimische nach Entfernungen, so bekommt man noch sehr oft Angaben in skandinavischen Meilen (mil; 1 mil entspricht 10 km).

Verkehrsregeln Skandinavien

Die internationalen Verkehrszeichen sind auch in Skandinavien gebräuchlich. Das nebenstehende Zeichen sieht man an den Straßen der nordischen Länder relativ häufig. Es weist auf Sehenswürdigkeiten hin, z. B. eine Burg.
Es herrscht Rechtsverkehr. Für alle Insassen des Fahrzeuges gilt Gurtanlegepflicht. Straßenbahnen und Busse im Stadtverkehr haben immer Vorfahrt.

Licht

In ganz Skandinavien muss auch tagsüber das **Abblendlicht** eines jeden Kraftfahrzeuges außerhalb geschlossener Ortschaften eingeschaltet werden. Standlicht genügt nicht, die **Strafen sind empfindlich hoch**! Das gilt auch für Geschwindigkeitsüberschreitungen und Alkohol am Steuer.

Alkohol am Steuer

Die Promillegrenze für Alkohol am Steuer liegt in Norwegen und Schweden derzeit bei 0,2 ‰, in Finnland bei 0,5 ‰. Bei Übertretungen drohen in Skandinavien empfindlichste Geld- oder gar Haftstrafen.

Tanken

Die Benzinpreise liegen in Skandinavien etwas unter dem Durchschnitt der deutschsprachigen Länder, Norwegen ist in der Regel teurer als Schweden und Finnland. Verbindliche Angaben sind hier aber schwierig. Dieselfahrer sollten bedenken, dass im Ausland Diesel, anders als in Deutschland, keine Steuervergünstigung genießt und daher nicht billiger ist als Benzin bzw. Super! Im hohen Norden sollte jede Tankmöglichkeit genutzt werden, da Tankstellen dünn gesät sind. Einen gefüllten Reservekanister sollte man für den Fall des Falles dabei haben! Länderspezifische Infos siehe unten.

AUTOHILFE

NORWEGEN

► **Norges Automobil Forbund (NAF)**
Østensjøveien 14
0609 Oslo
Tel. 22 34 14 00
www.naf.no

► **Pannenhilfe**
Tel. 81 00 05 05

► **Vegmeldingstjenesten**
(Straßendienst, ist auch zuständig bei Wildunfällen)
Tel. 175 (vom Inland) oder
81 54 89 91 (vom Ausland)

SCHWEDEN

► **Motormännens Riksförbund**
Sveavägen 159
Box 23142
10435 Stockholm
Tel. (08) 690 38 00
Fax 690 38 24
www.motormannen.se

► **Pannenhilfe**
Tel. (020) 91 20 12

FINNLAND

► **Autoliitto**
Automobile and Touring Club of Finland
Hämeentie 105 A
00550 Helsinki
Tel. (09) 77 47 61, Fax 693 25 78

► **Pannenhilfe**
AL-Hotline mit zusätzlichen Informationen zu Straßenbeschaffenheit, nächstgelegener Werkstatt bzw. Tankstelle
Tel. (09) 77 47 64 00
Wildunfall: Tel. 100 22

DEUTSCHLAND

► **ADAC-Notrufzentrale München**
Tel. (089) 22 22 22

ÖSTERREICH

► **AMTC-Notrufzentrale Wien**
Tel. (01) 982 13 04

SCHWEIZ

► **Pannenhilfe**
Tel. 08 44 81 10 01

Wildunfälle In ganz Skandinavien herrscht erhöhte **Gefahr durch Wildwechsel**, besonders in der Dämmerung und auf breiten Straßen, denn die Tiere bevorzugen diese, da hier ein bisschen Wind weht und die Mücken ihnen darum weniger zusetzen.
Warnschilder zeigen an, an welchen Stellen es häufiger zu Wildwechsel kommen kann. **Elche** haben zwar dünne Beine, sind jedoch sehr groß und können bis zu 800 kg wiegen. Bei einem Zusammenprall mit einem Pkw zertrümmert meist der schwere Leib des Elchs die Windschutzscheibe. Kollisionen mit Elchen sind eine der häufigsten Ursachen für **tödliche Verkehrsunfälle!** Überfährt man einen Elch, ein Reh oder Rentier, muss man unverzüglich die **Polizei benachrichtigen**. Entzug durch Flucht hat in der Regel schlimme Folgen.

Norwegen

Hauptstraßen Die Hauptstraßen werden unterteilt in Europastraßen, Reichsstraßen (»Riksveg«, Abkürzung RV), Schnellstraßen (»Motorveg«) und im Bereich einiger größerer Städte auch autobahnähnlich ausgebaute Verkehrswege. Auch alle wichtigen Bezirksstraßen (»Fylkesveg«) sind durchnummeriert.

Sonderzeichen In Norwegen gibt es Schilder, die man in Deutschland nicht kennt (Beispiele: weißes M auf blauem Grund = Ausweichstelle; oder »Innkjøring forbudt« = Einfahrt verboten!).

Tanken Folgende Kraftstoffe werden angeboten:
Gering verbleit (97 Oktan), Verbleit (98 Oktan), Super Bleifrei (blyfri, 95 Oktan), Super Plus, Bleifrei (blyfri, 98 Oktan), Diesel.
Nicht alle Tankstellen akzeptieren Kreditkarten, daher Bargeld bereithalten.

Reifen Im Winter und Frühjahr ist im Gebirge das Mitführen und rechtzeitige Anlegen von Schneeketten vorgeschrieben. **Spikes-Reifen** sind von 1. November bis zum 1. Sonntag nach Ostern (Nordnorwegen: 15. Oktober bis 30. April) erlaubt.

Höchstgeschwindigkeiten In geschlossenen Ortschaften: 50 km/h
Außerhalb geschlossener Ortschaften: 80 km/h
Autobahnähnliche Schnellstraßen: 90 km/h
Autobusse: 80 km/h
Gespanne mit ungebremstem Anhänger: 60 km/h.

Schweden

Allgemeine Vorschriften Nebelschlussleuchten dürfen nicht eingeschaltet werden. Eine **durchgehende gelbe Linie** am Fahrbahnrand bedeutet Halteverbot; eine gestrichelte gelbe Linie oder eine gelbe Zickzacklinie am Fahrbahnrand zeigt Parkverbot an.

Höchstgeschwindigkeiten

In Wohngebieten: 30 km/h
In geschlossenen Ortschaften: 50 km/h
Landstraßen: 70 – 90 km/h
Autobahnen: 90 – 110 km/h
Pkw mit Anhänger: 80 km/h

Überholen

Viele schwedische Straßen sind »eineinhalbspurig«. Anders als in Deutschland benutzt nicht der Überholende die zweite Spur, sondern das langsamere Fahrzeug macht den Weg frei und weicht kurz auf den rechten Seitenstreifen aus. Macht ein vorausfahrendes Fahrzeug Platz, bedankt man sich durch kurzes rechts-links Blinken.

Tankstellen

Tankstellen sind in der Regel Mo. – Sa. 7.00 – 19.00 Uhr, an Autobahnen und Hauptverbindungsstrecken z.T. auch rund um die Uhr geöffnet. Die meisten Tankstellen sind Selbstbedienungstankstellen mit Geldscheinautomaten für 20-, 50- und 100-Kronen-Scheine, die Bezahlung mit gängigen internationalen Kreditkarten ist meist möglich. Sie sind mit dem Wort »sedel« (Banknote) angekündigt – Tankstellen, an denen man an der Kasse der Tankstelle bezahlt, sind mit »kassa« gekennzeichnet.

Finnland

Straßen, Licht

Bei den nummerierten Hauptstraßen unterscheidet man Straßen erster und Straßen zweiter Ordnung; Nummern auf rotem Grund zeigen Fernstraßen oder Reichsstraßen an. Es gibt immer mehr Autobahnabschnitte bzw. vierspurig gut ausgebaute Autostraßen (»Moottoritie«) in der Umgebung der Großstädte. Wie überall in Skandinavien ist auch in Finnland auch tagsüber Abblendlicht außerhalb geschlossener Ortschaften vorgeschrieben.

Lossi

Im Land der Tausend Seen müssen häufiger einzelne Straßenabschnitte durch **Kurzfähren** (finn. Lossi) miteinander verbunden werden. Die Benutzung ist kostenlos.

Höchstgeschwindigkeiten

In geschlossenen Ortschaften: 50 km/h
Landstraßen: 80 – 100 km/h
Autobahnen: 120 km/h
Pkw mit Wohnanhänger: 80 km/h

Reifen

Winterreifen sind in Finnland Pflicht. Schneeketten sind nicht erlaubt, dafür aber Spikes-Reifen. Sämtliche Straßen in Finnland sind im Winter gut geräumt und in der Regel problemlos zu befahren.

Tanken

An finnischen Tankstellen gibt es unverbleites Benzin als Normal (95 Oktan) und Super (98 Oktan). Kraftstoff ist billiger als in Deutschland (Stand 2006). Besonders in abgelegenen Gebieten sind Tankstellen nicht allzu dicht gesät: Rechtzeitiges Tanken ist angeraten.

Übernachten

Camping und Caravaning

Skandinavien ist ideal für Camper. Es gibt hier eine große Zahl offizieller Campingplätze, die gegen Gebühr für jedermann zugänglich sind (z.T. Internationaler Campingpass oder Nationaler Lagerpass erforderlich). Die Fremdenverkehrsverbände, Automobilclubs und Campingorganisationen geben jährlich aktualisierte Verzeichnisse heraus, aus denen Lage, Größe, Einrichtungen und Qualität der einzelnen Plätze zu ersehen sind. Größere Plätze haben außer den üblichen sanitären Einrichtungen und Kochgelegenheiten auch Duschen und Lebensmittelkioske. Außerdem gibt es auf vielen Plätzen Campinghütten (einfache Holzhäuschen mit Schlafplätzen). Wer in der freien Landschaft (Achtung! Campen in Naturschutzgebieten und militärischen Sperrzonen verboten) kampieren will, frage in der Nähe von Privatgrundstücken vorher stets den Besitzer um Erlaubnis. An der Küste oder an Fjorden ist es ratsam, das Zelt so aufzustellen, dass der Eingang im Windschatten liegt. In den nördlichen Regionen ist ein **Moskitonetz** unerlässlich. In der Zeit vom 15. April bis zum 15. September ist es untersagt, in der Nähe von Wäldern Feuer zu entfachen. Zuwiderhandlungen werden streng geahndet.

i Jedermannsrecht

- In Skandinavien hat jedermann das Recht, Strand, Ufer, Wald und Wiese auch dann zu benutzen, wenn sie Privateigentum sind. Man darf dieses Recht allerdings keinesfalls als Freibrief für ungehemmtes wildes Campen verstehen. Wer nicht anecken will, sollte vermeiden, auf dem Grund und Boden anderer ohne Genehmigung zu zelten, Feuer zu entfachen oder auch Lärm zu machen. Wohnwagen, Wohnmobile und Zelte dürfen nie näher als 150 Meter vom nächsten Haus oder der nächsten Hütte aufgestellt werden. Beim Verlassen des Platzes dürfen keinerlei Fäkalien oder Müll hinterlassen werden und der Platz muss so verlassen werden, wie er vorgefunden wurde.

Camping Card Scandinavia

Inhabern der Camping Card Scandinavia werden vielfältige Rabatte eingeräumt. Sowohl Campingplatzsuche als auch die Bestellung der Camping Card sind online unter www.camping.se, www.camping.no und www.camping.fi möglich. Hier erfahren Sie auch die aktuellen Preise, die für 2006 in Norwegen 100 NOK betragen, in Schweden 100 SEK und in Finnland 6 Euro.

Norwegen

Die rund 1400 Campingplätze sind in fünf Kategorien (1 – 5 Sterne) unterteilt. Campingkarten sind zwar nicht verbindlich vorgeschrieben, werden inzwischen aber von vielen Betreibern verlangt. Beim Verband gibt es die einer Kreditkarte ähnliche Camping Card Scandinavia (früher Norsk Camping Kort). Campingtouristen erhalten damit Vergünstigungen, z. B. schnelleres Einchecken auf Camping-

ADRESSEN CAMPING

NORWEGEN

- **Reiselivsbedriftenes Landsforening (RBL)**
  Essendropsgt. 6
  0305 Oslo
  Tel./Fax 23 08 86 21
  www.camping.no

SCHWEDEN

- **Sveriges Camping-&Stugföretagares Riksorganisation (SCR)**
  Box 255
  45117 Uddevalla
  Fax (05 22) 64 24 30
  www.scr.se

FINNLAND

- **Suome Leirintäalueyhdistys ry**
  Mäntytie 7
  00270 Helsinki
  Tel. (09) 47 74 07 40
  Fax 477 20 02
  www.camping.fi

plätzen. Sie kosten 90 NOK und ist beim Reiselivsbedriftenes Landsforening (siehe Adresskasten) oder beim Norges Automobilforbund (www.nafcamp.com) erhältlich. Aber auch die Internationale Campingkarte ist gültig.
Nicht alle Straßen dürfen von Wohnwagengespannen befahren werden. Camp-Mobile dürfen höchstens 2,55 m breit und 12,50 m lang sein. Ein Wohnwagengespann darf nicht länger als 18,50 m sein.

Schweden

Zum Verbund der schwedischen Camping & Ferienhausbetreiber (SCR, s.u.) gehören 625 Campingplätze, auf denen oft auch Campinghütten und Ferienhäuser gemietet werden können. Um auf einem schwedischen Campingplatz zu übernachten, muss man die Camping Card Scandinavia erwerben (s.o.).

Finnland

In den meisten Fällen liegen die ca. 350 Campingplätze (70 davon ganzjährig geöffnet) naturnah an einem der zahlreichen Gewässer. Die fünf Kategorien richten sich nach der jeweiligen Ausstattung. Plätze mit einem Stern bieten nur die Grundversorgung mit sanitären Einrichtungen und Kochgelegenheit, während Fünf-Sterne-Campingplätze über umfangreiche Serviceleistungen wie etwa Einkaufszentrum, Vergnügungspark oder Diskothek verfügen können.

Hotels

Komfort auch im hohen Norden

Die skandinavischen Hotels entsprechen in Komfort und Service dem internationalen Standard vergleichbarer Preisklassen. In den großen Städten findet man luxuriöse Hotels, aber auch viele kleinere Orte haben vortreffliche Häuser. Selbst im hohen Norden gibt es gute Hotels und behaglich eingerichtete Gasthöfe. Zahlreiche Häuser haben preiswerte sog. Familienzimmer (3 – 5 Betten). Manche Berg-

Kategorien Hotel

- Norwegen
  Luxus: über 900 NOK
  Komfortabel: 450 – 900 NOK
  Günstig: bis 450 NOK

- Schweden
  Luxus: über 880 SEK
  Komfortabel: 440 – 880 SEK
  Günstig: bis 440 SEK

- Finnland
  Luxus: über 120 Euro
  Komfortabel: 60 – 120 Euro
  Günstig: bis 60 Euro

pro Nacht im Doppelzimmer

hotels sind nur während der Sommer- bzw. Wintersaison geöffnet. Die Betten der Hotels sind übrigens oft etwas kleiner als gewohnt.

In den großen Städten **Norwegens** und an einigen bevorzugten Plätzen gibt es Luxushotels. Als »Turisthotell« oder »Høyfjellshotell« wird eine komfortable Unterkunft im Gebirge abseits der Siedlungen genannt. »Pensjonater« sind kleinere Hotels mit mäßigem Komfort. »Gjestgiveri« heißt Gasthof. Norwegische Hotels sind sehr teuer. Viele erstklassige Häuser bieten aber Zimmer zu reduzierten Preisen an (► Preise und Vergünstigungen, S. 122).

Schweden Die Preise für Hotelübernachtungen sind in Schweden in den vergangen Jahren deutlich gesunken, teils sind sie erheblich preiswerter als in Deutschland. Der Standard der schwedischen Hotels ist durchweg sehr gut. In den vergangenen Jahren sind viele neue Design- und Erlebnishotels inklusive Wellness- und Spa-Abteilungen entstanden. Anders als bei uns dominieren die großen **Hotelketten** das Geschäft (zu Hotelschecks s. S. 122.) Aber auch wer es familiär und einfach sucht, wird nette Unterkünfte finden, nicht selten in landschaftlich reizvoller Lage.

Finnland Auch die Hotels in Finnland gehören fast alle zu wenigen großen Ketten und sind bekannt für ihren hohen Standard – und ihre hohen Preise. Viele der großen Hotels haben ermäßigte Sommerpreise oder günstige Wochenendpakete. Manche Ferienhotels sind nicht ganzjährig, sondern jeweils nur während der Sommer- oder Wintersaison geöffnet. Darüber hinaus gibt es spezielle Sommerhotels, die einfachen Standard bieten, jedoch preisgünstig sind. Die Gasthöfe (Matkustajakoti) in abgelegeneren Landesteilen sind oft einfacher, aber immer sauber. Unter »Majatalo« versteht man ein ländliches Gasthaus.

Hütten, Ferienhäuser, B & B

Norwegen Recht günstig übernachtet man in Hütten (norw. Hytter) und Ferienhäusern. Die Palette reicht von der spartanisch eingerichteten Fischerhütte (Rorbu) und der einfachen Berghütte (Fjellhytte) bis zur komfortablen Hütte auf einem Campingplatz und zum luxuriösen

Eine der schönsten Arten, in Skandinavien auszuspannen, ist der Urlaub im Ferienhaus.

privaten Feriendomizil. In einigen von Touristen stark frequentierten Orten und Regionen werden Zimmer mit Frühstück zu annehmbaren Preisen angeboten. Auskünfte erteilen die regionalen Fremdenverkehrsbüros. Das Verzeichnis mit aktuellen Zimmeradressen und Preisen für ganz Norwegen, »Bed & Breakfast«, ist im Buchhandel erhältlich oder kann im Internet bestellt werden unter: www.bbnorway.com oder auch www.bedandbreakfastinnorway.com.
»Ferien auf dem Bauernhof« lohnen vor allem für Familien. Jährlich erscheint ein Katalog mit Angeboten bei der Touristeninformation.

Schweden

Für Ferienhäuser, Fjällhütten und Privatzimmer sollte man Angebote am besten vor der Reise in Reisebüros oder über den Touristenverband einholen. Im Land weisen Schilder an der Straße auf Übernachtungsmöglichkeiten hin (Stuga = Hütte, Ferienhaus; stugor/stugby = Hüttendorf; rum/rum att hyra = Zimmer zu vermieten). Man sollte allerdings Bettwäsche dabeihaben.
Ferien auf dem Bauernhof sind auch in Schweden eine preiswerte Art des Urlaubs für Familien. Die Touristeninformation gibt eine Broschüre dazu heraus.

Finnland

Ein echt finnisches **»Mökki«**, ein Ferienhaus im Wald oder an einem See gelegen, mit eigener Sauna und einem Ruderboot, bietet die sicherlich schönste Möglichkeit, finnisches Sommerleben kennen zu lernen. Die Ferienhäuser sind in fünf **Kategorien** eingeteilt, deren Klassifizierung sich nach der Ausstattung und dem Platzangebot richtet wie Grundfläche, Schlafraum, Strom- und Wasserversorgung,

Sanitärbereich, WC usw. Übrigens: Die Finnen selbst mögen es im Ferienhaus rustikal: Ein Plumpsklo im Wald – eine Einrichtung, die, wenn man daran gewöhnt ist, durchaus ihren Reiz hat – und der Abwasch von Hand mit Wasser aus dem See gehören für sie einfach dazu. Üblicherweise werden Ferienhäuser zum Wochenpreis angeboten. Eine Ausnahme bildet die Zeit um Mittsommer, wenn sie auch für nur ein Wochenende vermietet werden.

Jugendherbergen, Wanderheime

Nicht nur für Jugendliche

Preisgünstig – mit Verzicht auf etwas Komfort – kann man in Jugendherbergen (nicht nur für Jugendliche) und Wanderheimen übernachten. Reservieren empfiehlt sich! Weiter erscheint jährlich das Herbergsverzeichnis »Hostelling International, Volume 1, Europe« mit deutschem Textteil. Hierin sind auch Wanderheime aufgelistet (im Buchhandel erhältlich). Vielerorts erhalten Jugendliche und Mitglieder von Wandervereinen Preisnachlässe in Privathütten; Informationen bei den regionalen Fremdenverkehrsbüros.

Norwegen

Der norwegische Jugendherbergsverband (Norske Vandrerhjem) gibt eine Liste der rund 80 Jugendherbergen des Landes heraus. Der norwegische Bergwander- und Touristenverband DNT unterhält rund 300 Wanderheime und Hütten. Es gibt einfache Hütten für Selbstver-

ADRESSEN JUGENDHERBERGEN/ WANDERHEIME

► **Norske Vandrerhjem**
Torggata 1
0181 Oslo
Tel. 23 13 93 00, Fax 23 13 93 50
www.vandrerhjem.no

► **Den Norske Turistforening (DNT)**
Storgaten 3
Postboks 7
0101 Oslo
Tel. 22 82 28 00, Fax 22 82 28 01
www.turistforeningen.no
www.huettenwandern.de

► **Svenska Turistförening (STF)**
Box 25
Drottninggatan 31
10120 Stockholm
Tel. (08) 463 21 00
www.stfturist.se

► **Sveriges Vandrarheim i Förening**
Box 9
45043 Smögen
Tel./Fax (04 13) 55 34 50
www.svif.se

► **Finnischer Jugendherbergsverband**
Yrjönkatu 38B
00100 Helsinki
Tel. 09 / 6 94 03 77
Fax 6 93 13 49

► **Deutsches Jugendherbergswerk**
Bismarckstr. 8
32756 Detmold
Tel. (0 52 31) 74 01-0
Fax 74 01 49
www.djh.de

pfleger, mit Proviant ausgestattete Hütten für Selbstversorger und voll bewirtschaftete Hütten und Wanderheime mit unterschiedlichem Komfort. Man kann sich nicht voranmelden, aber in den bewirtschafteten Hütten wird in der Not immer noch wenigstens eine Matratze organisiert.

Schweden

In Schweden stehen 315 »Vandrahems« zu Verfügung. Die Variationsbreite reicht von einfachen Unterkünften bis zu Häusern mit Hotelstandard. Entsprechend gestaffelt sind auch die Übernachtungspreise, die bei etwa 10 Euro für einen Platz im 4-Bett-Zimmer beginnen. Eine Mitgliedschaft im Jugendherbergsverband ist nicht notwendig, wird aber mit Preisnachlässen honoriert. Die »Vandrahems« sind übrigens mehr als nur Jugendherbergen, weil oft sehr einfallsreich von Lage, Örtlichkeit und Einrichtung her.

Finnland

Jugendherbergen und Wanderheime sind in mehr als 150 Orten zu finden. Bei hohen Besucherzahlen beträgt die maximale Aufenthaltsdauer in Jugendherbergen sieben Tage.

Urlaub aktiv

Angeln

Paradies der Petrijünger

Zu den beliebtesten Freizeitbeschäftigungen der Einheimischen wie auch zahlreicher Touristen gehört der Fischfang. Vor Ort muss man sich eine Angellizenz besorgen. Meist sind die Verkaufsstellen deutlich ausgeschildert, wenn nicht, hilft das örtliche Touristenbüro oder ein Hotel, Campingplatz oder Zeitungskiosk in der Nähe weiter. Dort wird oft sowieso auch die Angelberechtigung verkauft.
In einigen Fällen, wie zur Lachspremiere im norwegischen Fluss Mörrum, muss man sich seinen Standplatz schon ein Jahr im Voraus sichern. Vielerorts werden **Wartelisten für Lachsangler** geführt. Man sollte sich also rechtzeitig erkundigen.

Angelzubehör gibt es oft auch auf den Märkten.

Das **Angeln im Meer** mit Handangelgeräten ist in weiten Teilen Skandinaviens lizenzfrei.

INFORMATIONEN AKTIVURLAUB

ANGELN

▶ **Norges Jeger- og Fiskerforbund**
Postboks 94, Hvalstadåsen 5
1378 Nesbru
Tel. 66 79 22 00, Fax 66 90 15 87
www.njff.no

▶ **Fischen in Schweden**
www.top10fishing.com

▶ **Fischen in Finnland**
www.visitfinland.com/fishing

FAHRRAD FAHREN

▶ **Stiftelsen Sykkelturisme i Norge**
Fylkeshuset
3706 Skien
Tel. 35 52 99 55
www.bike-norway.com

▶ **Svenska Cykelsällskapet**
Box 6006
16406 Kista
Tel. (08) 751 62 04
Fax 751 19 35
www.svenska-cykelsallskapet.se

▶ **Cycelfrämjandet**
Box 47, 25053 Helsingborg
Tel. (08) 54 59 10 30
www.cykelframjandet.a.se

GOLF

▶ **Norges Golfforbund**
Postboks 163 Lilleaker
0216 Oslo
Tel. 21 02 91 50
Fax 21 02 91 51
www.ngf.golf.no

▶ **Svenska Golfförbundet**
Box 84, 18211 Danderyd
Tel. (08) 753 02 65

▶ **Finish Golf Union**
Tel. (09) 34 8122 44
www.golfpiste.fi/golf

REITEN

▶ **Norges Rytterforbund**
Ullevål Stadion
0840 Oslo
Tel. 21 02 96 50, Fax 21 02 96 51
www.rytter.no

▶ **Sveriges Ridlägerarrangörers Riksförbund**
Box 2152
14112 Huddinge
Tel. (08) 711 74 90
www.ridlager.org

▶ **Equestrian Federation of Finland**
Radiokatu 20, 00093 Helsinki
Tel. (0358) 92 29 45 10
Fax 91 49 68 64
www.ratsastus.fi

TENNIS

▶ **Norges Tennisforbund**
Postboks 287
0511 Oslo
Tel. 22 72 70 00, Fax 22 72 70 01
www.tennis.no

▶ **Svenska Tennisförbundet**
Lidingövägen 75, Box 27915
11594 Stockholm
Tel. (08) 450 43 10

▶ **Finnish Tennis Association**
Varikkotie 4
00900 Helsinki
Tel. (09) 341 71 51, Fax 323 11 05
www.tennis.fi

Baden

Zu den Bademöglichkeiten an Meeresstrand und Seen siehe Stichwort ► Badeurlaub S. 97

Fahrrad fahren

Norwegen

Radfahren boomt in Norwegen, obwohl es nur wenige ausgewiesene Radwege gibt. Im Sommer hat man also mit der automobilen Konkurrenz zu rechnen. Ferner sind viele Tunnel, die mühsame Bergüberquerungen ersparen können, für Radler gesperrt. Für konditionsstarke und gut ausgerüstete Radler ist Norwegen jedoch ein Erlebnis. Auf Nebenstrecken kann man die Natur in vollen Zügen genießen. Ähnliches gilt für Radausflüge entlang der Fjorde, in Trøndelag und auf den Lofoten.
Wo und wie Fahrräder mit öffentlichen Verkehrsmitteln transportiert werden und wo man Fahrräder ausleihen kann sowie Tourentipps erfährt man bei den Touristeninformationen und bei Sykkelturisme i Norge, die unter www.bike-norway.com ganz hervorragende Tourenvorschläge mit allen nötigen Zusatzinformationen liefern.

Schweden

In Schweden gibt es mehrere gut ausgewiesene Radfernwanderwege. Wer Lust hat, kann den »Sverigeleden« in Angriff nehmen, der 2800 km lang ist und von Helsingborg im Süden bis hinauf nach Karesuando in Lappland führt. Beim Transport in öffentlichen Verkehrsmitteln müssen die Räder zum Preis von rund 43 Euro als Gepäckstück aufgegeben werden (Ausnahme: Großstadtgebiet). Mit Busfahrern auf regionalen Linien muss man sich absprechen, überregional werden nicht unbedingt Räder mitgenommen.

Finnland

Radfahrern bietet Finnland ein gut erschlossenes Wegenetz mit abwechslungsreichen Routen. Sowohl Tagesausflüge als auch ein mehrtägiger Fahrradurlaub sind dabei möglich. In öffentlichen Verkehrsmitteln ist die Mitnahme des Rades kein Problem. Gegen eine geringe Gebühr werden Fahrräder im Zug und Bus als Gepäckstück mitgenommen, und die Finnair bietet einen Transport ohne Gebühr. Viele Gemeinden bieten ein- und mehrtägige geführte Radtouren an. Buchung und Information beim jeweiligen Tourismusbüro. Unter www.visitfinland.com/cykling erhält man viele nützliche Informationen zum Radfahren in Finnland.

Mountainbiking

Immer beliebter wird auch in Skandinavien das Mountainbiking. Mountainbiker sollten jedoch daran denken, dass das Befahren von Fußwegen sowie das Geländefahren vor allem in geschützten Gebieten streng verboten ist und sich die dünne und sehr empfindliche Vegetationsdecke nur sehr langsam regeneriert. Es dauert oft viele Jahre, bis eine Narbe im Moos- und Flechtenpolster wieder zugewachsen ist.

Golf

Golfsaison Die Golfsaison dauert von Mai bis Ende September/Anfang Oktober. Einige Golfclubs bieten auch während der »arktischen Nacht« Golf im Schnee an.

Golfplätze In **Norwegen** gibt es 80 Golfplätze, 20 davon sind 18-Loch-Plätze, zum Beispiel in Oslo, Stavanger, Tønsberg und Drammen. Am Golfplatz in Trondheim findet Ende Juni / Anfang Juli das sog. Mitternachtsturnier statt.

In keinem anderen europäischen Land findet man ein so dichtes Netz von Golfplätzen wie in **Schweden**. Alle schwedischen Golfvereine heißen bei Vorlage der Greencard auch Gastspieler aus anderen Ländern gerne willkommen. Die Greenfees sind im Vergleich zu Deutschland mehr als moderat. Einige Hotelketten bieten Golfpakete an, in denen Unterkunft und Greenfee im Preis enthalten sind. Die Spielzeiten werden dann ebenfalls durch das Hotel gebucht.

In **Finnland** gibt es insgesamt 107 Golfplätze. Viele sind 18-Loch-Anlagen, die auch ausländische Gäste willkommen heißen.

Wassersport

Kanu Mit dem Kanu oder Kajak ruhig auf einem der vielen Seen Skandinaviens dahinzugleiten ist ein besonderes Naturerlebnis. Sehr viel aufregender sind die Wildwasserfahrten, die man auf den Gebirgsflüssen

Kanufahren macht auch Kindern Spaß, hier bei Åre im schwedischen Jämtland.

unternehmen kann. Problemlos können in allen größeren Orten Boote ausgeliehen werden. Auch geführte Bootswanderungen und Paddelkurse für Anfänger und Fortgeschrittene werden angeboten. Orts- und fachkundige Führer gibt es in großer Zahl.

Rafting Rafting boomt auch in Skandinavien. Da zumindest bei anspruchsvollen Fahrten ein gewisses Risiko bestehen bleibt, sollte man nur bei vom Staatlichen Verband der Wildwasserfahrer (FoRS) zugelassenen Unternehmen bzw. solchen mit langjähriger Erfahrung buchen.

Segeln Nur wenige Länder besitzen eine Küste, die sich besser für den Segelsport eignet als Norwegen und Schweden. Ca. 120 sehr gut ausgestattete Seglerhäfen erwarten heute vor allem in den Sommermonaten ihre Gäste. Bei Seglern besonders beliebte Reviere sind der Oslofjord, die Bereiche vor der norwegischen Südküste sowie vor der Westküste Süd- und Mittelnorwegens (einschließlich Fjorde). Erfahrene Segler stoßen bis zu den Lofoten und noch weiter nordwärts vor. **Surfbretter** kann man an zahlreichen Stränden ausleihen.

Tauchen In den Schären an der Küste bestehen hervorragende Tauchmöglichkeiten in sehr klarem, aber kühlem Wasser.

ADRESSEN WASSERSPORT

KANU, KAJAK, RAFTING

► **Norges Padleforbund**
Serviceboks 1
0840 Oslo
Tel. 21 02 98 35
Fax 21 02 98 36
www.padling.no

► **Norwegian Wildlife & Rafting A/S**
Randsverk
2680 Vågå
Tel. 61 23 87 27
Fax 61 23 87 60
www.nwr.no

► **Svenska Kanotförbundet**
Rosvalla
61162 Nyköping
Tel. (0155) 20 90 80
Fax 20 90 81
www.kanot.com

► **Forsföretagens Riksorganisation i Sverige (FoRS)**
Fogdevägen 8
92 132 Lycksele
Tel. (09 50) 101 01
www.itadventure.se

SEGELN

► **Kongelig Norsk Seilforening (KNS)**
Huk Aveny 1
0287 Oslo
Tel. 23 27 56 00
Fax 23 27 56 10
www.kns.no

► **Finnish Yachting Association**
Vattuniemenkatu 13
00093 Helsinki
Tel. (02 07) 33 88 80
Fax 33 88 88
www.purjehtija.fi

Weitere Sportarten

Reiten Der Reitsport hat in den bäuerlich geprägten Gebieten Norwegens eine lange Tradition. Die norwegischen Fjordpferde sind als sehr gemütlich bekannt und beliebte Reittiere. Auf vielen Höfen kann man Pferde mieten oder Reitunterricht nehmen.
Das gilt auch für Schweden und Finnland. Ausführlich über Reitmöglichkeiten informieren Reiseveranstalter, die Reiterurlaub im Programm haben oder die im Infokasten S. 150 genannten Reitervereinigungen.

Sommerski Der Sommerskilauf ist ein geradezu typisches norwegisches Erlebnis. Auf vielen Firnfeldern und Gletschern kann man im Hochsommer dem Skisport frönen. Siehe auch ►Wintersport.

Tennis In vielen Orten sowie bei zahlreichen Hotels sind Tennisplätze angelegt. Es empfiehlt sich, die eigene Ausrüstung mitzubringen. Schweden ist unbestritten eine der bedeutendsten Tennisnationen der Welt, aus der hervorragende Spitzensportler wie Björn Borg, Stefan Edberg, Anders Jarryd, Mats Wilander oder Magnus Larsson stammen. Die Tennisplätze können ohne Clubzwang benutzt werden.

noch mehr Sport ... Weiter Sportarten siehe auch unter den Stickwörtern ► Wandern und ► Wintersport

Verkehr

Mietwagen

Mindestalter 21 Jahre Bedingungen für das Mieten eines Kraftfahrzeuges ist das Mindestalter von 21 Jahren und der Besitz eines internationalen Führerscheins, für Reisende aus Deutschland genügt der nationale Führerschein. Mietwagenfirmen sind an internationalen Flughäfen und Bahnhöfen vertreten. Außer den internationalen Mietwagenfirmen bieten auch einheimische Verleihfirmen vor Ort Wagen an – oft auch günstiger.

Bahn

Norwegen Das Streckennetz der Norwegischen Staatsbahnen (NSB, Norges Statsbaner) ist relativ dünn. Die Hauptstrecken führen von Oslo nach Stavanger (über Kristiansand), Bergen, Åndalsnes, Trondheim (über Dombås oder Røros) und Bodø (nördlichste Station der NSB; Anschluss an den Norwegen-Bus nach Kirkenes).
Man reist in den Expresszügen recht komfortabel, jedoch langsam, denn drei Viertel des Streckennetzes sind Steigungs- bzw. Gefällstrecken. Eine Fahrt von Oslo nach Bergen dauert im Sommer knapp

MIETWAGEN, BAHN UND BUS

MIETWAGEN

► **Avis**
Tel. (018 05) 55 77 55
www.avis.de

► **Budget**
Tel. (018 05) 24 43 88
www.budget.com

► **Europcar**
Tel. (01 805) 80 00
www.europcar.com

► **Hertz**
Tel. (018 05) 33 35 35
www.hertz.de

► **Bodø Bobilutleie**
Armbakken 2
8023 Bodø
Tel. 75 56 01 68
Fax 75 56 00 26

AUSKUNFT BAHN

► **Norges Statsbaner (NSB)**
Prinsensgt. 7 – 9
0048 Oslo
Tel. 81 50 08 88
www.nsb.no

► **Statens järnvägars (SJ) AB**
10550 Stockholm
Tel. (0771) 75 75 75
Fax (08) 762 24 24
www.sj.se

► **Finnische Staatsbahn (VR)**
PO Box 488
00101 Helsinki
Informationen und
Reservierungen:
Tel. (06 00) 4 19 02, www.vr.fi

AUSKUNFT BUS

► **NOR-WAY Bussekspress**
Schweigaardsgata 8 – 10
0185 Oslo
Tel. 81 54 44 44
www.nor-way.no

► **Swebus Huvudkontor**
Solna Strandväg 78, 17154 Solna
Tel. (05 446) 300 00, Fax 300 30
www.swebus.se

► **Oy Matkahuolto Ab**
Fahrplanservice:
Tel. (02 00) 40 00
www.matkahuolto.fi

sieben Stunden. Im Winter kann es zu vielstündigen Verspätungen kommen. Norwegische Expresszüge sind platzkartenpflichtig. Fahrräder können in diesen Zügen nicht mitgenommen werden. Zu Vergünstigungen ► Preise.
Mittlerweile gibt es in Norwegen viele **Museumsbahnen**, die liebevoll gepflegt werden. Außergewöhnliche Bahnstrecken sind die Bergenbahn, die Dovrebahn, die Nordlandbahn und die Flåmsbahn.

Schweden Innerhalb Schwedens verfügt die Bahn über ein gut ausgebautes Streckennetz, die Züge sind modern und sehr bequem, das Personal freundlich und hilfsbereit. Zwischen den größeren Städten verkehrt der Hochgeschwindigkeitszug X 2000. die Fahrt von Malmö nach Stockholm kostet 993 SEK (ca. 110 Euro, Stand 2006).

Finnland Das ca. 6000 km lange Streckennetz der finnischen Staatsbahnen (VR) ist relativ weitmaschig, wird aber durch Autobus- und Schiffslinien gut ergänzt. Vor allem der südliche Landesteil ist durch ein dichteres Verbindungsnetz erschlossen; die beiden Hauptlinien in den Norden führen von Helsinki bis nach Kemijärvi und nach Kolari in Lappland. Bahnfahren ist in Finnland im Vergleich zu den anderen nördlichen Ländern günstiger. Können dann noch zusätzliche Vergünstigungen genutzt werden, verringert sich der Betrag erheblich (► Preise und Vergünstigungen). Um die langen Entfernungen mit dem Pkw in den Norden zu überbrücken, hat die Bahn das Angebot von so genannten **»car-sleeper-trains«** im Programm. Ab Helsinki, Tampere und Turku verkehren diese Züge nach Kontiomäki, Oulu, Rovaniemi und Kolari. Buchungen müssen möglichst frühzeitig erfolgen.

Bus

Gut vernetzt Das Fernbusliniennetz ist in Skandinavien recht gut ausgebaut. Die einzelnen Buslinien sind sehr gut miteinander vernetzt, sodass man rasch vorankommt. Auch hier gibt es allerlei Sondertarife, über die die Busgesellschaften informieren.

Fähren

Norwegen Die inländischen Schiffsverbindungen spielen verkehrstechnisch eine große Rolle. In Norwegen ergänzen Autofähren über die zahlreichen Fjorde das Straßennetz. Beliebt sind Küsten- und Fjordkreuzfahrten. Von Bergen ausgehend, fahren die Postschiffe der **Hurtigrute** (► Baedeker Special S. 261) an der norwegischen Westküste entlang bis Kirkenes und zurück in elf Tagen.

Schweden In Schweden spielen Fähren für den Verkehr nicht die entscheidende Rolle wie im fjordreichen Norwegen bzw. im seenreichen Finnland. Inland-Fährverbindungen nach ► Gotland siehe S. 93, zum Reisen auf dem Götakanal siehe Baedeker-Special S. 372

Finnland Binnenseekreuzfahrten von einstündigen Rundfahrten bis hin zu mehrtägigen Kreuzfahrten auf nostalgischen Passagierdampfern sind eine sehr schöne Möglichkeit, das »Land der Tausend Seen« auch von der Seeseite kennenzulernen. Berühmt sind die »Silberlinie« und die »Dichterlinie« (► Hämeenlinna, Tampere). Die Saison für die Binnenseeschifffahrt beginnt Mitte Juni und endet Ende August, in einigen nördlichen Regionen auch bereits Mitte August.
Die Benutzung der Kurzfähren, die als Verbindung von zwei Straßen im Pendelverkehr eingesetzt werden (finn. Lossi), ist kostenlos. Längere Überfahrten in Auto- und Passagierfähren sind kostenpflichtig.

Reedereien Adressen ► S. 92

Flugverkehr Inland

Norwegen

Wer in kurzer Zeit große Strecken bewältigen will, kann auch in Norwegen das Flugzeug nutzen. Via Oslo erreicht man mühelos alle wichtigen Städte des Landes. Bedeutende Regionalflughäfen sind Bergen, Trondheim, Stavanger, Kristiansund, Bodø, Tromsø und Alta (für Nordkap-Touristen). Fluggesellschaften sind die SAS (Scandinavian Airlines System), Braathens SAFE und Widerøe.

Schweden

Wichtigster Anbieter von Inlandsflügen ist SAS, die alle größeren Städte miteinander verbindet. Fahrräder können als Luftfracht mitbefördert werden.

Finnland

Die Strecken innerhalb Finnlands können sehr weit sein, deshalb hat der Inlandsflugverkehr eine relativ große Bedeutung. Die Finnair mit ihren Tochtergesellschaften fliegt von von Helsinki aus 21 Flughäfen zum Teil auch mehrmals am Tag an.

Airlines

Adressen ► S. 91

Wandern

Wandersaison

Die schönste Jahreszeit für Wanderungen in Skandinavien sind Juni, August und September. Besonders lohnt der Spätsommer, da dann in den Flüssen und Bächen nur wenig Wasser fließt, sodass diese leicht zu überqueren sind. Auch gibt es nicht mehr so viele Mücken. Eine unvergleichliche Farbenpracht zeigt sich dem Wanderer im Herbst während der Laubfärbung. Dieses einzigartige Naturschauspiel verwandelt insbesondere die Fjälllandschaften in ein buntes Meer aus Rot-, Gelb - und Brauntönen.

Auf gute Ausrüstung sollte man unbedingt achten.

Einen schönen Platz zum Aufstellen seines Zeltes findet man immer, aber am Rande vieler Wanderpfade liegen auch Hütten und Gebirgsstationen, in denen man übernachten kann. Der Komfort dieser Hütten reicht vom einfachen Blockhaus (Verpflegung und Schlafsack muss man selbst mitbringen) bis zu bewirtschafteten, rustikalen

Berghütten und luxuriösen Berggasthäusern. In der Hauptsaison muss man auf dem Kungsleden und in Jotunheimen mit Gedränge in den Hütten rechnen!
Wichtig in den unbewirtschafteten Hütten: Immer so viel Brennholz hinterlassen, wie vorgefunden, und nicht alle Streichhölzer verbrauchen. Dass man die Hütte aufgeräumt und sauber hinterlässt, sollte selbstverständlich sein. Ist ein Gästebuch vorhanden, im eigenen Interesse Name, Datum und geplante Wanderstrecke hinterlassen.

Ausrüstung Zwischen den einzelnen Hütten sind die Wege meist gut markiert, ebenso die großen Wanderwege. Eine gute Karte sollten Wanderer dennoch stets mit sich führen. Wer in der nordskandinavischen **Tundra wandern** will, sollte entsprechend ausgerüstet sein. Neben gutem Schuhwerk, wetterfester Kleidung und ausreichend Proviant sind Karte und Kompass dringend erforderlich! Nie sollte man alleine gehen. Mit einem abruptem Umschwung der Witterung ist zu rechnen, außerdem mit Stechmücken (Schutzmittel nicht vergessen). Begegnungen mit Rentier und Elch, Luchs und Braunbär sind möglich.

Empfindliche Natur Hinsichtlich der Ökologie hat man es in der Tundra mit einem äußerst fragilen System zu tun. So dauert es Jahre, bis Narben in der Vegetationsdecke wieder ausgeheilt sind. Und es kann Jahrzehnte dauern, bis eine weggeworfene Blechdose verrostet und verrottet.
Während der trockenen Sommerzeit ist erhebliche **Vorsicht mit offenem Feuer** geboten.

Norwegen

Immer dem roten T folgen Die norwegische Gebirgswelt bietet reichlich Gelegenheit zum Bergsteigen sowie zu Fjell- (Berg-) und Gletscherwanderungen. Ein dichtes Wanderwegenetz – das allgemein gültige Wegzeichen ist ein rotes » T « – überzieht die Landschaften Norwegens. Auskünfte und Tourenvorschläge erhält man bei den regionalen Fremdenverkehrsbüros und beim Den Norske Turistforening (DNT).

Bergsteigen In Norwegen haben Kletter-Freaks reichlich Gelegenheit, alle Schwierigkeitsgrade auszuprobieren. Das »Mekka« für abenteuerlustige Kletterer ist derzeit die fast 1000 m hohe, nahezu senkrecht aufragende Felswand »Trollveggen« im Romsdal (► Romsdal). Auskünfte erteilt der DNT.

Gletschertouren In der Hauptwandersaison werden geführte Gletschertouren von mehreren Berghütten aus angeboten. Von den Ausgangspunkten Spiterstulen und Juvasshytta erklimmt man beispielsweise das »ewige Eis« am Galdhøpiggen (2468 m ü.d.M.), der höchsten Erhebung Norwegens. Eindrucksvoll sind auch das Sognefjell, das Jotunheimen-Gebiet, Jostedalsbre, Hardangerjøkul und Svartisen. Auskünfte über geführte Gletschertouren und Gletscherkurse erteilt der DNT.

ADRESSEN WANDERN / OUTDOOR

▸ **Den Norske Turistforening (DNT)**
Storgaten 3
Postboks 7
0101 Oslo
Tel. 22 82 28 00
Fax 22 82 28 01
www.turistforeningen.no

▸ **Norsk Tindeklubb**
Postboks 7
Sentrum
0101 Oslo
Tel. 22 64 95 91
www.ntk.no

▸ **Svenska Turistföreningen (SFT)**
Drottninggatan 31
Box 25
10120 Stockholm
Tel. (08) 463 21 00
Fax (08) 678 19 58
www.stfturist.se

▸ **Metsähallitus, Natural Heritage Services**
P.O. Box 94
Vernissakatu 4
01301 Vantaa
Tel. (0358) 20 56 41 00
www.outdoors.fi

Schweden

Ideales Wanderland

Schweden ist ideal zum Wandern. Im Norden locken die wilde, einsame Weite und die Gebirgswelt, im Süden die fruchtbare Kulturlandschaft. 400 beschilderte Wanderwege durchziehen ganze Provinzen, u. a. der Blekingeleden, der Skåneleden und der Hallandsleden. Andere Wege führen durch Nationalparks, wie z. B. der Kungsleden, der in Abisko beginnt und am Kebnekaise vorbeiführt, dem höchsten Berg Schwedens. Der Svenska Turistföreningen unterhält zahlreiche Wanderheime.

Für alle Ansprüche

In Südschweden sind die Touren oft relativ einfach, im mittelschwedischen Jämtland und Härjedalen schon etwas anspruchsvoller und in Lappland, speziell in den großen Nationalparks Sarek, Padjelanta und Stora Sjöfallet, sollte man etwas Kondition und Orientierungsvermögen mitbringen. Denn wer mehrere Tage unterwegs ist, ohne ein Wanderheim verfügbar zu haben, muss einiges an Gewicht mitschleppen. Dank des schwedischen Jedermannsrechts (allemansrätt) darf man so gut wie überall wandern, also auch dort, wo keine Wanderwege sind.

Wandern im Sarek

Keine Wanderwege durchziehen den Sarek-Nationalpark in Lappland, der sicherlich zu den faszinierendsten Gegenden Europas gehört. Hier sind Kenntnisse im Umgang mit Kompass und Karte unabdingbar, außerdem gute Kondition, umfassende Wandererfahrung und größte Sorgfalt bei der Ausrüstung!

KÖNIGSPFAD DURCH DIE WILDNIS

Der Königspfad (Kungsleden) ist der bekannteste Fernwander- und Skitourenweg Skandinaviens. Über 425 km führt er von Abisko im Norden bis Hemavan im Süden. Es gibt kaum eine bessere Möglichkeit, die grandiose Landschaft Nordschwedens kennen zu lernen. Man begegnet Samen und ihren Rentieren, sieht vielleicht aus der Ferne sogar Bär, Wolf oder Luchs. Die Infrastruktur ist hervorragend, sodass diesen Weg nicht nur Outdoor-Asse gehen können.

Der Kungsleden lässt sich in vier Abschnitte unterteilen, die jeweils gut in rund einer Woche zu bewältigen sind. Die Anfangs- und Endpunkte der Teilstrecken sind problemlos mit dem Auto oder öffentlichen Verkehrsmitteln zu erreichen. Zwischen Kvikkjokk und Ammarnäs ist der Weg zwar auch markiert, doch auf diesem Abschnitt gibt es keine Hütten zur Übernachtung. Wer dieses Verbindungsstück zwischen nördlichem und südlichem Kungsleden gehen möchte, braucht Zelt und Zeit.

Von Abisko nach Kebnekaise

Dies ist der bekannteste und damit auch meistbegangene Abschnitt des Kungsleden, der durch mächtige Trogtäler verläuft und Ausblicke auf einige der höchsten Berge und Gletscher Schwedens bietet. Hier passiert man auch **den höchsten Punkt** des gesamten Fernwanderweges, den Tjäktjapass auf 1150 m, von dem man eine fantastische Aussicht auf die Talsenke und das umliegende Hochgebirge genießt. Lohnend ist der Abstecher von **Sälka** zum gleichnamigen Gipfel (1865 m ü.d.M.) oder zur Nallohütte, die tief in einem Tal eingebettet liegt, das von hohen Bergen umgeben ist. Von der **Fjällstation Kebnekaise** bietet sich die Besteigung des höchsten Berges Schwedens, dem 2117 m hohen Kebnekaise an. Vom Endpunkt der Wanderung, der Kebnekaise Fjällstation muss man noch 19 km bis Nikkaluokta zu Fuß einplanen, bevor man dort die Straße erreicht (Dauer 7 – 8 Tage).

Kebnekaise – Saltoluokta

Steigt man in Kebnekaise in den Kungsleden ein, beginnt dieser Abschnitt mit der 19 km langen Wanderung von Nikkaluokta zur Kebnekaise Fjällstation, bevor man dann auf dem eigentlichen Kungsleden weiterwandert. Die Strecke führt **über Fjällplateaus** und durch die scharf einge-

Zelten ist auf dem Kungsleden eine beliebte Alternative zur Wanderhütte – und gehört unbedingt dazu.

schnittenen Täler bei Teusajaure und Kaitumjaure. Unterwegs passiert man den **Nationalpark Stora Sjöfallet** und genießt schöne Ausblicke auf die markanten Gipfel des **Sarek**. Von Vakkotavare muss man bis zum Anleger Kebnatsbryggen den Bus nehmen, bevor man dann mit dem Boot (Gebühr) zur Fjällstation Saltoluokta übersetzt (Dauer 5 – 7 Tage).

Saltoluokta – Kvikkjokk

Dies ist ein **besonders abwechslungsreicher Abschnitt**, der durch Urwald, Kultur- und Heidelandschaft und an den Ufern mehrerer kristallklarer Seen entlangführt. Nachdem man den See Sitojaure überquert hat und am höchsten Punkt des darauf folgenden Anstiegs angelangt ist, sollte man unbedingt einen Abstecher zum Skiefeklippen machen, um von dort oben den sagenhaften Blick ins **Rapadalen**, über Gipfel und Gletscher des Sarek sowie das Pårtetjåkko-Massiv zu genießen (Dauer 4 – 7 Tage).

Ammarnäs – Hemavan

Der südliche Abschnitt des Kungsleden führt durch das Naturreservat Vindelfjällen. Diese Strecke ist relativ einfach und durchquert überwiegend flache Gebirgsregionen und Fjällheiden, wobei auch zahlreiche große Seen passiert werden (Dauer 5 – 7 Tage).

Reiseinfos

Der gesamte Kungsleden ist sommers wie winters gut markiert und am Ende jeder Tagesetappe findet man eine der 22 STF-Fjällhütten zur Übernachtung. Deren Adressen findet man unter www.stfturist.se bzw. erhält sie direkt über den SFT (▶ Praktische Informationen / Wandern). Die **Hütten** sind einfach, aber funktionell eingerichtet und nicht im Voraus buchbar. Während der Saison werden sie von einem Hüttenwirt bewirtschaftet. Die Hütten sind für Selbstversorger ausgelegt, d. h. neben Karte und Kompass, guten Wanderstiefeln, sturmsicherem Zelt, zweckmäßiger, robuster Ausrüstung, die auch Regenschauer übersteht, muss im Rucksack auch noch Platz für Verpflegung sein. Es gibt Etappen, auf denen man mutterseelenallein unterwegs ist. Andere, vor allem solche, die Tagesetappen rund um die Einstiege bilden, sind besonders während der schwedischen Sommerferien fast schon überlaufen zu nennen.

Wanderzeiten sind Anfang Juli bis Ende Sept. und für Wintertouren Ende Feb. bis Ende April. Im Juli sind die meisten Wanderer unterwegs und auf den Hütten kann es eng werden. Für Wintertouren ist der April der schönste Monat mit langen und in der Regel sonnigen Tagen, an denen der Schnee wunderbar glitzert.

Wandern in Finnland

Natur pur! Die einzigartige Landschaft Finnlands lockt alljährlich Tausende von Naturfreunden in die zahlreichen Nationalparks und Schutzgebiete. Gut ausgeschilderte Wanderwege, mit Informationstafeln bestückte Naturlehrpfade, aber auch völlig wilde Trampelpfade eröffnen fast unendlich viele Möglichkeiten, die faszinierende Natur des Landes zu erkunden. Detaillierte Informationen zum Wandern gibt es online unter www.visitfinland.com/hiking. Die Touristeninformation hält auch Broschüren bereit (Adresse siehe ►Auskunft).

Wintersport

Skifahren und Langlauf

Norwegen Schneesicherheit, tiefe Temperaturen von Dezember bis Ende April und ideale naturräumliche Voraussetzungen haben Norwegen zur Wiege des modernen Wintersports werden lassen. Entsprechend gut ausgestattet sind die Alpinzentren des Landes.

Schweden In Schweden wird viel Wintersport betrieben, wobei der Langlauf an erster Stelle steht; auch Skiwanderungen sind beliebt. Für den Wintersport eignen sich (mit Ausnahme der Küstengebiete Südschwedens) am besten die Monate Januar bis März/April, der Norden gilt sogar bis Mai als schneesicher. Im November und Dezember liegt zwar ebenfalls genügend Schnee, dann sind aber die Tage sehr kurz und im Norden ist es zudem äußerst kalt.

Finnland Das kontinentale Klima Nordosteuropas beschert schneesichere Verhältnisse von November bis Mai. Die dann herrschende trockene Luft macht selbst tiefste Temperaturen und Frosttage erträglich, so dass die ganze Vielfalt des Wintersports auf die besten Bedingungen trifft. In den gebirgigeren Regionen wurden in den letzten Jahren mehrere empfehlenswerte Alpinzentren errichtet.
In Finnland laden Hunderte von Kilometern gespurter, zum Teil beleuchteter Loipen zum Langlaufen, dem Volkssport Nummer 1, ein. Ein besonderer Spaß ist das Wandern mit Schneeschuhen, die in vielen Wintersportzentren gemietet werden können.

Weitere Wintersportarten

Eislaufen Eine mindestens ebenso lange Tradition wie der Skisport hat in Norwegen der Eisschnelllauf. Zur Zeit der Wikinger fertigte man Schlittschuhkufen aus Rentierknochen. Im 15. Jahrhundert schmiedete man Kufen aus Metall. Das sportliche Wettkampffieber entbrannte spätestens im 19. Jh.; 1823 fand auf dem zugefrorenen Oslofjord ein

WINTERSPORTZENTREN

NORWEGEN

▸ **Oslo und Umgebung**
Oslo, Eggedal, Hurdal, Norefjell, Ringerike, Vikersund-Modum (Sprungschanze)

▸ **Kongsberg und Numedal**
Kongsberg, Flesberg und östliches Blefjell, Numedal bis Dagali, Uvdal

▸ **Telemark**
Bolkesjø und Blefjell, Gautefall, Haukelifjell, Lifjell, Morgedal, Rauland, Vinje, Rjukan

▸ **Setesdal**
Byglandsfjord, Hovden, Vråliosen, Vrådal-Kviteseid, Åserdal

▸ **Hallingdal und Bergenbahn**
Dagli-Skurdalen, Geilo (gilt als überaus familienfreundlicher Skiort, 32 Abfahrten, 18 Lifte und 200 km Loipen)
Ustaoset, Gol, Golsfjell
Hemsedal (30 Abfahrten, Snowboarder-Hochburg)

▸ **Valdres, Fagernes-Gebiet**
Aurdal-Tonsåsen, Fagernes, Fjellstølen, Hovda – Sanderstølen, Vaset – Nøsen

▸ **Beitostølen-Gebiet**
Beitostølen mit Umgebung

▸ **Vang / Filefjell-Gebiet**
Tyin, Eidsbugarden – Tyinholmen – Jotunheimen

▸ **Westnorwegen**
Finse, Mjølfjell, Vatnahalsen, Voss, Oppheim, Seljestad, Stranda, Sykkylven, Ørsta, Utvikfjell

▸ **Vestoppland – Gjøvik**
Gjøvik, Toten, Lygnaseter, Synnfjell

▸ **Lillehammer und Umgebung**
Ausgezeichnetes Gelände für Langlauftouren (über 500 km Loipen), Nordseter, Sjusjøen, Øyerfjell, Tretten; Hamar

▸ **Hafjell**
Hafjell-Alpinzentrum 15 km nördlich von Lillehammer:
9 Lifte, 23 km leichte bis mittelschwere Pisten;
größter Höhenunterschied 850 m;
20 km alpine Loipen

▸ **Mittleres Gudbrandsdal**
Espedal, Kvam, Gausdal, Vinstra.
Kvitfjell: olympische Abfahrtsstrecke 50 km nördlich von Lillehammer bei Ringebu

▸ **Nördliches Gudbrandsdal und Jotunheimen**
Bøverdalen, Sjodalen, Vågå

▸ **Rondane**
Høvringen, Mysuseter, Otta

▸ **Dovrefjell**
Bjorli, Dombås, Hjerkinn

▸ **Østerdal**
Atna, Engerdal, Elverum, Folldal, Os, Rendalen, Tynset

▸ **Trysilfjell**
Das größte zusammenhängende Skigebiet Norwegens mit 70 km Abfahrtpisten und 24 Liften liegt nordwestlich von Lillehammer unweit der schwedischen Grenze.

SCHWEDEN

▸ **Isaberg**
Wintersportgebiet im Süden

▸ **Westschweden**
Zu den bekannsten Gebieten zählen: Idre und Grövelsjön, Härjedalen mit Vemdalsfjäll, Funäsdalen, Bruksvallarna, Tänndalen, Tännas und Fjällnäs

▸ **Åre**
berühmtester Wintersportort des Landes, umgeben von weiteren Skizentren wie Duved, Sylarna, Storuvlån und Blåhammaren

▸ **Funäsdalsfjällen (Härjedalen)**
Schwedens südlichstes hochalpines Gebiet mit mehr als 30 Gipfeln zwischen 1000 und 1800 m, von der anfängerfreundlichen Piste bis zu Abfahrten für Spitzensportler, über 400 km markierte Skiwanderwege, mehr als 30 Lifte und über 80 Abfahrten.
Eine der schönsten Loipen Schwedens ist die Mittåkläppspåret beim Wintersportort Ramundberget nördlich von Funäsdalen.

▸ **Lappland**
Jenseits des Polarkreises locken Jokkmokk, Dundret, Abisko, Björkliden und Riksgränsen.

FINNLAND

▸ **Lahti**
Weltbekanntes Mekka für Nordische Disziplinen. Das Langlaufgebiet (60 km) reicht vom Lahti-Skistadion bis zum Ferienzentrum Messilä und zum Tiirisma, wo 14 Hänge für Abfahrten erschlossen sind. Nur Profis sollten sich beim Skispringen in Lahti üben.

▸ **Jyväskylä / Laajavuori**
6 Abfahrten, 5 Lifte, 62 Loipenkilometer (www.laajavuori.com).

▸ **Kuopio**
Dichtestes Loipennetz Finnlands mit insgesamt 200 km. Alpinpisten Puijo und Kasurila (www.kuopio info.fi). Wintersportzentrum Tahko(ca. 70 km. nördlich): 7 Lifte, 40 km Loipen (www.tahko.fi).

▸ **Koli-Berge mit Lieksa**
Die landschaftlich schönste Loipe in Nordkarelien geht direkt vom Koli-Berg aus. Skitouren auf dem Bärenpfad oder Schneeschuh- und Snowmobil-Touren von Lieksa aus bleiben unvergesslich.

▸ **Sotkamo / Vuokatti**
Bekannt als internationales Trainingsgebiet der Wintersportler, ist diese Region vor allem für Skilangläufer ideal (www.vuokatti.fi).

▸ **Kuusamo / Ruka**
Ausgangspunkt für ein 250 km langes Loipennetz. Teile des berühmten Wanderweges Bärenrunde sind im Winter gespurt. Das Wintersportzentrum von Ruka bietet außerdem 28 Pisten für Alpinabfahrten (www.ruka.fi).

▸ **Rovaniemi / Onasvaara**
Wintersport oder Motorschlitten- und Rentierschlittenfahrten rund um den Polarkreis. Die mit Kunstschnee präparierten Loipen verlegen den Saisonstart bereits in den Oktober (www.ounasvaara.fi).

▸ **Kemijärvi / Suomutunturi**
In Kemijärvi beginnen Loipen und Motorschlitten-Safaris mitten in der Stadt. Auf dem Suomu-Fjäll am Polarkreis gibt es die besten

Abfahrten in Finnisch-Lappland (www.suomu.com).

▶ **Salla / Sallatunturi**
Skizentrum für die ganze Familie; Abfahrten und Loipen.

▶ **Kolari / Yllästunturi**
Die längste Abfahrtspiste Finnlands ist in Ylläsjärvi zu finden, in dessen Umkreis Loipen von insgesamt 280 km gespurt sind. Erweitert um die im Norden anschließenden Gebiete, sind es sogar ca. 1000 km (www.yllas.fi).

▶ **Sodankylä / Luostotunturi**
Die Fjäll-Skigebiete Pyhä und Luosto sind ein Dorado für Ski-Könner (www.pyha.fi, www.luosto.fi).

▶ **Muonio / Olostunturi**
Ab Oktober kann bereits die Kunstschneeloipe am Olostunturi genutzt werden, was selbst die finnische und ausländische Nationalmannschaften zum Training in den Westen Lapplands führt. Das Bergland zwischen Pallas und Hetta ist wegen seiner vielen Hütten für längere Skiwanderungen hervorragend geeignet.

▶ **Pallastunturi**
Am Pallastunturi finden anspruchsvolle Skiwanderer in den Fjälls bei Enontekiö eine Herausforderung.

▶ **Kilpisjärvi / Saana-Fjäll**
Ganz im Norden an der Grenze zu Norwegen, wo die Winter bis weit in den Juni gehen und wo auch erst im Mai die richtige Skisaison beginnt, gibt es zu Mittsommer ein Ski-Rennen auf dem Saana-Fjäll.

Es muss nicht immer Skifahren sein – wie wäre es mit einer Rentiersafari in Lappland?

▶ **Saariselkä / Kaunispää Inari**
Vor allem Tourenskifahrer finden hier durch ein dichtes Netz von Hütten hervorragende Bedingungen. Aber auch Loipenfans und Alpinisten haben rund um den Kaunispää ihr Revier.

▶ **Kuhmo / Suomussalmi**
Auch hier dominiert das Loipennetz den Wintersport. Auch Motorschlittensafaris werden auf dem 400 km langen Streckennetz durchgeführt.

► **Iso-Syöte**
Im südlichen Teil Lapplands gelegen, bietet diese Skiregion von der Wanderloipe bis zur Nachtlaufloipe bei Flutlicht alles.

► **Salla**
Das traditionsreiche Wintersportgebiet rund um das Sallatunturi-Fjäll ist mit 150 km Langlaufloipen und neun Skipisten zu einem modernen Zentrum des Sports mitten in der Wildmark geworden.

► **Levi**
Finnen schätzen dieses in Westlappland gelegene Fjällgebiet bei Kittilä besonders als alpines Zentrum. Dazu gibt es 200 km Loipen durch die Weiten Lapplands mit Verbindungsmöglichkeiten zu den anderen nahegelegenen Wintersportzentren.

► **Ylitornio**
In diesem auch im Winterurlaub preiswerten Gebiet im westlappländischen Seengebiet gehört bei Skiwanderungen oder Motorschlittenfahrten auch die Angel ins Gepäck, denn die Seen Iso-Vietonen und Miekojärvi sind ideal zum Eisangeln.

Wettlauf auf dem Eis statt, an dem mehrere Tausend Menschen teilnahmen. Rasch stieg Norwegen zur führenden Eislaufnation empor und brachte Volkshelden und -heldinnen am laufenden Band hervor: den fünfmaligen Eisschnelllauf-Weltmeister Oscar Mathisen oder die Eisläufer Hjalmar Andersen, Geir Karlstad und Johan Olav Koss. In allen größeren Städten und Wintersportzentren gibt es Eislaufstadien. Unangefochtene Königin des norwegischen Eiskunstlaufs ist jedoch Sonja Henie, die 1928 als 15-Jährige erstmals olympisches Gold mit nach Hause brachte.

Hundeschlitten Die fast nur in den arktischen Regionen durchgeführten Hundeschlittenfahrten und Rentiersafaris erfreuen sich zunehmender Beliebtheit. Es ist ein unvergessliches Erlebnis, von 6 bis 8 Huskies oder einem Gespann aus Rentieren gezogen durch den tiefen Schnee zu gleiten. Ein- oder Mehrtagestouren werden vielerorts von lokalen Veranstaltern angeboten. Auskunft erteilen der norwegische DNT (Adresse ► Wandern) und die Touristeninformation in ► Karasjok.
Snow Scooter (Motorschlitten) sind die andere Art, in der kalten Jahreszeit die skandinavische Winterlandschaft zu erkunden. Man mutet allerdings sich und anderen damit Lärm zu in einer ansonsten sehr stillen Landschaft. Über Anbieter informieren die regionalen Touristenbüros.

Eishockey Die Begeisterung an der Jagd nach dem Puck vereint fast alle Finnen. Vielerorts sind die kommunalen Bolzplätze im Winter beeist und so trifft sich die Dorfjugend von Klein auf zum Eishockey. Dass Finnland eine toperfolgreiche Nationalmannschaft stellt, ist fast die logische Konsequenz.

Vorbereitungen zu einer Hundeschlittentour im schwedischen Jokkmokk

Zeit

In Norwegen und Schweden gilt die Mitteleuropäische Zeit (MEZ). Von Ende März bis Ende Oktober gilt hier die Mitteleuropäische Sommerzeit (MEZ + eine Stunde). Wer hierher reist, braucht seine Uhr nicht umzustellen.

In **Finnland** hingegen gilt die Osteuropäische Zeit (OEZ = MEZ + 1 Stunde). Da von April bis Oktober auch hier die Sommerzeit eingeführt wurde, muss man das ganze Jahr über bei Ankunft in Finnland die Uhr um eine Stunde vorstellen.

Touren

BADEN AN DEN KÜSTEN DES SÜDENS ODER EINE REISE HINAUF NACH LAPPLAND? ZU DEN FJORDEN, SEEN UND FJELLS ODER DEN SEHENSWÜRDIGKEITEN DER HAUPTSTÄDTE? WIR ZEIGEN IHNEN, WO SKANDINAVIEN AM SCHÖNSTEN IST!

TOUREN DURCH SKANDINAVIEN

Jedes der drei nordischen Ländern hat seinen ganz besonderen Reiz. Drei unserer Routen leiten Sie zu den schönsten Ecken von Norwegen, Schweden und Finnland. Die vierte führt zum eindrucksvollen Bindeglied dieser drei Nationen, hinauf nach Lappland.

TOUR 1 **Zu den Fjorden Norwegens**
Spektakuläre Rundreise durch Südnorwegen: zu den höchsten Bergen Jotunheimens, der Eiswelt des Jostedalsbre, dem engen Geirangerfjord und dem König der Fjorde, dem Sognefjord. ► **Seite 174**

TOUR 2 **Auf Schwedens Sonnenseite**
Vom äußersten Süden führt diese Route durchs Landesinnere zur Hauptstadt Stockholm, übers Meer zur Sonneninsel Gotland und schließlich entlang der Küste zurück nach Malmö. ► **Seite 176**

TOUR 3 **Finnlands Schatzkästlein**
Finnische Kultur und Geschichte zum »Anfassen«: Auf ihrem südlichen Teil folgt die abwechslungsreiche Route der legendären Königstraße, im Norden berührt sie die finnische Seenplatte. ► **Seite 178**

TOUR 4 **Die große Lappland-Reise**
Wildnis, Weite, Einsamkeit, die Begegnungen mit Samen und Rentieren und dazu die Mitternachtssonne machen den Aufenthalt im hohen Norden zu einem einzigartigen Erlebnis. ► **Seite 182**

Jotunheimen
Norwegens berühmtestes Wandergebiet

Kalmar
Märchenschloss mit großer Geschichte

Lappland
Rentiere, Mitternachtssonne und unvergessliche Natur

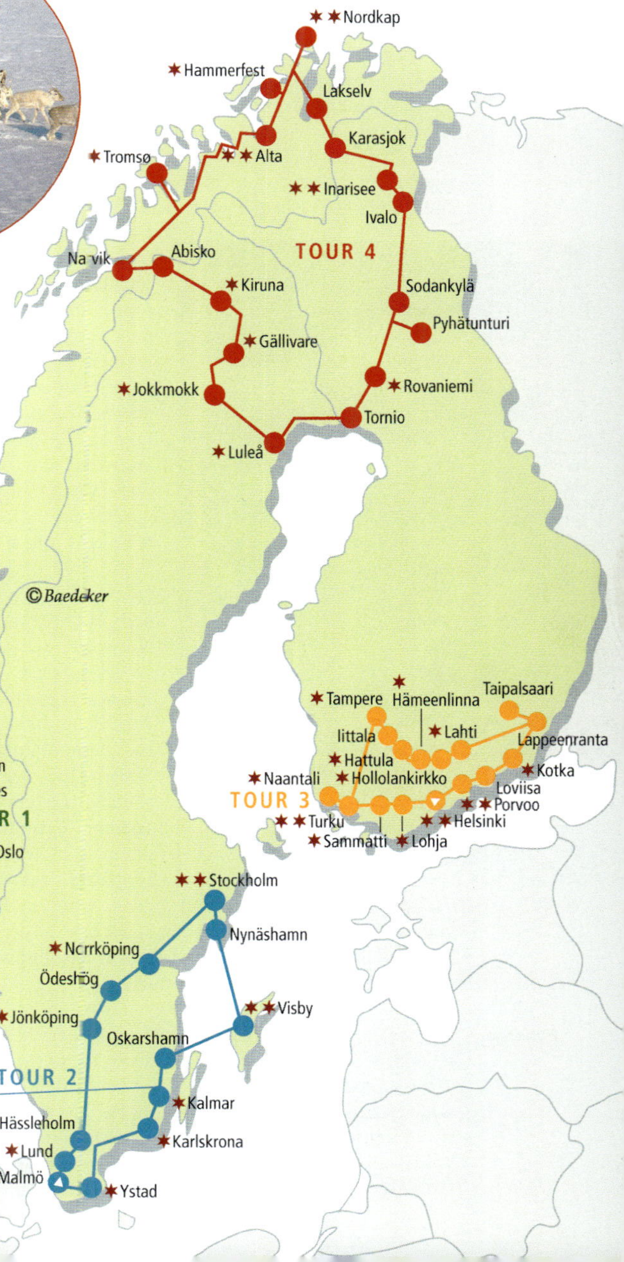

Unterwegs in Skandinavien

Mobil im Norden

Die eleganteste Möglichkeit, die riesigen Entfernungen in Skandinavien zu bewältigen, ist das **Fliegen**. In Norwegen, Schweden und Finnland hat der Inlandsflugverkehr große Bedeutung und ist so perfekt ausgebaut, wie man es von diesen hoch technisierten Ländern auch erwarten darf. Mit **Zügen**, vor allem aber mit den **überregionalen Bussen** erreicht man fast alle Winkel Skandinaviens, die Preise sind moderat. Verbringt man seinen Urlaub in einem einsamen Ferienhaus im Wald, so ist für An- und Abfahrt und die notwendigen Einkäufe in der »Zivilisation« ein **Auto** fast unerlässlich. Dieses eröffnet natürlich auch die meisten Freiheiten in Bezug auf die Routengestaltung. Die hier vorgeschlagenen Routen richten sich an motorisierte Reisende. Allgemeine Hinweise zum Fliegen, Bus- und Bahnfahren siehe im Kapitel »Praktische Informationen« unter ►Verkehr und ►Anreise.

Zeit für Abstecher einplanen lohnt.

In Skandinavien ist das Reisen mit dem Auto nichts für Eilige. Egal ob Norweger, Schweden oder Finnen, sie alle pflegen einen weit gemütlicheren Fahrstil, als man es z.B. von deutschen Straßen gewohnt ist. Tempolimits und drastische Strafen für Temposünder sorgen ebenfalls für ein gemächliches Reisetempo. Grundsätzlich sollte man schon vor Reisebeginn die **Route sorgfältig auswählen** und genügend Reserven für Abstecher und Wanderungen, aber auch für den einen oder anderen Schlechtwettertag einplanen. Im hohen Norden wird das Tankstellennetz dünner, vorsichtshalber Reservekanister füllen.

Norwegen

Die vielen Täler, Fjorde, Gebirge und Gletscher bilden seit Menschengedenken gewaltige Hindernisse. So sind geradlinige Straßenverbindungen, Autobahnen und Schnellstraßen trotz großer Investitionen immer noch die Ausnahme, das heißt, man ist in Norwegen auf überwiegend kurvigen Landstraßen unterwegs. Vor allem im Westen sind die Straßen oft eng, von Tunneln unterbrochen und auf Wohnwagen-Gespanne und Wohnmobile wartet Millimeterarbeit.

Benzin ist extrem teuer, hinzu kommen Fährgebühren; Tunnels, Brücken und teils auch die Autobahnen kosten Maut. Mautstellen ohne Kassenhäuschen sind mit Automaten ausgerüstet, mit Kreditkarten zahlen ist überall möglich.

Schweden

Der Zustand der Straßen ist bis hinauf nach Lappland gut und auch kleinere Nebenstraßen sind in der Regel asphaltiert. Autobahnen und autobahnähnliche Schnellstraßen verbinden alle Zentren Südschwedens, die meisten Straßen sind ungewohnt leer und so fährt man relativ stressfrei. Maut wird nicht erhoben.

Finnland

Das Landstraßennetz ist sehr gut ausgebaut, Autobahnen gibt es bislang jedoch nur von Helsinki nach Lahti und von Helsinki über Hämeenlinna nach Tampere sowie von Turku nach Osten. Abseits der oft durchaus belebten Hauptverkehrswege gibt es viele Nebenstraßen, die nicht asphaltiert, sondern mit einer Stand- oder Schotteroberfläche versehen sind. Sie sind in der Regel gut gepflegt und lassen sich bei angepasster Geschwindigkeit gut befahren. Eine kurzweilige finnische Spezialität sind die **»Lossis«**, kostenlose Kurzfähren, die als Teil des staatlichen Straßennetzes hier und da über See- oder Meerengen hinüberführen.

Wo die Straße endet, wartet in Skandinavien an vielen Stellen eine Fähre.

Tour 1 Zu den Fjorden Norwegens

Länge der Tour: 1335 km
Dauer: 8 Tage
Start und Ziel: Oslo

Diese Panoramatour durch das Herz Norwegens führt zu den schroffen Bergen des Jotunheimen und über kühne Serpentinenstraßen bis zum Geiranger- und Sognefjord. Weitere Höhepunkte sind der Gletscher Jostedalsbre und die karge Hardangervidda.

Quer durch Jotunheimen

Von ❶ ✶✶ **Oslo** gelangt man auf der E 16 nach Hønefoss, wo sich ein Abstecher zum ✶ **Hadeland Glassverk**, Norwegens bekanntester Glashütte, am Südende des Randsfjords lohnt. Von Hønefoss folgt die E 16 dem Fluss Begna, der sich bald zum Sperillen-See weitet, bis nach ❷ ✶ **Fagernes**, dem Hauptort der Region Valdres. Der Ort ist ein wichtiges Touristenzentrum am Südrand des Jotunheimen und besitzt ein sehenswertes Freilichtmuseum. Ständig ansteigend führt die R 51 nun in Richtung auf das Jotunheimen-Gebirge, beim Wintersportort Beitostølen ist dann die Baumgrenze erreicht. Bei Bygdin bietet sich ein schöner Blick auf den gleichnamigen See, der von imposanten Bergen umgeben ist. Auf der Valdresflya erreicht die Straße ihren höchsten Punkt und führt weiter nach ❸ **Gjendesheim**, das am lang gestreckten Gjendesee liegt und einer der wichtigsten Ausgangspunkte für Wanderungen im Jotunheimen ist. Kurz vor ❹ **Vågåmo**, das eine sehenswerte Stabkirche besitzt, ist dann die Jotunheimen-Durchquerung beendet.

✔ NICHT VERSÄUMEN

- Shopping im Hadeland Glassverk
- Wanderung zum Briksdalsbre
- Zwischenstopp am Vøringfoss

Zu Trollwand und Romsdalshorn

Über ❺ **Dombås** gelangt man schließlich in das dünn besiedelte ✶ **Romsdal**, das kurz vor ❻ **Åndalsnes** mit der 1000 m hohen, senkrechten ✶ **Trollwand** und dem nicht minder imposanten Romsdalshorn seine Höhepunkte hat. Bald darauf führt die Straße in Serpentinen den ✶✶ **Trollstigen** hinauf, eine der beeindruckendsten Straßen Norwegens. Den Aussichtspunkt auf der Passhöhe sollte man nicht versäumen.

Spektakulär geht es weiter: Durch das Meirdal hinunter zum Fjord, über den eine Fähre pendelt, und erneut ins Gebirge, um in Serpentinen auf der ✶ **Adlerstraße** hinunter nach ❼ **Geiranger** am ✶✶ **Geirangerfjord** zu gelangen. Auch die Straße von Geiranger, vorbei am Aussichtsberg Dalsnibba, nach ❽ **Stryn** ist eine Panoramatour zwischen Fjell und Fjord. Von Stryn folgt man dann der Straße entlang des Fjordufers bis nach Olden und biegt dort zum ❾ ✶✶ **Briksdalsbre** ab. Die Gletscherzunge zählt zu den schönsten des Jostedalsbre und ist vom Parkplatz nach einer rund einstündigen Wanderung zu erreichen.

Briksdalsbre
Blick auf die kühle Gletscherwelt

Oslo
Norwegische Kultur kompakt, z.B. im Vigeland-Park

Vom Sognefjord zur Hardangervidda

Über Olden, Byrkjelo und Skei erreicht man ❿ **Fjærland** am Südende des Jostedalsbre, wo das Gletschermuseum einen Besuch lohnt. Nun fährt man über die E 5 nach Sogndal, weiter auf dem RV 55 bis Hella bis zur Fähre, wo man über Dragsvik nach ⓫ **Balestrand** kommt. Hier am sonnigen Sognefjord sind die Holzvillen im Schweizerstil und das prachtvolle Kvikne's Hotel sehenswert. Von Balestrand fährt man zurück zur Fähre in Dragsvik, setzt nach Vangsnes über und erreicht via Viksöyri (R 13) ⓬ **Voss**. Es beeindruckt durch seine Lage am Vangsvatn, das Stadtbild ist allerdings modern. Im Sommer bringt eine Seilbahn Wanderer direkt ins Gebirge, im Winter sind die Alpinanlagen der Anziehungspunkt von Voss. Die Fahrt nach ⓭ **Geilo** führt durch das Mabødal, wo man am Vøringfoss, einem der bekanntesten Wasserfälle Norwegens, einen Stopp einlegen kann. Danach überquert die R 7 die karge, baumlose Hochebene der Hardangervidda und führt schließlich nach Geilo, einem wegen seiner ausgezeichneten Alpinanlagen beliebten Wintersportort. Über Hol, Ål und Torpo gelangt man nach ⓮ **Gol** und folgt der R 7 durch das Hallingdal über Nesbyen bis Noresund. Über Hønefoss erreicht man dann wieder Oslo, den Ausgangspunkt dieser Rundtour.

Tour 2 An Schwedens Sonnenseite

Länge der Tour: 1093 km
Dauer: ca. 10 Tage
Start und Ziel: Malmö

Diese Rundtour beginnt am südlichsten Zipfel von Schweden, führt dann durch die Seen und Wälder von Småland und am Vättersee entlang nach Stockholm. Sehr entspannend: die mehrstündige Fahrt mit der Fähre auf die Sonneninsel Gotland.

Auftakt in Schonen

Seit der Eröffnung der Brücke über den Öresund sind das schwedische 1 ✶ **Malmö** und die dänische Hauptstadt Kopenhagen ein gutes Stück näher zusammengerückt. Doch noch ist Malmö eine gemütliche Stadt mit sehenswerten historischen Bauten, einigen interessanten Museen und gemütlichen Restaurants und Kneipen. Von hier sind es nur wenige Kilometer bis zur alten Universitätsstadt 2 ✶ **Lund**, deren größte Sehenswürdigkeit der imposante Dom ist.

Stockholm
Allein das Vasa-Museum ist eine Reise in die schwedische Hauptstadt wert.

Lund
Quirlige Unistadt mit einem berühmten Dom

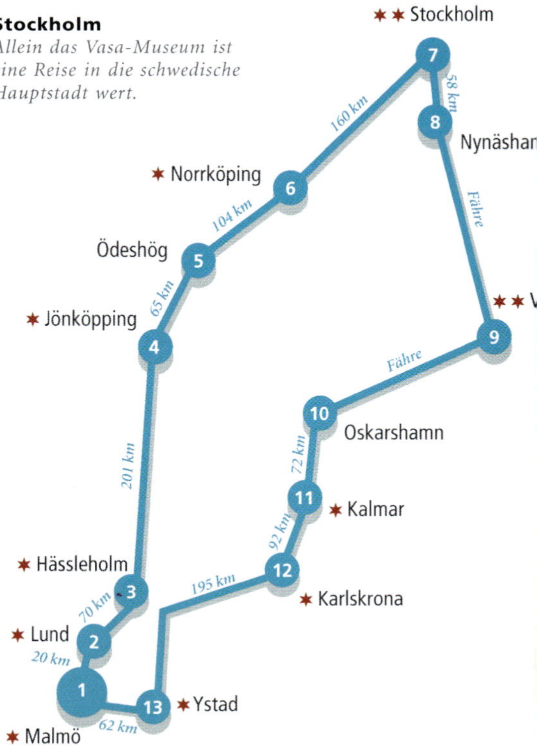

Von Lund folgt man der E 22 anfangs in nordöstlicher Richtung, bis links die Str. 23 abzweigt, die zwischen den Seen Västra Ringsjön und Östra Ringsjön verläuft.

Am Vättersee

Über Höör gelangt man nach 3 ✶ **Hässleholm** und folgt ab jetzt der Str. 117, die bei Markaryd auf die E 4 trifft. Durch das wald- und seenreiche Småland führt die Straße schnurgerade in Richtung Norden. Bei dem kleinen Ort Ljungby kann man entweder einen Abstecher nach Westen zum See Bolmen machen, dessen Ufer nur dünn besiedelt sind, oder man biegt in Richtung Växjö ab, das die westliche Grenze des Glasreiches bildet (siehe dazu Baedeker-Special S. 505). Wieder zurück auf der E 4 erreicht man 4 ✶ **Jönköping** am Südende des Vättersees. Seit Mitte des 19. Jh.s war die Stadt einer der wichtigsten Streichholzproduzenten weltweit, heute erinnert das sehenswerte Tändsticksmuseet an diese Zeit. Von Jönköping folgt man der E 4, die am Ostufer des Vättern verläuft, weiter in Richtung Norden. In Gränna sollte man das Markenzeichen der Stadt, die rot-weißen Pfefferminzstangen, die sog. »Polkagrisar«, probieren und einen Abstecher zur Insel Visingö machen, der größten Insel im Vättersee. Bis 5 **Ödeshög** führt die Straße noch am Seeufer entlang, biegt dort nach Linköping ab, dessen größte Sehenswürdigkeit das Freilichtmuseum Gamla Linköping ist, und erreicht schließlich 6 ✶ **Norrköping**. Von hier ist es nicht mehr weit bis zur Hauptstadt 7 ✶✶ **Stockholm**, die einen mehrtägigen Aufenthalt wert ist.

Eine der sonnigsten Ecken Schwedens: die Insel Gotland

Stippvisite auf Gotland

Um auf die Insel Gotland zu kommen, fährt man von Stockholm bis ⑧ **Nynäshamn** und besteigt die Fähre, die ca. 3 Std. nach ⑨ ✶✶ **Visby** benötigt und im Sommer fünf Mal täglich verkehrt. Die Hauptstadt Gotlands beeindruckt besonders durch ihre fast vollständig erhaltene mittelalterliche Stadtmauer. Neben Visby sind die so genannten Raukar, bizarr erodierte Kalksteinnadeln, Gotlands größte Sehenswürdigkeit. Die Westküste der Sonneninsel ist überwiegend von Kalksteinklippen geprägt, die Ostküste dagegen ist flacher, hier dominieren die Sandstrände.

✓ NICHT VERSÄUMEN

- Malmös schmucke Marktplätze
- Visbys mittelalterliche Stadtmauer
- Schloss von Kalmar
- Fachwerkhäuser in Ystad

Die weitere Reise führt mit der Fähre (im Sommer zwei Abfahrten pro Tag, Fahrtdauer ca. 2,5 Std.) zurück ans Festland nach ⑩ **Oskarshamn**. Dort folgt man der Küstenstraße bis nach ⑪ ✶ **Kalmar**, dessen wuchtiges Renaissanceschloss schon von weitem auszumachen ist. Die nächste sehenswerte Stadt an der Ostküste ist ⑫ ✶ **Karlskrona**, das auf eine 300-jährige Geschichte als Flottenhauptquartier zurückblickt. ⑬ ✶ **Ystad** liegt schon an der Südküste Schonens, ein kleines Städtchen mit alten Fachwerkhäusern, engen Gassen und verwinkelten Innenhöfen. Von Ystad gelangt man entweder auf der E 65 zurück zum Ausgangspunkt Malmö oder man fährt entlang der Küste über Smygehamn und Trelleborg nach Malmö.

Tour 3 Zu den Schätzen Finnlands

Länge der Tour: ca. 900 km
Dauer: ab 2 Wochen
Start: Helsinki
Ziel: Helsinki

Im Süden ballen sich die kulturellen Highlights des Landes. Ob Städte, Industriedenkmale, Kirchen oder Herrenhäuser – innerhalb relativ kurzer Entfernungen kann man die ganze Palette finnischer Geschichte erleben.

Startpunkt für die Tour ist die Hauptstadt ❶ ✶✶ **Helsinki**, für die man sich allein zwei bis drei Tage Zeit nehmen sollte.
Auf der Fahrt nach Osten erricht man rasch das pittoreske Städtchen ❷ ✶✶ **Porvoo**. In den Altstadtgassen lässt es sich herrlich bummeln, einkaufen, auch Essen gehen und in der Sonne sitzen. ❸ **Loviisa** ist bekannt für das örtliche Kernkraftwerk, weniger jedoch für sein kleines historisches Holzhausviertel und die uralten roten Speichermagazine am kleinen Gästehafen. ❹ ✶ **Kotka** hat mit dem »Maretarium« direkt am Stadthafen ein modernes Erlebnisaquarium, in dem sich auch nichtangelnde Naturmuffel für die finnische Fischwelt begeistern lassen.

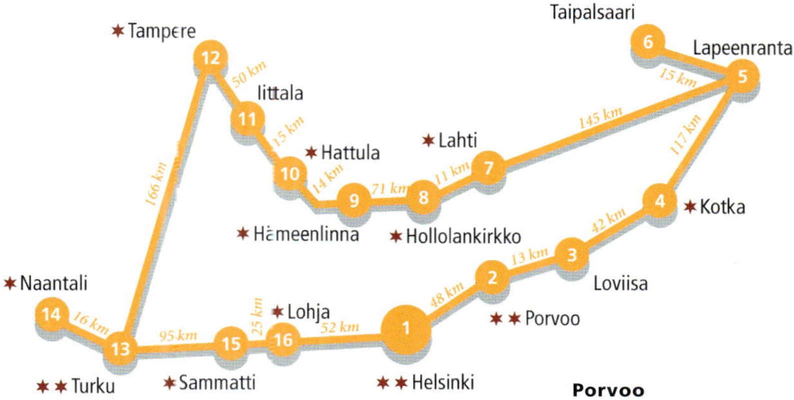

Porvoo
Besonders fotogen sind die alten Speicherbauten.

Helsinki
Die Finlandia-Halle ist eines der berühmtesten Bauwerke des Architekten Alvar Aalto.

In ❺ **Lappeenranta** ist man bereits in der Hauptstadt Finnisch-Kareliens angekommen, wo man die Fortifikation über dem Hafen – übrigens dem größten Binnenhafen Finnlands – besichtigen kann. Von Lappeenranta kann man einen landschaftlich besonders schönen Abstecher entlang des Saimaa-Sees nach ❻ **Taipalsaari** unternehmen und die große Holzkirche bestaunen. Die Hauptstrecke führt jedoch nach ❼ ✶ **Lahti**, dem weltbekannten Wintersportzentrum. Von Lahti führt eine kleine Straße am Vesijärvi entlang nach ❽ ✶ **Hollolankirkko**. Hier steht eine besonders schöne mittelalterliche Feldsteinkirche, die eine Besichtigung auf jeden Fall lohnt.
Eine gute Fahrstunde ist es von hier nach ❾ ✶ **Hämeenlinna**, dem Geburtsort Jean Sibelius'. Die nie belagerte oder zerstörte Backstein-

burg Häme ist ein interessantes Besichtigungsobjekt. Bereits aus dem 14. Jh. stammt die Kirche von ⑩ ✶ **Hattula**. Sie ist berühmt für ihre Wandmalereien. ⑪ **Iittala** ist den meisten eher als Hersteller denn als Ort ein Begriff. Und tatsächlich ist die gleichnamige Glasfabrik hier zu finden. ⑫ ✶ **Tampere** ist eine Stadt, in der man wie nirgendwo sonst finnische Industriegeschichte erleben kann. In den Backsteinhallen der ehemaligen Textilfabrik »Finlayson« brannten übrigens 1882 die ersten Glühbirnen des Landes. Heute findet man hier mitten in der Stadt Museen und gemütliche Cafés.

An der Westküste

⑬ ✶✶ **Turku**, die ehemalige Hauptstadt, blickt auf eine viel längere Geschichte zurück. Die Universitätsstadt ist stolz auf ihre hervorragenden Museen und ihr studentisch geprägtes »dolce vita«. Zur Vorweihnachtszeit putzt sie sich besonders festlich heraus und nennt sich »Finnlands Weihnachtsstadt«. Im Sommer sollte man auf keinen Fall den kleinen Abstecher nach ⑭ ✶ **Naantali** scheuen. Nostalgische Holzhäuser und gemütliche Restaurants und Cafés am kleinen Hafen erfreuen die Erwachsenen. Kinder hingegen erinnern sich noch lange an Begegnungen mit den sympathischen Mumin-Trollen im Freizeitpark »Muuminmaailma«. Von Turku nach Osten lohnt es sich unbedingt, von der schnellen Hauptstraße abzuweichen und die kleine Straße nach ⑮ ✶ **Sammatti** zu nehmen. Die kleine Gemeinde ist eng verknüpft mit Leben und Schaffen des Arztes und Schriftstellers Elias Lönnrot, dem Schöpfer der berühmten »Kalevala«. Geburtskate und Alterswohnsitz können besichtigt werden. Abschluss der Tour bildet ein Besuch der mittelalterlichen Kirche in ⑯ ✶ **Lohja**. Decken und Wände des mittelalterlichen Gotteshauses gleichen einem soeben aufgeschlagenen Bilderbuch und erzählen farbig und sinnenfroh allerlei biblische Geschichten.

✓ NICHT VERSÄUMEN

- Kaffee trinken in Lappeenrantas Festung
- Skisprungsimulator im Sportmuseum von Lahti
- Führung durch die Glasfabrik Ittala mit Fabrikverkauf
- Blick in die Kirche von Lohja

»Königstraße«

Übrigens: Der Streckenabschnitt zwischen Turku, Helsinki und Kotka ist Teil der »Königstraße«. Tief im Westen im norwegischen Bergen beginnend, führte dieser alte Postweg über Oslo nach Stockholm und über Helsinki bis nach St. Petersburg und bildete schon vor 1000 Jahren die wichtigste Ost-West-Achse Nordeuropas. Finnland hat als erstes Land diese Route touristisch erschlossen und ausgeschildert (Kronenemblem). Unter www.konigstrasse.net erhält man zahlreiche Tipps zu Unterkunft, Restaurants, Radtouren, Sehenswürdigkeiten und vielem mehr entlang der Königstraße.

Zu den Höhepunkten eines Aufenthaltes in Helsinki gehört der Besuch der russisch-orthodoxen Uspenski-Kathedrale. ➔

Tour 4 Die große Lappland-Reise

Länge der Tour: ca. 2600 km **Dauer:** ab 4 Wochen
Start und Ziel: Luleå (S)

Zu den unvergesslichsten Reisen in Europa zählt eine Fahrt durch Lappland. Weite und Einsamkeit, Mitternachtssonne und eine grandiose Landschaft erwarten den Urlauber. Man muss nicht die ganze Strecke fahren, lohnend sind auch Teilabschnitte. Unbedingt sollte man aber Zeit fürs Wandern einplanen.

Schwedisch-Lappland

❶ * **Luleå**, eine nüchterne schwedische Kleinstadt, lebt in erster Linie von seinem Eisenwerk und dem Hafen, von dem das Erz in Richtung Süden verschifft wird. Wer mit dem Auto kommt, wird gut drei Tage Anreise von Kopenhagen aus rechnen müssen. Nach Luleå gelangt man aber auch mit dem Flugzeug (von Frankfurt/M. ca. 8,5 Std. inkl. Zwischenstopps) und kann von dort aus einen Mietwagen nehmen. Von Luleå aus folgt man der Str. Nr. 97 und sofort umfängt einen die atemberaubende Weite Lapplands. Nach rund 3 Std. ist die Samensiedlung ❷ * **Jokkmokk** erreicht, die wegen der alten Kirche, dem Museum Ajtte und den vielen Outdoor-Angeboten einen längeren Aufenthalt lohnt. Eine kleine Nebenstraße führt von Jokkmokk nach Kvikkjokk zum Kungsleden (s.u.) und in die Nähe des Sarek-Nationalparks, der wegen der fehlenden Infrastruktur immer noch eine Herausforderung für Wanderer darstellt.
Auf dem Weg nach ❸ * **Gällivare**, das mit Malmberget einen Doppelort bildet, passiert man den Polarkreis. Gällivare verdankt ebenso wie das nächste Ziel ❹ * **Kiruna** seine Existenz den riesigen Erzvorkommen. Schon aus der Ferne sind die Spuren des Erzabbaus von Kiruna zu sehen, die umliegenden Berge wurden geköpft und ausgehöhlt und neue Berge aus Abraumgestein aufgeschüttet. Unbedingt lohnend ist ein Abstecher von Kiruna ins Samen-Dorf **Jukkasjärvi**, und das selbst im Winter, denn dann ist das Eishotel geöffnet. Auf der Fahrt von Kiruna nach ❺ **Abisko** werden die Berge immer höher und kahler, hier zeigt sich der Norden von seiner schönsten Seite. Abisko, eine kleine, wenig schöne Ansiedlung am See Torneträsk, ist ein guter Ausgangspunkt für eine Wanderung auf dem berühmten, im Sommer fast zu gut besuchten Wanderweg **Kungsleden**.

Norwegisch-Lappland

Auf einer kahlen, sehr beeindruckenden Hochebene liegt Riksgränsen, jenseits davon erstreckt sich Norwegen. Hier wird die Landschaft deutlich bergiger. In steilen Windungen schlängelt sich die E 10 nun Richtung Meer, die Aussicht ist atemberaubend. An der Küste angelangt, folgt man vom Erzhafen ❻ **Narvik** aus der E 6 durch die dünn besiedelte Provinz Troms nordwärts, passiert den kleinen Ort Andselv und fährt weiter bis zur Wegkreuzung bei Nordkjosbotn. Dort zweigt die E 8 ab, die nach 73 km in der Hafenstadt

Nordkap
Dem ganzen Trubel zum Trotz dennoch unvergesslich

❼ ✶ **Tromsø** endet. Die Stadt liegt auf einer kleinen Insel, die durch eine kühn geschwungene Brücke mit dem Festland verbunden ist. Tromsø schmückt sich gerne mit dem Attribut »Paris des Nordens« und eignet sich, falls man nicht zu sehr dem Nordkap entgegenfiebert, durchaus für einen Aufenthalt. Anschließend kehrt man auf dem gleichen Weg zur E 6 zurück und setzt den Weg zum Nordkap fort. Wer Gletscher sehen will: Von Langfjordbotn kann man über Nebenstraßen einen schönen Ausflug zum großen Gletscher Øksfjordjøkul unternehmen: Er ist der einzige Gletscher auf dem europäischen Festland, der ins Meer kalbt. Nächster Zwischenstopp ist ❽ ✶✶ **Alta**: Südlich der Stadt bei Hjemmeluft befindet sich das größte Feld von bronzezeitlichen Felszeichnungen in Nordeuropa. Wer einen 57-km-Abstecher in Kauf nehmen möchte, kann ⑨ * **Hammerfest** besuchen, einen wegen des eisfreien Hafens bedeutenden Fischer- und Handelsort.

Rummel am Kap

Um nach Honningsvågzu gelangen, fährt man zurück zur E 6, folgt dieser bis zur Abzweigung der E 69 und fährt bis Kåfjord. In der Regel nimmt der Straßenverkehr immer stärker zu, je näher man dem Nordkap rückt. Seit 1999 verbindet eine mautpflichtige Tunnel- und Brückenverbindung das Festland mit der Insel Magerøy, auf der das ⑩ ** **Nordkap** liegt. Vom 300 m hohen, oben abgeplatteten Nordkap-Felsen hat man bei gutem Wetter eine schöne Aussicht auf die benachbarten, zerrissenen Halbinseln und das Nordmeer. Allein ist man am »Ende der Welt« allerdings nie, der Touristenrummel erreicht hier ungeahnte Dimensionen.

✓ NICHT VERSÄUMEN

- Ajtte-Museum in Jokkmokk
- Felszeichnungen von Alta
- Postkarten mit Nordkap-Sonderstempel
- Karasjok: samisches Kunsthandwerk
- Bootsfahrt auf dem Inarisee

Zurück in die Einsamkeit

Vom Nordkap aus fährt man nun auf der E 69 denselben Weg zurück bis Olderfjord und lässt den Verkehr langsam hinter sich. In **Olderfjord** zweigt man auf die E 6 ab und fährt immer an der Westseite des rauen Porasangerfjordes entlang nach ⑪ **Lakselv**. Wie der Name schon andeutet, kann man hier gut Lachs angeln, auch Unterkünfte sind vorhanden. Westlich der Stadt liegt der Stabbursdalen-Nationalpark mit dem nördlichsten Kieferurwald der Welt. Sodann überquert man die felsblockübersäte, karge Finnmarksvidda und erreicht kurz vor der finnischen Grenze ⑫ **Karasjok.** Wer samisches Kunsthandwerk einkaufen will, ist in der inoffiziellen Hauptstadt der Samen goldrichtig. Der R 92 folgt man nun dem weiten Tal des Karasjokka entlang zur Grenze.

Finnisch-Lappland

Von der Grenzstadt Karigasniemi aus kann man Ausflüge in die weglose Wildnis des Øvre-Anarjokka-Nationalparks und des Lemmenjoki-Nationalparks machen. Über die Str. Nr. 92 und die E 4 Richtung Süden erreicht man Inari, einen winzigen Ort, der sich perfekt auf Touristen eingestellt hat und wo es an Hütten und Campingplätzen nicht mangelt. Am ⑬ ** **Inarisee** ist es insbesondere die menschenleere Landschaft, die beeindruckt. Der See war den Samen heilig; Reste von Kultplätzen findet man auf der Insel Ukonkivi. Sie ist ab Inari im Sommer per Schiff zu erreichen. ⑭ **Ivalo**, die nächste Station, liegt am Ivalo-Fluss, in dem auch heute noch mancher Desperado nach Gold sucht. Auf der Fahrt südwärts streift man den Urho-Kekkonen-Nationalpark, dessen Informationszentrum in **Tankavaara** durchaus einen Stopp lohnt. Wer sich die Beine vertreten und nebenbei etwas lernen will, kann die hier beginnenden kurzen

Naturlehrpfade nutzen. In Tankavaara gibt es auch ein sehenswertes Goldmuseum. Sodann fährt man durch meist bewaldetes, mitunter auch eintöniges Gebiet.

⑮ **Sodankylä** ist eine kleine Versorgungsstadt, von hier aus kann man Europas einzige Amethyst-Mine besichtigen. Nur wenig abseits der Hauptroute liegt der ⑯ **Pyhätunturi-Nationalpark**, eines der ältesten Naturschutzgebiete in Finnland. ⑰ ★ **Rovaniemi** schließlich ist als Stadt nicht unbedingt eine Reise wert, pocht aber darauf, Heimat des Weihnachtsmannes zu sein und schlachtet das recht kommerziell aus. Letzte Station ist ⑱ **Tornio**, das an der »friedlichsten Grenze der Welt« liegt und eng verwachsen ist mit der schwedischen Zwillingsstadt Haparanda. Beim Golfen auf dem berühmten Golfplatz kann man von einem Land ins andere pitchen. Westwärts am Bottnischen Meerbusen entlang erreicht man schließlich wieder den Ausgangspunkt der großen Reise, Luleå.

Nordische Schönheit: das Eishotel in Jukkasjärvi

Reiseziele von A bis Z

SKANDINAVIEN HAT VIEL ZU BIETEN: FJORDE, GLETSCHER UND GEBIRGE, SEEN UND STRÄNDE, ATTRAKTIVE STÄDTE UND IDYLLISCHE FISCHER-DÖFER: WIR ZEIGEN IHNEN, WO SKANDINAVIEN AM SCHÖNSTEN IST!

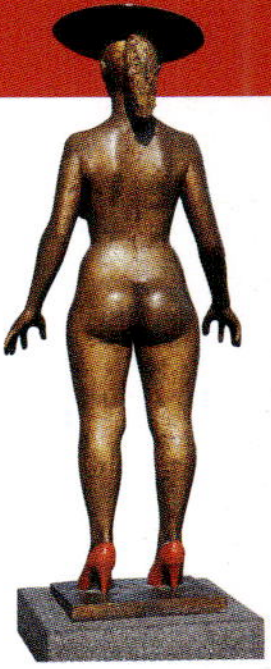

NORWEGEN

Norwegen ist seiner außergewöhnlichen Landschaft wegen das spektakulärste skandinavische Land. Entsprechend zahlreich sind Aktivurlauber und Reisende mit Wohnmobil, eng wird es in der dünn besiedelten Region dennoch nicht. Sonne und Sandstrand muss man nicht missen: Im Süden gibt es zahlreiche Badeorte.

Der Süden

Norwegens Hauptstadt **Oslo** liegt sehr geschützt am Ende des Oslofjordes. Die Umgebung ist sehr hügelig und waldreich, das Meer in greifbarer Nähe, sodass Oslo zu einer der schönsten Hauptstädte Europas zählt. Vor allem das Setesdal blickt auf eine reiche bergmännische Tradition zurück; die Telemark als Heimat des Skisportes steht heute noch bei Witnersportlern im besten Ruf.

Fjordküste

Von **Stavanger** bis Kirkenes erstreckt sich auf 2000 km die von Fjorden zerrissene Westküste, die zu den grandiosesten Landschaften Europas zählt. Neben dem Tourismus wird hier Geld vor allem mit Erdöl und Erdgas verdient, zudem mit Fischfang und -zucht. Die schönsten Städte sind **Trondheim** und **Bergen**, die alte Hansestadt.

Lofoten, Vesteralen

Ein Traumziel bilden sicher die Lofoten, scharf gezackte Felsleiber, die steil aus der Nordsee aufspringen, ein Paradies für Vögel und Naturliebhaber. Auch ihre kleinen Schwestern, die nördlich angrenzenden Vesteralen, besitzten diese besondere Mischung aus Schönheit und ursprünglicher Wildheit.

Nordnorwegen

Nördlich von Mo i Rana durchzieht der Polarkreis das Land, Nordnorwegen beginnt. Dessen größte Stadt ist **Narvik** mit ihrem berühmten Erzhafen. **Hammerfest** ist dann nur noch 100 km vom **Nordkap** entfernt, das etwas zu Unrecht als nördlichster Punkt des europäischen Festlandes gilt, was die Touristenströme wenig stört. Längst befindet man sich in Lappland, wo die Fischerei endet und der Rentierzucht Platz macht. In dieser äußerst dünn besiedelten Gegend trifft man auch die Urbevölkerung Skandinaviens, die **Samen**.

Das Rückgrat des Landes

Hinter der stark zerfransten Westküste Skandinaviens erhebt sich das Hochgebirge der **Skanden**. einige wenige Durchgänge führen hinüber nach Schweden, das ebenfalls Anteil an diesem Gebirge hat. Hier reihen sich zahlreiche **Nationalparks** aneinander und in der menschenleeren Wildnis leben noch Wolf, Bär, Vielfraß und Moschusochse.

Außenbesitzungen

Als Außenbesitzungen gehören zu Norwegen noch Spitzbergen im Nordpolarmeer und die Bäreninsel, weiter die Vulkaninsel Jan Mayen. Diese Regionen werden in diesem Führer nicht besprochen.

← *600 Meter tief fällt der Prekestolen bei Stavanger senkrecht ins Meer ab.*

✶ Ålesund

C 5

Gebiet: Westnorwegen **Einwohnerzahl:** 39 000

Ålesund zählt zu den attraktivsten Städten Norwegens, denn es liegt sehr malerisch auf mehreren Inseln und besitzt im Zentrum zahlreiche Jugendstilhäuser. Noch eine Besonderheit: Von Ålesund aus wird fast die ganze Welt mit Klippfisch versorgt.

Klippfisch-Exporteur Mit der größten und modernsten Fischereiflotte Norwegens ist Ålesund einer der wichtigsten Fischereihäfen des Landes und einer der wichtigsten Exporthäfen für Klippfisch. 80 % des Weltbedarfs wird von Ålesund gedeckt; größter Abnehmer ist Portugal.

Sehenswertes in Ålesund

Atlantik-Meerespark Etwa 3 km westlich vom Stadtzentrum liegt auf der Landzunge Tueneset eines der größten Aquarien Norwegens, das sich harmonisch in die unberührte Küstenlandschaft einfügt. In den riesigen Acryl-Tanks des Atlantik-Meeresparks (Atlanterhavspark) werden zahlreiche Meerestiere der Nordsee gezeigt (Öffnungszeiten: Juni – Aug. tgl. 10.00 – 19.00, Sa. bis 16.00, sonst tgl. 11.00 – 16.00 Uhr, Okt. – April Mo. geschlossen).

Den Geheimnissen des Ozeans kann man im Atlantik-Meerespark nahe kommen.

ÅLESUND ERLEBEN

AUSKUNFT

Ålesund Reiselivslag
Rådhuset, 6025 Ålesund
Tel. 70 15 76 00, Fax 70 15 76 01
www.visitalesund.com

ESSEN

► Fein & teuer

Brasserie Normandie
Storgata 16
Tel. 70 13 23 00
Teuer, aber gut: Im Gourmet-Restaurant im Rica Parken Hotel werden erlesene Fischgerichte auf den Teller gezaubert wie Heringshai (håbrann), Minilachs (pjakk) und Grenadierfisch (skoklest). Tipp: Fischteller.

Sjøbua Restaurant
Brunholmgata 1a
Tel. 70 12 71 00
Beliebtes, in einem alten Lagerhaus am Hafen untergebrachtes Fischrestaurant, in dem die Rohware direkt von Fischkutter geliefert wird. Die Einrichtung ist maritim, der Blick über den Brosund sehr schön. Ein Tipp: gratinierter Klippfisch.

► Erschwinglich

Café Brosundet
Rasmus Rønnebergsgate 4
Tel. 70 12 91 00
Im Café des First Hotel Atlantica gibt es Ålesunds bestes Backwerk aus der hauseigenen Bäckerei, auch Lunch und Dinner werden hier serviert.

► Preiswert

Apoteker'n Café
Apotekergt. 16
Tel. 70 10 49 70
Charmantes Café im Jugendstilzentrum, der ideale Platz für einen Snack und einen Espresso. Spezialität: Queen Mauds Kuchen.

ÜBERNACHTEN

► Luxus

Scandic Ålesund
Molovegen 6
Tel. 21 61 45 00
118 Zi., www.scandic-hotels.com
Modernes Komforthotel, die meisten Zimmer haben Blick aufs Wasser und die Inselwelt von Ålesund.

► Günstig

Runde Camping and Youth Hostel
Runde
Tel. 70 08 58 70
Einfach ausgestattete Ein- bis Vierbettzimmer. Zur Jugendherberge gehört auch ein Campingplatz.

Baedeker-Empfehlung

► Wohnen wie Robinson

Seit 2004 kann man sich im renovierten Lotsenhaus von Runde einquartieren. Die Einrichtung des kleinen Hauses ist zwar einfach, aber durch die exponierte Lage auf einer Landzunge fühlt man sich besonders außerhalb der Saison, wenn der Wind ums Haus heult, wie Robinson (Tel. 70 08 59 05).

AUSFLÜGE

Motor- und Schnellschiffe fahren zu den äußeren Inseln und in die kleineren Fjorde südlich der Stadt. Vom Flughafen starten Sightseeing-Flüge mit dem Helikopter.

FESTE

Ende August locken Gourmetfestival und Meisterschaft der Spitzenköche (www.matfestivalen.no).
Jährlich Mitte Juli trifft man sich beim Drachenbootfestival zu Wettkämpfen und farbenprächtigen Umzügen (www.dragebat.no).

Stadt des Jugendstils

Ålesund ist wegen seiner Jugendstilarchitektur – einem in Norwegen kaum verbreiteten Stil – berühmt. Zahlreiche Häuser im Zentrum wurden nach einem Großbrand im Jahr 1904, bei dem 10 000 Menschen obdachlos wurden, mit Hilfe einer internationalen Spendenaktion in diesem Stil neu errichtet. Bei einem Rundgang durch den Ortskern entdeckt man farbenprächtige Verzierungen an den Fassaden, zahllose Türmchen und Turmspitzen.

Aspøya, Nørvøya

★ Jugendstilhäuser ►

Auf den beiden Hauptinseln liegt das Zentrum Ålesunds. Auf Aspøya steht die Ålesunder Kirche (1909) mit beachtenswerten Fresken und wunderschöner Glasmalerei. Am Hellesundet, dem inneren Hafen zwischen den beiden Inseln, stehen Ålesunds prachtvollste Jugendstil-Bauten. Besonders sehenswert sind die Häuser in der Kongensgata auf Nørvøya und der Apotekergata auf Aspøya. In der Apotekergata 16 befindet sich das **Jugendstilcenter**. Das 2003 eröffnete Museum in der ehemaligen Svane-Apotheke informiert über den Stadtbrand und erzählt die Geschichte des Jugendstils (Öffnungszeiten: Juni – Aug. Mo. – Fr. 10.00 – 19.00, Sa. 10.00 – 17.00, So. 12.00 – 17.00, sonst Di. – Fr. 11.00 – 17.00, Sa. 11.00 – 16.00, So. 12.00 – 16.00 Uhr).

★ **Aksla**

Östlich vom Park führen 418 Treppenstufen zum Stadtberg Aksla hinauf, von dem sich ein herrlicher Blick auf die ganze Gegend bietet. Der Blick von der Cafeteria »Fjellstua« (135 m ü. d. M.), die auch mit dem Auto über den Fjelltunvei im Osten der Stadt erreichbar ist, ist vor allem bei Sonnenuntergang ein beliebtes Fotomotiv.

Umgebung von Ålesund

Borgund

Rund 4 km östlich des Zentrums liegt Borgund (nicht identisch mit dem Ort, wo die berühmte Borgund-Stabkirche steht). Die hiesige Kirche wurde 1130 errichtet und nach einem Brand 1904 wieder hergestellt. Besonders schön sind die Holzschnitzereien im alten Stil. Gleich neben der Kirche zeigt das **Sunnmøre-Museum** historische Häuser und eine Fischereiabteilung (Öffnungszeiten: tgl. 11.00 bis 16.00 / 17.00, So. ab 12.00 Uhr).

! *Baedeker* TIPP

Unterwegs im Wikingerboot

Im Sommer legt das Wikingerschiff »Borgund-Knarren« jeden Mittwoch vom Sunnmøre-Museum aus zu einer einstündigen Rundtour ab.

Auf Runde, einer Insel südwestlich von Ålesund, liegt der »Rundebranden«, Norwegens südlichster **Vogelfelsen**. Rund 170 000 Paare brüten hier, vor allem Papageientaucher, Trottellummen und Basstölpel. Jedes Jahr kommen Hunderte Ornithologen und Naturfotografen nach **Goksøyr**, dem einzigen Ort auf der Insel. 1725 versank vor der Küste das holländische Handelsschiff »Akerendam«. 1972 fanden Taucher in dem alten Wrack über 60 000 Gold- und Silbermünzen. Taucher können hier auch heute noch auf Schatzsuche gehen.

Über und über bemalt: die Rosenkirche in Stordal

Rund 50 km östlich von Ålesund liegt Stordal mit einer ganz besonderen Kirche: Das Innere der 1789 erbauten Rosekyrkja (Rosenkirche) ist über und über mit herrlichen Malereien bedeckt. Große Teile der Kircheneinrichtung stammen aus der mittelalterlichen Vorgängerkirche (Öffnungszeiten: 20. Juni – 20. Aug. tgl. 10.00 – 16.00 Uhr).

★ **Stordal-Kirche**

★ Alta

L 2

Gebiet: Nordnorwegen **Einwohnerzahl:** 17 000

Alta ist für Tausende von Felsbildern berühmt, die die Menschen der Steinzeit entlang des Altafjords hinterlassen haben. Zudem stellt die Samensiedlung einen idealen Ausgangspunkt für Touren Richtung Nordkap und Finnmark dar.

Mildes Klima im hohen Norden

Die größte Stadt des dünn besiedelten Verwaltungsbezirks Finnmark liegt an der Stelle, wo der Alta-Fluss, der bekannteste Lachsfluss Norwegens, in den Altafjord mündet. Dank des Golfstroms ist das Klima in Alta vergleichsweise mild. Schon vor mehr als 10 000 Jahren lebten hier Menschen; dies belegen die Felsgravuren von Hjemmeluft und Ausgrabungen am Berg Komsafjell (Komsakultur). Früh entwickelte sich die Samensiedlung Alta zum Verwaltungszentrum, nachdem im 17. Jh. zunehmend Norweger hierher zogen, die mit Rentierfleisch u.a. Handel trieben. Mit Beginn des Kupferabbaus in Kåfjord gelangten auch Einwanderer aus Südnorwegen und Finnland hierher. Gegen Ende des Zweiten Weltkriegs wurde Alta von den deutschen Besatzungstruppen völlig zerstört. Mit Ausnahme der Kirchen in Alta und Kåfjord stammt die gesamte Bebauung aus der Nachkriegszeit. Zwar ist die Stadt selbst nur von ihrer Lage her schön, aber Touristen finden hier Unterkunft und Verpflegung und sie eignet sich vorzüglich als Basis für Ausflüge zum ►Nordkap und nach ►Hammerfest, ferner in die Samen-Städte Karasjok und Kautokeino (►Lappland).

ALTA ERLEBEN

AUSKUNFT

Destinasjon Alta
Parksenteret, 9504 Alta
Tel. 78 44 95 55, Fax 78 43 65 08
www.destinasjonalta.no

ANREISE

Direkflüge nach Oslo und Tromsø

MITTERNACHTSSONNE

16. Mai bis 26. Juli; Polarnacht 24. November bis 18. Januar

ÜBERNACHTEN

► Luxus

Rica Hotel Alta
Løkkeveien 61
Tel. 78 48 27 00, Fax 78 48 27 77
155 Zi., www.rica.no
Luxus im hohen Norden. Modernstes und größtes Hotel am Ort, zwei Restaurants, Bar, Nachtclub.

► Komfortabel

Hotell Aurora
Saga
Tel. 78 45 78 00, Fax 78 45 78 01
30 Zi., www.hotelaurora.no
Das Hotel befindet sich 3,5 km vom Flughafen Alta mit Blick über den Altafjord und 200 m von der E 6 entfernt. Es verfügt über Sauna und Restaurant. Weiter kann man hier Touren mit Hundeschlitten oder Schneescooter buchen.

Baedeker-Empfehlung

Alta Igloo Hotel
Alta Friluftspark, Storelvdalen, Alta
Tel. 78 43 33 78, Fax 78 43 34 65
www.alta-friluftspark.no
Schlafen auf Eisbetten, trinken an der Eisbar, heiraten in der Eiskapelle? In diesem Hotel aus Eis und Schnee ruht man wohlig warm in Schlafsäcken und auf Rentierhäuten, auch wenn draußen Minusgrade herrschen (geöffnet von Mitte Januar bis Mitte April).

FREIZEIT UND SPORT

Alta-Canyon
Die Touristeninformation von Alta organisiert Bustouren in den Alta-Canyon und ans Nordkap.

Angeln
Ab dem 22. Juni kommen Sportfischer aus der ganzen Welt nach Alta, um auf dem Altafluss Lachs zu angeln.

Schlittenhunderennen
Anfang März findet der Finnmarksløpet statt, das längste Schlittenhunderennen Europas: 1000 km weit geht es durch den tief verschneiten Norden, Ziel ist Alta. Die 70 Schlittenlenker (Musher genannt) bringen rund 1000 Hunde mit! Infos unter www.finnmarkslopet.no

Sehenswertes in Alta

★ **Felszeichnungen**

Das Gebiet um den Altafjord zählt zu den ältesten Siedlungsräumen der Finnmark, wie die annähernd 3000 Felszeichnungen südlich von Alta an der E 6 beweisen. Es ist das größte Areal seiner Art in Nordeuropa und steht auf der Liste der UNESCO-Kulturdenkmäler. Die ältesten Zeichnungen stammen aus der Steinzeit und sind rund 6200 Jahre alt, die jüngsten werden auf ein Alter von 2500 Jahren geschätzt. Ein 5 km langer Lehrpfad führt an Jagdszenen, Tänzern, Kreisen und Fruchtbarkeitssymbolen vorbei (Führungen in deutscher Sprache).

★ **Alta-Museum**

Der Zutritt zu den Felszeichnungen erfolgt über das preisgekrönte Alta-Museum, das sich nicht nur der Steinzeit widmet. Vielmehr gibt es einen Einblick in den Schieferbergbau, die Fluss- und Fjordfischerei sowie die Gebrauchskunst der Samen in der Finnmark. Eine Dokumentation erinnert an den erbitterten Kampf der Samen 1978 bis 1982 gegen den Ausbau des Alta-Flusses zur Gewinnung von Wasserkraft. Zwar haben die Samen die Auseinandersetzung verloren, setzten aber die Einrichtung eines samischen Parlaments durch, zudem wurde die Kultur der Samen (siehe Baedeker Special S.408) als förderungswürdig in der Verfassung verankert (Öffnungszeiten: tgl. 8.00 bis 20.00, Mitte Juni – Mitte Aug. bis 23.00 Uhr).

Viele Tausend Jahre alt sind die Felsritzungen bei Alta. Ihre Bedeutung ist weitgehend unklar.

Eine weitere Attraktion der Gegend ist der Alta-Fluss mit seinem vielfältigen Angebot an Freizeitaktivitäten und Ausflugsmöglichkeiten. Mit einer Länge von 6 km und einer Tiefe von bis zu 400 m ist der **Alta-Canyon die größte Schlucht Nordeuropas** – ein fazinierender Riss im Bergplateau, der auch Sautso-Canyon genannt wird. Knapp 30 km von Alta entfernt erreicht man ihn über die alte Straße an Gargia vorbei zur Gebirgshochfläche Baskades. Von dort führt ein markierter Weg zur Schlucht (von der Gargia-Hütte zwei Stunden zu Fuß). Auch über den Alta-Fluss ist dieses Naturwunder zu erreichen, doch sollte man einen Führer mitnehmen oder sich einer organisierten Tour anschließen.

★★ Bergen

B 6

Gebiet: Westnorwegen **Einwohnerzahl:** 236 000

In keiner Stadt Europas regnet es so oft und so viel wie in Bergen. Davon sollte man sich nicht abschrecken lassen, gilt doch die alte Hansestadt als eine der schönsten Städte Norwegens und als die Metropole mit dem meisten Flair.

Mildes Klima

Auf dem Landweg war die Stadt bis zum Bau der Bergenbahn 1908 nach Oslo nur vom Meer aus gut zu erreichen. Unzählige Tunnel wurden in die Felsen gesprengt, um Bergen an das Straßennetz anzuschließen. Die zweitgrößte Stadt Norwegens ist der bedeutendste Hafen der Westküste, der wichtigste Fischhandelsplatz des ganzen Landes und hat mit 12 000 Studenten auch die zweitgrößte Universität. Trotz der nördlichen Lage (60° 24' nördl. Breite) gedeihen hier dank des feuchten und ungewöhnlich milden Klimas fast alle mitteleuropäischen Laubbäume und eine üppige Vegetation.

Geschichte

Zu allen Zeiten bildeten Seefahrt und Fischhandel die Grundlage des Reichtums von Bergen. Um 1070 erhob Olav Kyrre die schon damals bedeutende Hafensiedlung Bjørgvin (»Bergweide«) zur **Stadt,** die sich dann als zeitweilige **Residenz der Könige** rasch entwickelte. Noch im 17. Jh. war Bergen als Handelsplatz Kopenhagen weit überlegen, und selbst Anfang des 19. Jh.s hatte die Stadt noch mehr Einwohner als das damalige Kristiania (Oslo). Seit 1236 lebten auch Deutsche in Bergen. Den eigentlichen Aufschwung verdankte die Stadt dem 1343 erstmalig erwähnten **Hanseatischen Kontor**, das, gestützt durch Privilegien der dänischen Könige, den Handel an sich zog. Getreide, Salz und Bier wurden gegen Stockfisch von den Lofoten und Klippfisch aus Kristiansund getauscht. Die Hanseaten wohnten in einem besonderen Quartier an der Deutschen Brücke mit 16 lang gestreckten, schmalen »Höfen«, die zugleich als Lagerhäuser dienten. 1559 wurde die Macht der Hanse gebrochen, doch bestand das Kontor noch ca. 200 Jahre, bis 1764 auch der letzte Hofteil an einen Norweger verkauft wurde. Im **Zweiten Weltkrieg** erlitt auch Bergen Schäden. So brannte das alte Theatergebäude in der Sverresgate ab, die erste, 1851 vom berühmten Geiger Ole Bull ins Leben gerufene Bühne Norwegens, an der 1851 – 1857 Henrik Ibsen Direktor war.

Alte Bausubstanz ist rar

In einem großen Halbkreis um die Hafenbucht Vågen liegen die ältesten Stadtteile, die sich nordöstlich am Abhang des Fløyen hinanziehen. Wie die meisten nordischen Städte wurde auch Bergen wiederholt von verheerenden Bränden heimgesucht. Sie haben vom historischen Kern wenig übrig gelassen; Steinbauten und breitere Straßen beherrschen heute das Zentrum. In den Stadtteilen Nordnes und am Fløyen sind Holzhäuser und die engen Gassen, von den Ein-

Beliebtes Ziel in Bergen: das alte Hanseviertel »Bryggen« mit dem hanseatischen Museum

heimischen »smug« genannt, beliebte Ziele für Spaziergänge. Nur in den nördlichen Vororten Skuteviken und Sandviken findet man noch einige der früher charakteristischen Lagerhäuser am Meer (pakkhus = Lagerhaus): große Holzbauten mit Kran zum Hafen hin.

Sehenswertes in Bergen

✶ **Fischmarkt**

Mittelpunkt der Stadt ist der **Marktplatz** (Torget) an der Stirnseite des Haupthafens Vågen, an dessen Landebrücken morgens die Fischerboote anlegen. Ein Genuss für Auge und Gaumen ist das große Angebot an verschiedenen Meeresfrüchten, frisch gekochten Krabben, roten Hummern, Lachs und Kaviar, was alles auf dem malerischen Fischmarkt zu stattlichen Preisen gekauft werden kann. Am oberen Ende der Vetrlidsallmenning, die vom Markt nordostwärts führt, liegt die **Talstation der Fløibahn.**

✶✶ **Bryggen**

Vom Markt aus erstreckt sich auf der Nordseite des Haupthafens Vågen die Bryggen (früher auch Tyskebryggen = »Deutsche Brücke« genannt). Sie erhielt ihren Namen, weil die Holzhäuser zum Beladen und Entladen der Schiffe direkt am Hafenbecken lagen. Hier standen einst die »Höfe« der deutschen Kaufleute, die später durch steinerne, in ihrer Bauweise an die Hanseatenzeit erinnernde Lagerhäuser ersetzt wurden. Nach dem großen Brand von 1702 wurden die Kaufmannshäuser und Lagerhallen wieder errichtet. Heute stehen diese buntgestrichenen Holzhäuser auf der **UNESCO-Liste** der weltweit erhaltenswerten Kulturdenkmäler.

BERGEN ERLEBEN

AUSKUNFT

Bergen Turistinformasjon
Vågsallmenningen 1
Tel. 55 55 20 00
Fax 55 55 20 01
www.visitbergen.com

ESSEN

► Fein & Teuer

② ***Lucullus Restaurant***
Valkendorfsgt. 8
Tel. 55 30 68 00
Ausgezeichnetes Restaurant im Hotel Neptun mit französisch inspirierter Küche und einer großen Auswahl an Weinen. Die Kunstwerke im Restaurant sorgen für eine stimmungsvolle Atmosphäre.

④ ***Enhjørningen Fiskerestaurant***
Bryggen, Enhjørningsgarden
Tel. 55 30 69 50
Wer in diesem netten Fischrestaurant, das in einem alten Haus auf Bryggen untergebracht ist, abends essen möchte, sollte einen Tisch reservieren. Im Sommer kann man zur Mittagszeit an der leider nicht ganz billigen Schlacht am kalten Fisch- und Meeresfrüchtebuffet teilnehmen.

► Erschwinglich

③ ***Holbergstuen***
Torgalmenningen 6
Tel. 55 55 20 55
In diesem traditionsreichen Lokal von 1929 mit Rosenmalereien und Zitaten von Ludvig Holberg an den Wänden gibt es norwegische Spezialitäten und kleinere Gerichte.

⑤ ***Bryggen Tracteursted***
Bryggestredet 2
Tel. 55 33 69 99
In der ältesten Wirtschaft Norwegens werden landestypische Gerichte serviert. Je später der Abend, desto mehr verlagert sich das Geschehen zum Bierausschank. Von Mai bis Sept. ist ab 11.00 Uhr der Biergarten geöffnet.

► Preiswert

① ***Café Opera***
Engen 18
Tel. 55 23 03 15
In dem alten weißen Holzhaus gegenüber vom Theater treffen sich Jung und Alt, Journalisten und Studenten, aber auch die Bewohner des Viertels. Guter Kaffee und einfache, kleine Gerichte.

⑥ ***Fløien Folkerestaurant***
Fløyfjellet 2
Tel. 55 32 18 75
In dem Restaurant und Café mit der besten Aussicht auf Bergen und Umgebung sollte man den Sonnenuntergang nicht verpassen. Das Café serviert leckere Kleinigkeiten wie Waffeln, Kuchen und ein Suppenbuffet.

ÜBERNACHTEN

► Luxus

① ***Comfort Hotel Holberg***
Strandgaten 190
Tel. 55 30 42 00, Fax 55 23 18 20
140 Zi., www.comfort-holberg.no
Hotel in der zweiten Häuserzeile hinter dem Hafen gelegen. Vor allem bei Reisegruppen sehr beliebt.

④ ***Grand Hotel Terminus***
Zander Kaaesgt. 6
Tel. 55 21 25 00, Fax 55 21 25 01
131 Zi., www.grand-hotel-terminus.no
Das mit einem Architekturpreis ausgezeichnete Grandhotel wurde 1928 am Bahnhof erbaut. Seine Zimmer und Salons sind stilvoll eingerichtet. Das Café gehört zu den besten an der norwegischen Fjordküste.

► Komfortabel

② ***Hotel Park Pension***
Harald Hårfagresgt. 35
Tel. 55 54 44 00, Fax 55 54 44 44
33 Zi., www.parkhotel.no
Das 1890 im neugotischen Stil errichtete kleine Hotel liegt unweit der Universität von Bergen. Noch heute spiegelt es den Stolz des Bergener Bürgertums wider.

③ ***Best Western Hotel Nordaheimen***
C. Sundtsgate 18
Tel. 55 33 50 00, Fax 55 23 49 50
info@nordaheimen.no
Im Zentrum von Bergen gelegen und trotzdem ruhig. Das Restaurant ist bekannt für die gute norwegische Hausmannskost.

⑤ ***Thon Hotel Sandviken Brygge***
Sandviksveien 94
Tel. 55 39 61 00, Fax 55 39 61 50
45 Zi., www.sandvikenbrygge.no
Hotelneubau mit sehr modernem Interieur in hellen, angenehmen Farben in Fjordlage, nur 2 km vom Zentrum entfernt. Gute Spaabteilung im Haus.

► Günstig

⑥ ***Lone Camping***
Hardangerveien 697
Haukeland
Tel. 55 39 29 60, Fax 55 39 29 79
www.lonecamping.no
Größter und schönster Campingplatz in der Umgebung von Bergen. Direkter Zugang zum See und als Kulisse das Liafjell. Zelte, Wohnwagen, 18 Hütten, Motel mit 18 Appartements, Restaurant, Kanuverleih.

EINKAUFEN

Fischmarkt
Marktplatz: tgl. außer Sonntag:
Juni – Aug. 7.00 – 19.00 Uhr
Sept. – Mai 7.00 – 16.00 Uhr

Shopping
Südwestlich vom Marktplatz liegen viele Geschäfte, u.a. das Einkaufszentrum »Galleriet«. Nette Lädchen und Kunsthandwerk finden Sie in der Lille Øvergate.

Qual der Wahl auf Bergens Märkten

FESTE

Mitte Mai – Anfang Juni: Night Jazz Festival (www.nattjazz.no)
Mitte Juli – Mitte September: die Mittelalterspiele des Hanseatischen Theaters (www.bergenbyspill.no)
Anfang September: Bergen Food Festival (www.matfest.no)

! *Baedeker* TIPP

Sparen mit der Bergen Card

Parken ist in Bergen nur auf markierten Plätzen erlaubt – und das kostet Gebühr, es sei denn, man ist im Besitz der Bergen Card. Sie erlaubt während ihrer Gültigkeit von ein bis drei Tagen kostenfreies Parken an den Parkuhren und im Aquarium-Parkhaus. Außerdem hat man mit der Bergen Card freien Eintritt in die meisten Museen und kann die Stadtbusse kostenlos nutzen. Erhältlich bei der Touristeninformation, auch online.

Hanseatisches Museum

Nur das erste Handelskontor ganz vorne am Torg, der Finnegården, ist in seinem alten Zustand erhalten und seit 1872 Hanseatisches Museum. Der Finnegården ist beispielhaft für die Architektur der frühen Hansezeit. Die Räume sind dunkel, wirken gedrungen und erinnern mit ihren kleinen Fenstern sehr an einen Schiffsrumpf. Weiter zeigt die Sammlung, wie die Höfe eingerichtet waren. Sehenswert ist eine Sammlung von Siegeln der Hansestädte. Viele Siegel enthalten Schiffsymbole, die die Schiffsbaukunst dieser Zeit widerspiegeln (Öffnungszeiten: Juni bis August tgl. 9.00 – 17.00, sonst 11.00 – 14.00 Uhr).

? WUSSTEN SIE SCHON ...?

- ... dass das Bryggenmuseum die weltgrößte Sammlung von Runeninschriften in Holz beherbergt? Rund 500 Exemplare kamen bei den archäologischen Ausgrabungen in der Stadt vor rund 40 Jahren ans Licht.

Das **Bryggenmuseum** (Bryggens Museum) zeigt archäologische Funde aus dem mittelalterlichen Bergen. Weiter werden alte Handwerke vorgestellt, u. a. der Schuhmacher, Kammmacher, Fassbinder oder Goldschmiede (Öffnungszeiten: Mai – Aug. tgl. 10.00 – 17.00, sonst 12.00 – 15.00 Uhr).

Marienkirche

Unweit des Bryggenmuseums steht die zweitürmige romanisch-gotische Marienkirche (Mariakirken). Dieses älteste, sehr gut erhaltene Gebäude der Stadt wurde im 12. / 13. Jh. errichtet. Zwischen 1408 und 1766 gehörte die Kirche den Hanseaten; bis 1868 wurde hier auf Deutsch gepredigt. Im Chor erinnern Grabsteine an die vom 15. bis 17. Jh. hier bestatteten deutschen Kaufleute, Seeleute und Pfarrer. Die **Innenausstattung** besticht durch ein farbenprächtiges Inventar, das überwiegend aus dem 17. Jh. stammt. Im Chor befindet sich das älteste Stück der Kirche, der Flügelaltar, der im 15. Jh. von norddeutschen Meistern geschaffen und im 17. Jh. übermalt wurde. In Norwegen einzigartig ist die prunkvolle Kanzel, wohl ein Geschenk deutscher Kaufleute aus dem ausgehenden 17. Jh.

Festung Bergenhus

Die nordwestliche Fortsetzung der Bryggen ist der Festningskai mit der alten **Festung Bergenhus**. Bereits im 12. Jh. verlegte König Øystein Magnusson seinen Königshof auf »Holmen« (»Insel«).

Rosenkrantzturm ►

An der Südspitze der Festung erhebt sich direkt am Kai der Rosenkrantzturm, benannt nach Schlosshauptmann Erik Rosenkrantz, der 1562 bis 1567 zwei ältere Anlagen vereinte und mit einer Renaissancefassade versah. Ältester Kern war der quadratische Wohn- und Festungsturm von König Magnus (1273), genannt »Kastell am Meer«. Aus dieser Zeit stammen das Schlafgemach des Königs und die Kapelle mit einem Specksteinaltar. In den Ausstellungsräumen, von wo aus man eine sehr schöne Aussicht auf die gesamte Stadt hat, werden ein Modell der Festungsanlage Bergenhus, Schwerter und Uniformen gezeigt (Öffnungszeiten: Mai – Aug. tgl. 10.00 – 16.00, sonst So. 12.00 – 15.00 Uhr).

Bergen Orientierung

Essen
① Café Opera
② Lucullus Restaurant
③ Holbergstuen
④ Enhjørningen Fiskerestaurant
⑤ Bryggen Tracteursted
⑥ Fløien Folkerestaurant

Übernachten
① Comfort Hotel Holberg
② Hotel Park Pension
③ Best Western Hotel Hordaheimen
④ Grand Hotel Terminus
⑤ Thon Hotel Sandviken Brygge
⑥ Lone Camping

Vom Fløyen aus liegt den Besuchern ganz Bergen zu Füßen.

Håkonshalle Hinter dem Rosenkrantzturm liegt die Håkonshalle, die König Håkon Håkonsson zwischen 1247 und 1261 nach dem Vorbild gotischer Steinhallen aus England errichten ließ. Es ist der **größte mittelalterliche Profanbau Norwegens**. In dem großen Festsaal mit einem schönen Holzgewölbe, das an ein Wikingerschiff erinnert, finden Konzerte, Staatsempfänge und Festveranstaltungen statt.

Fischerei-Museum Wie fischt man mit dem Echolot? Dies und andere Fragen rund um die norwegische Fischindustrie beantwortet das Fischerei-Museum (Fiskerimuseet) am Bontelabo nahe der Anlegestelle für Fährschiffe.

✶ Aquarium Im Nordwesten der Stadt liegt an der Spitze der Landzunge Nordnes zwischen Vågen und Puddefjord der Nordnespark (Aussicht) mit dem sehenswerten Bergener Aquarium, einem der **größten Aquarien Nordeuropas.** Eine besondere Attraktion ist die Fütterung der Robben und Pinguine (12.00, 15.00 und 18.00 Uhr; Öffnungszeiten: Mai – Aug. tgl. 9.00 – 19.00, sonst 10.00 – 18.00 Uhr).

Dom Vom Nordende des Marktes führt die Kong Oscars gate südöstlich an der aus dem 12. Jh. stammenden und 1593 im Renaissancestil umgebauten Kreuzkirche (Korskirken) vorbei zu der 1248 ursprünglich als Klosterkirche im romanischen Stil erbauten Domkirche, die 1537 einen 60 m langen, gotischen Chor erhielt. Als besonders beachtenswert gelten die schönen gotischen Fenster und der Altar, der an einen mittelalterlichen Reliquienschrein erinnert.

Kunst-sammlungen Südlich vom See Lille Lungegårdsvann steht an der Strømgate die architektonisch ansprechende **Grieg-Halle**, in der Konzerte, Opern- und Ballettaufführungen stattfinden. Unweit von hier (Rasmus

Meyers Allé 7) befindet sich die 1923 von dem Kaufmann **Rasmus Meyer** gestiftete **Kunstsammlung** mit Gemälden norwegischer Künstler aus der Zeit von 1814 bis 1914 (J. C. Dahl, H. Gude, E. Munch, G. Munthe). Nebenan (Rasmus Meyers Allé 3) stellt das **Städtische Kunstmuseum** norwegische Malerei und europäische Kunst aus. Hier haben auch der Bergener Kunstverein (mit Wechselausstellungen zur zeitgenössischen Kunst) und die **Stenersen-Sammlung** mit Werken von Munch, Picasso und Klee ihren Sitz (Öffnungszeiten: Mitte Mai – Mitte Sept. tgl. 11.00 – 17.00 Uhr).

Umgebung von Bergen

Wandern auf dem Fløyen

Eine überwältigende Aussicht auf Stadt und Küstenlandschaft mit den Inseln Askøy und Sotra bietet sich vom 319 m hohen Fløyen, zu dem man mit der Standseilbahn Fløibanen in 8 min. (alle halbe Stunde) oder auf einem 3 km langen Fußweg gelangt. Die Besteigung des etwas höheren hinteren Gipfels lohnt nicht. Von dem sich auf halber Höhe hinziehenden Fjellvei bieten sich schöne Ausblicke; am südöstlichen Ende des Weges, 25 min. von der Haltestelle der Fløibanen, lädt das Restaurant Bellevue zu einer Rast ein.

✶ Troldhaugen

8 km südlich von Bergen liegt Troldhaugen, das Wohnhaus von Edvard Grieg (► Berühmte Persönlichkeiten), das Bergens Ruf als Norwegens Kulturhauptstadt begründet hat. Im Jahre 1885 bezogen Edvard und Nina Grieg die Villa, die nach viktorianischem Vorbild gebaut wurde und mit ihren nackten Holzwänden im Inneren an norwegische Bauernstuben erinnert. Im Speise- und Wohnzimmer steht noch die ursprüngliche Einrichtung. In der hangabwärts gelegenen **»Komponistenhütte«** konnte Grieg ungestört musizieren (Öffnungszeiten: Mai – Sept. tgl. 9.00 – 18.00 Uhr).
In dem neuen Konzerthaus Troldsalen finden im Sommer Griegkonzerte statt (Mi. 19.30, Sa. und So. 14.00 und 19.30 Uhr).

Lysøen

Knapp 30 km südlich von Bergen war auf dem Inselchen Lysøen der exzentrische Geiger und Komponist **Ole Bornemann Bull** zu Hause. Er wurde 1810 in Bergen geboren und starb 1880 hochverehrt auch hier. 1872 / 1873 ließ er sich eine Villa bauen, die mit ihren Zwiebeltürmchen und maurischen Stilelementen an ein kleines »Märchenschloss« erinnert und sehr ungewöhnlich eingerichtet ist. Die Villa ist nur mit dem Boot erreichbar: ab Sørstraumen jede volle Stunde (Öffnungszeiten: Mai – Aug. Mo. – Sa. 12.00 – 16.00, So. 11.00 bis 17.00, Sept. So. 12.00 – 16.00 Uhr).

✶ Lysekloster

In der Nähe sind auch die restaurierten Ruinen des Lyseklosters zu besichtigen. Mönche aus York in England gründeten 1146 dieses erste Zisterzienserkloster in Norwegen, das bis zur Reformation auch das größte Kloster in ganz Norwegen war. Ein beschilderter Rundgang gibt Aufschluss über das Klosterleben im Mittelalter.

Bodø

G 3

Gebiet: Nordnorwegen **Einwohnerzahl:** 42 000

In Bodø stechen die Fähren zu den Lofoten in See, ansonsten hat die Stadt wenig zu bieten. Anders das Umland: Hier lohnen der alte Handelsort Kjerringøy und der Rago-Nationalpark einen Besuch. Größte Attraktion ist der Svartisen-Gletscher auf dem Saltfjell.

Musik und Militär

Auf dem Weg zum Nordkap führt von der E 6 aus ein 60 km langer Abstecher zur Hafenstadt Bodø. Dank zahlreicher Musikfestivals gilt sie als **»Musikhauptstadt Nordnorwegens«**. Im Zweiten Weltkrieg wurde hier viel zerstört, daher wird man ein idyllisches Zentrum vergeblich suchen. Immer wieder fliegen NATO-Flugzeuge über die Stadt, denn hier befindet sich der wichtigste Militärstützpunkt Nordnorwegens.

Sehenswertes in Bodø und Umgebung

Norwegisches Luftfahrtzentrum

Die interessanteste Sehenswürdigkeit der Stadt ist das Norwegische Luftfahrtzentrum, das Einblick in die Geschichte der norwegischen und der internationalen Luftfahrt bietet. Das Museum verfügt auch über einen **Flugsimulator** (Öffnungszeiten: Juni – Aug. tgl. 10.00 bis 19.00, Sa. bis 17.00, sonst bis 16.00 Uhr).

Bodøs Hafen wird überragt von den »Sieben Schwestern« genannten Bergen.

Geitvågen

Folgt man der Küstenstraße nach Norden, gelangt man zunächst nach Geitvågen, **dem schönsten Sandstrand nördlich des Polarkreises**. Mittsommernacht in Geitvågen gehört zu den alljährlichen Höhepunkten für viele Einwohner von Bodø.

★★ Kjerringøy

40 km nördlich von Bodø liegt Kjerringøy, ein alter Handelsplatz, der im 19. Jh. zu den wichtigsten Nordnorwegens gehörte. Das **Freilichtmuseum** mit 15 Gebäuden – z. B. Wohnhaus im Empirestil, Kramladen, Postamt und Wirtshaus – gibt einen interessanten Einblick in die Lebens- und Handelsgewohnheiten an der norwegischen Küste. In Kjerringøy ging ein gewisser Knud Pedersen in die Lehre, der als Knut Hamsun (►Berühmte Persönlichkeiten) Karriere machte. In der Nähe des Freilichtmuseums befindet sich das **Kulturzentrum** Zahlfjøsen. Zu sehen gibt es eine Webstube, eine Bootswerkstatt, eine Galerie und diverses Kunsthandwerk. Im ersten Stock sind Ausschnitte aus Filmen nach Hamsuns Romanen zu sehen.

★ Saltstraumen

Ziemlich touristisch ausgeschlachtet hat man den 35 km ostwärts gelegenen Saltstraumen, einen 2,5 km langen, etwa 150 m breiten und bis 50 m tiefen **Gezeitenstrom** zwischen den Inseln Straumen und Straumøy, der den Saltfjord mit dem Skjerstadfjord verbindet. Im Wechsel der Gezeiten – in der Touristeninformation erhält man einen Gezeitenplan – werden jeweils etwa 370 Mio. m³ Wasser donnernd durch die Enge gepresst, wobei **Wirbel und Strudel** entstehen. Zahlreiche Angler versuchen hier ihr Glück. 1998 wurde nahebei eine Art Vergnügungspark mit Restaurants, Campingplatz, einem Hotel und Souvenirläden eröffnet – entsprechend unruhig geht es zu. Im Saltstraumen-Erlebniszentrum lernt man die 10 000-jährige Kulturgeschichte der Region u. a. anhand einer Multimediashow kennen. Auch ist der bislang größte am Saltstraumen gefangene Fisch zu sehen, ein 32,7 kg schwerer Dorsch.

? WUSSTEN SIE SCHON ...?

- ... dass Bodø den größten Bestand an Seeadlern weltweit aufzuweisen hat und man die majestätischen Vögel oft im Gleitflug über der Stadt beobachten kann? Die Touristeninformation informiert über den örtlichen Seeadler-Club.

Nur 171 km² groß ist der Nationalpark Rago nördlich von Bodø zwischen der E 6 und der schwedischen Grenze. Auf der anderen Seite der Grenze liegen die Parks Padjelanta und Sarek. Mit dem Auto fährt man bei Nordfjord nördlich von Fauske von der E 6 ab und parkt den Wagen in der Siedlung Lakshola. Rago ist ein typisches Wandergebiet mit wenig Übernachtungsmöglichkeiten, und das feuchte Klima verlangt vom Wanderer eine entsprechend gute Ausrüstung. Die landschaftliche Schönheit dieses Parks lohnt jedoch den Besuch – kein Gebiet Norwegens ist auf so kleiner Fläche so vielfältig. Sehr schön wohnt es sich auf dem Øvereng Campingplatz (Tel. 75 69 65 40) am Ende der Nebenstrecke nach Lakshola.

Zauberhafte Küstenstraße ✶ Der »Kystriksveien« (Küstenstraße **R 17**) führt zwischen Bodø und Steinkjer im Süden in die schönsten Ecken der Insel- und Schärenwelt Nordlands. Wo es keine Brücken gibt, sorgen Fähren für eine geruhsame Unterbrechung der Reise. Über die Zehntausende von Inseln und Schären ragen seltsam geformte Berge, die seit alters her die Fantasie der Bewohner beflügeln. Am bekanntesten sind von Süd nach Nord: der »Berg mit dem Loch« (**Torghatten**) bei Brønnøysund, die **»Sieben Schwestern«** (Syv Søstre) bei Sandnessjøen sowie die Berge auf den Vogelinseln Lovund und Træna.

BODØ ERLEBEN

AUSKUNFT

Destinasjon Bodø
Sjøgt. 3, 8006 Bodø
Tel. 75 54 80 00, Fax 75 54 80 01
www.bodoe.com

Mo i Rana Turistinformasjon
O. T. Olsensgt. 3
8602 Mo i Rana
Tel. 75 13 92 00, Fax 75 13 92 09
www.arctic-circle.no

ESSEN

► Preiswert

Kafé Kafka
Sandgt. 5 B
Tel. 75 52 35 50
Seit 1998 eine Institution in Bodø. Originelles Kultur- und Literaturcafé mit gemütlicher Einrichtung. Die Küche bietet einen Querschnitt durch die Leckereien dieser Welt und guten hausgemachten Kuchen.

ÜBERNACHTEN

► Luxus

Radisson SAS Hotel Bodø
Storgt. 2
Tel. 75 51 90 00, Fax 75 51 90 03
190 Zi., www.bodo.radissonsas.com
Hotelturm im Zentrum mit Panoramablick, besonders von der Bar im obersten Stockwerk. Komfortable, erfreulich unterschiedlich eingerichtete Zimmer.

► Komfortabel

Kjerringøy Rorbusenter
Tårnvik
(20 km nördlich von Kjerringøy)
Tel. 75 58 50 07, Fax 75 58 50 08
Rorbuer (Fischerhütten) in einmaliger, abgeschiedener Lage. Sie sind komfortabel eingerichtet und liegen direkt am Wasser. Große Sauna und Badezuber im Freien, gute Angel- und Wandermöglichkeiten.

► Günstig

Kjerringøy Pfarrhaus
Amtmann Worsøes gt. 28 A
Tel. 75 50 77 10
Fax 75 50 77 33, 8 Zi.
Das alte Pfarrhaus in Kjerringøy von 1889 steht unter Denkmalschutz und wird schon seit über 25 Jahren als einfache Übernachtungsstätte genutzt.

AUSFLÜGE

Von Bodø aus kann man Tagesausflüge zum Svartisen-Gletscher fahren, Buchung über Touristeninformation.

WANDERN

Bodøs Wanderverein (Bodø og Omegns Turistforening) betreibt 15 einfache Berghütten, die sich hervorragend als Unterkünfte auf längeren Wanderungen durch den Saltfjell-Svartisen-Nationalpark eignen. Infos unter Tel. 75 52 14 13, bot@online.no.

✶ Saltfjell-Gebirge

Das 2250 km² große Saltfjell liegt auf dem Polarkreis und ist Nordnorwegens größter Nationalpark. Die E 6 mit der parallel verlaufenden Bahnlinie zwischen Mo i Rana und Bodø ist der einzig sichtbare Eingriff in diese ansonsten völlig unberührte Landschaft. Der Nationalpark wird von einem Netz von Wanderwegen und Selbstbedienungshütten durchzogen, die jeweils einen Tagesmarsch voneinander entfernt liegen. Am besten wählt man die Anfahrt über die E 6 bis Rognan und die nach Westen abzweigende Straße bis Storjord. **Alte Opferplätze**, Fallgruben und Steinbegrenzungen beweisen, dass die Samen schon vor Jahrhunderten das Saltfjell-Gebirge als Jagd- und Weidegebiet nutzten.

Der Engabreen ist Teil des Svartisen-Gletschers.

Polarkreis-Zentrum

In Norwegen verläuft der Polarkreis (Polsirkelen) etwa 80 km nördlich von Mo i Rana. An der Stelle, wo die E 6 den Polarkreis schneidet, liegt das Polarkreis-Zentrum mit Ausstellungen zur Kultur und Wirtschaft Nordnorwegens. Vor dem architektonisch interessanten Gebäude steht die Polarkreis-Säule, ein beliebtes Fotomotiv (Öffnungszeiten tgl. Mai – Sept. 9.00 – 18.00, Juli bis 22.00 Uhr).

✶ Svartisen-Gletscher

Eindrucksvoller Anziehungspunkt für die Besucher dieser Region ist der Svartisen-(»Schwarzeis«) Gletscher, das größte Firnmassiv Nordskandinaviens, das bis an die Fjorde im Westen heranreicht. Aus dem 1200 bis 1400 m hohen Plateau ragen einzelne Höhen auf, darunter der Snøtind (1599 m), Sniptind (1591 m) und Istind (1577 m). Von Süden kommend, empfiehlt sich die Anfahrt über Mo i Rana nach Nordwesten Richtung Svartisdalshytta oder Melfjordbotn. Die beiden Straßen enden am Fuße eines Svartisen-Ausläufers. Man sollte sich auf keinen Fall auf die Eisfläche begeben: Weil sich das Eis im Sommer pro Tag 2 – 3 m vorwärts schiebt, brechen lebensgefährliche Risse und Spalten auf.

✶ Grønligrotte

Rund 70 % aller natürlichen Grotten Norwegens liegen hier im Saltfjell. Die Grønligrotte nördlich von Mo i Rana ist eine berühmte Touristenattraktion und Nordeuropas einzige beleuchtete Grotte. (Führungen im Sommer tgl. 10.00 – 19.00 Uhr, 13 km nordöstlich von Mo i Rana, 20 min. zu Fuß zum Grotteneingang).

★ Fredrikstad

E 7

Gebiet: Südnorwegen **Einwohnerzahl:** 70 000

Fredrikstad ist die besterhaltene Festungsstadt Skandinaviens und reich an Wällen, Zugbrücken und Bastionen. Verwinkelte Gassen führen durch die charmante Altstadt, wo in den restaurierten Häusern viele Künstler ihre Ateliers betreiben.

Von Schweden gegründet

Wo Norwegens längster Fluss, die Glomma, in den Oslofjord mündet, wurde 1567 auf Befehl des schwedischen Königs Fredrik II. Fredrikstad gegründet und 1660 zur **sichersten Festung Norwegens** ausgebaut. Erst 1903 wurde sie vom Militär aufgegeben. Von den einst 130 Kanonen sind heute noch 60 auf den Wällen der Festungsanlage zu sehen. Wer sich gerne frischen Wind um die Nase pfeifen lässt, kann zu Radtouren entlang der Glomma aufbrechen oder mit dem Boot durch die Schären tuckern.

FREDRIKSTAD ERLEBEN

AUSKUNFT

Opplev Fredrikstad
Tøhusgaten 41
1632 Gamle Fredrikstad
Tel. 69 30 46 00, Fax 69 30 46 01
www.fredrikstad.no

FREIZEIT UND SPORT

Radtouren
Wer Archäologie und Sport verbinden will, macht sich mit dem Rad auf zu den Felsritzungen entlang des Oldtidsveien (11 km ab Fredrikstad). Faltblätter mit Infos zur Route und den einzelnen Felszeichnungen gibt es bei der Tourist-Information.
Entlang der Glomma führt der Glommastien, ebenfalls eine beliebte, ca. 30 km lange Radstrecke.

ESSEN

► Fein & Teuer

Balaklava Gjestgiveri
Færgeport gate 78b (Gamlebyen)
Tel. 69 32 30 40
Dieses seit 1803 bestehende Wirtshaus mit Gourmetrestaurant hat vor allem feine Fischgerichte auf der Speisekarte. Im stimmungsvollen Weinkeller trifft man sich auf ein Glas (teuren!) Wein.

! Baedeker TIPP

Eine nette Bootspartie

Ein echtes Vergnügen ist die Tagestour auf dem Haldenkanal. In Strömsfoss startet Juni – Aug. Mi., Fr., Sa., So. um 11.00 Uhr ein Boot nach Tistedal. Übrigens ist der Kanal auch ein Dorado für Kanufahrer!

ÜBERNACHTEN

► Komfortabel

Hotel Valhalla
Valhallsgate 3
Tel. 69 36 89 50, Fax 69 36 89 60
17 Zi., www.hotelvalhalla.no
Im Valhalla wohnt man auf dem »Dach der Stadt« mit fantastischer Aussicht weit über Fredrikstad hinaus.

Sehenswertes in Fredrikstad und Umgebung

Der Spaziergang durch die Altstadt führt durch enge Straßen mit grobem Kopfsteinpflaster. Einige der alten Häuser beherbergen heute Werkstätten von Kunsthandwerkern. Aufsuchen sollte man das **Proviantmagazin** von 1687 und gegenüber das **Stadtmuseum** in der »Slaveriet« (Sklaverei) aus dem Jahre 1731 mit Dokumenten aus der Zeit, als Fredrikstad noch eine Festung war (Öffnungszeiten: Mai bis Aug. Mo.–Sa. 11.00–17.00, So. ab 12.00 Uhr, Sept. nur Sa./So.). 500 m von der Altstadt entfernt befindet sich eines der Außenwerke der Stadtfestung, Kongsten Fort (1685). Unterirdische Räume und Gänge im Fort geben einen Einblick in die militärische Denkweise der frühen Neuzeit.

★ **Altstadt**

Am westlichen Ufer der Glomma erstreckt sich die moderne Industrie- und Hafenstadt, die mit dem Boot oder über die 40 m hohe Fredrikstadbrua zu erreichen ist. Dort ragt die neugotische Domkirche von 1880 auf, die eine der größten Orgeln Norwegens (mit 4000 Orgelpfeifen) und Glasmalereien von Emanuel Vigeland (Bruder von Gustav Vigeland) besitzt.

Dom

Eine Fahrt entlang des Oldtidsvei (Altertumsweges) zwischen Fredrikstad und Skjeberg (R 110) wird zu einer Wanderung durch mehrere tausend Jahre europäischer Geschichte. Bei **Begby** folgt man dem Schild »Helleristninger« zu den **3000 Jahre alten Felszeichnungen** mit Motiven aus der Landwirtschaft und der Schifffahrt, die beweisen, dass dieser Weg schon in der Bronzezeit (1800–600 v. Chr.) benutzt wurde. Kurz vor Skjeberg entdeckt man die Hornnes-Felszeichnungen mit zahlreichen prächtigen Schiffsfiguren, die am Steven mit Tierköpfen verziert sind.

★ **Oldtidsvei**

Halden, von 1665 bis 1927 Fredrikshald genannt, liegt schön am Iddefjord und ist von zahlreichen idyllischen Seen umgeben. Hoch über der Stadt ragt **Festung Fredriksten** auf, die Fredrik III. zwischen 1661 und 1701 bauen ließ. Die Festung, heute mit Restaurant und Campingplatz, wurde auf zwei Bergrücken angelegt. Zwischen den beiden Anhöhen liegt die Zitadelle, und am Westhang zur Stadt hin befindet sich der Bürgerwall (Führungen Mitte Juni–Mitte Aug. tgl. 12.00, 13.30 und 15.00 Uhr). Ein kriegs- und kulturhistorisches Museum dokumentiert die Geschichte der Festung, die heute ein beliebter Veranstaltungsort für Kulturevents aller Art ist.

★ **Halden**

Seit Juni 2005 gibt es eine Brücke über den Svinesund. Das filigrane Bauwerk ist mit 247 m Spannweite die **größte Einbogenbrücke der Welt** und verbindet via Europastraße Oslo–Göteborg Norwegen mit Schweden. Besonders die Norweger selbst nutzen diesen Grenzübergang, um sich jenseits der Grenze billig mit Fleisch, Zigaretten und Alkohol einzudecken.

Svinesundbrücke

★★ Geirangerfjord

C 5

Gebiet: Westnorwegen

Der Geirangerfjord ist eine der berühmtesten Sehenswürdigkeiten von ganz Norwegen. Entsprechend überfüllt ist die Region im Sommer. Der Schönheit tut das keinen Abbruch: Fast senkrecht ragen die Fjordwände auf, Wasserfälle donnern in die Tiefe und die Kreuzfahrtschiffe ziehen ihre Bahn durch blauschwarzen Wogen.

Bei den Sieben Schwestern

Der 16 km lange Fjord bildet den Ostzipfel des Sunnylvsfjords, der seinerseits vom Storfjord abzweigt. Wer mit der Autofähre anreist, passiert zwischen den Orten Hellesylt und Geiranger die imponierenden Wasserfälle »Die sieben Schwestern«, »Freier« und »Brautschleier«. In Geiranger legen jährlich über 100 Kreuzfahrtschiffe an, selbst die Hurtigrute (► Baedeker-Special S. 261) verzichtet nicht darauf, in den Sommermonaten einen Abstecher in den malerischen Fjord zu machen.

Sehenswertes rund um den Geirangerfjord

Enge Zufahrtsstraße

Die enge und kurvenreiche Straße nach Geiranger (R 63) zweigt westlich von Grotli von der E 15 nordwärts ab. Sie führt zunächst am Breidalsvatnet entlang, an dessen Westende das Hotel Djupvasshytta liegt.

★★ Abstecher zum Dalsnibba ►

Beim Hotel Djupvasshytta zweigt rechts die von Juni bis September geöffnete, »Nibbevei« genannte Fahrstraße (bis 12,5 % Steigung; Maut) zur Spitze des 1495 m hohen Dalsnibba ab, in Serpentinen führt sie zum 5 km entfernten Gipfel hinauf. Von dort bietet sich eine großartige Aussicht auf die Berge und den tief unten liegenden Geirangerfjord.

★ **Straße nach Geiranger**

Kurz hinter der Djupvasshytta beginnt eine eindrucksvolle Hochgebirgsfahrt. Die Straße nach Geiranger überwindet mit bis zu 8 % Gefälle in 20 z. T. sehr engen Kehren und einigen Brücken einen Höhenunterschied von 1000 m, bis sie nach 17 km den Ort Geiranger erreicht. Auf dieser Strecke erlebt man einen plötzlichen Übergang von rauem Hochgebirgsklima zu der angenehmen Milde des geschützten Tals. Hinter der **Øvre Blåfjellbro** bietet sich ein großartiger Ausblick auf die von Geiranger in Kurven aufwärts nach Eidsdal ziehende **»Adlerstraße«**.

★ **Flydalsjuvet, Storseterfoss**

Hinter Ørjeseter befindet sich der Flydalsjuvet (300 m; Parkplatz), von wo sich eine schöne Aussicht bietet. Kurz danach führt bei Hole ein markierter Fußweg zum Storseterfoss, einem 30 m hohen Wasserfall. Auf der Hauptstraße folgt hinter Hole das Hotel Utsikten Bellevue.

Mit dem Schiff erreicht man die Highligths im Geirangerfjord am allerbesten.

Schließlich erreicht man Geiranger, einen viel besuchten kleinen Hafen am Ostende des Geirangerfjords. Das im Jahr 2002 neu eröffnete Fjordzentrum dokumentiert eindrücklich die Lebensbedingungen entlang der Fjorde: Die Besucher werden durch eine altertümliche Fjordsiedlung und durch typische Fjordlandschaften geführt. **Geiranger**

Von Geiranger folgt die R 63 dem Nordufer des Geirangerfjords und gelangt zur Adlerstraße, die den Geiranger- mit dem Norddalsfjord verbindet. Zunächst verläuft die Straße über elf Serpentinen (schöne Ausblicke auf den Geirangerfjord und die Wasserfälle) nach Korsmyra (624 m), wo sie ihren höchsten Punkt erreicht. Von **Eidsdal** am Norddalsfjord führt eine Fähre nach Linge am Nordufer des Fjords. Auf der R 63 gelangt man von Linge aus Richtung Osten nach Åndalsnes (►Romsdal); westlich führt die Route nach ►Ålesund.

★ ◄ Adlerstraße

GEIRANGERFJORD ERLEBEN

AUSKUNFT

Geiranger Turistkontor
6216 Geiranger
Gamle Fergekai
Tel. 70 26 30 99
Fax 70 26 57 20
www.geiranger.no

ESSEN

► Erschwinglich

Petrines Gjestgiveri
Norddal (25 km nördl. von Geiranger)
Tel. 70 25 92 85
Das gemütliche Restaurant serviert überwiegend traditionelle Gerichte aus der Region wie Forellen aus dem nahen Herdalsee, aber auch Lachs, Hirsch und Ziege. Beliebt sind die Erdbeer- und Apfeltorte und der Apfelsaft aus eigener Herstellung. In den zwölf liebevoll eingerichteten Doppelzimmern kann man übernachten.

Restaurant Olebuda
Geiranger
Tel. 70 26 3240
Das Restaurant im Hotel Geiranger bietet eine gemütliche Atmosphäre und abwechslungsreiche Küche.

ÜBERNACHTEN

► Luxus

Union Hotel
An der R 63, ca. 1 km oberhalb des Zentrums von Geiranger
Tel. 70 26 83 00, Fax 70 26 83 51
168 Zi., www.union-hotel.no
Das mit allem Komfort ausgestattete Hotel verfügt über eine Schwimmhalle mit Außenbecken, Sauna, türkisches Bad und einen viel besuchten Tanzsalon sowie einen überwältigenden Ausblick über den Geirangerfjord. Ebenfalls luxuriös ist das Restaurant.

► Komfortabel

Villa Utsikten
Tel. 70 26 96 60, Fax 70 26 91 61
31 Zi., www.villautsikten.no
Traditionshaus mit über 100-jähriger Geschichte. Der Name »Utsikten« (Aussicht) verspricht nicht zu viel, denn vom Restaurant Aida, der Lobby und auch vielen Zimmern ist der Geirangerfjord immer präsent.

Euro Pollfoss Gjestehus
Nordberg (60 km bis Geiranger)
Tel. 61 21 47 00, Fax 61 21 48 46
Das auffällige schwarze Gästehaus mit den weißen Fensterrahmen im Schweizerstil liegt direkt an der Straße. Die rustikale Atmosphäre im Innern erinnert an die alte Poststation von 1889, die früher in diesem Haus untergebracht war.

Baedeker-Empfehlung

► Grotli Høyfjellshotel

Grotli
Tel. 61 21 74 74, Fax 61 21 74 75
53 Zi., www.grotli.no
Schon mehrere Skinationalmannschaften stiegen in diesem Hotel ab, um im Sommerskizentrum Stryn zu trainieren. Man muss aber kein Skiweltmeister zu sein, um abends die gemütliche Atmosphäre eines skandinavischen Blockhauses und ein reichhaltiges norwegisches Essen zu genießen.

► Günstig

Fossen Camping
Tel. 70 26 32 00
www.fossencamping.no
Mehrere Hütten mit Dusche, Bad und Küche für 2 – 6 Personen in schöner Lage mit Blick auf den Geirangerfjord.

FÄHREN

Sightseeing

Eine Rundfahrt auf dem Geirangerfjord gehört zu den Höhepunkten jeder Norwegenreise. Von Juni bis August bricht die MS Geirangerfjord täglich vom alten Fährkai in der Nähe des Touristenbüros zu 90-minütigen Fjordrundfahrten auf. Der Andrang ist oft groß, daher Wartezeiten einkalkulieren! www.geriangerfjord.no, Tel. 70 26 30 06

Transport

Die Autofähre zwischen Geiranger und Hellesylt verkehrt von Mai bis Sept., in der Hauptsaison bis zu 8-mal täglich, trotzdem ist mit Wartezeiten zu rechnen. Zwischen Geiranger und Valldal verkehrt die Fähre vom 15. Juni bis 15. August (Abfahrt Valldal 10.30 und 15.30 Uhr, Abfahrt Geiranger 13.00, 18.00 Uhr).

FREIZEIT UND SPORT

In der Nähe des Campingplatzes am Fjordende werden Seekajaks für Ausflüge auf dem Geirangerfjord vermietet (Tel. 91 11 80 62). Das Raftingzentrum in Valldal (Tel. 90 01 40 35) bietet im Sommer täglich mehrstündige Touren an.

★ Gudbrandsdal

D/E 5/6

Gebiet: Südnorwegen

Das Gudbrandsdal zählt zu den lieblichsten Landstrichen in Norwegen. Flankiert wird es von mehreren Nationalparks, die eine völlig andere Landschaft aufweisen. Hier, in der wilden Bergwelt, kann man Trollen und Moschusochsen einen Besuch abstatten.

Das Gudbrandsdal verläuft nordwestlich von Lillehammer entlang des 200 km langen Flusses Lågen nordwärts bis Dombås. Seit Jahrhunderten ist es die wichtigste Nord-Süd-Verbindung im Inland und das am dichtesten besiedelte Tal Norwegens. Seine als sehr traditionsbewusst bekannten Bewohner leben überwiegend von Landwirtschaft und Holzverarbeitung.

Sehenswertes im Gudbrandsdal

Hunderfossen

Von ►Lillehammer (180 m ü. d. M.) folgt die E 6 dem Fluss Lågen aufwärts durch das Gudbrandsdal. Nördlich von Lillehammer liegt das **Hunderfoss-Kraftwerk**, das von einem 7 km langen künstlichen See gespeist wird. Es gibt eine Fischtreppe und Forellenzucht (20 000 Fische jährlich). Auf der gleichen Seite ca. 3 km nördlich liegt der **Familienpark Hunderfossen** mit seinem 37 m hohen Troll. Dieser vor allem bei den Jüngsten beliebte Vergnügungspark beherbergt auch ein Badeland und ein Energiemuseum (Öffnungszeiten: Juni – Mitte Aug. tgl. 10.00 – 17.00, Juli bis 20.00 Uhr).

GUDBRANDSDAL ERLEBEN

AUSKUNFT

Otta Turistkontor
Ola Dahlsgt. 1, 2670 Otta
Tel. 61 23 66 50, Fax 61 23 09 60
www.visitrondane.com
(umfangreiche Homepage zum gesamten Gebiet)

ÜBERNACHTEN

► Luxus

Euro Gudbrandsdal Hotel
Ringebu
Tel. 61 28 40 00, Fax 62 28 40 01
www.gudbrandsdal-hotel.com
Ein Spitzenhotel inmitten der unberührten Gebirgslandschaft vom Ringebufjell. Exklusive Spa-Einrichtung und viele Sportmöglichkeiten.

Rondane Spa Høyfjellshotell
Otta, Mysæster
Tel. 61 23 39 33, Fax 61 23 39 52
65 Zi., www.spa.no
Malerisch im Rondane-Nationalpark gelegenes Berghotel mit großem Wellnessbereich und Badelandschaft

Rondablikk Høyfjellshotell
Kvam
Tel. 61 29 49 40, Fax 61 29 49 50
82 Zi., www.rondablikk.no
Wundervoll in unmittelbarer Nähe des Rondane-Nationalparks, mit Schwimmhalle, Saunen, Fitness-Center und Tanzsalon

► Komfortabel

Sygard Grytting
Hundorp, Sør-Fron
Tel. 61 29 85 88, Fax 61 29 85 10
www.grytting.com
Der Hof bei Harpefoss (70 km nördl. von Lillehammer), der einst eine Pilgerherberge war, wird heute als perfekt restauriertes, historisches Hotel betrieben.

► Günstig

Rondvassbu Turisthytta
Mysuseter, Sel
Tel. 61 23 18 66
www.rondvassbu.com
Einfache Hütte des Norwegischen Wandervereins (DNT) im Rondane-Nationalpark. Anfahrt mit PKW oder Bus von Otta bis Mysuseter, dann noch ca. 1,5 Std. Fußweg zur Hütte.

ESSEN

► Erschwinglich

Kornhaug Gjestegård
Follebu, Kornhaug
(17 km nördl. von Lillehammer)
Tel. 61 22 92 50
Über 100 Jahre alte Holzgebäude im Drachenstil. Vorzüglich schmeckt das 5-Gang-Gourmet-Wildmenü, erschwinglich sind die à-la-Carte-Essen, preiswert ist das »Lunsmeny« (tgl. außer sonntags 12.00 und 18.00 Uhr).

Baedeker-Empfehlung

► Wirtschaft mit Tradition

Kongsvold Fjellstue
Dovrefjell (südl. von Oppdal an der E 6/ Kongsvold-Bahnstation)
Tel. 72 40 43 40, Fax 72 40 43 41
32 Zi., www.kongsvold.no
In der gemütlichen Wirtsstube mitten im Nationalpark bekommt man tagsüber einfache Gerichte, Waffeln oder »smørbrød«. Abends locken hervorragende Elchgerichte und einfallsreiche Menüs. Alle Zimmer haben einen unverwechselbaren Charme.

► Preiswert

Sinclair Vertshuset
Kvam (an der E 6), Tel. 61 29 54 50
Gemütliche Cafeteria, kleine Gerichte und gute Waffeln

Unvergesslich: Rafting auf den Flüssen Sjoa, Lågen oder Otta

Wer sich über Tunnel und Wegebau, angefangen bei den mittelalterlichen Pilgerwegen bis zu zeitgenössischen High-Tech-Werken, informieren möchte, sollte das Norwegische Straßenbaumuseum (Norske Vegmuseum) beim Familienpark Hunderfossen besuchen (Öffnungszeiten: tgl. 10.00 – 15.00, Mai – Aug. bis 18.00 Uhr).

Øyer

Ca. 6 km nach Hunderfossen liegt in der Øyer die **Hafjell-Olympia-Anlage** mit mehreren Skiliften und 20 Pisten. Eine Attraktion für Kinder bietet **Lilleputhammer** beim Øyer Gjestegård (»Gasthof«): eine Rekonstruktion der Storgata von Lillehammer in Miniaturformat mit Werkstätten und den verschiedensten Angeboten für Kinder (Öffnungszeiten: Ende Juni – Mitte Aug. tgl. 10.00 – 19.00 Uhr).

Heidal

Hinter Vinstra wird das Tal enger. Im weiteren Verlauf biegt nördlich von Kvam links eine Straße ins Heidal ab. Nach 15 km kommt man jenseits von Heidal – mit vielen unter Denkmalschutz stehenden Häusern und Gehöften – zur Dorfkirche, einer Nachbildung des 1933 abgebrannten Gotteshauses von 1752.

Daneben, auf dem schönen Hof Bjølstad, steht eine Kapelle (erbaut um 1600) mit Portalteilen einer Stabkirche aus dem 11. Jh. Das Kruzifix wird datiert auf die Zeit um 1200).

! Baedeker TIPP

Herrliche Wildwasserfahrt

Eine Schlauchboot-Fahrt auf dem wilden Fluss Sjoa im Heidal ist ein sportliches Gruppenereignis wie auch ein einmaliges Naturerlebnis. Als Einstieg wählt man am besten eine dreistündige Wildwasserfahrt der Schwierigkeitsstufe zwei bis drei. Buchungen bei Sjoa Rafting (Heidal, Tel. 61 23 61 70, www.sjoarafting.com).

Otta Otta ist ein bedeutender Verkehrsknotenpunkt an der Mündung der Otta in den Lågen sowie wichtigster Stützpunkt für Wanderungen im Rondane-Gebirge. Mit dem Auto kann man bis 1 km unterhalb des Gipfels Pillarguritoppen fahren, von wo sich eine weite Aussicht bietet. Nordöstlich führt der Rondanevegen zum bequemsten Einstieg in den Rondane-Nationalpark.

Abstecher nach Mysuseter Wer Freude an geologischen Phänomenen oder bizzaren Fotomotiven hat, sollte einen kleinen Abstecher einplanen: Bei Sel/Selsverket folgt man der Straße nach Mysuseter. Nach 3 km führt ein kurzer, recht steiler Fußweg zu den eigenartigen »Kvitskriuprestinn«, das sind bis zu 6 m hohe, aus Moränenkies bestehende **Pyramiden**, ihrer Form wegen auch als »Priester« bezeichnet. Von Mysuseter aus sind es noch 10 km Fußweg zur Rondvassbu-Touristhütte am Rand des 570 km² großen Wanderparadieses Rondane-Nationalpark.

Fotogene Kiespyramiden

Auf den folgenden Kilometern verengt sich das Tal, die Landschaft wird wilder. In Rosten zweigt rechts ein schmaler Fahrweg (10 km) zum gern besuchten Ferienhüttengebiet Høvringen ab (960 m ü. d. M.). Von Høvringen kann man eine Wanderung zur Peer-Gynt-Hytta unternehmen (s. nachfolgend).

Über Brennhaug (8 km) und Dovre (9 km) erreicht man nach weiteren 13 km Dombås, den Hauptort des Dovrefjells. Nordwestlich führt die Straße E 136, die nun dem Tal des Lågen folgt, nach Åndalsnes (►Romsdal).

Peer-Gynt-Straße

Auf den Höhenwegen und in den Wandergebieten westlich und östlich des Gudbrandsdal stößt man immer wieder auf die Spuren der sagenumwobenen Gestalt Peer Gynt, die in dieser Region gelebt haben soll. Der ehrgeizige Jüngling zog voll Tatendrang in die Welt, bestand die wildesten Abenteuer mit Berggeistern und Trollen, doch sein Glück fand er erst, als er alt und gebrochen nach Hause zurückkehrte. Henrik Ibsens Drama »Peer Gynt« vertonte Edvard Grieg (► Berühmte Persönlichkeiten). Auch per Auto lässt sich auf der Peer-Gynt-Straße nachempfinden, was die Künstler inspiriert hat.

Einstieg in die Peer-Gynt-Straße

Die 91 km lange, schmale und sehr kurvenreiche Peer-Gynt-Straße (streckenweise Maut) bildet zwischen ► Lillehammer und Vinstra eine Alternative zur E 6 durchs Gudbrandsdal. Wälder, tiefblaue Seen und eine herrliche Aussicht auf das Rondane-Gebirge lohnen diese um 7 km längere Fahrt. Man fährt von Lillehammer auf der E 6 bis Fåberg (6 km) und biegt dann in die R 255 links ab und folgt dem von der Gausa durchflossenen Gausdal aufwärts bis **Follebu**. Hier liegt der große Hof **Aulestad**, der ab 1875 Wohnsitz des Dichters Bjørnstjerne Bjørnson war. Heute ist das Anwesen ein Museum (Öffnungszeiten: Mai, Sept. 11.00 – 14.30, Juni – Aug. 10.00 – 15.30, Juli bis 17.30 Uhr).

Höchster Punkt Rauhagen

In Segalstad verlässt man die weiter westlich nach Vestre Gausdal und zur Espedal-Straße führende Route und folgt der ausgeschilderten Peer-Gynt-Straße, die sich immer höher schraubt. In Rauhagen erreicht man bei 1053 m den höchsten Punkt der Straße und hat eine grandiose Aussicht: im Norden die Bergketten Rondane und Dovrefjell mit dem Snøhetta, im Nordwesten ► Jotunheimen. Man passiert das Touristenzentrum **Gålå**. Am Seeufer wird alljährlich Henrik Ibsens **»Peer Gynt«** mit 130 Akteuren im Freien aufgeführt. In Vinstra erreicht man wieder die E 6.

> **!** *Baedeker* TIPP
>
> **Köstlicher Käse!**
>
> Wenn Sie die Heimat des berühmten Gudbrandsdal-Käse kennen lernen möchten, biegen Sie kurz hinter Gålå zur Alm »Solbråseter« ab, wo die Bäuerin Anne Hov 1863 den karamellisierten Ziegenkäse (norwegisch geitost oder brunost) durch Zufall kreierte. Dieser süßliche, braune Käse ist von keinem Frühstücksbuffet wegzudenken. Noch heute wird hier die traditionelle Käserei betrieben (für Besucher geöffnet Juli/Aug. Mi. und Sa. 11.00 – 15.00 Uhr).

Espedal-Straße

Eine weitere, sehr schöne Alternative zur E 6 durchs Gudbrandsdal führt durch eine wilde Gebirgslandschaft mit zahlreichen Seen und Flüssen. Ein touristisch gut erschlossenes, beliebtes Wander- und Skilanglaufgebiet erstreckt sich rund um den Espedal-See. Von Lillehammer bis **Segelstad** verläuft die Espedal-Straße (R 255) wie die Peer-Gynt-Straße, dann nach Westen bis Vestre Gausdal. Die Espedal-Straße folgt nun dem Svatsumdal 22 km bis nach **Svatsum** (achteckige Holzkirche von 1860). Bis zur **Strand Fjellstue**, von der man einen schönen Blick auf den lang gestreckten, idyllischen Espedal-See hat, sind es 3 km. Im Winter zählt das Espedal zu den schneesichersten Gebieten Norwegens.

In der »Hölle« An der Südspitze des Espedal-Sees, ca. 13 km nach Svatsum, öffnet sich die »Helvete« (Hölle); das sind zwei Spalten, die durch »Gletschermühlen« in der Eiszeit entstanden sind. Mit Tiefen von bis zu 100 m und Durchmessern bis zu 50 m sind es **die größten** landschaftlichen Erscheinungen dieser Art in Norwegen (die größte Kammer ist 100 m x 40 m groß).

Nationalpark Ormtjernkampen Westlich der Espedal-Straße erstreckt sich eine Gebirgslandschaft mit zahlreichen Flüssen und Seen, die auch als Wandergebiet für Familien mit Kindern geeignet ist. Bergerfahrung braucht man nur für eine Besteigung des Ormtjernkampen (1127 m). Nach weiteren 57 km erreicht man in Vinstra wieder die E 6.

✶ Rondane-Nationalpark

Herrliches Wandergebiet Rondane ist das Gebirge zwischen dem Gudbrandsdal im Westen und dem Atnedalen im Osten. Obwohl es im Rondane **zehn Gipfel über 2000 m** gibt, ist das Gebirge ein relativ leichtes Wandergebiet. Typisch sind hier das hochalpine, trockene Klima und die spärliche Vegetation. Fast überall bedeckt graugelbe Rentierflechte den kalkhaltigen Sandstein. Zentrum des Nationalparks ist die **Rondvassbu-Touristhütte**, an der sich alle Wanderwege des Gebirges kreuzen. Die

Menschenleere Weite im Rondane-Nationalpark, einem sehr guten Wandergebiet

Hütte ist von der Westgrenze des Parks von Mysuseter in rund 1,5 Std. Fußmarsch zu erreichen. Der lang gezogene Rondevatn, ein See in 1100 m Höhe, zwängt sich von hier nach Norden durch das Hochgebirge. Links und rechts liegen die höchsten Berggipfel. Für die Besteigung des 2178 m hohen **Rondslott** benötigt man knapp 5 Std. Bei vielen Norwegern sehr beliebt ist eine Wanderung durch das Rondane und weiter in das nördlich anschließende Dovrefjell.
Im gesamten Gebiet gibt es ein Netz von Hütten des Norwegischen Bergwanderverbands (DNT ► Praktische Informationen: Wandern), die bequeme Tageswanderungen auf gut markierten Wanderwegen zulassen. Das Rondane-Massiv bietet zahlreiche Flüsse und Seen, die sich hervorragend für Bootstouren eignen. Ein ganz besonderes Erlebnis stellt eine Kanuwanderung auf der **Atna** dar.

✶ Dovrefjell

Straße der Könige

Schon von der E 6, die den Dovrefjell-Nationalpark in zwei Teile zerschneidet, ist der höchste Berg, der imposante Snøhetta (2286 m), gut zu erkennen. Flüsse wie die **Driva** eignen sich zum Rafting wie zum Schwimmen. Eindrucksvoll ist auf dem Weg zum Fjell der Wechsel der Vegetation zu beobachten. Ein zunächst geschlossener Nadelwald geht in einen immer lichter werdenden Birkenbestand über, bis sich nur noch das karge Fjell ausbreitet. Bereits zu Zeiten der Wikinger lag hier eine der Hauptverkehrsadern des Landes. Sowohl Pilger, die das Grab des heiligen Olav in Nidaros aufsuchten, als auch Könige auf ihrem Weg zur Krönung in Nidaros, dem späteren Trondheim, nahmen die Strapazen einer Überquerung des Dovrefjells auf sich. Aus diesem Grund wird diese Straße auch »Kongevegen« (Königsweg) genannt.

Hochmoor Fokstumyra

Von **Dombås** aus erreicht man über die E 6 nach 10 km Fokstua (982 m ü. d. M.). Links der Straße beginnt das Hochmoor Fokstumyra (Naturschutzgebiet). Rechts bietet sich ein Blick auf den 1716 m hohen Fokstuhø (Aufstieg ca. 3 Std.). Man passiert auf der E 6 den See Vålåsjø, an dessen Ende ein Seitenweg zur Dovregubbens Hall führt (Wirtschaft und Übernachtung).

✶ Dovrefjell-Nationalpark

Nachdem die E 6 nördlich von **Hjerkinn** ihren höchsten Punkt erreicht hat, geht es durch das Tal der Driva abwärts in den Dovrefjell-Nationalpark mit seinen Hochgebirgspflanzen, Moschusochsen und wilden Rentieren. Nach 12 km erreicht man die **Kongsvold Fjellstue** (887 m ü.d.M) an der gleichnamigen Bahnstation. Hier befindet sich eine **biologische Forschungsstation** der Universität Trondheim, die hinter dem Berghotel einen botanischen Garten mit alpinen Pflanzen angelegt hat. Kongsvold ist Ausgangspunkt für die Besteigung des östlich aufragenden Søndre Knutshø (1690 m; 3 – 5 Std.) und für den Wanderweg (4 – 5 Std.) zur Reinheim-Hütte (Schlüssel in Kongsvold), von wo aus man in etwa 4 Std. den Snøhetta besteigen kann.

Moschusochsen Im Dovrefjell-Nationalpark (200 km²) gibt es eine der weltgrößten Herden von Moschusochsen, die hier zwar bereits in vorgeschichtlicher Zeit heimisch waren, aber erst 1932 und nochmals in den 1950er-Jahren durch Tiere aus Grönland wieder ansässig gemacht wurden. Der Bestand hat sich von ursprünglich 15 Tieren auf nunmehr etwa 100 Tiere erhöht. Eine Begegnung mit diesen archaischen Fellbergen ist unvergesslich, aber man halte tunlichst Abstand zu diesen angriffslustigen Tieren!

> **!** *Baedeker* TIPP
>
> **Die Moschusochsen-Safari**
>
> Wer die Begegnung mit Moschusochsen nicht dem Zufall überlassen will, kann sich einer geführten Wanderung anschließen (Hauptsaison tgl. ab Kongsvold Fjellstue, Tel. 72 40 43 41, buchbar auch über Moschus-Safari Dovrefjell, Tel. 92 60 19 37, www.moskus-safari.no oder Touristeninformation Dombås).

Weiter abwärts im Tal der Driva beginnt nach 9 km der **Vårstigen**, ein Stück des alten Kongsvegen, heute ein Fußweg mit herrlicher Aussicht. Rund 4,5 km weiter rechts liegt die Drivstua, eine ehemalige Berghütte (Übernachtungsmöglichkeit); dann bietet sich links ein Blick in das Åmotsdalen. Der spärliche Birkenbestand geht wieder in Nadelwald über. Rund 9,5 km hinter Drivstua erhebt sich die Klamm Magalaupet, durch die auf etwa 100 m Länge die Driva schäumt. Danach erreicht man Rise. In unmittelbarer Nähe befinden sich ein Campingplatz und die Bahnstation Driva.

Oppdal Das Tal wird nun wieder breiter; rechts erhebt sich der steile Ålmenberg (1340 m ü. d. M.), den man von Oppdal aus in drei Stunden besteigen kann. Bei Oppdal liegt das neben Trysil größte zusammenhängende Skigebiet Norwegens. Die E 6 führt weiter in nordöstlicher Richtung nach ►Trondheim (122 km).

✶ Sunndal Von Oppdal zweigt die RV 70 ab ins westlich gelegene Sunndal. Das romantische, von der Driva durchflossene Tal erstreckt sich bis zum Industrieort Sunndalsøra. In den angrenzenden Gebirgsregionen, besonders im nördlich gelegenen Trollheimen, findet man traumhaft schöne Wandergebiete. Einst war die Driva einer der besten Lachsflüsse Norwegens, doch die legendären Lachsbestände wurden von Lachsparasiten zerstört. Derzeit versucht man, neue Lachsbestände heranzuzüchten.

✶ Aursjøen Rund 39 km südlich von Sunndalsøra (zuerst 2 km in Richtung Molde, dann Abzweigung in Richtung Süden) gelangt man durch das von steilen Felsen umgebene Litledal und dann durch das Torbudal (höchster Punkt 900 m) zum See Aursjøen und zur Aursjøhytta, wo einer der größten Staudämme Norwegens errichtet wurde.

Kristiansund Am Ausgang des Sunndals liegt Kristiansund, eine recht nüchterne, nach dem Zweiten Weltkrieg wieder aufgebaute Stadt. Ihre Geschich-

Moschusochsen haben ausgezeichnete Augen und sehen selbst in der Polarnacht noch gut.

te ist untrennbar mit Dorsch und Hering verbunden, die getrocknet und zu Klippfisch verarbeitet wurden. Zwischen 1750 und 1950 lebten fast alle Stadtbewohner hiervon, daran erinnert die Statue des »Klippfischweibes« am Hafen. Bis nach Portugal wurde der Trockenfisch, dort »Bacalao« genannt, verhandelt. In einem der vielen Fischrestaurants der Stadt kann man noch heute einen Hauch von Portugal schnuppern, denn in Kristiansund pflegt man Klippfisch mediterran mit Olivenöl, Oliven, Paprika und Tomaten zuzubereiten.
Ein Speicher beim Hafenbecken Vågen, in dem früher Klippfisch gelagert wurde, dient heute als **Klippfischmuseum**. Es zeigt, welch schwere Arbeit das Herstellen dieser Spezialität ist. Jeder Fisch, meist Dorsch, wird gesäubert, eingesalzen und auf den Klippen zum Trocknen ausgelegt. Vier bis sechs Wochen dauert diese Prozedur, bei der die »Klippfischweiber« die Aufgabe haben, die Fische mehrmals täglich zu wenden (Öffnungszeiten: Mitte Juni bis Anfang Aug. Mo. bis Sa. 13.00 – 17.00, So. 13.00 – 16.00 Uhr).

★ Atlanterhavsveien

Zwischen Vevang und Kårvåg 28 km südwestlich von Kristiansund liegen unzählige Inseln, die noch bis vor zwei Jahrzehnten nur mit Fähren zu erreichen waren. Der 8474 m lange Atlanterhavsveien verläuft direkt am Meer mit seiner zerklüfteten Schärenlandschaft. Die Inseln und Holme entlang dieser Strecke werden auf imponierende Weise durch insgesamt **zwölf Brücken** und mehrere Dämme verbunden. Eine der wohl **spannendsten Küstenstrecken ganz Europas** öffnet ein Paradies, das auch Tauchern seinen Charme zeigt. Bei Windstille bietet sich eine herrliche Aussicht auf das offene Meer, bei kräftigem Nordwest ein faszinierendes Schauspiel der Naturgewalten.

★ Hallingdal

D/E 6

Gebiet: Südnorwegen

Im Sommer ist das Hallingdal ein erstklassiges Gebiet zum Wandern, Klettern und Radfahren; im Winter zieht es die Sportler in die international bekannten Skigebiete Geilo und Hemsedal.

Das reich bewaldete, breite Hallingdal erstreckt sich vom Nordende des Sees Krøderen nordwestlich bis zur ► Hardangervidda entlang des ruhig fließenden Hallingdalselv. Nur die angrenzenden Höhen sind kahl mit einzelnen glattgeschliffenen Felsbuckeln. Zwar ist das Tal alter Siedlungsraum, doch wanderten in den letzten Jahrhunderten viele Menschen ab. Erst mit dem Bau der Bergenbahn Anfang des 20. Jh.s und dem aufkommenden Tourismus kamen wieder mehr Menschen in das Hallingdal.

Sehenswertes im Hallingdal

Nesbyen 33 km entfernt von Gulsvik, dem Tor zum Hallingdal, liegt Nesbyen. Die Stadt selber ist wenig spektakulär, aber das **Hallingdal Folkemuseum** ist einen Zwischenstopp wert. Es gibt einen guten Einblick in Natur und Kultur des Hallingdals. Die Rosenmalerei hat hier eine lange Tradition und viele der 25 Museums-Bauernhäuser sind damit geschmückt. Mittwochs werden alte Handwerke vorgeführt (Öffnungszeiten: Mai – Sept. 10.00 – 17.00 Uhr). Von Nesbyen aus kann man Ausflüge zu schön gelegenen Sennereien (Übernachtungsgebühr; Straßengebühr) und in die ►Hardangervidda unternehmen.

Gol Gol ist vor allem ein beliebter Wintersportort mit mehr als 200 km Loipen und sieben Skiliften, darunter ein 1600 m langer Sessellift, der 450 m Höhenunterschied überwindet; vom Gipfel bietet sich eine schöne Aussicht.

★ Abstecher ins Hemsedal Rund 2 km hinter Gol führt vom Hallingdal die Heslabru über den Hemsila (Wasserfall); rechts biegt die R 52 ins Hemsedal ab. Zunächst fährt man an der neuen Kirche von Gol vorbei (die alte Stabkirche steht im Volkskundemuseum von Oslo), bei Robru weitet sich das Tal. Auf der Weiterfahrt nach Ulsåk liegt links das Kraftwerk **Hjelmen bru.** Sodann gelangt man in den Wintersportort **Hemsedal** (609 m ü. d. M.), eines der größten Alpinzentren Skandinaviens, das sich durchaus mit den Alpen messen kann. Das stabile Klima sorgt für Schnee von November bis Anfang Mai. Im Sommer wirkt der Ort allerdings beinahe ausgestorben. Der Abschnitt von Hemsedal bis hinunter nach Borlaug, wo die Straße in die E 16 mündet, **gehört zu den schönsten Hochgebirgsstrecken Norwegens**. In der kargen, wildromantischen Landschaft begegnet man kaum Menschen.

HALLINGDAL ERLEBEN

AUSKUNFT

Geilo Turistinfo Reiselivssenteret
Postboks 68
(Beratung im Einkaufszentrum)
3581 Geilo
Tel. 32 09 59 00, Fax 32 09 59 01
www.geilo.no

Gol Turistkontor
Skysstasjonen, Sentrumsv. 93
3550 Gol
Tel. 32 02 97 00, Fax 32 02 97 01
www.golinfo.no

Hemsedal Turistkontor
Postboks 3
(Beratung im Hemsedal Center)
3561 Hemsedal
Tel. 32 05 50 30, Fax 32 05 50 31
hemsedal@hemsedal.net
www.hemsedal.com

ESSEN / ÜBERNACHTEN

▶ Fein & Teuer

Dr. Holms Hotel
Geilo, Timrehaugveien 2
Tel. 32 09 57 00, Fax 32 09 16 20
www.drholms.com
Dieses Hotel zählt zu den besten in ganz Skandinavien. Geschmackvoll eingerichtete Speisesäle, Wein aus dem hauseigenen Weinkeller, köstliches kaltes Büffet im Sommer, ein Tanzsalon und zahlreiche Angel- und Sportmöglichkeiten machen den Aufenthalt zu einem vollendeten Genuss.

ÜBERNACHTEN

▶ Komfortabel

Norlandia Skogstad Hotell
Hemsedal
Tel. 32 06 05 11, Fax 32 06 17 30
83 Zi., www.norlandia.no
Dieses sehr angenehme Hotel liegt im Zentrum des bei Alpinskifahrern beliebten Bergdorfs Hemsedal. Es besitzt ein Schwimmbad, mehrere Restaurants und Bars.

Ustedalen Hotel
Geilo
Tel. 32 09 67 00
Fax 32 09 67 01
85 Zi., www.ustedalen.no
Dieses komfortable, kürzlich sanierte Hotel liegt nur 700 m vom Zentrum entfernt und bietet einen herrlichen Blick über den Ustedalsfjord. Restplätze werden zu sehr günstigen Preisen abgegeben.

▶ Günstig

Lia Fjellstue
Geilo, Skurdalen
Tel. 32 08 74 00
Fax 32 08 74 10
46 Zi., www. liafjellstue.no
Das Hotel liegt indyllisch in 850 m Höhe in Skurdalen und ist ein idealer Ausgangspunkt für Wanderungen. Gutes traditionelles Essen.

SPORT

Wandern, Angeln, Outdoor
Neben den Freizeit-Klassikern wie Wandern und Angeln wird im Hallingdal jede Menge Outdoor-Action geboten, z.B. Rafting, Canyoning und Elchtouren. Veranstalter vermitteln die Tourist-Informationen.

Drachenski
Die Hardangervidda gilt Drachenskifahrern als der beste Platz der Welt zum Ausüben des jungen Sportes. Der beständig blasende Wind sorgt dafür, dass sogar Touren von Hütte zu Hütte möglich sind. Kurse, die ca. 100 Euro kosten, können über die Touristeninformation in Geilo gebucht werden (www.geilo.no).

Ein echter Wolf, allerdings im Freigehege des Naturparks Langedrag

Torpo Von Gol aus führt die Fahrt durch das Hallingdal Richtung Südwesten, wobei die R 7 auf lange Zeit dem wilden Hallingdalselv folgt. Nach 13 km erreicht man die **Stabkirche** von Torpo, deren Portale schöne Drachenornamente zieren und deren Deckengemälde aus dem 13. Jh. gut erhalten ist. Da nur noch das Mittelschiff erhalten ist, sieht die Kirche eher wie ein Turm aus.

Ål Auch der Touristenort Ål verfügt über ein kleines **Dorfmuseum** mit Rosenmalerei. Viel interessanter ist aber das **Rolf-Nesch-Museum**. Nesch (1893 – 1975) stammt aus dem schwäbischen Oberesslingen, flüchtete 1933 vor den Nationalsozialisten nach Norwegen und lebte ab 1951 in Ål. Das Museum zeigt Zeichnungen, Ölbilder und Skulpturen des international anerkannten Künstlers (Öffnungszeiten: Mo. – Fr. 12.00 – 19.00, Sa. bis 15.00 Uhr). Hinter Ål verbreitert sich der Hallingsdalselv zum Satrandefjord, an dessen Nordseite man entlangfährt. An seinem Ende bei Kleivi befindet sich ein Kraftwerk.

In Hagafoss kann man auf den landschaftlich beeindruckenden **Aurlandsvei** (R 50) zum 97 km entfernten Aurlandsfjord einbiegen, der dank zahlreicher Tunnel auch im Winter befahrbar ist.

! *Baedeker* TIPP

Mit den Wölfen heulen

Zwischen Hallingdal und Uvdal liegt am lang gestreckten Tunhovdfjord der Naturpark Langedrag. In seinen Freigehegen streunen Wölfe, Luchse, Polarfüchse und Rentiere umher und für Kinder wird ein nettes Programm geboten. Wolfshunger kann im Restaurant gestillt werden (Öffnungszeiten: tgl. 10.00 – 18.00 Uhr, www.langedrag.no).

Geilo (sprich »jeilo«) ist nach Lillehammer der berühmteste Wintersportort Norwegens. Es liegt auf etwa 800 m Höhe in einem weiten Tal und bietet im Sommer Wanderern, Radfahrern und Reitern hervorragende Bedingungen. Angeln, Kanu- und Wildwasserfahren sind ebenfalls möglich. Eine Sesselbahn fährt zum 1056 m hohen **Geilohøgda**, von wo aus man eine herrliche Aussicht genießt.

Geilo

Hammerfest

L 1

Gebiet: Nordnorwegen **Einwohnerzahl:** 9000

Hammerfest ist die nördlichste Stadt der Welt, unweit wächst der nördlichste Wald der Welt, und hier gibt es natürlich auch die nördlichste Golfanlage der Welt. Wer hierher kommt, zieht meist rasch weiter zum nördlichsten Punkt Europas, dem Nordkap.

Stadt der Eismeerfischer

Dank seines geschützten und eisfreien Hafens ist Hammerfest noch heute Ausgangspunkt für die Fischerei im nördlichen Eismeer. Die Stadt war von jeher ein **bedeutender Handels- und Fischerort**, erhielt bereits 1789 Stadtrechte und war die erste Stadt Europas, die eine elektrische Straßenbeleuchtung erhielt (1890). Der Ruf, die nördlichste Stadt der Welt zu sein, ist jüngst ins Wanken geraten, seit das weiter nördlich gelegene Honningsvåg zur Stadt ernannt wurde. Hammerfest wurde 1809 von den Briten bombardiert, 1890 von einem Feuer und 1944 von den Deutschen zerstört. Auf den Trümmern bauten die Einwohner ihre Stadt wieder auf, deren **farbenfreudige Häuserfassaden** besonders ins Auge fallen. Seit einigen Jahren profitiert die Stadt auch verstärkt vom norwegischen Ölboom. Der **Fremdenverkehrsansturm** mit ca. 200 000 Besuchern pro Jahr ist vor allem der Lage auf dem Weg zum Nordkap zu verdanken.

Sehenswertes in Hammerfest und Umgebung

Eisbärenclub

Eine besondere Attraktion bietet das Rathaus (1957) am Marktplatz, wo man Mitglied der »Royal and Ancient Society of Polar Bears« (Eisbärenclub) werden kann. Im angeschlossenen Museum werden arktische Exponate gezeigt, die an die Zeit erinnern, als die Stadt als Eismeer- und Walfangmetropole galt, darunter ein beinahe 3 m langes Eisbärenfell. Hinter dem Rathaus führt ein Fußweg auf den Berg Varden hinauf, von dem man die gesamte Stadt überblicken kann.

Hammerfest-Kirche

Westlich vom Markt ist die architektonisch beeindruckende Kirche von 1961 sehenswert, die an die Eismeerkathedrale in Tromsø erinnert. Der fehlende Altar wurde durch eine Glasmalerei von Jardar Lunde (1962) ersetzt. Im Sommer finden hier abends Kirchenkonzerte statt.

HAMMERFEST ERLEBEN

ANREISE

Hammerfest ist per Flugzeug über Tromsø und Oslo sowie per Bus von Oslo via Schweden gut erreichbar. Die Schiffe der Hurtigrute ankern hier täglich, Schnellboote verbinden die Stadt u. a. mit Tromsø und Honningsvåg auf Magerøya, der Zwischenstation auf dem Weg zum Nordkap.

AUSKUNFT

Hammerfest Turist AS
Havnegatan 3
9615 Hammerfest
Tel. 78 41 31 00
www.hammerfest-turist.no

ESSEN

▸ Erschwinglich

Turistua Panoramarestaurant
Am Berg Varden
Tel. 78 41 46 11
Hierher kommt man vor allem wegen der Aussicht auf die Stadt und die umliegende Natur. Einfache Küche.

ÜBERNACHTEN

▸ Komfortabel

Rica Hotel Hammerfest
Sørøygt. 15
Tel. 78 41 13 33
Fax 78 41 13 11
86 Zi., www.rica.no
Man sollte sich nicht vom Äußeren dieses Hotels schrecken lassen, innen ist es modern und freundlich eingerichtet und im neuen Restaurant kann man hinter Panoramafenstern die Mitternachtssonne genießen.

Euro Hotell Skytterhuset
Skytterveien 24
Tel. 78 41 15 11
Fax 78 41 19 26
75 Zi., www.skytterhuset.no
Das ganzjährig geöffnete Hotel liegt in der Nähe des Stadions und ist von einem großen Garten umgeben. Nach einer Sanierung ist es heute eines der preisgünstigsten Hotels mit gutem Standard in Hammerfest.

AUSFLÜGE ANS NORDKAP

Die Postschiffe der Hurtigrute verlassen Hammerfest täglich um 6.45 Uhr und erreichen Honningsvåg etwa um 11.45 Uhr. Von dort per Bus zum Nordkap (1 Std.), nach einem kurzen Aufenthalt zurück nach Honningsvåg, dann erreicht man den Abendbus nach Hammerfest.
Die Hurtigrute in südlicher Richtung fährt erst morgens um 6.45 Uhr von Honningsvåg ab, doch bei schönem Licht ist die Mitternachtssonne ein fantastischer Grund, eine Nacht wach zu bleiben.

SPORT

Wer auf dem nördlichsten Platz der Welt Golf spielen möchte, kann dies von Juni bis August am Repparfjord nördlich von Hammerfest tun. Der Platz hat zwar nur 6 Löcher, ist aber rund um die Uhr geöffnet, denn hier golft man in der Mitternachtssonne.

MITTERNACHTSSONNE

Die Mitternachtssonne scheint vom 17. Mai bis 28. Juli.

★ **Meridianstøtten**

Auf der anderen Seite der Bucht liegt auf der Halbinsel Fuglenes der Meridianstøtten, eine bronzene Erdkugel auf einer Granitsäule. Sie erinnert an eine von 1816 – 1852 gemeinsam von Norwegern, Schweden und Russen vorgenommene Gradmessung zur Bestimmung von Größe und Form der Erde. Südlicher Gegenpunkt war eine Stelle bei Ismail an der Donaumündung, 2872 km entfernt. Der Betonklotz daneben stammt von einer 1929 durchgeführten Nachmessung und belegt eine nur geringe Abweichung. Von hier hat man einen schönen Blick auf die Stadt. Am Ende der Halbinsel liegt der 1810 während der Napoleonischen Kriege gebaute Verteidigungswall **Skansen**.

Salen

Vom Marktplatz führt ein Fußweg (20 min.) zu dem Bergzug Salen (»Sattel«; 86 m ü. d. M.), der sich am südlichen Ende der Stadt erhebt. Er ist auch über eine Straße erreichbar, die östlich der Stadt an dem kleinen See Storvatn vorbeiführt. Von der westlich gelegenen Anhöhe (Steinmal) bietet sich ein weiter Blick auf das offene Meer. Am südlichen Stadtrand liegt links das Freibad Jansvatn; 1 km weiter steht der **nördlichste Wald der Welt**.

Station auf dem Weg zum Nordkap: Hammerfest

★★ Hardangerfjord

B/C 6

Gebiet: Westnorwegen

Wenn jedes Jahr im Mai rund 500 000 Obstbäume zu blühen beginnen und die Ufer des Hardangerfjordes in einem Meer aus zarten Farben und Düften versinken, liegt auf den Gipfeln der Berge noch Schnee. Die Landschaft rund um den zweitgrößten Fjord Norwegens verspricht sehr viel Abwechslung.

Norwegens Paradiesgarten

Über ein Fünftel aller Obstbäume Norwegens gedeiht entlang des Hardangerfjordes, denn das Klima ist dank dem Golfstrom sehr mild und die Täler sind windgeschützt. Wahrscheinlich waren es Zisterziensermönche, die hier Anfang des 13. Jh.s den Obstbau einführten. Der 1832 in Odda geborene Fotograf **Knud Knudsen** brachte den Anbau von Äpfeln, Pflaumen und Schattenmorellen entscheidend voran, nachdem er im schwäbischen Reutlingen die Kunst des Obstanbaus eingehend studiert hatte.

An den Ufern des Hauptfjords und seinen Seitenarmen liegen mehrere hübsche Dörfer, aber auch Wasserkraftwerke und bedeutende Industrieorte. Östlich von Eidfjord im Inneren des Fjordes beginnt Europas größte Gebirgshochfläche, die ► Hardangervidda, die bei schönem Wetter und klarer Sicht ein unvergessliches Erlebnis ist.

Blütenrausch am Hardangerfjord, dem Zentrum des norwegischen Obstanbaus

Fahrt um den Hardangerfjord

★ **Voss**

Voss liegt zwar nicht am Hardangerfjord, sondern nördlich des Fjordsystems an der Kreuzung von E 16 und R 13, ist aber dennoch Zentrum der Region. Zwar hat die Stadt (14 000 Ew.) architektonisch wegen der vielen nüchternen Nachkriegsbauten wenig zu bieten, doch die Lage ist einmalig. Direkt am Ufer des Vangsvatn, umgeben von hohen Bergen ist die Stadt der ideale Ausgangspunkt für Aktivurlauber.

Eines der wenigen Bauwerke, die den deutschen Bombenangriff von 1940 unbeschadet überstanden haben, ist die frühgotische **Vangskirche** von 1277 im Stadtzentrum. Im 17. Jh. wurde der einst spätgotische Altarschrank in eine barocke, mit einem Gemälde des Bergener Rubensschülers Elias Figenschoug dekorierte Altartafel umgebaut. Nördlich vom Bahnhof befindet sich das Freilichtmuseum. Die 16 Holzbauten des Mølsterhofs aus dem 17. bis 19. Jh. spiegeln die traditionelle Baukunst und Lebensweise der Menschen im Fjordgebiet wider (Öffnungszeiten: im Sommer tgl. 10.00 – 19.00 Uhr).

Der international renommierte Holzschnitzer und Kunstschreiner **Magnus Dagestad** (1865 – 1957) richtete sich noch zu Lebzeiten ein Museum für seine Arbeiten ein (Öffnungszeiten im Sommer Di. – So. 11.00 – 15.00/17.00 Uhr, Gjernes, Helgavangen).

Rundfahrt

Ausgangspunkt für eine Fahrt um den Fjord ist Voss. Von hier aus nimmt man die R 13 Richtung Osten. Sie führt durch eine abwechslungsreiche Landschaft mit Serpentinen, atemberaubenden Bergkulissen und tosenden Wasserfällen. Einige wenige Kilometer nach Erreichen des höchsten Punkts der Straße (262 m) stürzt der Wasserfall **Skjervefoss** in die Tiefe.

Granvin/Fähren

Man erreicht Granvin an der äußersten nördlichen Verästelung des Hardangerfjordes. Die Kirche (1720) besitzt die wohl ältesten Glocken Norwegens. Von Granvin zweigt die R 7 zum 7511 m langen Vallaviktunnel und zur Fährstation **Bruravik** ab, die auch von Ulvik aus am idyllischen Osafjord entlang erreichbar ist. Die Fähre nach **Brimnes** (10 min.) führt auf die andere Seite des Fjordes Richtung Osten. Bevor der Tunnel gebaut wurde, musste man oftmals mehrere Stunden in **Kvanndal** (14 km südlich von Granvin) warten, um nach Kinsarvik (50 min.) übersetzen zu können. Diese Fährfahrt ist immer noch einen Abstecher wert, vor allem wenn man Utne besuchen will (20 min.).

★★ **Abstecher nach Ulvik**

Wer vor der Fahrt um den Fjord noch einen schönen Abstecher machen möchte, zweigt kurz vor der Kirche von Granvin die R 572 zum Osafjord und zum idyllisch gelegenen Ferienort Ulvik ab. Die beeindruckende, aber teilweise enge Panoramastraße (nur für geübte Wohnmobilfahrer geeignet!) schlängelt sich an grünen Wiesen, kleinen Gehöften und Obstbäumen vorbei. Der Blick auf Ulvik und den

HARDANGERFJORD ERLEBEN

AUSKUNFT

Destination Hardanger Fjord
Sandvenvegen
5600 Norheimsund
Tel. 56 55 38 70, Fax 56 55 38 71
www.hardangerfjord.com

Eidfjord
Eidfjord Turistkontor
Postboks 132
5786 Eidfjord
Tel. 53 67 34 00, Fax 53 67 34 01
www.eidfjordinfo.com

Turistkontor Odda
Postboks 114
(Geschäftsstelle im Zentrum)
5751 Odda
Tel. 53 65 40 05, Fax 53 65 40 01
www.visitodda.com

Voss Turistinformasjon
Uttrågata 9
5701 Voss
Tel. 56 52 08 00, Fax 56 52 08 01
www.visitvoss.no

ÜBERNACHTEN

► Luxus

Fleischers Hotel
Voss, Evangervn. 13
Tel. 56 52 05 00, Fax 56 52 05 01
172 B., www.fleischers.no
Die Belle-Époque-Fassade aus dem Jahr 1889 hat durch den Neubauflügel an Schönheit verloren, dennoch ist das Hotel im Schweizerstil das Schmuckstück des Ortes.

Rica Brakanes Hotel
Ulvik i Hardanger
Tel. 56 52 61 05, Fax 56 52 64 10
143 Zi., www.brakanes-hotel.no
Zu dem hervorragenden Hotel gehören ein Bootsanleger und ein Badestrand.

► Komfortabel

Sauda Fjord Hotel
Saudasjøen
Tel. 52 78 12 11, Fax 52 78 15 58
59 B., www.saudafjordhotel.no
Das mit viel Liebe zum Detail renovierte, in einem alten Herrenhaus untergebrachte Hotel liegt in wildromantischer Umgebung am Saudafjord (Ryfylke, Røldal). Seit vielen Jahrzehnten besuchen Lachsangler diese fischreiche Gegend.

Strandebarm Fjord Hotel
Strandebarm (bei Norheimsund)
Tel. 56 55 91 50, Fax 56 55 93 05
www.eurohotels.no/strandebarm
Kleines, gemütliches Haus mi 26 Zi. zum Wohlfühlen fern jeglicher Hektik mit freundlichem Service und vielen Stammgästen. Herrliche Fjordlage mit Blick auf die Berge.

Baedeker-Empfehlung

Utne Hotel
Utne
Tel. 53 66 64 00, Fax 53 66 10 89
www.utnehotel.no
Hier wurde bereits 1722 ein Gasthaus betrieben und schon die alten Möbel und Antiquitäten in der Gaststube sind einen Besuch wert. Radio und Fernseher fehlen auf den Zimmern, so fühlt man sich nicht nur von der Ausstattung her ins 19. Jh. zurückversetzt. Gute, mit Liebe angerichtete Hausmannskost, die an einem langen Tisch für alle Hotelgäste gemeinsam serviert wird.

► Günstig

Vik Pensjonat
Eidfjord, Zentrum
Tel. 53 66 51 62, Fax 53 66 51 51
www.vikpensjonat.com

Gemütliche Hütten und Zimmer im Zentrum von Eidfjord für 4 – 6 Personen. Im Café werden Frühstück, Mittag- und Abendessen serviert, bei schönem Wetter auch im Freien.

SPORT

Skifahren

Von Tørvikbygd, 13 km südlich von Norheimsund, setzt die Autofähre nach Jondal (20 min.) über. Von dort gelangt man zum Folgefonn Sommerskizentrum (1200 m ü.d.M.) auf Norwegens drittgrößtem Gletscher. Hier kann man von Juni bis Oktober Ski fahren und Gletscherwanderungen unternehmen. Bavallen, nordwestlich von Voss, besitzt eines der besten alpinen Skizentren Norwegens (Kabinenbahn) mit Möglichkeiten für Langlauf, Alpinski, Biathlon und Trickski.

Outdoor-Aktivitäten

Über Wildwasser- und Meerespaddeln, Rafting, Reiten mit Fjordpferden, Angeln und Skifahren informiert das Touristenbüro Voss. In Voss kann man übrigens auch in die Luft gehen: Geboten werden Fallschirmspringen, Paragliding und Gletscherrundflüge (www.fonnafly. no, Tel. 97 08 08 08).

von bis zu 1600 m hohen Bergen umgebenen Fjord ist fantastisch. Die kleine, weiß gestrichene Holzkirche (1858) ist mit einer hübschen Altartafel von 1630 und wunderschönen Rankenmotiven des aus Ulvik stammenden Malers Lars Osa (1860 – 1958) ausgestattet. Ein Erlebnis ist eine Rundtour mit dem Wasserflugzeug über den Fjord und den Gletscher Hardangerjøkul.

Ålvik

Von Granvin aus führt die R 7 nach Südwesten zum kleinen Industrieort Ålvik an der Weststeite des Hardangerfjords. Hier liegt ein großes **Schmelzwerk** für Ferrosilizium und Ferrochrom. Das erwärmte Wasser wird im Fjord zur **Lachszucht** verwendet, die einen wichtigen Wirtschaftszweig im Hardangergebiet darstellt. Nach 12 km taucht die schmale, 1937 errichtete **Fyksesund bru** auf, eine fast 30 m hohe und 344 m lange Hängebrücke über die Mündung des Fyksesunds. Östlich der Brücke ist die Straße schmal und unübersichtlich und es kommt oft zu Staus.

Øystese

Vorbei an Erdbeer- und Obstplantagen erreicht man über die R 7 das schön an der gleichnamigen Bucht gelegene Dorf Øystese. Gegenüber der Kirche befindet sich ein **Museum** mit Werken des Bildhauers **Ingebrigt Vik** (1867 – 1927), darunter 150 Skulpturen. Eine seiner bekanntesten Statuen ist die von Edvard Grieg in Bergen.

★ Norheimsund

Perfekt geeignet für einen Zwischenstopp ist der malerisch gelegene Ferienort Norheimsund mit einem kleinen hübschen Hafen und dem ehrwürdigen Sandven Hotell. Bei klarem Wetter glänzen auf der anderen Seite des Fjordes die weißen Firnfelder des Gletschers Folgefonna. In der **Museumswerft** in Norheimsund kann man den Handwerkern bei der Arbeit über die Schultern schauen.

Kein See, sondern der Hardangerfjord bei Strandebarm

★ **Abstecher zum Steinsdalsfoss**

Die R 7 verlässt nun den Fjord und führt westwärts Richtung Bergen (85 km). Rechter Hand taucht mitten in der lieblichen Landschaft nach 2 km der vom Fosselva gebildete tosende Wasserfall Steinsdalsfossen auf. In den Sommermonaten treten sich hier die Touristen auf dem Weg zum Wasserfall beinahe auf die Füße. Eine Kuriosität: Hinter der 30 m tief herabstürzenden Wasserwand kann man hindurchgehen, ohne nass zu werden. Es lohnt, den Abstecher noch ein wenig auszudehnen: Die Straße steigt nun an und schlängelt sich auf einer 3 km langen, großartigen Straßenanlage durch die imponierende Schlucht Tokagjelet. Während Autofahrer durch vier auf abenteuerliche Weise in den Fels gehauene Tunnel fahren, müssen Radfahrer und Fußgänger den alten Weg auf der Tunnelaußenseite direkt über dem Abgrund benutzen. Wer nicht zurück an den Hardangerfjord möchte, kann über **Kvamskogen**, einem beliebten Erholungsgebiet mit vielen Ferienhütten, entlang des Samnangerfjords und über das Ski- und Wandergebiet Gullbotn zur E 16 und nach Bergen fahren.

Tokagjelet ▶

Strandebarm bis Holdhus

Im Kirchdorf Strandebarm (südlich von Nordheimsund) an der gleichnamigen Bucht mit schönem Badestrand gab es einst eine blühende Bootsbauindustrie, doch jetzt bauen nur noch wenige den »Strandebarmer«, ein traditionsreiches Holzboot. Über Oma, in dem Katamarane aus Aluminium für Kunden in aller Welt gebaut werden, erreicht man nach 15 km Mundheim, von wo aus die R 48 nach Norden Richtung Holdhus und Eiklandsosen (17 km) abzweigt. Die

Holzkirche von Holdhus ist im Inneren mit wunderschönen Ranken und Friesen dekoriert. Die Kanzel von 1570 ist vielleicht die älteste westnorwegische Kanzel aus der Zeit nach der Reformation. Kurz vor **Eikelandsosen** stürzt der Wasserfall Koldalsfossen in die Tiefe.

★★ **Baronie Rosendal**

Der Hardangerfjord unterbricht an seinem Südende die R 48. An der südlichen Fortsetzung der Straße liegt die Baronie Rosendal. Man erreicht sie mit der Fähre von Gjermundshavn (25 min., 13 km südlich von Mundheim) nach Løfallstrand oder durch den 11 km langen Folgefonntunnel oder auch von Süden her über die E 134 und Skånevik. Das Schlösschen im nordischen Renaissancestil ist eine der meistbesuchten Sehenswürdigkeiten der Gegend. Mitte des 19. Jh.s legte man einen **malerischen Landschaftspark** an, von dem man einen herrlichen Blick auf den Hardangerfjord und die Bergkulisse mit mehreren Wasserfällen hat. Besonders sehenswert ist der prachtvolle Rosengarten. Das als **Museum** (Führungen) eingerichtete Schlösschen bietet Konzerte auf einem Pleyelflügel von 1860, Theateraufführungen im Burghof oder Kunstausstellungen im Weinkeller (Öffnungszeiten: Juli – Mitte August tgl. 10.00 – 18.00, Mai – Mitte September bis 15.00 Uhr).
Unweit von hier liegt die **Kvinnherad-Kirche** von 1255, eine der ältesten mittelalterlichen Steinkirchen Norwegens mit romanischen und gotischen Stilelementen.

Sehenswertes an Sørfjord und Eidsfjord

Sørfjord

Von Rosendal aus folgt man der R 551 Richtung Norden und verlässt bei Sunndal das Ostufer des Hardangerfjordes, denn nun führt die Straße durch einen langen Tunnel zum Sørfjord, dem längsten Seitenarm des Hardangerfjordes, wo freundliche Uferlandschaften mit wildem Hochgebirge wechseln. Über dem Westufer thront der mächtige Gletscher Folgefonn, während auf der Ostseite über steile Berghänge die ►Hardangervidda zum Wandern einlädt.

Tyssedal

Im Kraftwerk Tyssedal, das nördlich des Industrieorts **Odda** majestätisch direkt am Sørfjord thront, kann man sich in die Zeit zurückversetzen, als hier die großen Turbinen für Energie in den Industriebetrieben in Odda und Tyssedal sorgten. Die Turbinenhalle des Kraftwerkes, eines der ersten Hochdruckkraftwerke Europas, erinnert mit ihren hohen Säulenreihen ein wenig an eine Kathedrale. Das alte Verwaltungsgebäude in Tyssedal beherbergt heute das **Norwegische Wasserkraft- und Industriemuseum** (Öffnungszeiten: Juni – August tgl. 10.00 – 17.00 Uhr, sonst Di. – Fr. 10.00 – 15.00 Uhr).

Aga

Von Odda schlängelt sich die schmale R 550 am Westufer des Sørfjords zuerst unterhalb des firnbedeckten Folgefonn entlang und dann zwischen zahlreichen Obstplantagen hindurch nach Aga (28 km) mit dem **»Agatunet«**, einem wunderschönen, unter Denkmalschutz stehenden Dorf mit 30 bis 40 alten Gebäuden und mit einer mittelalterlichen Rauchstube (Besichtigung im Sommer täglich 10.00 – 16.00 Uhr).

✶ **Utne**

Etwa 17 km weiter nördlich liegt Utne, eines der romantischsten Fjorddörfer in dieser Region, das vor allem seiner **Aussicht über den Hardangerfjord** wegen besonders sehenswert ist. Wer mit der Fähre kommt, entweder von Kvanndal oder Kinsarvik, entdeckt bereits von weitem die kleine Kreuzkirche von 1895 und ein weiß gestrichenes Holzschlösschen, das im englischen Stil gebaute Utne Hotel.
Nicht weit vom Anleger entfernt liegt das **Hardanger Folkemuseum**. Oberhalb des Hauptgebäudes mit Handwerks- und Volkskunst kann man durch einen Obstgarten spazieren, in dem »alte« Obstsorten angebaut werden (Öffnungszeiten: Juli, Aug. Mo. – Fr. 10.00 – 18.00, Sa., So. ab 12.00, sonst 10.00 – 15.00 Uhr).

Lofthus

Wählt man die Fahrt entlang des Ostufers des Sørfjords, schlängelt sich die R 13 durch Obstgärten und Wiesen und erreicht nach 30 km den hübschen Ferienort Lofthus. Südlich der Ortschaft steht die sehenswerte **Steinkirche von Ullensvang** aus dem 13. Jh. mit einem Taufbecken und Glocken aus dem Mittelalter. In Ullensvang selbst werden 80 % der Süßkirschen des Landes geerntet. Auf dem Gehöft Opedal, dem größten Hof in Hardanger, hatten die Mönche aus dem Lysekloster bei Bergen im Mittelalter eine Kapelle. Sie betrieben hier auch einen fruchtbaren Obstgarten und legten den Mönchsstieg an, der in steilem Anstieg (ca. 3 Std.) auf die Hardangervidda führt. Oben bietet sich ein einzigartiger Blick über den Hardangerfjord. Im Garten des Ullensvang Hotels in Lofthus steht die Hütte von Edvard Grieg, der sich zum Komponieren gerne an den Hardangerfjord zurückzog.

! *Baedeker* TIPP

Vier mal Wasserfall

Das Kinsotal gehört zu den schönsten Naturlandschaften Norwegens und bietet immer wieder schöne Ausblicke auf den Fjord. Auf einer Wanderung von Kinsarvik auf die Hardangervidda kommt man an vier spektakulären Wasserfällen vorbei. Deren Gischt fördert eine üppig grüne Vegetation: Die Felsbrocken sind mit einem dicken Moosteppich überzogen, die Bäume tragen Bärte aus Moosen und Flechten.

Eidfjord

Wer wieder an den Ausgangspunkt der Rundfahrt zurückmöchte, nimmt die Fähre, die von Brimnes nach Bruarvik fährt (10 min.) und gelangt durch den Vallaviktunnel nach Granvin.
Will man hingegen den Eidfjord weiter erforschen, fährt man vorbei an **Kinsarvik** (Fähre nach Utne 25 min., Kvanndal 50 min.) teilweise direkt an den nackten Felsen am Ufer des steilwandigen Fjords entlang und erreicht nach ca. 40 km den kleinen Ort Eidfjord.

Laut donnernd stürzt der Låtefoss 400 m tief von der Hardangervidda in den Hardangerfjord. →

✶✶ Hardangervidda

C/D 6/7

Gebiet: Südnorwegen **Höhe:** 1200 – 1600 m ü.d.M.

Die Hardangervidda ist die größte Hochebene Europas, ein karges, baumloses Plateau, gesprenkelt mit zahlreichen Seen und weiten Moorflächen. Wer dieses lichtdurchflutete Land besonders intensiv erleben will, sollte sich zu Fuß aufmachen.

Im Reich der wilden Rentiere

Von den rund 9000 km² der Hardangervidda bilden 3400 km² den größten Nationalpark Norwegens; weitere Gebiete stehen unter Naturschutz. Moore, fischreiche Seen und Flüsse sowie die für Norwegen typische Fjellvegetation (Rentiermoos, Flechten und Krüppelbirken) prägen diese beeindruckende Landschaft. Im Südwesten zeigt die Hardangervidda ein anderes, schrofferes Gesicht. Höchster Gipfel dieser eindrucksvollen Hochgebirgslandschaft ist der **Sandfloeggi** (1719 m). Die größten wild lebenden Rentierherden weiden hier.

✶ Hardangervidda Natursenter

Im Naturzentrum Hardangervidda, einem großen Erlebniszentrum ca. 6 km südlich von Eidfjord, werden Geschichte, Geologie, Naturschönheiten sowie die Pflanzen- und Tierwelt von Hochebene und Fjordland sehr anschaulich anhand von Dioramen, Aquarien und einem Panoramafilm präsentiert (Öffnungszeiten: April – Okt. tägl. 10.00 – 18.00, Juni –Aug. 9.00 – 20.00 Uhr).

Auch für Familien mit Kindern ist die Hardangervidda ein Wanderparadies.

In Haugastøl beginnt der berühmte Bau- und Versorgungsweg der Bergenbahn, Rallarvegen, der sich durch die raue Gebirgswelt der Hardangervidda bis zur höchstgelegenen Bahnstation Norwegens, Finse (1222 m), und dann hinunter durch das Flåmtal bis Meereshöhe schlängelt. Die 90 km lange, geschotterte Piste ist heute eine der schönsten Radstrecken Europas. Übernachtungsmöglichkeiten gibt es in Finse, Hallingskeid und Myrdal. Besonders abenteuerlich sind die letzten 20 km von Myrdal hinunter nach Flåm.

✶ **Rallarvegen**

HARDANGERVIDDA ERLEBEN

ANREISE

Den besten Zugang zur Hardangervidda bildet die R 7 von Geilo nach Eidfjord. Das Gebiet des Hardangerjøkul erreicht man auch von Finse her (nördlich der R 7/ per Bahn).

AUSKUNFT

Touristenbüros in Odda, Eidfjord (►Hardangerfjord) und Geilo (►Hallingdal).

ESSEN

► Preiswert

Finsehytta
Finse
(nur mit Zug oder Skiern erreichbar)
Tel. 56 52 67 32, Fax 56 52 67 60
Unweit von der Bahnstation werden in der komfortablen Berghütte preisgünstige Gerichte angeboten. Unbedingt »rømmegrøt« probieren, einen köstlichen Nachtisch (geöffnet Anfang Juli – Mitte Sept. und ca. 20. Feb. bis ca. 20. Mai).

ÜBERNACHTEN

► Luxus

Finse 1222
Tel. 56 52 71 00, Fax 56 52 71 10
44 Zi., www.finse1222.no
Das Hochgebirgshotel liegt direkt an Norwegens höchster Bahnstation (Finse) und ist idealer Ausgangspunkt für Wanderungen und Skitouren im Gebiet des Hardangerjøkul. Durch die obligatorische Vollpension kommen die Gäste in den Genuss guter Küche.

► Komfortabel

Fossli Hotel
Vøringfoss
Tel. 53 66 57 77, Fax 53 66 50 34
30 Zi., www.fossli-hotel.com
Vom Hotel toller Blick auf den Wasserfall und in das Måbøtal. Die Liste der berühmten Besucher ist lang, auch Edvard Grieg ließ sich hier inspirieren.

► Günstig

Halne Fjellstova
Tel. 53 66 57 12, Fax 53 66 50 83
10 Zi., 9 Hütten
www.halnefjellstova.no
Die Berghütte liegt an der R 7 auf der kargen Hardangervidda (44 km von Geilo, geöffnet von Ostern – Mitte Oktober).

SPORT

Skirennen
Im April findet das »Skarverennen«, ein 36 km langes Rennen von Finse nach Ustaoset, statt (www.geilo.no, Stichwort Ski).

Gletscherwandern
Von Finse aus werden Gletscherwanderungen auf den Hardangerjøkul angeboten (Auskunft über den DNT, siehe S. 158).

✶ Måbødal, Vøringfoss

Etwa 20 km hinter Dyranut zweigt eine kleine Straße (Maut) zu dem 1 km nördlich über dem Absturz des Måbødals gelegenen Fossli Hotel (729 m ü. d. M.) ab; von dort bietet sich ein schöner Blick auf den Vøringfoss. Hier stürzt die Bjoreia in 182 m hohem, senkrechtem Fall in einen engen Kessel hinab, aus dessen Tiefe unaufhörlich dichter Wasserstaub zum oberen Rand aufsteigt und ein wunderbares Farbenspiel hervorruft. Von hier bietet sich ein großartiger Blick hinunter ins Måbødal mit seinen beinahe senkrechten Felswänden. Im Westen fällt die Hardangervidda steil zum Sørfjord (► Hardangerfjord) ab, an dessen Ostufer die R 13 entlangführt.

> **! *Baedeker* TIPP**
>
> **Fahrt in der Trollbahn**
>
> Eine Attraktion für Kinder: von Juni bis August fährt zwischen Vøringfoss und dem Måbø Gård Museum stündlich die Trollbahn durch das Måbødal (Abfahrt Vøringfoss jede volle Stunde zwischen 10.00 und 18.00, ab Måbø Gård Museum um 10.30, 11.30 Uhr usw.).

Für **Wanderer** ist die Hardangervidda ein Paradies. Und da die Routen größtenteils zwischen 1200 und 1400 m verlaufen und kaum Höhenunterschiede überwunden werden müssen, ist diese »Mondlandschaft« auch ein Eldorado **für Familien mit kleineren Kindern**. Mehrere der rund 35 Hütten (von Mitte Juli bis Mitte August meist überfüllt!) liegen nur wenige Wanderstunden voneinander entfernt und sind durch gut gekennzeichnete Wanderwege des Norwegischen Gebirgswandervereins (DNT) miteinander verbunden. Für geübte Wanderer ist der Gletscher Hardangerjøkulen (1876 m) eine lohnende Herausforderung. Besonders schön ist die 13 bis 14-stündige Tour vom Fossli Hotel über die Demmevasshütte am Westrand des Gletschers vorbei nach Finse. Die nähere Umgebung von Finse ist allerdings oft sehr überlaufen.

✶ Haukelistraße

C/D 7

Gebiet: Süd- und Westnorwegen

Eine Reise voller Kontraste verspricht die Fahrt auf der Haukelistraße. Sie beginnt in Telemark, schraubt sich auf das karge Haukelifjell, stattet dem dramatischen Åkrafjord einen Besuch ab und endet im Küstenort Haugesund.

Von Ost nach West

Die knapp 200 km lange Haukelistraße (E 134) ist eine der wichtigsten und schönsten Verbindungen zwischen Ost- und Westnorwegen. Sie passiert zuerst eine nackte Gebirgslandschaft mit tiefblauen Seen, Schaf- und Ziegenherden, dann folgt sie dem wilden Åkrafjord. Schließlich endet die Reise im weiten, flachen Land um Haugesund mit Blick aufs offene Meer.

DIE HAUKELISTRASSE ERLEBEN

AUSKUNFT

Haugesund Turistinformasjon
Strandgata 171
5525 Haugesund
Tel. 52 01 08 30
www.haugesund.net

Karmøy Touristeninformation
Rådhuset
4250 Kopervik
Tel. 52 85 19 45, Fax 52 85 22 32
www.karmoy.kommune.no

ESSEN

▶ Fein & Teuer

Bestastuå Mat, Prat & Vinhus
Haugesund, Strandgatan 152
Tel. 52 86 55 88
Wer feine Fischspeisen bevorzugt, wird in diesem ansprechenden Restaurant mit Pianobar und eigener Kunstgalerie Freude haben.

▶ Erschwinglich

Lanternen
Skudeneshavn, Torvet
Tel. 52 82 82 00
Café, Restaurant und Pub in zentraler Lage am Markt. Auf der Terrasse des »Sjøhus« hört man das Wasser unter dem Stuhl plätschern.

ÜBERNACHTEN

▶ Luxus

Clarion Collection Hotel Amanda
Haugesund, Smedasundet 93
Tel. 52 80 82 00, Fax 52 72 86 21
102 Zi., www.choice.no
Hotel im Herzen von Haugesund direkt am Wasser

▶ Komfortabel

Haukeliseter Fjellstue
Edland
Tel. 35 06 27 77, Fax 35 06 27 78
www.haukeliseter.no
Vom Wanderverein Stavanger betriebene Hüttensiedlung im Hochgebirge jenseits der Baumgrenze direkt am See. Die über 100 Jahre alten, kunstvoll verzierten Häuser strahlen viel Gemütlichkeit aus.

Norneshuset
Skudeneshavn, Nornes 7
Tel. 52 82 72 62
5 Zi., www.norneshuset.no
Das ehrwürdige, strahlend weiße Holzhaus, Baujahr 1830, ist das älteste und größte der Häuserreihe am Wasser. Mit viel Feingefühl eingerichtete Zimmer.

▶ Günstig

Vikholmen Leuchtturm
Skudeneshavn
Tel./Fax 52 82 91 34
www.skudenes-sjomannsforening.com
Der 1875 erbaute Leuchtturm liegt in der Hafeneinfahrt von Skudeneshavn. Mit dem Boot, das in der Miete dieser ungewöhnlichen Ferienwohnung mit enthalten ist, benötigt man nur 5 min. zum Leuchtturm. Die drei Schlafzimmer bieten ausreichend Platz für sechs Personen.

AUSFLÜGE

Empfehlenswert (für Seetaugliche!): Tagestour von Haugesund auf die kleine, wilde Insel Utsira mitten in der oft stürmischen Nordsee (Überfahrt 1,5 Std.; 2- bis 3-mal täglich) mit einem großen Reichtum an verschiedenen Vogelarten.

KULTUR

Jährlich im Aug./Sept. findet in Haugesund Norwegens größtes Filmfestival statt (aktuelles Programm unter www.filmfestivalen.no).

Entlang der Haukelistraße

Start in Haukeligrend

Wenn man Haukeligrend, den Beginn der Haukelistraße an der Kreuzung von E 134 und R 9, verlässt, kommt man vorbei an kleinen Gebirgsseen, in denen Forellen geangelt werden können (Angelkarten gibt es in den Hotels und Gebirgshütten). Hinter dem Vågslidtunnel am Südostende des tiefblauen Sees Ståvatnet taucht die seit 1870 bewirtschaftete Gebirgshütte **Haukeliseter** (986 m ü. d. M.) auf. Mitten in der dramatischen Bergwelt kann man hier **Rahmbrei (rømmegrøt)** essen und auch übernachten. Die Gebirgsstube ist ein guter Ausgangspunkt für Wanderungen und Langlauftouren zum Nationalpark ►Hardangervidda.

✶ Alte Haukeli-Passstraße

Einige Kilometer weiter erkennt man im Norden die leuchtenden Firnfelder des steil abstürzenden Store Nupsfonn (1661). Die alte Passstraße, eine wunderschöne Gebirgsstrecke über das **Haukelifjell,** beginnt direkt vor dem Ostende des 5682 m langen Haukelitunnels und erreicht mitten in der gewaltigen, steinigen Bergwelt am 1145 m hohen **Dyrskar** ihren höchsten Punkt.

Malerisch: Strandebarm

15 km nach der Jøsendal-Kreuzung (E 134/R 13) beginnt der enge, von beinahe senkrecht aus dem Wasser ragenden Felsen umgebene **Åkrafjord**. Am Südwestende des Åkrafjordtunnels (Maut) liegt ein hübscher Rastplatz mit Aussicht auf den Fjord.

Die E 134 schlängelt sich nun durch eine sanfte, liebliche Fjord- und Seenlandschaft, die in starkem Kontrast zur schroffen Natur weiter nördlich steht, und endet in **Haugesund**, einer 30 000 Einwohner zählenden Stadt an der Küste. Auf den ersten Blick wirkt die Stadt mit ihren Offshore-Werften und dem Aluminiumgiganten Hydro nicht besonders attraktiv. Am **Hafen** laden jedoch die Gässchen und Straßen entlang des Smedasunds mit ihren hübschen, weiß gestrichenen Häusern zum Bummeln ein.

Haraldshaugen

Rund 2 km nördlich von Haugesund ließ Erbprinz Oscar, später König Oscar II., das bombastische Grabmonument Haraldshaugen über dem angeblichen Grab von **Harald Schönhaar** errichten, der hier 1000 Jahre zuvor nach seinem Seesieg am Hafrsfjord bei Stavanger Norwegen zu einem Reich vereint hatte. Das Monument besteht aus einem 17 m hohen Obelisken und 29 Steinen, die die damaligen 29 norwegischen vereinten Volksstämme darstellen.

Karmøy

Kurz hinter der Karmsund-Brücke auf der lang gestreckten Insel Karmøy liegt Avaldsnes, wo im 9. Jh. unter Harald Schönhaar **Norwegens ältester Königssitz** lag. Neben der einstmaligen königlichen Kapelle (um 1250) steht Norwegens höchster Bautastein (7,2 m), »Jungfrau Marias Nähnadel«. Man sagt, dass die Welt untergehen wird, sobald dieser Stein die Kirchenwand berührt.

★ Skudeneshavn

Entlang der hügeligen Westküste (R 47) mit fantastischer Aussicht auf das offene Meer gelangt man nach Skudeneshavn, mit seinen pittoresken, engen Gassen und hübsch restaurierten weißen Holzhäuschen ein wahres Dorado für Fotografen. Wer Zeit hat, sollte von hier die Fähre nach Mekjarvik nördlich von Stavanger nehmen als Alternative zur Hauptstrecke (E 39), die durch viele Tunnel nach Stavanger führt. Alles über Skudeneshavns Blütezeit während der Heringsfischerei erfährt man in dem liebevoll eingerichteten Museum im alten Mælandsgården (Öffnungszeiten: Juni – Aug. Mo. – Sa. 11.00 – 17.00, So. ab 13.00 Uhr).

★★ Jostedalsbre

C 6

Gebiet: Westnorwegen **Höhe:** bis 2038 m ü.d.M.

Haushoch türmen sich die blau schimmernden Eismassen des größten Gletschers auf dem europäischen Festland auf. Nicht weniger großartig sind die Gletscherzungen Nigardsbre und Briksdalsbre. Sie alle kann man auch im Rahmen geführter Touren erkunden.

Das Eis wächst wieder

Der zwischen dem Sognefjord und dem Nordfjord gelegene Jostedalsbre misst fast 100 km Länge und umfasst mit den angrenzenden Firnfeldern eine Fläche von über 1200 km². Nur wenige niedrige Felshöcker durchbrechen die rund 500 m dicke Eismasse. In die umliegenden Täler senken sich 26 größere Gletscherzungen, von denen der 15 km lange Tunsbergdalsbre in Europa nur vom **Aletschgletscher** in der Schweiz übertroffen wird.
Obwohl das Eis der europäischen Gletscher insgesamt abnimmt, wächst wegen der hohen Niederschläge bei einigen Gletscherarmen des Jostedalsbre das Eis wieder, Zuwachsraten von 50 bis 80 m pro Jahr wurden beobachtet.

Sehenswertes am Jostedalsbre

Jostedal

Heute kann der Besucher an mehreren Stellen den Gletscherzungen bequem nahe kommen. Das wilde Jostedal im Osten lag noch vor einem Jahrzehnt im Dornröschenschlaf. Südlich überragt die Høgenipa (1535 m) das Tal.

✶ **Vom Gletscher nach Nesdal**

Eine großartige, aber beschwerliche Wanderung (Führer erforderlich) führt von Bergset in drei Stunden am Bergsetbre vorbei zum Firnfeld des **Jostedalsbre** und auf diesem zum Høgste Breakulen (1953 m ü. d. M.). Geht man weiter nach Nordwesten öffnet sich nach ca. 1 Std. ein eindrucksvoller Ausblick auf die Berge am Nordfjord. Es folgt der streckenweise beschwerliche Abstieg durch das Kjenndal nach **Nesdal**, nahe dem südlichen Ende des Loenvatn.

✶ **Nigardsbre**

Von Gjerde führt die R 604 weiter nach Norden. Bei Elvekrok (340 m ü. d. M.) erstreckt sich links der Nigardsbre. Das letzte Wegstück (Maut) führt durch ein 3 km langes Moränenfeld, das durch die Rückbildung des Nigardsgletschers in den letzten 200 Jahren entstanden ist. Vom Parkplatz am Ende der Straße kann man auf einem steinigen Pfad bis zum Gletscherrand wandern (feste Schuhe unbedingt erforderlich!).

✶ **Gletscherzentrum**

Das am Anfang der Mautstraße gelegene, sehr gut besuchte Gletscherzentrum (Breheimsenter Jostedal) informiert über die 20 000 Jahre Natur- und Kulturgeschichte rund um den Jostedalsbre. Von diesem architektonisch interessanten Gebäude, das die Form von zwei Eistürmen hat, die von einer Gletscherspalte getrennt werden, bietet sich ein schöner Panoramablick auf den blau schimmernden Nigardsbre (Öffnungszeiten: Mai – Sept. 10.00 – 17.00, Mitte Juni bis Mitte August 9.00 – 19.00 Uhr). Vom Gletscherzentrum werden auch **Touren** auf den Gletscher organisiert.

✶✶ **Briksdalsbre**

Auch auf der Nordwestseite des Jostedalsbre gibt es zahlreiche Eisabbrüche, der bekannteste ist der Briksdalsbre. Ausgangspunkt für einen Besuch ist der kleine Ort Olden am Innvikfjord (siehe S.275).

Fjærland

Ein weiterer Zugang zum Jostedalsbre, der mautpflichtige Fjærlandsveg (R 5), zweigt bei Sogndal von der R 55 ab und führt auf einer landschaftlich schönen Strecke nach Fjærland. Hier informiert das **Norwegische Gletschermuseum** über die Geheimnisse des ewigen Eises. In diesem Erlebniszentrum kann man mit Eis experimentieren und erfährt, warum das Eis blau und die Fjorde grün sind. Das Modell eines Wasserkraftwerks zeigt, wie aus Schmelzwasser Elektrizität erzeugt wird (www.bre.museum.no, Öffnungszeiten: von April bis Oktober 10.00 – 16.00, Juni – August 9.00 – 19.00 Uhr).

← *Ein blaues Wunder: der Nigardsbre*

JOSTEDALSBRE ERLEBEN

ANREISE

Über die R 55 am nördlichen Ufer des Lustrafjords bis Gaupne, dann abbiegen auf die R 604 durch das Jostedal. Bei Gjerde zweigt links ein Sträßchen in das Krundal ab, dem man bis Bergset folgt.

AUSKUNFT

Gletscherzentrum / Breheimsenter
6871 Jostedal
Tel. 57 68 32 50
Fax 57 68 32 40
www.jostedal.com

GLETSCHERTOUREN

Mit dem Bus
Tagesausflüge zum Gletscher sind vom 26. Juni bis 3. September mit dem Glacier-Bus tgl. ab Sogndal nach Nigardsbreen möglich. Von allen Orten der Sognefjord-Region gibt es Busverbindungen nach Sogndal. Einfach nach dem Glacier-Bus fragen.

Zu Fuß
Vom Gletscherzentrum (Tel. s.o. unter Auskunft) werden Touren aller Schwierigkeitsgrade organisiert (von 2 bis 4 Std.). Im Preis inbegriffen ist der Verleih einer kompletten Gletscherausrüstung inklusive Gletscherstiefeln. Für eine Wanderung im unteren Teil des Nigardsbre ist keine besondere Kondition erforderlich.

! Baedeker TIPP

Mit dem Boot zum Gletscher

Sehr bequem und schnell erreichen Sie die Gletscherzunge Nigardsbre vom Anleger am Parkplatz Nigard mit dem kleinen Boot Jostedalsrypa, das vom 10. Juli bis Ende August zwischen 10.00 und 18.00 Uhr pendelt.

ESSEN

► Preiswert

Lustrafjorden Kro
An der R 55
Tel. 57 68 18 80
Restaurant mit Terrasse direkt am Lustrafjord mit Blick auf den Feigumfoss am gegenüberliegenden Ufer. Hausmannskost und kleine Gerichte.

ÜBERNACHTEN

► Luxus

Walaker Hotell
Gjesgivargarden, Solvorn
Tel. 57 68 20 80
Fax 57 68 20 81
24 Zi., www.walaker.com
Allein schon die Lage am Lustrafjord ist traumhaft. Zimmer mit historischem Ambiente, ruhiger Garten und ausgezeichnete Küche – für Nostalgiker eines der schönsten Hotels Norwegens.

► Günstig

Olden Camping
Tel. 57 87 59 34
Fax 57 87 65 50
www.oldencamping.com
Kleiner familiärer Campingplatz für Wohnmobile und Zelte; einige einfache und recht preisgünstige Hütten. Einmalige Lage direkt am See und mit Blick auf den Jostedalsbre. Ca. 13 km von Olden entfernt.

Urnes Gard
Ornes, am Lustrafjord nahe Urnes Stabkirche
Tel. 57 68 39 44, Fax 57 68 37 19
2 Zi., 3 Hütten, www.urnes.no
Alter Hof, auf dem sich schon im Mittelalter der Adel wohl fühlte. Nebenher bauen Britt und Odd John Bugge Himbeeren, Blaubeeren, Erdbeeren, Kirschen und Äpfel an.

★ Jotunheimen

C/D 6

Gebiet: West- und Ostnorwegen **Höhe:** bis 2468 m ü.d.M.

»Heim der Riesen« nennen die Norweger respektvoll ihr liebstes Wandergebiet. Jotunheimen ist ein weitgehend unberührtes Bergmassiv mit grandiosen Gipfeln und Gletschern, durchzogen von klaren Bächen und Seen.

Wandern im Heim der Riesen

Inspiriert von der wilden Landschaft und der nordischen Mythologie taufte der Dichter Aasmund Olavsson Vinje das Gebiet 1862 auf den Namen Jøtunheimen – Heim der Riesen. Für ihn lebten hier die Jøten, die Trolle. Zwischen Oppland im Osten und Sogn og Fjordane im Westen erstreckt sich diese berühmte Fjelllandschaft.
Weil Jotunheimen gut erreichbar ist und ein dichtes Netz von markierten Wanderwegen und Hütten aufweist, wird es auf einigen klassischen Routen, wie dem **Beseggengrat**, zur Ferienzeit für norwegische Verhältnisse **ungewohnt voll**. Die schönste Zeit zum Wandern beginnt Ende Juni – vorher beeinträchtigen Schneefelder, matschiger Untergrund und das Fehlen jeglichen Grüns die Freude – und reicht bis in den September. Im Winter ist Jotunheimen ein ausgezeichnetes und beliebtes Gebiet für Skilanglauf-Touren. Zu Ostern herrscht Hochsaison, dann zieht es viele Norweger ins Gebirge und fast alle Hütten sind geöffnet.

Unterwegs im Jotunheimen

Jotunheimen-Nationalpark

Das Kernstück des Jotunheimen-Gebirges ist der gleichnamige Nationalpark. Der Großteil des Parkgebietes erstreckt sich oberhalb von 1000 m und damit jenseits der Baumgrenze.

★ Hurrungane

Den südwestlichen Teil des Nationalparks bildet das Hurrungane, das durch das tief eingeschnittene Utladal größtenteils vom Rest Jotunheimens abgeschnitten ist. Hier liegen auf engstem Raum sechs der höchsten Gipfel Norwegens. Beherrschend ist der beliebteste Klettergipfel, der imponierende Store Skagastølstind (2405 m). Auch wenn Hurrungane das Eldorado der Felskletterer ist, lohnt auch für Wanderer ein Ausflug in die bizarre Bergwelt des Hurrungane.

Von Skjolden ins Leirdal

Die R 55 schlängelt sich vom Lustrafjord über Skjolden auf das Sognefjell. Vom **Turtagrø Hotel** (900 m) hat man einen grandiosen Blick auf das Tal, den Fjord und die Spitzen des Hurrungane. Das Hotel ist ein guter Ausgangspunkt für **Wanderungen** zum Skagastølstind, Dyrhaugstind oder Austabotntind. Folgt man der Hauptstraße, dem Sognefjellvegen, geht es weiter stetig bergan bis zum höchsten Punkt bei der **Sognefjellhytta** (1434 m). Das Panorama zu beiden Seiten der Straße beeindruckt: eine hochalpine Landschaft mit gezackten

JOTUNHEIMEN ERLEBEN

ANREISE

Man erreicht Jotunheimen sehr gut über die R 51, die R 55 oder auch per Schiff über die Seen Gjende und Bygdin.
Die R 51 ist übrigens eine der schönsten Straßen Norwegens: Sie führt von Fagernes über die Valdresflya bis zur E 15 in der Nähe von Vågåmo und endet an der E 15 bei Lom. Im Winter sind die Hochgebirgsabschnitte gesperrt.

AUSKUNFT

Beitostølen
An der Hauptstraße
Tel. 61 35 22 00
Fax 61 35 22 01
www.beitostolen.com

Jotunheimen Reiselivslag
Lom
Postboks 63
(im Norwegischen Fjellmuseum)
Tel. 61 21 29 90
Fax 61 21 29 95
www.visitlom.com

SPORT

Sommerski
Das Sognefjell besitzt ein kleines Sommerskigebiet, Langlaufskier kann man sich in den Berghütten entlang der Straße ausleihen.

Outdoor
Das gesamte Gebiet des Jotunheimen ist bekannt für seine zahlreichen Outdoor-Möglichkeiten. Diese reichen vom Bergsteigen, Klettern und Wandern über die Wassersportsparten Rafting, Kanu- und Kajakfahren bis zu Gletscherwanderungen.
Über die diversen Veranstalter, Kurse und Konditionen informiert die Touristenzentrale in Lom.

ESSEN / ÜBERNACHTEN

Baedeker-Empfehlung

Elveseter Hotel
Elveseter
Tel. 61 21 90 00, Fax 61 21 99 01
www.elveseter.no
Die Anlage des Elveseter Hotels neben der Sagasäule erinnert an ein typisches Berggehöft aus früheren Zeiten. Eine besondere Atmosphäre bietet der stilvoll mit Antiquitäten eingerichtete Eingangsbereich. Gemälde u.a. von Adolf Tidemandt und alte Möbel mit Rosenmalerei verleihen dem Hotel musealen Charakter.

► Fein & Teuer

Fossheim Turisthotell
Lom
Tel. 61 21 95 00
wwwfossheimhotel.no
Norwegens Meisterkoch Arne Brimi zaubert Delikatessen aus der »Küche der Natur« auf den Tisch. Edel und teuer sind die Menüs, die in der gemütlichen »Gaukstad-stugu« serviert werden. Preisgünstiger sind das »Lunsjbord« oder eine Pizza im Kräutergarten. Im Turisthotell übernachtet man auch sehr luxuriös.

► Günstig

Valdresflya Vandrerhjem
46 B., Beitostølen
Tel. 95 10 78 19
www.vandrerhjem.no
Die Jugendherberge liegt am höchsten Punkt der Valdresflya auf 1389 m. Sie ist der ideale Ausgangspunkt, um Jotunheimen zu entdecken. Reservierung empfehlenswert! Um Ostern geöffnet, dann wieder ab Anfang Juni bis Mitte September.

Gipfeln und Schneefeldern bis weit in den Sommer hinein. An den Parkplätzen beginnen markierte Wanderrouten, lohnend sind Tagesausflüge, aber auch längere Touren. Nach der Sognefjellhytta führt die Straße langsam, aber stetig bergab, hinein ins **Leirdal**.

Naturerlebnis pur: Wandern und Zelten im Jotunheimen, Norwegens berühmtestem Wandergebiet

Kurz vor der Abzweigung zur Juvasshytta sieht man links beim Elveseter Hotel die 33 m hoch aufragende Sagasäule. Sie bietet einen Querschnitt durch die norwegische Geschichte, beginnend mit dem ersten vereinigten Reich 872 bis zur Reichsversammlung 1814. Entworfen wurde die Säule von W. Rasmussen vor dem Zweiten Weltkrieg und sollte eigentlich vor dem Osloer Storting platziert werden.

Rechter Hand zweigt von der R 55 eine mautpflichtige Stichstraße nach **Spiterstulen** ab, das im Tal zwischen Galdhøpiggen und Glittertind liegt. Von hier aus kann man die beiden **höchsten Berge Skandinaviens** besteigen. Allerdings sind bis zum Galdhøpiggen rund 1400 Höhenmeter auf einem steilen Weg zu überwinden (Hin- und Rückweg ca. 5 Std.). Auch der Weg auf den Glittertind ist anstrengend, je nach Kondition sind 7 – 9 Std. zu veranschlagen. Der beste Ausgangspunkt zur Besteigung des Galdhøpiggen ist die **Juvasshytta**. Zwar ist der Aufstieg zum Gipfel einfach und dauert nur 3 – 4 Stunden. Trotzdem sollte man sich den täglich startenden geführten Touren anschließen, da der Weg teils über den von Spalten durchzogenen Svellnosbre führt.

Der Sognefjellvegen endet schließlich in Lom, dem touristischen Zentrum im nördlichen Jotunheimen. Der Ort hebt sich wegen der vielen dunklen Holzhäuser wohltuend von vielen anderen nüchternen Orten ab. Die größte Sehenswürdigkeit ist die 800 Jahre alte **Stabkirche** vom Basilikatyp. Nur wenige Schritte entfernt liegt das **Norwegische Gebirgsmuseum** (Norsk Fjellmuseum, Öffnungszeiten: Mitte Juni – Mitte Aug. tgl. 9.00 – 21.00, Sa., So. 10.00 – 20.00 Uhr, sonst kürzer, www.fjell.museum.no). Lom
Im Fossheim Steinsenter in Richtung Vågå können Sie eine recht große Mineraliensammlung besichtigen und im Laden Schmuck und Mineralien als Souvenirs kaufen (Tel. 61 21 14 60; Öffnungszeiten: im Sommer tgl. 9.00 – 21.00 Uhr).

Fagernes ✶ Jotunheimen erreicht man von Süden her über die R 51 ab Fagernes. Dieser viel besuchte, auch bei Sportanglern beliebte Ort, liegt malerisch zwischen bewaldeten Bergen an der Mündung des Neselv, der hier schöne Wasserfälle bildet und in den See Strandefjord mündet. In Fagernes sollte man das **volkskundliche Freilichtmuseum** mit zahlreichen alten Bauerngehöften aus dem Valdres, die mit zeitgenössischem Hausrat, Textilien, Musikinstrumenten und Jagdwaffen eingerichtet sind, besuchen.

! *Baedeker* TIPP

Köstlicher Rømmegrøt

Das Nystøga Café im Valdres Folkemuseum ist in einem 250 Jahre alten Gebäude untergebracht, das früher Reisenden im Filefjell als Unterkunft diente. Hier wird norwegische Traditionskost serviert, Almpfannkuchen und Sauerrahmwaffeln. Unbedingt probieren sollte man auch die »Rømmegrøt«, den kalorienreichen Sauerrahmbrei (geöffnet von Mitte Juni bis Mitte August, Tel. 61 35 99 00).

Hinter Beitostølen steigt die R 51 an, passiert die Seen Bygdin und Vinstri und erreicht ihren höchsten Punkt auf der Valdresflya. Im Gegensatz zu den alpinen Gipfeln ringsum ist die Valdresflya eine flache, sehr karge Hochebene. Bevor man zum Gjende-See kommt, bietet sich bei Vargbakken (ca. 3 km südl. von Maurvangen) die Möglichkeit, in einer Halbtagestour die **Knutshø** zu besteigen, ein ebenso exponierter Grat wie der Beseggen mit unvergleichlicher Aussicht.

Gjende-See ✶ Der rund 20 km lange, aber nur 1 km breite Gjende-See zählt zu den schönsten Seen Norwegens. Ausgehobelt von den Gletschern der letzten Eiszeit, verzückt er heute wegen seiner intensiv blaugrünen Farbe und der steilen Bergwände, die ihn um bis zu 1300 Meter überragen. Die drei **Berghütten** an seinem Ufer (Gjendesheim, Memurubu und Gjendebu) sowie der Campingplatz in Maurvangen an der R 51 zählen zu den meistbesuchten Orten des Jotunheimen.

Beseggen ✶ Viele Norweger kommen Jahr für Jahr, um auf den Spuren des sagenhaften Peer Gynt den »Sensengrat« zu erklimmen. Henrik Ibsen nahm sich die Freiheit, den Beseggen zum Höllenritt zu stilisieren. Heute benötigt man für diese Panoramatour nur eine gute Kondition, feste Schuhe und Schwindelfreiheit. Das Wetter sollte man allerdings nicht unterschätzen. Ausgangspunkt für die **sechsstündige Tour**, die atemberaubende Aussichten bietet, ist **Gjendesheim**. Mit dem **Schiff** geht es in 35 min. über den Gjende-See zu der bewirtschafteten Hütte nach **Memurubu**. Von der Anlegestelle beginnt der steile Aufstieg. Kurz nach der Weggabelung nach **Glitterheim** führt der Weg zum See Bjørnbøltjørna (»Bärennest-Pfütze«). Es folgt ein kurzer Abstieg über einen schmalen Pfad, der zum See **Bessvatnet** führt. Über einen ersten schmalen Grat beginnt der steile Anstieg am Beseggen. Bevor man den relativ leichten Abstieg nach Gjendesheim in Angriff nimmt, muss man noch ein gutes Stück über den breiten Bergrücken des **Veslefjell** gehen.

✶ Kongsberg

B 6

Gebiet: Südnorwegen **Höhe:** Höhe: 170 m ü.d.M.
Einwohnerzahl: 22 000

Seine einstige Blüte verdankt Kongsberg den Silberminen, heute ist es vor allem wegen des Jazzfestivals im Juli bekannt. Besucher sollten nicht versäumen, dem Bergwerksmuseum und dem stillgelegten Silberbergwerk in Saggrenda einen Besuch abzustatten.

»Silberstadt«

Die zu beiden Seiten des Lågen im südlichen Numedal gelegene alte Grubenstadt Kongsberg wurde gegründet, als 1624 wenige Kilometer weiter südlich die Silberminen in Betrieb genommen wurden. In der zweiten Hälfte des 18. Jh.s waren hier bis zu 4000 Arbeiter, unter ihnen viele deutsche Bergleute, beschäftigt.

Sehenswertes in Kongsberg und Umgebung

Museen

Am Ufer des Lågen ist in den alten Werksgebäuden das **Bergwerksmuseum** untergebracht. Es zeigt u. a. die Sammlung der »Königlichen Münze«, wo man die Herstellung von Silbermünzen seit 1686 verfolgen kann (Öffnungszeiten: Mai – Sept. 12.00 – 16.00, Hauptsaison ab 10.00 Uhr). Außerdem ist hier ein kleines Skimu-

KONGSBERG ERLEBEN

AUSKUNFT

Karschesgt. 3
Tel. 32 29 90 50
Fax 32 29 90 51
www.visitkongsberg.no

ESSEN

► **Fein & Teuer**

Opsahlgården
Kirkegaten 10
Tel. 32 76 45 00
Der Hof liegt im alten Teil von Kongsberg in der Nähe der Kirche und zählt zu den besten Restaurants der Stadt. Rentierfilet, Entenbrust, Lammcarree oder die wechselnden 3-Gänge-Menüs werden aus erlesenen Rohwaren zubereitet. Das hat natürlich seinen Preis. Schön sitzt man im Sommer im ruhigen Innenhof.

► **Erschwinglich**

Peckels Resept
Peckelsgate 12
Tel. 32 73 25 25
In dem Restaurant, das nach dem Apotheker Franz Peckel und seinen Rezepten benannt ist, lässt es sich vorzüglich speisen. Die historischen Bilder an den Wänden erzählen von der Geschichte des Ortes.

ÜBERNACHTEN

► **Günstig**

Kongsberg Vandrerhjem Bergmannen
Vinjesgt. 1
Tel. 32 73 20 24, Fax 32 72 05 34
www.kongsberg-vandrerhjem.no
Moderne Jugendherberge im Zentrum mit komfortablen Zimmern.

seum mit Skiern des weltberühmten Kongsberger Skisportlers Birger Ruud. Die seit 1957 stillgelegten **Silbergruben** können mit einer kleinen Grubenbahn besucht werden, die durch dunkle Gänge (nicht für kleine Kinder geeignet!) 2,3 km in den Berg zur nur 6 °C warmen Königsgrube hineinfährt.

★ **Kongsberg-Kirche**

Südlich der Stromschnellen thront die mächtige Backsteinkirche (1741 – 1761), eine außergewöhnlich ausgestattete Barockkirche mit 2400 Sitzplätzen. Bevor die Arbeiter zur Arbeit in den Gruben gingen, mussten sie sich hier jeden Morgen um fünf Uhr einfinden. Wer nicht zum Gottesdienst kam, bekam kein Geld!

In der Kongsberg-Kirche

Orgel, Kanzel und Altar sind für norwegische Verhältnisse übermäßig üppig mit Gold und barocken Figuren verziert. Auffallend sind die Logen, die eher an norddeutsche Stadthäuser erinnern. Kein Wunder, die Architekten der Kirche kamen aus Deutschland.

In Modum, etwa 50 km nordöstlich von Kongsberg auf dem Weg nach Gol, lohnt sich ein Abstecher zum **Blaufarbenwerk** (Blaafarveværket), das 1776 zur Förderung von Kobalterz errichtet wurde und im 19. Jh. 80 % des weltweiten Bedarfs an diesem blauen Farbpigment herstellte. In den alten Werksgebäuden unterhalb des tosenden Haugefossen werden wunderschöne kobaltblaue **Glas- und Porzellanprodukte** und Sommerausstellungen mit Werken berühmter norwegischer und ausländischer Künstler gezeigt – eine der meistbesuchten Ausstellungen Norwegens (Öffnungszeiten: Mai bis Sept. tgl. 10.00 – 17.00/18.00, Grube ab 12.00 Uhr).

Numedal

Während der südliche Teil des Numedals wenig zu bieten hat, bezaubert der nördliche Teil umso mehr. Entlang des Lågen, der am Rande der ► Hardangervidda entspringt, schlängelt sich die Straße nach **Rødberg** hinauf zur idyllisch gelegenen Gebirgsstube Solheimstulen am Rande der Hardangervidda (von hier Wandermöglichkeit zur bewirtschafteten Gebirgshütte Mårbu) und schraubt sich zum 1100 m hoch gelegenen **Berghotel Vasstulan** hinauf. Von hier bietet sich eine fantastische Aussicht auf das Numedal und die Hardangervidda. Nach Überquerung von zwei weiteren Pässen erreicht man den Wintersportort Geilo.

★ Kristiansand

A 4/5

Gebiet: Südnorwegen **Einwohnerzahl:** 75 000

Kristiansand ist eines der wichtigsten Einfalltore nach Norwegen und für viele lediglich eine Durchgangsstation bei der An- und Abreise. Wer bleiben möchte, wird hier sehr schöne Sandstrände finden, und auch an Wassersportmöglichkeiten mangelt es nicht.

Zweitgrößter Hafen

Umgeben von großen Werften, Offshore-Betrieben und Industrieanlagen wirkt die Stadt mit dem zweitgrößte Hafen des Landes auf den ersten Blick sehr nüchtern. Dennoch hat Kristiansand, fünftgrößte Stadt Norwegens, einiges zu bieten. Direkt an der Mündung der Otra in den Byfjord kann man durch **Posebyen** spazieren, ein hübsches Stadtviertel mit alten Holzhäusern, in denen Galerien und Werkstätten von Kunsthandwerkern untergebracht sind. Zu beiden Seiten der **Festung Christiansholm** (1672), in der im Sommer Kunstausstellungen stattfinden, liegen mehrere Bootshäfen, in denen es in den Sommermonaten von noblen Jachten und Segelbooten wimmelt.

Kristiansand Orientierung

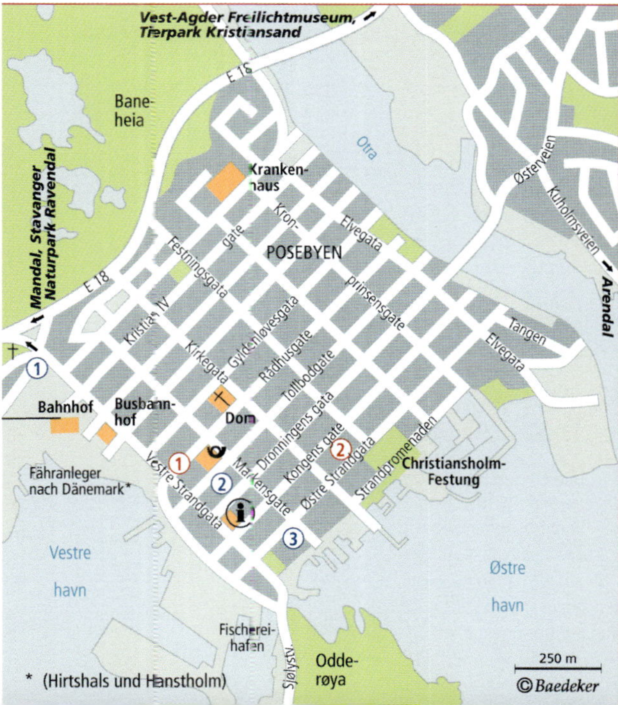

Essen

① Café Generalen
② Bakgården Restaurant
③ Restaurant Sjøhuset

Übernachten

① Clarion Hotel Ernst
② Sjøglott-Det Lille Hotell

KRISTIANSAND ERLEBEN

AUSKUNFT

Destinasjon Sørlandet
Vestre Strandgt. 32
4612 Kristiansand
Tel. 38 12 13 14
Fax 38 02 52 55
www.sørlandet.com

ESSEN

► Fein & Teuer

② ***Bakgården***
Tollbugate 5
Tel. 38 02 79 55
Exzellentes Restaurant auch für gehobene Ansprüche. Wer den Eingang im Bakgården, also im Hinterhof, gefunden hat, sieht eine rustikale Einrichtung mit dunklen Holzmöbeln und weiß gekalkte Wände. Empfehlenswert sind die leckeren marinierten Gerichte und der Tunfisch.

► Erschwinglich

③ ***Restaurant Sjøhuset***
Østre Strandgt. 12 A
Tel. 38 02 62 60
Sehr gute, allerdings auch teure Fischgerichte in maritimer Atmosphäre. Draußen sitzen, den Wellen lauschen und den Sonnenuntergang beobachten, das macht seit 20 Jahren die Beliebtheit des Sjøhuset aus. Durchaus erschwinglich ist die Fischplatte zur Mittagszeit.

! *Baedeker* TIPP

Fisch total!
In Mandal wird beim Schalentierfest im August ein mehrere Hundert Meter langer Straßentisch voller Meeresdelikatessen aufgebaut. Tausende Menschen kommen allein dieses Festes wegen hierher. Man isst, trinkt und lässt es sich rundherum gut gehen.

► Preiswert

① ***Café Generalen***
Ravnedalen
Tel. 97 08 66 61
In diesem kleinen Café im Grünen werden köstlich schmeckende Kleinigkeiten wie Hamburger, Waffeln und Kuchen serviert. Donnerstags und freitags finden während der Saison oftmals auch Kulturabende mit Live-Konzerten statt.

ÜBERNACHTEN

► Luxus

① ***Clarion Hotel Ernst***
Rådhusgaten 2
Tel. 38 12 86 00, Fax 38 02 03 07
67 Zi., www.ernst.no
Erstes Haus am Platze mit sehr geschmackvoll eingerichteten Zimmern und einer riesigen, stimmungsvollen Lobby. Auch die Einheimischen wissen das gute Restaurant und das Bistro zu schätzen.

► Komfortabel

② ***Sjøgløtt – Det Lille Hotell***
Østre Strandgt. 25
Tel. 38 02 21 20
Fax 38 02 21 20
12 Zi., www.sjoglott.no
Das kleine Familienhotel liegt im Zentrum in der Nähe der alten Festung. Schnörkellos, praktisch und preisgünstig.

SCHIFFSRUNDFAHRTEN

Vom Hafen Kristiansand fahren Ausflugsschiffe durch die Schären zur idyllischen Insel Ny-Hellesund (Festung aus dem Zweiten Weltkrieg). Interessant sind auch Fahrten ins pittoreske Städtchen Lillesand mit den schmucken weißen Patrizierhäusern und seinem hübschen Hafen (Tickets im Touristenbüro).

Sehenswertes in Kristiansand und Umgebung

Kvadraturen

Die strenge quadratische Anordnung des Stadtkerns, Kvadraturen genannt, verdankt Kristiansand seinem Gründer und Namenspatron Christian IV. Der dänisch-norwegische König entwarf hier 1641 ein schachbrettartiges Netz von Straßen im strengen Renaissancestil. In den rechtwinkligen Straßen liegt heute Kristiansands pulsierendes Handels- und Kulturzentrum mit einer hübschen Fußgängerzone (Markensgate) mit schön restaurierten Häusern.

Kristiansand, sein Straßenleben und sein Dom

Im Stadtzentrum am Marktplatz (Torget), wo im Sommer saftiges Obst und frisches Gemüse verkauft werden, fällt der nach einem Brand 1882 – 1885 wieder errichtete **Dom** im neugotischen Stil ins Auge. Im Inneren lohnt die Besichtigung des Altars mit dem Gemälde »Christus in Emmaus« und die Sammlung der barocken, holzgeschnitzten Evangelisten (Öffnungszeiten: 9.00 bis 14.00 Uhr). Beim Dom steht ein von Vigeland geschaffenes Denkmal des Dichters Henrik Wergeland (1808 – 1845), einem berühmten Sohn der Stadt.

Nordwestlich vom Stadtzentrum kann man im Naturpark **Ravnedalen** über 200 Stufen den Aussichtsfelsen Ravneheia erklimmen und von dort die herrliche Aussicht über die Stadt, die vorgelagerten Inseln und das Meer genießen. In diesem um 1875 angelegten Park liegen gleich mehrere kleine Badeseen, hübsche Naturpfade und ein kleines Café.

Freilichtmuseum

Im hübschen Vest-Agder-Fylkemuseum 4 km östlich von Kristiansand (in der Nähe der E 18) mit rund 40 alten Gebäuden und verschiedenen kulturhistorischen Ausstellungen wurde die »Bygaden«, eine schnurgerade Straße aus der »Kvadraturen«, mit möblierten Häusern, Werkstätten und Kramladen wieder aufgebaut (Öffnungszeiten im Sommer Mo. – Sa. 10.00 – 18.00, So. ab 12.00 Uhr).

Tierpark Kristiansand

Wohl jedes norwegische Kind hat schon einmal den Kristiansander Tier- und Freizeitpark besucht (12 km östlich der Stadt). Favoriten sind die Stadt der »Räuber von Kardemomme« und Kapitän Säbelzahns Burg mit geheimen Gängen. Große Augen gibt es auch im nordischen Raubtierreservat und im Affendschungel (Öffnungszeiten: Mitte Juni – Mitte Aug. 10.00 – 19.00, sonst bis 16.00 Uhr).

Arendal

Arendal ist die größte Stadt an der »norwegische Riviera« genannten Südküste des Landes. An die sog. Windjammer-Epoche vor dem Aufkommen der Dampfschifffahrt erinnern die gut erhaltenen Holzhäuser in den verwinkelten Gassen im Stadtteil Tyholmen westlich vom Hafenbecken Pollen.

Rathaus ►

Das Rathaus, ein stattlicher Bau mit vier Stockwerken, steht direkt am Hafenbecken. Es wurde 1815 als Privathaus für die Reeder-Familie Kallevig errichtet und ist nach dem Stiftsgården in ► Trondheim das zweitgrößte Holzgebäude des Landes.

Am nördlichen Stadtrand liegt das Aust-Agder-Museum, das in mehreren Gebäuden Möbel, Trachten, Puppen, Mineralien und Schiffsutensilien zeigt (Parkveien 16, Öffnungszeiten: Ende Juni – Mitte Aug. Mo. – Fr. 9.00 – 17.00, So. 12.00 – 17.00, sonst Mo. – Fr. 9.00 – 15.00, Sonntag 12.00 – 15.00 Uhr). Einen Besuch lohnt auch die **Bomuldsfabrik**, in der auf 2500 m² eine permanente Ausstellung zur Gegenwartskunst mit Werken von 40 norwegischen Künstlern zu sehen ist sowie Wechselausstellungen (Oddenveien 5, Öffnungszeiten: Di. – So. 12.00 – 16.00 Uhr).

Mit Fähren kann man die vorgelagerten **Inseln Hisøy und Tromøy** (auch Brücke) erreichen. Auf Letzterer gibt es sehr schöne Sandstrände und einen Aussichtspunkt auf der Höhe Vardåsen.

! *Baedeker* TIPP

Sonne, Meer und keine Autos

Für die Einheimischen ist die autofreie Insel Merdø im Sommer das beliebteste Ausflugsziel. Die Fähre benötigt von Arendal aus 25 min. Sehenswert sind einige alte Sørlandshäuser, das Merdøgaard Museum und natürlich die Strände, die teils sandig, teils felsig sind. Gegen den kleinen Hunger hilft ein leichter Lunch im Inselcafé.

Fevik

Auf dem Weg von Arendal nach Grimstadt im Süden liegt Fevik. Seine Sandstrände gelten als mit **die besten von ganz Norwegen**.

Grimstad

Zwischen Arendal und Kristiansand liegt der Urlaubsort Grimstad (18 000 Einw.). Seine Sandstrände sind wunderschön und die vorgelagerten Schären sorgen für eine idyllische Kulisse. Auch die Stadt selbst gilt als hervorragender Ort zum Ausspannen. Dazu tragen nicht zuletzt die malerischen alten Holzhäuser am Hafen bei.

Nahe der Landungsbrücke befindet sich in der Østregate im **Ibsenhuset** die ehemalige Ibsen-Apotheke, wo der berühmte Dramatiker 1843 als 15-Jähriger in die Lehre ging. In dieser Zeit schrieb er sein

Dolce Vita vor den weißen Fassaden der südnorwegischen Stadt Grimstad

erstes Drama, »Catilina«, das er 1850 unter einem Pseudonym veröffentlichte. Die authentisch eingerichteten Räume mit Manuskripten und Bildern, die Ibsen in Grimstad gemalt hat, können besichtigt werden (Öffnungszeiten: Mai bis Sept. Mo. – Sa. 11.00 – 17.00, So. ab 13.00 Uhr).

★ Mandal

Enge Gassen und viele denkmalgeschütze Häuser zeichnen die Altstadt der südlichsten Stadt an der »Norwegischen Riviera« aus, die 45 km westlich von Kristiansand liegt. Bei schönem Wetter strömen alle zum Sjøsanden, der zweifellos zu den schönsten Stränden Norwegens zählt. Eines der schönsten Gebäude von Mandal ist der alte Kaufmannshof Andorsengården (1801), heute Stadtmuseum mit Segelschiffgalerie, Fischereimuseum und einer Gemäldesammlung Mandaler Künstler (u. a. Adolf Gustav Vigeland, ► Berühmte Persönlichkeiten).

★ Kap Lindesnes

Ca. 40 km westlich von Mandal befindet sich Kap Lindesnes, der südlichste Punkt des norwegischen Festlandes, genau 2518 km vom Nordkap entfernt. Bereits 1655 wurde hier Norwegens erster Leuchtturm gebaut. Bei schönem Wetter hat man vom neuen Leuchtturm einen wunderschönen Blick. Ein besonderes Erlebnis: Kap Lindesnes im Sturm, wenn die Wellen bis zu 14 m hoch schlagen.

Lappland

G–P 1–3

Gebiet: Nordnorwegen

Zu Norwegisch-Lappland gehören die Provinzen Troms und Finnmarken. Fjorde und Sunde zerreißen die Küsten dieses einzigartigen Landstrichs. Während in Troms noch Ackerbau möglich ist, wird die Gegend nach Nordosten hin immer karger und rauer.

Die Hauptstädte der beiden Bezirke sind ► Tromsø und Vadsø. In den westlichen Finnmarken liegt der wegen seiner Felsritzungen berühmte Ort ►Alta. Ein Hauptziel in Lappland ist das ►Nordkap.

Karasjok

Stadt der Samen

Karasjok, das Tor zu Lappland, gilt als »heimliche Hauptstadt der Samen«. Hier kann man die samische Kultur eingehend studieren: in Museen, beim samisch Speisen im Zelt oder jährlich an Ostern beim großen Samenfest. Die kleine Stadt liegt an der E 6, 14 km von der finnischen Grenze entfernt am Karasjohka-Fluss. Für die Samen ist Karasjok eines ihrer wichtigsten kulturellen Zentren, hier tagt ihr

Glasklare Luft und unendliche Weite charakterisieren die Umgebung von Karasjok.

Parlament, es gibt eine eigene samische Zeitung und ein Radioprogramm. Traditionelle Betätigungsfelder der Samen wie Rentierzucht, Jagd und Fischerei bilden neben dem Fremdenverkehr die wirtschaftliche Grundlage der Stadt. Wegen der Inlandlage sind hier die Temperaturunterschiede extrem: Im Winter fällt das Thermometer manchmal auf -50 °C, während es an warmen Sommertagen auf 30 °C steigen kann. In Karasjok hält der Bus nach Rovaniemi (Finnland) sowie einmal täglich der »Nord-Norge«-Bus.

Samenzentrum

Im Samenzentrum an der Kreuzung E 6 und R 92 befinden sich außer der Touristeninformation eine Verkaufsausstellung mit samischem Kunsthandwerk und ein Restaurant, in dem man samische Gerichte probieren kann.

Samische Sammlungen

Das Samiid Vuorka Davvirat genannte Museum bietet einen guten Einblick in die Kultur und Geschichte der skandinavischen Ureinwohner mit Trachten, Wohnstätten und samischer Gebrauchskunst aus einer Messerschmiede und einer Silberschmiede (Öffnungszeiten: Juni – August Mo. – Sa. 9.00 – 18.00, So. ab 10.00 Uhr).

Themenpark Sápmi

Ebenfalls der Geschichte und Kultur der Samen gewidmet ist der Themenpark Sápmi/Land der Samen (Öffnungszeiten: Juni – Aug. 9.00 – 22.00 Uhr, sonst n. Vereinbarung, Tel. 78 48 27 00).

✶ Kautokeino

Mehr Rentiere als Menschen

Etwa 120 km südlich von Alta und 130 km südlich von Karasjok (tägliche Busverbindungen zu beiden Orten) liegt in der Finnmarksvidda die größte Samengemeinde Norwegens. Kautokeino ist die einzige norwegische Stadt mit einem offiziellen samischen Namen – **Guovdageaidnu**. Kautokeino ist mit einer Fläche von 9687 km² die größte Gemeinde Norwegens, aber hier leben nur 1500 Menschen – und etwa **100 000 Rentiere**, denn die traditionelle Rentierzucht ist auch heute noch eine wichtige Einnahmequelle in dem mehrheitlich von Samen bewohnten Dorf. Doch spielt auch der Tourismus zu allen Jahreszeiten eine große Rolle, denn die meisten Finnmark-Besucher machen hier Halt.

> **! Baedeker TIPP**
>
> **Samischer Schmuck**
>
> Den wohl schönsten traditionellen Schmuck der Finnmark bekommen Sie in Juhls Silberschmiede (2 km von Kautokeino, geöffnet: im Sommer tgl. 8.30 – 22.00, sonst 9.00 – 20.00 Uhr).

Sehenswert ist vor allem das Freilichtmuseum (Guovdageainnu Gilisillju), eine traditionelle Samensiedlung, die einen Eindruck von der Lebensweise der Samen vor 100 Jahren vermittelt (Öffnungszeiten: Mitte Juni – Mitte August Mo. – Fr. 9.00 – 19.00, Sa. und So. ab 12.00, sonst tgl. 9.00 – 15.00 Uhr).

NORWEGISCH-LAPPLAND ERLEBEN

AUSKUNFT

Karasjok Opplevelser AS
Im Themenpark Sápmi
Postboks 192, 9735 Karasjok
Tel. 78 46 88 10, Fax 78 46 88 11
www.koas.no

Kirkenes Turistinformasjon
Presteveien 1
9915 Kirkenes
Tel. 78 99 25 44, Fax 78 99 60 87
www.kirkenesinfo.no

Finnmark Tourist Board
Sorenskrivereien 13
9511 Alta
Tel. 78 44 00 20, Fax 78 43 51 84
www.visitnorthcape.com

ESSEN

► Fein & Teuer

Stor Gammen
Karasjok, Porsangervn. 3 (im Rica Hotel)
Tel. 78 46 74 00
Das Restaurant befindet sich in einer originalgetreuen Kopie einer samischen Erdhütte mit offener Feuerstelle, an der die Gerichte nach samischen Rezepten zubereitet werden. Im schummrigen Licht der Erdhütte sitzt man auf Rentierfellen und bekommt Bidos (Rentiereintopf) und geräucherte Rentierherzen serviert.

Direktørboligen
Kirkenes, Kr. Nygaardsgt. 37
Tel. 78 99 18 09
Im ehemaligen Haus des früheren Grubendirektors sind seit 2002 ein kleines exklusives Hotel und ein Restaurant untergebracht. Die Speisekarte bietet ausgesuchte Fisch- und Fleischspezialitäten, allerdings ist das Vergnügen nicht gerade preiswert. Reservierung empfohlen.

Baedeker-Empfehlung

► Madame Bongos Fjellstue

Madame Bongo alias Karen Anna Bongo ist in Kautokeino eine Legende. Besucher empfängt sie in einem ihrer »Lavvus«, einem traditionellen Samenzelt und serviert an der offenen Feuerstelle »Bidos«, einst das Festessen der Samen, einen Eintopf aus Kartoffeln und Rindfleisch. Wer möchte, kann auch preisgünstig im Zelt übernachten. Eine telefonische Voranmeldung und ein eigener Schlafsack sind alles, was man für dieses Erlebnis benötigt (Madame Bongos Fjellstue, Cunovuoppe, 11 km nordwestl. von Kautokeino, Tel. 78 48 61 60, www.kautokeino.com/bongo/).

► Erschwinglich

Arctic Restaurant
Kirkenes, Kongensgaten 1–3,
Tel. 78 99 50 00
Die Küche des Rica Arctic Hotels ist gut, vor allem die Fischgerichte.

ÜBERNACHTEN

► Komfortabel

Pasvikdalen Villmarkssenter
Tel. 78 99 50 01, Fax 78 99 53 25
Das Wildniszentrum liegt mitten im Reich der Bären an der norwegisch-russischen Grenze. 40 Zi., Küchenbenutzung und Sauna – mitten in der Wildnis. Gäste können auch Übernachtung im Samenzelt buchen.

► Günstig

Karasjok Camping und Vandrerhjem
Kautokeinoveien
Tel. 78 46 61 35, Fax 78 46 66 23
20 Hütten mit unterschiedlichem Standard, Übernachtungsmöglichkeiten in der Jugendherberge. Die Anlage ist nur 1 km vom Zentrum entfernt.

FREIZEIT UND FESTE

Outdoor-Action
Die Touristeninformation Karasjok vermittelt Bootsausflüge auf dem Karasjohka, Ausflüge zu Samensiedlungen, Hundeschlittenfahrten und Touren mit dem Motorschlitten im Winter und Goldwasch-Kurse im Sommer; weiter Angeltouren zu den weltbekannten Angelplätzen für Lachse beim Zusammenfluss von Karasjohka und Anarjohka.

Ausflug nach Murmansk
Tagestouren per Schiff oder auf dem Landweg von Kirkenes nach Murmansk können bei der Touristeninformation Kirkenes gebucht werden (Reisepass, ein Passbild und Buchung ein bis zwei Tage vorher erforderlich). Wochentags kann das Visum am Tag der Einreise beantragt werden, billiger ist es, wenn man es zwei Wochen vorher ausstellen lässt. Von Kirkenes fahren Busse nach Murmansk (Fahrzeit ca. 4 Std.). Mo. – Fr. um 14.00 und 15.00, So. um 15.00 und 16.00 Uhr (Grenseland, Tel. 78 99 25 01, www.grenseland.no). Für die Einreise mit dem Auto ist ein Autostempel im Visum erforderlich. Der Grenzübergang Storskog ist täglich von 7.00 bis 21.00 Uhr geöffnet.

Osterfeier bei den Samen
Den lebendigsten Eindruck samischer Kultur und Tradition erhält man in der Osterwoche in Kautokeino und in Karasjok. Dann heiraten viele Samen aus Norwegen, Schweden und Finnland in farbenprächtiger Festtagskleidung und tragen Wettkämpfe im Rentierschlitten- und Snowscooterrennen aus. Höhepunkt des Osterfestes ist der Sami-Grand-Prix in der Halle von Kautokeino, wo die besten Joik-Sänger gekürt werden.

MITTERNACHTSSONNE

scheint vom 20. Mai bis 20. Juli

★ Samisches Kulturzentrum

In dem architektonisch interessanten Kulturhaus, das an ein samisches Zelt erinnert, sind das Institut der Nordischen Samen (Nordisk Samisk Institutt) samt Bibliothek und Theater untergebracht. Hier erhält man Informationsmaterial zur Kultur der Samen. Des Weiteren gibt es hier eine samische Hochschule für die Lehrerausbildung und eine Berufsschule (Rentierwirtschaft).

Sehenswertes am Varangerfjord

Kirkenes

Die Hafen- und Industriestadt Kirkenes (6000 Einw.) liegt an der Südseite des Varangerfjords. Als sich deutsche und russische Truppen Ende 1944 heftige Kämpfe lieferten, wurde Kirkenes mit seinen Industrieanlagen zerstört, sodass man historische Gebäude vergebens sucht. Ursprünglich war Kirkenes ein Hafen zur Verschiffung des 11 km südlich am See Bjørnevatn geförderten Eisenerzes, doch die Gruben wurden 1996 stillgelegt. Inzwischen hofft die Stadtverwaltung auf eine Belebung des Handels mit Russland sowie der Erdölförderung in der Barentssee. In den Docks der norwegischen Kværner-Werft liegen vor allem russische Schiffe zur Überholung. Die russische Grenze mit dem Grenzposten Storskog verläuft nur

Rentiere stellen für viele Samen noch immer die Existenzgrundlage dar.

wenige Kilometer vom Stadtzentrum entfernt und seit der Öffnung der Grenzen nach Osten hat sich unweit des Hafens der **»Russen-Markt«** etabliert. Die Russen bieten billige Zigaretten und Wodka. Im Gegenzug erhalten sie westliche Konsumgüter.

Vadsø Vadsø (6000 Ew.) ist das Verwaltungszentrum der Finnmark. Im 19. Jh. wanderten so viele Finnen ein, dass der Fischereiort auch »finnische Hauptstadt« in Norwegen genannt wurde. Sehenswert ist das **Vadsø-Museum**, das in erster Linie der Geschichte der finnischen Einwanderer gewidmet ist (Öffnungszeiten: Mitte Juni – Mitte Aug. Mo. – Fr. 11.00 – 18.00, Sa./So. bis 16.00 Uhr). Die Türme der 1958 gebauten **»Eismeerkirche«** sollen Eisberge symbolisieren.

Vardø Als einer der östlichsten Orte Norwegens liegt Vardø direkt an der Eismeerküste auf einer Insel, die mit dem Festland durch einen 3 km langen Unterwassertunnel verbunden ist. Während des Kalten Krieges besaß Vardø große Bedeutung für das Frühwarnsystem der NATO, doch die Kuppeln, die die Szenerie der Stadt beherrschen, dienen heute auch zivilen Zwecken. Zwei Drittel der Stadt wurden in den Kriegsjahren 1942 bis 1944 zerstört, aber inzwischen modern wieder aufgebaut. Die Festung Vardøhus, die nördlichste Festung der Welt, wurde bereits im 14. Jh. angelegt und vom dänischen König Christian 1734 – 1738 in achteckiger Sternform umgebaut. Wenn nach der langen Winterdunkelheit um den 22. Januar die Sonne wieder am Horizont erscheint, werden die Kanonen der Festung abgefeuert und die Kinder bekommen schulfrei.

★ Festung Vardøhus ▶

Seit 1893 verkehren Schiffe auf der Reichsstraße Nr. 1.

DIE SCHÖNSTE SEEREISE DER WELT

Kennen Sie die Reichsstraße Nr. 1? Sie werden sie auf keiner Karte finden, obwohl sie für viele Norweger die wichtigste Verkehrsader des Landes ist. Es ist die »Hurtigruten«, die Schifffahrtslinie, die täglich alle Hafenstädte an der Küste zwischen West- und Nordnorwegen anläuft.

Elf Schiffe verbinden 34 Orte auf der 2300 km langen Strecke von Bergen bis nach Kirkenes an der russischen Grenze im hohen Nordnorwegen. Manche der Etappen unterwegs waren bis vor wenigen Jahrzehnten nur mit den Postdampfern der Hurtigrute zu erreichen. Der Küstenexpress transportiert Einheimische, die in Nachbarhäfen Geschäfte zu erledigen haben, Berufspendler, Reisende, Post, Waren und Autos. Letztere werden, auf recht abenteuerliche Weise in Ladenetzen verzurrt, an Bord gehievt. Der **Golfstrom** sorgt dafür, dass die norwegischen Häfen das ganze Jahr über eisfrei bleiben. Die Nordlandfahrt mit der Hurtigrute ist längst auch touristische Attraktion, fahren doch die Schiffe fast die ganze Zeit in Sichtweite der Küsten, so dass sich **grandiose Panoramen** bieten: Fjorde, Berge, Gletscher, Inseln und subarktische Vegetation ziehen auf der Fahrt nach Norden vorbei, von Erlebnissen wie Mitternachtssonne und Polarlicht gar nicht erst zu reden. Kurzum: eine komfortable **Norwegenreise im Kompaktformat,** ideal und erholsam für alle, die einen Autourlaub durch das große Land als viel zu strapaziös empfinden. Sechs Tage dauert die Fahrt; hin und zurück elf Tage, wobei die Häfen, die man auf der Hinfahrt nachts angelaufen hatte, auf dem Rückweg tagsüber zu sehen sind. Man versäumt also nichts.

Raus aus der Isolation

1891 beauftragte der für die norwegische Dampfschifffahrt zuständige Referent A. K. Gran die Reederei Vesterålens Dampskibsselskap in Stokmarknes, zwischen Trondheim und Hammerfest eine Schiffsverbindung einzurichten. Teilstrecken gab es

Von Bergen bis Kirkenes machen die Schiffe der Hurtigrute fest.

zwar schon, aber wegen der **Dunkelheit der nordischen Winter** wurden viele Buchten und Inseln nur so lange angefahren, wie man die zahllosen Klippen und Inselchen noch sehen konnte. Für abgelegene Orte bedeutete dies monatelange Isolation. Der Reeder Richard With von den Vesterålen hatte die Idee, die norwegische Küste ganzjährig zu verbinden, was den Zeitgenossen zu gefährlich erschien. Doch With ließ genaue **Navigationstabellen** anfertigen, sodass die Kapitäne auch in der Dunkelheit sturmumtoster Polarnächte mit Hilfe von Uhr und Kompass präzisen Kurs halten konnten. Am 2. Juli 1893 verließ Withs Schiff »Vesterålen« erstmals den Trondheim-Fjord nach Hammerfest. Die zwischen 6000 und 11 000 Bruttoregistertonnen schweren Schiffe (die zwei jüngsten Schiffe zählen 15 000 t) fassen 550 bis 1000 Passagiere (davon 312 bis 674 Kajütenpassagiere). Wer keine Kabine hat, kann sich an Deck mit einer Tagesfahrt bis zum nächsten Hafen begnügen.

Luxus hier, Arbeit dort

Das einzige Unglück in mehr als 100 Jahren Dienst ereignete sich 1964, als ein Schiff mit 64 Menschen in die Tiefe ging. Die Hurtig-Dampfer sind **modern und sicher**, die neueren Schiffe sind mit Saunen, Fitnessräumen, Gourmetrestaurants und Bars ausgestattet und machen Kreuzfahrtschif-

Hochmoderne Schiffe befahren die Hurtigruten.

fen Konkurrenz. Der **Glamour** großer Kreuzfahrtlinien geht den älteren Schiffen völlig ab, man merkt ihnen an, dass es Arbeitstiere sind. Dort gibt es weder Dinnerpartys noch sonstigen Luxus. Dafür kann man der Besatzung im Dienst zusehen und an Bord das Alltagsleben mit den bis zur nächsten Station mitfahrenden Einheimischen teilen, so, als ob man im Bus sitzt. Ende der 1970er-Jahre plante die Regierung in Oslo, die **Subventionen** für die Hurtigrute einzustellen. Die Protestschreie hallten die ganze Küste hinauf, sodass man Abstand von diesen Plänen nahm. Ein **Kompromiss** sieht vor, dass die beiden Fährgesellschaften, die die Schiffe der Hurtigrute betreiben, 2005 bis 2012 rund 1,9 Mia. NOK vom Staat erhalten, sich im Gegenzug aber verpflichten, wie gehabt ganzjährig alle 34 Häfen anzulaufen, auch die finanziell wenig lukrativen zwischen Tromsø und Kirkenes.

Vergnügen pur

So alltäglich die Hurtigrute für die norwegischen Passagiere ist, so spektakulär erscheint sie den mitfahrenden Ausländern. Auf dieser »schönsten Seereise der Welt« gehen die Uhren anders. Gemächlich gleitet das Schiff zwischen den Schären hindurch. Die Urlauber verbringen fast jede Minute an Deck, um den Anblick der wechselnden Küstenlandschaften zu genießen: die aus dem Meer aufsteigenden Felswände der **Lofoten,** die Einfahrt in enge Fjorde wie den Trollfjord oder die karge Tundra der Finnmark.

Einige Reiseveranstalter verbinden die Aufenthalte am Kai mit Bustouren zu landeinwärts gelegenen Sehenswürdigkeiten. Zu den Höhepunkten einer Hurtig-Fahrt gehört die **Überschreitung des Polarkreises** auf 66,5° nördlicher Breite, die meistens mit einer kleinen Feier verbunden ist. Pauschalangebote mit Anreise per Flug oder Fähre und Bahn können bei der Norwegischen Schifffahrts-Agentur (Kleine Johannisstraße 10, D-20457 Hamburg, 040/ 37 69 30, www.hurtigruten.de) gebucht werden. Mutige (oder Sparsame) fahren im Winter, um bei rauer See und dämmerigem **Polarlicht** die Schönheit des Nordens zu erleben.

★ Lillehammer

E 6

Gebiet: Südnorwegen **Höhe:** 180 m ü.d.M.
Einwohnerzahl: 25 000

Seit den Olympischen Winterspielen 1994 ist der beliebte Urlaubsort auch international bekannt. Vom Turm der Sprungschanze hat man einen atemberaubenden Blick über die Stadt, die sehr schön liegt und im Sommer ein recht mildes Klima hat.

Sehenswertes in Lillehammer

Innenstadt Der Fluss Mesna, dessen Ufer von zahlreichen Restaurants gesäumt werden, trennt die Stadt. Recht malerisch erscheint die Geschäftsstraße Storgata dank ihrer bunten Holzhäuser. Auf dem Marktplatz (Stortorget) lohnt das architektonisch interessante **Kunstmuseum** einen Besuch. Es zeigt Werke der norwegischen Maler J. C. Dahl, A. Tidemand, Erik Werenskiold, Christian Krohg und Edvard Munch.

Fahrzeugmuseum Eine besondere Attraktion ist das erste Fahrzeugmuseum Norwegens (Norsk Kjøretøyhistorisk Museum) am Lilletorget, das die Entwicklung der fahrbaren Untersätze vom Schlitten über Pferdekutschen bis zum Automobil zeigt (Öffnungszeiten: Mitte Juni – Mitte August tgl. 10.00 – 18.00, sonst 11.00 – 15.00 Uhr).

Lillehammer Orientierung

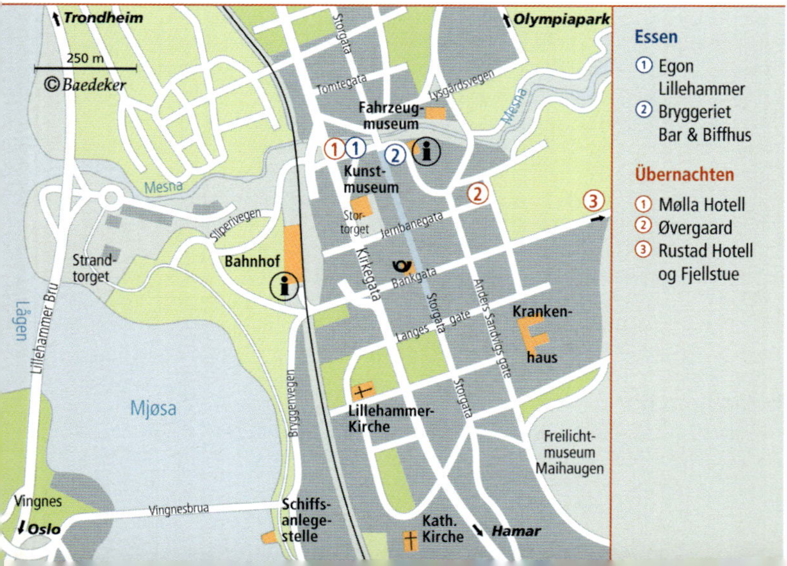

LILLEHAMMER ERLEBEN

AUSKUNFT

Lillehammer
Jernbanetorget 2
2601 Lillehammer
Tel. 61 28 98 00
Fax 61 28 98 01
www.lillehammerturist.no

ESSEN

▶ Fein & Teuer

Belvedere
Gjøvik, Hans Mustadsgt. 14
Tel. 61 18 02 58
Dieses erstklassige Restaurant befindet sich in einer repräsentativen Villa oberhalb der Stadt Gjøvik.

▶ Erschwinglich

② ***Bryggeriet Bar & Biffhus***
Lillehammer
Elvegatan 19
Tel. 61 27 06 60
Restaurant und Bar im Bierkeller mit guten und großen Steaks im Angebot. Im gleichen Haus befindet sich der Nachtclub Brenneriet.

① ***Egon Lillehammer***
Elvegaten 12, Tel. 61 25 23 40
In einer alten Mühle eingerichtetes Restaurant der Egon-Restaurant-Kette. Hier finden auch Kinder immer etwas Passendes auf der Speisekarte.

ÜBERNACHTEN

▶ Komfortabel

③ ***Rustad Hotell og Fjellstue***
Lillehammer, Sjusjøn
Tel. 62 36 34 08
Fax 62 36 35 74
89 B., www.rustadhotel.com
In herrlicher Berglandschaft am Sjusjø-See liegt dieses rustikale Hotel, das vor allem von Anglern, Wanderern und Wintersportlern besucht wird.

① ***Mølla Hotell***
Lillehammer, Elvegaten 12
Tel. 61 05 70 80
Fax 61 05 70 81
www.mollahotell.no
130 Jahre lang wurde in der Mühle mitten in der Stadt am Fluss Mesnelva Korn gemahlen, bis das Gebäude 1991 zu einem ungewöhnlichen Hotel umgebaut wurde. Alle Zimmer sind mit rustikalen Kiefernmöbeln eingerichtet. Von der Bar genießt man den besten Blick über die Stadt.

Quality Hotel Grand
Gjøvik, Jernbanegt. 5
Tel. 61 14 00 00
Fax 61 14 00 01
82 Zi., www.choicehotels.no
Traditionsreiches, dennoch regelmäßig modernisiertes Haus in der Nähe der Olympia-Felsenhalle. Sein amerikanisches Restaurant ist im weiten Umkreis berühmt.

▶ Günstig

② ***Øvergaard***
Lillehammer, Jernbanegt. 24
Tel. 61 25 99 99
Fax 61 26 02 26
Das über 150 Jahre alte Gebäude bietet in ruhiger, familienfreundlicher Lage Zimmer oberhalb des Zentrums an, das man noch bequem zu Fuß erreicht.

AUSFLÜGE

Sehr schön ist die Fahrt über den Mjøsa-See auf dem Raddampfer »Skibladner« (Mitte Juni – Mitte Aug. Südroute von Gjøvik (Abfahrt 9.30 Uhr) über Hamar nach Eidsvoll und zurück; Nordroute von Gjøvik (Abfahrt 12.30 Uhr) über Molev nach Lillehammer und zurück (Fahrplan unter www.skibladner.no).

★ **Olympiapark**

Wenig abseits der Fußgängerzone beginnen die olympischen Sportanlagen. Zuerst gelangt man zu dem in traditioneller norwegischer Architektur gebauten **Olympischen Dorf** oberhalb der Stadt und zur **Håkon-Halle** (Stampesletta), die heute für Sportveranstaltungen und Konzerte genutzt wird und das **Olympische Museum** beherbergt, das alle Olympischen Spiele von 1896 bis heute beleuchtet (Öffnungszeiten: Mitte Juni – Mitte Sept. tgl. 10.00 – 18.00 Uhr).

Etwas anstrengender ist der Aufstieg zur **Schanzenanlage** Lysgårdbakkene (Kantvegen) mit einer 120 m hohen Großschanze und einer 90 m hohen Normalschanze. Mit einem Sessellift kann man täglich zwischen 11.00 und 16.00 Uhr auf den Turm hinauffahren und von hier einen umfassenden Blick über die Stadt und den Mjøsa-See genießen. Ganz oben auf dem Berg liegt das **Birkebeiner-Skistadion** mit dem 55 km langen Birkebeinerveien, den einst die Skilangläufer nutzten und wo man nun ausgedehnte Spaziergänge machen kann. Der Name Birkebeiner geht auf Skilangläufer aus dem 13. Jh. zurück, die Birkenrinde als Gamaschen trugen.

★★ **Freilichtmuseum Maihaugen**

Die Hauptattraktion von Lillehammer ist das 40 ha große Freilichtmuseum **Maihaugen** am südöstlichen Stadtrand. 1887 wurde es von dem Zahnarzt Anders Sandvig (1862 – 1950) gegründet, der vieles von dem vermeintlich unnützen alten Kram sammelte, den sei-

Zahlreiche Sportstätten entstanden im Zuge der Olympischen Spiele in Lillehammer und Umgebung, hier die Olympiahalle von Hamar.

ne Patienten eigentlich wegwerfen wollten. Das Museum umfasst über 175 Gebäude aus dem Gudbrandsdal in natürlicher Umgebung zwischen Teichen, Bächen und Bäumen. Die alten Bauernhäuser und Hofanlagen mit Stallungen, Scheunen und Speichern wurden in ihrer ursprünglichen Gestalt hier aufgebaut und zum Teil vollständig eingerichtet. Der älteste Bau auf dem Museumsgelände ist die **Stabkirche von Garmo** (um 1200). In einem der Häuser werden täglich dünne Fladenbrote auf der Feuerstelle gebacken – man kann sie kostenlos probieren. Im neuen Museumsgebäude sind alte Werkstätten mit mehr als 30 verschiedenen Handwerksberufen zu sehen: z. B. Radmacher, Schuster, Schmied, Korbflechter, Steinmetz oder Sattler. Insgesamt ist die Sammlung hervorragend aufbereitet und für alle Altersgruppen das reinste Vergnügen (Öffnungszeiten: Mitte Mai – Ende Sept. tgl. 10.00 – 17.00, Anfang Okt. – Mitte Mai 11.00 – 16.00 Uhr, www.maihaugen.no).

Freilichtmuseum Maihaugen

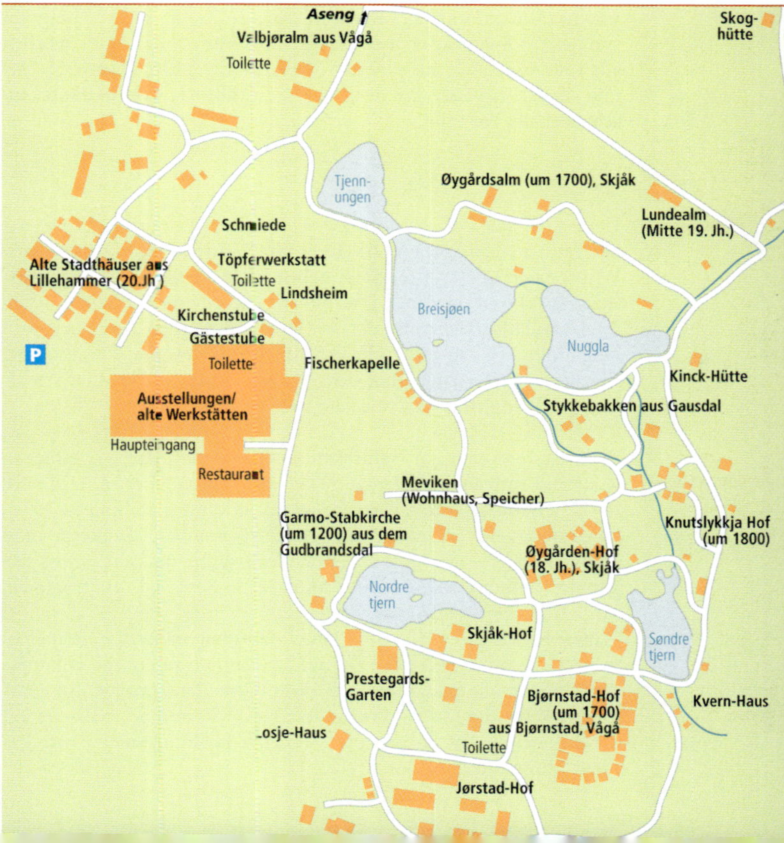

✶ Mjøsa-See

Norwegens größter See

Mitten in der Kornkammer Norwegens, eingebettet in Hügel, Wälder und umgeben von stattlichen Bauernhöfen liegt der größte See des Landes (362 km²). An seinen Ufern gibt es unzählige Campingplätze und Badebuchten. Wenn im Frühsommer das Schmelzwasser in den Mjøsa fließt, erhält der See eine ganz besondere, grünliche Farbe. Bekannt ist der Mjøsa auch für seinen Reichtum an Forellen.

✶ Eidsvoll

Wenige Kilometer südlich des Mjøsa liegt östlich der E 6 (ausgeschildert) eines der Nationalheiligtümer Norwegens: das alte Herrenhaus von Eidsvoll, in dessen Reichssaal 112 Repräsentanten des Landes am 17. Mai 1814 Norwegens erste Verfassung verabschiedeten (Öffnungszeiten: Mitte Juni – Mitte Aug. tgl. 10.00 – 17.00, sonst 10.00 bis 15.00 Uhr).

✶ Olympische Felsenhalle

1994 während der 17. Olympischen Winterspiele erhielt **Gjøvik** (27 000 Einw.), der Hauptort der Region Toten, eine bisher nie dagewesene Aufmerksamkeit. Denn in der 120 m tief in den Berg gesprengten Olympischen Felsenhalle im Zentrum der Stadt wurden alle Eishockeyspiele ausgetragen. Mit einer Grundfläche von 5550 m² und 5830 Sitzplätzen ist die Halle die **größte in Fels gebaute Zuschauerhalle der Erde**.

✶ Hamar

Olympiahalle

Hamar (27 000 Ew.) liegt wunderschön am Ostufer des Mjøsa-Sees, der hier in den Furnesfjord übergeht. Während der Olympischen Winterspiele 1994 war die Stadt neben Lillehammer und Gjøvik Austragungsort verschiedener Disziplinen. Die Olympiahalle, die durch ihre markante Dachkonstruktion (96 x 110 m) den Beinamen »Vikingskipet« (Wikingerschiff) erhielt, ist die größte freigespannte Konstruktion der Welt (Bild siehe S. 266). Heute werden hier vor allem Wettkämpfe im Eisschnelllauf ausgetragen.

✶ Museen in Hamar

Viel Zeit kann man im **Freilichtmuseum Hedmark** am südwestlichen Stadtrand verbringen. Es zeigt 50 Gebäude aus der Region Hedmark (ältester Bau von 1583), dazu die restaurierte Burg. Raffinierte Holzkonstruktionen, Schutzdächer aus Glas, Rampen, Laufstege und Treppen bilden eine stimmungsvolle Kulisse für die zahlreichen Exponate (Öffnungszeiten: Mitte Mai – Mitte Sept. tgl. 10.00 – 16.00, Mitte Juni – Mitte August bis 18.00 Uhr).
Hamar besitzt das größte und älteste **Eisenbahnmuseum** (Jernbanemuseet) Skandinaviens. Zur Sammlung gehören zahlreiche Lokomotiven, prunkvolle Salonwagen und historische Bahnanlagen. Im Sommer verkehrt die Museumsbahn Tertitten (750 mm Schmalspur) auf der 1,5 km langen Strecke bis Killingmo (Öffnungszeiten: wie das Freilichtmuseum, s.o.).

★★ Lofoten

E-G 2/3

Gebiet: Nordland **Fläche:** 1308 km²
Einwohnerzahl: 25 000

Über 1000 m hohe Berge mit scharfzackigen Gipfeln ragen auf den Lofoten senkrecht aus dem Meer, Seevögel ziehen in Schwärmen auf Nahrungssuche aus, kleine Fischerdörfer bringen Farbe in die Buchten und das nordische Licht ist hier unvergleichlich.

Raue Schönheit

Die Lofoten (norweg. nur in der Einzahl gebraucht; -en ist der angehängte Artikel) bestehen aus einer fast 150 km langen Inselkette. Die vier größten Inseln sind Austvågøy, Vestvågøy, Moskenesøy und Flakstadøy. Ein Schwarm von Schären und Vogelfelsen umgibt die Hauptinseln und auf einigen Bergen (bis 1266 m) liegt sogar Schnee. Nahe dem Meeresufer liegen Sümpfe und Landseen, Wiesen und sogar einige Felder. Das Küstenklima sorgt für milde Winter und verhältnismäßig kühle Sommer. Zu den Freizeitaktivitäten gehören Angeln, Bergwandern und Jagen.

Zauber der Lofoten am Strand bei Utakleiv auf der Insel Vestvågøy

LOFOTEN ERLEBEN

ANREISE

Die Lofoten werden von den Schiffen der Hurtigrute angelaufen (von Bodø nach Svolvær 6 Std.); ferner gibt es Schiffsverbindungen von Svolvær nach Skutvik (2 Std.) oder Narvik (mit dem Express-Schiff 3,5 Std.) und tägliche Flugverbindungen von Bodø und Evenes nach Svolvær, Røst und Leknes. Erst seit kurzem sind die Lofoten für den Pkw-Verkehr vollständig erschlossen.

AUSKUNFT

Destinasjon Lofoten
8301 Svolvær
Torget (zwischen Hurtigruten-Anleger und Marktplatz)
Tel. 76 06 98 00, Fax 76 07 30 01
www.lofoten-tourist.no

ESSEN

► Fein & Teuer

Fiskekrogen
Henningsvær, Tel. 76 07 46 52
Wie wäre es mit einer Portion Stockfisch oder Grenadierfisch? In diesem gemütlichen Hafenrestaurant kann man sicher sein, dass die Fischgerichte auf echt norwegische Art zubereitet werden.

► Erschwinglich

Børsen Spiseri
Svolvær, Gunnar Bergsv. 2
Tel. 76 06 99 30
Das Kaihaus von 1828, einst Fischannahmestelle und das älteste erhaltene Hafengebäude des Ortes, bietet den einzigartigen Rahmen für ein gutes Essen. Das Innere ist durch das vom Alter gezeichnete Holz rustikal, im Gegensatz zum Essen, das filigran angerichtet serviert wird. Als Vorspeise sollte man »En smak av Lofoten« mit allerlei Typischem genießen.

ÜBERNACHTEN

► Komfortabel

Nusfjord Rorbuanlegg
Ramberg
Tel. 76 09 30 20, Fax 76 09 33 78
34 Rorbus, nusfjord@rica.no
Eine schönere Lofotenkulisse als in Nusfjord gibt es nirgendwo. Rote Rorbus, ein winziger Hafen, ein alter Kaufmannsladen und im Hintergrund eine grandiose Bergkulisse. Die Rorbus haben unterschiedlichen Standard, von einfach bis komfortabel, liegen aber alle wunderschön.

Henningsvær Bryggehotel
Henningsvær
Tel. 76 07 47 50, Fax 76 07 47 30
www.henningsvaer.no
Das 1995 direkt am Wasser erbaute Hotel passt sich hervorragend in das Ortsbild des größten Fischerhafens der Lofoten ein. 31 komfortable Zimmer mit Aussicht auf die steil aufragenden Berge.

► Günstig

Justad Rorbuer og Vandrerhjem
Stamsund
Tel. 76 08 93 34
Fax 76 08 97 39
Im Sommer ist die Jugendherberge fast immer ausgebucht, denn sie liegt nicht weit vom Hurtigruten-Anleger entfernt und ist Ziel vieler Rucksacktouristen. Neben Mehrbettzimmern können auch komfortable Hütten gemietet werden. Die Angelmöglichkeiten sind hier gut.

AUSFLÜGE

Die beliebteste Tagestour zum Trollfjord führt von Svolvær mit dem Bus über Fiskebøl nach Stokmarknes und von dort mit dem Hurtigruten-Schiff über den Trollfjord zurück.

Lofotfischerei

Den Haupterwerbszweig der Bevölkerung bildet der Fischfang, der von Februar bis April stattfindet. Schon im 11. Jh. waren die Lofotfischer in meist offenen Ruderbooten oft mehrere Wochen an der Küste entlang unterwegs. Sie übernachteten in kleinen Holzhütten (Rorbuer = Rudererhäuser), die auf Pfählen im Wasser stehen. Heute gelten diese als die typische Ferienunterkunft auf den Lofoten, wo längst auch der Tourismus eine wichtige Einnahmequelle bildet.
Den Hauptanteil der Fänge stellt der Dorsch, der von Anfang Januar an von der Barentssee zum Laichen an die Küste schwimmt. Wurden 1980 140 Mio. t Dorsch angelandet, sind es jetzt nur noch 10 000 bis 15 000 Tonnen, trotz Echolot und anderer hochmoderner Fangmethoden. Seit Jahren schränken Quotenregelungen den Fischfang ein, damit sich die Bestände wieder erholen können. Einige Familien sind auf den Fang von Zwergwalen sowie die Aufzucht von Lachsen und Forellen umgestiegen.

Austvågøy

Svolvær

Hauptort und Verwaltungszentrum der Lofoten ist Svolvær an der Südküste der Insel Austvågøy. Die kleine Stadt hat etwa 4000 Einwohner, ist der zentrale Fischereihafen und bedeutendste Handelsort der Inseln. Werke zahlreicher Maler, die auf den Lofoten Motive fanden, findet man im **»Nordnorsk Kunstnernesentrum«** auf Svinøya.
Nördlich von Svolvær ragt der steile **Blåtind** auf (597 m ü. d. M.; hin und zurück für Geübte 5 Std.). Von dort bietet sich eine herrliche Aussicht.

✶✶ Trollfjord

Vom Raftsund aus führt eine enge Felseneinfahrt westlich in den schmalen Trollfjord hinein, in dessen Hintergrund schneebedeckte Tausender aufragen, die eindrucksvoll aus dem Bergsee Trollfjordvatn aufsteigen.

✶ Kabelvåg

Rund 10 km südwestlich von Svolvær (Bus) liegt Kabelvåg mit schön restaurierten Holzhäusern aus dem 19. Jh., heute großteils Ferienhäuser. Sehenswert sind ein Fischereimuseum und das **Lofot-Aquarium** mit Fischen und Seehunden des Vestfjords. In der bekannten Galerie Espolin sind die Werke des Nordland-Malers Kåre Espolin Johnson zu sehen (Öffnungszeiten: 15. Juni – 15. Aug. tgl. 9.00 bis 20.00 Uhr, Anfang Juni und Ende Aug. bis 18.00 Uhr).

✶ Henningsvær

An der vom 942 m hohen Vågakallen (Aufstieg 3,5 Std.) überragten Südwestspitze von Austvågøy liegt Festvåg; von dort gelangt man über eine Brücke zur Fischersiedlung Henningsvær, wo sich im Winter eine große Fischereiflotte versammelt. Der Hafen des »Venedigs des Nordens« gehört zu den beliebtesten Fotomotiven. Viele Gäste besuchen die Galerie des norwegischen Künstlers Karl Erik Harr (Öffnungszeiten: tgl. 10.00 – 18.00, Mitte Juni – Mitte Aug. 9.00 bis 21.00 Uhr).

Vestvågøy

Stamsund An der Südostküste der großen Lofot-Insel Vestvågøy (11 000 Ew.) liegt Stamsund, einer der bedeutendsten Fischereiorte des Archipels und Verkehrszentrum der Westlofoten. Auf der Meerseite von Vestvågøy gibt es in der Bucht Vikspollen wahre **Traumstrände** – feiner weißer Sand vor einer imposanten, üppig grünen Bergkulisse. Auch wenn die Sonne scheint, ist das Wasser hier allerdings ziemlich frisch!

Gestelle mit Trockenfisch säumen die Küste der Lofoten.

14 km von Leknes entfernt wurden in **Borg** an der E 10 Reste der größten Häuser entdeckt, die aus der Wikingerzeit bekannt sind: beachtliche 83 x 8 m misst die Grundfläche des Häuptlingswohnsitzes. Das rekonstruierte Gebäude beherbergt ein sehr gut aufgemachtes **Wikingermuseum**. Im Wohnbereich wird gewebt, gestrickt, gesponnen und gefärbt, während in der früheren Versammlungshalle der Wikinger-Siedlung Gerichte nach Originalrezepten serviert werden (Öffnungszeiten: Ende Mai – Anfang Sept. 10.00 – 19.00, sonst 13.00 – 15.00 Uhr).

Flakstadøy

Ramberg An der Nordwestküste der Insel Flakstadøy liegt der kleine Ort Ramberg (Ferienhäuser in Nusfjord). Unweit östlich steht die Kirche (1780) von Flakstad, einst aus Treibholz erbaut. Dem offenen Meer zugewandt, haben die 300 Einwohner Blick auf den herrlichen **weißen Sandstrand von Ramberg**.

★ **Nusfjord** Etwa 10 km nach der Fahrt durch den Nappstraumen-Tunnel zweigt eine Landstraße in das hübsche Fischerdorf Nusfjord ab. Als eines der am besten erhaltenen Lofotendörfer wurde es auf die Liste der erhaltenswerten Kulturdenkmäler der **UNESCO** gesetzt. Viele Rorbuer sind zu mieten, und Berufsfischer bieten Angelfahrten an – hierbei sollte man sich warm anziehen!

Moskenesøy

Reine, Å Der Hauptort der Insel Moskenesøy ist die Fischersiedlung Reine (Ferienhäuser) am Kirkefjord, Lieblingsaufenthalt zahlreicher Maler und Bergsteiger. Rund 10 km südwestlich liegt der kleine Ort **Å**, der

Endpunkt der Lofotenstraße. Von den Anhöhen über dem Ort blickt man auf den Gezeitenstrom Moskenstraumen zwischen dem Kap Lofotodden und der Insel Mosken; Jules Verne und Edgar Allan Poe beschrieben ihn als »Mahlstrom«.

Fahrt zur Insel Værøy

Von Reine aus kann man eine Bootsfahrt zu der südwestlich gelegenen Insel Værøy unternehmen (nur für Seetüchtige!), auf der nur 760 Menschen wohnen. Im Süden erhebt sich das Mostadgebirge, ein **Vogelparadies**, in dem sommers über eine Million Vögel brüten: Papageitaucher, Larventaucher, Lummen, Scharben, Stummelmöwen und Seeadler. Man erreicht die Vogelberge mit dem Mietboot (20 min.) vom Ort Værøy. Auf der Insel gibt es die letzten Exemplare einer merkwürdigen Hunderasse mit sechs Zehen, Papageitaucherhund genannt, da er zur Jagd auf diese Vögel benutzt wird.

✶ Vogelfelsen

Ebenfalls von Reine (Fahrzeit ca. 5 Std.) oder Værøy (2,25 Std.) aus führen Bootsfahrten zum letzten Außenposten der Zivilisation: der fast 100 km vom Festland entfernten **Inselgruppe Røst** mit hoch aufragenden Vogelfelsen (Vedøy, Storfjell, Stavøy, Trenyken und Hernyken). Hier findet sich **die größte Vogelkolonie Skandinaviens**, die u.a. drei Mio. Papageitaucher und seltene Arten wie die große und die kleine Sturmschwalbe sowie Eissturmvögel umfasst.

Narvik

H 2

Gebiet: Nordnorwegen **Einwohnerzahl:** 18 500

In Narvik wird Eisenerz aus dem schwedischen Kiruna verschifft. Das weckte im Zweiten Weltkrieg Begehrlichkeiten und beim Kampf um den Erzhafen wurde die Stadt fast völlig zerstört. Wer das Monumentale liebt, sollte sich unbedingt ansehen, wie heute das Erz verladen wird.

Verteiler für Erz aus Schweden

Narvik war als Endpunkt der Ofotbahn, die aus dem schwedischen Erzrevier bei ► Kiruna kommt, sowie als eisfreier Hafen lange wirtschaftlich sehr wichtig. Seit mehrere Entwicklungsländer, etwa Brasilien, Eisenerz billiger anbieten und damit die Nachfrage nach dem kostenintensiver zu fördernden Schwedenerz zurückgegangen ist, hat die Bedeutung Narviks abgenommen; nur noch rund 300 Menschen finden heute Arbeit im Erzhafen.

Im Krieg zerstört

Im Zweiten Weltkrieg ging die Stadt beim Kampf zwischen Deutschen und Alliierten im Bombenhagel unter. Im Zuge des Wiederaufbaus in den 1950er-Jahren wurden anstelle der alten Holzhäuser wenig ansprechende Steinbauten errichtet. Den meisten Besuchern dient Narvik als Zwischenstopp auf dem Weg zum Nordkap.

NARVIK ERLEBEN

AUSKUNFT

Destination Narvik
Kongensgt. 26
8505 Narvik
Tel. 76 96 56 00, Fax 76 96 56 09
www.narvikinfo.no

AUSFLÜGE

Bei gutem Wetter ist ein Ausflug zur schwedischen Grenze mit der Ofotbahn sehr lohnend, die in drei Stunden vom Fjord in die arktische Hochgebirgsregion und zurück fährt. Eine tolle Aussicht haben aber nur die, die auf der linken Seite (in Fahrtrichtung) sitzen! Abfahrt im Hauptbahnhof Narvik.

ESSEN

► Erschwinglich

Astrupkjelleren
Kinobakken 1
Tel. 76 96 04 02
Einfaches Restaurant in einem der ältesten Gebäude Narviks, erbaut im Jahre 1903. Neben traditionellen Fleisch-, Wild- und Fischgerichten (unter anderem gibt es Seeteufel) werden Pizza und Kinderteller serviert.

ÜBERNACHTEN / ESSEN

► Komfortabel

Hotel Victoria
Dronningensgt. 58
Tel. 76 96 28 00
Fax 76 96 28 50
28 Zi., www.victoria-hotel.net
Von außen wirkt das Hotel etwas nüchtern, die Zimmer sind nicht übermäßig groß, aber gepflegt. Im gleichen Haus befindet sich die Jugendherberge, wo man in Mehrbettzimmern günstig übernachtet.

Baedeker-Empfehlung

Edvardas Hus
Tranøy
Tel. 75 77 21 82, Fax 75 77 22 21
www.edvardashus.no
Das kleine Hotel Edvardas Hus wurde nicht umsonst mit einem Kulturpreis ausgezeichnet. Nur neun Zimmer gibt es in dem eleganten Holzhaus, alle individuell und liebevoll eingerichtet. Doch den unvergleichlichen Charme dieses Hauses macht der Service aus. Hier fühlt man sich wie zu Hause und wird rundum verwöhnt.

Die Ofotbahn verbindet Norwegen und Schweden.

Sehenswertes in Narvik und Umgebung

Das schwedische Eisenerz wird über lange Fördereinrichtungen zu verschiedenen Lagern und zum Malmkai (Erzkai) gebracht. Durch den Ausbau des Hafens können Erzfrachter mit bis zu 350 000 t Fassungsvermögen beladen werden. Die Jahresumschlagskapazität liegt heute bei rund 14 Mio. t. (Die Besichtigungen des Geländes der schwedischen Firma LKAB organsiert die Touristeninformation, Termine der Touren sind auch unter www.lkab.com abrufbar). ✶ **Erzhafen** ⌚

Südöstlich von Narvik erhebt sich das 1250 m hohe Fagernesfjell. Bis in 700 m Höhe führt eine Schwebebahn (an der Bergstation steht ein Restaurant). An den Berghängen um Narvik gibt es **sehr gute Alpinsportanlagen**, die auch regelmäßig für Skirennen genutzt werden. **Fagernesfjell**

Südlich von Narvik zweigt bei Ulvsvåg die R 81 nach Hamarøy ab. Lohnend ist diese Inselgruppe wegen der schroffen Bergwelt, die der auf den Lofoten in nichts nachsteht. Das kleine **Hamsunmuseum**, das dem Schriftsteller einstmals als Wohnhaus diente, ist so sehenswert wie die Skulptur »Stella Maris« von Steinar Christensen, ein Beitrag zur Skulpturenlandschaft Nordland. **Hamarøy**

✶ Nordfjord

B/C 6

Gebiet: Westnorwegen

Der enge Nordfjord gilt als einer der schönsten Fjorde in Norwegen. Unzählige Wasserfälle donnern von seinen Felsflanken hinab, an den Ufern liegen idyllische Fischerdörfer und einsame Strände.

Am Südufer entlang

Am imponierendsten ist die Anfahrt von Osten kommend über die alte, geschotterte Strynefjellstraße (Abzweigung bei Grotli von der E 15), vorbei am Stryn-Sommerskigebiet, mit einem Sessellift zum Gletscher Tystigen, und über mehrere Haarnadelkurven hinunter ins Videdal und nach Stryn am Nordufer des Innvikfjords, dem inneren Arm des Nordfjords. ✶ **Strynefjell**

Der kleine Ferienort Loen am Innvikfjord ist ein guter Ausgangspunkt für die Besteigung des 1848 m hohen Skåla und für einen Ausflug zum Gletscher Kjenndalsbre, der vom Ostende des malerischen Lonvatn mit dem Ausflugsboot erreicht werden kann. ✶ **Lonvatn**

Am Innvikfjord, einem Seitenarm des Nordfjords, liegt **Olden**. Hier zweigt eine Straße nach Süden ins schöne Olderdal ab, auf der man, ✶✶ **Briksdalsbre**

NORDFJORD ERLEBEN

AUSKUNFT

Stryn
Reisemål Stryn & Nordfjord
Tinggata 3
6782 Stryn
Tel. 57 87 40 40, Fax 57 87 40 41
www.nordfjord.no

ESSEN

► Fein & Teuer

Restaurant Charlotte
Loen, Hotel Alexandra,
Tel. 57 87 50 00
Wer in dieser Gegend ist, sollte das große kalte Buffet (zwischen 18.00 und 21.00 Uhr) mit schmackhaften Lachs- und Heringsgerichten, allerlei Geräuchertem und traumhaften Nachspeisen nicht versäumen.

ÜBERNACHTEN

► Luxus

Gloppen Hotell
Sandane
Tel. 57 86 53 33, Fax 57 86 60 02
50 B., www.gloppenhotell.no
Paradies für Lachsangler. Das im Schweizerstil erbaute Haus bietet gediegenen Komfort.

► Komfortabel

Hotel Selje
Selje
Tel. 57 85 88 80
Fax 57 85 88 81
49 Zi., www.seljehotel.no
Dieses rustikale Hotel am rauen Westkap beherbergt Norwegens erste Einrichtung zur Thalasso-Therapie.

Stryn Hotel
Stryn, Visnesvegen 1
Tel. 57 87 07 00
Fax 57 87 07 01
63 Zi., www.strynhotel.no
Modernes, komfortables Hotel direkt am Nordfjord, idealer Ausgangspunkt für Unternehmungen im Jostedalsgebiet.

AUSFLÜGE

Kutschfahrten mit einem Fjordpferd und Gletscherwanderungen über den Briksdalsbre: Anmeldung bei der Briksdalbre Fjellstove, Tel. 57 87 68 00. In diesem großen Berghotel kann man auch essen und natürlich übernachten, zudem ist ein Souvenirshop angeschlossen.

! *Baedeker* TIPP

Unterwegs mit den Fjordpferden

Sie sehen zwar aus wie größere Ponys, doch erinnern die gelbbraunen Fjordpferde (norw. Fjording) mit ihrem dunklen Streifen auf dem Rücken und den dunklen Beinen an die letzten Wildpferde der Welt, die Prschewalskipferde in Zentralasien. Einst setzte man die Fjordpferde als genügsame Arbeitstiere ein. Heute können Sie auf ihrem Rücken Ausritte in die idyllische Landschaft unternehmen. Gute Adresse: Norsk Fjordhestcenter in Nordfjordeid, Tel. 57 86 13 75.

Blick auf die Bergwelt am Lovatn

am 11 km langen Oldenvatnet und zahlreichen Wasserfällen vorbei, Briksdal (150 m ü. d. M.) erreicht. Die teilweise steile Wanderung hinauf zum Briksdalsbre, einem Arm des mächtigen ►Jostedalsbre, sollte man nicht versäumen (hin und zurück ca. 1,5 Std.). Am ruhigsten ist es auf dem stark besuchten Briksdalsbre vor 10.00 Uhr und nachmittags, wenn die Kreuzfahrtschiffe in Olden abgefahren sind.

Bei Byrkjelo zweigt die E 39 zum hübsch gelegenen Ort Sandane (Freilichtmuseum mit 35 alten Gebäuden) im Inneren des Gloppenfjords ab. Besondere Attraktion ist hier der prachtvolle Panoramablick vom **Aussichtspunkt Utsikten** nordwestlich des Ortes. Am Ostufer dieses Fjords befindet sich der Tinghøgjen, **der größte Grabhügel Westnorwegens** (50 m breit, 7 m hoch). Im weiteren Verlauf überquert man einen weiteren Seitenarm des Nordfjords und stößt dann auf die Nordroute.

Am Nordufer entlang

Nordfjordeid

Einer der schönsten Strecken entlang des Nordfjords führt von Stryn westwärts auf der R 15 am Nordufer des Nordfjords entlang bis zu seiner Mündung. Man passiert den Hornidalsvatn, mit 514 m **Europas tiefster See**. Das Städtchen Nordfjordeid ist ein Mekka der Fjordpferd-Fans, wo jedes Frühjahr eine mit Spannung erwartete Hengstausstellung stattfindet.

✶ Hornelen

Bis Måløy, das auf der Insel Vågsøy westlich der Fjordmündung liegt, schlängelt sich die Straße nun direkt am Fjord entlang. Bei Almenningen fällt der Blick auf den senkrecht aus der See aufsteigenden Hornelen (860 m). Der Legende nach trafen sich früher auf dieser Klippe, **Europas höchster Klippe**, in der Weihnachts- und Mittsommernacht die Hexen und der Teufel zum Tanze.

Abstecher nach Selje

Bei Almenningen bzw. Maurstad (8 bzw. 21 km östlich von Måløy) lohnt ein Abstecher zum Küstenort Selje. Bei Badewetter lockt hier ein wunderschöner weißer Sandstrand.
Richtung Meer liegt die **Insel Selja** mit dem Selje-Kloster. Hier faszinieren nicht nur die Klosterruinen aus dem 12. Jh., sondern auch das einmalige Farbenspiel aus leuchtenden Blautönen des Meeres und sattem Grün der Wiesen.

✶✶ Nordkap

M 1

Gebiet: Nordnorwegen

Eines der Traumziele Skandinaviens ist das Nordkap, ein Regen, Nebel und eisigem Wind ausgesetzter Felsen. Es gäbe weit schönere Orte in Norwegen, doch »das Ende der Welt« scheint eine besondere Magie zu besitzen. Die verfliegt allerdings leicht angesichts der Menschenmassen und der gesalzenen Preise.

Sehenswertes am Nordkap

Am Nordende Europas

Das auf 71° 10' 21" nördl. Breite und 25° 47' 40" östl. Länge gelegene Nordkap (norwegisch Nordkapp) ist der steile nördliche Absturz der Insel Magerøya. Dieser Schieferfelsen gilt als die nördlichste Spitze Europas, doch zu Unrecht, denn Kap Knivskjelodden endet noch ein wenig nördlicher (71° 11' 8" nördl. Breite). Doch das scheint niemanden zu stören. Das Nordkap steht seit 1929 unter Naturschutz. Wer hier Pflanzen sammelt, wild zeltet, mit dem Fahrzeug vom Weg abweicht oder Vogelschutzgebiete während der Brutzeit betritt, muss mit Strafen bis zu 1500 Euro rechnen!

Endstation Sehnsucht: das Nordkap

NORDKAP ERLEBEN

ANREISE

Seit 1999 führt eine 30 km lange Tunnel- und Brückenverbindung vom Festland zu dem auf der Insel Magerøya gelegenen Nordkap (Maut rund 150 NOK). Von Hammerfest bestehen Flugverbindungen nach Honningsvåg, von wo man bis zum Nordkap mit dem Bus oder einem Taxi fahren kann. Lohnend ist die sechsstündige Fahrt mit einem Schiff der Hurtigrute von Hammerfest nach Honningsvåg.

AUSKUNFT

Nordkapp Reiseliv AS
Fiskeriveien 4B
9751 Honningsvåg
Tel. 78 47 70 30, Fax 78 47 70 39
www.northcape.no

ESSEN

► Erschwinglich

Havstua
Kamøyvær (10 km von Honningsvåg)
Tel. 78 47 51 50
Im Inneren des unscheinbaren Rorbu wartet ein urgemütliches Fischrestaurant mit köstlicher Küche.

ÜBERNACHTEN

► Komfortabel

Honningsvåg Brygge
Honningsvåg, Vågen 1A
Tel. 78 47 64 64, Fax 78 47 64 65
27 Zi., www.brygge.no
Ansprechendes Hotel am Hafen in einer ehemaligen Fischfabrik. Die Zimmer sind typisch norwegisch mit viel Holz ausgestattet.

Repvåg Fjord Hotell & Rorbucabinsenter
Repvåg
Tel. 78 47 54 40, Fax 78 47 27 51
71 Zi., www.repvag-fjordhotell.no
Stilvoll eingerichtetes Hotel mit Nostalgieeffekt direkt am Wasser inmitten einer kargen arktischen Landschaft. Noch vor dem Tunnel zum Kap.

► Günstig

Kirkeporten Camping
Skarsvåg
Tel. 78 47 52 33
Fax 78 47 52 47
kipo@kirkeporten.no
Der nördlichste Campingplatz Norwegens liegt in der Nähe des Storvann beim kleinen Ort Skarsvåg. Es gibt zehn Hütten sowie einige Zimmer im Hauptgebäude. Der Wanderweg zur Kirkeporten beginnt direkt hier.

Baedeker-Empfehlung

Heiraten am Nordkap
So mancher hat am Nordkap schon den Bund fürs Leben geschlossen. Nach der Trauung in der Kapelle und dem Hochzeitsessen wartet die Suite im Turm der Nordkaphalle auf das Brautpaar.
Diese exklusive Übernachtung mit Panoramablick begeistert nicht nur frisch Vermählte. Anmeldungen unter Tel. 78 47 68 60.

SPORT

Jährlich Mitte Juni steigt in Honningsvåg das Nordkapfestival mit einem Orientierungslauf zwischen Stadt und Nordkap.

MITTERNACHTSSONNE

scheint vom 16. Mai bis 28. Juli; sie erreicht ihren tiefsten Stand um 23.35 Uhr Mitteleuropäischer Zeit. Zwischen 22. Nov. und 11. Jan. herrscht Polarnacht, dann geht die Sonne gar nicht mehr auf.

Nie einsam: im Schein der Mitternachtssonne am Nordkap

Honningsvåg Die Hafenstadt Honningsvåg an der Südostküste von Magerøya ist Hauptort der Gemeinde Nordkap. Sehenswert ist hier das **Nordkap-Museum**, das Einblick in die Entwicklung des Nordkap-Tourismus und die Küstenkultur der Finnmark bietet. Ferner werden von dort Schiffsausflüge zu Norwegens größtem Vogelfelsen und zu verlassenen Fischerdörfern angeboten. Ist das Wetter schlecht, kann man in die **Nordkaphalle** flüchten: Es warten ein Panorama-Restaurant, die nördlichste Champagnerbar der Welt, Nordkap-Diplom, Sonderbriefmarken und Sonderstempel, eine Multivisionsshow und eine Ausstellung zur Geschichte des Nordkaps. Die Halle endet in einer Grotte mit einem Panoramafenster zum Eismeer (Öffnungszeiten: in der Hochsaison tgl. 9.00 – 2.00 Uhr, Eintritt 185 NOK).

Gjesvær Auf dem Weg von Honningsvåg zum Nordkap zweigt eine Landstraße in das 20 km entfernte Fischerdorf Gjesvær im Nordwesten der Insel ab. Inseln und Schären schirmen den schön gelegenen 300-Seelen-Ort gegen das rauhe Eismeer ab. Das lokales Naturreservat ist unter Ornithologen bekannt für seinen Vogelfelsen, wo Scharen von Papageitauchern und sogar Seeadler zu beobachten sind.

Endlich Ruhe! Vom Nordkapp Turistheim führt ein markierter Fußweg (Gehzeit ca. 20 min.) zu einer interessanten Felsbildung namens Kirkeporten. Durch dieses »Kirchtor« hindurch erblickt man das Nordkap. Die Ruhe und der beeindruckende Ausblick stellen bei Mitternacht eine interessante Alternative für diejenigen dar, die dem Rummel auf dem Nordkap-Plateau entgehen wollen.

★ ★ Oslo

E 7

Gebiet: Ostnorwegen **Einwohnerzahl:** 520 000

Oslo, die älteste Hauptstadt Skandinaviens, ist für seine traumhaft schöne Lage zwischen Seen und Wäldern, Sandstränden und Meer berühmt. Ziele von Weltruf sind der Vigeland-Park und das Wikingerschiffsmuseum.

Stadt zwischen Wald und Meer

Oslo ist flächenmäßig die größte Hauptstadt Europas und gilt als die grünste, denn nur ein Viertel des 450 km² großen Stadtgebiets ist bebaut. Mehr als ein Drittel aller Norweger lebt rund um den ► Oslofjord. Wie in allen größeren norwegischen Städten bezahlen auch in Oslo die Benutzer der Einfahrtsstraßen **Maut.** Oslo ist Sitz der Regierung und des Königs sowie der Verwaltungsbezirke Oslo und Akershus. Mit seinen Universitäten und Hochschulen ist Oslo Norwegens größtes Ausbildungszentrum. Jedes Jahr am 10. Dezember wird im Rathaus der **Friedensnobelpreis** verliehen.

Geschichte

Die **älteste Hauptstadt Skandinaviens** wurde wahrscheinlich 1050 von König Harald Hårdråde gegründet; archäologische Funde beweisen aber, dass hier spätestens 900 n.Chr. ein Schiffslandeplatz mit Siedlung bestanden haben muss. Nachdem Haralds Sohn Olav Kyrre (1050 – 1093) den Ort zum Bischofssitz erhoben und Håkon V. (1277 – 1319) eine Domkirche errichtet hatte, blieb Oslo längere Zeit der **kirchliche Mittelpunkt des Landes**, während die Könige in Bergen residierten. Erst Håkon V. verlegte **um 1300** seinen Wohnsitz von Bergen hierher und begann den Bau der **Festung Akershus**. Damals legte auch die Hanse eine Niederlassung in Oslo an. 1397 kam Norwegen unter die dänische Krone, Oslo verlor an Bedeutung. Nach einem Brand 1624 ließ Christian IV., der damalige dänisch-norwegische König, die Stadt in direkter Nähe der Festung Akershus neu erbauen. Auch den Namen der Stadt änderte der Regent – er gab ihr schlichtweg seinen eigenen Namen. Zwischen 1624 und 1924 wurde die Hauptstadt Norwegens **Christiania** genannt (ab 1877 Kristiania geschrieben). Seuchen und hohe Steuern, die den Bewohnern in den langen Kriegen aufgebürdet wurden, verhinderten im 18. Jh. die Entwicklung Christianias zu einer Handelsstadt nach europäischem Vorbild. Erst gegen Ende des 18. Jh.s., als der Holzhandel aufblühte, ging es mit der Stadt wirtschaftlich aufwärts.

◄ Zum zweiten Mal Hauptstadt

Nach **1814**, als sich Norwegen von Dänemark löste, wurde Christiania endgültig zur neuen Haupt- und Residenzstadt; unter der Regierung von Karl XIV. Johan entwickelte sie sich zum größten **Verkehrs- und Handelszentrum** Norwegens. Am **1. Januar 1925** erhielt die Stadt dann wieder den alten Namen **Oslo**, der laut Sprachforschern »Ebene der Götter« oder auch »Ebene am Fuß eines Berges« bedeuten könnte.

OSLO ERLEBEN

AUSKUNFT

Turistinformasjon
Fridtjof Nansens plass 5
Eingang Roald Amundsen gate
Tel. 24 14 77 00, Fax 22 42 92 22
www.visitoslo.com
Das Büro im Hauptbahnhof vermittelt in erster Linie Unterkünfte.

ESSEN

► Fein & Teuer

② ***Bagatelle***
Bygdøy allé 3, Tel. 22 12 14 40
Die Fischgerichte des Meisterkochs Eyvind Hellstrøm sind zwei Sterne wert. Eines der teuersten und besten Gourmet-Restaurants der Stadt.

⑤ ***Blom***
Karl Johans gate 41
Tel. 22 40 47 10
Bekanntes Künstlerrestaurant, in dem sich schon Knut Hamsun und Ole Bull wohl gefühlt haben. Vorzüglich sind die Lachs- und Wildgerichte. Die Wände sind voll mit Porträtzeichnungen des Kunstvereins.

⑥ ***Det Gamle Raadhus***
Nedre Slottgt. 1
Tel. 22 42 01 07
Ältestes Restaurant Oslos im ersten Rathaus der Stadt von 1641. Fisch- und Wildgerichte sind von höchster Qualität. Das Gartenlokal im Hinterhof bildet eine Oase der Ruhe.

③ ***Solsiden***
Søndre Åkershus Kai
Tel. 22 33 36 30
Kulinarische Fischgerichte, vielleicht die besten der Stadt, serviert auf der Sonnenseite des Osloer Hafens direkt unterhalb der Festung Akershus mit Blick auf Aker Brygge. Spezialität des Hauses ist die Meeresfrüchteplatte.

► Erschwinglich

① ***Bølgen & Moi Briskeby***
Løvenskioldsgate 26
Tel. 24 11 53 53
Bar, Brasserie und Restaurant unter einem Dach. In der Bar lädt Norwegens berühmter Koch Trond Moi zum Frühstücksbuffet und Lunch mit Brot aus dem eigenen Holzbackofen ein.

⑦ ***Engebret Café***
Bankplassen 1
Tel. 22 82 25 25
Empfehlenswert: Smørebrød-Buffet am Vormittag, eine typisch norwegische Spezialität.

④ ***Theatercaféen***
Stortingsgaten 24 – 26
Tel. 22 82 40 50
In dieses im Jugendstil eingerichtete Kaffeehaus von 1901 gegenüber dem Nationaltheater geht man, um gesehen zu werden. Gute norwegische Küche zu vernünftigen Preisen.

Baedeker-Empfehlung

Grand Café
Karl Johansgate 31 (im Grand Hotel)
Tel. 24 12 20 18
Speisen wie die Bohemiens an der Wende vom 19. zum 20. Jh. kann man im traditionsreichen Grand Café. Ein großes Wandgemälde von Per Krohg vermittelt die Atmosphäre jener Epoche, als Ibsen und Bjørnson hier Stammgäste waren. Auf der Speisekarte findet man auch kleinere Gerichte für die Lunchpause.

► Preiswert

⑧ ***Fyret***
Youngstorget 6
Tel. 22 20 51 82

Gemütliches Café/Restaurant mit vielen kleinen Gerichten. Bemerkenswerte Auswahl an norwegischem Aquavit. Jeden Montag um 20.00 Uhr Live-Jazz.

ÜBERNACHTEN

► Luxus

⑧ ***Grand Hotel***
289 Zi., Karl Johansgate 31
Tel. 23 21 20 00, Fax 23 21 21 00
www.rica.no
Das erste Haus am Platz öffnete 1874 seine Pforten. Seither ist es ständig modernen Erfordernissen angepasst worden. Schwimmhalle mit Sauna und Solarium; Fitness- und Wellness-Programme. Stilvolles Interieur im Lunch-Restaurant »Palmen«.

⑥ ***Hotel Continental***
Stortingsgt. 24 – 26
Tel. 22 82 40 00, Fax 22 42 96 89
www.hotel-continental.no
Nicht täuschen lassen von der unscheinbaren Fassade. Das Hotelrestaurant »Annen Etage« ist mit einem Stern gekrönt. Im Vergleich zu anderen Osloer Hotels bietet das Continental ein sehr gutes Preis-Leistungs-Verhältnis.

► Komfortabel

④ ***Rica Hotel Bygdøy Allé***
Bygdøy Allé 53
Tel. 23 08 58 00, Fax 23 08 58 08
57 Zi., www.rica.no
Gemütliches Hotel zwischen Zentrum und Museumsinsel Bygdøy in einem sanierten Backsteingebäude. Sehr empfehlenswert ist das Restaurant Magma mit schönem Interieur.

① ***Gabelshus Hotell***
Gabelsgate 16
Tel. 23 27 65 00, Fax 23 27 65 60
114 Zi., www.gabelshus.no
In ruhiger Lage nur ca. 10 min. vom Anleger der Color Line entfernt. Nach Neueröffnung 2004 und Zusammenlegung mit dem ehemaligen Ritz ist ein architektonisch interessantes Ensemble entstanden.

Baedeker-Empfehlung

② ***Holmenkollen Park Hotel Rica***

Kongeveien 26
Tel. 22 92 20 00
Fax 22 14 61 92
221 Zi., www.holmenkollenparkhotel.no
Schweizerstil und Drachenstil sind in diesem sehr teuren, hochmodernen Hotel eine glückliche Symbiose eingegangen. Hier fehlt es an nichts. Im Restaurant »De Fem Stuer« kann man bei hervorragendem Essen den Blick auf Oslo genießen.

⑦ ***Clarion Collection Hotel Savoy***
Universitetsgaten 11
Tel. 23 35 42 00, Fax 23 35 42 01
80 Zi., www.choicehotels.no
Neben der Nationalgalerie und nur

wenige Schritte bis zur Karl Johansgate, steht dieses beliebte und gepflegte Stadthotel, das günstige Sommerpreise bietet.

⑤ ***Cochs Pensjonat***
Parkveien 25
Tel. 23 33 24 00, Fax 23 33 24 10
www.cochspensjonat.no
Eine der wenigen etablierten Pensionen in der Hauptstadt. Zentrale Lage hinter dem Schloss. Zimmer mit Mini-Küche.

⑪ ***Anker Hotel Best Western***
Storgt. 55
Tel. 22 99 75 00
Fax 22 99 75 20
137 Zi., www.anker.oslo.no
Modernes Hotel in ruhiger Lage zwischen Zentrum und Szeneviertel

⑨ ***Best Western Hotel Bastion***
Skippergt. 7
Tel. 22 47 77 00, Fax 22 33 11 80
99 Zi., www.hotelbastion.no
Zentral gelegen, sehr angenehme Atmosphäre, alle Zimmer sind mit geschmackvollen Antiquitäten möbliert. Wer Wert auf helle Zimmer legt, sollte keines zum Innenhof nehmen.

► Günstig

③ ***Bogstad Camping***
Ankervn. 117
Tel. 22 51 08 00, Fax 22 51 08 50
www.bogstadcamping.no
Großer und fast immer stark frequentierter Platz, komfortabel und nahe am Badesee. Ganzjährig geöffnet, mit Hüttenvermietung

⑩ ***Oslo Vandrerhjem Haraldsheim***
Haraldsheimvn. 4
Tel. 22 22 29 65, Fax 22 22 10 25
www.haraldsheim.oslo.no
Die Jugendherberge ist nicht gerade gemütlich, aber im teuren Oslo die preiswerteste Unterkunft und deshalb nicht nur Ziel junger Leute.

AUSGEHEN

Als Amüsiermeilen der Stadt gelten das ehemalige Werftengelände Aker Brygge (Bar 1, Holmensgate 3, führt eine überwältigende Cognac-Auswahl), der Stadtteil Grünerlokka (mittlerweile das angesagteste Szene-Viertel der Stadt) sowie das West End um Bogstadveien.

SHOPPING

Beliebte Einkaufsstraßen: Aker Brygge, Karl Johansgate
Große Warenhäuser: Steen & Strøm (Nedre Slottsgate), Glas Magasinet (Stortorvet), Oslo City (nahe Hauptbahnhof) mit rund 100 Geschäften.
Ein weiteres Einkaufsviertel befindet sich westlich vom Zentrum zwischen Schlosspark und Frognerpark.
Einkaufspassage Paleét (Karl Johansgate 37-43): über 40 verschiedene Läden, darunter auch Norwegens größter Buchladen Tanum, der auch deutsch- und englischsprachige Bücher führt. Hier günstige Restaurants.
Unterhalb der Festung Akershus legen die Kreuzfahrtschiffe an. Hier, im Oslo Cruise Terminal, gibt es ein großes, aber teures Angebot an typisch norwegischen Souvenirs aller Art.

OSLO PASS

Im teuren Oslo lässt sich mit dem Oslo Pass Geld sparen: Er ist für ein bis drei Tage gültig (ca. 210 bis 390 NOK) und berechtigt zur kostenlosen Nutzung öffentlicher Verkehrsmittel. Eintritt in die Museen und das Parken auf allen Parkplätzen ist frei. Rabatte gibt es für Sightseeing-Touren mit Schiff und Bus.
Erhältlich ist der Pass u.a. bei der Touristeninformation, am Bahnhof und Flughafen sowie in den Hotels.

STADTRUNDFAHRTEN

Busabfahrt am Rathauskai und Trafikanten am Hauptbahnhof (3 Std. inklusive Museumsbesuch, Tel. 23 35 68 90).

HAFENRUNDFAHRTEN

Abfahrt am Rathauskai stündlich Mitte Mai bis Mitte August 11.00 – 18.00 Uhr, Mitte Juni bis Ende Juli bis 20.00 Uhr, Dauer ca. 50 min. Angeboten werden auch Rundfahrten zwischen den Inseln des Oslofjords und dazu ein Lunch-Buffet (2 Std.) oder eine romantische Fjordrundfahrt bei Nacht (Auskunft erteilt die Touristeninformation oder www.boatsightseeing.com, Tel. 23 35 68 90).

SPORT UND FREIZEIT

Skifahren

Rund um Oslo herrschen von Januar bis März verhältnismäßig sichere Schneeverhältnisse. Das Skigebiet der Nordmarka ist durch die Holmenkollbahn am besten erschlossen.

Schwimmen und Surfen

Die schönsten Strände: Huk (auf der Halbinsel Bygdøy mit eigenem FKK-Strand), Hvervenbukta, Katta und Ingierstrand im Süden der Stadt.

Surfer tummeln sich vor allem vor dem Sandstrand Rolfstangen. Gute Bademöglichkeiten findet man auch in den 300 Seen der Oslomarka.

Oslo Metroplan

Oslo Orientierung

Essen

1. Bølgen & Moi Briskeby
2. Bagatelle
3. Solsiden
4. Theatercaféen
5. Blom
6. Det Gamle Raadhus
7. Engebret Café
8. Fyret

Übernachten

1. Gabelshus Hotell
2. Holmenkollen Park Hotel Rica
3. Bogstad Camping
4. Rica Hotel Bygdøy Allé
5. Cochs Pensjonat
6. Hotel Continental
7. Clarion Collection Hotel Savoy
8. Grand Hotel
9. Best Western Hotel Bastion
10. Oslo Vandrerhjem Haraldsheim
11. Anker Hotel Best Western

U-Bahn (Tunnelbanen)

Highlights Oslo

Karl Johansgate
Bummeln und Prachtbauten bestaunen
► Seite 288

Nationalgalerie
Größte Kunstsammlung Norwegens
► Seite 288

Aker Brygge
Einkaufen und Spaß haben
► Seite 290

Munch-Museum
Edvard Munchs Werk geballt
► Seite 292

Vigelandpark
Ein halbes Menschenleben lang arbeitete Gustav Vigeland an den Skulpturen.
► Seite 292

Bygdøy
Erstklassige Ausstellungen zu Wikingerschiffen, Polarforschern und Seefahrern
► Seite 292

Holmenkollen
Sprungschanze mit Aussicht auf Stadt und Fjord
► Seite 296

Karl Johansgate und angrenzendes Gebiet

Bahnhof bis Stortorget

Als Ausgangspunkt für einen Stadtbummel eignet sich der **Hauptbahnhof** (Sentralbanestasjonen). Hier befinden sich ein Parkhaus und ein großer Parkplatz sowie eine Touristeninformation. In dem gläsernen Turm davor erhält man Auskunft über öffentliche Verkehrsmittel. Vom Hauptbahnhof führt die Hauptgeschäftsstraße und Promeniermeile **Karl Johansgate** zum Königsschloss.

★ Dom

An der Südostseite des Stortorget steht die 1697 geweihte Domkirke (Domkirche). Von der **Ausstattung** sind die Kanzel, der Altar (beide um 1700) und der Orgelprospekt von 1725 erhalten. Vom Anfang bzw. Mitte des 20. Jh.s stammen die Vitralien von Emanuel Vigeland und die Deckengemälde von Hugo Louis Mohr (Öffnungszeiten tgl. 10.00 – 16.00 Uhr).

★ Storting

Hinter der Kreuzung der Karl Johansgate mit der Akersgata steht links das 1861 – 1866 im Stil der Neugotik errichtete **Parlamentsgebäude**, das Storting (Führungen: Ende Juni – Aug. Mo. – Fr. 11.30 Uhr deutsch, 10.00 und 13.00 Uhr englisch).

★ Nationalgalerie

Die Nationalgalerie (Nasjonalgalleriet) beherbergt die größte Kunstsammlung Norwegens. Sie präsentiert einen umfassenden Querschnitt norwegischer Maler vom 19. Jh. bis zur Gegenwart. Zwei Säle sind Edvard Munch gewidmet. Daneben findet man Arbeiten dänischer und schwedischer Meister, Gemälde von El Greco, Rubens und Rembrandt sowie Cézanne, Degas, Gauguin, Manet, Matisse und Renoir (Öffnungszeiten: Mo., Mi. – Fr. 10.00 – 18.00, Do. bis 20.00, Sa. 10.00 – 16.00, So. 11.00 – 16.00 Uhr).

Die Karl Johansgate wird in den langen Sommernächten in blaues Licht getaucht.

Historisches Museum

Hinter der Nationalgalerie befindet sich das Historische Museum (Historisk Museum; Eingang Frederiksgate Nr. 2). Unter den nordischen Altertümern sind die reiche Sammlung der **Wikingerzeit** (um 800 – 1050) mit der Schatzkammer und eine Ausstellung mit Portalen von **Stabkirchen** zu erwähnen (Öffnungszeiten: Di. – So. 10.00 – 16.00, im Winter ab 11.00 Uhr).

Königliches Schloss

Am nordwestlichen Ende der Karl Johansgate erhebt sich auf einer Anhöhe inmitten eines großen Parks das Königliche Schloss (Det Kongelige Slott), ein lang gestreckter Bau im Empirestil (1825 – 1848), den der schwedisch-norwegische König Karl Johan erbauen ließ (Führungen: Mitte Juni – Mitte Aug. tgl. 12.00, 14.00, 16.00, Mo. – Fr. auch 10.00 Uhr).
Eine besondere Attraktion ist die **Wachablösung** (tgl. 13.30 Uhr).

Nobelinstitut

Entlang der Südseite des Schlossparks verläuft der Drammensveien. An der Kreuzung mit dem Parkveien steht das norwegische Nobelinstitut: Alljährlich am 10. Dezember wird im Festsaal des Rathauses der Friedensnobelpreis verliehen. Zu den Preisträgern zählten u.a. Fridtjof Nansen (1922), **Mutter Teresa** (1979), Michail Gorbatschow (1990) und **Willy Brandt** (1971), 2005 ging der Preis an die Internationale Atomenergiebehörde (IAEO) und ihren Generaldirektor Mohamed El-Baradei (alle Preisträger siehe unter www.nobel.no).

Markantes Wahrzeichen der Stadt: die zwei wuchtigen Türme des Rathauses.

Rathaus Wenn man vom Nationaltheater nach Süden geht, erblickt man das monumentale Rathaus (Rådhus), das 1931 – 1950 nach Plänen von Arnstein Arneberg und Magnus Poulson erbaut wurde. Obwohl immer umstritten, wurde der mächtige, mit Backstein verkleidete Betonbau mit zwei klotzigen Türmen (am östlichen Turm befindet sich ein Glockenspiel) zum Wahrzeichen der Stadt. Sehenswert sind der reiche Freskenschmuck im Inneren, an dem 28 Künstler, darunter Henrik Sørensen, Per Krohg, Edvard Munch u. a. mitgewirkt haben (Öffnungszeiten: Mo – Sa. 9.00 bis 17.00, So. 12.00 – 17.00 Uhr).

! *Baedeker* TIPP

Feine Kost

Im kleinen Feinkostladen Fenaknoken hinter dem Rathaus (Tordenskioldsgaten 7) erhalten Sie alle norwegischen Schinken-, Wurst- und Käsespezialitäten, dazu geräucherten Fisch oder Stockfisch und das passende Brot.

Im ehemaligen Westbahnhof befindet sich seit Juli 2005 das **Nobel-Friedenscenter**. Es informiert über Alfred Nobel und sämtliche Friedensnobelpreisträger, darüber hinaus wird mit Vorträgen, Seminaren und Dokumentationen über Friedensbemühungen in aller Welt und aktuelle Konfliktherde berichtet (unter www.nobelsfredssenter.no sind Termine und Veranstaltungsprogramm abrufbar).

Aker Brygge Südwestlich der Anlegestelle beim Rathaus lohnt die Aker Brygge am Westufer des Hafenbeckens Pipervika einen Besuch. Die restaurierten Hallen der früheren Aker-Werft wurden in ein **modernes Einkaufs- und Kulturzentrum** mit unzähligen Restaurants (insgesamt 35), Cafés, Boutiquen und Galerien umgestaltet.

Nördliche Innenstadt

Am Nordende der Akersgata liegen die katholische St.-Olavs-Kirche (1853) und gegenüber das Kunstindustrimuseet, das einen sehr guten Einblick in die Entwicklung des nordischen Kunstgewerbes gewährt. Auch einzigartige Wandteppiche sind hier zu sehen, wie der sog. Baldishol-Teppich (um 1180) aus der Baldisholkirche im Regierungsbezirk Hedmark (Öffnungszeiten: Di. – Fr. 11.00 – 15.00, Sa. und So. 12.00 – 16.00 Uhr). **Kunstgewerbemuseum**

Nördlich erstreckt sich zwischen Ullevåls- und Akersveien der Erlöserfriedhof (Vår Frelsers Gravlund). Im »Ehrenwäldchen« (Æreslunden) in der Mitte des Friedhofs sind die Dichter **Bjørnstjerne Bjørnson und Henrik Ibsen** sowie der Maler **H. F. Gude** bestattet. **Erlöserfriedhof**

Am Nordende des Akersveien steht die Alte Akerskirche (Gamle Akerskirke), Oslos ältestes Gebäude, das vermutlich 1150 von Olav Kyrre als Basilika anglo-normannischer Art gebaut wurde. Nach 1703, als das gesamte Inventar der Kirche bei einem Brand zerstört wurde, erhielt die im Inneren eher schlichte Kirche ihr jetziges Taufbecken und die wunderschöne **Kanzel.** Die Akustik ist ausgezeichnet! **Alte Akerskirche**

Südliche Innenstadt

Der Granitbau (1902) im norwegischen Jugendstil am Bankplass war früher Hauptsitz der norwegischen Staatsbank. Seit 1990 beherbergt er das **größte Museum zeitgenössischer Kunst Norwegens** (Museet for Samtidskunst) mit Werken aller bedeutenden norwegischen Künstler nach 1945 und einiger ausländischer Künstler wie Asger Jorn, Hanne Darboven, Sol Le Witt, Bill Viola und Günther Förg (Öffnungszeiten: Di. – Fr. 10.00 – 17.00, Do. bis 20.00, Sa. 11.00 bis 16.00, So. 11.00 – 17.00 Uhr). ✶ **Kunstmuseum**

An der Westseite dieses Stadtteils liegt auf einer Landzunge (Akersnes) über dem Oslofjord die Festung Akershus, die Ende des 13. Jh.s von Håkon V. begründet wurde. Während der Regierungszeit Christians IV. wurde die mittelalterliche Burg in ein Renaissanceschloss umgebaut. Besichtigen kann man den Saal Christians IV. und die Schlosskirche, in deren Krypta sich die letzte Ruhestätte von König Håkon VII. (1872 – 1957) befindet. Die Säle des Schlosses werden heute von der Regierung zu Repräsentationszwecken genutzt. ✶ **Festung Akershus**

In der Festung befindet sich das **Museum des norwegischen Widerstands** (Norges Hjemmerfrontmuseum) gegen die deutschen Besatzer während des Zweiten Weltkriegs (Öffnungszeiten: Mo. – Sa. 10.00 – 16.00 bzw. 17.00, So. 11.00 – 16.00 bzw. 17.00 Uhr). Im Arsenal ist das **Militärgeschichtliche Museum** (Forsvarsmuseet) untergebracht (Öffnungszeiten Mo. – Fr. 10.00 – 15.00, im Sommer bis 18.00, Sa., So. 11.00 – 16.00 Uhr).

★★ **Munch-Museum**

Im Osten der Stadt befindet sich an der Südseite des Botanischen Gartens (Tøyengata 53) das Munchmuseet. Hier wird der umfangreiche Nachlass Edvard Munchs (1863 – 1944; ► Berühmte Persönlichkeiten) gezeigt: Zwei der berühmtesten Bilder von Munch, »Der Schrei« (1893) und »Madonna« (um 1894) wurden im Sommer 2004 gestohlen. »Der Schrei« gilt nach der »Mona Lisa« von Leonardo da Vinci als das bekannteste Motiv der Kunstgeschichte. Glücklicherweise hat Munch vier Versionen des Schreis gemalt – eine ist noch immer in der Nationalgalerie zu sehen (Öffnungszeiten: tgl. 10.00 – 18.00 Uhr, www.munch.museum.no).

! *Baedeker* TIPP

Essen im Sult

Mitten in Grünerløkka, dem »Soho« Oslos im Osten der Stadt mit seinen zahlreichen ausländischen Läden und Kneipen, liegt das kleine Restaurant »Sult«, in dem Sie zu vernünftigen Preisen Ihren Hunger stillen können (Thorvald Meyers gate 26, Tel. 22 87 04 67).

★★ Vigeland-Park ►

Im Nordwesten der Stadt (Zufahrt durch Drammens- und Frognerveien) erstreckt sich der schöne Frognerpark, auch Vigelandpark genannt. Der Haupteingang liegt am Kirkeveien. Auf dem Gelände gibt es ein Restaurant und außerdem ein viel besuchtes Freibad. Der Bildhauer **Gustav Vigeland** (► Berühmte Persönlichkeiten) schuf die größte Sehenswürdigkeit des Parks, die Vigeland-Anlage, in denen 212 Skulpturen zu sehen sind, die noch heute für Diskussionsstoff sorgen und an denen der Künstler 40 Jahre arbeitete. So besteht der 17 m hohe **Monolith** aus 121 ineinander verschlungenen menschlichen Körpern. Der Park ist ganzjährig rund um die Uhr zugänglich.

★★ Halbinsel Bygdøy

Anfahrt

Im Sommer fahren Boote ca. alle 30 min. vom Rathauskai zur Halbinsel Bygdøy im Westen der Stadt (ansonsten Busverkehr, auf der Straße 6 km). Die hiesigen Museen zählen zu den Höhepunkten eines Oslo-Besuchs. Außerdem gibt es mehrere Badestrände.

★★ **Fram-Museum**

An der Südostseite von Bygdøy (Anlegestelle der Motorboote) steht das Fram-Museum, in dem das Polarschiff »Fram« ausgestellt ist, mit dem **Fridtjof Nansen** (► Berühmte Persönlichkeiten) 1893 – 1896 seine Drift im Nordpolarmeer durchführte (Öffnungszeiten: Mai – Sept. tgl. 10.00 – 16.45, Hochsaison 9.00 – 17.45 bzw. 18.45 Uhr).

★ **Seefahrtsmuseum**

Im Seefahrtsmuseum stehen Modelle verschiedenster Schiffe und Boote, vom kleinen Ruderboot bis zum großen Öltanker, außerdem gibt es Ausstellungen über Fischfang, Tiefseearchäologie und Wetterkunde. Vor dem Seefahrtsmuseum wurde das Polarschiff »Gjøa« aufgebockt, mit dem der norwegische Polarforscher Roald Amundsen von 1903 bis 1906 die Nordwestpassage bewältigte (Öffnungszeiten: tgl. 10.00 – 19.00, im Winter 10.30 – 16.00 Uhr).

Gegenüber dem Fram-Museum findet man in einem Gebäude das aus Balsaholz gefertigte Floß »Kon-Tiki«. Mit diesem segelte der norwegische Anthropologe **Thor Heyerdahl** (► Berühmte Persönlichkeiten) 1947 von Peru zu den ostpolynesischen Inseln. Man kann auch das etwa 14 m lange Papyrusboot »Ra II« bewundern, mit dem Heyerdahl 1970 den Atlantik bezwang (Öffnungszeiten: von Mai bis Sept. tgl. 10.30 – 17.00, von Juni – August tgl. 9.00 – 17.45 Uhr).

★ **Kon-Tiki-Museum**

Südlich vom Volksmuseum befinden sich in einem großen Gebäude (Vikingskiphuset) drei Wikingerschiffe aus dem 9. Jh., die nach ihren Fundorten benannt sind: Oseberg, Gokstad und Tune (► zum Oseberg-Schiff siehe S.294). Alle drei Schiffe wurden von den Wikingern als Grabstätten für ihre Häuptlinge verwendet, wobei das Oseberg- und das Gokstadschiff auch heute noch seetüchtig wären.

★★ **Wikingerschiffsmuseum**

Das 1903 nördlich von Tønsberg entdeckte **Osebergschiff**, auf dem eine Wikingerfürstin bestattet worden war, ist der hervorragendste und umfangreichste Fund aus der vorchristlichen Zeit des Nordens. Dank dem feuchten Torfboden blieb organisches Material wie Holz und Textilien erhalten (mehr zum Schiff auf den folgenden Seiten).

Das 1880 bei Gokstad ausgegrabene **Gokstadschiff** (23,3 m lang und 5,2 m breit), das im Gegensatz zum Osebergschiff ein Seeboot und daher weniger reich verziert war, hat ebenfalls als Grabstätte gedient.

Bygdøy *Orientierung*

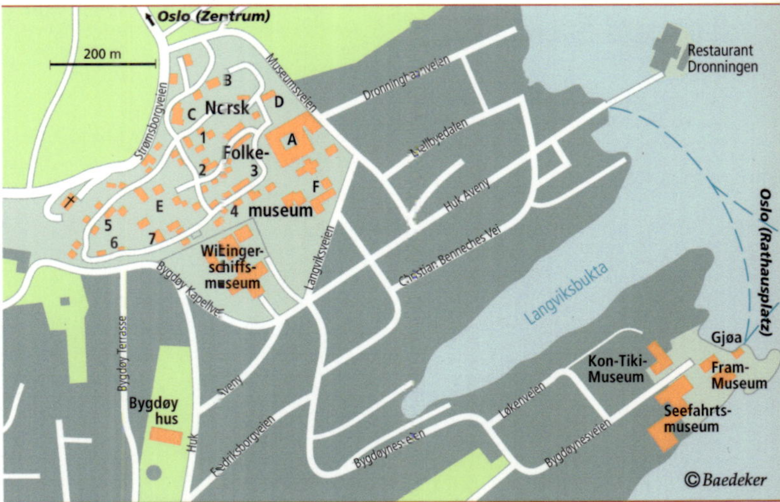

Norsk Folkemuseum (Norwegisches Volksmuseum)

A Hauptgebäude (Möbel, Geräte)
B Stabkirche Gol
C Restaurant
D Theater
E Festplatz
F Gamle byen (Alte Stadthäuser)

BAUERNHÄUSER
1 Østerdalen
2 Numedal
3 Telemark
4 Hallingdal
5 Vestlandet
6 Jæren
7 Østlandet

OSEBERGSCHIFF

★★ Im Sommer 1903 stieß der Hofbesitzer von Oseberg bei der Landarbeit auf merkwürdige Holzteile im Boden. Diese entpuppten sich als Wikingerschiff, das 834 n. Chr. zum Schiffsgrab umfunktioniert worden war. Zwar waren die wertvolleren Grabbeigaben längst gestohlen. Doch die Torferde, die das Schiff umgab, konservierte die Hölzer hervorragend. Heute bildet das »Osebergschiff« den größten Schatz im Wikingerschiffsmuseum von Oslo.

Öffnungszeiten:
Mai bis Sept. tgl. 9.00 – 18.00, sonst tgl. 11.00 – 16.00 Uhr

1 Drachenkopf
Die Stevenspitze, ein Drachen- oder Schlangenkopf mit spiralgedrehtem Hals, war beim Osebergschiff abgehackt worden.

2 Seitensteuer
Bei Wikingerschiffen sitzt das Seitensteuer stets am Steuerbord, also rechts zur Fahrtrichtung. Der Boden des 21,4 m langen und 5,1 m breiten Schiffes ist flach. Man kann mit ihm rudern oder bis zu 10 Knoten schnell segeln, allerdings ist es der leichten Bauweise wegen, anders als die Kriegsschiffe der Wikinger, nicht hochseetauglich. Gebaut wurde es zwischen 815 und 820 n. Chr.

3 Ruder
Alle 30 Ruder, jeweils 3,18 m lang, sind erhalten. 30 Mann bedienten sie auf Kisten sitzend.

4 Planken
Die Deckenplanken bestanden aus Fichtenholz und wurden mit Nägeln aus Eibenholz befestigt.

5 Ochsen als Grabbeigabe
Überdauert haben die Überreste eines Ochsen, dessen Henkersmahlzeit aus Wacholdernadeln, Riedgras, Heidekraut und Hagebutten bestand.

6 Die Toten
Der Vordersteven des Schiffes zeigte nach Süden. Auf dem Deck hatte man eine 5,5 x 5,3 m große Kammer aufgebaut, Grabmal für zwei Frauen, die eine ca. 45 Jahre alt, die andere war bei ihrem Tod um die 30. Man vermutet, dass es sich um eine Fürstin gehandelt hat, der ihre Dienerin in den Tod folgte (oder folgen musste). Eine Eichentruhe, gefüllt mit Weizenkörnern, zahlreichen Wildäpfeln und Walnüssen, legt nahe, dass die Bestattung im Herbst stattfand.

7 Runen
Im Vorderteil des Schiffes lag ein 2,42 m langes Rundholz, das die älteste Runeninschrift Norwegens trägt: »litiluism«. War dies der Name des Schiffes?

8 Mast
Der Mast war 20 cm dick und ca. 13 m hoch. Das ca. 90 m^2 große Segel fehlte.

Letzte Ruhestätte im Schiffsmuseum

Vom Anlaufturm der Holmenkollen-Sprungschanze hat man einen sagenhaften Blick auf Oslo.

★ **Amundsens Haus**

Südlich von Oslo zweigt man von der E 18 entlang des Bunnefjord auf die R 182 ab und folgt dieser bis zur Abzweigung am Gjersjøen nach **Svartskog**. Hier steht in sehr idyllischer Umgebung direkt am Bunnefjord die im Schweizerstil errichtete Holzvilla »Uranienborg«, der ehemalige Wohnsitz des Polarforschers Roald Amundsen (► Berühmte Persönlichkeiten). In seinem Haus hatte er sich im Schlafzimmer Bullaugen statt richtiger Fenster einbauen lassen. Zu sehen sind neben Möbeln auch Mitbringsel vom Südpol (Führungen; Öffnungszeiten: Mitte Mai – Mitte Sept. Di. – So. 11.00 – 16.00 Uhr).

Tusenfryd

Direkt an der Kreuzung der E 18 mit der E 6 liegt der beliebteste Freizeitpark Ostnorwegens mit **Nordeuropas derzeit größten hölzernen Achterbahn**. Besonders hübsch ist das Wikingerland, in dem alte Wikingertraditionen wieder aufleben. Für die Jüngsten gibt es einen eigenen Park und ein Badeland (Öffnungszeiten: Mitte Juni – Mitte Aug. tgl. 10.30 – 19.00 Uhr).

★ **Hadeland Glassverk**

Etwa 65 km nördlich von Oslo liegt in Jevnaker am südlichen Ende des Randsfjords die bekannteste Glashütte Norwegens. Hadeland Glassverk wurde bereits 1762 gegründet und ist somit der älteste Industriebetrieb des Landes. Hier kann man den Glasbläsern bei der Arbeit zusehen, in den Ausstellungslokalen eine Reise durch Geschichte und Design unternehmen sowie kunstvolle Glasarbeiten bewundern und kaufen (Öffnungszeiten: Mo. – Fr. 10.00 – 17.00, Sa. bis 16.00 Uhr, So. 11.00 – 17.00, www.hadeland-glassverk.no).

✶ Oslofjord

B 7

Gebiet: Ostnorwegen

Über 100 km zieht sich der Oslofjord vom Skagerrak aus ins Landesinnere, an seinem Ende breitet sich Oslo aus. Rund um den Fjord lebt ein Drittel aller Norweger, trotzdem gibt es hier viele ruhige Fleckchen. Die schönsten Badeparadiese liegen am Westufer.

Schon in der Urzeit beliebt

Bei ►Fredrikstad am Ostufer, nördlich der Ferieninseln von Hvaler mit ihren markanten, blank gescheuerten Felsen, mündet die 598 km lange Glomma in den Fjord. In dieser Gegend und nordwärts bis nach Svartskog hat man rund 9000 Jahre alte menschliche Spuren, u. a. Felszeichnungen und Gräber, entdeckt, Das sind die bislang **ältesten Funde** sesshafter Menschen in Norwegen.

Sehenswertes am Oslofjord

Moss/Horten

Zwischen Moss auf der Ostseite des Oslofjordes an der E 6 und Horten im Westen verkehrt eine Autofähre (30 min., alle 45 min.) Auf der Moss vorgelagerten Insel Jeløy (Brücke) liegt eine der bekanntesten Galerien Ostnorwegens: die **Galerie F 15** im Herrenhaus Alby.

✶ Drøbak

Im Badestädtchen Drøbak an der schmalsten Stelle des Oslofjordes befand sich einst Oslos Winterhafen. Wenn der Fjord zugefroren war, mussten Passagiere und Waren von hier auf dem Landweg nach Oslo transportiert werden. Am kleinen Bootshafen liegen pittoreske Holzhäuser und ein Aquarium. Im Ortskern lädt Norwegens einziges ganzjährig betriebenes **Weihnachtshaus**, »Treegaardens julehus«, zum Stöbern ein (mit eigenem Poststempel).

Horten

Der erste Ort am eigentlichen Oslofjord ist die Hafenstadt Horten (23 500 Einw., Autofähre nach Moss, 30 min.). In den alten Gebäuden der Marinestation Karljohansvern nördlich des Zentrums befindet sich das **Marinemuseum**. Davor steht die »Rapp« von 1872, das älteste Torpedoboot der Welt. Im gleichen Gebäudekomplex liegt auch das **Preus-Fotomuseum**, international renommiert und das einzige seiner Art in Norwegen. Die Ausstellungshallen wurden von dem bekannten Architekten Sverre Fehn entworfen (Öffnungszeiten: Juni bis Aug. tgl. 12.00 – 18.00, sonst Do., Fr. 12.00 – 16.00, Sa., So. 12.00 – 18.00 Uhr, www.preusmuseum.no).
Setzt man gleich von Moss nach Horten über ohne den Umweg über Drøbak, erreicht man 4 km südlich von Horten das neue, kunstvoll gestaltete **Mittelalterzentrum »Midgard«** mit effektvollen, auch für Kinder höchst spannenden Darstellungen der Geschichte der Wikinger (Öffnungszeiten: Mai – Sept. tgl. 10.00 – 17.00, sonst Di. – So. 10.00 – 16.00 Uhr).

Hier lebte und malte Edvard Munch bei seinem Aufenthalt in Åsgårdstrand.

★ **Åsgårdstrand**

Von hier aus ist es nicht mehr weit bis Åsgårdstrand. Im alten Dorfzentrum dieses idyllischen Bade- und Künstlerortes liegen mehrere Galerien. In dem Fischerhaus aus dem 18. Jh., heute **»Munchs lille hus«** oberhalb des Gästehafens, malte Edvard Munch (► Berühmte Persönlichkeiten) »Die Mädchen auf der Brücke«, eines der bekanntesten Motive Åsgårdstrands (Öffnungszeiten Juni – Aug. Di. – So. 11.00 – 19.00 Uhr).
6 km südlich wurde 1904 im 6 m hohen Grabhügel von Oseberg das **Osebergschiff** gefunden (► Oslo, Wikingerschiff-Museum).

★ **Tønsberg**

Tønsberg (34 500 Einw.), älteste Stadt Norwegens, wurde 871 von Harald Hårfagre angelegt. Im Kastell, heute nur noch eine Ruine, verfasste im 13. Jh. König Magnus Lagabøte Norwegens erstes Landesgesetz. Auch von Håkon Håkonssons Festung **Castrum Tunisbergis** (12. Jh.), im Mittelalter größte Burg Norwegens, stehen nur noch einige Steinmauern. Vom **Aussichtsturm** (1888) blickt man auf Tønsberg und die zerklüftete Schärenlandschaft. Im Sommer zieht die bezaubernde Gegend vor allem Norwegens High Society an.
Einer der bekanntesten zeitgenössischen Maler Norwegens, Odd Nerdrum (geb. 1944), hat im **Haugar Vestfold Kunstmuseum** eine eigene Ausstellung. Das Museum steht auf dem Haugar-Hügel, wo sich in der Wikingerzeit ein bedeutender Thingplatz befand.

OSLOFJORD ERLEBEN

AUSKUNFT

Horten og Borre Turistkontor
Tollbugt 1
3187 Horten
Tel. 33 03 17 08, Fax 33 03 17 09
www.visithorten.com

Sandefjord Reiselivsforening
Thor Dahls gate 1
3210 Sandefjord
Tel. 33 46 05 90, Fax 33 46 06 20
www.visitsandefjord.com

Tønsberg Turistkontor
Tønsberg Brygge, Nedre Landgate 36
3126 Tønsberg
Tel. 33 35 45 20, Fax 33 35 45 19
www.vestfold.com

ESSEN

► Erschwinglich

Det gamle Bageri Ost &Vinhus
Drøbak, Havnebakken 1
Tel. 64 93 21 05
Nach dem Besuch des Drøbaker Weihnachtshauses kann man zum Lunch in dieser gemütlichen, rustikalen Kneipe einkehren.

► Preiswert

Brygga Restaurant
Tønsberg, Nedre Langgate 35
Tel. 33 31 12 70
Der große Meeresfrüchte-Teller ist nicht nur mächtig, sondern auch preisgünstig. Besonders hübsch: die große Terrasse direkt am Wasser.

ÜBERNACHTEN

► Luxus

Hotel Refsnes Gods
Moss, Godset 5
Tel. 69 27 83 00, Fax 69 27 83 01
105 B., www.refsnesgods.no
Das auf einer Insel im Oslofjord gelegene luxuriöse Hotel ist in einem herrschaftlichen Anwesen des 18. Jh.s untergebracht. Sehr ruhiges Haus mit eigenem Strand und Bootsanleger.

► Komfortabel

Åsgårdstrand Thon Hotel
Åsgårdstrand, Havnegata 6
Tel. 33 08 10 40, Fax 33 08 10 77
70 Zi., www.thonhotels.com/asgardstrand
Direkt am Strand gelegenes, komfortables Ferienhotel, das sich dem Maler Edvard Munch, dem einst berühmtesten Feriengast des kleinen Ortes, verpflichtet fühlt.

Hotel Kong Carl
Sandefjord, Torvgt. 9
Tel. 33 46 31 17, Fax 33 46 31 19
50 B., www.kongcarl.no
Das zentral gelegene, altehrwürdige Haus wurde Ende des 17. Jh.s erbaut. Seit 1721 wird es als Gasthof genutzt. Seine Küche ist überregional bekannt.

Wassilioff Hotel
Stavern, Havnegt. 1
Tel. 33 11 36 00, Fax 33 11 36 01
76 B., www.wassilioff.no
Das Hotel in der alten Garnisonsstadt gehört zu den bevorzugten Häusern am Oslofjord.

FESTE

Hauptattraktion sind die Vestfold-Festspiele, Ende Juni/Anfang Juli in Tønsberg mit Theateraufführungen, Konzerten und Ausstellungen.

STRÄNDE

Für Familien mit Kindern: Valløy (Camping) und Skallevoll westlich von Tønsberg. Besonders schön: Verdens Ende im Süden der Insel Tjøme. Zwischen den Felsen liegen hier zahlreiche kleine Badebuchten.

Mehr über den Walfang und Norwegens große Zeit der Segelschifffahrt erfährt man im **Vestfold Fylkesmuseum** am Fuße des Schlossbergs (Öffnungszeiten: Mitte Mai – Mitte Sept. Mo. – Sa. 10.00 bis 17.00, So ab 12.00 Uhr, sonst Mo. – Fr. 10.00 – 14.00 Uhr).

Sandefjord

Wer mit Ryanair nach Oslo fliegt, landet südöstlich von Tønsberg in der ehemaligen Walfängerstadt Sandefjord (39 000 Einw.). Auf die alten Zeiten gehen das interessante, weil nicht so einseitige **Walfangmuseum** und das Seefahrtsmuseum ein. Bis Mitte des 19. Jh.s war die Stadt ein bekannter Kurort. Das ehemalige hölzerne Kurhaus wurde in ein **Kulturhaus** umgebaut, in dem eine Ausstellung über die Vergangenheit von Sandefjord berichtet. Vom Sandstrand Tallakshamn im Süden der Halbinsel Østerøya führt ein schmaler Pfad zum **Feuerturm Tønsberg Tønne** (35 min.), von dem man einen guten Blick auf den Skagerrak hat. Östlich von Sandefjord kann man auf den Gokstadhügel klettern, unter dem 1880 das Gokstad-Schiff ausgegraben wurde (►Oslo, Wikingerschiff-Museum).

> ! *Baedeker* TIPP
>
> **Segeln wie die Wikinger**
>
> Die »Gaia«, eine originalgetreue Kopie des ca. 1200 Jahre alten Gokstadschiffes, liegt in Sandefjord am Museumskai und sticht hin und wieder zu Rundfahrten in See.

★ Wikingerstadt Kaupang

Kurz vor Larvik zweigt ein Weg zu einem der größten und ältesten Handelsplätze der Wikingerzeit ab (Richtung Bjønnes und Gloppe; in Kaupang in Richtung Lamøya). Die idyllisch am Viksfjord gelegene Wikingerstadt Kaupang – in der Ynglingesaga als **Sikringssal** erwähnt – gehörte zusammen mit Ribe und Hedeby in Dänemark und Birka in Schweden zu den wichtigsten Handelsplätzen des Nordens und war vermutlich die **Hauptstadt der norwegischen Wikinger**. Die archäologischen Ausgrabungen lassen auf eine feste Ansiedlung schließen, datiert auf 770 – 920 n.Chr. Kaupang läuft somit vielleicht Tønsberg, der bisher ältesten Stadt Norwegens, den Rang ab.

Larvik

Die R 303 endet in der einstigen Grafschaftshauptstadt Larvik (40 000 Einw.), wo ein- bis zweimal täglich die Fähre nach Dänemark ablegt. Hier liegt Norwegens einzige natürliche **Mineralquelle**, die schwefelhaltige Kochsalzquelle Kong Håkons kilde. Rund 90 Grabhügel aus der Eisenzeit sind im **Bøkeskogen** verblieben, dem größten Buchenwald Norwegens, der sich nordwestlich der Stadt erstreckt.

★ Stavern

200 Tage Sonne im Jahr – so versucht das Seebad Stavern südlich von Larvik Gäste anzulocken. Mitten im Ort imponiert die von dicken Wällen umgebene Seefestung Fredriksvern, die 1760 von König Frederik V. als Marinestation errichtet wurde. Im ehemaligen Kommandantengebäude stellen Kunsthandwerker ihre Arbeiten aus.

★ Romsdal

C/D 5

Gebiet: Westnorwegen

Das Romsdal ist nicht nur eines der schönsten Täler Norwegens, sondern hat auch Spektakuläres zu bieten: das Romsdalshorn, die 1000 m hohe Trollwand und die Serpentinen des Trollstigen.

Sehenswertes im Romsdal und Umgebung

Im Romsdal abwärts

Das Romsdal, dem man über die E 136 abwärts immer Richtung Meer folgt, verengt sich zunehmend. Von der kurvenreichen Straße bieten sich immer wieder schöne Ausblicke auf die brausende Rauma, die sich beim Wasserfall **Slettafoss** eine wilde Schlucht durch die Felsmassen gegraben hat. In Verma (273 m ü. d. M.) überquert die Eisenbahn auf der 76 m langen und 59 m hohen Kylling bru den Fluss, an dem sich nahebei das Vermafoss-Kraftwerk befindet.

Verma ►

Kurve an Kurve: der Trollstigen

In einer Talweitung bei Malstein ragt das **Romsdalshorn** 1550 m in die Höhe. Im Berginneren sammeln Fallrohre die Wassermassen, Turbinen wandeln sie in Elektrizität um.

Gegenüber dem Romsdalshorn fällt die mächtige **Trollveggen** (Trollwand) auf, die von den Trolltindene (Trollzinnen) gekrönt wird. Sie ist die **höchste Felswand Europas** und misst vom Fuß bis zum Gipfel fast 1800 m, wovon der senkrechte Teil 1000 m ausmacht und 50 m überhängt. Durch die Wand führen einige sehr schwierige Kletterrouten, 1965 wurde sie erstmals durchstiegen, wobei die Erstbesteiger zwei Wochen in der Wand verbrachten. Da die Berge so hoch und mächtig sind, ist im Tal beinahe fünf Monate im Jahr die Sonne nicht zu sehen. Einst war die steile Bergwand eine Herausforderung für Fallschirmspringer. Nach mehreren tödlichen Unfällen ist das »Base Jumping« nun verboten.

ROMSDAL ERLEBEN

ANREISE

Man erreicht das Tal entweder von Åndalsnes aus oder von Südosten her durch das Gudbrandsdal über die E 136 ins obere Romsdal.

AUSKUNFT

Åndalsnes og Romsdal Reiselivslag
6301 Åndalsnes
Tel. 71 22 16 22, Fax 71 22 16 82
www.andalsnes.net

ESSEN

► Erschwinglich

Trollstigen Fjellstue
Tel. 99 29 20 00
Der moderne Berggasthof im traditionellen Blockhausstil auf der Passhöhe des Trollstigen bietet Platz für mehr als 300 Personen und ist wegen der zahlreichen Busse oft gut gefüllt. Geöffnet von Ende Mai bis Ende August.

Trollstigen Camping & Gjestegård
Åndalsnes
Tel. 92 49 84 62
Großer Gasthof mit gepflegtem Campingplatz und komfortablen Hütten

Rød und Bare Blå
Molde, Storgt. 19
Tel. 71 21 58 88
Das »Rød« ist das modernste Café und das »Bare Blå« die beliebteste Kaffeebar der Stadt. Beide befinden sich im Hotel Molde. Wer Lust auf Musik hat, ist im Jazzclub Hot Hat im Keller des Hotels richtig.

ÜBERNACHTEN

► Komfortabel

Grand Hotel Bellevue
Åndalsnes, Åndalsgata 5
Tel. 71 22 75 00, Fax 71 22 60 38
88 Zi., www.grandhotel.no
Moderne Zimmer, gutes Restaurant, dazu Pub, Bar und Nachtclub.

Molde Fjordstuer
Molde, Julsundveien 6
Tel. 71 20 10 60, Fax 71 20 10 61
18 Zi., www.havstuene.no
Neu erbautes Hotel im modernen »Sjøbustil«, helle, nüchtern-elegante Zimmer mit Seeblick. Das exzellente Restaurant ist teuer, typisch und günstig ist die Klippfischsuppe.

► Günstig

Mjelva Camping-Hütten
Åndalsnes
Tel. 71 22 64 50, Fax 71 22 68 77
www.mjelvacamping.no
Ruhige Lage und schöner Ausblick auf die spektakuläre Bergwelt des Romsdal. Es werden auch Hütten vermietet.

AUSFLÜGE

Zug durchs Romsdal
Von Ende Juni bis Ende August fährt ein Touristenzug (Abfahrt tgl. 13.00 Uhr) die Strecke Åndalsnes-Bjorli und zurück, an einigen Tagen wird eine Dampflokomotive eingesetzt.

Bootsausflug in den Romsdalsfjord
Die kleine Insel Hjertøya im Romsdalsfjord eignet sich wegen ihrer schönen Badestrände hervorragend für einen Tagesausflug. Von Mitte Juni bis Mitte August fährt ein Boot (11.00, 12.00, 14.00 und 16.00 Uhr) vom Torget nach Hjertøya, letzte Rückfahrt 17.45 Uhr.

FESTE

Molde Jazzfestival
Anfang August kommen Jazzmusiker aus aller Welt, um an dem Festival teilzunehmen.

An der Sogge bru zweigt links die R 63 ab, die durch das Isterdal nach Valldal führt. In elf atemberaubenden Serpentinen schraubt sich der »Trollstigen« auf 18 km Länge mit einer Steigung von 12 % den Berg hoch und bietet einen herrlichen Ausblick auf die wildromantische Gipfelkette. Mehrere Erdrutsche machten es nötig, die spektakuläre Straße, die jährlich von über einer halben Million Touristen befahren wird, an manchen Stellen umzubauen. Auf der Stigfoss bru überquert man den Stigfoss und gelangt zur Trollstigheimen Fjellstue auf der Passhöhe (Aussichtsplattform). Dann führt die Straße abwärts nach Valldal am großartigen Tåfjord.

! *Baedeker* TIPP

Süße Früchte

Seit vor rund 100 Jahren Erdbeerpflanzen aus Dänemark importiert wurden, ist Valldal am Ende des Trollstigen berühmt für seine aromatischen Früchte. In der »Syltetøybutikken« erhalten Sie hausgemachte Säfte und Marmeladen (Tel. 70 25 75 11, Öffnungszeiten: Mo. – Fr. 10.00 – 17.00, Sa. bis 14.00 Uhr).

Åndalsnes

Die E 136 endet in Åndalsnes, einem lebhaften Fremdenverkehrsort. Westlich des Ortes liegt der malerische Romsdalsfjord. Die Stadt, die im Zweiten Weltkrieg stark zerstört wurde, ist durch die Raumabahn an das Eisenbahnnetz angeschlossen und eignet sich als Ausgangspunkt für Ausflüge in das Fjordland.

✶ Molde

Molde (24 600 Ew.) liegt bereits am Meer. Ihren Beinamen »Rosenstadt« kreierte Norwegens bekannter Dichter Bjørnstjerne Bjørnson, der in Molde zur Schule ging. Hier ist das Klima auf Grund des warmen Golfstroms so mild, dass sogar Kastanien, Linden und vor allem unzählige Rosen wachsen. Wunderschön ist das »Moldepanorama« mit seinen teilweise schneebedeckten Berggipfeln auf der anderen Seite des Fjordes. An der Wand des Seitenschiffes der modernen **Domkirche** (1957) mit sehenswerten Glasmalereien hängt das Altarbild der 1940 zerstörten Kirche, »Die Auferstehung« von Axel Ender (19. Jh.). Im Westen der Stadt liegt der Waldpark Reknesparken mit dem **Romsdalmuseum**, einem hübschen Freilichtmuseum mit rund 70 alten Gebäuden aus dem Romsdal.

Aussicht aufs Meer

Lohnende Aussichtspunkte bei Molde sind der Tusten (696 m ü. d. M.; Aufstieg 3 Std.) und der 407 m hohe Varden, der vom Zentrum in ca. 1 Std. erklommen werden kann (Autostraße und Aussichtsrestaurant). Wer sich oben auf dem Varden umschaut, erblickt eines der berühmtesten Panoramen Norwegens: 222 Gipfel soll man von hier aus zählen können. Meer und Gebirge, Inseln und Himmel harmonieren hier in einzigartiger Weise.

Trollkirka

Rund 28 km nördlich der Stadt (RV 64) liegt die Grotte Trollkirka. Man erreicht sie zu Fuß auf einem steilen Pfad (ca. 1,5 Std.).

★★ Røros

E 5

Gebiet: Mittelnorwegen **Einwohnerzahl:** 5500

Røros verdankt seine Existenz dem Kupferbergbau. Die letzte Grube hat längst geschlossen, doch blieben die kupferroten Holzhäuser aus dieser Zeit erhalten. Diese alte Stadt aus Holz ist so einmalig, dass sie lange schon auf der UNESCO-Weltkulturliste steht.

Schicksal einer Bergbaustadt

1644 wurde Røros aus dem Boden gestampft, nachdem auf der Gebirgshochebene große Vorkommen von Kupfererzen entdeckt worden waren. 1977 schloss auch die letzte Grube. Eine über 300 Jahre dauernde Ära, in der insgesamt 110 000 t Kupfer zu Tage gefördert worden waren, ging damit zu Ende. Geblieben sind die großen, dunkelbraunen **Schlackenhalden** und die Wunden in der Natur, die durch das jahrhundertelange **Abholzen** der Wälder um Røros entstanden sind. Seit die Gruben geschlossen sind, behauptet sich die Stadt erfolgreich als Touristenort. Im Winter schrecken jedoch die eisigen Temperaturen (Rekord: - 50,4 °C) viele Besucher ab.

Sehenswertes in Røros und Umgebung

★★ Bergstaden

Die 75 denkmalgeschützten, stilgerecht restaurierten Häuser in der Bergstaden (Altstadt) geben einen hervorragenden Eindruck ihrer Bergbauarchitektur wieder. Die ersten Häuser entstanden Ende des

Die Holzstadt zählt zum Weltkulturerbe.

RØROS ERLEBEN

AUSKUNFT

Røros Reiseliv
Peder Hiortsgt. 2
7361 Røros
Tel. 72 41 11 65, Fax 72 41 02 08
www.rorosinfo.com

ESSEN

► Erschwinglich

Vertshuset Røros
Kjerkgata 34, Tel. 72 41 24 11
Kleines Restaurant im Zentrum mit echt norwegischem Rahmbrei »Rømmegrøt« auf der Speisekarte

Kaffestuggu Røros
Bergmannsgata 18
Tel. 72 41 10 33
Das Café ist in einem der ältesten Gebäude der Stadt untergebracht und bietet sich für einen Imbiss an. Pastellfarbene Wände, der alte Ofen, Porträts und die Bauernmöbel verleihen dem Café seinen Charme.

Krambua Røros
Kjerkgt.
Tel. 72 41 05 67
In-Restaurant im Zentrum, gut für ein Steak und ein Bier, ab und zu Live-Musik auf der winzigen Bühne

Baedeker-Empfehlung

Thomasgaarden
Kjerkegata 48
Tel. 72 41 27 86
Der Thomasgaarden ist ein alter Røros-Hof mit einer urgemütlichen Gaststube, in der Kaffee und Kuchen serviert werden.

ÜBERNACHTEN

► Komfortabel

Vertshuset Røros
Kjerkegata 34
Tel. 72 41 93 50, Fax 72 41 93 51
Gemütlicher Gasthof im historischen Zentrum. In der Kellerbar wird wöchentlich Live-Musik gespielt.

Erzscheidergården
16 Zi., Spell Olavn 6
Tel. 72 41 11 94, Fax 72 41 19 60
Kleine, liebevoll geführte Pension auf einem Hügel mit Blick auf Røros

MARKT

Mitte Februar findet der fünftägige »Rørosmartnan« statt, ein Wintermarkt, der viele Händler, Musiker und Besucher anlockt.

17. Jh.s in der Nähe des ersten Schmelzwerks am Hitterfluss. Zum Wohnhaus gehörten oft auch Viehställe, Backstuben und Vorratshäuser. Ein gutes Beispiel dafür ist der **Per-Amundsa-Hof** (18. Jh.) in der Bergmannsgata 37, der mit Schlacke aus den Gruben gedeckt ist. Im unteren Teil der Altstadt siedelten sich die reicheren Bürger und Bergwerksdirektoren an. Größe und Ausstattung der Häuser sind sichtbares Zeugnis der Klassengrenzen.

★★ **Røros-Museum**

Am Malmplassen (Erzplatz) befindet sich ein faszinierendes **Bergwerksmuseum** mit mehreren Modellen (1 : 10) alter Bergwerkstechniken. Im Grubenraum des Museums, das in der alten rekonstruierten Schmelzhütte untergebracht ist, erfährt man, wie das Erz Ende des 18. Jh.s in den unteren Gruben durch Feuersprengung gewonnen wurde (Öffnungszeiten Mitte Juni – Mitte Aug. tgl. 10.30 – 18.00, Sa./So. bis 16.00, sonst Mo. – Fr. 11.00 – 15.00, Sa./So. bis 14.00 Uhr).

✶ **Røros-Kirche**

Das Wahrzeichen der Stadt ist die an der Kjerkgata stehende, aus Stein gebaute, achteckige Barockkirche von 1784. Sie wird auch »Bergstadens Ziir« genannt. Den quadratischen Turm schmücken die Bergmannszeichen Hammer und Schlägel.

Etwa 13 km östlich der Stadt befindet sich die Olavsgrube, eine 1936 entdeckte Kupfermine, in der im Sommer täglich Führungen stattfinden (Mitte Juni – Mitte Aug. tägl. ab 10.30 Uhr jede Stunde bis 18.00, Mai – Sept. Mo. – Sa. 13.00 und 15.00, So 12.00 Uhr). In der 500 m tief im Berg liegenden Bergmannshalle finden im Sommer auch Konzerte statt. Hier herrscht das ganze Jahr hindurch eine konstante Temperatur von 5 °C, sodass man warm angezogen sein sollte.

? WUSSTEN SIE SCHON ...?

- ... dass Oskar Schwatz, der erste Direktor der Erzgruben, ein Schwarzwälder war? Bald nach der Entdeckung des Kupfererzes strömten Bergleute und Ingenieure aus ganz Norwegen und Deutschland nach Røros, wovon auch die Straßennamen deutschen Ursprungs zeugen.

✶ Femundsmarka

Weglose Wildnis

Die Femundsmarka ist eine dünn besiedelte Wildnis nahe der schwedischen Grenze. Es ist sehr schön hier, aber einsam, und genau diese Mischung schätzen manche Wanderer und Kanufahrer. Der Femundsmarka Nationalpark (573 km²) ist eine Wildnis aus mächtigen Kiefern, Felsblöcken, Flüssen und Seen, durch die keine Straße verläuft. Einen bequemen Einstieg bietet aber das Schiff Fæmund II. Oder man beginnt die Tour von Elgå oder Valdalen auf norwegischer oder Sylen/Grøvelsjøen auf schwedischer Seite. Die Fæmund II verkehrt im Sommer täglich (Fahrplanauskünfte unter Tel. 72 41 37 14 oder www.femund.no).

✶ **Femund-See**

Der Seenreichtum der Femundsmarka ermöglicht eine fast unbegrenzte Anzahl verschiedener **Kanutouren**. Der Femund-See selbst ist wegen seiner vielen kleinen Inseln vor allem im Mittelteil (südlich von Elgå) landschaftlich reizvoll. Wegen der oft sehr plötzlich auftretenden Winde, die für hohe Wellen sorgen, ist aber Vorsicht geboten. Besonders bei **Nordwind** ist unbedingt davon abzuraten, den See zu befahren.
Wesentlich sicherer zeigt sich der westlich vom Femunden gelegene **Isteren-See**. Er ist zwar nur 18 km lang, doch sollte man mit Kompass und Karte gut umgehen können, denn die vielen wunderschönen Inseln verwandeln ihn in ein **Labyrinth**.

Die Farben des Herbstes lassen die Femundsmarka leuchten.

Dorado für Baumfreunde

Südlich der Femundsmarka, direkt an der schwedischen Grenze, liegt der **Gutulia-Nationalpark**, ein wahrer Traum für alle Baumfreunde: Die Fichten sind bis zu 300 Jahre alt, viele Kiefern stehen hier sogar schon seit 500 Jahren. Von der R 654 zweigt ein ausgeschilderter Weg ab, an dessen Ende sich ein Parkplatz befindet. Von hier aus erreicht man, immer am Ufer des Gutulisjøen entlang, in gut 30 min. die Alm. Im Juli gibt's Kaffee und Waffeln.

★ Setesdal

C 7

Gebiet: Südnorwegen

Wer gerne Mineralien sammelt oder Silberschmuck einkaufen möchte, sollte das Setesdal aufsuchen. Erst in den 1960er-Jahren erwachte die Region aus ihrem Dornröschen-Schlaf. Noch immer findet man hier, im Tal der Otra, sehr romantische Fleckchen.

Das stark bewaldete Setesdal oder Sæterdal ist in den letzten Jahrzehnten die wichtigste Nord-Süd-Verbindung von der Südküste nach ► Bergen und zum ► Hardangerfjord geworden. Jahrhundertelang lebten die wenigen Bewohner des Setesdals in großer Abgeschiedenheit und entwickelten eigene Bräuche und Trachten – die Frauen trugen schwarze, knielange Röcke mit bunten Borten. Zwar wurden im 19. Jh. die Eisenbahnlinie und die Straßenverbindung gebaut, doch ist Letztere erst seit den 1960er-Jahren ganzjährig befahrbar.

SETESDAL ERLEBEN

AUSKUNFT

Evje / Setesdal Informasjonsenter
4735 Evje
Tel. 37 93 14 00
Fax 37 93 14 55
www.setesdal.com

Hovden / Setesdal Ferie
4755 Hovden
Tel. 37 93 93 70
Fax 37 93 93 77
www.hovden.com

ESSEN

▶ Erschwinglich

Stigeren Restaurant
Evje, Tel. 37 93 08 28
Kleines, gemütliches Restaurant im Zentrum von Evje, dessen Inneneinrichtung an die Grubengeschichte des Ortes erinnert. Die umfangreiche Speisekarte bietet Fisch- und Fleischgerichte, Pizzen und kleine Gerichte zu erschwinglichen Preisen.

ÜBERNACHTEN

▶ Komfortabel

Hovdestøylen Hotell & Hyttetun
Hovden
Tel. 37 93 95 52
Fax 37 93 96 55
42 Zi., www.hovdestoylen.no
Moderne, komfortable Hütten und Hotelzimmer mit Holzausstattung unweit des Skigebietes und des Golfplatzes in grandioser Hochgebirgslage

Rysstad Feriesenter
Rysstad
Tel. 37 93 61 30
Fax 37 93 61 09
www.rysstadferie.no
Neue, sehr komfortabel eingerichtete Blockhäuser unterschiedlicher Größe auf einem ruhigen Gelände direkt am Wasser. Außerdem Motelzimmer und Ferienwohnungen im Hauptgebäude, Cafeteria mit einfachen Gerichten. Gute Angelmöglichkeiten, Bootsverleih und Silberschmiede.

▶ Günstig

Neset Camping
Byglandsfjord
Tel. 37 93 40 50, Fax 37 93 43 93
www.neset.no
Campingplatz auf einer Landzunge am südlichen Ende des Byglandsfjordes, viele Stellplätze direkt am Wasser. 20 Hütten, ein Café und der Lebensmittelverkauf runden das positive Bild ab.

FREIZEIT

Angeln
In der Otra tummeln sich vor allem Forellen, die zwar keine Rekordmaße besitzen, aber gut schmecken.

Sport
Während der Sommersaison bietet Troll Mountain täglich um 11.00 und 15.00 Uhr dreistündige Touren auf der Ortra an. Eine Kletterwand, Kanu- und Mountainbikeverleih, Elch- und Bibersafaris runden das Programm ab (www.troll-mountain.no, Tel. 37 93 11 77).

Ausflüge
Vom Byglandsfjord startet das Oldtimerschiff »Bjoren« zu Ausflugsfahrten auf den gleichnamigen Fjord (Tel. 37 93 42 52, Juli – Anfang August tgl. 16.00 Uhr).

Mineralien sammeln
Mineraliensammler können in Evje Richtung Vikstøl in sechs Pegmatitgruben seltene Gesteine finden. Fünf Gruben sind durch einen Lehrpfad verbunden, Start ist in Evje.

Sehenswertes im Setesdal

★ Fahrt mit der Setesdalbahn

Eine nostalgische Fahrt durch das liebliche Tal der Otra lässt das Herz jedes Eisenbahnfans höher schlagen. **Norwegens älteste Museumsbahn** wird von einer Lok aus dem Jahre 1896 gezogen (Anfahrt über **Mosby**, 8 km nördlich von Kristianstad an der R 9, dann über die R 405/Vennesla nach Grovane, von wo aus die Züge nach Beihøldalen starten. Im Sommer immer So. 10.30, 14.00, Juli auch Di. – Fr. 18.00, Do. auch 12.00 Uhr.).

Evje

Verlässt man ►Kristiansand auf der R 9, erreicht man nordwärts fahrend Evje. Die Gegend ist für ihre Mineralienvorkommen bekannt und im **Setesdal Mineralpark**, 10 km südlich von Evje, sind Mineralien und eine nachgebaute Grube zu besichtigen, außerdem werden Mineralien verkauft (Öffnungszeiten: Mitte Juni – Anfang Sept. tgl. 10.00 – 17.00 Uhr).

> **! *Baedeker* TIPP**
>
> **Feiner Silberschmuck**
>
> Im gesamten Setesdal wird Silberschmuck gefertigt. In Nomeland betreibt die Familie Bjørgum in einem alten Setesdalhof die Silberschmiede Sylvartun Sylvsmed. Der Betrieb ist seit langer Zeit für seinen hochwertigen, handgearbeiteten Silberschmuck bekannt (geöffnet: im Sommer Mo. – Sa. 10.00 – 18.00, So. 11.00 – 18.00 Uhr).

Die Straße führt östlich am See **Byglandsfjord** entlang. Am Nordende des Sees stehen alte Vorratshäuser (»stabbur«), die auf Pfählen ruhen. Dem Lauf der Otra folgend, führt die Straße um das links aufragende Rustfjell (1070 m). Durch eine großartige Landschaft gelangt man anschließend nach Helle, einem Zentrum der Silberschmiedekunst im Setesdal.

★ Hallandsfossen

Südlich von Nomeland schraubt sich die R 45 ins Gebirge hinauf und führt weiter ins **Sirdal** und nach ►Stavanger. Bei der Weiterfahrt sieht man links den 15 m hohen Hallandsfoss mit mehreren tiefen Gletschertöpfen. In einer Talweitung liegt **Valle** (307 m), der Hauptort des Tals mit alten Häusern und einer Kirche von 1844. 9 km hinter Valle führt beim Hof Flateland eine Nebenstraße zum **Setesdal-Museum** mit alten Holzhäusern (2 km).

Bykle

Die R 9 zieht nun hoch über der Otra hin und zum alten Bauernort Bykle unweit östlich vom Bossvatnet. Von hier führen markierte Wanderwege in die Umgebung. Das Tal wird nördlich von Bykle flacher, die Gegend zeigt Hochgebirgscharakter. Auf der Berdals bru passiert man die Otra und fährt östlich am Hartevatnet entlang.

Hovden

Das schön oberhalb der Einmündung der Otra in das Hartevatnet gelegene Hovden ist das wichtigste Wintersport- und Bergsteigerzentrum des Setesdals (Lifte). Von Hovden kann man auf der ►Haukelistraße nach Haugesund fahren.

★ Sognefjord

B/C 6

Gebiet: Westnorwegen

»König der Fjorde« wird der Sognefjord genannt, denn mit 204 km Länge und 1308 m Tiefe übertrifft er alle anderen Fjorde Norwegens. Stellenweise ist die Landschaft rau, dann wieder gedeihen im milden Klima Walnuss- und Aprikosenbäume.

Schiffsfahrten

Nur das Nordufer des Sognefjords ist durchgehend durch Straßen erschlossen. Aber es verkehren zahlreiche Fähren bis hinein in die kleinsten Verästelungen des Sognefjordes. Die Schiffe legen in allen größeren Orten an. Ferner verkehren **mehrere Autofähren** (in der Begleitkarte mit roter Linie eingezeichnet).

Sehenswertes am Sognefjord

Lavik

Inmitten zahlreicher Schären beginnt westlich von **Rysjedalsvika** der Sognefjord. Bald verändert sich die Landschaft: Zu beiden Seiten des Fjords werden die Felswände nun immer höher und steiler. Lavik ist der Hauptort des westlichen Sognefjordgebiets mit dem hübschen Amtmannshof Alværen von 1760. 15 km weiter befindet sich beim Hof Breivik die tiefste Stelle des Sognefjords (1308 m).

Durch den 7,5 km langen Høyangertunnel (R 55) erreicht man **Balestrand**, das bereits Ende des 19. Jh.s von Deutschen und Engländern als Ferienort entdeckt wurde. Zu den berühmtesten Gästen gehört **Kaiser Wilhelm II.**, der im prachtvollen **Kvikne's Hotel** übernachtete.

Um die hübsche **Hopperstad-Stabkirche** zu besuchen, muss man auf die Balestrand gegenüberliegende Fjordseite von Vangsnes mit der Fähre nach Dragsvik übersetzten. Am Westeingang der Kirche (1130) befindet sich ein eindrucksvolles Drachenportal. Laubengang, Dachreiter und Apsis wurden nach dem Vorbild der Borgund-Stabkirche rekonstruiert.

Im Westen spaltet sich der Sognefjord in mehrere Arme auf, hier ein Blick auf den Nærøyfjord.

SOGNEFJORD ERLEBEN

AUSKUNFT

Sognefjord Reiseliv BA, Balestrand & Fjærland
6898 Balestrand
Tel. 57 69 12 55, Fax 57 69 14 31
www.sognefjord.no

ESSEN

► Erschwinglich

Quality Hotell Sogndal
Sogndal, Tel. 57 62 77 00
Im Hauptrestaurant Compagniet bestellt man in erster Linie à la carte, im Dr. Hagen werden kleine Gerichte und Erfrischungen serviert und im Dolly Dimple's stehen 20 verschiedene Pizzen auf der Speisekarte.

► Preiswert

Kringsjå Kjelleren
Balestrand
Tel. 57 69 13 03
Kleines Restaurant mit günstigem Menü, geöffnet Juni – August, täglich ab 18.30 Uhr

ÜBERNACHTEN

► Komfortabel

Skjolden Hotel
Skjolden
Tel. 57 68 23 80, Fax 57 68 23 81
www.skjolden.com/skjoldenhotel
Wunderschön am Ende des Lustrafjords gelegenes Hotel (55 Zi.) mit einer gepflegten Parkanlage und sehr gemütlichen Aufenthaltsräumen

Balestrand Hotel
Balestrand
Tel. 57 69 11 38
30 Zi., www.balestrand.net
Ruhiges Hotel im Zentrum. Die Hälfte der Zimmer geht zum Fjord und ist mit Balkonen ausgestattet. Auch von der hauseigenen Terrasse kann man den Blick über den Fjord genießen.

Munthehuset
Skjolden, Ytre Kroken
Tel./Fax 57 68 37 25
10 Zi., www.muntehuset.no
Munthehuset liegt auf der Südseite des Lustrafjords, auf dem Weg zur Urnes-Stabkirche. Hier wohnt man zwar nicht ganz billig und ohne viel Luxus, dafür entschädigt aber die sehenswerte Einrichtung der Zimmer.

Baedeker-Empfehlung

► Luxus

Kvikne's Hotel
Balholm
Tel. 57 69 42 00
Fax 57 69 42 01
200 Zi., www.kviknes.no
Das imposante, im Schweizerstil erbaute Haus liegt direkt am Fjord und verfügt über Jachthafen, Strand und Park. Der moderne Anbau entbehrt leider des nostalgischen Charmes des Hauptgebäudes. Von hier aus werden Angel- und Bootstouren sowie Hubschrauberrundflüge über den Gletscher Jostedalsbre angeboten.

► Günstig

Marifjøra Sjøbuer
Marifjøra, bei Gaupne
Tel. 57 68 74 05
Fax 57 68 74 57
post@rorbu.net
Vier neue, gemütlich eingerichtete Hütten für jeweils vier Personen in einer Reihe direkt am Fjordufer. Boote und Angelausrüstung können gemietet werden.

AUSFLÜGE

Von Bergen fahren Ausflugsschiffe bis ans östliche Fjordende (Fahrpläne unter www.sognefjord.no).

★ **Fjærlandsfjord**

Sehr zu empfehlen ist ein Abstecher zum Fjærlandsfjord nördlich von Balestrand (Ausflugsschiff nach Mundal), einem rund 26 km langen Seitenarm des Sognefjords. Nördlich vom idyllischen Fjordort Fjærland mit einem interessanten Gletschermuseum lohnt ein Besuch der Gletscher Suphellebre und Bøyabre, beides Arme des großen ►Jostedalsbre.

Leikanger

Entlang des kurvigen Nordufers führt die R 55 mitten durch eine der größten Obstregionen Norwegens nach Leikanger und Hermansverk. Während im Mai auf den Bergen noch der Schnee liegt, blühen am Ufer bereits **über 80 000 Obstbäume**. Aufgrund des Golfstroms reifen hier innerhalb eines kurzen Sommers sogar Walnüsse, Aprikosen und Pfirsiche heran.

★★ **Urnes-Stabkirche**

12 km nördlich von Sogndal kann man nach Svolvorn abbiegen. Direkt unterhalb des 1690 errichteten Walaker Hotels mit eigener Kunstgalerie in einer preisgekrönten Scheune (1863) legt jede volle Stunde ein kleines Schiff (nimmt auch einige Autos mit) zur Stabkirche von Urnes (11. Jh.) ab, die auf einer Landzunge am Ostufer des 45 km langen Lustrafjords errichtet wurde. Nach ca. 20 min. Aufstieg steht man vor **Norwegens ältester erhaltener Säulenstabkirche**, deren Nordportal von 1060 besonders sehenswert ist. Hier entdeckt man Löwen, Drachen und Schlangen, die in einen Kampf verwickelt sind, sowie ein prachtvolles Muster im sog. Urnes-Stil. Im Inneren der auf der **UNESCO-Liste** der geschützten Kulturgüter stehenden Kirche sind die Hochsäulen mit ornamentierten Würfelkapitellen sehenswert (Öffnungszeiten: Mai bis Sept. 10.30 – 17.30 Uhr).

★ **Stabkirche von Kaupanger**

Ca. 10 km südöstlich von Sogndal liegt direkt am Fjord Kaupanger, das im Mittelalter ein bedeutender Handelsplatz war. Sehenswert ist hier die Stabkirche (ca. 1185), die zwar später Fenster und einen Anbau erhielt, aber noch einen vollständig erhaltenem Innenraum mit mächtigen Hochsäulen hat, die durch Bogenarkaden miteinander verbunden sind (1862 restauriert). Unter der Kirche fand man Reste von zwei noch älteren Kirchen, die älteste ums Jahr 1000 erbaut (Öffnungszeiten: Mitte Juni – Mitte Aug. 10.00 – 17.30 Uhr).

Lærdal

Wer noch einer Stabkirche einen Besuch abstatten möchte, setzt die Reise um den Fjord Richtung Lærdal fort (R 5, dann E 16). Am Eingang des Tales liegt das verschlafene Städtchen **Lærdalsøyri**. Der alte Stadtkern aus dem 17. Jh. mit seinen zahllosen Holzhäusern steht unter Denkmalschutz. Sodann führt die Straße durch die malerische Schlucht Svartegjel, die der Lærdalselv, **einer der bekanntesten Lachsflüsse Norwegens**, geschaffen hat.

★ **Villakssenter**

Das Villakssenter am Ufer des Lærdalselv gilt als das größte und eindrucksvollste der vielen **Lachsaquarien** in Norwegen. Hier erfährt man alles über den Lebensraum, die Wanderung der Lachse und die

Geschichte des Lachsfangs (Filme und Ausstellungen). Durch große Schaufenster kann man im Observatorium wilde Lachse und Meeresforellen beobachten; in einer Werkstatt wird den Zuschauern die Kunst des Fliegenbindens vorgeführt (Öffnungszeiten: Juni bis August 10.00 – 19.00, Sept. 11.00 – 17.00 Uhr).

**** Borgund-Stabkirche**

Die Stabkirche von Borgund am anderen Ende des Lærdals zählt zu den ursprünglichsten und schönsten des Landes. Besonders bemerkenswert sind die mit Drachenköpfen verzierten obersten Giebel, die mit kunstvollen Schnitzereien geschmückten Portale und der fast fensterlose Innenraum. Diese recht kleine, mit Teer geschwärzte Stabkirche wurde vermutlich schon um 1150 erbaut. Bis auf ein nachträglich eingeschnittenes Fenster ist sie stilgerecht restauriert und zeigt noch heute die ursprüngliche Anlage. Von der originalen Ausstattung sind nur noch die Kanzel aus dem 16. Jh. und ein Altar vom beginnenden 17. Jh. erhalten. Wuchtige Holzsäulen tragen die kunstvolle Dachkonstruktion und trennen das Hauptschiff von den niedrigeren Seitenschiffen. Übrigens: Diese Kirche gehört zu den **Hauptattraktionen Norwegens** und mitunter muss man wegen Überfüllung lange auf Einlass warten (Öffnungszeiten: Mai bis Sept. tgl. 10.00 – 17.00, Mitte Juni bis Mitte Aug. tgl. 8.00 – 20.00 Uhr). Seit 2005 informiert ein Besucherzentrum über alles Wissenswerte zu den Stabkirchen Norwegens.

Bizarr: Stabkirche von Borgund

*** Aurlandsfjord**

Auf der Rückfahrt von Borgund kann man an die Spitze des Aurlandsfjords gelangen, indem man den längsten Straßentunnel der Welt (24,5 km) nutzt. Er verbindet das Lærdal mit dem Aurland.Die Einfahrt in den Aurlandsfjord (an Bord der Fähre von Kaupanger oder eines Ausflugsschiffes), einer südlichen Verzweigung des Sognefjords, ist beeindruckend: An manchen Stellen ragen die mächtigen Felsen bis zu 1500 m beinahe senkrecht aus dem Wasser heraus.

**** Flåmbahn**

Südlich von Aurlandsvangen liegt am Südende des Aurlandsfjords der Touristenort Flåm am Ausgang des Flåmdals. Hier endet die Flåmbahn, eine Zweigstrecke der Bergenbahn, die zur Bahnstation

Myrdal östlich von Voss führt. Die Flåmbahn ist die wohl **spektakulärste Bahnlinie Norwegens**. Diese zwischen 1920 und 1940 gebaute Bahn ist die steilste Eisenbahnstrecke der Welt, die ohne Zahnräder überwunden wird. Sie besitzt 22 Tunnel und während der 50-minütigen Fahrt von Flåm nach Myrdal (Anschluss zur Bergenbahn) überwindet sie einen Höhenunterschied von 864 m auf einer Distanz von nur 20 km. Das Panorama wechselt ständig zwischen hohen, schneebedeckten Bergen, tosenden Wasserfällen und grünen Wiesen. Von Mitte Juni bis Mitte Sept. verkehrt die Flåmbahn stündlich, ansonsten etwa vier Mal täglich (trotzdem herrscht hier großer Andrang).

★★ Nærøyfjord

Die Fähre von Kaupanger nach Gudvangen (2 Std. 20 min.) zweigt in den imponierenden Nærøyfjord ab, in dem man mit ein wenig Glück sogar Seehunde erspähen kann. Auch sonst ist die Schiffsfahrt durch diesen engsten Fjord Norwegens, der an manchen Stellen nur 250 m breit ist, atemberaubend. An seinem Ende liegt der Ort Gudvangen (zwischen Voss und Gudvangen verkehren Busse).

★ Stavanger

B 7

Gebiet: Westnorwegen **Einwohnerzahl:** 111 000

Stavanger haftet der Ruf an, die weltoffenste, aber auch die teuerste Stadt des Landes zu sein. Das liegt nahe, hat sie doch wie kein anderer Ort vom Ölsegen aus der Nordsee profitiert. Sehr einladend ist das charmante Zentrum mit den weißen Holzhäuschen, und auch Öl- und Konservenmuseum lohnen einen Besuch.

Öl!

Stavanger ist Norwegens viertgrößte Stadt und Hauptstadt des Verwaltungsbezirks Rogaland. Die hübsche, am Byfjord gelegene Stadt erlebte Anfang der 1970er-Jahre einen enormen Aufschwung, als in der Nordsee vor Stavanger Ölvorkommen entdeckt wurden. Die Amerikaner, Franzosen und Engländer in den Ölgesellschaften, aber auch die Studenten der verschiedenen Hochschulen tragen dazu bei, dass die Bewohner von Stavanger neben den Bergensern in Norwegen als besonders weltoffen gelten. Im großen, durch vorgelagerte Inseln geschützten Hafenbecken liegen mehrere Werften.

Geschichte

Stavanger spielte in der Geschichte des norwegischen Reiches eine bedeutende Rolle: Harald Hårfagre schlug am See Hafrsfjord die Kleinkönige und schuf damit die Voraussetzung für die **Reichsbildung** um 872. Zum Gedenken daran wurden 1983 am Hafrsfjord **drei überdimensionale Schwerter** in den Fels gerammt. Fritz Røed schuf die Griffe aus Wikinger-Schwertfunden aus verschiedenen Teilen des Landes, die Kronen repräsentieren die norwegischen Distrikte, die an der Schlacht beteiligt waren (Bild siehe S. 42)

STAVANGER ERLEBEN

AUSKUNFT

Stavanger Turistburo
Domkirkeplassen 3, 4006 Stavanger
Tel. 51 85 92 00, Fax 51 85 92 02
www.visitstavanger.com

ESSEN

► Fein & Teuer

④ ***Jans Mat & Vinhus***
Breitorget
Tel. 51 85 45 85
Bei Kerzenschein kann man hier fantasievoll zubereitete Fischgerichte kosten. Teuerstes, zugleich bestes Gourmetrestaurant der Stadt.

① ***N.B. Sørensens Dampskibsexpedition***
Skagen 26, Tel. 51 84 38 20
Gourmets speisen im »Directionen« im ersten Stock. Preisgünstiger isst man im rustikalen Restaurant Dampskibsekspeditionen im Erdgeschoss.

► Erschwinglich

⑤ ***Bølgen & Møi***
Kjerringholmen (im Ölmuseum)
Tel. 51 93 93 51
Bei fantastischer Aussicht auf den Hafen kann man im Museumscafé mittags die kleinen Gerichte und leckeren Käsekuchen des Meisterkochs Trond Moi genießen. Abends Speisekarte für Feinschmecker mit gehobenen Preisen.

② ***Sjøhuset Skagen***
Skagenkaien 16
Tel. 51 89 51 80
Die maritime Einrichtung trägt dem alten Seehaus von 1770 Rechnung, in dem man heute hervorragend isst. Zur Lunchzeit günstige Gerichte wie Bacalao oder Bouillabaisse. Sonntags 14.00 – 19.00 Uhr preisgünstiges Familienmenü.

► Preiswert

③ ***Newsman***
Skagen 14
Tel. 51 84 38 80
Hier kann man bei einer Tasse Kaffee oder einem Glas Bier in aller Ruhe norwegische und ausländische Zeitungen und Zeitschriften lesen. Kleine Gerichte von 12.00 Uhr mittags bis spät abends.

ÜBERNACHTEN

► Luxus

③ ***Comfort Hotel Grand***
Klubbgt. 3
Tel. 51 20 14 00, Fax 51 20 14 01
90 Z., www.choicehotels.no
Modern gestaltetes Stadthotel mit gutem Restaurant

► Komfortabel

② ***Skagen Brygge Hotell***
Skagenkaien 30
Tel. 51 85 00 00, Fax 51 85 00 01
110 Zi., www.skagenbryggehotell.no
Direkt am Hafen gelegenes, modernes Hotel mit architektonisch gelungener Fassade. Im Juli und ganzjährig an Wochenenden attraktive Preise.

① ***Victoria Hotel***
Skansegt. 1
Tel. 51 86 70 00, Fax 51 86 70 10
www.victoria-hotel.no
Ehrwürdiges, vollständig saniertes Hotel in bester Lage. Zimmer mit eleganter, freundlicher Ausstrahlung, günstige Wochenendpreise. Im Restaurant werden saftige Steaks vom Grill serviert.

AUSGEHEN

Abends strömen Nachtschwärmer in den Gästehafen Vågen und ins östlich angrenzende Viertel, wo es jede Menge Kneipen und Restaurants gibt.

Im Jahr der **Stadterhebung 1125** begann man mit dem Bau des Doms. Als im 16. Jh. große Heringsschwärme auftauchten, wurde Stavanger auch wichtiger **Fischereiort**. Doch als der Hering längere Zeit ausblieb und die Stadt von mehreren Bränden heimgesucht worden war, wurde der Bischofssitz 1672 nach Kristiansand verlegt. Zu Beginn des 19. Jh.s kehrte der Hering jedoch zurück, und 1873 wurde in Stavanger **Norwegens erste Konservenfabrik** eröffnet. Die letzte Sardine wurde in den 1950er-Jahren konserviert. Mehr über die Herstellung von Sardinenkonserven, die bis zum Zweiten Weltkrieg der wichtigste Industriezweig Stavangers war, erfahren Sie im Konservenmuseum (Hermetikkmuseet, Øvre Strandgaten 88a, Öffnungszeiten im Sommer Mo.–Do. 11.00–15.00, So. bis 16.00 Uhr, sonst nur So.; im Sommer werden dienstags und donnerstags Sprotten geräuchert.).

★ ◄ Konservenmuseum

Sehenswertes in Stavanger

★ **Gamle Stavanger**

In den Gässchen von Alt-Stavanger auf der Westseite des Vågen erinnern die rund 170 liebevoll restaurierten, weiß gestrichenen Holzhäuser mit alten Gaslaternen und hübsch verzierten Fenstern und Türen an die Zeiten, als hier um die Wende vom 18. zum 19. Jh. Fischer, Handwerker und Seeleute wohnten. Die meisten Häuser in der Øvre Strandgaten stehen unter Denkmalschutz.

Sieht gar nicht nach Industriestadt aus: Hafenfront von Stavanger

★ **Dom** Am kleinen See Breiavatnet oberhalb des Vågen steht der Dom, der neben dem Nidarosdom in Trondheim als das bedeutendste mittelalterliche Sakralbauwerk Norwegens gilt. Die im anglonormannischen Stil Ende des 11. Jh.s erbaute dreischiffige Pfeilerbasilika stand unter der Schutzherrschaft des heiligen St. Svithun. Nach einem Brand (1272) wurde u. a. ein **Prachtchor** im gotischen Stil gebaut. Das reichhaltige **Interieur** stammt aus der Barockzeit, im 19. und 20. Jh. wurde der gesamte Bau restauriert. Sehenswert im Inneren sind eine reich geschnitzte barocke Kanzel (1658) und ein steinernes Taufbecken aus gotischer Zeit. Das östliche Fenster mit Szenen aus dem Neuen Testament schuf Victor Sparre (1957).

★ **Ölmuseum** Im architektonisch beeindruckenden, 1999 eröffneten Ölmuseum (Norsk Oljemuseum) am Kai Kjerringholmen nördlich des Zentrums erfährt man alles über den Ölboom und über die Entstehung von Gas und Erdöl. Kinder können hier auf einer rekonstruierten

Stavanger Orientierung

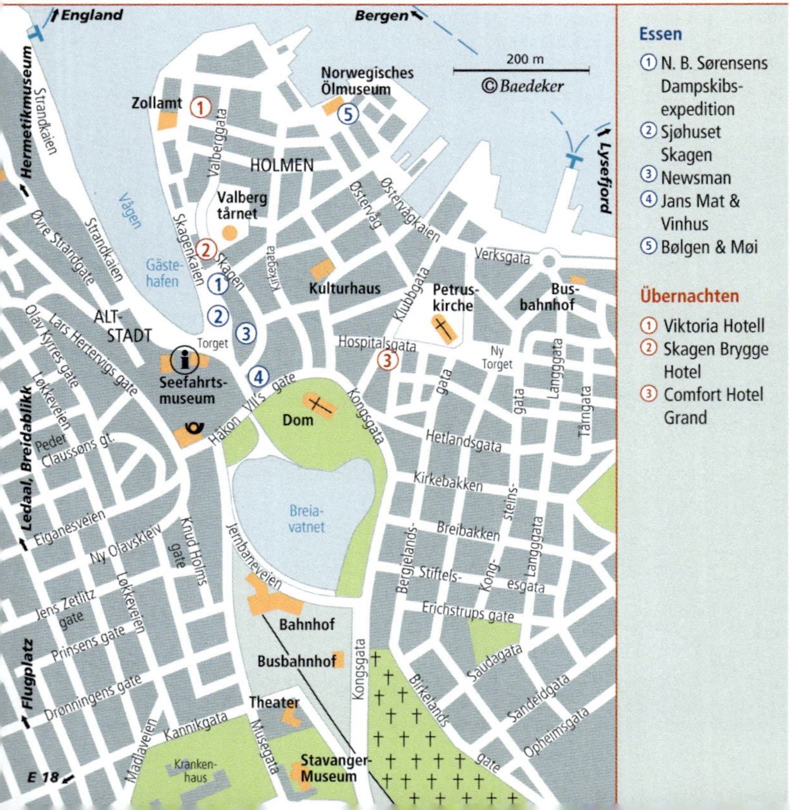

Ölbohrinsel selbst den Bohrer bewegen oder sich durch ein Rettungsnetz »in Sicherheit« bringen (Öffnungszeiten: Mai – August tgl. von 10.00 – 19.00, sonst 10.00 bis 16.00, So. bis 13.00 Uhr).

Außen futuristisch, innen Hightech: das Ölmuseum

Am Mosvannpark südwestlich des Zentrums liegt das Rogaland Kunstmuseum, in dem sich eine um die 1500 Werke umfassende Sammlung norwegischer Maler des 19. und 20. Jhs befindet. Einzigartig ist die Sammlung der zumeist gewaltigen Naturbilder des Stavanger Malers Lars Hertervig (1830 bis 1902); (Öffnungszeiten: Di. – So. 11.00 – 16.00 Uhr).

Die schönste Aussicht auf die Stadt bietet sich vom 85 m hohen **Vålandshaug** am südlichen Stadtrand (Zufahrt über die Hornklovesgate). Wunderschön ist auch die Aussicht vom **Ullandshaug-Turm** (südwestlich von Stavanger im Stadtwald Sørmarka).

Umgebung von Stavanger

Freizeitpark Kongeparken

Der Freizeitpark Kongeparken liegt ca. 30 südlich von Stavanger an der E 39 bei Ålgård und ist das Disneyland Norwegens (Öffnungszeiten Mai bis Sept. tgl. 10.00 – 18.00 Uhr). In seiner Nähe befindet sich auch das **Badeland** Havanna, einer der größten Aquaparks Skandinaviens (Öffnungszeiten tgl. 10.00 – 20.00 Uhr).

✶ Utstein-Kloster

Von Stavanger gelangt man durch den 5860 langen und 223 m unter dem Meeresspiegel liegenden Byfjordtunnel, dem derzeit tiefsten Unterwassertunnel der Welt (45 m unter dem Meeresboden) zur Insel Mosterøy. Von Stavanger verkehrt auch ein Motorschiff zum Utstein-Kloster. Da es direkt am Kloster kaum Parkplätze gibt, lohnt es sich, das Auto 1 km zuvor zu parken und die landschaftlich schöne Strecke zu Fuß zurückzulegen.

Das Augustinerkloster Utstein auf Mosterøy wurde bereits im 13. Jh. erwähnt und ist das besterhaltene Kloster des Landes. In dieser idyllischen Anlage werden im Sommer Konzerte veranstaltet (Öffnungszeiten Kloster: Mai – Sept. Di. – Sa. 10.00 – 16.00, So. 12.00 – 17.00, im Juli auch Mo., Okt. – April nur So.). Heute wird das Kloster auch als Hotel genutzt (Buchung unter Tel. 51 72 47 05, www.utstein-kloster.no)

★★ Prekestolen Der beinahe 600 m senkrecht aus dem Lysefjord ragende Felsen des Prekestolen (Predigtstuhl) gehört ohne Zweifel zu den schönsten Ausflugszielen Südwestnorwegens (Bild S. 189). Nur wer schwindelfrei ist, sollte sich auf diese Plattform ins Nichts wagen. Der Prekestolen ist von Stavanger über die R 13 bis Lauvvik am Høgsfjord (von dort Fähre nach Jøssang) erreichbar. Hier zweigt rechts eine Stichstraße zur Prekestolhytta ab, von dort gelangt man zu Fuß in ca. zwei Stunden zum Prekestolen (gutes Schuhwerk erforderlich, unterwegs einige schmale Passagen!). Von unten kann der Felsen an Bord eines Ausflugsschiffs bestaunt werden (ca. 3 Std. ab Stavanger).

Lysebotn Eines der atemberaubendsten Erlebnisse für Autofahrer sind die 27 Haarnadelkurven bei **Lysebotn**. Hier liegt auch der für das Base Jumping (die riskantere Form des Fallschirmspringens) so beliebte 1000 m hohe Felsen **Kjerag** (Parkplatz bei Øygardstøl, anspruchsvolle Bergtour, ca. 5 Std. hin und zurück).

★ Telemark

C/D 7

Gebiet: Südnorwegen

Telemark beginnt an den Sandstränden des Skagerraks und dehnt sich in ein gebirgiges Hinterland mit hervorragenden Skigebieten aus. Hier wurde der Telemarkschwung erfunden, daher gilt die Region als Wiege des modernen Skisports. Neben Ski fahren, Baden, und Wandern lockt auch eine Fahrt auf dem Telemark-Kanal.

Trubel oder Ruhe? Alles da! Die Telemark ist groß und weit: Vom Skagerrak im Süden bis zum südnorwegischen Hochland erstreckt sich dieser Verwaltungsbezirk. An der zerklüfteten Küste mit ihren idyllischen **Schären** liegen zahlreiche Ferienhütten, hübsche Küstenstädtchen mit weiß gestrichenen Holzhäusern und im Sommer zumeist überlaufenen **Jachthäfen**. Wer Ruhe sucht, findet diese im hügeligen, bewaldeten Hinterland.

Sehenswertes in der Telemark

Skien Skien (48 000 Einw.), Hauptstadt des Bezirks Telemark und lebhafte Industriestadt, nennt sich »Ibsen-Stadt«, denn hier wurde Henrik Ibsen (► Berühmte Persönlichkeiten) 1828 geboren. Im **Telemark Fylkesmuseum** (Bezirksmuseum) kann man mehr über Norwegens bekannten Dichter erfahren. Im dazugehörenden Freilichtmuseum stehen mehrere Bauerngehöfte aus der Telemark.

★ Telemark-Kanal Eine Fahrt auf dem 110 km langen Telemark-Kanal, auch Bandak-Norsjø-Kanal genannt, gehört ohne Zweifel zu den größten Attraktionen der Telemark. Mittels acht Schleusen werden insgesamt 72

TELEMARK ERLEBEN

AUSKUNFT

Skien Turistkontor
Nedre Hjellegate 18
3724 Skien
Tel. 35 90 55 20, Fax 35 90 00 21
www.grenland.no

ÜBERNACHTEN

► Komfortabel

Gaustablikk Høyfjellshotell
Rjukan
Tel. 35 09 14 22
Fax 35 09 19 75
91 Zi., www.gaustablikk.no
Am Fuß des Gaustatoppen steht das großzügig konzipierte Berghotel mit Schwimmhalle, Saunen, Tennisplätzen und großer Sonnenterrasse. Alpinskigebiet nahebei.

Quality Lifjell Hotel
Bø i Telemark, Lifjellvegen 375
Tel. 35 95 33 00
Fax 35 95 33 50
150 B., www.lifjellhotel.no
Dieses sehr gemütliche Familienhotel mit Schwimmhalle und Außenbecken liegt sehr zentral in der Telemark. Von hier aus lassen sich schöne Abstecher zum Telemark-Kanal und zur Heddal-Stabkirche machen.

Tuddal Høyfjellshotell
Tuddal
Tel. 35 02 88 88
Fax 35 02 88 89
23 Zi., www.tuddal.no
Hotelbau mit 100-jähriger Tradition und stilvoll eingerichteten Räumen. Im Restaurant wird norwegische Küche serviert.

► Günstig

Sandviken Camping
Tinn Austbygd
Tel. 35 09 81 73, Fax 35 09 41 05
www.sandviken-camping.no
Kleiner, familiärer Campingplatz am Nordufer des Tinnsjø u.a. mit 12 einfachen Hütten, einige direkt am Sandstrand mit Blick auf den See

Baedeker-Empfehlung

► Komfortabel

Hotel Dalen
Dalen (nahe des Vergnügungsparks Bø Sommarland)
Tel. 35 07 70 00
Fax 35 07 70 11
76 B., www.dalenhotel.no
Als architektonisches Kleinod bietet sich dieses Hotel am Telemark-Kanal dar. Schweizerstil, Drachenstil und Nationalromantik bilden in dem Holzpalast eine perfekte Symbiose, kein Wunder, dass hier schon einige gekrönte Häupter gewohnt haben. Auch wer nicht in dem Hotel nächtigt, sollte sich zumindest eine Tasse Tee und ein Stück Kuchen auf der Terrasse mit Blick auf den weitläufigen Park gönnen.

FAHRT AUF DEM TELEMARK-KANAL

Von Ende Mai bis Anfang September fahren die historischen Motorschiffe »Victoria« (erbaut 1882), »Henrik Ibsen« (1907) oder »Telemarken« täglich um 8.30 Uhr ab Skien. Man erreichet am Abend Dalen, muss dort übernachten oder kann auf halbem Wege in Lund aussteigen und Bus oder Schiff zurück nach Skien nehmen (Auskunft: Telemarkreiser, Skien, Tel. 35 90 00 20, www.telemarkreiser.no. Die Homepage informiert auch über Fahrten mit dem eigenen Boot bzw. Kanu, denn auch bei Kanufahrern ist der Kanal überaus beliebt.

Ausflug auf dem Telemark-Kanal

Höhenmeter überwunden. Man startet in Skien und schippert gemütlich über den See Norsjø nach Ulefoss, wo das kleine Empire-Schlösschen **Ulefoss Herregård** (1807), ein Hauptwerk Norwegens aus der Napoleonszeit, mit seiner auffallend blauen Kuppel auf der Nordseite des Eidselva besichtigt werden kann. Gleich in der Nähe liegt die 11 m hohe **Ulefoss-Schleuse**. Die beeindruckendste Schleusenanlage, die Vrangfoss sluser, besteht aus insgesamt sechs Schleusenkammern. Während das Schiff 23 m Höhenunterschied überwindet, kann man aussteigen und von den Treppen oder der Brücke über den Kanal das Schiff fotografieren. Hinter **Lunde** fährt man über die Seen Flåvatn, Kviteseidvatn und Bandak nach Dalen.

Badespaß nicht nur für Kinder verspricht das **Bø Sommarland** bei Bø. In dem Freizeitpark, der sich zu einer der größten Sehenswürdigkeiten Telemarks entwickelt hat, warten mehr als 20 verschiedene Wasseraktivitäten, darunter natürlich eine Riesenrutsche (Öffnungszeiten: tgl. Mitte Mai – Mitte Aug., www.sommarland.no).

✶✶ Heddal-Stabkirche

Die Stabkirche von Heddal (Hitterdal) westlich des kleinen Industriestädtchens Notodden (50 km nördlich von Skien an der E 134) stammt aus der Mitte des 13. Jh.s (1849 – 1851 wiederhergestellt; mehrmals restauriert). Sie ist die größte erhaltene Säulenstabkirche Norwegens (ausführlich siehe S.324).

✶ Abstecher zum Gaustatoppen

Ca. 16 km westlich der Heddal-Stabkirche zweigt in Sauland eine Straße nordwärts ins romantische Tuddalsdal und nach Rjukan ab. Hinter **Tuddal** mit einer hübschen hölzernen Kreuzkirche (1796) schraubt sich die teilweise steile Passstraße bis auf 1275 m (unterwegs herrliche Aussicht) und zum Fuß des mächtigen Gaustatoppen (Wander- und Skigebiet) hinauf, der mit 1883 m die höchste Erhebung südlich der Bergenbahn ist. Vom Parkplatz direkt an der Straße kann man auf einem markierten Pfad beinahe bis zum Gipfel gelangen, wo sich ein überwältigender **Blick über die Hardangervidda** eröffnet. Da große Geröllhalden überquert werden müssen, wird festes

Schuhwerk (keine Turnschuhe!) empfohlen (hin und zurück ca. 3 Std.). In der Gipfelhütte werden köstliche Waffeln serviert. Östlich des Gaustatoppen befindet sich das **Gaustablikk**-Skigebiet mit Skiliften, zahlreichen Loipen, Hotel und komfortablen Hütten.

Rjukan

Direkt unterhalb des Gaustatoppen liegt der Industrieort Rjukan (7500 Einw.). Rjukan wurde Anfang des 20. Jh.s auf dem Zeichenbrett entworfen, als hier 1911 das große Vemork-Wasserkraftwerk und eine Salpeterfabrik gebaut wurden. Das Kraftwerk Mår 5 km östlich des Ortes (Dale-Kreuzung), dessen Bau während des Zweiten Weltkriegs von den Deutschen begonnen wurde, produziert 1 Mrd. kWh pro Jahr und hat drei Dämme. Wunderschön sind die Wander- und Skigebiete um den See Møsvatn oberhalb von Rjukan und im Bereich von Rauland (RV 37).

Rjukan wurde vor allem im **Zweiten Weltkrieg** bekannt, als die Deutschen besonderes Interesse an dem hier hergestellten schweren Wasser (Deuteriumoxid) zeigten. Es wurden von den Alliierten mehrere Sabotageaktionen durchgeführt, um zu verhindern, dass das kostbare Wasser nach Deutschland zur **Herstellung von Atombomben** gebracht wurde. Mehr über den Kampf um das schwere Wasser erfährt man auf dem Saboteur-Pfad und im nahe gelegenen Norwegischen Industriearbeitermuseum (u. a. alte BBC-Filme) im Vemorker Wasserkraftwerk, das Anfang des 20. Jh.s das größte Wasserkraftwerk der Welt war. Imponierend ist die mächtige Kraftwerkhalle mit riesengroßen Turbinen (Öffnungszeiten: Juni bis Mitte Aug. tgl. 10.00 – 18.00, Mitte Aug. bis Sept. bis 16.00, sonst Sa. / So. 11.00 – 16.00 Uhr).

? WUSSTEN SIE SCHON ...?

- ... dass das Kraftwerk Mår bei Rjukan die längste Holztreppe der Welt besitzt? Man muss recht fit sein, um auf den 3975 Stufen von der Elektrizitätshalle zur Ventilkammer hinunterzusteigen.

* ◂ Norsk Industriearbeidermuseum ⌚

Seljord, Lifjell

Auf der E 134 erreicht man den idyllisch am Seljordvatn gelegenen Ort Seljord. In der **Seljord-Kirche** von 1180 sind vor allem die Kalkmalereien aus dem 17. Jh. und die Altartafel – Norwegens älteste aus der Zeit nach der Reformation – sehenswert. Östlich des idyllisch zwischen steil ansteigenden Waldhängen eingebetteten Seljordvatnet mit seinem berühmten **»Seeungeheuer«**, das nach mehreren Augenzeugenberichten sogar bei ausländischen Forschern Interesse gefunden hat, erhebt sich das Lifjell, von dessen Gipfeln man bei klarem Wetter bis zum Skagerrak sehen kann.

* **Norwegisches Skimuseum**

Im Norwegischen Skimuseum (Norsk skieventyr) im kleinen Ferienort **Morgedal** (22 km westlich von Seljord) wird man mit Hilfe von Licht- und Lauteffekten auf eine 4000 Jahre zurückreichende Reise durch Norwegens Skigeschichte mitgenommen. Hier werden auch Gegenstände von Olav Bjaalands Südpolexpedition ausgestellt, die Bjaaland zusammen mit Roald Amundsen unternahm.

HEDDAL-STABKIRCHE

✶✶ Westlich von Kongsberg und Notodden steht direkt an der E 134 die »Kathedrale« unter Norwegens Stabkirchen, die Kirche von Heddal. Mit ihrem Bau wurde 1147 begonnen, 1241 wurde sie der Heiligen Jungfrau Maria geweiht. Diese Säulen-Stabkirche mit ihrem auffallenden dreistufigen Dach gilt als ein Meisterwerk der Holzbaukunst.

Öffnungszeiten:
20. Mai bis 19. Juni 10.00 – 17.00 Uhr
20. Juni bis 20. August 9.00 – 19.00 Uhr
21. August bis 10. September 10.00 – 17.00 Uhr
Sonntags nach dem Gottesdienst ab 13.00 Uhr

1 Hauptraum
Stabkirchen sind keine Übersetzung des Steinbaus in Holz, sondern eine eigens entwickelte Form mit einem mächtigen Hauptraum, in dem man das Nachleben der nordischen Königshalle vermutet. Im Inneren von Heddal steht u.a. ein geschnitzter Bischofsstuhl (12. Jh.) mit Szenen aus der Sigurd-Sage: Sigurd und König Gunnar ziehen aus, um Brunhild den Nibelungen-Ring zu bringen. Die Kirche von Heddal ist die größte Stabkirche Norwegens; 24 m lang, 14 m breit und 26 m hoch, erbaut aus Kiefernholz.

2 Die »Stäbe«
Auf einem Fundament aus rechteckigen Steinmauern liegt ein Rahmen aus Schwellenbohlen. Darauf setzte man senkrecht stehende Masten (»Stäbe«, von norweg. »stav«) auf. Unten sind sie im Holzrahmen eingelassen, oben hält sie ein weiteres Holzviereck zusammen, das auch die Dachsparren trägt. Diese perfekte Holzkonstruktion hält schon seit 850 Jahren!

3 Andreaskreuze
Typisch für Stabkirchen sind die Andreaskreuze, die sich auf der Höhe des ersten Dachabschlusses um die gesamte Kirche ziehen und für weitere Steifigkeit sorgen.

4 Svalgang
Um die Kirche herum läuft der »Svalgang«, ein überdachter Gang, in dem einst die Männer ihre Waffen ablegen mussten, bevor sie am Gottesdienst teilnahmen.

5 Dachschindeln
Schuppenförmig überlappende Holzschindeln decken das fünffach getreppte Dach ab. Die Hälfte der Schindeln in Heddal wurde zwischen 1998 und 2004 ausgetauscht. Man verwendete dafür in Handarbeit nach mittelalterlichem Vorbild hergestellte Schindeln. Außerdem muss die Kirche regelmäßig geteert werden, damit sie auch künftig Wind und Wetter standhält. Weil Gerüste nicht an der Kirche befestigt werden dürfen, übernehmen Bergsteiger diesen Job.

6 Dachreiter
Wie das Dach selbst hat in Heddal auch der Dachreiter mehrere Etagen. Die Türme sind leer – der Glockenturm steht abseits der Kirche.

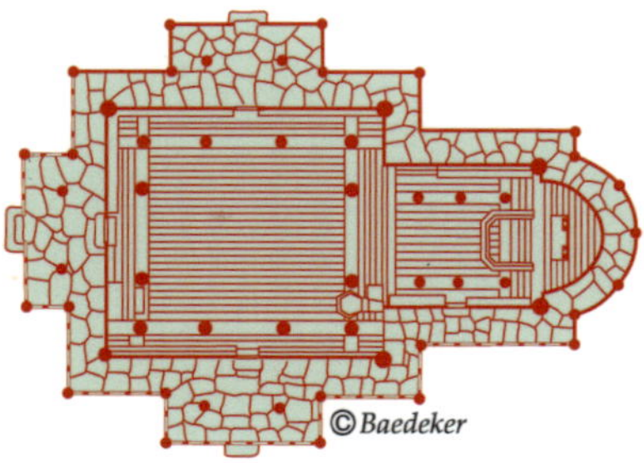

Grundriss von Heddal. Wie alle christlichen Kirchen ist sie ost/west-orientiert. Im Osten (rechts) befindet sich der Chor (der älteste Teil der Kirche) mit einer halbrunden Apsis.

Tromsø, einst Stadt der Polarforscher und Robbenfänger, wird heute das Paris des Nordens genannt.

Polarmuseum

Dieses sehr sehenswerte Museum zeigt u. a. Gegenstände von Amundsens Südpolarexpedition (Öffnungszeiten: Mitte Mai – Mitte Sept. tgl. 11.00 – 15.00 Uhr, sonst nur Mo. – Fr).

Dom

Südwestlich der Schiffsanlegestelle steht im Zentrum von Tromsø der Dom (1861) mit schönen Glasmalereien. Um 1250 ließ König Håkon Håkonsson an dieser Stelle eine Kirche errichten, in deren Umfeld sich nach und nach eine Siedlung entwickelte. Heute ist der Dom die größte neugotische Holzkirche Norwegens.

✶ Tromsø-Museum

Weiter südwestlich gelangt man vorbei an der Universität zum 2 km entfernten Tromsø-Museum im Volkspark mit natur- und kulturhistorischen Sammlungen, in denen vor allem die samische Kultur und arktische Natur beleuchtet wird, spannend auch für Kinder (Öffnungszeiten: Juni – Aug. tgl. 9.00 – 20.00, sonst Mo. – Fr. 8.30 – 15.30, Sa. /So. ab 12.00 bzw. 11.00 Uhr).

✶ Polaria-Erlebniszentrum

In der Hjalmar Johansgata 12 erhält man im 1998 eröffneten Polaria-Erlebniszentrum Einblick in die arktische Lebenswelt. In großen Aquarien kann man arktische Fische und andere Meerestiere beobachten – spannend für Groß und Klein (Öffnungszeiten: Mai bis Aug. tgl. 10.00 – 19.00, Sept. – April 12.00 – 17.00 Uhr).

TROMSØ ERLEBEN

ANREISE

Täglich laufen die Schiffe der Hurtigrute den Hafen an. Im Sommer ist Tromsø Endpunkt von Spitzbergen-Kreuzfahrten. Flugverbindungen nach Longyearbyen/Spitzbergen, Oslo und andere größere Städte.

AUSKUNFT

Destinasjon Tromsø AS
Kirkegata 2
9253 Tromsø
Tel. 77 61 00 00
Fax 77 61 00 10
www.destinasjontromso.no

FESTIVALS

Internationales Filmfest
Jedes Jahr in der dritten Januarwoche, inzwischen ist es Norwegens größtes Publikumsfilmfest geworden (Programm: www.tiff.no).

Nordlichtfestival
Das Nordlichtfestival Ende Januar betont vor allem innovative Musik, oft als Crossover mit traditionellen Musikstilen (www.nordlysfestivalen.no)

SPORT

Polarnacht Halbmarathon (Mørketidsløp)
Am ersten Januarwochenende findet in Tromsø dieser einzigartige Winterlauf statt. Start und Ziel ist im Zentrum. Zu absolvieren sind 10 km oder ein Halbmarathon.

Tromsø Skimarathon
Anfang April lädt Tromsø zum Skimarathon ein. Die Langlaufstrecke liegt in wunderschöner Natur direkt außerhalb der Stadt und ist 40 km lang.

Tromsø Orientierung

Essen
① Kaffe å Lars
② Peppermøllen Mat & Vinhus
③ Blå Rock Café
④ Arctandria

Übernachten
① Scandic Hotel
② Hotell Nord

Mitternachtssonnen-Marathon
Mitte Juni findet dieser weltweit nördlichste Marathonlauf statt; Informationen unter www.msm.no

MITTERNACHTSSONNE

von 21. Mai bis 23. Juli

AUSFLÜGE

Mit der Kabinenbahn Fjellheisen zum 420 m hohen Aussichtspunkt Storsteinen.
Fahrzeiten der Bahn: Mai – Sept. 10.00 – 17.00, 20. Mai – 20. Aug. an Wochenenden bis 1.00 Uhr nachts.

ÜBERNACHTEN

► Luxus

① ***Scandic Hotel***
Heiloveien 23
Tel. 77 75 50 00
Fax 77 75 50 11
315 B., www.scandic-hotels.com
Das 1986 eröffnete Hotel bietet hohen Komfort und beherbergt mit dem Restaurant Måken, der Bar Pelikanen und dem Nachtklub Pingvinen drei bekannte Attraktionen.

► Günstig

② ***Hotell Nord***
Parkgata 4
Tel. 77 66 83 00
Fax 77 66 83 20
22 Zi., www.hotelnord.no
Dieses kleine, zentrumsnahe Hotel bietet seit Jahren saubere, günstige Zimmer. Unbedingt reservieren! Einfaches Frühstück.

ESSEN

► Fein & Teuer

② ***Peppermøllen Mat & Vinhus***
Storgate 42
Tel. 77 68 62 60
Während des Verzehrs von feinen Fischgerichten oder vegetarischer Kost kann man im Amundsenzimmer, in dem einstmals Roald Amundsen vor seinen Expeditionen mit seinem Freund Zapffe eine gute Mahlzeit einnahm, die Bilder seiner Erlebnisse studieren.

Baedeker-Empfehlung

► Erschwinglich

④ ***Arctandria Sjømat Restaurant***
Strandtorget 1, Tel. 77 60 07 20
Das Arctandria beinhaltet gleich drei Restaurants: Im Vertshuset Skarven erwarten den Gast einfache, aber exotische Kleingerichte, das Arctandria ist ein hoch gelobtes Fisch- und Schalentierrestaurant mit regionalen und auch samischen Spezialitäten, und im Skarvens Biffhus kommen saftige Steaks in verschiedenen Größen auf den Teller.

► Preiswert

③ ***Blå Rock Café***
Strandgata 14/16
Tel. 77 61 00 20
Eine Institution in Tromsø, das wahrscheinlich nördlichste Rock'n' Roll-Café der Welt. Viele kleine, gemütliche Räume auf mehreren Etagen mit authentischer Einrichtung aus aller Welt. An den Wochenenden sorgen DJs für tolle Stimmung. Hin und wieder auch Live-Musik.

① ***Kaffe å Lars***
Kirkegata 8
Tel. 77 63 77 30
In diesem klitzekleinen Café im 2. Stockwerk von Emm's Drømmekjøkken gegenüber der Domkirche kann man bereits um 7.00 Uhr frühstücken. Abends wird oft Live-Musik, vor allem Jazz, geboten. Kleine Gerichte zu günstigen Preisen. Beliebter Treffpunkt auch zur Lunchzeit.

Noch immer ein Geheimtipp: der Lyngenfjord und die alpin anmutenden Lyngsalpen

★ Nordlicht-planetarium Im nördlichsten Planetarium der Welt (Nordlysplanetarium) auf dem Universitätsgelände in Breivika kann man auf einer Leinwand die verschiedensten Himmelsphänomene wie das Nordlicht erleben (deutsche Videovorführungen Mo. – Fr. 18.00, Sa./So. 12.00 Uhr).

Umgebung von Tromsø

★ Aussichtspunkt Storsteinen In einer Seitenstraße hinter der markanten Eismeerkathedrale liegt die Talstation der Kabinenseilbahn Fjellheisen zum 420 m hohen Storsteinen. Bei schönem Wetter hat man hier eine fantastische Aussicht und kann die Mitternachtssonne erleben. Für Hungrige steht die Gebirgsstube »Fjellstua« offen (Fahrzeiten der Bahn: Mai – Sept. 10.00 – 17.00, bei schönem Wetter auch 21.00 – 0.30 Uhr).

Insel Kvaløya Westlich von Tromsø liegt die Insel Kvaløya (»Walinsel«) mit saftigen Weiden zum Sandnessund hin, über den die 1,2 km lange Sandnessund-Brücke führt. Sehenswert sind die 2500 – 4000 Jahre alten **Felsritzungen** von Skavberg nahe Straumhella (im Süden der Insel an der R 862).

★★ Lyngenfjord Etwa 70 km südöstlich von Tromsø liegt die **Halbinsel Lyngen**, ein arktisches Naturparadies mit den fast 2000 m hohen schneebedeckten Gipfeln der **»Lyngsalpen«**, ein fast völlig unerschlossenes Wander- und Klettergebiet. Der Lyngenfjord erstreckt sich vom Vorgebirge Lyngstuen (395 m ü. d. M.) etwa 80 km nach Süden. Er zählt zu den großartigsten Fjorden Norwegens. Von Tromsø erreicht man ihn auf der E 8 bis Nordkjosbotn, dann weiter auf der E 6 nach Norden.

Baedeker TIPP

Seeadler beobachten

Sehr lohnend ist die 20-minütige Fahrt mit der Fähre von Skjervøy zur Insel Arnøy und dann weiter zum Ort Årviksand an der Mündung des Lyngenfjords. Von hier haben Sie einen herrlichen Blick auf Fugløya, eine der größten Vogelinseln Norwegens mit 300 000 Papageitauchern und zahlreichen Seeadlern.

Nördlich von Lyngseidet (erreichbar von Tromsø über die R 91) ragt imposant der Store Jegervasstind 1596 m in den Himmel. Dieser mächtige Berg ist ein wahres Bergsteigerparadies. Obwohl ihn der Engländer William S. Slingsby bereits 1898 bezwang, empfinden es viele Bergsteiger als Herausforderung, neue Aufstiegsrouten zu erkunden. Ein guter Ausgangspunkt dafür ist die **Jægervasshytta** am Jægervatnet im Westen.

★★ Trondheim

E 5

Gebiet: Mittelnorwegen **Einwohnerzahl:** 153 000

Trondheim war die erste Hauptstadt Norwegens. Olav der Heilige starb hier und über seinem Grab wurde der Nidaros-Dom errichtet, die großartigste Kathedrale von ganz Skandinavien. Noch immer werden hier die Könige des Landes gekrönt.

Stadt auf der Halbinsel

Trondheim erfreut sich einer sehr malerischen Lage in einer Bucht des Trondheimfjords. Die Altstadt wird vom Nidelv umschlossen und bildet so eine Halbinsel, die nur im Westen mit dem Festland verbunden ist. Alle Sehenswürdigkeiten sind gut zu Fuß zu erreichen. Die günstigen Temperaturverhältnisse (im Januarmittel selten unter -3 °C) lassen den Fjord **immer eisfrei** und ermöglichen eine reiche Vegetation. Die bedeutende Industriestadt hat sich auch als Forschungs- und Wissenschaftsstadt einen Namen gemacht.

Geschichte einer Königsstadt

Die Gegend um Trondheim gilt als die Wiege des norwegischen Reiches. Zwar ließ bereits Olav Tryggvason 997 den Königshof »Nidarnes« erbauen, doch gilt **Olav der Heilige** als der eigentliche Gründer der Stadt (1016), die nun bis zum 16. Jh. **»Nidaros«** (Mündung des Nid) genannt wurde. Nach Olavs Tod (1030) zogen Scharen von Pilgern zum Totenschrein des heilig gesprochenen Königs: Durch diesen Kult wurde Trondheim zur größten und **reichsten Stadt des Landes**. Die Reformation setzte den Pilgerzügen dann ein Ende; der Schrein des Heiligen wurde nach Dänemark entführt und dort vernichtet, der Leichnam im Dom an einer unbekannten Stelle beerdigt.

TRONDHEIM ERLEBEN

AUSKUNFT

Trondheim Aktivum
Munkegt. 19, Torget
7411 Trondheim
Tel. 73 80 76 60
Fax 73 80 76 70
www.trondheim.com

! Baedeker TIPP

Mittelalter live!

Besuchen Sie Trondheim am besten während der Olavstage Ende Juli/Anfang August. Dann finden in diversen Kirchen und öffentlichen Gebäuden zahlreiche Konzerte, Ausstellungen, Musik- und Theatervorführungen statt. Im Hof des Erzbischöflichen Palais werden auf einem Mittelaltermarkt alte Handwerke vorgeführt und norwegisches Kunstgewerbe wie Keramik, Kerzen und Schnitzereien verkauft.

ESSEN

► Fein & Teuer

① ***Palmehaven***
Dronningensgate 5
Tel. 73 80 08 00
Äußerst vornehmes Restaurant im Britannia Hotel. Stimmungsvolle Atmosphäre zwischen Palmen und Fontänen.

► Erschwinglich

② ***Abelone Mat & Vinkjeller***
Dronningens gate 15
Tel. 73 53 24 70
Stilvolles, 150 Jahre altes Kellerlokal mit guter Küche und erlesenen Weinen auf der Speisekarte.

③ ***Erichsen Konditori & Restaurant***
Nordre gate 8
Tel. 73 87 45 50
In dieser traditionsreichen Konditorei von 1856 treffen sich die vornehmen Damen aus dem Stadtteil Singsaker zu Kaffee und Kuchen.

► Preiswert

④ ***Daily Bakklandet***
Øvre Bakklandet 66
Tel. 73 87 42 42
Pizza, Pasta, Wok, Salate und Suppen werden in diesem freundlichen Restaurant angeboten.

ÜBERNACHTEN

► Luxus

② ***Britannia Hotel***
Dronningensgate 5
Tel. 73 80 08 00
Fax 73 80 08 01
247 Zi., www.britannia.no
Zusätzlich zum First-Class-Komfort werden Restaurant Palmehaven, Pianobar, Kellerrestaurant und ein englischer Pub geboten.

③ ***Clarion Collection Grand Olav***
Kjøpmannsgt. 48,
Tel. 73 80 80 80
Fax 73 80 80 81
106 Zi., www.choicehotels.no
Haus der Spitzenklasse im geschäftigen Zentrum der Stadt. Es verfügt über viel besuchte und hochklassige gastronomische Einrichtungen (Restaurant, Café, Bar, Night Club).

④ ***Radisson SAS Royal Garden Hotel***
Kjøpmannsgt. 73
Tel. 73 80 30 00
Fax 73 80 30 50
297 Zi.
www.radissonsas.com
In schöner Lage am Fluss unweit vom Hafen setzt dieses modern gestaltete Hotel mit einer riesigen Lobby architektonische Akzente.

▶ Komfortabel

① ***Munken Hotel***
Kongensgt. 44
Tel. 73 53 45 40, Fax 73 53 42 60
19 Zi., www.munken.no
Kleines Hotel im Zentrum in einem neu sanierten Holzhaus

▶ Günstig

⑤ ***Singsaker Sommerhotell***
Rogerts gate 1
Tel. 73 89 31 00, Fax 73 89 32 00
www.sommerhotell.singsaker.no
Dieses einfache Hotel (105 Zi.) liegt sehr ruhig auf der Anhöhe bei der Festung Kristiansten.

MARKT

Täglich Gemüse-, Obst- und Blumenmarkt auf dem Torget

AUSFLÜGE

Insel Munkholmen erreicht man mit dem Boot vom Fischmarkt Ravnkloa am Nordende der Munkegata (stündlich, Überfahrt ca. 10 min.).

Kirchen und Klöster verschwanden bis auf eine kleine Zahl, Trondheims Blüte ging zu Ende. Anfang des 17. Jh.s erlebte die Stadt durch den zunehmenden Holzhandel wieder einen Aufschwung. Anfang des 19. Jh.s war Trondheim mit 9500 Einwohnern ebenso groß wie Kristiania, das heutige Oslo.

Sehenswertes in Trondheim

Torget

Mittelpunkt von Trondheim ist der Torget (Marktplatz) am Schnittpunkt der beiden Hauptverkehrsstraßen Kongensgata und Munkegata. Auf dem Platz steht eine hohe, achteckige Säule mit einem Standbild von Olav Tryggvason (1923).

**** Nidaros-Dom**

Der Nidaros-Dom wurde von König Olav Kyrre (1066 – 1093) **über dem Grab Olavs des Heiligen** begonnen und nach Errichtung des ganz Norwegen umfassenden Erzbistums Nidaros 1151 bedeutend erweitert. In Anlage und Ausführung ist er die großartigste Kirche Skandinaviens und Trondheims bedeutendste Sehenswürdigkeit. Im 11. und 12. Jh. diente der Dom als Grabstätte der Könige. Bereits im 15. Jh. wurden hier mehrere Könige gekrönt, und seit 1814 ist die Segnung (Krönung) des norwegischen Königs im Dom zu Trondheim durch die Verfassung festgelegt. Im Dom werden auch die **Krönungsinsignien** aufbewahrt, die für die Besucher ausgestellt werden (Öffnungszeiten: Juni – Aug. Mo. – Do., Sa. 9.00 – 12.30, So. 13.00 bis 16.00, sonst nur Fr. 12.00 – 14.00 Uhr).
Querschiff, Kapitelhaus und das prachtvolle frühgotische Kuppelachteck sind durch einen **spätromanischen Übergangsstil** gekennzeichnet. Als Baumaterial diente der blaugraue Seifenstein aus der Umgebung von Trondheim. Zu Beginn des 13. Jh.s wurde der **Langchor** mit dem schönen Südportal, 1280 das gewaltige **Hauptschiff** und der Turm im gotischen Stil errichtet. Nach mehreren Bränden lag der westliche Teil, beginnend mit dem Querschiff, in Trümmern.

Im Nidaros-Dom werden Norwegens Könige gekrönt.

Das Erwachen des Nationalbewusstseins im 19. Jh. bewahrte den Dom vor dem Zerfall: 1869 begann die **Wiederherstellung**; und am 28. Juli 1930, zur 900-jährigen Gedenkfeier des Tods Olavs des Heiligen, wurde die Kirche neu geweiht. 1963 versetzte man die 1930 von Steinmeyer aus Oettingen in Schwaben gebaute **Orgel** mit ihrem barocken Orgelprospekt unter die Rosette, 1914 – 1968 wurde die Westfront restauriert. Wunderschön ist auch die **Westfassade** mit Statuen norwegischer Könige und Bischöfe sowie biblischer Figuren. Beeindruckend ist die feierlichen Atmosphäre im Dom: Einzige Lichtquellen sind die farbenfrohen **Glasfenster** (1913 bis 1934) von Gabriel Kielland und die Glasrosette über der Orgel (Öffnungszeiten: Juni – Aug. Mo. bis Fr. 9.00 – 18.00, Sa. bis 14.00, So. 13.00 – 16.00 Uhr).

Erzbischöfliches Palais

Nebenan liegt der Erkebispegård (Erzbischöfliches Palais), ein mittelalterlicher Steinbau, der einst den Erzbischöfen als Wohnsitz diente. Es ist Nordeuropas ältestes Profangebäude, das einstmals von dicken Ringmauern umgeben war. Heute sind hier ein großes **Museumszentrum** mit interessanten Ausstellungen zur Geschichte Norwegens und Trondheims, eine Waffensammlung und das Museum der Widerstandsbewegung (1940 – 1945) untergebracht.

✶ Pfahlhäuser

Von der Bybrua, einer roten Holzbrücke (1861), die den Nidelv nordöstlich vom Dom überquert, bietet sich ein schöner Blick auf mehrere alte Lagerhäuser aus dem 18./19. Jh., die auf Pfählen stehen und zum größten Teil restauriert worden sind. Hier findet man heute mehrere **gute Fischrestaurants**. Bereits vor rund 1000 Jahren ließ Olav Tryggvason hier am Nidelv die ersten Speicher am Øvre Elvehavn errichten, doch schon bald brannten sie wieder ab. Auf der Ostseite stehen alte, vielfach restaurierte Holzhäuser, die einstmals als Arbeiterwohnungen dienten.

Festung Kristiansten

Wenn man von der Bybrua durch die Vorstadt Bakklandet die Anhöhe hinaufgeht, gelangt man zu der im 17. Jh. von General Caspar de Cicignon im europäischen Barockstil erbauten Festung Kristiansten, von der sich ein weiter Blick auf die Stadt bietet. Am schönsten ist

Nidaros-Dom Trondheim

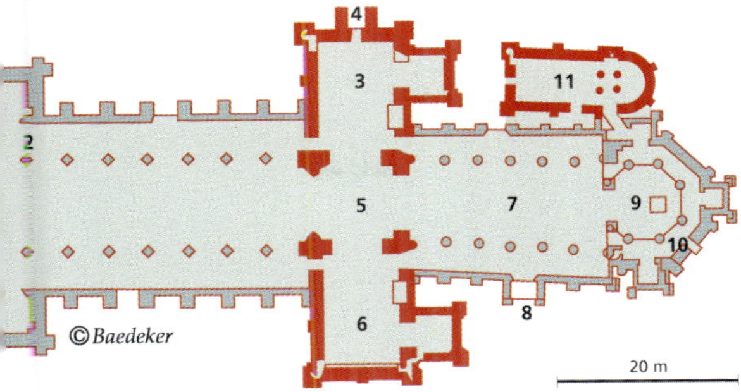

die Aussicht bei Morgenlicht oder bei Sonnenuntergang (Öffnungszeiten der Innenräume: Juni – Aug. Mo. – Fr. 10.00 – 15.00, Sa., So. 11.00 – 16.00 Uhr).

Stiftsgården ✶

Nördlich vom Marktplatz, in der Munkegata, steht der um 1770 erbaute Stiftsgården, ein mächtiges gelbes Holzhaus mit etwa 140 Zimmern, das dem norwegischen König bei seinen Besuchen in Trondheim als Wohnsitz dient. Die Krönungsfeierlichkeiten zahlreicher Könige, zuletzt Haralds V. (1991), fanden im Stiftshof statt. Das Gebäude kann nur im Rahmen der stündlichen Führungen besichtigt werden (Öffnungszeiten: Juni – Aug. Mo. – Sa. 10.00 – 17.00, So. erst ab 12.00 Uhr).

Wissenschaftsmuseen

Etwas außerhalb des Zentrums befinden sich an der Erling Skakkes gata in mehreren Gebäuden der Universität Trondheim diverse mineralogische, botanische, zoologische (z. B. ein Vogeldiorama) und archäologische Sammlungen sowie eine bedeutende Bibliothek mit alten Handschriften und eine Ausstellung sakraler Kunst.

✶ ◄ Trondheim im Mittelalter

Besonders gelungen ist die 1997 eröffnete Ausstellung »Trondheim im Mittelalter« in einem einstigen Lagerhaus von 1843. Das Alltagsleben jener Zeit wird anhand von archäologischen Funden und rekonstruierten Werkstätten und Wohnräumen anschaulich dargestellt (Öffnungszeiten: Mai – Mitte Sept. Mo. – Fr. 9.00 – 16.00, Sa., So. 11.00 – 16.00, Mitte Sept. – Dez. Di. – Fr. 9.00 – 14.00, Sa., So. 12.00 bis 16.00 Uhr).

Volkskundemuseum

Auf einer Anhöhe im Südwesten der Stadt, wo einst die Sverresborg von König Sverre (1177 – 1202) stand, befindet sich auf einem riesigen Gelände in schöner Aussichtslage das Volkskundemuseum (Folkemuseet, Öffnungszeiten: Juni bis Aug. tgl. 11.00 – 18.00, sonst 11.00 – 15.00 Uhr).

Trondheim *Orientierung*

1 Alte Lagerhäuser (Pfahlhäuser)

Essen

① Palmehaven
② Abelone Mat & Vinkjeller
③ Erichsen Konditori & Restaurant
④ Daily Bakklandet

Übernachten

① Munken Hotel
② Britannia Hotel
③ Clarion Collection Grand Olav
④ Radisson SAS Royal Garden Hotel
⑤ Singsaker Sommerhotell

Umgebung von Trondheim

★ Ringve-Museum

Wenn man vom Zentrum der E 6 Richtung Narvik folgt und nach ca. 2 km nach links abbiegt (ausgeschildert), gelangt man zum Hof Ringve Gård, wo im 17. Jh. der verwegene Seeheld und Abenteurer Tordenskjold aufgewachsen ist. Idyllisch in einem kunstvollen botanischen Garten liegt der Ringve-Hof. Sehenswert sind die authentisch im Stil der Zeit eingerichteten Zimmer der Komponisten Chopin, Grieg (Originalfotos), Beethoven und Mozart. Eine besondere Attraktion ist das 1999 eröffnete **musikhistorische Museum** im Heuboden mit einer wunderbaren Sammlung von Tasten-, Blas- und Streichinstrumenten aus aller Welt und einer Sammlung norwegischer Volksmusikinstrumente (Öffnungszeiten: Mitte April – Mitte Sept. tgl. 11.00 – 15.00, Juli, Aug. bis 17.00, Winter bis 15.00 Uhr; Hauptgebäude nur mit Führungen zu besichtigen).

Ausflug zum Gråkallen

Ein netter Ausflug führt von Trondheim auf dem Fjellsetervei zur Fjellseter (Skigebiet, Sprungschanze) und zur Fjellseter-Kapelle 8 km westlich der Stadt. Von hier folgt man einem Fußweg (15 min.) zum Gipfel des Gråkallen (556 m) mit sagenhafter Aussicht über den Trondheimfjord und auf die Berge von Trollheimen. Man kann auch von Trondheim mit der **Gråkallbahn** (Abfahrt von der St. Olavsgate) oder mit dem Bus von der Dronningensgate bis Lian (30 min.) fahren und von dort zu Fuß über Fjellseter und Skistua zum Gråkallen aufsteigen (schöne Wanderung; hin und zurück 2,5 Std.).

Felsritzungen bei Hegra

Über die E 14 gelangt man nach Hegra; ca. zwei Kilometer hinter Hegra biegt man bei dem Hinweisschild »Bergmuseet« links auf einen Feldweg ab und erreicht das Leirfallfeld. Hier liegt eines der größten nordeuropäischen Felder mit Felsritzungen aus der Bronzezeit (1500 – 500 v. Chr.). Zu entdecken ist u.a. eine Gruppe von 13 Menschen. Die vorderste Figur sowie die drei kleinsten Gestalten stellen **»Maskenmänner«** dar, deren Aufgabe es wohl war, das Wachstum der Vegetation zu fördern.

95 km nordöstlich von Trondheim liegt der für Norweger bedeutsame Ort **Stiklestad**. Dort, wo heute der Altar der Stiklestad-Kirche (1128, interessante Kalkmalereien) steht, erhielt der Nationalheilige König Olav, alias **Olav Haraldsson** (995 – 1030), am 29. Juli 1030 von seinem Erzfeind Tore Hund den Todesstoß. Olavs Leichnam überführte man später nach Trondheim.

! *Baedeker* TIPP

Spektakulärer Theaterdonner

Norwegens größte Freilichtbühne liegt in Stiklestad. Jedes Jahr um den 29. Juli, dem Todestag Olav Haraldssons, erleben hier 5000 Zuschauer die Schlacht bei Stiklestad hautnah, 300 Schauspieler geben hier ihr Bestes. Im Nasjonale Kulturhus kann man in einem Mauergang, begleitet von heftigen Licht- und Lauteffekten, dem Verlauf der Schlacht folgen.

★ Vesterålen

G/H 2

Gebiet: Nordnorwegen

Nördlich der Lofoten erstrecken sich die Vesterålen, die zu Unrecht im Schatten ihrer berühmten Schwestern stehen. Von Andenes starten die berühmten Walsafaris, auf denen man ziemlich sicher Pottwale zu Gesicht bekommt.

Obwohl die Berge nicht so schroff und mächtig sind wie auf den Lofoten, sondern meistens bis hoch hinauf mit grünen Wiesen bewachsen, sind die Vesterålen landschaftlich sehr reizvoll und einen Besuch wert. Zu den Vesterålen zählen die Inseln Andøya, Langøya, Hadseløya sowie Teile der Inseln Hinnøya und Austvågøya.

Sehenswertes auf den Vesterålen

Hinnøya Die weit verzweigte Insel Hinnøya ist nach Spitzbergen die zweitgrößte Insel Norwegens. Der Hauptinselort ist **Harstad**. Die meisten Sehenswürdigkeiten von Harstad sind auf der Trondenes-Halbinsel etwa 3 km nördlich vom Stadtzentrum zu finden. Hier steht die besterhaltene mittelalterliche Kirche Nordnorwegens, die bereits 1250 er-

Traumstrände gibt es nicht nur auf der Insel Andøya.

VESTERÅLEN ERLEBEN

ANREISE

Die Vesterålen sind dank Brücken und Tunnels vom Festland aus komplett mit dem Auto zu erreichen. Die Schiffe der Hurtigrute laufen Stokmarknes, Sortland, Risøyhamn und Harstad an.

AUSKUNFT

Destination Harstad AS
Torvet 8
9479 Harstad
Tel. 77 01 89 89, Fax 77 01 89 80
www.destinationharstad.no

Vesterålen Reiselivslag
Kjøpmannsgt. 2
8401 Sortland
Tel. 76 11 14 80, Fax 76 11 14 81
www.visitvesteralen.com

ÜBERNACHTEN / ESSEN

► Komfortabel

Strand Hotell Sortland
Sortland, Strandgata 34
Tel. 76 11 00 80
Fax 76 11 00 88
37 Zi., www.strandhotell.no
Das kleine Hotel im Zentrum ist durch seine kräftige blaue Farbe nicht zu verfehlen. Einige Räume wurden von der Norwegischen Akademie für Innendekor gestaltet und verleihen dem Haus eine sehr individuelle Note. Im Restaurant Spisestua, das sich mit nordnorwegischer Küche einen Namen gemacht hat, werden arktische Fisch- und Fleischgerichte serviert.

Sjøhus Senteret
Sortland, Ånstadsjøen
Tel. 76 12 37 40
Fax 76 12 00 40
sjoehus@online.no
Sieben komfortable Holzhäuser direkt am Wasser mit je zwei Schlafräumen. Auf Wunsch wird der große, hölzerne Badezuber angeheizt. Im Haupthaus befindet sich das Restaurant Sjøstua, von dem aus man bei frischen Fischgerichten einen schönen Blick auf die Mitternachtssonne genießen kann.

► Günstig

Holmvik Brygge
Nyksund
Tel. 76 13 47 96
Fax 76 13 17 09
www.nyksund.com
Einfache, preisgünstige Unterkunft in einem alten Fischerhaus in Nyksund

FESTE

Melbu
Im Juli findet in Melbu auf Hadseløya jährlich das internationale Kulturfestival mit Konzerten und Theateraufführungen statt.

Harstad
Zweimal pro Jahr erwacht das nüchterne Harstad zu Leben: Bei den Sommerfestspielen im Juni erhalten junge Künstler Gelegenheit, sich vorzustellen. Beliebt ist auch das Fischereifestival im Juli.

MITTERNACHTSSONNE

scheint vom 16. Mai bis 29. Juli, vom 23. November bis 21. Januar hingegen ist die Sonne nicht zu sehen.

WALSAFARIS

Eine besondere Attraktion: Walsafaris vom ehemaligen Walfängerort Andenes aus (Juni – Mitte September, Tel. 76 11 14 80 oder turistinfo@vestreg.no, Dauer 5 Std.). Mitarbeiter des Walforschungsinstituts und des World Wildlife Funds (WWF) begleiten die Touren, die man auch im Ort Stø auf Langøya buchen kann.

richtete Trondenes-Kirche. Später wurde die romanische Steinkirche mit ihren fast 2 m dicken Mauern zu Verteidigungszwecken benutzt. Grandios ist von hier die Aussicht auf den Vågsfjord.
Die im Westen von Harstad direkt am Wasser entlangführende Strecke wird auch »Mitternachtssonnenweg« genannt. Im Süden der Insel thront der 1266 m hohe Møysalen, der **höchste Gipfel der Vesterålen**, mit einem lohnenden Panorama über die Vesterålen und die Lofoten bis hin zu den Bergen Richtung Schweden (Aufstieg von Kaldjord am Ende der R 822, hin und zurück 9 Std.). Von Lødingen im Süden der Insel (R 85) kann man mit der Fähre nach Bognes (E 6) übersetzen.

Andøya

Mitten auf einem kargen Felsen direkt am Sund liegt der alte Handelsort **Risøyhamn** mit dem Andøymuseum, in dem zahlreiche kulturhistorische Gegenstände ausgestellt sind. Aus ausgedehnten Moorflächen erheben sich auf Andøya bis zu 600 m hohe Berge. An der Nordspitze der Insel liegt der Fischerort **Andenes** (4200 Einw.) mit einer 2,5 km langen Mole. In einem alten Bürgerhaus befindet sich ein Polar- und Fischereimuseum. Alles über Wale erfährt man entweder live bei den Walfsafaris (s.u.), bei denen man bis zu 20 m lange Pottwale und kleinere Arten zu Gesicht bekommt, oder im Walcentrum von Andenes.

✶ Walsafaris ►

Langøya

Langøya bildet mit seinen vielen Halbinseln und Fjorden den größten Teil der westlichen Vesterålen. **Sortland** (3000 Einw.) ist ein alter Handelsplatz und Anlegestelle für die Schiffe der Hurtigrute. Ca. 20 km westlich von Sortland ragt die atemberaubende Felsnadel des Reka-Gipfels in den Himmel. Die steil 607 m ü. d. M. aufsteigende Südwestwand ist noch nie bezwungen worden.

✶ Nykvåg ►

Bei Nykvåg (zwischen Malnes und Hovden) direkt am offenen Meer im Westen befindet sich auf den Felsen Fuglenyken und Måsnykas eine der größten Vogelkolonien Nordeuropas. Die Vesterålen haben zudem die größten Seeadlerbestände Nordeuropas. Der Greifvogel findet hier reichlich Nahrung, Gefahr droht aber von Nesträubern.
Für Badelustige ist der 800 m lange Sandstrand von **Fjærvoll** (südlich von Føre) interessant. Der Schriftsteller Knut Hamsun (► Berühmte Persönlichkeiten) war in dieser Gegend zwei Jahre lang Polizeihelfer, versuchte sein Glück aber auch als Lehrer und Geschichtenerzähler.

Hadseløya

Stokmarknes auf der Insel Hadseløya ist Handelszentrum mit einer bedeutenden Handelsflotte und Ausgangspunkt für Schiffstouren in den Trollfjord (► Lofoten), eine der schönsten Fjordfahrten Norwegens. Im Süden der Insel liegt der Hafenort **Melbu**. Sehenswert sind der alte Melbu Hovedgård (1830) mit einem schönen Vorratshaus (»Stabbur«) und der 200 Jahre alte Rødgården, in dem wechselnde Sommerausstellungen stattfinden. Bei Taen liegt hier auch ein herrlicher **Sandstrand,** an dem man baden und die Mitternachtssonne erleben kann.

DIE JAGD AUF DEN WAL

Seit Urzeiten bietet der Walfang eine wichtige wirtschaftliche Grundlage für die Menschen, die entlang der nordnorwegischen Küste leben. Nachdem die Bestände aller Großwalarten als Folge der Überfischung weltweit dramatisch dezimiert wurden, verhängte die Internationale Walfangkommission 1986 ein Verbot des Walfangs und des Exports von Walfleisch. Norwegen hält sich nicht daran und geht noch immer auf Waljagd.

Eine verräterische Blaswolke aus kondensiertem Wasserdampf steigt aus dem Meer. Das Schiff wird den Wal nun so lange verfolgen, bis es ihn vor dem Bug hat und mit der Harpunenkanone erlegen kann. Hat sich die **Harpune** in den Leib des Meeressäugers gebohrt, explodiert eine kleine Sprenggranate ca. 60 cm tief im Tier. Im Durchschnitt sind die Tiere innerhalb von drei Minuten tot, manchmal dauert der Todeskampf auch bis zu einer Stunde. Der Kadaver wird dann mit dem Harpunenseil längsseits gebracht und an Bord gehievt, wo er dann sogleich zerlegt wird. Der Wal ist für die Menschen seit Generationen ein Nutztier, das neben Öl und Speck noch **Rohstoffe für Industrieprodukte** wie Parfüm, Kosmetika, Schuhcreme, Lebertran, Leim, Gelatine, Dünger, Futtermittel und Hormonpillen liefern kann. **Norwegen und Japan** zählen zu den wenigen Nationen, die noch Walfang betreiben.

Norwegen schießt quer

Als die norwegische Regierung 1993 den Beschluss fasste, die Jagd auf jährlich bis zu 800 Zwergwale wieder zuzulassen – auch wenn die tatsächlichen Fangquoten darunter liegen –, ging ein Ruck der Empörung durch die internationale Tierschützergemeinschaft. Ausländische Firmen antworteten mit dem **Boykott** norwegischer Produkte; europäische Politiker sahen die Beitrittsverhandlungen zur EU gefährdet. Die norwegische Regie-

rung stellte klar: Es gehe beim Walfang nicht nur um wirtschaftliche Interessen, sondern auch um das Prinzip, seine Meeresressourcen eigenständig und verantwortungsvoll verwalten zu dürfen. Die **Internationale Walfang-Kommission (IWC)** hatte noch 1993 das 1986 erlassene **Verbot für kommerziellen Walfang** bekräftigt. Lediglich für Forschungszwecke darf eine begrenzte Zahl von Walen gejagt werden. Das lässt **Schlupflöcher** offen: So töten die Japaner jährlich 440 Zwergwale zu vorgeblich wissenschaftlichen Zwecken.

Was bringt der Walfang?

Norwegen, das als einziges Land nicht an die Beschlüsse des IWC gebunden ist, weil es ein Veto gegen das Fangverbot erhoben hatte, kehrte zum Walfang zurück mit der Begründung, dass die Zwergwalbestände nicht gefährdet seien, da es weltweit etwa 750 000 Tiere dieser Art gebe. Die Abschusszahlen lägen deutlich unter der Reproduktionsrate. Die Jagd auf die größeren und selteneren Arten wie Pottwal, Blauwal, Finnwal und Buckelwal bleibt in Norwegen, wie überall auf der Welt, weiterhin strikt verboten. Trotz dieser Zahlen, die auch von Greenpeace im Prinzip nicht bestritten werden, erlitt das ausgerechnet in ökologischen Fragen als fortschrittlich geltende Norwegen durch die **Wiederaufnahme des Walfangs** einen herben Image-Verlust. Streng ökonomisch macht der Walfang im durch Nordseeöl reich gewordenen Land kaum Sinn. Die Walerträge liegen schätzungsweise bei 5 Millionen Euro jährlich. Im Walfanggewerbe arbeiten höchstens noch 100 Menschen, viele davon als Nebenberufler. Ökologen befürchten, dass das norwegische Beispiel Schule machen könnte. Vor allem Japan läuft Sturm gegen das Walschutzabkommen. 2006 will die IWC über Regeln für die Wiederaufnahme des kommerziellen Walfangs verhandeln.

Einst monatelange Hatz

Die Zeit der massiven Walmassaker ging bereits in den 1960er-Jahren zu Ende, weil sie sich schlicht **nicht mehr lohnten**: Von den Großwalarten waren nur noch wenige hundert Exemplare in antarktischen Gewässern übrig

Links: Unblutige Nutzung der Wale: einfach nur beobachten, zum Beispiel im Rahmen einer Walsafari.

geblieben. Die bis zu 40 m langen Blauwale zählen heute nur noch wenige Tausend. Arbeitsteilige Walfangflotten aus allen Industrienationen, Norwegen vorneweg, waren um die Jahrhundertwende in die arktischen und antarktischen Meere vorgestoßen, um die lebenden Rohstoffträger auf monatelangen Fahrten zu jagen. Die moderne Produktpalette der synthetischen Industrien machte die mühselig gewordene Walfängerei schließlich überflüssig. Was jetzt **wieder gejagt** wird, sind die mit 10 m Länge relativ kleinen **Zwerg- oder Minkewale** (»vågehval«). Aufgrund der heftigen **Proteste** und teils militanten Behinderungsaktionen ausländischer **»Walknutscher«** (so werden sie von den Fischern abschätzig genannt) sind in Norwegen die Fronten verhärtet. Aus diesem Grund wird es wohl auch kaum ein Tourist schaffen, auf einem Walfänger mitzufahren.

Auf Walsafari

Um die majestätischen Meerestiere mit eigenen Augen bewundern zu können, empfiehlt es sich, an einer unblutigen »Walsafari« teilzunehmen, wie sie vom Hafenstädtchen **Andenes** auf der Vesterålen-Insel Andøya aus angeboten wird. Ähnlich wie in Kalifornien haben die Bewohner hier den Wal-Tourismus als Devisenbringer und als Alternative zum Walfang entdeckt. Denn nicht weit nördlich von Andøya trifft der flache Kontinentalsockel auf tiefere Teile des Atlantiks. Wärmere und kältere Meeresströmungen mischen sich hier, der Artenreichtum zieht vielerlei Arten von Meeresbewohnern an, darunter auch 20 m lange Pottwale, die man **beim Auftauchen beobachten** kann. Im Sommer verlassen sie ihre Reviere am Äquator und ziehen an die Küste Nordnorwegens, um sich hier satt zu fressen.

Eine **Walsafari** kostet etwa 90 Euro, dauert **mehrere Stunden** und verlangt von den Teilnehmern Wetterfestigkeit (warme, wasserdichte Kleidung mitnehmen!), denn an Bord der kleinen, ehemaligen Walfängerschiffe muss manchmal stundenlang gewartet werden, bis ein leibhaftiger Wal auftaucht. Der Anblick eines solchen Riesen entschädigt dann aber für alle eventuell erlittenen Strapazen.

SCHWEDEN

Schweden ist das größte Land Skandinaviens. Als Urlaubsland bietet es große Vielfalt: Lappland und die Nationalparks Sarek und Padelanta ziehen abenteuerlustige Outdoor-Freunde an. Die südlicheren Regionen werden gerne auch von Familien besucht und von Gästen, die Erholung in einer einsamen Hütte suchen oder Strandurlaub an Schwedens Sonnenküsten machen wollen.

Südschweden

Die Landschaft in Südschweden unterscheidet sich kaum von der in Norddeutschland und Dänemark. **Skåne (Schonen)**, der südlichste Zipfel Schwedens, ist ein flacher Landstrich voll endloser Felder mit wenig Wald. Nordisches Gepräge hat die Landschaft Småland. Halland im Westen zeichnet sich durch bekannte Badeorte und schöne Strände aus. Blekinge im Osten ist hügeliger als Skåne, besitzt Laubwälder und schöne Strände an der stark gegliederten Küste. Strände sind auch das Markenzeichen der Inseln Öland und Gotland. Doch ansonsten haben die beiden nicht viel gemeinsam. Während das kleinere **Öland** windzerfetzt und mit karger Vegetation in der Ostsee liegt, zeichnet sich **Gotland** durch mildes und sonniges Klima aus und wird nicht umsonst »Insel der Rosen« genannt.

Mittelschweden

In Mittelschweden wechseln Felder mit waldreichen Gebirgen und vermoorten Hochflächen ab. Im Osten liegt die Landeshauptstadt **Stockholm** hinter einem dichten Schärengürtel. Vänersee und Mälarsee prägen das Zentrum dieser Region. Nördlich von Stockholm beginnt für viele erst das richtige Schweden. Uppland mit seiner lebhaften Hauptstadt Uppsala und Gästrikland sind mit ihren Wäldern und Seen die ersten Vorboten des Nordens. In Västmanland und Dalarna wird die Landschaft bereits wilder. **Dalarna** ist eine der beliebtesten Feriengegenden des Landes. In Hälsingland und Medelpad, den Landschaften an der Küste, herrscht Landwirtschaft vor. Nördlich von Jämtlands größter Stadt Östersund beginnt die Wildnis.

Nordschweden

Die meisten Menschen in Nordschweden leben in den Küstenlandschaften Ångermanland, Västerbotten und Norrbotten. Norrland und Lappland sind Gebiete der endlosen Wälder. In **Lappland,** der flächenmäßig größten Landschaft Schwedens, leben die wenigsten Menschen. Die Bevölkerung konzentriert sich auf die Bergbaustädte wie z.B. Kiruna. Statt Nadelwäldern wachsen hier lichte Birkengehölze, das Land ist oft sumpfig und moorig. Diese Region, bis vor kurzem noch ausschließlich die Domäne zahlreicher halbwilder Rentierherden, wird seit alters her von den Samen (Lappen) besiedelt (►Baedeker-Special S. 408)

← Legendär ist die schwedische Schärenküste (hier bei Bohuslän), die Wassersportlern und Naturfreunden eine Fülle von Möglichkeiten bietet.

★★ Bohuslän

E 7

Landschaft: Bohuslän **Provinz:** Västra Götaland Län

Eine der beliebtesten Regionen für den Sommerurlaub ist die Küste nördlich von Göteborg mit ihren unzähligen Buchten, Schären und Stränden. Ein schmuckes Seebad reiht sich hier ans nächste. Bedeutendste Sehenswürdigkeit sind die Felsritzungen von Tanum.

Die Landschaft Bohuslän erstreckt sich nördlich von Göteborg entlang der Küste des Skagerraks bis zur norwegischen Grenze. Erst seit dem Frieden von Roskilde (1658) gehört sie zu Schweden. Neben dem Fischfang, der früher fast die einzige Einnahmequelle bildete, ist der Tourismus heute ein wichtiger Wirtschaftszweig.

Sehenswertes in Bohuslän

Zu Inseln und Seebädern

Die Hauptverkehrsader der Region ist die von Göteborg über Uddevalla zur schwedisch-norwegischen Grenze führende E 6. Wer etwas Zeit mitbringt, wird sicher viel Vergnügen an diversen Abstechern über kleine Nebenstraßen hin zu Meer, Inseln und vielen bekannten Seebädern haben.

So hübsche Holzhäuser wie in Smögen gibt es an vielen Stellen Bohusläns.

Kungälv

★

◄ Bohus Fästning

Rund 20 km nördlich von Göteborg liegt das idyllische Städtchen direkt an der E 6. Die Ruinen der Festung Bohus oberhalb von Kungälv gaben der ganzen Landschaft den Namen. Von den oberen Mauern bietet sich ein schöner Blick auf den Nordre Älv, in den hier der Göta Älv mündet, und auf die umliegende Landschaft. Politisch und strategisch bedeutend war die Festung Bohus, weil bis 1658 der Göta Älv die Grenze zwischen Schweden und Norwegen bildete. Zu ihrer Verteidigung wurde 1308 die Burg errichtet und nach dem Nordischen Krieg im Renaissancestil neu gebaut (Führungen: Juli – Sept. So. 14.00 Uhr, englischsprachig).

! Baedeker TIPP

Hummerbier zum Schalentier

Jedes Jahr am dritten Montag im September um Punkt 7.00 Uhr beginnt man an der Küste Bohusläns zu feiern. Man fährt hinaus aufs Meer zu Hummersafaris und an Land werden nach Lust und Geldbeutel in Restaurants und Fischbuden Schalentiere en masse verspeist. Experimentierfreudige probieren dann auch schon mal das Hummerbier der Brauerei Grebbestad.

Unmittelbar südlich von Kungälv lohnt die 1978 stillgelegte **Glashütte** von Surte einen Besuch, in der ein Glasmuseum eingerichtet ist. Hier findet man eine Ausstellung über Alexander Samuelson, den Erfinder der Coca-Cola-Flasche. Angegliedert ans Museum ist die Glasbläserei von Heino Jakobsson mit Verkauf eigener Kreationen (Öffnungszeiten Museum: Mitte Juni bis Mitte Aug. tgl. 10.00 – 17.00, sonst Mi. – So. 12.00 – 15.00 Uhr; Glashütte: werktags 10.00 – 16.30, feiertags 11.00 – 15.30 Uhr).

★ **Marstrand**

Die kleine **autofreie Insel** Marstrand war einst eine Hochburg der Heringsfischerei, bis sie im 19. Jh. zum Nobel-Ferienort vor den Toren Göteborgs avancierte. Die Insel ist **beliebt bei Seglern** wie Tagesausflüglern, die mit der Fähre von Köon aus in wenigen Minuten übersetzen, um zwischen den bunten Holzhäusern zu bummeln. Ein besonders schöner Holzbau ist das **Societetshus** (1887) im nördlichen Teil der Insel. Heute sind hier Restaurants, Bars, ein Kasino und ein Nachtclub untergebracht (Långgatan 1, Tel. 03 03/606 00).

Tjörn

Wer Schwedens viertgrößte Insel besuchen will, fährt von Stenungsund aus über den 5 km langen Tjörnleden, dessen Herzstück drei imposante Brücken bilden. Im Hauptort **Skärhamn** ist das **Nordische Aquarellmuseum** sehenswert, das sich architektonisch gelungen in die Schärenlandschaft einpasst und wechselnde Ausstellungen internationaler Aquarellmaler zeigt (Öffnungszeiten: Juni – Aug. tgl. 11.00 bis 18.00, sonst Di. – So. 12.00 – 17.00, Do. bis 20.00 Uhr, www.akvarellmuseet.org).

Uddevalla

Uddevalla ist eine lebhafte Industriestadt nördlich von Göteborg am Kattegatt bzw. am Byfjord. Am östlichen Stadtrand liegen die Skålgrusbänkar, **die größten fossilen Muschelbänke der Erde**. Am Südufer des Byfjords schließt sich an das Stadtgebiet von Uddevalla

BOHUSLÄN ERLEBEN

AUSKUNFT

Lysekil Turistbyrå
Södra Hamngatan 6
45323 Lysekil
Tel. (05 23) 130 50, Fax 130 59
www.lysekilsturist.se

Marstrand Turistbyrå
Hamngatan 33, 44030 Marstrand
Tel. (03 03) 600 87, Fax 601 58
www.marstrand.se

Strömstad Tourist
Tullhuset, N Hamnen, 45222 Strömstad
Tel. (05 26) 623 30, Fax 623 35
www.stromstad.se

Turistkontoret
Bygdegårdsplan
45781 Tanumshede
Tel. (05 25) 183 80, Fax 183 60
www.tanum.se

Uddevalla
Kungstorget 4, 45181 Uddevalla
Tel. (05 22) 997 20, Fax 997 10
www.uddevalla.com

ESSEN

► Erschwinglich

Gustafsbergs Badrestaurang
Uddevalla, Gustafsberg 125
Tel. (05 22) 100 38
Drei Kilometer südlich von Uddevalla schön am Wasser gelegen. Gemütlich mit sehr guter Küche

Grebys Skaldjurscafé
Grebbestad, Strandvägen 1
Tel. (05 25) 140 00
Herrlich an der Seebrücke von Grebbestad gelegen, ist hier der Name Programm: Meeresfrüchte aller Art kommen auf den Teller, im Sommer kann man schön im Freien sitzen.

► Preiswert

Mortens Krog & Nöje
Uddevalla, Kungsgatan 17
Tel. (05 22) 66 53 00
Günstige Tagesgerichte, abends oft Musik, Nachtclub

Storm-Kök & Nattclub
Fjällbacka, Allegatan 1
Tel. (05 25) 324 25
Thailändische Küche und viel Stimmung ist das Motto im Storm. Hierher kommt vor allem junges Publikum, das nicht nur gut essen will, sondern danach noch Lust auf Party hat.

ÜBERNACHTEN

► Luxus

Tanums Gestgifveri
Tanum, Apoteksvägen 7
Tel. (05 25) 290 10, Fax 29 571
19 Zi., www.tanumsgestgifveri.com
Historisches Gasthaus von 1663, seit den 1920er-Jahren Hotel mit hervorragender Küche. Sparpreis für das romantische Wochenende

Baedeker-Empfehlung

Stora Hotellet
Fjällbacka, Galärbacken
Tel. (05 25) 310 03, Fax 310 93
23 Zi., www.storahotellet-fjallbacka.se
Jedes der 23 Zimmer in diesem netten Hotel ist im Stile eines anderen Landes eingerichtet. Meerblick und ausgezeichnetes Essen runden das Angebot ab.

► Komfortabel

Grand Hotell Marstrand
Marstrand, Rådhusgatan 2
Tel. (03 03) 603 22, Fax 600 53
22 Zi., www.grandmarstrand.se

Das romantische Holzhotel bietet alles, was das Herz begehrt: kunstvoll eingerichtete Zimmer, Gartenterrasse und Suiten mit Blick auf den Hafen.

Smögens Havsbad
Smögen, Hotellgatan 26
Tel. (05 23) 66 84 50, Fax 66 84 55
74 Zi., www.smogenshavsbad.se
Die Räume sind hell und im skandinavischen Design eingerichtet. Attraktive Spa-Abteilung.

► Günstig

Jugendherberge
Uddevalla, Gustafsberg 408
Tel. (05 22) 152 00
Ca. 6 km vom Bahnhof entfernt liegt die Jugendherberge direkt am Meer. Traumhafte Lage und sogar Sauna

Fjällbacka Pensionat & Vandrarhem
Falkevägen 2
12 Zi., Tel. (05 25) 328 80
Preisgünstige Unterkunft im Zentrum von Fjällbacka, nur wenige Minuten vom Hafen entfernt

MARKT / FESTE

Fischmarkt in Smögen
Spannend, unterhaltsam, interessant: die täglichen Fischauktionen um 8.00, 17.00 und 20.00 Uhr

Mittelaltertage in Kungälv
Um den 20. Juli finden auf der Bohus Fästning farbenfrohe Mittelaltertage statt.

SPORT

Fernwanderweg Bohusleden
Der Fernwanderweg ist relativ einfach, gut markiert und 360 km lang. Er beginnt in Lindome (Mölnlycke) südlich von Göteborg und führt bis Strömstad.

Radwanderweg Cykelspåret
Der Radwanderweg Cykelspåret (290 km) führt von Göteborg über Jörlanda, Lysekil und Tanumshede nach Svinesund. Er verläuft meistens auf kleinen Wegen. Routenbeschreibungen gibt es in den Touristenbüros (Adressen s.o.).

Hier gibt es Krabben gleich kistenweise: Fischauktion in Smögen.

mit **Gustafsberg** einer der ältesten Badeorte Schwedens an. Die wichtigste Sehenswürdigkeit ist das Bohusläns Museum am nördlichen Ufer der Bäveån. Gezeigt werden Wasserfahrzeuge und die Schiffsbautechnik, ferner wird über die Natur Bohusläns informiert (Öffnungszeiten: Mai – Aug. Mo. – Do. 10.00 – 20.00, Fr. – So. bis 16 Uhr, www.bohusmus.se).

Lysekil Über die Str. Nr. 160, die schnurgerade in südwestlicher Richtung verläuft, gelangt man ins 61 km entfernte Lysekil. Der Ort liegt am Eingang des Gullmaren, einem weit ins Land reichenden Fjordarm. Die größten Attraktionen sind das **Tunnelaquarium**, in dem die Besucher durch Unterwasserröhren laufen und ringsumher Haie und Seesterne schwimmen, sowie das **Streichelaquarium** (Öffnungszeiten: tgl. 10.00 – 16.00 Uhr, www.havetshus.lysekil.se).

! *Baedeker* TIPP

Ausflug nach Fiskebäckskil

Mit einer kleinen Fähre überquert man von Lysekil aus den Gullmarenfjord und ist schon mitten im malerischen Ort Fiskebäckskil. Hier schlendern Sie zwischen weißen Villen und pastellfarbenen Wohnhäusern, können in einem der Restaurants ausgezeichnete Fischgerichte genießen oder eines der zahlreichen Ferienhäuser mieten.

Manche mögen's voll: Smögen, am Ende der Sotenäs-Halbinsel, platzt während der Saison fast aus allen Nähten. Über die kilometerlangen Holzstege schieben sich die Touristen im Schneckentempo vorwärts und in den ehemaligen Bootsschuppen warten Dutzende von Läden mit ihrem reichhaltigen Angebot auf Käufer.

✶ Nordens Ark Bei Hunnbeostrand, 20 km östlich, bietet die »Arche des Nordens« ein einzigartiges Reservat für vom Aussterben bedrohte Tierarten. Hier haben alte skandinavische Haustierrassen, aber auch einige Exoten wie Pandas, Schneeleoparden oder tadschikische Wildschafe eine Heimstatt gefunden. Unbedingt ein Fernglas mitbringen (Öffnungszeiten: Sommer tgl. 10.00 – 19.00, Frühjahr und Herbst bis 17.00, Winter bis 16.00 Uhr, www.nordensark.se).

Fjällbacka Fjällbacka ist einer der schönsten Orte an der gesamten Westküste, denn die steilen Wände des Vetteberg ragen fast senkrecht unmittelbar hinter den letzten Häusern auf und lassen den bunten Holzhäusern nur wenig Platz. **Ingrid Bergman** hat in dem Ort regelmäßig ihren Urlaub verbracht, ihr zu Ehren bekam der Hauptplatz ihren Namen.

Strömstad Strömstad ist die letzte größere schwedische Stadt vor der norwegischen Grenze, die rund 20 km weiter nördlich durch den Svinesund gebildet wird. Ihn überspannt eine 420 Meter lange Brücke, von der man eine grandiose Aussicht genießt. Einst ein kleines Fischerdorf, begann auch in Strömstad im 19. Jh. das Kur- und Badeleben. Ein beliebtes Ausflugsziel sind die **Koster-Inseln** 10 km vor der Küste. Die beiden Hauptinseln, Norrkoster und Sörkoster, sind autofrei und stehen unter Naturschutz. Vom Norra Hamn in Strömstad gibt es mehrmals täglich Boote zu den Koster-Inseln.

★★ Tanum

Die Menschen der Bronzezeit (1800 – 400 v.Chr.) haben rings um Tanum eindrucksvolle Spuren hinterlassen, die berühmten Felsbilder (schwed. Hällristningar), die heute auf der UNESCO-Weltkulturerbe-Liste stehen (► Baedeker-Special S. 352). Es existieren vier große Fundstellen: Vitlycke, Aspeberget, Fossum und Litlesby. In einiger Entfernung sind noch die Felsritzungen von Torsbo bemerkenswert.

Der Felsen von Vitlycke, nur einige Meter von der Straße den Hang hinauf, ist die meistbesuchte Fundstelle und mit 170 Schalengruben und fast 300 Figuren eine der größten. Hier sind fast alle Ritzungen mit roter Farbe ausgemalt. Das nahe **Vitlycke-Museum** vermittelt sehr anschaulich Deutungen der Felszeichnungen. Ein Highlight sind die nächtlichen Führungen im Spätfrühling und Frühherbst mit Taschenlampen als einziger Lichtquelle (Öffnungszeiten: April – Sept. tgl. 10.00 – 18.00 Uhr, im Winter nach Vereinbarung, www.vitlycke.bohusmus.se). **Vitlycke**

Aspeberget ist mit Felsbildern übersät, doch einige Bilder sind so schwer beschädigt, dass sie abgedeckt werden mussten. Eine der Figuren lässt 29 Schalengruben über ihrer riesigen Hand schweben. Die Bedeutung ist unklar, vielleicht ist es ein **Kalender**. **Aspeberget**

Bei Fossum hat sich ein umfangreiches Felsenbild mit 130 Figuren erhalten, vielleicht eine Kampf- oder Jagdszene. **Fossum**

In Litlesby ist der 2,30 m große Speergott die dominierende Gestalt. Hier haben die Künstler über einen Zeitraum von mehr als 1000 Jahren ihre Kunstwerke in den Fels geschlagen. Die ältesten Bilder stammen aus der Zeit um 1200 v. Chr. Das Bild von dem Riesengott mit dem Speer in Litlesby könnte **ein Vorgänger Odins** sein. **Litlesby**

Beim Abstecher nach Torsbo in der Nähe von Hamburgsund stößt man auf fast 1000 Felsritzungen, verteilt auf zehn Felsen, darunter **mehr als 100 Schiffe**. Das größte hat eine Länge von 4,5 m und 124 Passagiere an Bord. Mit der Handwerkstechnik der Bronzezeit war es kaum möglich, solch große Schiffe zu bauen. Das Riesenschiff von Torsbo hat deshalb wahrscheinlich eine rituelle Bedeutung als Symbol für die Fahrt ins Totenreich. Das einzige Schiff, das Archäologen aus dieser Zeit gefunden haben, stammt aus Dänemark. Es hatte Platz für gut 20 Passagiere und sieht denen auf den Felsritzungen verblüffend ähnlich. **Torsbo**

Rund 40 000 Felsbilder sind aus Schweden bekannt, im Bild rechts eines aus Aspeberget.

BOTSCHAFTEN AUS DER VORZEIT

Die Menschen der Stein- und Bronzezeit hinterließen Tausende beeindruckende Kunstwerke: in den Fels geschlagene Zeichnungen, die Schiffe, Menschen oder Tiere sowie geheimnisvolle Symbole darstellen, deren Bedeutung im Laufe von 6000 Jahren verloren gegangen ist. Alta in Nordnorwegen und Tanum in Südschweden gehören zu den bedeutendsten Fundstellen.

»Hällristningar« werden die Felszeichungen in Schweden genannt. Die ersten hat der Norweger Peder Alfsön schon im 17. Jh. entdeckt, doch er glaubte noch, dass Steinmetzlehrlinge sie aus Langeweile in den Fels geschlagen hätten. Erst im 18. Jh. erkannte man, dass die Bilder viel älter sind. Im norwegischen Alta zählte man rund 3000 Zeichnungen, geschätztes Alter 2500 bis 6000 Jahre, das heißt, diese Kunstwerke reichen bis in die **Epoche der steinzeitlichen Jäger und Sammler** zurück. Rund 40 000 Felsbilder sind aus Schweden bekannt, die meisten entstanden zwischen 1000 und 500 v. Chr., datieren also in die **Bronzezeit**. Allerdings stellt die Datierung für die Archäologen eine große Herausforderung dar. Fingerzeige geben die dargestellten Tiere oder die Art der Waffen, die die Jäger bzw. Krieger in Händen halten. Manchmal erscheinen auch Schmuckmotive auf den Felszeichnungen, die sich auf datierbarer Keramik wiederfinden. Ganz wichtig ist zudem, welcher Figurenstil vorherrscht. In Nordeuropa spielt wegen der Landhebung des Weiteren die Lage eine Rolle: Je höher über dem Meeresspiegel die Gravuren liegen, umso älter sind sie. Zu den ältesten Bildern zählen die Bären und Elche von Alta. Um 3000 v.Chr. ist wahrscheinlich der überdimensionale Elch im finnischen Juva geschaffen worden.

Das Rätsel der Bilder

Die Felsritzungen sind zwar keine filigranen Kunstwerke, aber doch erstaunlich vielfältig – und zum Großteil noch völlig rätselhaft. Warum die frühgeschichtlichen Künstler unter

Mühen so viele Werke geschaffen haben, wissen wir nicht. In Stein gehauene Bilder wurden weltweit gefunden und die Motive ähneln sich teilweise ganz erstaunlich. Ist dies ein Beweis dafür, dass die Menschen in der Frühzeit schon **weitreichende Kontakte** hatten? Warum stemmt ein Mann ganz alleine ein Schiff? Warum haben die Menschen auf den Felsbildern oft so auffällig dicke Waden? Ist es nur ein Zufall, dass man diese Waden auch auf Bildern aus Afrika und Spanien und auch auf griechischen Vasen und Bildern aus Italien findet, die zur selben Zeit entstanden sind?

Die häufigsten Motive sind Krieger, Schiffe, Wagen und Tiere. Bilder von arbeitenden Menschen, Häusern oder Kindern gibt es nicht. Deshalb wird vermutet, dass die Felszeichnungen gar keine Alltagsszenen darstellen, sondern eine **mystische oder rituelle Bedeutung** haben. Vielleicht waren sie Ausdruck einer der ersten Religionen der Menschheit. Dafür spricht auch, dass die häufig abgebildeten Äxte zum Kampf völlig ungeeignet waren, denn aus archäologischen Funden wissen wir, dass diese Äxte einen Kern aus Ton besaßen und nur mit einer dünnen Schicht Bronze überzogen waren, somit als Streitaxt völlig unbrauchbar waren. Dass manche Körperteile überdimensional groß sind oder einzelne Figuren Flügel tragen, bringen die Archäologen mit der Einnahme **halluzinogener Pflanzen**, wie z. B. Pilzen, in Verbindung. Die Ritzungen würden dann aus einer anderen Welt berichten, die nur im erweiterten Bewusstseinszustand zu schauen ist.

Vergänglicher Zauber

Viele Felszeichnungen sind heute mit roter Farbe ausgemalt, damit sie besser zu erkennen sind. Ob die skandinavischen ursprünglich bunt waren, ist unbekannt. Es gibt allerdings Beispiele von farbig gestalteten Felsbildern aus anderen Regionen. Obwohl die Felsen aus hartem Granit bestehen, setzt der **saure Regen** ihnen zu und lässt die nur wenige Millimeter tiefen Konturen zunehmend unschärfer werden. Zum Schutz wurden deshalb mittlerweile einige »Hällristningar« wieder mit Erde bedeckt.

★★ Falun

F 8

Landschaft: Dalarna
Einwohnerzahl: 55 000
Provinz: Dalarna Län
Höhe: 113 m ü.d.M.

Kupfergewinnung prägte die mittelschwedische Region Bergslagen lange Zeit, doch sind die Gruben heute alle stillgelegt. In der alten Bergwerksstadt Falun, wo noch viele der hölzernen Arbeiterhäuser erhalten sind, erhält man im Besucherstollen einen Eindruck von den harten Arbeitsbedingungen unter Tage.

Die Kupferstadt

Wegen der schon vor rund tausend Jahren entdeckten großen Kupfererzvorkommen war Falun für viele Jahrhunderte von größter wirtschaftlicher Bedeutung für Schweden und im 17. Jh. die zweitgrößte Stadt nach Stockholm. Im modernen Falun spielt der Bergbau keine Rolle mehr. Die einst ärmlichen Unterkünfte der Arbeiter in den Stadtteilen Östanfors, Gamla Herrgården und Elsborg haben sich in mustergültige Siedlungen aus bunt gestrichenen Einfamilienhäusern verwandelt, die als **»Holzstadt Falun«** von der UNESCO als Weltkulturerbe geführt werden.

Nicht ästhetisch, aber lukrativ: die Kupfergruben von Falun

Zwischen Falun und Örebro erstreckt sich die Region Bergslagen. Ursprünglich galt als »Bergslag« ein Gebiet, in dem »Bergets Lag«, das Gesetz des Berges herrschte. Hier wurde das Gesetz durch die Privilegien, die die Bergleute zugeteilt bekamen, geregelt. Schon im 12. Jh. begann man Erz zu brechen und in einfachen Öfen zu schmelzen. Die Wälder lieferten Feuerholz und Holzkohle, die Stromschnellen trieben die Wasserräder der Hütten und Hammerschmieden an Zu den größten industriellen Zentren stiegen Falun, Borlänge, Norberg, Filipstad, Lindesberg, Nora, Karlskoga, Kopparberg und Norberg auf. Doch Ende der 1990er-Jahre machten fast alle Minen dicht, Zehntausende Arbeiter standen auf der Straße. Heute setzt man vor allem auf Tourismus und Handwerk.

Das Gesetz des Berges

? WUSSTEN SIE SCHON ...?

- Viele Bergleute verloren bei Grubenunglücken in Falun ihr Leben. Der berühmteste unter ihnen ist Mats Israelsson, der 1677 verschüttet wurde. Erst vierzig Jahre später konnte seine Leiche geborgen und von seiner einstigen, alt gewordenen Verlobten identifiziert werden, denn der Körper des jungen Mannes blieb durch das Kupfervitriol in den Stollen vollständig konserviert. Johann Peter Hebel lieferte diese anrührende Geschichte den Stoff für seine Kalendergeschichte »Unverhofftes Wiedersehen« (1811).

Sehenswertes in Falun

Stadtzentrum

An der Ostseite des Stortorg erhebt sich die **Kristine Kyrka** (erbaut 1642 – 1655), einer der prächtigsten Renaissancebauten Schwedens. Das Kircheninnere ziert eine prachtvolle Barock- und Renaissanceausstattung, bei der die Farben Karolinerblau und Sandsteinrot vorherrschen (Öffnungszeiten: Juli – Mitte Aug. tgl. 10.00 – 18.00, sonst bis 16 Uhr).

✶ Dalarnas Museum

Das Volkskunstmuseum der Region Dalarna steht unweit vom Stortorg am westlichen Ufer der Faluå. Hier findet man eine der größten Sammlungen von »Dal-Malerei« – bemalte Kästchen, Schränke, ganze Interieurs und Wandpartien, die zwischen 1780 und 1860 entstanden sind. Publikumsmagnet sind **Selma Lagerlöfs Arbeitszimmer** und ihre Bibliothek (Öffnungszeiten: tgl. 10.00 – 17.00, Sa., So. ab 12.00 Uhr, www.dalarnasmuseum.se).

Lugnet

Nordöstlich der Stadt erstreckt sich das große Sport- und Freizeitgebiet Lugnet, weithin sichtbar durch die Skisprungschanzen. Der Turm der 90-m-Schanze kann besichtigt werden (Öffnungszeiten: Mitte Mai – Ende Aug. Mo. – Do., So. 10.00 – 18.00, Fr., Sa. bis 23.00 Uhr, Aufzug vorhanden). Ferner gibt es hier Schwimmbäder, Sporthallen, Skilifte und einen Campingplatz.

✶ Kupferbergwerk

Südwestlich vom Zentrum liegt das ausgedehnte Werksgelände des Kupferbergwerks (Falu Koppargruva), dessen Erzvorkommen schon von den Wikingern ausgebeutet wurden. Heute ist Schwedens **ältestes und bedeutendstes Bergwerk** auch Faluns größte Attraktion

FALUN ERLEBEN

AUSKUNFT

Turistinformation Dalarna
Trotzgatan 10 – 12
79183 Falun
Tel. (023) 640 04
Fax 833 14
www.visitfalun.se

Filipstad Turistbyrå
Stora Torget 3 D
68227 Filipstad
Tel. (05 90) 613 54
www.filipstad.se

ESSEN

► Preiswert

Hammars Konditori
Åsgatan 28
Tel. (023) 390 39
Restaurant mit Konditorei in einem ehemaligen Gießereihaus

ÜBERNACHTEN

► Luxus

First Hotel Grand
Trotzgatan 9 – 11
Tel. (023) 79 48 80
Fax 141 43
151 Zi., www.firsthotels.com/grand falun
Stadthotel mit modernen Zimmern, großzügiger Fitness- und Spa-Abteilung sowie Restaurant und organisierten Schneescooter-Touren

Scandic Lugnet
Svärdsjögatan 51
Tel. (023) 669 22 00
Fax 669 22 11
135 Zi., www.scandic-hotels.se
Architektonisch beeindruckendes Hotel im Zentrum mit Pub, Sauna, Fitnesscenter und Kegelbahn. Wer die einzigartige Sicht über die Stadt und die Skischanzen genießen will, muss etwas tiefer in die Tasche greifen.

► Komfortabel

Park Inn Falun
Bergskolegränd 7
Tel. (023) 70 17 00, Fax 70 17 09
88 Zi., www.falun-parkinn.se
Gemütliches Hotel im Zentrum von Falun mit herausragendem Service

► Günstig

Falu Fängelse Vandrarhem
Villavägen 17
Tel. (023) 79 55 75, Fax 79 54 74
www.falufangelse.se
In dieser Jugendherberge übernachtet man in einem ehemaligen Gefängnis und kann zwischen 2- und 4-»Bettzellen« wählen. Ideale Lage, nur wenige Minuten Fußweg zum Zentrum und zu den Sportanlagen.

Baedeker-Empfehlung

Hennickehammars Herrgård
bei Filipstad
Tel. (05 90) 60 85 00, Fax 60 85 05
55 Zi., www.hennickehammar.se
Der Gutsherrenhof liegt am Hemtjärnsee 4 km südlich von Filipstad, pflegt schwedische Traditionen, besitzt eine ausgezeichnete Küche und sehr geschmackvoll eingerichtete Zimmer. Das Hotel profitiert nicht nur von den traumhaften Wäldern und Seen in seiner Umgebung, sondern setzt sich auch für deren Erhalt ein und wurde dafür mit dem »Svenska Mötens Umweltdiplom« ausgezeichnet.

MARKT

1300 Buden in Filipstad
Jährlich im September findet in Filipstad der Jahrmarkt »Oxhälja« statt. An 1300 Marktbuden werden Würstchen, Schnürsenkel, Kleidung und Krimskrams aller Art angeboten.

und zählt zum Weltkulturerbe der UNESCO. Das Bergwerksmuseum (Gruvmuseet) dokumentiert die Geschichte des Erzbergbaus in Falun und bietet interessante Einblicke in die Geologie der Gegend und die Firmengeschichte des Großkonzerns Stora, der die Grube betreibt (Öffnungszeiten: im Sommer tgl. 10.00 – 17.00, im Juli bis 18.00 Uhr, im Winter Mo. – Fr. 12.00 – 16.30, Sa., So. bis 16.00 Uhr, www.kopparberget.com).

Gegenüber vom Museum befindet sich der Zugang zum **Besucherstollen**, der bis in eine Tiefe von 55 m führt. Warme Kleidung und wasserdichtes Schuhwerk empfohlen! (Öffnungszeiten: siehe Bergwerksmuseum.)

? WUSSTEN SIE SCHON …?

- … dass Schwedens beliebteste Wurstsorte, die Falukorv, ihre Entstehung der Kupfergrube von Falun verdankt? Denn für den Transport des Kupfers wurden Seile benötigt, die einst aus Ochsenhaut gefertigt wurden. Bergleute aus Deutschland zeigten den Schweden, was man mit dem übrig gebliebenen Ochsenfleisch machen kann: haltbare Wurst.

Direkt neben dem »Kåre«, einer Holzskulptur in Form eines Ziegenbocks, befindet sich die Fertigungsanlage für die charakteristische ochsenblutrote Farbe, die Falun im ganzen Land bekannt gemacht hat. »Schwedens Nationalfarbe« und der Anstrich unzähliger schwedischer Holzhäuser wurden bereits um 1530 bei Kopparberget aus dem Abraum hergestellt. Während einer Fabrikführung erfährt man alles über das Falunrot (Öffnungszeiten: Ende Juni – Mitte Aug. wochentags 11.00 – 15.00 Uhr, www.falurodfarg.com).

Sehenswertes in der Umgebung

Sundborn

Rund 4 km nordöstlich von Falun liegt am kleinen Tofta-See der idyllische Ort Sundborn, in dem der schwedische Maler Carl Larsson (1853 – 1919) von 1901 an mit seiner Frau Karin, die ebenfalls Künstlerin war, lebte. Carl Larssons Gården ist heute ein Museum. Der Publikumsandrang ist groß, daher sollte man in der Hochsaison Wartezeiten einkalkulieren (Öffnungszeiten: Mai – Sept. tgl. 10.00 bis 17.00 stündlich Führungen, sonst Mo. – Fr. 11.00 Uhr, www.clg.se).

★★ ◄ Carl Larssons Gården

Zwischen 1905 und 1912 portraitierte Carl Larsson einige Dorfbewohner und schenkte diese Gemälde später der Gemeinde Sundborn. Heute ist **Carl Larssons Portraitsammlung** im Gemeindehaus neben der Kirche zu sehen (Öffnungszeiten: Mitte Juni – Mitte Aug. tgl. 11.00 – 17.00 Uhr).

Filipstad

Filipstad liegt südwestlich von Falun an der Kreuzung der Str. Nr. 63 und 64. Die Stadt am kleinen See Daglösen ist eingebettet in eine waldreiche, hügelige Landschaft. Man kann dort hervorragend wandern, auf Elch-Safari gehen, fischen oder im klaren Wasser des Sees schwimmen. Der Bergbau ist längst passé, heute zählt die »Wasabröd AB« zu den wichtigsten Arbeitgebern. Das bedeutendste Sommerereignis ist die »Fili-Bjur-Woche« Ende Juli mit Musik und Tanz.

Gävle

H 6

Landschaft: Gästrikland
Einwohnerzahl: 92 000
Provinz: Gävleborg Län
Höhe: Meereshöhe

Norrlands älteste Stadt liegt am Bottnischen Meerbusen und besitzt einen riesigen Hafen, von dem aus Holz und Erz verschifft werden. Gävle gilt als hervorragende Einkaufstadt und wird jährlich in der Vorweihnachtszeit zum Schauplatz eines skurrilen Brauchs.

Der Julbock und die Zündler

Dieser Brauch dreht sich um den »Julbock«. Seit 1966 stellt man auf dem Slottstorg am 1. Dezember den größten Stroh-Ziegenbock der Welt auf. Nicht immer erlebt der Koloss plangemäß das Neue Jahr, versuchen doch Zündler stets, den Bewachern ein Schnippchen zu schlagen und das Strohtier anzuzünden. 2002 schaffte es der ursprüngliche Bock bislang zum letzten Mal heil ins neue Jahr. 2005 ging er am 3. Dezember in Flammen auf und wurde am 8. Dezember ersetzt. Wer will, kann im Dezember per Webcam das Schicksal des Bockes unter www.gavle.se verfolgen.

Sehenswertes in Gävle und Umgebung

Innenstadt

Mittelpunkt der Innenstadt, die durch den Brand von 1869 und den Wiederaufbau ein neuzeitliches Aussehen bekommen hat, ist der Rådhustorg. Die Flaniermeilen Norra Kungsgatan und Norra Rådmansgatan führen nach Norden zum Gävle Teater, einem der stattlichsten Theatergebäude des Landes im Stil der Neorenaissance.

Bronzeplastik von Henry Moore – anders als der Julbock ist sie feuerfest.

Gamla Gefle

Überquert man den Fluss Gävleån, sieht man südlich vom Rathaus eine große Bronzeskulptur von **Henry Moore**, die auf einer Verkehrsinsel steht. Ins Auge fallen auch das gelb-weiße **Schloss** aus dem 16. Jh., die nördlichste Festung der Wasa-Könige und das **Provinzmuseum** von Gästrikland. Es zeigt in erster Linie kulturgeschichtliche Sammlungen und schwedische Kunst aus mehreren Jahrhunderten (Öffnungszeiten: Juni – Aug. Di. bis Fr. 10.00 – 16.00, Wochenende ab 11.00 Uhr). Gamla Gefle, nur wenige Schritte vom Provinzmuseum entfernt, ist der Teil der Altstadt, der vom Brand von 1869 verschont geblieben ist. In den alten, schön restaurierten Holzhäusern sind heute viele Kunstgewerbeläden untergebracht, so auch die **Galerie von Gunnar Cyrén**, einem der bekanntesten Glaskünstler Schwedens (Nedre Bergsgatan 11).

! *Baedeker* TIPP

Schwedischer Whiskey

Im 400 Jahre alten Anwesen Mackmyra, einige Kilometer westlich von Gävle, wird seit 1999 echter Malt Whiskey aus schwedischen Rohstoffen und nach eigenen Rezepten gebrannt. Eine Rarität! Montag bis Samstag können Sie sich nach telefonischer Anmeldung bei einer Führung selbst von der Qualität des Malt überzeugen (Bruksgatan 4, Valbo, Tel. 026/ 54 18 80).

* Eisenbahnmuseum

Südöstlich vom Zentrum liegt in der Rälsgatan 1 das Schwedische Eisenbahnmuseum (Järnvägsmuseum), das über eine der größten und beeindruckendsten Sammlungen von Dampfloks und alten Eisenbahnwaggons weltweit verfügt. Auf dem riesigen Gelände werden 150 Jahre schwedische Eisenbahngeschichte gezeigt – für Eisenbahnfreunde das reinste Vergnügen! (Öffnungszeiten: Mitte Juni – Mitte Aug. tgl. 10.00 – 16.00 Uhr, sonst Mo. geschl.)

Hudiksvall

Hudiksvall, 1310 km nördlich von Gävle, ist **Hauptort der Landschaft Hälsingland** und liegt am Hudiksvallsfjärden. 1582 mit Stadtrechten versehen, ist es nach Gävle die zweitälteste Stadt in Norrland. Im 19. Jh. entstand der Begriff »Fröhliches Hudik«, der noch heute gerne als Werbung für die Stadt eingesetzt wird, als Anspielung auf das feucht-fröhliche Leben der Holzpatrone, die einst mit dem Holzhandel gutes Geld verdienten. Die nach einem Brand 1792 errichteten Häuser stehen teils noch und bilden **einen der besterhaltenen Stadtkerne** mit Holzbebauung in Schweden. Am Hafen liegt der Stadtteil **Fiskarstaden**, dem die vielen Holzhäuser, Bootsschuppen und Speicher ein altertümliches Flair verleihen. Sie alle stammen aus der Zeit nach dem Brand von 1792.

Jungfrauenküste

Der Küstenstrich bei Hudiksvall wird nach Storjungfrun, der größten Insel der Gegend, Jungfrukusten (Jungfrauenküste) genannt. Viele der Schären sind mit kleinen malerischen Fischerhäusern bebaut.

Bollnäs

Über die Str. Nr. 301 erreicht man ca. 15 km vor Bollnäs das **Freilichtmuseum Rengsjö Hembygdsby**. Die etwa 30 historischen Häuser

GÄVLE ERLEBEN

AUSKUNFT

Gävle Turistbyrå
Drottninggatan 9 (Gallerian Nian)
S-80135 Gävle
Tel. (026) 14 74 30
Fax 10 78 31
www.gastrikland.com

Hudiksvalls Turistbyrå
Storgatan 33, 82480 Hudiksvall
Tel. (06 50) 191 00, Fax 381 75
www.hudiksvall.se

ESSEN

► Erschwinglich

Forsbacka Wärdshus
Forsbacka, Wärdshusvägen 22
Tel. (026) 351 70
15 km von Gävle entfernt liegt dieses Restaurant in herrlicher Lage am Rande eines englischen Parks.

Sommerrestaurant Engeltofta
Gävle, Bönavägen 118
Tel. (026) 960 63
Das Engeltofta, in einer alten Kaufmannsvilla untergebracht, ist Gävles beliebtestes Ausflugsziel. Es liegt 10 km vom Zentrum entfernt und an Sommerwochenenden trifft sich hier die ganze Stadt am Strand. Jazz- und Liederabende.

Gretas krog
Hudiksvall, Västra Tvärkajen
Tel. (06 50) 966 00
Restaurant mit Dachterrasse und hervorragender Aussicht aufs Meer. Abends oft Livemusik

► Preiswert

Café Mamsell
Gävle, Kyrkogatan 14
Tel. (026) 12 34 01
Nettes Café im historischen Berggrenska Gården

ÜBERNACHTEN

► Komfortabel

Scandic Hotel Grand Central
Gävle, Nygatan 76
Tel. (026) 495 84 00
Fax 495 84 11
In zentraler Lage, nur 100 Meter vom Bahnhof und Busterminal entfernt, mit dem gewohnten Scandic-Hotelketten-Komfort

Hotell Hudik
Hudiksvall, Norra Kyrkogatan 11
Tel. (06 50) 54 10 00
Fax 54 10 10
53 Zi., www.hkchotels.se
Kleines Hotel im Zentrum von Hudiksvall, nur 500 m vom Bahnhof entfernt, Wellnessbereich mit Sauna, Whirlpool und Swimmingpool

► Günstig

STF Vandrarhem Engeltofta
Gävle, Bönavägen 118
Tel. (026) 961 60
Fax 960 63
In Strandnähe und unmittelbarer Nachbarschaft des Sommerrestaurants Engeltofta liegt diese Jugendherberge. Der ideale Ort für einen preisgünstigen Urlaub am Meer.

EINKAUFEN

Von der Nobelboutique bis zum gewöhnlichen Kaufhaus findet man in Gävle alles in der Norra Kungsgatan, Drottinggatan und Nygatan.

VERANSTALTUNGEN

Der Sommer ist die Zeit der Spielmannstreffen in Hälsingland (Termine in den Touristenbüros). Am dritten Wochenende im August findet in Söderhamn das Heringsfest »Strömmingsleken« statt, eine gute Gelegenheit, Surströmming zu essen.

stammen zum Teil noch aus dem 17. Jh. Interessant ist auch das Museum zur bäuerlichen Kultur. Bollnäs selbst wurde durch seine Pfefferminzbonbons berühmt.

Växbo

Rund 13 km nordöstlich von Bollnäs steht in Växbo die Växbo Kvarn, eine **Wassermühle** aus dem 19. Jh., in der heute wieder die traditionsreiche Flachsverarbeitung demonstriert wird. Hier werden auch hochwertige Leinenprodukte verkauft. Im Café gibt es selbst gebackenen Kuchen (Tel. 02 78/65 62 00).

Orbaden

Orbaden südlich von Järvsö ist ein ehrwürdiger Kurort am Ufer des Orsjön. Einmalig schön ist der kilometerlange, von dichtem Wald gesäumte Sandstrand, dessen Zungen weit in den See hineinreichen.

✶ Göteborg

E/F 8

Landschaft: Bohuslän
Einwohnerzahl: 481 000
Provinz: Västra Götaland Län
Höhe: Meereshöhe

Göteborg ist die zweitgrößte Stadt Schwedens und steht in scharfer Konkurrenz zu Stockholm. Prächtige Straßen durchziehen die Stadt, der Schärengarten ist auch hier bezaubernd und der wichtigste Hafen des Landes unterstreicht Göteborgs Bedeutung als Wirtschaftsstandort. Wer Göteborg besucht, kann die weltoffene Atmosphäre und ein großes kulturelles Angebot genießen.

Geschichte

Göteborg (sprich: Jöteborj) wurde erst in der schwedischen Großmachtzeit im 17. Jh., also recht spät, angelegt. Strategisch war die Lage an der Westküste mit Zugang zum Kattegat überaus wichtig. Dem Einfluss niederländischer Baumeister ist es zuzuschreiben, dass der Grundriss der Hafenstadt **nach holländischem Vorbild** mit Kanälen und Befestigungen angelegt wurde. Zu dieser Zeit war Göteborg eine der am besten gesicherten Städte mit breiten Wallgräben, Stadtmauer und den drei Festungen Nya Älvborg, Skansen Kronan und Skansen Lejonet. Die 1731 gegründete Schwedische Ostindische Kompanie unterhielt hier einen der wichtigsten europäischen Umschlagplätze für Möbel, Porzellan, Tee und Seide.

Größter Hafen Schwedens

Während der von Napoleon verhängten Kontinentalsperre (1806) war Göteborg Drehscheibe für den britischen Handel mit Nordeuropa. Die Gewinne aus den florierenden Geschäften flossen auch in die Industrialisierung, Werften und Industriebetriebe wie Esab, SKF, Hasselblad und Volvo siedelten sich an. Die Blütezeit als Welthafen begann für Göteborg zu Beginn des 20. Jh.s mit der Aufnahme des Schiffsverkehrs nach Übersee. Heute ist der Göteborger Hafen der größte Schwedens. Gleichwohl hat in jüngster Zeit seine Bedeutung abgenommen und die Hafen- und Werftgebiete werden mehr und mehr in Wohngebiete, Promenaden und Kultureinrichtungen umgewandelt. Seit den 1990er-Jahren hat sich die Stadt zu einem bedeutenden **Zentrum für Wissenschaft und Forschung** entwickelt.

Sehenswertes im Zentrum

Altstadt Ursprünglich wurden – wie in vielen holländischen Städten – die Hauptverkehrswege Göteborgs von Kanälen gebildet. Die meisten wurden inzwischen längst zugeschüttet und durch Straßen ersetzt, so z.B. die Östra Hamngatan und die Västra Hamngatan. Nur der Stora Hamnkanal und der einstige Wallgraben, der die Altstadt im Süden begrenzt, existieren noch.

Gustav Adolfs Torg Der weite, rechteckige Gustav Adolfs Torg an der Nordseite des Stora Hamnkanal bildet den repräsentativen Kern der Altstadt. Die Nordseite des Platzes begrenzt das stattliche Gebäude der **Börse**, an der Westseite steht das 1672 von Nicodemus Tessin d.Ä. erbaute Rådhus, das einen hübschen Innenhof besitzt.

Nachts verwandelt sich die Oper von Göteborg in einen faszinierenden Lichttempel.

Highlights Göteborg

Röhsska Museum
Schwedens erstes Design-Museum zeigt Möbel, Glas und andere schöne Dinge.
► Seite 367

Kunstmuseum
Stattliche Sammlung skandinavischer Malerei, dazu Rembrandt, Rubens und Co.
► Seite 368

Liseberg Vergnügungspark
Hully-Gully rund um Riesen-Achterbahn, Karussells und Showbühnen
► Seite 370

Universeum
Hier hopst das giftigste Tier der Welt, Regenwälder dampfen, Haie und Rochen schweben durch Unterwasser-Welten.
► Seite 370

Fischhalle
Die berühmte »Feskekörka« ist ein Muss für alle Liebhaber von Meeresfrüchten.
► Seite 370

Botanischer Garten
Lustwandeln im Tal der Anemonen
► Seite 370

Stadtmuseum

In der Norra Hamngatan 12 steht das prächtige, palastähnliche, 1750 errichtete ehemalige Gebäude der Ostindischen Kompanie, in dessen prunkvollen Hallen heute das Göteborgs Stadsmuseum untergebracht ist. Es informiert über Archäologie, Kulturgeschichte und Stadtentwicklung Göteborgs und beherbergt auch die Überreste des einzigen in Schweden gefundenen **Wikingerschiffs** (Öffnungszeiten: Mai – August täglich 10.00 – 17.00, sonst Mo. geschl., Mi. bis 20.00 Uhr, www.stadsmuseum.goteborg.se).

Kronhus

Etwas nördlich vom Stadtmuseum steht an der Kronhusgatan das 1643 – 1653 erbaute Kronhus (ehem. Zeughaus), Göteborgs ältestes erhaltenes Haus. Im sehenswerten **Reichssaal** wurde 1660 der fünfjährige Karl XI. zum König ausgerufen. Rund ums Kronhus steht eine Reihe niedriger Häuser, heute Läden mehrerer Kunsthandwerker.

Maritima Centrum

Geht man vom Kronhus zum Ufer des Göta Älv, sieht man schon bald die Schiffe des Maritima Centrums. Hier können das U-Boot »Nordkaparen«, ein Kanonenboot und andere Schiffe besichtigt werden. Ein weiteres hier vertäutes Schiff dient als **Jugendherberge** (Öffnungszeiten: Mai – Aug. tgl. 10.00 – 18.00, März, April, Sept., Okt. bis 16.00, im November Fr. – So. 10.00 – 16.00 Uhr, www.goteborgsmaritimacentrum.com).

★ Oper

Folgt man dem Flussufer in nördlicher Richtung, kommt man bald zum 1994 eröffneten Opernhaus. Architekt Jan Izkowitz ließ sich vom Meer und der umliegenden Landschaft inspirieren. Bei Dunkelheit spiegelt sich die bunt-spektakuläre Beleuchtung des Gebäudes recht stimmungsvoll im Wasser (Öffnungszeiten: Mo. – Sa 12.00 bis 18.00 Uhr bzw. bis Vorstellungsbeginn, www.opera.se).

GÖTEBORG ERLEBEN

AUSKUNFT

Göteborgs Turistbyrå
Kungsportsplatsen 2
41110 Göteborg
Tel. (031) 61 25 00, Fax 61 25 01
www.goteborg.com

Borås Turistbyrå
Österlånggatan 1 – 3
50315 Borås
Tel. (033) 35 70 90
www.boras.se

ESSEN

► Fein & Teuer

⑤ ***Fiskekrogen***
Lilla Torget 1
Tel. (031) 10 10 05
Preisgekröntes Restaurant für Fischliebhaber. Auch die Weinkarte mit mehr als 300 feinen Tropfen ist mit Umsicht zusammengestellt. Wer sich relativ preisgünstig von der Qualität der Küche überzeugen möchte, kommt mittags.

① ***Sjömagasinet***
Klippan 6
Tel. (031) 775 59 20
Gourmetrestaurant im alten Gebäude der Ostindischen Kompanie von 1775, ausgezeichnete Fischspeisen. Wunderbar an der Hafeneinfahrt gelegen, im Sommer sitzt man direkt am Wasser.

⑦ ***Trädgårn***
Nya Allén 41
Tel. (031) 10 20 80
Elegantes Lokal mit kosmopolitischem, modernem Ambiente, in dem preisgekrönte Köche wirken. Internationale Küche. Abends Fischbuffet.

► Erschwinglich

④ ***Restaurang Gabriel***
Fisktorget, Feskekörka
Tel. (031) 13 90 51
Bekanntestes Fischrestaurant Göteborgs in der »Fischkirche«. Frischere Zutaten findet man nirgendwo.

Eine Riesenauswahl an Spezialitäten bietet die »Feskekörka«.

Empfehlenswert das Bohusbuffén. Frühaufsteher können ab 7.00 Uhr bei den Fischauktionen in der Feskekörka zuschauen.

② *A Hereford Beefstouw*
Linnégatan 5
Tel. (031) 775 04 41
Seit Jahren ein Klassiker für Fleischliebhaber. Hier wählt jeder sein Steak selber aus, das dann nach Wunsch gegrillt wird. Ein reichliches Salatbuffet rundet das Angebot ab.

⑧ *Joe Farelli's*
Kungsportsaveny 12
Tel. (031) 10 58 26
Populäres Restaurant im Zentrum mit italienisch-amerikanischem Essen. Tisch vorbestellen ist ratsam. Viele behaupten, dass es hier die beste Pizza Göteborgs gibt.

► Preiswert

⑥ *Saluhallen*
Gustav Adolfs Torg
Viele kleine Restaurants, anschauen und das Auge entscheiden lassen. Das Essen ist gut und relativ preiswert. So. geschlossen.

③ *Café Kringlan*
Haga Nygata 13
Tel. (031) 13 09 08
Kuscheliges Café im alten Stadtteil Haga mit guter Auswahl an Kaffee und Kuchen. Bei schönem Wetter kann man an den wenigen Tischen vor der Tür auch gut frühstücken.

ÜBERNACHTEN

► Luxus

③ *Radisson SAS Scandinavia*
Södra Hamngatan 59
Tel. (031) 758 50 00
Fax 758 50 01
349 Zi., www.radissonas.com
Eindrucksvolles, sechs Stockwerke hohes Atrium mit Wasserfällen, Brunnen und Blumen, sehr geräumige und elegante Zimmer

► Komfortabel

Best Western Hotell Borås
Borås, Sandgärdsgatan 25
Tel. (033) 41 70 20, Fax 12 85 55
52 Zi., www.hotellboras.se
Charmantes Hotel im Zentrum von Borås. Generös und originell eingerichtete Zimmer im Stil der goldenen Zeit Schwedens. Am Abend trifft man sich im urigen Weinkeller oder im englischen Pub.

④ *Best Western Hotel Eggers*
Drottningtorget
Tel. (031) 333 44 40, Fax 333 44 49
67 Zi., www.hoteleggers.se
Individuell eingerichtete Zimmer im Stil der Jahrhundertwende in einem unter Denkmalschutz stehenden Haus. Prunkvolles Restaurant mit Kristallkronleuchter. Zentrale Lage.

① *Novotel Göteborg*
Klippan 1
Tel. (031) 720 22 00, Fax 720 22 99
148 Zi., www.novotel.com
Das mächtige rote Backsteingebäude am Göta Älv war früher eine Brauerei. Maritimes Ambiente im historischen Milieu, große, moderne Zimmer. Atemberaubende Sicht vom Restaurant auf die Älvsborg-Brücke.

② *Barken Viking*
Gullbergskajen
Tel. (031) 63 58 00, Fax 15 00 58
Barken.viking@liseberg.se
Historisches Viermast-Segelschiff, das zum Hotel mit viel maritimem Flair ausgebaut wurde. Das Schiff liegt im Göteborger Gästehafen in der Nähe der neuen Oper vor Anker. Verschiedene Kajüten, von einfach bis luxuriös.

► **Günstig**

⑤ ***Spar Hotel Garda***
Norra Kustbanegatan 15-17
Tel. (031) 752 03 00, Fax 752 03 99
www.sparhotel.se
Hotel mit guter Verkehrsanbindung zum Zentrum. Modern mit fairen Preisen.

⑥ ***Göteborgs Vandrarhem***
Mölndalsvägen 23
Tel. (031) 40 10 50, Fax 40 11 51
www.goteborgsvandrarhem.se
Von Einzelzimmern über Familienzimmer, alles praktisch und sauber. Zentrale Lage nahe Liseberg.

GÖTEBORG PASS

Der Göteborg Pass gewährt ermäßigten oder freien Eintritt zu vielen Sehenswürdigkeiten und Freizeiteinrichtungen, Stadtrundfahrten und Schiffsexkursionen sowie kostenlose Fahrten mit öffentlichen Verkehrsmitteln (erhältlich bei Tourismusbüros, Hotelrezeptionen, Campingplätzen, Zeitungskiosken. 24 Std. kosten für Erw. 210 SEK, für Kinder 150 SEK; 48 Stunden für Erw. 295 SEK, für Kinder 210 SEK).

Im Stadtteil Haga

RUNDFAHRTEN

Stadtrundfahrten
Einstündige Bustouren beginnen am Stora Teatern (Mitte Mai – Mitte Sept. tgl. Abfahrten 10.30, 12.00, 13.45, 15.15, 16.45 Uhr. Tickets im Bus).

Hafenrundfahrten
Die Hafen- und Kanalrundfahrten (rund 50 min.) mit flachen Paddan-Booten starten am Kungsportsplats (Mai – Sept. 10.00 – 21.00 Uhr, mit dem Göteborg Pass ab 15.00 Uhr kostenlos).

EINKAUFEN

Nordstan
Schwedens größtes Einkaufszentrum mit 150 Geschäften, neben dem Hauptbahnhof

Kungsportsaveny
Auf der Kungsportsaveny und in den kleinen Nebenstraßen liegen unzählige Geschäfte und Kunstgalerien.

An der Kungsgatan
Eine 3 km lange Shoppingmeile bilden Kungsgatan, Korsgatan, mehrere Einkaufsgalerien und -passagen. Auch ein Bummel über die Linnégatan und deren Nebenstraßen lohnt.

Antiquitäten
Antikhallarna in der Västra Hamngatan: Kunst und Krempel auf drei Etagen

Haga
Die Haga Nygata ist Fußgängerzone und gesäumt von alten, restaurierten Häusern, in denen viele Cafés und Antiquitätenläden untergebracht sind.

Am Hafen steht das Wahrzeichen Göteborgs und sein bester Ausguck: Hochhaus Utkiken.

Utkiken

Von der Promenade am Opernhaus hat man einen guten Blick auf das rot-weiß gestreifte Hochhaus Utkiken. Von dessen 86 m hoch gelegener Aussichtsplattform bietet sich **der beste Rundblick** über Göteborg. Vor dem Hochhaus liegt die Viermastbark »Viking« vor Anker, die als schwimmendes Hotel dient.

Entlang der Kungsportsaveny

Kungsportsaveny

Der **Kungsportsplats** mit dem Reiterstandbild Karls IX. ist ein belebter Verkehrsknotenpunkt, an dem Rundfahrten mit Bus oder Paddan-Booten beginnen. Hier beginnt die Kungsportsaveny, Göteborgs beliebteste Flaniermeile. Die Prachtpromenade wird von schönen Häusern und unzähligen Cafés, Restaurants und Kneipen gesäumt, in denen bis spät in die Nacht Hochbetrieb herrscht.

Trädgårdsföreningens Park

Der 1842 eröffnete Trädgårdsföreningens Park gleicht einer grünen Oase mitten in der Stadt. Sehenswert sind das historische **Palmenhaus**, das **Schmetterlingshaus** und das **Rosarium** (Öffnungszeiten: Mai – Aug. tgl. 7.00 – 21.00, März, April, Sept., Okt. bis 19.30, sonst bis 18.00 Uhr).

★ **Röhsska Museum**

Das nach seinen Gründern, den Brüdern Röhss, benannte Museum liegt ungefähr in der Mitte der Kungsportsaveny und zeigt europäisches Design und Kunsthandwerk vom 17. Jh. bis heute. Parallel zu den Dauerausstellungen werden mehrmals im Jahr außergewöhnliche Einzelausstellungen gezeigt (Öffnungszeiten: Mi. – So. 12.00 bis 17.00, Di. bis 21.00 Uhr, www.designmuseum.se).

Poseidon-Brunnen Die Kungsportsaveny endet am Götaplats, in dessen Zentrum der riesige Poseidon-Brunnen (1931) von Carl Milles als eines der Wahrzeichen der Stadt steht. Um den Platz gruppieren sich das Konzerthaus, das Kunstmuseum und das Staatstheater.

★ Kunstmuseum Das mächtige Kunstmuseum (Konstmuseet) verfügt über eine beeindruckende Sammlung und widmet sich in erster Linie dem Schaffen nordischer Künstler (Edvard Munch, Carl Larsson, Anders Zorn)

Göteborg *Orientierung*

vom 15. Jh. bis zu Gegenwart. Auch die internationale Elite wie Rembrandt, Rubens, van Gogh, Cézanne, Picasso und Chagall sind vertreten.

Mittlerweile ist auch das **Hasselblad Center** im Kunstmuseum untergebracht. Es zeigt wegweisende Beispiele moderner Fotografie und sehr gute Wechselausstellungen (Öffnungszeiten: Di. und Do. 11.00 bis 18.00, Mi. bis 21.00, Fr.–So. bis 17.00 Uhr, www.konstmuseum.goteborg.se bzw. www.hasselbladcenter.se).

Östliche Innenstadt

★ Liseberg

Der Liseberg-Vergnügungspark ist eine gigantische Mischung aus Kirmes und Kultur mit Achterbahnen, Fahrgeschäften, Theater-, Kleinkunst- und Konzertbühnen sowie Cafés und Restaurants. Überragt wird die Anlage vom 146 m hohen Liseberg-Turm, von dem aus man einen hervorragenden Blick über die Stadt hat (Öffnungszeiten:Mai – Aug. tgl. zu wechselnden Zeiten, www.liseberg.se).

Universeum

Im Wissenschaftszentrum Universeum kann man exotische Tiere wie Rochen und Haie beobachten, Galaxien und Mondfahrzeuge untersuchen und vor allem viel experimentieren (Öffnungszeiten: Ende Juni – Aug. tgl. 10.00 – 19.00, Mai, Juni, Nov. Mo. – Fr. 10.00 – 18.00, Mi. bis 20.00, Sa. ab 11.00, sonst Di. – So. 11.00 – 18.00, Mi. bis 20.00 Uhr, Södra Vägen 50, www.universeum.se).

Weltkulturmuseum

Das Ende 2004 eröffnete Museum für Weltkultur (Världskulturmuseet) bietet eine Entdeckungsreise durch die multikulturelle Welt. Sehr eindrucksvoll ist das Gebäude von den Londoner Architekten Cecile Brisac und Edgar Gonzales (Öffnungszeiten: Di., Sa., So. 12.00 – 20.00, Mi. – Fr. bis 21.00 Uhr, www.varldskulturmuseet.se).

Angrenzende Stadtteile

★ Slottsskog

Folgt man der **Linnégatan** (westlich der Innenstadt), die mit ihren vielen Restaurants, Cafés und kleinen Läden die zweite Aveny Göteborgs ist, vom Järntorg in südlicher Richtung bis zum Linnéplats, erreicht man den Slottsskog. Es ist **Göteborgs größter Park** und ein beliebtes Naherholungsgebiet.

★ Botanischer Garten

Die südöstliche Fortsetzung des Slottsskog bildet der Botanische Garten (Botaniska Trädgård). Mit 16 000 Pflanzenarten ist er **Schwedens größter botanischer Garten**. Bereits 1923 angelegt, wurde er 2003 zu Schwedens schönstem Park gekürt (Öffnungszeiten: tgl. 9.00 Uhr bis Sonnenuntergang).

Museen

Westlich vom Järntorg am Ufer des Göta Älv befinden sich das **Seefahrtsmuseum** (Sjöfartsmuseet) und das **Aquarium** (Akvariet). Ersteres informiert über die schwedische Seefahrtsgeschichte vom 16. Jh. bis zur Gegenwart. Das Aquarium zeigt das reiche Leben in den skandinavischen Gewässern (Öffnungszeiten: Mai – Aug. tgl. 10.00 bis 17.00, sonst Di., Do., Fr. 9.00 – 16.00, Mi. bis 20.00 Uhr).

★ Fischkirche

In der Nähe vom Seefahrtsmuseum befindet sich die Fischkirche (Fiskekörkan), die ihren Namen den kirchenähnlichen Hallen verdankt (erbaut 1874). Um 7.00 Uhr beginnen die turbulenten Fischauktionen. In den Restaurants kann man gut Fisch essen (Öffnungszeiten: Di. – Sa. 7.00 – 18.00 Uhr, im Sommer auch Mo.).

Schloss Tjolöholm beherbergt in seinen Sammlung auch den ältesten Staubsauger Schwedens.

Umgebung von Göteborg

Ausflug in die Schären

Vor Göteborg liegt ein ausgedehnter Schärengarten mit größeren Inseln wie Öckerö und unzähligen kleinen, die alle beliebte Ausflugsziele sind. Im Sommer werden Ausflugsfahrten ab Lilla Bommen, Stenpiren und Packhuskajen angeboten. Die Schiffe verkehren das ganze Jahr über täglich, Fahrpläne gibt es im Touristenbüro.

Schloss Tjolöholm

Weiter südlich bei Kungsbacka (E 6 Ausfahrt Fjärås) lohnt ein Abstecher in westlicher Richtung zum Schloss Tjolöholm. Das Schloss, ein massiger, mittelalterlichen Vorbildern nachempfundener Bau aus rotem Granit, wurde 1898 – 1904 im englischen Tudorstil erbaut. Am Fuß des Schlosshügels liegen das Ökonomiegebäude, das Wagenmuseum und die Cafeteria (Öffnungszeiten: Mitte Juni – Ende August tgl. 11.00 – 16.00, sonst Sa., So. 11.00 – 16.00 Uhr).

✶ Borås

Die südschwedische Textilstadt Borås liegt ca. 65 km östlich von Göteborg zu beiden Seiten der Viskan. Größere Bedeutung als Handelsstadt gewann sie erst, als Eisenbahn und Textilmaschinen hier Einzug hielten. Im westlichen Stadtteil Parkstaden, schon etwas außerhalb des Zentrums, liegt der Ramnapark mit dem **Borås Museum**, einem Freilichtmuseum mit historischen Holzhäusern und der um 1690 entstandenen Ramna-Kirche, deren Inneres mit Deckengemälden aus dem 18. Jh. geschmückt ist (Öffnungszeiten: Mai – September Di. bis Fr. 10.00 – 16.00, Sa., So. ab 12.00 Uhr).

✶ ◄ Textilmuseum

Eine Baumwollspinnerei aus dem Jahre 1900 beherbergt das Textilmuseum, das u.a. Spinn- und Webmaschinen zeigt. Im Museumsshop kann man Produkte kaufen, die auf hauseigenen Maschinen hergestellt wurden (Öffnungszeiten: Di. und Do. 10.00 – 20.00, Mi., Fr. bis 16.00, Sa., So. 12.00 – 16.00 Uhr, Druveforsvägen 8).

Nur die Schleusen sorgen für gemäßigte Aufregung auf dem Götakanal.

IMMER LANGSAM VORAN

Der nahezu 400 km lange Götakanal bildet zwischen Mem (südwestlich von Stockholm) und Göteborg eine Verbindung zwischen Ost- und Nordsee. Das Mammutprojekt sollte vor allem dem Transport von Waren dienen, ohne den Wegzoll an die Dänen im Kattegatt zu bezahlen. Aber es kam anders.

Schon Gustav Wasa hatte mit dem Gedanken gespielt, zwischen Göteborg und Stockholm eine Wasserstraße zu schaffen. Doch erst Karl II. nahm 1716 das Projekt in Angriff. Die Wasserfälle von Trollhättan bildeten einen der vielen Knackpunkte. Die Ingenieure Swedenborg und Polhern versuchten, sie durch Schleusen zu umgehen. Als der Schutzdamm 1755 aber durch Treibholz zerstört wurde, ruhte die Arbeit, bis Freiherr **Baltasar Bogislaus von Platen** mit Hilfe der besten Kanalbauer, derer er habhaft werden konnte, 1810 erneut einen Anlauf nahm. 58 000 Soldaten gruben und sprengten sich bis 1832 durch Schwedens Mitte, 7 Mio. Tagwerk lang, eine mühselige Arbeit, da der gesamte Abraum von Hand abtransportiert werden musste. 14 Flaschen Branntwein pro Woche sollten die **Arbeitsmoral** aufrechterhalten. Motala am Vättersee wurde Zentrum des Kanalbaus und Wiege der schwedischen Maschinenbauindustrie, da hier die Tore der Schleusen hergestellt wurden. 61,5 Kanalkilometer mit 21 Schleusen entstanden zwischen Väner- und Vättersee; zwischen Motala und der Einmündung des Kanals in die Ostsee kamen noch einmal 92,5 km und 37 Schleusen hinzu.

Opfer der Konkurrenz

In vielen Schleifen schlängelt sich der Kanal übers Land, weil man den natürlichen Höhenlinien folgte, um nur eine Kanalseite mit einem künstlich aufzuschüttenden Damm sichern zu müssen. Nach seiner Eröffnung, die von Platen nicht mehr erlebte, boomte der Verkehr auf dem Kanal wie geplant. Doch im 20. Jh. liefen Eisenbahn und Lkws dem langsamen Wasserweg den Rang ab. Längst ist

der Kanal zur Attraktion für Schwedenreisende geworden, die mehr zu Ruhe und Gelassenheit tendieren. Die Fahrt auf einem der Passagierboote dauert 77 Stunden, bei **5 Knoten pro Stunde**, ca. 10 km/h. Diese Kreuzfahrt der entspannenden Art sollte man rechtzeitig im Voraus buchen, denn sie ist sehr beliebt (Buchung über AB Göta Kanalbolag, Box 3, 59121 Motala, Tel. 01 41/ 20 20 50, www.gotacanal.se).

Einzelne Stationen und das Höhenprofil des Götakanals

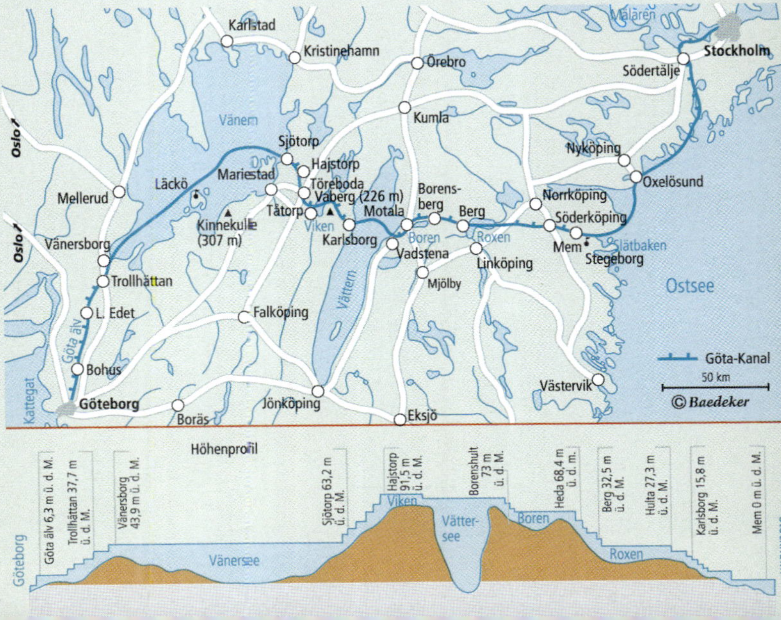

★★ Gotland

J 8

Landschaft: Gotland
Einwohnerzahl: 57 700
Provinz: Gotland Län

Gotland ist die größte Insel der Ostsee und Schwedens wärmster und sonnigster Ort. Im Sommer kommen hier auf jeden Einheimischen mehr als zehn Touristen. Einzigartig und recht fotogen sind die Raukar, bizzare, meterhohe Kalkfelsen am Strand.

Sonne und Orchideen

Gotland ist 125 km lang, bis zu 55 km breit und wird von einem 20 – 30 m hohen **Kalksteinplateau** gebildet. Größere Seen oder Wasserläufe gibt es nicht, denn im porösen Boden versickert das Wasser im Nu. Die Westküste ist zwar steil, wird aber von vielen Buchten unterbrochen. Nach Osten flacht die Landschaft ab und an der Küste findet man die schönsten Sandstrände, die häufig von Dünen und Kiefernwäldern flankiert werden. Das Markenzeichen Gotlands sind die **»Raukar«** (Singular »Rauk«), Türme und Pfeiler aus erodiertem Stein, die man so ausgeprägt nirgendwo im Ostseeraum findet. Wegen des **angenehmen Klimas** ist die **Vegetation** artenreich und üppig, selbst Orchideen gedeihen hier, z.B. Knabenkräuter, Mücken-

Charakteristisch für Gotland sind die fotogenen »Raukar«.

Händelwurz und Frauenschuh. Weideland und Felder prägen die Landschaft, knapp die Hälfte der Insel ist mit Wald bedeckt.

Wichtige Handelsstation

Gotland war einst eine unentbehrliche Anlaufstation für Segelschiffe, die sich auf dem Weg durch die Ostsee ins Baltikum und über die Flüsse bis tief hinein nach Russland und zurück befanden. Bis zum Beginn des 12. Jh.s hatten die Inselbewohner selbst den Warenverkehr unter Kontrolle, doch mit wachsender Bedeutung wurde der Handel immer mehr von Russen und Deutschen beherrscht. 1280 trat die Inselhauptstadt Visby der **Hanse** bei und schloss mit Lübeck ein Schutzbündnis gegen die Seeräuber. Die strategisch wichtige und ökonomisch vielversprechende Lage sollte die Insel in der Folgezeit zum Zankapfel der Mächtigen machen. Im Wechsel stand Visby unter schwedischer, dänischer oder, wie 1808, kurz auch unter russischer Herrschaft. 1995 wurde Visby von der UNESCO zum Kulturerbe erklärt. Heute ist der **Tourismus** die wichtigste Einnahmequelle.

! *Baedeker* TIPP

Insel der Radfahrer

Gotland ist die ideale Insel für Radtouren. Wenig Autoverkehr, kaum Steigungen und viele Campingplätze machen das Radfahren zum Vergnügen. Nur der Wind kann manchmal etwas stören. Fahrrad samt Anhänger und Campingausrüstung können Sie bei Gotlands Resor mieten (Färjeleden 3, Visby, Tel. 04 98/20 12 46).

Gotlands Kirchen

94 Kirchen gibt es auf der Insel, für die relativ kleine Bevölkerungszahl eine erstaunliche Menge und ein Hinweis auf den Wohlstand, der zur Zeit ihrer Erbauung herrschte. Die mittelalterlichen Steinkirchen entstanden alle vom späten 12. Jh. bis ca. 1350. Mit der Eroberung durch die Dänen 1361 war der Bauboom schlagartig zu Ende, Gotland verarmte. Nur das Innere der Kirchen wurde noch mit Wandmalereien verschönert.

★★ Visby

Rosen, Kneipen und Ruinen

»Stadt der Rosen und Ruinen« wird Visby, die Inselhauptstadt an der Westküste, gerne genannt. Beides ist richtig, denn Rosen blühen hier dank des milden Klimas recht üppig. Und von den einst 17 Kirchen stehen bis auf eine Ausnahme nur Ruinen, hatten doch 1525 die Lübecker fast die ganze Stadt in Brand gesteckt. Rund 150 Häuser blieben von der Katastrophe verschont, sodass man sich heute durchaus noch ein Bild von einer mittelalterlichen **Hansestadt** machen kann. Visby ist heute Sitz des Landeshauptmanns sowie eines Bischofs und soll sich angeblich der größten Kneipendichte Schwedens erfreuen.

★★ Stadtmauer

Der größte Schatz von Visby ist die 3,5 km lange Stadtmauer, die gegen Ende des 13. Jh.s angelegt wurde. Noch heute umgibt sie nahezu vollständig die Altstadt und ist durch 44 Türme von 15 bis 20 m Höhe verstärkt. An der Seeseite ist der Kruttornet (Pulverturm) in den

Viel Blutvergießen fand vor diesen Mauern statt. Heute sind sie die Zierde von Visby.

Mauerring integriert, nahe der Nordecke der Jungfrutornet (Jungfrauenturm), in den der Sage nach die Goldschmiedstochter eingemauert wurde, die aus Liebe zum Dänenkönig Atterdag die Stadt verraten hatte.

Museen Mitten in Visby liegt an der Strandgatan das Museum **Gotlands Fornsal** (Altertümermuseum), dessen hervorragende Sammlungen rund 8000 Jahre Inselgeschichte präsentieren. Neben den Runensteinen, die zwischen 400 und 1100 n.Chr. geschaffen wurden und die einzigartig in der nordischen Kunst sind, stellen die Gold- und Silbergegenstände sowie die römischen Münzfunde besondere Schätze dar. Im **Fenomenalen**, der technisch-naturwissenschaftlichen Abteilung des Museums, kann man auch selbst experimentieren (Öffnungszeiten: Mitte Mai – Mitte Sept. tgl. 10.00 – 17.00, sonst Di. – So. 12.00 bis 16.00 Uhr, www.lansmuseetgotland.se).

Das **Kunstmuseum** umfasst Werke der gotländischen bildenden Kunst seit dem 19. Jh.; der Schwerpunkt liegt auf den Werken zeitgenössischer Künstler (St. Hansgatan 21, Öffnungszeiten wie Fornsal).

Marktplatz Auf der Südseite des Marktplatzes (Stortorg) steht die Ruine der gotischen Kirche **St. Karin** (1250 eingeweiht), die einst Teil eines Franziskanerklosters war und als die schönste Ruine von Visby gilt. Am

Visby *Orientierung*

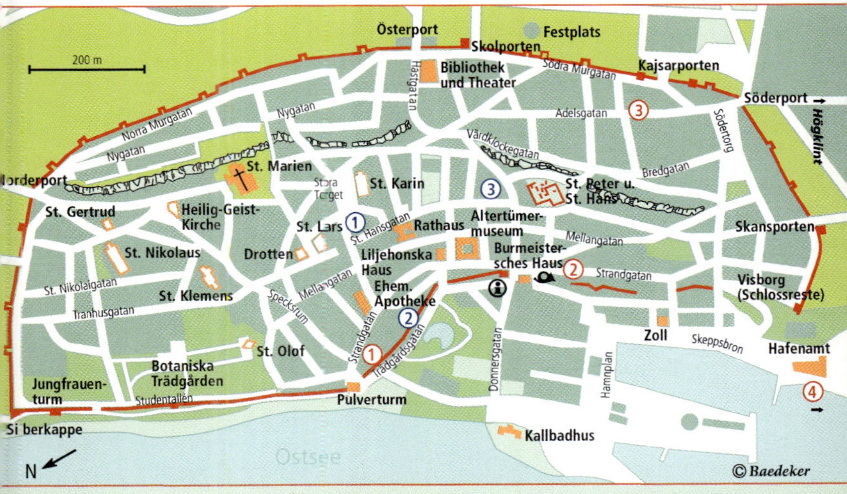

Essen
① Gutekällaren
② Packhuskällaren
③ Rosas

Übernachten
① Best Western Strand Hotel
② Wisby Hotell
③ Visby Jernvägshotell
④ Hamn Hotellet

Marktplatz geht es dank der vielen Kneipen und Restaurants lebhaft zu und im Sommer sind die Freiluftterrassen immer gut besucht. Nördlich vom Marktplatz befinden sich an der St. Hansgatan die **Ruinen der Kirchen Drotten und St. Lars** (13. Jh.), deren mächtige Türme einst auch der Verteidigung dienten.

Dom

Der dreitürmige Dom St. Maria war ursprünglich das Gotteshaus der deutschen Kaufleute (1225 geweiht). Er wurde mehrmals umgebaut und 1899 – 1907 restauriert. Heute ist er die einzige Kirche in Visby, in der noch Gottesdienste abgehalten werden. Beachtenswert sind die in Lübeck aus Walnuss- und Ebenholz gearbeitete Barockkanzel (1684) und ein Taufstein aus rotem Gotlandmarmor (13. Jh.).

★ **St. Nicolai**

Durch eine Seitenstraße gelangt man von der Heiliggeistkirche, vorüber an den Resten der kleinen St.-Gertrud-Kapelle, zur Ruine von St. Nicolai. Mit dem Bau der einstigen Dominikanerklosterkirche wurde um 1230 begonnen, 1525 wurde auch sie von den Lübeckern zerstört. Heute dient sie im Sommer als Kulisse für sehr stimmungsvolle Singspiele (Infos und Karten bei der Touristeninformation).

★ **Galgenberg**

Sehr schön ist ein halbstündiger Spaziergang durch die Norderport, vorbei an der Ruine von St. Göran (13. Jh.), auf den Galgenberg.

GOTLAND ERLEBEN

ANREISE

Ganzjährige Fährverbindungen ein- bis zweimal täglich, im Sommer mehrmals, von den Festlandshäfen Oskarshamn und Nynäshamn. Die Fahrtdauer beträgt mit den Schnellfähren 2,5 – 3 Std. (www.destinationgotland.se). Per Flugzeug 35 min. ab Stockholm

AUSKUNFT

Gotland Turistförening
Skeppsbron 4 – 6
62157 Visby
Tel. (04 98) 20 17 00
Fax 20 17 17
www.gotland.info
www.gotlandsressort.de

ESSEN

► Erschwinglich

① ***Gutekällaren***
Visby, Lilla Torggränd 3
(Zugang vom Stora Plan)
Tel. (04 98) 21 00 43
Restaurant und Bar in historischem Gemäuer

② ***Packhuskällaren***
Visby, Packhusplan
Tel. (04 98) 21 61 04
Restaurant in einem alten Speicherhaus aus dem Mittelalter. Hier wird gute Hausmannskost serviert, im Sommer auch auf der Terrasse.

► Preiswert

③ ***Rosas***
Visby, Sankt Hansgatan 22
Tel. (04 98) 21 35 14
Gemütliches Café mit schönem Innenhof

Strandcafé
Am Strand von Ljugarn
Tel. (04 98) 49 33 78
Eine Oase unter schattigen Bäumen. Tagsüber gut für schnelle Snacks, abends ein Restaurant mit Niveau.

Baedeker-Empfehlung

Kulinariska Gotland
Kulinarisches Gotland, diesem Motto haben sich mehrere preisgekrönte Restaurants verschrieben, die aus lokalen Produkten typisch gotländische Gerichte zaubern. Nicht ganz billig, aber exzellent!
In Visby sind dies: Bakfickan (Stora Torget 1), Donners Brunn (Donners Plats 3), Friheten (Strandgatan 6), Gamla Masters (Södra Kyrogatan 10), Lindgården (Strandgatan 26), Wallers Krog (Wallérs Plats 2).
Weitere auf Gotland:
Konstnärsgården (Romakloster), Smakrike (Claudelins Väg 1/ Ljugarn)

ÜBERNACHTEN

► Luxus

② ***Wisby Hotell***
Visby, Strandgatan 6
Tel. (04 98) 25 75 00
Fax 25 75 50
134 Zi., www.wisbyhotell.se
Das beste Hotel der Stadt bezaubert durch gediegene, mittelalterliche Atmosphäre und bietet dennoch alle modernen Annehmlichkeiten.

► Komfortabel

④ ***Hamn Hotellet***
Visby, Färjeleden 3
Tel. (04 98) 20 12 50
Fax 20 12 70
111 Zi., www.gotlandsresor.se
Das Hamnhotel liegt zentral am Hafen, zur Altstadt von Visby ist es nur ein Spaziergang von wenigen Minuten. Die Häuser stammen vom

Olympischen Dorf in Lillehammer. Gut und günstig und besonders auf die Bedürfnisse von Familien abgestimmt.

① ***Best Western Strand Hotel***
Visby, Strandgatan 34
Tel. (04 98) 25 88 00
Fax 25 88 11
110 Zi., www.strandhotel.net
Modernes, komfortables Hotel in zentraler Lage der Altstadt, eingebaut in die Stadtmauer von Visby. Geschmackvoll eingerichtete Zimmer. Viele historische Sehenswürdigkeiten und das Meer ganz in der Nähe.

③ ***Visby Jernvägshotell***
Visby, Adelsgatan 9
Tel. (04 98) 27 17 07
Fax 21 98 19
Kleine Herberge mitten auf der Geschäftsstraße Adelsgatan, nicht weit von den Sehenswürdigkeiten Visbys

Pensionat Fridhem
Fridhem, Västerheje (6 km südlich von Visby)
Tel. (04 98) 29 60 18
Fax 24 75 10
Pension mit 18 Zimmern in der früheren Sommerresidenz von Prinzessin Eugenie. Park und schöner Blick aufs Meer.

► Günstig

Lummelunda Vandrarhem
Nyhamn/ Visby
Tel. (04 98) 27 30 43
Fax 27 22 25
Wer nicht in der Jugendherberge selbst übernachten will, wohnt in einem der sechs Häuschen mit Blick aufs Meer (geöffnet: Anfang April bis Ende Sept.).

FREIZEIT UND SPORT

Fahrradverleih
Gotland ist ein Paradies für Radfahrer. Fahrradvermietungen gibt es unter anderem am Hafen in Visby sowie in der Österport.

VERANSTALTUNGEN

Medeltidsvecka
Größtes Ereignis ist das Mittelalterfestival Anfang August (Woche 32) in Visby mit sehr stimmungsvollen Konzerten in den Kirchenruinen bei Kerzenlicht, Tanz, farbenprächtigen Ritterspielen und einem Mittelaltermarkt.

Umgebung von Visby

Roma

Man verlässt Visby durch die Söderport und folgt der Straße Nr. 143 nach Roma. 2 km südöstlich des Ortes liegt die Ruine der Zisterzienserabtei Romakloster, die 1164 gegründet und nach der Reformation zerstört wurde. In der Ruine der romanischen Kirche werden im Sommer Shakespeare-Stücke aufgeführt.

Dalhem

7 km östlich von Roma liegt Dalhem. Die um 1250 erbaute Kirche zählt wegen ihrer Wand- und Glasmalereien zu den interessantesten auf Gotland. Im 300 m südlich gelegenen stillgelegten Bahnhof hat das Eisenbahnmuseum seinen Sitz (Öffnungszeiten: Mitte Juni – Mitte Aug. tgl. 13.00 –16.00 Uhr). Mit der kleinen Schmalspurbahn kann man kurze Fahrten nach Hesselby unternehmen.

Snäckgårdsbad Verlässt man Visby auf der Str. Nr. 149 nördlich durch die Norderport, zweigt nach 4 km westlich eine Straße zum Seebad Snäckgårdsbad ab. Nach 6 km gelangt man zum Heilkräutergarten, in dem Hunderte Arten von Heilpflanzen wachsen – ein Erlebnis nicht nur für Kräuterhexen (Öffnungszeiten: Ende Mai – Ende Aug. tgl. 9.00 – 18.00, im Juli bis 20.00 Uhr).

✶ Lummelundagrottan An der Straße Nr. 149 folgt nach 4 km die Gemeinde Lummelunda mit einem sehenswerten, erst vor wenigen Jahrzehnten entdeckten und erschlossenen Tropfsteinhöhlensystem (Öffnungszeiten: Mitte Juni – Mitte Aug. 9.00 – 18.00 Uhr, www.lummelundagrottan.se).

Lickershamn Vom Fischerhafen Lickershamn führt ein 600 m langer, schmaler Weg auf dem Klint entlang zu einem der schönsten und größten **Raukar**, der »Jomfru« (Jungfrau), von wo sich ein herrlicher Blick bietet.

Bildstein im Bungemuseum: Die Entführung der Königstochter Hildur

Gotlands Norden

Gotlands Norden kann man auf einer 60 km langen Fahrt von Visby aus erkunden. Durch die Norderport fährt man auf der ins Inselinnere führenden Straße Nr. 148 in Richtung Flughafen und weiter zu dem kleinen Ort Bro. Die romanisch-gotische Kirche aus dem 13. Jh. mit barocker Innenausstattung zählt zu den schönsten Gotlands. An der Außenfassade der Kirche befinden sich Steine mit Tierdarstellungen und Symbolen, die von einer älteren Kirche stammen.

Über Lärbro an der Kirche von Rute (um 1260) vorbei erreicht man Bunge mit einer Wehrkirche aus dem 14. Jh., deren Südportal reich geschmückt ist und die im Innern zahlreiche außerordentlich schöne **Wandmalereien aus dem 14. Jh.** besitzt, die wahrscheinlich von einem Meister aus Böhmen stammen.
Das **Bungemuseum** ist eines der größten und ältesten Freilichtmuseen Schwedens. Die drei Bauern-

höfe aus dem 17., 18. und 19. Jh. geben Einblick in das ländliche Leben auf Gotland. Außerdem sehenswert sind die beiden großen Runensteine (Öffnungszeiten: Mitte Mai – Ende Aug. tgl. 10.00 – 16.00, im Juli bis 18.00 Uhr).

In 6 min. kann man von Fårösund aus zur nordöstlich vorgelagerten kleinen Insel Fårö (Schafsinsel) übersetzen. Sie ist wenig überlaufen und besitzt attraktive Sandstrände (Sudersandviken, Ekeviken, Norsta Auren). Ferner gibt es hier **die schönsten Raukar**: Im Naturreservat Digerhuvud stehen auf 3,5 km² mehrere Hundert der verwitterten Kalktürme, von denen die größten rund 8 m hoch sind. Im weiter nördlich gelegenen Langhammars ragen weitere 50 Raukar in den gotländischen Himmel.

Gotlands Süden

Kneippbyn

Von Visby bis zur Südspitze Gotlands sind es ca. 80 km. 4 km südwestlich von Visby liegt die Villa Villekulla, die als **Villa Kunterbunt** durch die Verfilmung der Pippi-Langstrumpf-Geschichten von Astrid Lindgren bekannt geworden ist. Sie ist die größte Attraktion des Kneippbyn-Vergnügungsparks mit Shows, Wasserrutsche und Fahrgeschäften (Öffnungszeiten: Mai – Aug. tgl. 10.00 – 18.00 Uhr).

★ Högklint

4 km weiter erhebt sich der Högklint, eine 45 m hohe Kalksteinklippe, von der man eine weite Sicht auf das Meer und auf Visby hat. Unbedingt empfehlenswert: bei schönem Wetter dort oben den Sonnenuntergang genießen.

Tofta

Nach weiteren 13 km erreicht man die Kirche von Tofta aus dem 13. Jh. und das Tofta-Strandbad. Im nachgebauten Wikingerdorf kann man selber wie zu Wikingerzeiten weben, spinnen, bogenschießen, axtwerfen oder auch nur zuschauen (www.vikingabyn.se).

Insel Stora Karlsö

Vom Hafenort Klintehamn verkehren Boote zur Insel Stora Karlsö, die als **Vogelreservat** bekannt ist. Rund 250 verschiedene Arten leben hier, darunter Tordalke, Pilgrimsfalken, Eiderenten und Lummen. Zahlreiche Raukar und Grotten prägen die Landschaft.

Ljugarn

An der Südostküste liegt der Hafen- und Badeort Ljugarn. 2,5 km nordöstlich erstrecken sich die Raukarfelder von Folhammar. Nördlich von Ljugarn ist in einem Waldgebiet die **Torsburg** (ca. 5. Jh.) zu sehen, die älteste prähistorische Befestigungsanlage der Insel. Sie zieht sich um einen steil abfallenden Kalkhügel, an der Südseite erhebt sich eine 1,5 km lange und 4 bis 7 m hohe Mauer mit Aussichtsturm.

★ Steinsetzungen

6 km südlich von Ljugarn sind bei Guffriede sieben große schiffsförmige Steinsetzungen aus der Bronzezeit erhalten.

Halmstad

F 8

Landschaft: Halland
Einwohnerzahl: 88 000
Provinz: Halland Län
Höhe: Meereshöhe

Halmstad ist für seine guten Einkaufs- und Bademöglichkeiten bekannt. Ganz in der Nähe erstreckt sich der längste Sandstrand Schwedens: Auf rund 12 km Länge kann man in Mellbystrand Burgen bauen und Sonnenbaden.

Dänische Vergangenheit

Die südschwedische Provinzhauptstadt Halmstad liegt an der Mündung des Flusses Nissan in den Kattegatt. Einst gehörte Halmstad zu Dänemark. Da Halland eine **Grenzprovinz** war und es immer wieder Konflikte mit den Schweden gab, ließ Dänenkönig Christian IV. Halmstad Ende des 16. Jh.s befestigen. Nachdem 1619 ein Feuer fast den gesamten Ort zerstört hatte, baute ihn Christian IV. als **Renaissancestadt** mit geraden Straßen und regelmäßigen Vierteln wieder auf. Einige Fachwerkhäuser in der Storgatan stammen noch aus dieser Zeit. Auch der Stadtteil westlich vom Stortorg zeigt zum Großteil noch die Bebauung aus dem 17. und 18. Jh. Erst seit 1645 ist Halmstad schwedisch.

Sehenswertes in Halmstad und Umgebung

Marktplatz

Zentrum der Stadt bildet das weite Karree des Marktplatzes (Stortorg). In der Mitte steht die große Brunnenskulptur **»Europa mit dem Stier«** (1926) von Carl Milles. Rechts neben dem Rathaus zieht das stattliche Fachwerkhaus Tre Hjärtan (Drei Herzen) aus dem 15. Jh. den Blick auf sich. Es ist das älteste erhaltene Gebäude der Stadt.

i Die besten Strände

- der Schönste: Tylösand in der Nähe von Halmstad
- der Größte: Mellbystrand an der Laholmbucht ist mit 12 km der längste Sandstrand Schwedens und beliebtestes Surfrevier
- der Gemütlichste: In Frösakull und Ringenäs plantschen gerne auch Familien.

Südlich vom Stortorg gelangt man zum Schloss (17. Jh.), heute die Residenz des Landeshauptmanns und nicht zu besichtigen. Davor liegt das Segelschulschiff »Najaden« vor Anker, in das man einen Blick werfen kann. Am jenseitigen Ufer befindet sich ein kleiner Park mit der Bronzeskulptur »Laxen går upp« (Aufsteigender Lachs, 1958) von Walter Bengtsson und der hohen Betonplastik »Mann och Kvinna« (Mann und Frau) von Pablo Picasso.

Norre Katts Park

Vom Stortorg geht man durch die von stattlichen Häusern gesäumte Storgatan zur Norre Port (1605), dem einzigen verbliebenen Tor der alten Stadtbefestigung. Jenseits des Tors breitet sich der große Norre

HALMSTAD ERLEBEN

AUSKUNFT

Turistbyrån
Halmstad Slott
30102 Halmstad
Tel. (035) 13 23 20
Fax 15 81 15
www.halmstad.se

ESSEN

▶ Fein & Teuer

Pio & Company
Halmstad, Storgatan 37
Tel. (035) 21 06 69
Moderne, schon mehrfach preisgekrönte Küche, umfangreiche Weinkarte

▶ Erschwinglich

Fridolfs Krog
Halmstad, Brogatan 26
Tel. (035) 21 16 66
Schwedisch-französisch-italienische Küche. Typischer Landgasthof, in dem man ohne Anmeldung oft keinen Platz bekommt.

Laxbutiken
Heberg (E 6 zw. Halmstad und Falkenberg)
Tel. (03 46) 511 10
Der Name ist Programm: Lachsgerichte in allen Variationen, sowohl in Selbstbedienung als auch im à-la-carte-Restaurant. Für die gebotene Qualität preisgünstig. Angeschlossen ist ein Delikatessengeschäft (tgl. 10.00 – 19.00 Uhr).

ÜBERNACHTEN

▶ Luxus

Norre Park Hotel
Halmstad, Norra Vägen 7
Tel. (035) 21 85 55
Fax 10 45 28
45 Zi., 7 App., www.norrepark.se
Charmantes Hotel, entstanden zur Jahrhundertwende, in ebenso charmanter Umgebung – zahlreiche Geschäfte, Restaurants und Pubs liegen in unmittelbarer Nähe. Gemütliche und in warmen Farben gehaltene Räume.

Hotel Tylösand
Tylösand
Tel. (035) 305 00
Fax 324 39
230 Zi., www.tylosand.se
Großes, luxuriöses Wellnesshotel, wunderschön gelegen an einem der besten Strände Hallands

▶ Komfortabel

Vallåsens Värdshus – Gasthof
Våxtorp, Rössjöholmsvägen
Tel. (04 30) 300 87
Fax 306 40
23 Zi., www.vallasensvardshus.se
Konferenz- und Wildnishotel am Fuße der Hügellandschaft Hallandsås. Der Speisesaal befindet sich in einer alten Jagdvilla, von der man einen herrlichen Ausblick auf Wald und Lichtung genießt.

▶ Günstig

STF Vandrarhem
Halmstad, Neptunigatan 3
Tel./ Fax (035) 27 12 00
www.stfturist.se
Jugendherberge in zentraler Lage

SPORT

Halmstad darf sich Schwedens Golfhauptstadt nennen, stehen hier doch nicht weniger als elf Plätze zur Verfügung. Europaweit einzigartig ist Flygstaden, ein Golfplatz für Menschen mit Behinderung. Unter www.halmstad.se erhält man weitere Infos zu den einzelnen Clubs und deren Platzkonditionen.

Bei Halmstad liegen mehrere der bekanntesten Strände Schwedens, hier Tylösand.

Landesmuseum ▶ Katts Park aus, an dessen nördlichem Ende das neu gestaltete Länsmuseet Halmstad steht, das kunst- und kulturhistorische Sammlungen mit den Schwerpunkten Archäologie, Seefahrt und moderne Kunst zeigt (Öffnungszeiten: Di. – So. 12.00 – 16.00, Mi. bis 20.00 Uhr, Tollsgatan, www.hallmus.se).

Hallandsgård Am nördlichen Stadtrand liegt an der dicht von Birken bestandenen Flanke des Galgenbergs (Galgbjerget; mit Aussichtsturm) das Freilichtmuseum Hallandsgård, das historische Holzhäuser aus der Region, eine alte Windmühle, Flachsanbau und einen Kräutergarten zeigt (Öffnungszeiten: Mitte Juni – Mitte Aug. tgl. 12.00 – 18.00 Uhr).

Tylösand Ca. 8 km westlich von Halmstad liegt der bekannte Badeort Tylösand. Auf dem Weg dorthin kommt man auf dem Tylösandsvägen am **Freizeitpark Miniland** vorbei, in dem Plastik-Dinosaurier, Karussells und Rutschbahnen warten sowie 80 Modelle von bekannten schwedischen Sehenswürdigkeiten im Maßstab 1:25 (Öffnungszeiten: April – Okt. tgl. 10.00 – 20.00 Uhr, www.miniland.se).

Laholm 27 km südöstlich von Halmstad liegt Laholm. In den verwinkelten Gassen stehen z. T. vorbildlich renovierte alte Häuser. Nicht umsonst schmücken drei Lachse das Stadtwappen, denn der Lagan, der durch die Stadt fließt, ist **einer der besten Lachsflüsse** Schwedens. In guten Jahren ziehen die Angler bis zu 2000 der edlen Fische aus dem Wasser. Damit die Fischpopulation nicht zu sehr dezimiert wird, frischt die Lachszuchtanlage den Bestand immer wieder auf.

★ Helsingborg

F 8

Landschaft: Skåne (Schonen)
Einwohnerzahl: 121 000
Provinz: Skåne Län
Höhe: Meereshöhe

Helsingborg liegt an der schmalsten Stelle des Öresunds und die meisten Besucher verlassen hier die Fähre, die aus Dänemark kommt. Besonders sehenswert ist die kleine, sehr schöne Altstadt.

Geschichte

Erstmals schriftlich erwähnt wurde die Stadt 1085. Im Mittelalter war sie als bedeutendes administratives und militärisches Zentrum für das nördliche Skåne zwischen Dänen und Schweden heiß umkämpft. Erst Magnus Stenbock schlug die Dänen 1710 entscheidend in einer der blutigsten Schlachten, die je auf schwedischem Boden stattgefunden haben. Es dauerte über 100 Jahre, bis sich Helsingborg von den Kriegsschäden erholt hatte. Heute ist es eine lebhafte Hafen- und Industriestadt sowie die bedeutendste Anlaufstelle für den schwedisch-dänischen Waren- und Personenverkehr.

Sehenswertes in Helsingborg

Altstadt

In unmittelbarer Nähe des Fährhafens liegt der lang gestreckte **Stortorg**, der Hauptplatz der Innenstadt. Bemerkenswert ist das schöne Jugendstilgebäude, in dem ehemals die Bank von Schonen und heute ein Hotel untergebracht ist.

An der Kreuzung mit der Strandgatan erhebt sich das neugotische **Rathaus**, ein mächtiger roter Klinkerbau mit Türmchen und Zinnen und einem 65 m hohen Turm aus dem Jahr 1897. Hinter dem Rathaus liegt die großteils als Fußgängerzone gestaltete Altstadt, die mit ihren repräsentativen Häusern zu den schönsten Schwedens gehört. An der Norra Storgatan Nr. 21 steht das gut restaurierte Jakob Hansens Hus von 1641, auf dem kleinen Platz davor ein Brunnendenkmal (1927) für den dänischen Astronomen **Tycho Brahe** (1546 – 1601).

! *Baedeker* TIPP

Schlemmen auf See

Das Restaurant auf der Scandlines-Fähre ist bei den Helsingborgern bekannt für seine gute Küche. Während eines Abendessens fährt man hin und zurück über den Öresund und genießt dabei abwechselnd die Aussicht auf Helsingør und Helsingborg. Besonders empfehlenswert ist die Meeresfrüchteplatte (Scandlines, Tel. 042/ 18 61 30, www.sandlines.se).

★ Kärnan

Über dem lang gestreckten Stortorg ragt das Wahrzeichen der Stadt auf: der Kärnan (spr. tchärnan), ein 35 m hoher vierkantiger Backsteinturm. Der alte Verteidigungsturm mit seinen bis 4,50 m dicken Mauern bildete um 1400 den Mittelpunkt einer von Valdemar Atterdag errichteten Festung, die 1680 zerstört wurde. Im Turm gibt es

Helsingborg *Orientierung*

Essen
1. Dunker Bar & Matsalar
2. Restaurang Niklas

Übernachten
1. Villa Thalassa Vandrarhem
2. Hotell Viking
3. Elite Hotel Mollberg

HELSINGBORG ERLEBEN

AUSKUNFT

Helsingborgs Turistbyrå
Rådhuset
25189 Helsingborg
Tel. (042) 10 43 50, Fax 10 43 55
www.helsingborg.se

Für Fährpassagiere
First Stop Sweden
Bredgatan 2
25225 Helsingborg
Tel. (042) 10 41 30, Fax 10 41 35
www.firststopsweden.com

FÄHREN

Alle 20 min. rund um die Uhr verkehren die Fähren über den Öresund ins dänische Helsingør.

ESSEN

▶ Fein & Teuer

② *Restaurang Niklas*
Norra Storgatan 16
Tel. (042) 28 00 50
Das Niklas gehört zu den besten Restaurants des Landes. In edler Designumgebung wird hier vor allem französische Küche serviert. Gute Weinkarte

▶ Preiswert

① *Dunker Bar & Matsalar*
Kungsgatan 11 (Dunkers Kulturhus)
Tel. (042) 32 29 95
Europäische Küche (Quiche, Entrecote, Fisch) mit Blick auf den Öresund, bunt gemischtes Publikum, nette Atmosphäre

ÜBERNACHTEN

▶ Luxus

③ *Elite Hotel Mollberg*
Stortorget 18
Tel. (042) 37 37 00, Fax 37 37 37
104 Zi., www.elite.se
Das älteste Hotel Schwedens ist gut 700 Jahre alt und hat schon viele Berühmtheiten beherbergt.

▶ Komfortabel

② *Hotell Viking*
Fågelsångsgatan 1
Tel. (042) 14 44 20, Fax 18 43 20
40 Zi., www.hotellviking.se
Kleines, gemütliches Hotel im Zentrum mit familiärer Atmosphäre.

▶ Günstig

① *Villa Thalassa Vandrarhem*
Dag Hammarskjölds Väg
Tel. (042) 38 06 60, Fax 12 87 92
54 Zi., www.villathalassa.com
Jugendherberge direkt am Meer mit Blick auf Schloss Kronborg. Hoher Standard zu fairen Preisen. 2- bis 6-Bett-Zimmer und Hütten.

Baedeker-Empfehlung

Alberga Herrgård
Långebergavägen 85
Tel./ Fax (042) 29 68 10
www.albergaherrgard.com
Die Alberga Herrgård liegt etwas außerhalb von Helsingborg in einem großen Park. Originelle Zimmer wie der Backstage-Raum, bei dem die Gitarre inklusive ist oder der James-Bond-Raum, in dem man unter 50 Agenten-Filmen wählen kann.

EINKAUFEN

Das recht vielfältige Angebot in Helsingborg ist in erster Linie auf die Kurzurlauber aus Dänemark abgestimmt. Beliebte Shoppingmeilen sind: Kullagågatan (Schwedens erste Fußgängerzone, mit zahlreichen Mode- und Geschenkboutiquen), Bruksgatan und Gustav Adolf Torg (im südlichen Teil von Helsingborg).

ein kleines **Museum** mit einem Modell der einstigen Festung und die Burgkapelle (Öffnungszeiten: Juni – Aug. tgl. 11.00 – 19.00, Sept. Di. – Fr. 9.00 – 16.00, Sa., So. ab 11.00 Uhr, sonst kürzer).

Dunkers Kulturhus

Dunkers Kulturhaus, entworfen vom dänischen Architekt Kim Utzorn, wird für Musik- und Theatervorstellungen genutzt, außerdem finden wechselnde Ausstellungen statt. Um das Kulturhaus ist ein komplett neuer Stadtteil direkt am Wasser entstanden, der architektonisch durchaus sehenswert ist (Öffnungszeiten: Di. bis So. 10.00 – 17.00, Do. bis 20.00 Uhr).

✶ Fredriksdal

Durch die Stenbocksgatan, die die Innenstadt im Osten begrenzt, kommt man zum Freilichtmuseum Fredriksdal. In der prachtvollen Parkanlage stehen das klassizistische Haupthaus Fredriksdals Herregård von 1787 und einige altschonische Bauernhäuser. Bemerkenswert ist auch das 1995 eröffnete Druckereimuseum (Öffnungszeiten: Mai – Sept. tgl. 11.00 – 16.00, sonst Mo. – Fr. 11.00 – 16.00 Uhr).

Vom Rathaus in Helsingborg aus kann man schon einen Blick auf Dänemark werfen.

Umgebung von Helsingborg

Ramlösa Brunn

Rund 4 km südlich vom Zentrum liegt der Mineralquellenort Ramlösa Brunn, der u. a. ein im ganzen Land geschätztes Tafelwasser hervorbringt. Im Brunnspark wurde 1993 der Wasserpavillon eröffnet, in dem die über 300-jährige Kurtradition fortführt wird.

★ Sofiero

Schloss Sofiero, 5 km nördlich von Helsingborg, wurde 1864 vom späteren König Oskar II. für seine Frau Sofia gebaut und diente beiden als Sommerresidenz. Das hervorragende Restaurant im ersten Stock zählt zu den zehn besten Schwedens (Tel. 042/18 61 30). Die gepflegte Parkanlage ist ein beliebtes Ausflugsziel. Berühmt sind vor allem die Rhododendren, deren Zucht König Gustav VI. besonders am Herzen lag. Interessant sind auch die zahlreichen Themengärten mit Duftpflanzen und Obstbäumen (Öffnungszeiten: Mai – Sept. tgl. 11.00 – 17.00 Uhr, www.sofiero.helsingborg.se).

★ Halbinsel Kullen

Rund 35 km nordwestlich von Helsingborg erstreckt sich die Halbinsel Kullen. Ihr äußerster Zipfel, die Küste von Kullaberg, steht unter Naturschutz. Sie bildet eine für Südschweden einmalige Geländeformation – eine 15 km lange Gneisscholle, die stehen blieb, als sich das umliegende Land senkte. Entstanden ist ein wildes Szenario: Die roten Gneisfelsen, in die die Brandung Grotten und Schluchten gefressen hat, fallen mitunter bis zu 50 m senkrecht zum Meer ab. Auf verschlungenen Wegen kann man entlang der Kullabergküste wandern und die Aussicht genießen. Weiter im Landesinnern stößt man auf Laub- und Nadelwälder, Wiesen und Moore. Die höchste Erhebung ist der 187 m hohe Berg Håkull.

◄ Höganäs

Größter Ort der Halbinsel ist Höganäs, **eines der wichtigsten schwedischen Keramikzentren**. Neben der großen Manufaktur Höganäs Saltglaserat existieren viele kleine Künstlerateliers, wo man vom schlichten Tontopf bis zur exquisiten Keramik alles findet. Auch das Höganäs-Museum verfügt über eine Keramikausstellung und im Museumsshop ist eine große Auswahl an Keramik erhältlich (Öffnungszeiten: Di. – So. 13.00 – 17.00 Uhr).

Ängelholm

Ängelholm, östlich von Höganäs und nördlich von Helsingborg gelegen, gehört wie seine Umgebung zum »Sveriges Keramikbygd« (Töpferland Schwedens). Auch hier herrscht an Töpferateliers kein Mangel. Der schöne Sandstrand, der sich kilometerlang an der **Skäldervikenbucht** erstreckt, bietet viele Bademöglichkeiten.

★ Bärenhalbinsel

Ca. 60 km nördlich von Helsingborg liegt die Bärenhalbinsel (Bjärehalvön). Folgt man der Straße von Ängelholm aus immer der Küste, passiert man einige schöne Badeplätze und erreicht schließlich Torekov am Ende der Bärenhalbinsel. Es ist ein netter Fischerort und Seebad mit einstöckigen, malerischen Holzhäuschen. Herrlich entspannen kann man sich in dem kleinen Warmbadehaus von 1876, das

Baedeker TIPP

Bei den Leinenwebern

Kurz bevor man nach Båstad kommt, lohnt noch ein Besuch beim »Vävaren i Båstad« in Boarp. Hier können Sie bei der Herstellung von Leinenprodukten zuschauen und hochwertige Tischtücher oder Bettwäsche erstehen (Mo. – Fr. 10.00 – 17.30, Sa. 10.00 – 14.00 Uhr, Tel. 04 31/731 08, www.vavarenibastad.se).

nach der umfassenden Sanierung von 1997 wieder in einem ansprechenden Zustand ist (Hamnplanen, Tel. 04 31/36 36 32). Von Torekov aus fährt Mitte Juni bis Mitte August von 10.00 bis 17.00 Uhr stündlich ein Fischerboot zur Robben-Insel Hallands Väderö.

Båstad ist das Herz der Bärenhalbinsel und ein international bekanntes Golf- und Tenniszentrum. Im Tennisstadion, das direkt am Meer liegt und Teil einer modernen Hotel- und Kuranlage ist, finden regelmäßig die schwedischen Sandplatzmeisterschaften statt. Rings um den Ort findet man viele sehr schöne Sandstrände. Richard Rackham zeigt in seinem **Glasstudio Eldoluft** in der Köpmannsgatan 26 viele seiner faszinierenden Kreationen (Öffnungszeiten: Mo. – Fr. 10.00 bis 17.00, Sa. 10.00 – 13.00 Uhr, Tel. 04 31/791 79).

✶✶ Kalmar

H 8

Landschaft: Småland
Einwohnerzahl: 60 600
Provinz: Kalmar Län
Höhe: Meereshöhe

In Kalmar wurde Geschichte geschrieben, denn hier vereinten sich 1397 Dänemark, Schweden und Norwegen. Das mächtige Wasserschloss spiegelt bis heute den Glanz großer Zeiten.

Neuanfang auf der Insel

Wie ein riesiger Schutzwall wölbt sich die Insel Öland vor Kalmar auf. Wegen ihrer strategisch günstigen Lage stieg die heutige Provinzhauptstadt schon in der Wikingerzeit zu einem bedeutenden Handelsplatz auf. Später wurde Kalmar Mitglied der Hanse. 1397 besiegelten hier Dänemark, Schweden und Norwegen unter Erich von Pommern die Kalmarer Union, ein gemeinsames Königreich, das bis 1523 bestand. 1647 ging das mittelalterliche Kalmar, das nahe beim Schloss lag, bei einem Brand fast vollständig in Flammen auf. Die Stadt wurde nun auf der Insel Kvarnholmen wieder aufgebaut, jetzt, typisch für die Barockzeit, mit sich rechtwinklig kreuzenden Straßen.

Sehenswertes in Kalmar

Altstadt auf Kvarnholmen

An dem weiten Marktplatz (Stortorg) fallen der **Dom** und das Rathaus auf, beide in der zweiten Hälfte des 17. Jh.s nach Plänen von Nicodemus Tessin d. Ä. errichtet. Der Dom, eine Kreuzkirche mit vier Ecktürmen, wirkt mit seiner klassizistischen, zweigeschossigen

Fassade eher wie ein Palast denn ein Gotteshaus. Im Inneren steht ein prachtvoller Barockaltar (1709/10).

In der Södra Långgatan liegt das **Seefahrtsmuseum** (Sjöfartsmuseum, Öffnungszeiten: Mitte Juni – Mitte Sept. Mo. – Fr. 11.00 – 16.00, Sa., So. ab 12.00, sonst So. 12.00 – 16.00 Uhr).

Provinzmuseum

Fast alles dreht sich im Provinzmuseum (Kalmar Läns Museum) östlich vom Stortorg um die »Kronan«, ein Kriegsschiff, das 1679 vor Kalmar sank und 300 Jahre später wieder geborgen wurde. Kanonen, Musikinstrumente, Schmuck, Kleidung, Hab und Gut der Besatzung sowie der 1982 geborgene **Goldschatz** – mit 255 Dukaten der größte in ganz Schweden – werden im Museum gezeigt (Öffnungszeiten: Mitte Juni – Mitte Aug. tgl. 10.00 – 18.00, sonst Mo. – Fr. 10.00 bis 16.00, Sa., So. ab 11.00 Uhr, www.kalmarlansmuseum.se).

*** Schloss**

Von Wassergräben umgeben ist das wuchtige mittelalterliche Schloss von Kalmar (► Bild S. 51). Die ersten Teile des fünftürmigen Baus sind bereits gegen Ende des 11. Jh.s entstanden. Als Festung konnte das Schloss von 1307 bis zum Beginn des Kriegs gegen Dänemark im Jahr 1611 insgesamt **24 Belagerungen** standhalten. Sein heutiges Aussehen mit den wuchtigen Ecktürmen erhielt es im 16. Jh., als die Wasakönige Gustav, Erik XIV. und Johan III. die mittelalterliche Burg zu einem Renaissancepalast umbauten. Nach 1677 verfiel das Schloss zusehends, war mal Schnapsbrennerei, mal Gefängnis, bis es Mitte des 19. Jh.s Stück für Stück restauriert wurde.

**** ◄ Königsgemach**

Den Höhepunkt der Besichtigung bildet das Gemach König Eriks, das mit exzellenter Intarsienvertäfelung und zahlreichen Wandgemäl-

Kalmar Orientierung

Essen
1. Ernesto Salonger
2. Restaurang Larmgatan 10
3. Källaren Kronan

Übernachten
1. Slottshotellet
2. Kalmar Lägprishotell Svanen

KALMAR ERLEBEN

AUSKUNFT

Kalmar Turistbyrå
Ölandskajen 9
39120 Kalmar
Tel. (04 80) 41 77 00, Fax 41 77 20
www.kalmar.se

Västervik Turistbyrå
Strömsholmen
59330 Västervik
Tel. (04 90) 889 00
Fax 889 15
www.vastervik.se

ESSEN

► Erschwinglich

③ ***Källaren Kronan***
Ölandsgatan 7
Tel. (04 80) 41 14 00
Hier speist man in einem der ältesten Steinhäuser der Stadt. Highlight ist das Menü aus den 1660er-Jahren, gut und günstig isst man zur Lunchzeit.

► Preiswert

① ***Ernesto Salonger***
Larmtorget 4
Tel. (04 80) 200 50
Italienische Küche und leckere Cocktails

② ***Restaurang Larmgatan 10***
Södra Långgata 4
Tel. (04 80) 865 25
Preisgünstige Sommermenüs

ÜBERNACHTEN

► Luxus

① ***Slottshotellet***
Slottsvägen 7
Tel. (04 80) 882 60
Fax 882 66
www.slottshotellet.se
Zentral neben Schloss und Park gelegenes Hotel im ältesten Stadtteil Kalmars. Größtenteils klassisch eingerichtete Zimmer mit antikem Mobiliar und Kristallkronleuchtern.

► Komfortabel

② ***Kalmar Lågprishotell Svanen***
Rappegatan 1
Tel. (04 80) 255 60, Fax 882 93
42 Zi., www.hotellsvanen.se
Hotel und Jugendherberge in Ängo, im nördlichen Teil Kalmars, nur knappe 10 min. zu Fuß ins Zentrum. Einfache und saubere Zimmer.

EINKAUFEN

Wichtigste Shoppingmeile in Kalmar ist die Kaggensgatan.

Baedeker-Empfehlung

Bei Töpfern und Glaskünstlern
Das Stadttor Västerport war früher die Einfahrt nach Kvarnholmen. Seit der Renovierung von 1997 liegen dort Västerports Töpferei und Westholms Glasstudio. Hier können Sie Töpfern und Glasbläsern bei der Arbeit zuschauen und die Werke auch gleich kaufen (Mo. – Fr. 10.00 – 18.00, Sa. 10.00 – 15.00 Uhr).

den ausgeschmückt ist (Öffnungszeiten: Juli tgl. 10.00 – 18.00, Juni, Aug. bis 17.00, April, Mai, Sept. bis 16.00, sonst bis 15.30 Uhr).

Kunstmuseum

Das Kalmarer Kunstmuseum liegt in einem Park neben dem Schloss. Es zeigt schwedische Kunst aus dem 19. und 20. Jh. (Siri Derkert, Per Ekström, Axel Kargel, Carl Larsson, Evert Lundquist, Arthur Percy und Anders Zorn) sowie kontinentaleuropäische Kunst bis zur Gegenwart (Öffnungszeiten: tgl. 11.00 – 17.00, Do. bis 20.00 Uhr, www.kalmarkonstmuseum.se).

Ölandbrücke

Die 1972 eröffnete Ölandbrücke, mit 6072 m eine der längsten Brücken Europas, verbindet den Stadtbereich mit der östlich jenseits des Kalmarsunds vorgelagerten Insel Öland. Bei der Fahrt über die Brücke genießt man prachtvolle Ausblicke nach beiden Seiten. Die Passage ist kostenlos, Radfahrer müssen den ebenfalls kostenlosen Cykelbuss nehmen, der jede halbe Stunde von Öland und jede volle Stunde von Kalmar fährt (7.00 – 19.00 Uhr).

Västervik

Einst war Västervik (140 km nördlich von Kalmar) so bedeutend, dass es in einem Atemzug mit Kalmar genannt wurde. Vor allem die Einnahmen aus der Werftindustrie und Fischerei trugen zum Wohlstand bei, der sich auch im Stadtbild niederschlug. Sorgten die über 5000 Schäreninseln vor der Stadt früher für Schutz, bilden sie heute ein einzigartiges Segel- und Surfparadies. Direkt am Fischer- und Bootshafen liegt der **Fisch- und Gemüsemarkt**. Wer buntes Markttreiben liebt, ist hier richtig. Zwischen Markt und Gertrudskirche breiten sich Västerviks malerische alte Holzhäuser aus.

Ausflugsbahn

Seit 1879 fährt eine Schmalspurbahn von Västervik nach Hultsfred. Immer im Juli kann man heute noch die ca. zweistündige Fahrt im gemütlichen Tempo unternehmen (ab Västervik tgl. 8.00, 12.00 und 16.25 sowie Sonderfahrten, Tel. 04 90/230 10).

Vimmerby

Gut 50 km westlich von Västervik kommt man über die Str. Nr. 33 zu dem Städtchen Vimmerby. Zigtausende strömen jährlich hierher, denn **Astrid Lindgren** wuchs auf dem Hof Näs nördlich der Stadt auf. Diese Chance hat man nicht verstreichen lassen: Im Freizeitpark »Astrid Lindgrens Welt« am nordwestlichen Stadtrand sind viele Details aus ihren Kinderbüchern nachgebaut, z.B. die Villa Kunterbunt; dazu gibt es ein buntes Veranstaltungsprogramm speziell für kleinere Kinder (Öffnungszeiten: Mitte Juni – Aug. tgl. 10.00 – 18.00, ab Mitte Mai bis 17.00 Uhr, www.astridlindgrenswelt.com).

Det Lilla Landet

Das kleine Land liegt nördlich von Vimmerby und zeigt ganz Schweden im Kleinformat. So konnte man das ganze Land auf 60 000 m² unterbringen und hatte Platz für ein typisches Gebäude aus jeder Provinz im Maßstab 1 : 3 (Öffnungszeiten: Mai, Juni 10.00 – 16.00, Juli 11.30 – 20.00, Aug. 11.30 – 16.00 Uhr).

★ Karlskrona

G 8

Landschaft: Blekinge
Einwohnerzahl: 61 000
Provinz: Blekinge Län
Höhe: Meereshöhe

Auf rund 30 Inseln verteilt sich die südschwedische Hafenstadt und ein ganzer Schwarm von Schären bietet Karlskrona zur See hin besten Schutz. Wer sich für Galionsfiguren und Seefahrt interessiert, sollte dem Marinemuseum einen Besuch abstatten.

Marinestützpunkt

Karlskrona wurde 1680 von Karl XI. als Flottenhauptquartier angelegt, da die schwedische Marine dringend einen eisfreien Hafen benötigte. Im 18. Jh. wuchs der Stützpunkt zu einer der bedeutendsten Städte Schwedens heran. Trotz Bränden zeugen noch viele Straßen und Gebäude von der Großmachtzeit Schwedens. Heute hat Karlskrona als Marinestützpunkt, Sitz einer Marineakademie, wegen seiner Lebensmittelproduktion und der IT-Betriebe Bedeutung. Die einst so blühende Werftindustrie ist aber erheblich zurückgegangen. Ein Teil der Militäranlagen, die zu den besterhaltenen der Welt zählen, sind **UNESCO-Weltkulturerbe**.

Diese Galionsfiguren haben schon einige Abenteuer auf See erlebt.

Sehenswertes in Karlskrona

Marktplatz

Der auf der Altstadtinsel Trossö gelegene **Stortorg** ist der monumentale Hauptplatz der Stadt. Begrenzt wird der Platz von der 1802 vollendeten **Dreifaltigkeitskirche** mit ihrer mächtigen Kuppel und von der barocken **Frederikskirche** (1744), beide nach Plänen von Nicodemus Tessin d.J. erbaut. Am Fischmarkt befindet sich das **Blekinge Museum** mit seinen kulturgeschichtlichen Sammlungen (Öffnungszeiten: Mitte Juni – Mitte Aug. tgl. 10.00 – 18.00, sonst Di. – So. 11.00 – 17.00, Mi. bis 19.00 Uhr).

Admiralitätskirche

Weiter östlich, am Rand des Marinestützpunkts, steht die dunkelrote Admiralitetskyrka von 1685. Interessant ist ihr hoher Zentralraum mit offener Balkenkonstruktion und die in Blau und Grau gehaltene Kuppel. Vor der Kirche steht der **»Alte Rosenbohm«**, eine originelle, oft fotografierte Holzfigur. Wer ihren Hut anhebt, kann eine Münze in die Sammelbüchse werfen.

★★ Marinemuseum

Das Marinemuseum existiert bereits seit 1752, das erklärt die umfangreiche Sammlung, die ihresgleichen sucht. Seit 1997 ist sie in einem außergewöhnlicher Bau untergebracht, der sogar Platz für die Rekonstruktion des Kanonendecks der »Dristigheten« im Maßstab 1:1 bietet. Darüber hinaus zeigt das Museum historische Waffen und nautisches Gerät, zahlreiche Schiffsmodelle, Navigations- und Kommunikationstechnik sowie als Höhepunkt eine grandiose Sammlung

Karlskrona *Orientierung*

Galionsfiguren (Öffnungszeiten: Juni – Aug. tgl. 10.00 – 18.00, sonst Di. – So. 11.00 – 17.00 Uhr, deutschsprachige Führungen Juli, Aug. tgl. 12.00 Uhr, www.marinmuseum.se).

Umgebung von Karlskrona

Ronneby Der westliche Zweig der E 22 führt nach Ronneby. Eine 1705 entdeckte eisenhaltige Quelle machte im 19. Jh. aus dem verschlafenen Dorf einen gefragten Kurort. In der **Heiligkreuzkirche** (11. Jh.) wurden bei Renovierungsarbeiten Wandgemälde aus dem 15./16. Jh. freigelegt. Ein makaberes Andenken ist eine Türe mit Axthieben. Sie erinnert an die Zeit, als Ronneby noch dänisch war und schwedische Eroberer 1564 ein Blutbad unter den in die Kirche geflüchteten Einwohnern angerichtet hatten.

KARLSKRONA ERLEBEN

AUSKUNFT

Turistbyrå
Stortorget 2
37134 Karlskrona
Tel. (04 55) 30 34 90, Fax 30 34 94
www.karlskrona.se

ESSEN

► Preiswert

① ***Café Greven***
Im Blekinge-Museum
Fisktorget 2
Tel. (04 55) 31 18 23
Modernes Café mit schönem barocken Garten. Kleine Gerichte, Kaffee und Kuchen

② ***Porslinan***
Ö. Hamngatan
Tel. (04 55) 169 22
Hier trifft sich die Jugend der Stadt zum Essen, Trinken und Musikhören. Oft treten regionale Bands auf.

ÜBERNACHTEN

► Komfortabel

① ***First Hotel Statt***
Ronnebygatan 37–39
Tel. (04 55) 555 50, Fax 169 09
107 Zi., www.firsthotels.se
Liebevoll renoviertes Traditionshaus im Stadtzentrum. Ausgezeichnetes Restaurant sowie Pub und Nachtclub.

► Günstig

② ***A-Hotel Bed & Breakfast***
Alamedan 10
Tel./ Fax (04 55) 30 02 50
www.ahotel.se
Gemütliches Hotel nahe Marinemuseum und Bahnhof. Moderne Zimmer, auch größere Apartments und Familienzimmer vorhanden.

AUSFLÜGE UND SPORT

Bootstouren
Vom Fisketorg (Fischmarkt) in Karlskrona starten Ausflugsboote in die östlichen Schären.

Radtouren
Blekinge eignet sich hervorragend für Radtouren, eine Zusammenstellung der schönsten Touren ist in den Touristenbüros erhältlich.

FESTE

Mitte Juli findet in Karlshamn das Karlshamn Baltic Festival statt, ein weithin bekanntes Volksfest.

Das größte Wildreservat Nordeuropas befindet sich an der E 22 zwischen Karlshamn und Ronneby. In dem 10 km² großen Naturschutzgebiet steigen die Chancen beträchtlich, ein Elchfoto zu schießen. Außerdem bekommt man **die sehr seltenen Roten Seerosen** zu Gesicht (Öffnungszeiten: Mitte Juni – Mitte Aug. 12.00 – 19.00, Juli bis 20.00 Uhr, Trensum, www.eriksberg.skogssallskapet.se).

Eriksberg

Von Karlshamn aus stachen im 19.Jh. zahlreiche schwedische Auswanderer in See, auf dem Weg in eine ungewisse Zukunft in Amerika. Das Emigrantendenkmal im Hamnpark erinnert an diese Zeit. Übrigens wurde in Schweden einst Tabak angebaut und im 18. Jh. in Karlshamn, das später wegen seiner Punschfabrik als Sündenbabel verschrien war, in 40 Fabriken zu »snus«, also Kautabak, und Zigarren verarbeitet.

Karlshamn

An der Drottninggatan liegt das Kulturkvarter mit einer historischen Druckerei und der Kunsthalle. Hier hat auch das Punschmuseum seinen Sitz. Es bewahrt Original-Produktionsräume aus den wilden Zeiten auf, als Karlshamn noch eine Schnapsbrennermetropole war und viel Geld mit »Carlshamns Flaggpunsch« verdient wurde (Öffnungszeiten: Juni – Aug. Di. – So. 12.00 – 17.00, sonst Mo. – Fr. 13.00 bis 16.00 Uhr).

◄ Punschmuseum

Im Entdeckerzentrum, das in der ehemaligen Baumwollspinnerei Strömma untergebracht ist, können Jung und Alt Naturwissenschaften und Technik spielerisch-praktisch erleben (Öffnungszeiten: Mitte Juni – Mitte Aug. tgl. 10.00 – 17.00 Uhr).

◄ Entdeckerzentrum

★ Kiruna

K 3

Landschaft: Lappland
Einwohnerzahl: 23 000
Provinz: Norrbotten Län
Höhe: 506 m ü.d.M.

Bevor Kiruna zum Inbegriff des »Schwedenstahls« wurde, handelte es sich um eine winzige Samensiedlung mitten im Nirgendwo. Erz spielt noch immer die Hauptrolle in der nördlichsten Stadt Schwedens, doch Besucher interessieren sich auch für Hundeschlittenfahren, Wandern, Angeln und Rafting.

Die reichen Eisenerzvorkommen bei Kiruna waren schon seit dem 17. Jh. bekannt. Doch auf Grund der harten klimatischen Bedingungen und weil Transportmöglichkeiten fehlten, war der Abbau der Vorkommen bis zum Beginn des 20. Jh.s praktisch nicht möglich. 1890 wurde die Luosavaara & Kiirunavaara AB (LKAB) gegründet, die bis heute die Eisenerzgruben in Kiruna und Malmberget betreibt. Damit begann die Ära des Erzabbaus. Riesige Abraumhalden markieren den Ort, wo südlich der Stadt die Mine liegt. Mittlerweile reichen die Stollen 1054 m in die Tiefe.

Herrscher Erz

Sehenswertes in Kiruna und Umgebung

✶ Besucherstollen Mehrmals täglich bietet die Minen-Gesellschaft Besichtigungstouren zu einer Demonstrationsgrube an, die 540 m tief im Inneren des Berges liegt. Die Tunnel sind so groß, dass man mit dem Bus in die Erzmine fahren kann (Buchung im Touristenbüro).

✶ Kirche Südöstlich vom Stadtzentrum steht auf einer Anhöhe die 1912 von Gustaf Wickman errichtete Holzkirche, eine Stiftung der LKAB, die auf Hjalmar Lundbohm zurückgeht. Dessen ausdrücklicher Wunsch war es, das Gotteshaus **ähnlich einem Lappenzelt** zu gestalten.

Stadhus Wenn man von der Kirche westlich geht, erreicht man das an seinem skelettartigen Uhrturm schon von weitem zu erkennende Rathaus, das von Artur von Schmalensee entworfen wurde. 1964 bekam es **Schwedens Architektur-Preis** als schönstes Gebäude des Landes. Trotzdem ist das Rathaus wegen seiner eigenwilligen Architektur immer umstritten gewesen.

Die Gegend rings um Kiruna: allein mit Himmel, See und Land

Innerhalb der Gemeindegrenze, ungefähr 90 km westlich vom Zentrum, erhebt sich der Kebnekaise, mit 2117 m der höchste Berg Schwedens. Wer den südlichen Gipfel erklimmen möchte, fährt auf einer einfachen Straße bis zu der Hüttensiedlung Nikkaluokta, von dort geht es zu Fuß über die Kebnekaise Turiststation zum Gipfel. Die Tour ist allerdings nur geübten und gut ausgerüsteten Bergsteigern zu empfehlen. ✶ **Kebnekaise**

20 km östlich von Kiruna liegt abseits der nach Gällivare führenden Straße die kleine Samensiedlung Jukkasjärvi am gleichnamigen See und am **Torne Älv**, einem der schönsten Wildmarkflüsse Schwedens. Am Ende der Straße trifft man auf die kleine, rot gestrichene, einfache Kirche, deren Ursprünge bis ins Jahr 1600 zurückreichen. Der heutige Bau stammt von 1726 und ist damit **die älteste Kirche Lapplands**. Wenige Schritte weiter am Seeufer befindet sich das **Freilichtmuseum** Jukkasjärvi Hembygdsgård mit Sammlungen zur Samenkultur und einem gut sortierten Souvenirladen. **Jukkasjärvi**

! *Baedeker* TIPP

Eiskalt schlafen

Jedes Jahr wird das Eishotel Ende Oktober aus Tausenden Tonnen Eis und Schnee neu errichtet. Vergängliche Kunst, denn das Eis schmilzt spätestens im Mai. Die Temperatur im Hotel beträgt konstant -5 °C, man schläft in Betten aus Eis, die mit Tannenzweigen und Rentierfellen bedeckt sind. Bar, Kapelle, Kino und Kunstgalerie sind für jedermann zugänglich (Icehotel, Jukkasjärvi, www.icehotel.com, Tel. 09 80 / 668 00, Fax 668 90, Bild S. 185).

Abisko, eine kleine Streusiedlung 96 km nordwestlich von Kiruna, liegt am südlichen Ufer des Torneträsk. Einen bequemeren Einstieg in die Wildnis Lapplands gibt es nicht, denn die Lapplandbahn und die gut ausgebaute E 10 führen nach Abisko. Hier beginnt der berühmte Wanderweg Kungsleden (►Baedeker-Special S. 160) und hier lassen sich auch herrliche Tagestouren machen. Im **Naturum** bekommt man von den Bergführern Informationen zum Abisko-Nationalpark und zur lappländischen Flora und Fauna. Auch kann man – mit oder ohne Bergführer – zu den **samischen Opferklippen Luopakte** oder auf dem alten Rallarweg entlang der Eisenerzbahn bis zum Rombakenfjord wandern. Der liegt bereits in Norwegen.

Der nur 7700 ha große Abisko-Nationalpark wirkt wie ein arktischer Kräutergarten im nördlichen Lappland. Das Kernstück ist eine Talsenke, die im Süden und Westen von mächtigen Fjällmassiven und im Norden vom Torneträsk eingerahmt wird. Besonders eindrucksvoll ist der tiefe Cañon des Abiskojakka, in dem krautreicher Birkenwald und vereinzelte Kiefern wachsen. **Abisko-Nationalpark** ✶ ◄ Torneträsk

Auf den nordwestlich von Abisko gelegenen Berg Njullá (1163 m) führt ein markierter Weg sowie eine Seilbahn. Der Blick über den Torneträsk und die Berge ist unvergesslich. **Njullá**

KIRUNA ERLEBEN

AUSKUNFT

Kiruna Lappland Touristen-information
Folkets Hus, Lars Janssongatan 17
98122 Kiruna
Tel. (09 80) 188 80, Fax 182 86
www.lappland.se

ESSEN

► Erschwinglich

Skáidi
Nikkaluokta (60 km von Kiruna)
Tel. (09 80) 550 15
Das Skáidi bietet neben einheimischer Kost wie Fisch, Elch- und Rentierfleisch auch dreigängige Luxusmenüs. Kleinigkeiten gibt es im Café.

Restaurang Malmia
Lambiavägen 2
Tel. (09 80) 134 00
Gourmetrestaurants darf man in Kiruna nicht erwarten. Im Malmia speist man aber sehr ordentlich.

ÜBERNACHTEN

► Komfortabel

Hotel Kebne
Konduktörsgatan 7
Tel. (09 80) 681 80, Fax 681 81
63 Zi., www.hotellkebne.com
Angenehmes, zentral gelegenes Stadthotel, nur einen Steinwurf vom Bahnhof und Kirunas Nachtleben entfernt. Skibegeisterte finden Hänge und Loipen in Hotelnähe.

► Günstig

Nikkaluokta Sarri AB
Nikkaluokta 1104 (60 km von Kiruna)
Tel. (09 80) 550 15, Fax 550 45
www.nikkaluokta.com
Zehn einfache Hütten für jeweils vier Personen. Das Gebäude mit Panoramaglasfront wurde nach dem Vorbild eines für diese Region typischen Samenzeltes gebaut (geöffnet: im Winter Ende Februar – Anf. Mai, im Sommer Mitte Juni – Ende Sept.).

Baedeker-Empfehlung

In Karin Vasaras Renskinnsatelje kann man exklusive Mode aus Rentierleder bewundern und kaufen. Hervorragende Qualität und stark von samischen Traditionen beeinflusst (Föreningsgatan 4, Tel. 09 80/199 99, Mo. – Fr. 9.30 – 18.00. Sa. 9.30 – 15.00 Uhr).

AUSFLÜGE

Mit der Bahn nach Narvik
Ein echtes Erlebnis ist die Fahrt von Abisko aus mit der Lapplandbahn zum norwegischen Erzhafen Narvik. Wegen der Aussicht sollte man Richtung Norwegen rechts sitzen. Fahrtdauer knapp 2 Std. einfach.

FESTE

Ende Januar/Anfang Februar findet das Schneefestival statt, eine der Hauptattraktionen sind die Schneeskulpturen im Järnvägspark.

FREIZEIT UND SPORT

Über das Touristenbüro können Wanderungen, Goldwaschen, Begegnungen mit der samischen Kultur, Ausritte mit Islandpferden, die Besteigung des Kebnekaise-Südgipfels, Hundeschlittentouren, Raftingtouren, Kanukurse, Angelausflüge oder Schneemobiltouren gebucht werden.

MITTERNACHTSSONNE

Kiruna: 27. Mai bis 14. Juli
Gipfel des Njullá: 31. Mai bis 18. Juli (Sessellift zur Bergstation, von dort ca. 1 Std. zu Fuß bis zum Gipfel)

Lappland

G – L 2/3

Landschaft: Lappland

Provinz: Jämtland Län, Norrbotten Län, Västerbotten Län, Västernorrland Län

Schwedisch-Lappland ist der nördlichste, mit 120 000 km² der größte, aber auch am dünnsten besiedelte Teil Schwedens. Das Land steigt in mehreren Stufen von Ost nach West an. Das Hochgebirge nahe der norwegischen Grenze ist besonders wild, den größten Teil der Region bedecken Wald und Sümpfe.

Schwedisch-Lappland lässt sich gut auf dem Riksväg 45, genannt Inlandvägen, erkunden. Er ist mit rund 1700 km die längste Straße Schwedens, die von Göteborg bis nach Karesuando im äußersten Norden führt. Lappland durchquert sie ab Vilhelmina. Zu den Orten Kiruna und Abisko siehe ► Kiruna.

Sehenswertes in Lappland

Vilhelmina

Der ansehnliche Marktort Vilhelmina liegt mitten im südlichen Lappland und ist Sitz der offiziellen Samenvertretung. An der steilen Hauptstraße des alten Ortskerns befindet sich das kleine Museum mit Sammlungen zur Heimatkunde, Steinzeit und Samenkultur.

Arvidsjaur

Arvidsjaur ist einer der bedeutendsten Orte der südlichen Lappmark und wichtiger Verkehrsknotenpunkt an den Str. Nr. 45 und Nr. 95. Wirtschaftlich sind die Holzverarbeitung und die Rentierzucht von Bedeutung. Der Ort ist ein traditioneller Versammlungsplatz der Samen. Im Gamla Prästgård, dem alten Pfarrhof am nordwestlichen Ortsausgang, ist das Heimatmuseum untergebracht, das über die Kultur der Waldsamen informiert (Öffnungszeiten: Ende Juni – Ende Aug. tgl. 10.00 – 18.00 Uhr).

★ ◄ Lappstaden

Die bedeutendste Attraktion ist die Lappenstadt im Zentrum von Arvidsjaur. Es ist Schwedens älteste noch erhaltende Samensiedlung und umfasst etwa 80 Holzhäuser aus dem 17. Jh. Am Eingang liegt das »Arvasgården«, hier kann man Ausflüge buchen, Souvenirs kaufen und die köstliche samische Küche genießen (Öffnungszeiten: Mitte Juni – Mitte Aug. tgl. 17.00 Uhr).

★★ Arjeplog

Westlich von Arvidsjaur führt die Str. Nr. 95 durch eine wald- und wasserreiche Landschaft zu dem knapp 90 km entfernten Kirchdorf Arjeplog, das traumhaft schön am Südende des 64 km langen Sees Hornavan liegt. Weltruf genießt das **Silbermuseum**, das die Kultur der Samen wie auch der Neusiedler widerspiegelt und die wohl größte Sammlung samischer Silberarbeiten besitzt (Öffnungszeiten: Mitte Juni – Anf. Aug. tgl. 9.00 – 18.00, sonst Mo. – Fr. 10.00 – 12.00 und 13.00 – 16.00, Sa. 10.00 – 14.00 Uhr, www.silvermuseet.arjeplog.se).

Pieljekaise-Nationalpark Fährt man von Arjeplog auf der Str. Nr. 95 weiter in nordwestlicher Richtung, erreicht man bei Jäkkvik den Pieljekaise-Nationalpark mit seinem **Birkenurwald**. Zwei Wanderwege erschließen den Park: der 22 km lange Weg zwischen Jäkkvik und Veiejnäs und der 27 km lange Abschnitt des Kungsleden zwischen Jäkkvik und Adolfström.

✶✶ Jokkmokk

Tor zur Wildnis Nach 155 km Fahrt auf dem Inlandsvägen von Arvidsjaur aus nach Norden erreicht man den Polarkreis und damit auch Jokkmokk, kulturelles Zentrum der schwedischen Samen. Die angenehme, sehr großzügig angelegte Stadt fügt sich gut in die fast menschenleere Landschaft mit ihren Birken- und Nadelgehölzen ein. Westlich des Hauptortes erstrecken sich die großen Nationalparks des Nordens: Padjelanta, Stora Sjöfallet und Sarek sowie nördlich der kleinere Muddus-Nationalpark. Zusammen mit mehreren kleineren Naturschutzgebieten bilden sie das 9400 km² umfassende Gebiet von »Laponia«, das 1996 von der UNESCO zum Weltkulturerbe erklärt wurde. Jokkmokk ist einer der besten Ausgangspunkte für Unternehmungen in dieser riesigen Wildnis.

Riesige Rentierherden weiden noch immer in der nordischen Tundra.

Kirchen

Die größere der beiden Ortskirchen ist der stattliche Holzbau von 1889. Am nordwestlichen Ortsrand steht die schlichte, rot gestrichene hölzerne Samenkirche aus dem Jahr 1753. Nachdem sie 1972 völlig niederbrannte, wurde sie rekonstruiert. Der Innenraum ist in den Farben Blau, Rot und Gelb gehalten und entspricht damit den Farben der samischen Jokkmokktracht.

> **! Baedeker TIPP**
>
> **Samisches Kunsthandwerk**
>
> Einer der besten Orte, um qualitativ hochwertiges samisches Kunsthandwerk zu erwerben, ist Jokkmokk. In Jokkmokks Tenn (Järnvägsgatan 19) können Sie den Künstlern bei der Arbeit zuschauen. In Jokkmokks Stencenter am Talvatissee wird eine große Auswahl an Silberschmuck und Gebrauchsgegenständen aus Stein und Halbedelsteinen angeboten.

An der Storgatan liegt die Hauptsehenswürdigkeit der Stadt: das Ajtte-Museum, das sehr eindrucklich die **Kultur der Samen** veranschaulicht. Alltags- und Festkleidung aus Leder, Kunsthandwerk aus Silber, das Leben der Nomaden und die Rentierzucht werden ebenso thematisiert wie ihre Religion und ihre Mythen (Öffnungszeiten: Mitte Juni – Mitte Aug. tgl. 9.00 – 18.00, sonst Mo. – Fr. 10.00 – 16.00 Uhr).

Umgebung von Jokkmokk

Kvikkjokk

Einige Kilometer nördlich von Jokkmokk biegt man von der Str. Nr. 45 links nach Kvikkjokk ab. Die landschaftlich schöne Strecke führt ca. 130 km lang an Seen und kleinen Samendörfern vorbei. In Kvikkjokk, am Ende zweier großer Gebirgstäler, endet die Straße. Die komfortable und viel genutzte Gebirgsstation ist Ausgangspunkt vieler Wandertouren in den angrenzenden Nationalpark. Von hier aus ist der Einstieg in den **Kungsleden** (► Special S. 160) problemlos.

★ Padjelantaleden

Der Padjelantaleden ist ein rund 150 km langer, gut markierter **Sommerwanderweg**, an dem im Abstand von 10 bis 20 km Selbstversorgerhütten eingerichtet sind. Man kann ihn in Kvikkjokk, Vaisaluokta oder bei den Akkahütten am anderen Ende des Akkajauresees beginnen (Wanderdauer ca. 10 bis 15 Tage). Da nur Anfangs- und Endpunkt gut zu erreichen sind, der restliche Weg aber fernab jeglicher Straße verläuft, kann man die Wanderung kaum abkürzen. Dafür ist man hier eher allein als auf dem Kungsleden.

★ Sarek-Nationalpark

Der Sarek-Nationalpark ist zwar nicht weit von Kvikkjokk entfernt, doch Touren in diese vollkommen unberührte Wildnis wollen gut geplant sein. Denn im Gegensatz zu den anderen Nationalparks gibt es im Sarek **keinerlei touristische Infrastruktur:** keine markierten Wege, keine Brücken über die teils reißenden Flüsse und auch keine Hütten. Wer eine Wanderung im Sarek plant, ist in dem 197 000 ha großen Gebiet auf sich allein gestellt.

SCHWEDISCH-LAPPLAND ERLEBEN

AUSKUNFT

Arvidsjaur Turistbyrå
Östra Skolgatan 18c
93381 Arvidsjaur
Tel. (09 60) 175 00, Fax 136 87
www.arvidsjaurlappland.com

Gällivare Turistbyrå
Centralplan 3
98236 Gällivare
Tel. (09 70) 166 60, Fax 667 39
www.gellivare.se

Turistbyrå Jokkmokk
Stortorget 4
96223 Jokkmokk
Tel. (09 71) 222 50, Fax 222 59
www.jokkmokk.se

Vilhelmina Turistbyrå
Postgatan 10
91232 Vilhelmina
Tel. (09 40) 152 70, Fax 102 02
www.vilhelmina.se

ESSEN

► Erschwinglich

Kittelparkens Wärdhus
Kittelfjäll (130 km von Vilhelmina)
Tel. (09 40) 810 88
Dieses Wirtshaus bietet gute Hausmannskost in schöner Natur. Im Winter der ideale Ort für eine Stärkung zwischen den Skiabfahrten.

Restaurang Ájtte
Jokkmokk, Kyrkogatan 3
Tel. (09 71) 170 91
Solides Restaurant im samischen Museum mit lappländischen Spezialitäten

Restaurang Opera
Jokkmokk, Storgatan 36
Tel. (09 71) 105 05
Ein Opernrestaurant mitten in Lappland? Der Name mag etwas hoch gegriffen sein, das Essen ist aber durchaus schmackhaft.

► Preiswert

Kaffestugan
Arvidsjaur, Storgatan 21
Tel. (09 60) 107 25
Günstige Tagesgerichte und lappländische Spezialitäten. Abends geschlossen.

Midnattssolskafeet
Gällivare, Toppstugan
Tel. (09 70) 145 60
Aussichtscafé auf Gällivares Hausberg Dundret. Allein schon wegen des Rundblicks einen Besuch wert.

ÜBERNACHTEN

► Luxus

Grand Hotel Lapland
Gällivare, Lasarettsgatan 1
Tel. (09 70) 77 22 90
Fax 77 22 96
www.grandhotellapland.com
Im Zentrum von Gällivare mit fantastischer Sicht auf die Berge. Gartenveranda, englischer Pub und Golfen rund um die Uhr unter der schwedischen Mitternachtssonne sorgen für Abwechslung.

► Komfortabel

Hotell Laponia
Arvidsjaur, Storgatan 45
Tel. (09 60) 555 00
Fax 555 99
200 Zi., www.hotell-laponia.se
Eine der größten Hotelanlagen für Tourismus und Konferenzen im Zentrum Lapplands. Neben Pool, Sauna, Fitnessraum und Spa-Abteilung hat das Hotel auch etwas Besonderes zu bieten: uriges Abendessen in einer Samenhütte.

Hotel Jokkmokk
Jokkmokk, Solgatan 45
Tel. (09 71) 777 00
Fax 777 90
75 Zi., www.hoteljokkmokk.se
Komfortables Hotel am Talvatis-See. Restaurant mit Aussicht, kulinarische Leckereien wie geräucherte Rentiersteaks oder Elchfilets. Für das Wildnisfeeling sorgen Torfhütte und Sauna direkt am See.

Tärnaby Fjällhotell
Tärnaby, Östra Strandvägen 16
Tel. (09 54) 301 50, Fax 106 27
www.hemavantarnaby.nu
Das kleine, charmante Hotel in der Nähe der Skiloipen überzeugt mit einer schönen Aussicht. Massagen und eine Panorama-Sauna im Obergeschoss.

▶ Günstig

Hotell Vilhelmina
Vilhelmina, Volgsjövägen 16
Tel. (09 40) 554 20, Fax 101 56
64 Zi., www.hotell.vilhelmina.com
Mittelklassehotel in malerischer Lage am Volgsee, am Rande von Vilhelmina. Über das Hotel kann man Ferienhäuser in der denkmalgeschützten Kirchstadt mieten. Besonders preisgünstig lässt es sich im Vandrarhem wohnen.

Hotell Dorotea
Dorotea, Bergsvägen 2
Tel. (09 42) 477 80, Fax 477 89
29 Zi., www.hotelldorotea.se
Direkt am See und trotzdem mitten in der Stadt. Ausgezeichnete Küche mit Wildspezialitäten.

Åsgård Vandrarhem
Jokkmokk, Åsgatan 20
Tel. (09 71) 559 77, Fax 582 77
28 Zi., www.jokkmokkhostel.com
Diese Jugendherberge ist in einem früheren Forsthaus aus den 1930er-Jahren untergebracht.

SPORT

Die »Jokkmokkguiderna« bieten das ganze Jahr über Aktivitäten an. Wer nicht allein in die Wildnis aufbrechen möchte, ist hier in guten Händen. Wanderungen zum Berg Jarre oder entlang des Muddus-Flusses bis zum 42 m hohen Wasserfall. Tagestouren mit dem Kanu oder zum Sommertraining der Schlittenhunde (Tel. 09 71/122 20, www.jokkmokkguiderna.com).

MITTERNACHTSSONNE

In Gällivare geht die Sonne vom 2. Juni bis 12. Juli nicht unter.

MARKT

1605 wurde erstmals Markt in Jokkmokk abgehalten, der seither immer Anfang Februar stattfindet. Zwar wird mittlerweile viel Plunder angeboten, aber auch samisches Kunsthandwerk und Messer aller Art.

Zum Schnuppern gibt es aber einige relativ einfache Tagestouren, bei denen man von Kvikkjokk aus die grandiose Bergwelt erleben kann: Die Wanderung auf den Berg **Snjerak** ist rund 7 km lang und markiert. Anfangs geht es durch Birkenwälder, später ins Kahlfjäll. Von oben bietet sich ein guter Blick auf das Delta von Kvikkjokk und die Gipfel des Sarek. Ein weiterer schöner Aussichtsberg ist der Namatj, **der heilige Berg der Samen**. Er liegt mitten im Delta und ist auf einem markierten Weg relativ einfach von Kvikkjokk zu besteigen.

Porjus

Setzt man von Jokkmokk aus die Fahrt auf dem Inlandsvägen (Str. Nr. 45) fort, erreicht man nach ca. 46 km das Dorf Porjus. Die alte Turbinenhalle des dortigen Kraftwerks kann besichtigt werden (Öffnungszeiten: Mitte Juni – Mitte Aug. tgl. Führungen).
Im alten Bahnhof von Porjus betreibt die Fotografin **Patricia Cowern** eine Galerie. Faszinierende Nordlichtfotografien gehören zu den ständigen Ausstellungsstücken, die durch wechselnde Sonderausstellungen ergänzt werden (Tel. 09 73/103 06).

★ Gällivare

Wer von Porjus direkt auf der Str. Nr. 45 weiterfährt, erreicht nach 42 km Gällivare. Das Zentrum einer Großgemeinde liegt in einem reichen Eisenerzgebiet, in dem überwiegend Magnetit abgebaut wird. Im Stadtbereich ist ein Kulturpfad ausgeschildert, ein Heimatmuseum ergänzt das kulturelle Angebot. Die wichtigste Sehenswürdigkeit der Stadt ist der 823 m hohe **Dundret**, ca. 5 km entfernt. Der Vorgipfel trägt das stattliche Hotel Dundret, welches das Zentrum des großen Wintersport- und Freizeitgebiets Dundrets Fritidsby bildet. Auf den mit niedriger, tundraartiger Vegetation und weiten Blockfeldern bedeckten Hauptgipfel führt eine von der Str. Nr. 45 abzweigende steile Nebenstrecke. Bei Gällivare liegt die Kupfermine Aitik, Europas größter Kupfererztagebau.

! *Baedeker* TIPP

Lappland per Bahn

Die Inlandsbahn fährt von Kristinehamn am Nordende des Vänersees bis ins lappländische Gällivare. Diese 1300 km durchs Landesinnere zählen zu den landschaftlich schönsten Bahnstrecken Schwedens. Von Mitte Juni bis Mitte September kann man auf eigene Faust, pauschal mit Schienenbussen oder mit nostalgischen Dampflokomotiven in gemütlichem Tempo reisen. Genießer kaufen sich für rund 130 € die Inlandsbahnkarte und können dann 14 Tage lang nach Herzenslust touren (weitere Infos unter www.inlandsbanan.se, Tel. 0071/53 53 53).

Der Grubenort Malmberget ist eine im Zentrum ziemlich gesichtslose Stadt mit drei- bis vierstöckigen Häusern. Sie schließt nördlich an Gällivare an. Außerhalb des Ortes erreicht man das **Grubenmuseum** (Öffnungszeiten: Mitte Juni – Mitte Aug. Mo. – Fr. 10.00 – 17.00 Uhr). Die weithin sichtbare Holzplastik eines Rentiers erinnert daran, dass bis zum Bau der Erzbahn Rentiere für den Materialtransport bis zu 60 kg schwere Akjas (Schlitten) ziehen mussten.

Der Sarek, eine unberührte Wildnis und ein legendäres Wandergebiet →

TROMMEL, REN UND INTERNET

Bereits vor vier Jahrtausenden sind die Samen aus dem Uralgebiet nach Nordskandinavien gewandert. »Sámi«, Sumpfleute, wie sich die Urbevölkerung von Norwegen, Schweden und Finnland nennt, sind heute eine ethnische Minderheit in ihren Ländern und ringen um ihre kulturelle Identität.

Einst sprach man von den Ureinwohnern Nordskandinaviens als »Lappen«, doch dieser Begriff gilt bei den Samen als Schimpfwort und wird nicht verwendet. Insgesamt wird die Zahl der Bevölkerung mit mehr oder minder starkem samischen Einschlag in Norwegen auf ca. 40 000 Personen geschätzt, auf ca. 20 000 in Schweden, 6000 in Finnland und 2000 auf der russischen Kola-Insel.

Altes Jäger- und Hirtenvolk

Archäologisch nachweisbar ist die Existenz der Samen schon seit über 10 000 Jahren. Als **Rentierzüchter**, Jäger und Schneeschuhläufer werden sie bereits im 1. Jh. n. Chr. in den Schriften von Tacitus erwähnt, und auch in den isländischen Sagas tauchen Samen auf. Ursprünglich waren sie ein Jäger- und Hirtenvolk mit einer Naturreligion, die an eine belebte Natur voller Geister glaubte. Der **Schamane mit der Trommel**, der Noai'di, vermittelte zwischen Menschen und Geistern, indem er in Trance fiel und in Kontakt zu den Wesen aus anderen Welten trat.

Sámi in Bedrängnis

Ähnlich wie den Indianern erging es auch den Samen: Im Laufe der Zeit fand eine immer stärkere Kolonisierung ihrer Gebiete statt. Das Land, das ihnen einst gehörte, dürfen sie heute bestenfalls nutzen, Bestimmungsrecht haben sie keines mehr. 1751 teilte man Lappland zwischen Schweden, Norwegen, Russland und Finnland auf und betrieb in den folgenden Jahrhunderten die **Zwangschristianisierung** der Samen. Der Vorstoß der Siedler, Kahlschläge, Bergwerke, die Überflutung weiter Gebiete durch den Bau von Staudämmen, dies alles führte zu einem gravierenden Verlust an Weideflächen. Die Samen und ihre vom Schamanismus geprägte Kultur und Lebensweise wurden immer weiter abgedrängt.

In den 1970er-Jahren erwachte im Windschatten der Ökobewegung auch das samische Selbstbewusstsein neu. Im **Kampf um Mitbestimmung** wurde erreicht, dass seit 1993 alle vier Jahre ein samisches Parlament mit Sitz in Kiruna gewählt wird. Allerdings hat es keine Befehlsgewalt, muss aber in

Von der traditionellen Rentierzucht leben nur noch 8 % der Samen.

allen Fragen des samischen Lebens gehört werden und verteilt die staatlichen Fördermittel. Im Jahr 2000 wurde Samisch in Schweden als Minderheitensprache anerkannt. Damit verbunden ist das Recht jedes Kindes, in der Schule auch Samisch lernen zu können – sofern es Lehrer dafür gibt, was nicht oft der Fall ist. **Samisch** gehört zur finno-ugrischen Sprachfamilie und ist eine höchst komplexe Sprache. Allein für das Wort Schnee gibt es über 100 verschiedene Begriffe. Um ihre neu gewonnene kulturelle Identität weiter zu stützen, tauschen sich die Samen auch übers Internet aus (www.same.net und www.samting.se) und unterhalten einen eigenen Radiosender, das Sameradio.

Wohnung statt Zelt

Heute leben die meisten Samen in Wohnsiedlungen und gehen ganz normalen Berufen nach. Nur noch rund 8 % aller Samen betreiben Rentierzucht, die heute allein der **Fleischproduktion** dient. Die Rentiere suchen sich selbst ihre Weidegründe, im Herbst werden die Herden zusammengetrieben und die Schlachttiere ausgewählt. Freilich haben moderne Zeiten längst Einzug in den Samialltag gehalten: Helikopter und Motorschlitten ersetzen beim Zusammentreiben und Hüten Hunde und Skier, Handy und GPS-Geräte sind selbstverständlich. Nur in den Sommermonaten leben die Samen vielfach noch in **Gammen** (kleine Holz- oder Erdhütten) oder auch in Zelten, die oben eine Öffnung für den Rauchabzug haben.

Samisches Kulturgut

Bewahrt haben die Samen auch ihre **Tracht**, die regional variiert. Grundbestandteile sind ein knielanger Rock aus blauem oder braunem Tuch, der mit roten und gelben Borten besetzt ist, und eng anliegende Tuchhosen. Die Schuhe sind aus weichem Leder gefertigt und haben aufgebogene Spitzen. In der kalten Jahreszeit tragen die Samen Pelzstiefel und einen Anzug aus Rentierfell – allerdings nur zu besonderen Anlässen.

Neben den überlieferten Sagen ist vor allem der sog. **Joik** ein wichtiges Element der samischen Tradition. Dieser monotone, aber sehr rhythmische Obertongesang beschreibt lautmalerisch Plätze, Personen oder Landschaften. Der Joik, dessen Wurzeln vermutlich bis in die Steinzeit zurückgehen, spielt für das Gemeinschaftsleben der Samen eine große Rolle und wird heute bewusst gepflegt. Bei Touristen beliebt sind samisches (Kunst-) Handwerk: Rentierfell- und Zinnarbeiten, bunte Bandwebereien, Teppiche, Schnitzereien aus Horn und Knochen sowie Birkenrindearbeiten.

★ Linköping

G 7

Landschaft: Östergötland
Einwohnerzahl: 137 000
Provinz: Östergötland Län
Höhe: 40 m ü.d.M.

In Linköping hat man viele Häuser der Altstadt nicht einfach wegsaniert, sondern nach »Gamla Linköping« versetzt, ein Freilichtmuseum der besonderen Art. Weitere Attraktionen der Universitätsstadt sind der Dom und die Ritterspiele in Schloss Ekenäs.

Geschichte Erstmals wurde die südschwedische Stadt 1120 erwähnt. Hier besiegte 1598 Herzog Karl von Södermanland (später König Karl IX.), der die Reformation in Schweden durchsetzen wollte, den katholischen König Sigismund von Polen. Dessen Gefolgsleute wurden auf dem Marktplatz hingerichtet. Den wirtschaftlichen Aufschwung brachte 1937 die Verlegung der Flugzeugproduktion von Saab nach Linköping.

Sehenswertes in Linköping und Umgebung

Marktplatz Auf dem Marktplatz (Stortorg) steht der Folkunga-Brunnen (1927), eines der bekanntesten Werke von Carl Milles. Östlich des Hauptplatzes erhebt sich die 1802 erbaute St.-Lars-Kirche, deren Turm aus dem 12. Jh. stammt. Im Innern befinden sich einige Bilder des Autodidakten Pehr Hörberg (1746 – 1816).

★ Dom Der Dom, eine der bedeutendsten und schönsten Kathedralen Schwedens, steht nordwestlich vom Stortorg in einem kleinen Park. Der ursprünglich romanische Bau von 1230 wurde später durch Um- und Ausbauten gotisch vollendet, an den Flanken der Seiten-

Linköping Orientierung

schiffe kann man noch romanische Bauteile entdecken. Der 107 m hohe Turm, das Wahrzeichen Linköpings, wurde erst 1886 angefügt (Öffnungszeiten: tgl. 9.00 – 18.00 Uhr).

Östergötlands Länsmuseum

Unweit von Dom und Schloss, in dem heute die Bezirksregierung untergebracht ist, befindet sich eines der ältesten und größten Provinzmuseen des Landes in einem architektonisch interessanten, funktionalistischen Gebäude von 1939. Das Museum zeigt Sammlungen zur Vor- und Frühgeschichte, schwedische Kunst vom Mittelalter bis zur Gegenwart sowie eine kleine medizingeschichtliche Sondersammlung (Öffnungszeiten: Mi., Sa., So. 11.00 – 16.00, Di. bis 20.00 Uhr, www.linkoping.se/lansmuseum).

★ Gamla Linköping

Die interessanteste Sehenswürdigkeit der Stadt ist Alt-Linköping, ein großes und sehr gepflegtes Freilichtmuseum, das durch viele Handwerksbetriebe, Tante-Emma-Läden und Kunstgewerbeateliers überaus lebendig wirkt. Fast 100 Häuser umfasst das Gelände, die meisten standen einst im Zentrum von Linköping, mussten aber den Neubauten nach dem Zweiten Weltkrieg weichen. Da viele Häuser von Gamla Linköping bewohnt sind, wirkt es nicht wie ein klassisches Freilichtmuseum, sondern eher wie ein nostalgischer Stadtteil (Öffnungszeiten der Läden und Werkstätten: Mo. – Fr. 11.00 – 17.00, Sa., So. 12.00 – 16.00 Uhr).

Statt sie abzureißen, hat man in Linköping die alten Häuser ins Freilichtmuseum versetzt.

Schloss Ekenäs Das stattliche weiße Renaissanceschloss liegt 20 km östlich von Linköping. Unbedingt sehenswert ist das farbenfrohe Ritterturnier Anfang Juni (Öffnungszeiten: Mai – Aug. Sa., So. 13.00 – 16.00, im Juli Di. – So. 13.00 – 16.00 Uhr).

Kinda-Kanal Lohnend ist eine Fahrt auf dem Kinda-Kanal, der den Roxensee mit einigen südlich gelegenen, von der Stångån durchflossenen Seen verbindet. Die Fahrt führt an einigen Landsitzen vorbei (u.a. am Erlangsee das Herrenhaus Sturefors von 1704) und endet in Horn am Südende des Åsundsees. (Infos zu Schleusen, Öffnungszeiten und Preisen unter www.kindakanal.se).

LINKÖPING ERLEBEN

AUSKUNFT

Turistbyrå
im Gebäude der Bibliothek
58223 Linköping, Östgötagatan 5
Tel. (013) 20 68 35
Fax 20 66 19
www.linkoping.se

ESSEN

► Erschwinglich

① ***Sture Mat & Inspiration***
Sturegatan 7
Tel. (013) 14 14 08
Schwedische Küche mit französischen Anleihen. Hat es einem besonders gut geschmeckt, kann man viele der Köstlichkeiten im angeschlossenen Delikatessengeschäft auch kaufen.

② ***Stångs PM & Co***
Södra Stånggatan 1
Tel. (013) 31 21 00
Stimmungsvoller Gasthof in einem 200 Jahre alten Lagerhaus am Wasser. Spezialität: Grillgerichte.

ÜBERNACHTEN

► Komfortabel

① ***Scandic Frimurarehotellet***
St. Larsgatan 14
Tel. (013) 495 30 00, Fax 495 30 11
208 Zi., www.scandic-hotels.se
Zentral gelegen an Linköpings Flaniermeile. Vielleicht etwas kitschig, aber durchaus sehenswert: die Eingangshalle des Hotels ganz in Rot und Rosa und mit goldenen Säulenkapitellen.

③ ***Quality Hotel Ekoxen***
Klostergatan 68
Tel. (013) 25 26 00
Fax 12 19 03
190 Zi., www.ekoxen.se
Schönes, geräumiges Hotel der Quality Kette, im Zentrum nahe Stadtpark. Große Spa-Abteilung sowie Möglichkeit, in einem »Flotation Tank« die Schwerelosigkeit zu erproben. Lohnend ist auch ein Besuch der modernen, schwedischen »Brasserie Britto«, die in den Sommermonaten ein spezielles Menü für Kinder anbietet und auch im Freien serviert.

► Günstig

② ***STF Vandrarhem***
Klostergatan 52 a
Tel. (013) 35 90 00, Fax 35 90 80
www.linkopingsvandrarhem.se
Besonders ansprechend sieht die Jugendherberge von Linköping von außen nicht aus, dafür übernachtet man hier presiwert, zentrumsnah und sogar mit bescheidenem Luxus: Die Zimmer haben TV.

Luleå

L 4

Landschaft: Norrbotten
Einwohnerzahl: 72 600

Provinz: Norrbottens Län
Höhe: Meereshöhe

Die nüchterne Industriestadt bietet wenig fürs Auge, doch die rund 700 vorgelagerten Schäreninseln bilden ein bezauberndes, auch botanisch interessantes Ausflugsziel. Wichtigste Sehenswürdigkeit ist Gammelstad, die größte Kirchstadt in ganz Schweden.

Wichtiger Erzhafen

Das alte Luleå (gespr. Lüleo) lag bei seiner Stadterhebung 1621 noch an der Mündung des Flusses Luleälven. Doch wegen der starken Landhebung versandete der Hafen nach wenigen Jahren und die Stadt musste 1649 auf eine Halbinsel am Lule Älv verlegt werden. In der Folgezeit vernichteten Brände mehrmals die alte Bausubstanz. Neben Narvik ist Luleå der wichtigste Hafen für den Erzexport und wird auch wegen der Einkaufsmöglichkeiten geschätzt.

Sehenswertes in Luleå und Umgebung

Kernstadt

Im Stadtzentrum befindet sich in der Storgatan Nr. 2 **Norrbottens Museum**, das archäologische und lokalhistorische Funde zeigt sowie über die Geschichte der Samen informiert (Öffnungszeiten: Di. – Fr. 10.00 – 16.00, Sa., So. immer erst ab 12.00 Uhr).

Nördlich der Innenstadt liegt die **Bucht Stadsviken** mit dem Norra Hamn, von dem die Ausflugsschiffe auslaufen. In einem stattlichen Holzbau befindet sich das **Theater Norrbottens**. Nordwestlich vom Zentrum erstreckt sich an der Ausfallstraße in Richtung Haparanda das Gelände der Technischen Hochschule, auf dem das **Haus der Technik** technische und naturwissenschaftliche Zusammenhänge erklärt und zum Experimentieren einlädt (Öffnungszeiten: Juli tgl. 10.00 – 17.00, sonst Di. – So. 11.00 bis 16.00 Uhr).

? WUSSTEN SIE SCHON ...?

- ... dass einst in Schweden Kirchpflicht herrschte? Wer bis zu 10 km von einer Kirche entfernt wohnte, musste jeden Sonntag zum Gottesdienst erscheinen, bei 20 km Anreise nur alle 14 Tage. Die Gläubigen konnten in den Holzhäuschen übernachten, die bei den Kirchen gebaut wurden. Heute sind diese Kirchenstädte gut besuchte Sehenswürdigkeiten.

✶ Gammelstad

Etwa 10 km nordwestlich, dort, wo Luleå im 14. Jh. ursprünglich gegründet wurde, befindet sich Gammelstad. Als man im 15. Jh. mit dem Bau der Kirche begann, lag diese etwas erhöht mitten in der Mündung des Lule Älv. Über 400 kleine Holzhäuschen scharten sich um die Kirche, in denen die Kaufleute und Kirchenbesucher übernachteten, wenn sie ihrer Kirchpflicht nachkamen. Einst gab es in Schweden mehr als 70 dieser Kirchenstädte, von denen heute nur

LULEÅ ERLEBEN

AUSKUNFT

Luleå Turistbyrå
Järnvägsstationen (im Bahnhof)
97185 Luleå
Tel. (09 20) 22 24 75, Fax 22 49 95
www.lulea.se

Haparanda Turistbyrå
Haparanda Stad
Tel. (09 22) 120 10, Fax 120 19
www.haparanda.se/turism

ESSEN

► Fein & Teuer

Margaretas Wärdshus
Lulevägen 2
Luleå, Gammelstad
Tel. (09 20) 25 42 90
Das bekannteste Restaurant der Stadt leitet Fernsehköchin Margareta Almlöw. Das »Wärdshus« liegt in einem geschmackvoll restaurierten Hof in Gammelstad.

► Erschwinglich

NK Nautiska Kompaniet
Luleå, Storgatan 28
Tel. (09 20) 22 78 80
Sowohl Einrichtung wie Speisekarte sind vom Meer inspiriert. Nach dem Abendessen lockt der Nachtclub.

► Preiswert

Restaurang Minerva
Haparanda, Torget 3
Tel. (09 22) 688 00
Restaurant der schwedisch-finnischen Volkshochschule. Man isst hier zwar günstig und gut, doch muss man dafür ein wenig Kantinenatmosphäre in Kauf nehmen.

ÜBERNACHTEN

► Komfortabel

Rödkallen Fyrhotell
Rödkallen, Hällvägen 10
Tel./Fax (09 20) 25 77 50
www.fyrhotellet.com
Nur für Abenteuerlustige, denn dieses Hotel ist in einem ehemaligen Leuchtturm im äußeren Schärengarten von Luleå untergebracht. Gutes Fischrestaurant.

Melderstein Herrgård
Melderstein
Tel. (09 24) 510 37, Fax 510 87
15 Zi., www.meldersteinherrgard.se
Renovierter schwedischer Gutshof ca. 40 km nördlich von Luleå mit einem ausgezeichneten Restaurant. Im Sommer preiswertere Übernachtung in einer Jugendherberge möglich.

Haparanda Stadshotell
Haparanda, Torget 7
Tel. (09 22) 614 90, Fax 102 23
88 Zi., www.haparandastadshotell.se
In dem prächtigen Haus haben sich die Mächtigen aus dem Zarenreich, der Sowjetunion und dem Westen getroffen und Politik gemacht.

Baedeker-Empfehlung

Kukkolaforsen Turist Konferens
Kukkolaforsen 184
Tel. (09 22) 310 00, Fax 310 30
www.kukkolaforsen.se
15 km nördlich von Haparanda, am Ufer des Thome-Flusses, idyllisch gelegen in einem Fischzuchtgebiet mit Blick auf die Stromschnellen. Im Restaurant gibt es die Fische lecker zubereitet. Unterkunft auf dem Campingplatz oder in Ferienhäuschen.

AUSFLÜGE

In den Schärengarten vor Luleå: Vom Norra Hamn verkehren von Mitte Juni bis Mitte August täglich Boote, Abfahrt meist gegen 10 Uhr. Infos und Fahrkarten im Touristenbüro.

noch 16 erhalten sind. Von diesen ist Gammelstad die größte, am besten erhaltene und seit 1996 UNESCO-Weltkulturerbe. Die Kirche ist ein gotischer Bruchsteinbau mit klassizistischem Turm, beachtenswerter Kanzel und einem Antwerpener Schnitzaltar.

Haparanda

Rund 50 km weiter östlich liegt am Torne Älv, der hier die natürliche Grenze zu Finnland bildet, die Stadt Haparanda. Sie wurde 1809 gegründet, nachdem die östliche Nachbarstadt ►Tornio zusammen mit Finnland an Russland abgetreten worden war. Heute sind Haparanda und Tornio Schwesterstädte, die zwar durch Fluss und Landesgrenze getrennt, aber trotzdem eng miteinander verflochten sind. Nicht versäumen sollte man einen Abstecher ins finnische ►Tornio (S. 604).

★★ Lund

F 9

Landschaft: Skåne (Schonen)
Provinz: Skåne Län
Einwohnerzahl: 101 400
Höhe: Meereshöhe

Lund besitzt neben Uppsala die renommierteste schwedische Universität mit rund 40 000 Studenten. Wichtigste Sehenswürdigkeit der Stadt ist der imposante Dom, das bedeutendste romanische Bauwerk des Landes.

»Dänische Metropole«

Die südschwedische Stadt liegt etwa 20 km nordöstlich der großen Hafenstadt Malmö. Sie wurde wahrscheinlich 990 vom dänischen König Sven Gabelbart gegründet. Seit 1666 ist Lund Sitz einer Hochschule. Vom 12. bis zum 15. Jh. war es die größte Stadt Skandinaviens und Sitz eines dänischen Bischofs, 1104 sogar des Erzbischofs, deshalb wurde sie damals auch »Metropolis Daniae« genannt.

Sehenswertes in Lund

★ Dom

Der Dom von Lund ist die bedeutendste romanische Kirche des Landes und Lunds wichtigste Sehenswürdigkeit. Er wurde mehrfach umgebaut und ist unbedingt einen Blick wert. Bis auf die Renaissancekanzel und den prächtigen geschnitzten Altarschrein, der aus Norddeutschland stammt (14. Jh.), ist der Kirchenraum weitgehend schmucklos. Immer am Semesterende werden in der Kirche auch die frisch Promovierten geehrt (zum Dom siehe auch die folgende 3-D-Seite; Öffnungszeiten: Mo. – Fr. 8.00 – 18.00, Sa. 9.30 – 17.00, So. bis 18.00 Uhr).

★★ ◄ Krypta

Besonders schön ist die geräumige Krypta, welche die gesamte Breite des Gebäudes einnimmt. Der **Brunnen** trägt satirische niederdeutsche Inschriften, er ist ein Werk des westfälischen Meisters van Düren, der 1512 – 1527 in Lund lebte. Für Lunds Einwohner bildete übrigens lange Zeit der Brunnen die einzige Trinkwasserversorgung.

DOM VON LUND

★★ **Der Dom, um 1080 vom Dänenkönig Knut dem Heiligen gegründet, ist die älteste und bedeutendste romanische Kirche Schwedens. Der heutige Bau wurde zwischen 1123 (Krypta) und 1161 (Apsis am Hauptchor) fertig gestellt, aber bereits 1145 eingeweiht. Als im 16. Jh. Lund an Bedeutung rapide verlor, verfiel auch der Dom. Im 18. und 19. Jh. wurde er umfangreich restauriert.**

Öffnungszeiten:
Mo. – Fr. 8.00 – 18.00, Sa. 9.30 – 17.00, So. bis 18.00 Uhr. Die astronomische Uhr spielt werktags 12.00 und 15.00 Uhr, sonn- und feiertags 13.00 und 15.00 Uhr.

1 Schiff
Ein gotisches Kreuzrippengewölbe überspannt das Hauptschiff, während die Seitenschiffe noch romanische Gewölbe besitzen.

2 Kanzel
Johannes Ganssog aus Frankfurt an der Oder schuf 1592 das Kunstwerk aus Alabaster, Sand- und Kalkstein.

3 Chorgestühl
Das Chorgestühl (15. Jh.) besteht aus Eichenholz und zählt zu den größten und schönsten dieser Zeit in ganz Europa.

Blick in die Krypta, unten an der vordersten Säule die »Frau des Finn«

4 Altar
Der geschnitzte Altaraufsatz (1398) zählt zu den ältesten gotischen Retabeln Schwedens. Er wird von 40 Figuren geziert und stammt wohl aus Norddeutschland.

5 Mosaik
Das auffallende, 6 m hohe Christusmosaik (1925) in der Apsis ist ein Werk des dänischen Künstlers Joakim Skopvgaard.

6 Krypta
18 Säulen tragen die Decke der Krypta und zwei davon zeigen Menschengestalten, die die Säule fest umklammert halten. Der Sage nach soll es sich dabei um den legendären Erbauer der Kirche, den Riesen Finn, und seine Frau handeln. Wer hier wirklich dargestellt sein soll, ist unklar. Die Krypta besitzt mit ihrem jeweils dreischiffigen Langhaus und Querhaus einen ungewöhnlichen Grundriss und ist von großartiger Raumwirkung. Hier liegt neben dem zentralen Grab des Erzbischofs Birger (gest. 1519) das des Erzbischofs Herman.

LUND ERLEBEN

AUSKUNFT

Turistbyrå
Kyrkogatan 11
22100 Lund
Tel. (046) 35 50 40, Fax 12 59 63
www.lund.se

ESSEN

► Fein & Teuer

② ***Bantorget 9***
Bantorget 9
Tel. (046) 32 02 00
In den drei kleinen Häusern aus dem 19. Jh. wurde einst Brot gebacken. Das ist noch heute so, doch spielt Brot in diesem Gourmet-Restaurant nun eine Nebenrolle. Man speist sehr angenehm in Räumen, die im Stil von 1900 eingerichtet sind. Anspruchsvolle Weinkarte, wobei die edlen Tropfen teuer sind.

Dalby Gästgivaregård
Dalby, Tingsgatan 67
Tel. (046) 20 00 06
Eine der ältesten Gaststätten Schonens, wenige Kilometer südöstlich von Lund. Das Restaurant wurde mehrfach unter die besten des Landes gewählt.

► Erschwinglich

① ***Grand Hotel***
Bantorget 1
Tel. (046) 280 61 00
Hier kann man angenehm übernachten und sehr gut essen. Das Hotelrestaurant bietet neben internationaler Küche auch eine reiche Auswahl an Spezialitäten aus Schonen.

ÜBERNACHTEN

► Luxus

② ***Hotel Concordia***
Stålbrogatan 1
Tel. (046) 13 50 50
Fax 13 74 22
64 Zi., www.concordia.se
Erstklassiges Hotel mit langer Geschichte. Früher wohnten hier Gelehrte, die den Schriftsteller August Strindberg im gegenüberliegenden Haus kopfschüttelnd dabei beobachteten, wie er auf alchimistischem Wege versuchte, Gold herzustellen.

► Komfortabel

③ ***Petri Pumpa***
St. Petri Kyrkogata 7
Tel. (046) 13 55 19
Fax 13 56 71
22 Zi., www.petripumpa.se
Relativ kleines, aber sehr persönliches Hotel im Herzen von Lund. Helle, geräumige und geschmackvoll eingerichtete Zimmer. Das Strindberg-Zimmer hat sogar eine eigene Sauna und das Turm-Zimmer bietet eine herrliche Sicht über die Stadt.

► Günstig

① ***STF Vandrarhem Lund Tåget***
Vävaregatan 22
Tel. (046) 14 28 20
Fax 32 05 68
108 Betten, www.trainhostel.com
Schwedens »Wanderheime« sind oft genug alles andere als konventionell: So übernachtet man in der Jugendherberge von Lund in einem Zug. 200 m vom Bahnhof entfernt stehen einige Schlafwagen auf einem stillgelegten Gleis und warten auf Gäste. Originell und urgemütlich.

MARKT

Ein besonderer Gebuss für alle Sinne: Jeden Vormittag außer sonntags werden Obst, Gemüse, Kräuter und Blumen auf dem Mårtenstorg in Lund angeboten. Natürlich gibt es auch Kleinigkeiten zum Essen.

Universität Am nördlichen Rand des Lundagård ziehen die hervorragend restaurierten klassizistischen Gebäude der Universität die Blicke auf sich. Weiter nördlich liegt die Universitätsbibliothek, die wertvolle Handschriften, z.T. aus dem 12. Jh., und mehr als 2,5 Mio. Bücher besitzt. Unweit östlich, im Bereich der Sölvegatan, erreicht man das Antikenmuseum und das Archiv für dekorative Kunst (Öffnungszeiten: Mo. – Fr. 9.00 – 14.00 Uhr).

Umgebung von Lund

Bosjökloster Die direkte Umgebung von Lund ist flach und wenig spektakulär. Ungefähr 30 km nordöstlich von Lund (Str. Nr. 23) erreicht man Schloss Bosjökloster. Das 1080 gegründete Benediktinerkloster liegt auf einer Landzunge im Ringsee und ist eines der ältesten Schlösser Skånes. Der mächtige weiße, mit zahlreichen Giebeldächern verzierte Bau beherbergt im Innern das Klostermuseum. Im Park sind Rosen- und Kräutergarten sowie die tausendjährige Eiche sehenswert (Öffnungszeiten: Mai – Sept. tgl. 10.00 – 18.00 Uhr, www.bosjokloster.se).

Skånes Djurpark Rund 3 km nördlich des Ortes Höör liegt Skånes Djurpark mit mehr als 800 nordischen Tieren, z.B. Wölfe, Elche, Luchse und Adler (Öffnungszeiten: Mai – Aug. tgl. 9.00 – 17.00, Sept. Sa., So. nur bis 15.00, sonst tgl. 9.00 – 15.00 Uhr, www.skanesdjurpark.se).

Landskrona Einen netten Ausflug bedeutet die Fahrt nach Landskrona. Dort lohnt der Besuch der wuchtigen Zitadelle, dem Landskrona Slott. Der Zweckbau aus rotem Ziegelmauerwerk wurde 1549 erbaut. Das ringsum geschlossene, von einem Wassergraben umzogene Karree liegt inmitten einer weiteren Wall- und Grabenanlage. Im südwestlichen Eckturm befindet sich eine kleine Fotodokumentation und im südöstlichen Eckturm sind noch die Zellen der von 1825 – 1940 bestehenden Haftanstalt zu sehen.

★ Insel Ven Von Landskrona (im Sommer auch von Helsingborg und Råå) fahren Schiffe in 25 min. zur Insel Ven. Die kleine Insel kann man bequem mit einem Leihfahrrad oder zu Fuß durchstreifen. Auf Ven haben sich zahlreiche Künstler niedergelassen, die alljährlich zu Christi Himmelfahrt die »Kunstrunde« veranstalten und Besuchern ihre Ateliers öffnen. Der dänische Astronom Tycho Brahe lebte von 1578 bis 1598 in **Schloss Uranienborg** auf Ven. Der dänische König Frederik II. (Ven wurde erst 1658 schwedisch) hatte dem Astronomen die Insel mit seiner klaren, staubfreien Luft für seine Forschungen zur Verfügung gestellt. Im Observatorium entdeckte Brahe **die erste Supernova** – wohlgemerkt mit bloßem Auge, denn das Fernrohr war noch nicht erfunden. Vom Schloss ist heute nichts mehr zu sehen, stattdessen gibt es ein Museum, das das Leben und die Arbeit des Sternenforschers beschreibt (Öffnungszeiten: Mai bis Sept. tgl. 10.00 bis 17.00 Uhr).

★ Mälarsee

H 7

Landschaft: Södermanland, Uppland und Västmanland

Nach Vänern und Vättern ist der Mälarsee der drittgrößte See Schwedens. Entlang seiner verschlungenen Ufer liegt die bevölkerungsreichste Region des Landes, dazu viele Herrenhäuser und Schlösser wie zum Beispiel das berühmte Schloss Gripsholm.

Einst war der Mälarsee eine Ostseebucht, aber seit dem 12. Jh. gilt er wegen der durch die Landhebung hervorgerufenen Veränderung des Wasserstandes als Binnensee. Die Nähe zu Stockholm, das am Ostufer liegt, machte den See einst für den Adel attraktiv. Daher rührt die große Zahl stattlicher Schlösser und Herrensitze. Weil die zugehörigen Ländereien nie bebaut wurden, ist heute rund um den See noch sehr viel Grün zu finden.

Am Mälarsee bewegt man sich am besten zu Wasser, etwa mit einem solchen Schärenkreuzer.

Sehenswertes am Mälarsee

Mariefred Die idyllische Kleinstadt Mariefred westlich von Södertälje geht auf das 1493 gegründete **Kartäuserkloster** Pax Mariae zurück, das bis zur Reformationszeit bestand. Der Ort wird überragt von der auf einem bewaldeten Hügel stehenden Kirche (1624). Unterhalb liegt der alte Teil des Städtchens, dessen enge Gassen von malerischen Holzhäusern gesäumt werden. Im alten **Gripsholm Kungsladugård** ist heute ein internationales Zentrum für grafische Kunst untergebracht, das wechselnde Ausstellungen zeigt. 1895 wurde die Bahnlinie nach Mariefred eröffnet; heute wird die Schmalspurbahn von einem Museumsverein betrieben (mehrmals tgl. Fahrten auf der Strecke Mariefred-Läggesta, Dauer ca. 45 min.).

MÄLARSEE ERLEBEN

AUSKUNFT

Eskilstuna Turistbyrå
Rademacherg 50
63186 Eskilstuna
Tel. (016) 10 70 00
Fax 14 95 00
www.eskilstuna.se

Sigtuna Turistbyrå
Stora Gatan 33
Box 117
19323 Sigtuna
Tel. (08) 59 48 06 50
Fax 59 48 06 59
www.sigtuna.se

Strängnäs Turistbyrå
Grassagården
Kvarngatan 2
64530 Strängnäs
Tel. (01 52) 296 99
Fax 297 95
www.strangnas.se
(Homepage auch für Mariefred)

Västerås Turistbyrå
Kopparbergsvägen 1
72187 Västerås
Tel. (021) 39 01 00
www.vasterasturism.se

ESSEN

► Erschwinglich

Oliver Twist Liquid
Eskilstuna, Careligatan 2
Tel. (016) 51 11 11
Das Vergnügungszentrum der Stadt, mit fünf Bars, drei Tanzflächen und einem Restaurant

► Preiswert

China Empire
Eskilstuna, Resecentrum
Tel. (016) 13 28 13
Zum Lunch gibt es ein reichhaltiges Buffet, von dem man so viel essen kann, wie man möchte.

Konditori Fredman
Mariefred, Kyrkogatan 11
Tel. (01 59) 121 10
Etwas für Gaumen und Auge sind die herrlich grünen Marzipantorten.

Café Ångbåtsbron
Strängnäs, Dampferanlegestelle
Tel. (01 52) 184
Wenn es nach Zimt und frisch Gebackenem duftet, sollten Sie hier unbedingt die Süßen Stückchen probieren.

zungen aus der Wikingerzeit entstanden zwischen 500 und 1050 n.Chr. und gehören zu den umfassendsten derartigen Anlagen in Schweden.

Rund 15 km südwestlich von Västerås liegt an einer kleinen Bucht des Mälarsees **Schloss Tidö**, eines der am besten erhaltenen schwedischen Schlösser aus der Übergangszeit zwischen Renaissance und Barock. Die Schlosskapelle und einige Schauräume sowie das Spielzeugmuseum können im Sommer besichtigt werden (Öffnungszeiten Mai–Aug. tgl. 12.00–17.00, Juni, Juli Mo. geschl., www.tidoslott.se).

An der Nordseite des Mälarsees liegt **Enköping**, das aber wenig zu bieten hat. Ganz anders der 10 km nordöstlich von Enköping gelegenen Weiler **Härkeberga**: Hier steht eine kleine Dorfkirche aus dem 13./14. Jh., deren hervorragend erhaltene, nahezu lückenlose gotische Ausmalung mit biblischen Szenen einzigartig ist.

Wikingergrab Anundshögen

★ **Sigtuna**

Sigtuna liegt hübsch am Sigtunafjärden, einer nördlichen Verzweigung des Mälarsees. Zu Beginn des 11. Jh.s gründete König Olov Eriksson die Stadt, die sich zu einer der größten und schönsten des Landes entwickelte. Sigtuna wurde **Bischofssitz**, doch als der Bischof von Svea 1130 seine Residenz in das nahe Uppsala verlegte, ging auch die Bedeutung der Stadt zurück.

Heute ist Sigtuna ein beliebtes Ziel der Ausflugsboote, die in Stockholm oder Uppsala ablegen. Der Ortskern ist Fußgängerzone und so kann man sehr gemütlich entlang der schmucken Holzhäuser bummeln, in denen viele Geschäfte untergebracht sind. Sehenswert ist das angeblich **kleinste Rathaus Schwedens**, erbaut im Jahre 1744 (Öffnungszeiten: tgl. 12.00–16.00 Uhr, von Sept. bis Mai nur an Wochenenden).

Dort, wo vor 1000 Jahren der Königshof von Erik Segersäll lag, befindet sich heute das **Sigtuna-Museum.** Hier werden Funde aus der Wikingerzeit und dem frühen Mittelalter gezeigt (Öffnungszeiten: tgl. 12.00–16.00 Uhr, Sept.–Mai Mo. geschl., Stora Gatan 55).

★ **Skokloster** Folgt man von Sigtuna der Str. Nr. 263, so erreicht man bei Häggeby die Abzweigung nach Skokloster, einen weithin sichtbaren, weißen Vierflügelbau mit laternengekrönten Ecktürmen. Ursprünglich war dieser ein 1244 gegründeter Zisterzienserkonvent, der jedoch 1574 bis auf die Kirche abgerissen wurde. 1654–1657 wurde das heutige Schloss erbaut. Die gut erhaltenen Räume sind reich ausgestattet und im Rahmen einer Führung zugänglich. Neben schönen Stuckarbeiten und den sehenswerten Wand- und Deckengemälden sind auch die Gemälde- und die Waffensammlung sehr eindrucksvoll (Öffnungszeiten: Juni–Aug. tgl. 10.30 – 17.00, April, Mai tgl. 11.30 – 16.00, Sept. Mo. bis Fr. 12.30 – 15.00, Sa., So. 11.30 bis 16.00 Uhr).

★★ Malmö

F 9

Lage: Skåne / Schonen (Schweden) **Einwohnerzahl:** 270 000

Die Fertigstellung der Öresundbrücke bescherte Malmö, drittgrößte Stadt Schwedens und Wirtschaftszentrum von Schonen, einen bis heute ungebrochenen Boom, der sich in ambitionierten Bauprojekten wie Västra Hamnen und einer lebendigen Kunst- und Kulturszene ausdrückt.

Stadtgeschichte Malmö wurde schon 1259 erwähnt als Landungsplatz in der seichten Lomma-Bucht, wo Schiffe der Hanse auf Heringsfang gingen. Die Befestigungsanlagen ließ Dänenkönig Erich von Pommern erbauen. Seit dem Frieden von Roskilde 1658 gehört Malmö zu Schweden. Ihren Aufschwung im 18. Jh. hat die Stadt sowohl dem Hafen als auch Kaufmann Franz Suell (1744 – 1817) zu verdanken, dessen Standbild in der Norra Vallgatan steht. Weiteres Wachstum brachte 1856 der Bau der Eisenbahn nach Stockholm. 2005 wurde im ehemaligen Werftgebiet Västra Hamnen der 190 m hohe »**Turning Torso**« fertig gestellt nach Entwürfen von Stararchitekt Santiago Calatrava, der den Wohn- und Büroturm vom Erdgeschoss bis zum 54. Stockwerk um 90° verdrehte. 2006 – 2011 wird ein neuer Citytunnel gebaut, der den Hauptbahnhof mit der Öresundbrücke verbinden wird.

Sehenswertes in Malmö

★ **Altstadt** Die meisten Sehenswürdigkeiten sind gut zu Fuß erreichbar. Sie liegen innerhalb des Ringkanals, der die Altstadt umschließt. Ihr Zentrum bildet der **Stortorget** mit einem 1896 gegossenen Reiterstandbild Karls X. Gustavs, der die Provinz Skåne 1658 mit Schweden vereinigte. An der Ostseite des weiten Stortorget, den stattliche Gebäude aus der Zeit um 1900 umgeben, steht das prachtvolle Renaissance-**Rathaus** von 1546, links über Eck die **Residenz** des Landeshauptmanns. Die Kyrkogata führt zur **Petri-Kirche**, die im 14. Jh. als

Hinter der geschlossenen Häuserfront am Hafen verbirgt sich eine lebhafte, sehr nette Altstadt.

gotischer Backsteinbau nach Vorbild der Lübecker Marienkirche entstand. Das weiß verputzte Innere überspannen schmucklose Gewölbe, die Pfeiler zieren Epitaphe aus der Renaissance. Der Kirchenschatz ruht in einer Panzerglasvitrine im Nebenschiff. Schönster Platz ist der Lilla Torg mit seinen für Schweden so ungewöhnlichen, farbigen Fachwerkhäusern aus dem 16. bis 18. Jh. – sie sind ein dänisches Erbe und machen den »Kleinen Platz« geradezu heimelig. Im Sommer wird in zahlreichen Straßenlokalen geschlemmt, gelacht, geflirtet, im Winter zu Pop und Rock Pirouetten auf dem Eis gedreht.

✶ ◀ Lilla Torg

Form Design Center

Ein Torweg führt zum Speicher des Hedmanska Gården – hier präsentiert und verkauft seit 1964 das Form Design Center skandinavisches Design von 50 Firmen – Klassiker von Georg Jensen, Marimekko, Kosta Boda und Orrefors, aber auch Werke junge Designer (Öffnungszeiten: Di.–Fr. 11.00–17.00, Do. bis 18.00, Sa., So. bis 16.00 Uhr, www.formdesigncenter.com).

Altstadt

Zu den schönsten **alten Bürgerhäusern** Malmös gehören das Flensburgska Hus von 1589 in der Södergatan 9 und das Jörgen Kocks Hus von 1525 sowie das Rosenvingeska Hus von 1534 in der Västergatan 2 bzw. 5. Das Tunnelns Hus in der Adelgatan 4 ist auf 1519 datiert, das Diedenska Hus in der Östergatan 6 auf 1620, und das Thottska Hus zwei Häuser weiter auf 1558. Szenegänger zieht es in die Gassen rund um den **Gustav Adolfs Torg** und nach **Möllevangen**, wo Malmös multikulturelles Herz schlägt.

MALMÖ ERLEBEN

AUSKUNFT

Malmö Turism
Centralstationen (Hauptbahnhof)
21120 Malmö
Tel. (040) 34 12 00
Fax 34 12 09
www.malmo.se

ÖRESUND-TICKET UND MALMÖ-KARTE

Die bei Malmö Turism erhältliche »Malmökortet« für 1, 2 oder 3 Tage gewährt freie Fahrt mit den Stadtbussen, kostenloses Parken und freien Eintritt in die Städtischen Museen, eine Sightseeingtour und Rabatte bei Kanalrundfahrten, Events, in Restaurants und Geschäften.
Wer Lust auf einen Abstecher in die dänsiche Hautpstadt Kopenhagen hat, nimmt am besten den Zug: Der braucht vom Hauptbahnhof Malmö bis zum Kopenhagener Hauptbahnhof nur 35 Minuten! Das Öresund-Rundt-Ticket beinhaltet zwei Öresund-Überquerungen, ein Mal Brücke, ein Mal Fähre.

KANALRUNDFAHRTEN

Gegenüber vom Hauptbahnhof legt von April bis Sept. mehrmals täglich das Ausflugsboot Rundan zu einer herrlichen Rundfahrt durch die Kanäle und den Schlosspark ab (www.rundan.se).

EINKAUFEN

Wichtigste Einkaufsmeilen sind die Fußgängerzone Södergatan und ihre angrenzenden Straßen. Am Lilla Torg findet man im Form Design Center schwedisches Kunsthandwerk, größte Shopping Mall ist das Hansa Zentrum an der Stora Nygatan. Di. – Do. und So. 8.00 – 13.00 Uhr gibt es am Fiskehoddorna fangfrischen Fisch, Flohmarktfreunde treffen sich sonntags an der Södra Promenaden.

FESTE

Malmöfestival
Höhepunkt im Kulturkalender ist das alljährliche Malmöfestival in der dritten Augustwoche mit 900 Stunden kostenloser Unterhaltung, viel Musik und kulinarischen Spezialitäten. Mit 1,5 Millionen Besuchern ist es das größte Festival Südschwedens (www.malmofestiva len.se).

ESSEN

▶ Fein & Teuer

① ***Johan P.***
Saluhallen
Lilla Torg
Landbygatan 3
Tel. (040) 97 18 18
Das Fischlokal in der Markthalle gehört mit seiner erstklassigen Küche zu den Top 200 der schwedischen Restaurants. Dafür sind die Hauptgerichte ab 20 € recht preisgünstig.

② ***Årstiderna i Kockska huset***
Frans Suellsgatan 3
Tel. (040) 23 09 10
www.arstiderna.se
Im Backsteinkeller des Kocksahuset aus dem 16. Jh. servieren Marie und Wilhelm Pieplow schwedische Hausmannskost stilvoll als Gabelhappen für Gourmets.

③ ***Sturehof***
Adelgatan 13
Tel. (040) 12 12 53
www.sturehof.nu
Erst Pub, dann Treffpunkt der Presse, seit 1991 dank Chefkoch Anders Hylin ein Mekka für klassische schwedische Küche im Ambiente von 1920.

► **Erschwinglich**

④ ***Skeppsbron 2***
Børshuset, Skeppsbron 2
Tel. (040) 30 62 02
Reiche und überraschende Geschmackserfahrungen mit Blick aufs Wasser – es werden auch Kochabende veranstaltet.

⑤ ***Hipp***
Kalendegatan 12
Tel. (040) 97 40 30
Im ehemaligen Hippodrom von Malmö verwöhnt von Montag bis Freitag ein 2005 preisgekröntes Gourmetrestaurant die Sinne; am Wochenende tanzen hier 20- bis 30-Jährige zum Sound der Saison.

ÜBERNACHTEN

► **Günstig**

② ***Pallas***
Norra Vallgatan 74
Tel. (040) 611 50 77
Fax 97 99 00
http://home.swipnet.se/Hotell_Pallas
Zentrales, einfaches Hotel mit 19 Zimmern. Toilette und Dusche auf dem Flur, dafür aber auch sehr günstig.

Baedeker-Empfehlung

► **Komfortabel**

① ***Scandic Kramer***
Stortorget 7, 20 121 Malmö
Tel. (040) 69 35 400, Fax 69 35 411
www.scandic-hotels.com
Der liebevoll restaurierte Bau aus dem 19. Jh. bietet im Herzen der Altstadt großzügige Zimmer und perfekten Service. Im eleganten Kramer Gastronomi & Bar kann man zwischen einem mediterran inspirierten 3-Gänge-Menü und schwedischen »Klassikern« wählen.

✶✶ Malmöhus

Ein Wassergraben umgibt Schloss Malmöhus. Die vierflügelige Festungsanlage mit gedrungenen Ecktürmen wurde 1537 – 1542 erbaut und nach einem Brand 1870 erneuert.
Im Erdgeschoss lockt das **Naturmuseum** mit Tropikarium, Aquarium und Nachttierhaus. Darüber präsentiert das **Kunstmuseum** skandinavische Kunst des 20. Jh.s.
Im **Stadtmuseum** kann man neben Modellen der Stadt auch mittelalterliche Gebrauchskeramik, königliche Gemächer und den **Rittersaal** bestaunen (Öffnungszeiten: Juni – Aug. tgl. 10.00 – 16.00, sonst ab 12.00 Uhr, www.malmo.se/museer).

✶ Technik- und Seefahrtsmuseum

Vorbei am Kommandanthuset, das wechselnde Ausstellungen zeigt, und den falunroten Fiskehoddorna, in denen Fischer Lachs und Makrele frisch aus dem Rauch verkaufen, geht es zum sehenswerten zum Technik- und Seefahrtsmuseum, das interaktiv Flugtechnik, Schienen- und Straßenverkehr, Lebensmitteltechnologie und Kernkraft dokumentiert – besichtigen Sie auch das U-Boot (Öffnungszeiten: Juni – Aug. tgl. 10.00 – 16.00, sonst ab 12.00 Uhr; www.malmo.se/museer).
Vor dem Gebäude hält die über 100 Jahre alte Museumsstraßenbahn, die von Mai bis Sept. Sa. und So. in 15 Minuten durch den Schlosspark vorbei an Malmöhus zur Stadtbibliothek rattert (www.ss.se).

Malmö Orientierung

Essen

1. Johan P.
2. Årstiderna i Kockska huset
3. Sturehof
4. Skeppsbron 2
5. Hipp

Übernachten

1. Scandic Kramer
2. Pallas

A Anlegestelle der Kanalrundfahrten Rundan (Mai-Oktober)

Rund um 1:1-Repliken zweier ansehnlicher Hansekoggen entstand ein Erlebniszentrum zur mittelalterlichen Seefahrt: das Koggenmuseum (Medeltidsskeppen), zu dem auch eine authentische Gaststätte gehört (Öffnungszeiten: Jan. – Mai, Sept. – 22. Dez. Di. – So. 11.00 bis 16.00, Juni – Aug. tgl. 11.00 bis 16.00 Uhr, www.medeltidsskeppen.se).

★ Koggenmuseum

! *Baedeker* TIPP

Strandleben in Malmö

Malmös »Copacabana« heißt Ribersborg. Zwei Kilometer lang säumt feinster Sandstrand die seichte Badebucht. Im »Kallbadhus« von 1898 können Abgehärtete ganzjährig im Salzwasser baden, in der holzbefeuerten Sauna schwitzen und im Café den Sundblick genießen (Öffnungszeiten: Mo. – Fr. 8.30 – 19.00, Sa., So. 8.30 – 16.00 Uhr).

Die **Kunsthalle**, einer der größten Europas für zeitgenössische Kunst, stellt auch zahlreiche Arbeiten schwedischer Künstler aus (Öffnungszeiten: tgl. 11.00 – 17.00, Mi. bis 21.00 Uhr, www.konsthall.malmo.se).

Rooseum

Das Rooseum, ein Museum für moderne Kunst, wurde 1988 vom schwedischen Kunstsammler und Finanzier Fredrik Roos im einstigen Gaswerk von Malmö gegründet (Öffnungszeiten: Mi. 14.00 bis 20.00, Do. – So. 12.00 – 18.00 Uhr, www.rooseum.se).

★ Leksaksland

Barbie, Winnie Pooh und Harry Potter: Mehr als 10 000 Spielsachen der letzten 50 Jahre machen das Museum an der Frederiksberggatan 16 E zum Spaß für die ganze Familie. Gruselig wird es im »Läbbiga rummet«, dem »unheimlichen Zimmer« (Öffnungszeiten: Mi. – So. 11.00 bis 16.00 Uhr, www.leksaksland.se).

Trelleborg

Trelleborg, im 12. Jh. gegründet, hatte seine Blütezeit im Mittelalter dank der damals reichen Heringsgründe in der Ostsee. Für die Entwicklung ungemein wichtig war der Bau des Hafens, denn die Fährverbindungen nach Travemünde, Rostock und Saßnitz sind heute ein wichtiger Wirtschaftsfaktor.

Das Zentrum der Altstadt bildet der Stortorg. An der nordöstlichen Ecke des Stadtparks steht der nüchterne Klinkerbau der **Kunsthalle**, ein Geschenk des Bildhauers Axel Emil Ebbe (1868 – 1941) an seine Heimatstadt. Hier wird unter anderem eine stattliche Zahl seiner Skulpturen gezeigt (Öffnungszeiten: Anf. Juni – Mitte Aug. Di. – So. 13.00 – 17.00 Uhr).

Ende der 1980er-Jahre wurden mitten in der Stadt die Überreste einer 1000 Jahre alten **Wikingerburg**, der Trelleborg, aus der Zeit Harald Blauzahns entdeckt. Ursprünglich hatte die Befestigungsanlage, die aus einem Erdwall und Palisaden aus gespaltenen Stämmen bestand, einen Durchmesser von 143 m. Gegenwärtig ist ein Viertel rekonstruiert (Bryggaregatan).

✶ Norrköping

H 7

Landschaft: Östergötland
Einwohnerzahl: 124 000
Provinz: Östergötland Län
Höhe: Meereshöhe

Norrköping galt seiner florierenden Textilindustrie wegen einst als das »Manchester Schwedens«. Doch längst steckt auch Schwedens Textilindustrie in der Krise. Die leeren Fabriken werden von Unternehmen, der Universität sowie Museen genutzt.

Die südschwedische Hafenstadt Norrköping (sprich: Norrtchöping) liegt an der Mündung des Motala Ströms in die Ostseebucht Bråviken, die sich fast 50 km weit ins Binnenland vorschiebt. Sie bildet die natürliche Grenze zwischen der Waldlandschaft Kolmården im Norden und dem fruchtbaren Vikbolandet im Süden.

Sehenswertes in Norrköping und Umgebung

Innenstadt

Südlich vom Bahnhof liegt der **Karl Johans Park,** in dem jedes Jahr im Juni ein neues, kunstvolles Kakteenmotiv aus rund 25 000 dieser stachligen Pflanzen entsteht. Jenseits des Motala Ström liegt der **Deutsche Platz** (Tyska Torg) mit der Hedwigskirche, die im 17. Jh. für den deutschen Teil der Bevölkerung erbaut wurde. An der Südseite des Platzes steht das Rathaus (1907 – 1910), dessen Glockenspiel täglich um 12.00 und 17.00 Uhr erklingt.

Museum der Arbeit

Das Museum der Arbeit ist in einem alten Fabrikgebäude eingerichtet und beleuchtet in wechselnden Ausstellungen die Welt der Arbeiter in der Zeit der frühen Industrialisierung (Öffnungszeiten: tgl. 11.00 – 17.00 Uhr).

Holmen-Museum

Einst war Holmens Bruk eine Papiermühle, heute stellt man hier Papier nur noch zu Schauzwecken her. Weiter wird in dem Gebäude, das entfernt an ein Bügeleisen erinnert, die interessante Geschichte der Papierfabrik aufgerollt (Öffnungszeiten: Di. – Do. 9.00 – 12.30 Uhr).

Kunstmuseum

Am südlichen Ende der Drottninggatan gelangt man zum Kunstmuseum, das schwedische Malerei und Plastik ab dem 17. Jh. und einen Skulpturengarten zeigt. Die Sammlung schwedischer Kunst des 20. Jh.s gilt als eine der besten des Landes (Öffnungszeiten: tgl. 12.00 bis 16.00 Uhr, Di. – So. 11.00 – 17.00 Uhr).

Stadtmuseum

In Norrköpings Stadsmuseum, das sich westlich vom Zentrum am Motala Ström auf mehrere Gebäude verteilt, lebt die große Zeit der örtlichen Textilindustrie wieder auf (Öffnungszeiten: Di. – Fr. 10.00 – 17.00, Sa., So. 11.00 – 16.00 Uhr, Västergötegatan 19 – 21).

Westlich vom Zentrum liegt im Stadtteil Himmelstalund an der E 4 ein Sportpark, in dem rund 1600 bronzezeitliche Felsritzungen mit Darstellungen von Schiffen, Tieren und Menschen entdeckt wurden (► Baedeker-Special S. 352). Im nahen **Museum** erfährt man alles Wichtige über deren Entstehung (Öffnungszeiten: Mitte Juni – Ende Juli tgl. 11.00 – 18.00, Mai, Aug. 10.00 – 16.30 Uhr).

✶ Felszeichnungen

Im nordöstlich von Norrköping am Bråviken gelegenen Hafenort Kolmården machen Tiger den Elchen Konkurrenz: Im Kolmårdens Djurpark, der zu den größten Tierparks Schwedens gehört, gibt es ein Elefanten- und Raubtierhaus, weiter sind ein Delfinarium und eine Tropenschau zu sehen (Öffnungszeiten: Mai – Aug. 10.00 – 17.00, im Juli bis 18.00 Uhr, www.kolmarden.com).

Kolmårdens Tierpark

Den kleinen, nordwestlich gelegenen Ort Risinge erreicht man von Norrköping auf der Str. Nr. 51. Hier steht die in der zweiten Hälfte des 12. Jh.s erbaute Marienkirche, deren Kalkmalereien aus dem frühen 15. Jh. zu den interessantesten ihrer Art in Schweden zählen (Öffnungszeiten: Ende Juni – Mitte Aug. Mo. – Fr. 10.00 – 17.00, Sa. 10.00 – 13.00, So. 13.00 – 17.00 Uhr).

✶ Marienkirche Risinge

NORRKÖPING ERLEBEN

AUSKUNFT

Destination Norrköping
Holmentornet, Dalsgatan 9
60181 Norrköping
Tel. (011) 15 50 00, Fax 15 50 74
www.destination.norrkoping.se

ESSEN

► Erschwinglich

Palace
Bråddgatan 13
Tel. (011) 18 96 00
Restaurant, Nachtclub, Kneipe und Discothek unter einem Dach. Schön gelegen am Motala Ström.

► Preiswert

Hantverkaren
Stohagsgatan 4, Tel. (011) 12 40 58
Preisgünstige Alternative für ein solides Mittagessen. Nur an Wochentagen und nur bis 14.00 Uhr geöffnet.

ÜBERNACHTEN

► Komfortabel

Hotel Kneippen
Kneippgatan 7
Tel. (011) 13 30 60
Fax 16 77 73
22 Zi., www.kneippen.se
Um 1900 bei Prominenz und Adel sehr beliebtes Kur- und Wellnesshotel. Moderne, helle Zimmer, nur 10 min. Fußweg zum Zentrum

► Günstig

Marieborgs Kursgård
Marieborgsvägen, Box 724
Tel. (011) 21 96 11
Fax 21 96 28
56 Zi., www.marieborg.net
Preiswertes »Bed & Breakfast« 5 km nördlich von Norrköping. Wunderschöne Lage mit Blick über den Motala-Fluss.

Söderköping Die 17 km südöstlich von Norrköping am Götakanal gelegene Stadt Söderköping wurde im 13. Jh. als Lübecker Handelskolonie gegründet und war im Mittelalter einer der wichtigsten schwedischen Handelsplätze. Wegen der schönen alten Häuser und der engen Gassen sind das Drothemsviertel in der Nähe des Rathausplatzes mit der gleichnamigen Kirche sowie das Schulhaus sehenswert. In der Nähe des Ramunderberges fließt der Götakanal durch Söderköping. Im Sommer zählen der Kanalhafen und die Schleuse mitten in der Stadt wegen ihrer Cafés, Restaurants und Handwerksläden zu den beliebtesten Treffpunkten.

✶ Schären Zwischen Arkösund im Norden und Gryt im Süden liegt vor der Küste ein relativ kleiner, aber schöner Schärengarten. Von Söderköping führt die Straße Nr. 210 nach Sankt Anna und weiter nach Tyrislöt, wo sich eine Schärenlandschaft wie aus dem Bilderbuch öffnet. An etlichen Stellen kann man hier baden, Boot fahren und fischen. Zahlreiche Bootsverbindungen erschließen die Inselwelt, Infos zu Fahrplänen gibt es in den Touristenbüros von Norrköping, Söderköping und Valdemarsvik.

✶✶ Öland

H 8

Landschaft: Öland
Einwohnerzahl: 25 000
Provinz: Kalmar Län

Windmühlen sind das Wahrzeichen Ölands und eine steife Brise weht hier durchaus häufig. Das tut der Beliebtheit der zweitgrößten Insel Schwedens keinen Abbruch, denn die Strände sind sehr schön und die Sonne scheint überdurchschnittlich häufig.

Insel des Windes Öland liegt recht nahe an der Ostküste Schwedens, ist 137 km lang, aber nur 4 – 16 km breit. Daher pfeift hier fast immer der Seewind übers Land. In der Vergangenheit spannte man die Gratis-Windkraft zum Antrieb von Windmühlen ein und einst standen auf Öland rund 2000 Windmühlen, 400 sind noch erhalten und stehen unter Denkmalschutz. Kulturinteressierte finden hier außerdem mittelalterliche Kirchen, vorgeschichtliche Befestigungsanlagen, für Pflanzenfreunde interessant sind die Orchideen und die Stora Alvaret, eine steppenähnliche Kalkheide.

Dünen, Heide, Kraniche Im Süden der Insel erstreckt sich die Stora Alvaret, eine verkarstete, von niedrigen Steinmauern unterteilte Steppenheide. Die meiste Zeit des Jahres scheint sie nichts als eine eintönige Schafweide zu sein. Doch im Frühjahr verwandelt sich die Landschaft in einen bunten Blütenteppich aus gelben Sonnenröschen, duftendem Klee und blauen Kugelblumen, gefolgt von seltenen Orchideen. Im Herbst

Besondere Schätze gibt es auf den windzerzausten Heiden zu entdecken, hier die Kultstätte bei Gettling.

hingegen rasten hier die Kraniche in großer Zahl – ein unvergesslicher Anblick. Die Mitte Ölands, zwischen Borgholm und Färjestaden, ist in Küstennähe von Laub- und Nadelwald geprägt, während das Inselinnere von Haselbüschen und Waldwiesen bedeckt ist. Der Norden schließlich geht in eine Felsküste über, während im Osten Landzungen mit flachen Buchten voller Dünen abwechseln.

Sehenswertes südlich von Färjestaden

★ **Ölandbrücke**

Von Kalmar kommend, überquert man die engste Stelle des Kalmarsunds auf der Ölandbrücke. Sie zählt mit 6070 m zu den längsten Brücken Europas und konfrontiert die Fahrer mit oft heftigem Seitenwind. Dafür bietet sich für die Beifahrer ein schöner Rückblick auf Kalmar.

Färjestaden

Direkt beim östlichen Brückenkopf liegt der Hafenort Färjestaden; in der Nähe befindet sich der Ölands Djurpark, ein Freizeitzentrum mit Zoo, Dinosaurierpark, Schwimmbad und Märchenland (Öffnungszeiten: Ende Juni – Mitte Aug. tgl. 10.00 – 20.00, sonst tgl. bis 18.00 Uhr).

ÖLAND ERLEBEN

AUSKUNFT

Borgholms Turist/Resecentrum
Sandgatan 25
38731 Borgholm
Tel. (04 85) 890 00
Fax 890 10
www.olandsturist.se

Träffpunkt Öland
Box 44
(am Brückenkopf Färjestaden)
38621 Färjestaden
Tel. (04 85) 56 06 00
Fax 56 06 05
www.olandsturist.se

ESSEN

► Erschwinglich

Lammet & Grisen
Löttorp
Tel. (04 85) 203 50
Der Name ist Programm, denn köstliche Lamm- und Schweinegerichte kommen hier auf den Tisch. Außerdem ist die Dachterrasse der schönste Platz, um sich den Sonnenuntergang anzusehen.

► Preiswert

Sandviks Kvarn
nördlich von Sandvik
Tel. (04 85) 261 72
Öländer Spezialitäten und Hausmannskost in einer der größten Windmühlen der Welt. Auch Pizzeria, Cafeteria und Kiosk. Mittagsbuffet mit schwedischer Hausmannskost.

Kafé & Restaurang Bojen
Färjestaden, Hamnplan
Tel. (04 85) 31037
Am besten sitzt man draußen mit Blick über den Sund. Unbedingt die ölandischen Kartoffelklöße mit Speckfüllung probieren. Eigene Gebäckherstellung.

ÜBERNACHTEN

► Komfortabel

Guntorps Herrgård
Borgholm, Guntorpsgatan
Tel. (04 85) 130 00
Fax 133 19
20 Zi., www.guntorpsherrgard.se
Alter ölandischer Herrenhof mit geschmackvoll eingerichteten Gästezimmern. Erstklassiges Restaurant mit typisch schwedischem Smörgåsbord und vielen lokalen Spezialitäten wie Elchsalami, geräuchertem Aal, Leberpudding und eingelegtem Hering.

Halltorps Gästgiveri
Borgholm
Tel. (04 85) 850 00, Fax 850 01
36 Zi., www.halltorpsgastgiveri.se
Zimmer mit schönem Kunsthandwerk, im Stil der verschiedenen schwedischen Landschaften eingerichtet. Von der Sonnenterrasse aus hat man einen ausgezeichneten Blick auf den Kalmarsund. Viele Aktivitäten wie Weinproben, Folkloreabende, Vogelsafaris und Angeltouren. Das angeschlossene Restaurant wurde 2004 zum besten Restaurant der Insel gewählt.

► Günstig

Auf Öland gibt es mehr als 20 Campingplätze, die meisten in der Nähe von Färjestaden, Borgholm und der Böda-Bucht. Einige vermieten auch günstige Hütten.

AUSFLÜGE

Von Borgholm und Byxelkrok starten Boote zur Insel Blå Jungfrun.

FREIZEIT UND SPORT

Die schönsten Sandstrände, an denen man freilich selten allein ist, liegen in der Böda-Bucht.

Öland ist ein Mekka für Radfahrer, Räder vermieten die Campingplätze. Weitere Adressen über die Touristeninformation Borgholm.

VERANSTALTUNGEN

Walpurgisfeuer
Ende April flammen an der Schlossruine Borgholm die Walpurgisfeuer auf.

Geburtstagsfeier von Kronprinzessin Victoria
Jährlich am 14. Juni. Feierliches Ereignis und Volksfest für die ganze Familie mit einem großen Künstleraufgebot in der Sportarena Bornholm.

Den zierlichen Blumenschmuck der Stora Alvaret kann man vom Rad aus besonders gut entdecken.

Träffpunkt Öland

Träffpunkt Öland ist ein Informationszentrum mit »Historium«, einer Ausstellung zur Geschichte Ölands. Für die Fahrt nach Süden empfiehlt es sich, nicht die im Inselinnern verlaufende Straße Nr. 136, sondern die sehr viel interessantere Landstraße in Ufernähe zu benutzen.

★ Karlevistenen

Nach rund 4 km erreicht man den Karlevistenen. Dieser älteste Runenstein der Insel trägt eine ausführliche Inschrift, die besagt, dass der Stein von Sibbe dem Weisen, einem dänischen Seekönig, am Ende des Jahres 1000 gesetzt wurde.

Mysinge Hög

Rund 3 km östlich von Mörbylånga ragt der bronzezeitliche Grabhügel Mysinge Hög auf, von dessen Höhe man einen herrlichen Blick über die Weite der Stora Alvaret hat. In der Umgebung sind mehrere sehenswerte Kammergräber aus der jüngeren Steinzeit erhalten.

Gettlinge

Von Mysinge folgt man weiter der Str. Nr. 136 in südlicher Richtung, wo man bald das Gräberfeld von Gettlinge mit mehr als 200 Gräbern aus der Eisenzeit erreicht. Es ist damit eines der größten der Insel. Im nördlichen Teil des rund 2 km langen Feldes sind Steinsetzungen in Schiffsform und etliche Monolithen zu sehen.

Långe Jan

Von Ottenby führt eine Stichstraße durch das Naturreservat bis zur Südspitze von Öland, wo der Långe Jan steht, mit 42 m der höchste Leuchtturm Schwedens, von dem aus man eine herrliche Sicht hat. Am Fuß des Leuchtturms befindet sich das **Ottenby Naturum**: ein kleines Vogelmuseum und eine Vogelstation, von wo geführte Touren starten (Tel. 04 85/ 66 10 93).

Eketorp

Von Ottenby folgt man nun der nahe der Ostküste nach Norden verlaufenden Landstraße. Nördlich von Össby liegt die Eketorpsborg, ein rekonstruiertes Wehrdorf aus der Eisenzeit (ca. 300 bis 1200 n. Chr.). Wer sich ein eindrückliches Bild der Zeit machen möchte, als man die Häuser noch mit Kuhdung isolierte, ist hier richtig. Im Sommer wird vorgeführt, wie Handwerker in der Eisenzeit und im Mittelalter arbeiteten. Wer will, kann mitmachen oder original eisenzeitliche Suppe kosten (Öffnungszeiten: Mai – Anfang Sept. tgl. 10.00 – 17.00 Uhr sowie Sa., So. im September, www.eketorp.se).

Sehenswertes nördlich von Färjestaden

Himmelsberga

Entweder man setzt die oben beschriebene Rundfahrt von Eketorp aus fort oder fährt von Färjestaden aus direkt an die Westküste nach Norra Möckleby. Je weiter man der Küstenstraße nach Norden folgt, desto mehr wird die Landschaft von Kiefernwäldern und Wacholderheiden geprägt. Bei Länglöt zweigt eine Nebenstraße ab, die nach

Fast wie auf einem unbewohnten Planeten: die Felsenküste bei Byrum

Himmelsberga führt: Herrenhaus und vier stattliche Bauernhöfe aus dem 18./19. Jh. bilden heute ein Freilichtmuseum. Im Museumsshop kann man hübsches Kunsthandwerk erstehen (Öffnungszeiten: 15. Mai – Aug. tgl. 10.00 – 17.30 Uhr, www.olandsmuseum.com).

> **! *Baedeker* TIPP**
>
> **Fotogene Steine**
> Bei Byrum erheben sich an der Westküste die Byrums Raukar, Ölands einziges Gebiet, wo diese bizarren und höchst fotogenen Felsnadeln zu finden sind.

In Gärdslösa steht die besterhaltene mittelalterliche Kirche der Insel, ein romanischer Bau aus dem 12. Jh. mit gotischem Chor, dessen Wände mit Malereien nach alttestamentlichen Motiven geschmückt sind.
Etwas weiter trifft man direkt an der Straße auf mehrere **Windmühlen**. Es sind typisch öländische, kleine Bockwindmühlen, die auf einem dicken Eichenstamm ruhen und mit einem langen Hebel in den Wind gedreht werden müssen.

Trollskogen

Die Nordspitze von Öland ist von einem rund 6000 ha großen Parkgelände bedeckt, in dem mehr als 50 Baumarten wachsen. Ein Teil des Parks wird wegen der vom Seewind zerzausten, skurril anmutenden Kiefern »Trollskogen« (Zauberwald) genannt.

Byxelkrok

Nahe bei dem kleinen Fischerort Byxelkrok erstreckt sich das von Carl v. Linné als **Neptuni Åkrar** (Äcker des Neptun) bezeichnete Gebiet. Diese eigenartige Strandformation besteht aus losen Steinen, auf denen im Hochsommer der Natternkopf, ein Borretschgewächs, meerblau blüht. Vom Strand blickt man auf **Blå Jungfrun**. Diese Insel aus rötlichem Granit ist Nationalpark und gilt als Treffpunkt von Hexen. Wer das überprüfen will, kann im Sommer an einer Bootstour teilnehmen und auf gut markierten Wegen die Insel erkunden.

Långe Erik

Auf der Nordspitze der Insel steht der Leuchtturm Långe Erik. Südlich davor erstreckt sich die **Bödabucht**, die wegen ihrer schönen **Sandstrände** zu den beliebtesten Urlaubsgebieten Ölands gehört.

Borgholm

Auf der abseits der Küsten durch das Inselinnere führenden Str. Nr. 136 fährt man wieder nach Süden und an Sandviks Kvarn, der mit acht Stockwerken **größten holländischen Windmühle auf Öland**, vorbei. Dann erreicht man Borgholm, die einzige Stadt der Insel, die mit ihrer Hafenpromenade, Restaurants und Geschäften ein Anziehungspunkt für alle Inseltouristen und entsprechend überlaufen ist. Im Sommer bestehen Bootsverbindungen nach Oskarshamn auf dem schwedischen Festland und zur Insel Blå Jungfrun.

◄ Schloss Borgholm

Rund 1 km südwestlich der Stadt liegt erhöht die mächtige Ruine des Schlosses Borgholm. Es wurde 1572 an der Stelle einer alten Burg errichtet, später umgebaut und 1806 durch einen Brand zerstört. Heute finden in der Ruine Musikfestspiele statt.

★★ Solliden Unweit südlich von Borgholm liegt in einer geschützten Senke Schloss Solliden. Das weiße klassizistische Schlösschen wirkt bescheiden, gegenüber steht etwas erhöht das kleine, ganz mit Grün überwucherte Spielhaus. 1903–1906 wurde das Anwesen für Königin Victoria angelegt, dient heute der schwedischen Königsfamilie als Sommersitz und ist deshalb nicht zugänglich. Besichtigt werden kann aber der englische Park mit seinen schönen alten Bäumen (Öffnungszeiten Park: Mai–Mitte Sept. tgl. 11.00–18.00 Uhr).

Karums Alvar Rund 15 km südöstlich von Borgholm liegt im Inselinnern das große eisenzeitliche Gräberfeld Karums Alvar mit der 30 m langen schiffsförmigen Steinsetzung »Arche Noah«. In der Nähe befinden sich zwei Kalksteinhügel, wo der Sage nach Odin sein Ross Sleipnir angebunden haben soll.

★ Örebro

G 7

Landschaft: Närke
Einwohnerzahl: 127 000
Provinz: Örebro Län
Höhe: 22 m ü.d.M.

Nördlich von Örebro breiten sich die sanften Hügel des Bergslagen aus. Schon immer war die Stadt ein wichtiges Bindeglied zwischen diesem Bergbaugebiet und dem angrenzenden Bauernland. Wahrzeichen der alten Handelsmetropole ist das wuchtige Schloss.

Sehenswertes in Örebro und Umgebung

Nikolaikirche In der Nikolaikirche (18. Jh.) am Marktplatz wurde 1810 der französische Marschall Jean Baptiste Bernadotte zum Thronfolger gewählt, da das schwedische Königshaus keine Nachkommen hatte. In der Kirche ist der legendäre schwedische Volksheld und Reichshauptmann **Engelbrekt Engelbrektsson** bestattet. Sein Bronzestandbild (1865, von Carl Gustav Qvarnström) steht gegenüber der Kirche vor dem neugotischen Rathaus.

★ Schloss Örebro Nördlich vom Marktplatz erhebt sich auf einer Flussinsel das Schloss, ein stattlicher viertürmiger Renaissancebau, der heute neben dem Schlossmuseum auch ein Restaurant und das Tourismusbüro beherbergt. Die ältesten Teile des Schlosses wurden in der zweiten Hälfte des 13. Jh.s, das heutige Schloss Ende des 16. Jhs. errichtet (Öffnungszeiten: Mo.–Fr. 10.00–18.00, Juni–Aug. auch Sa., So. 10.00–16.00 Uhr).

Provinzmuseum Im Örebro Länsmuseet östlich des Schlosses sind Sammlungen zur Kunst- und Kulturgeschichte zu sehen (Öffnungszeiten: Di.–So. 11.00–17.00, Mi. bis 21.00 Uhr).

Wadköping

Folgt man dem Fluss in östlicher Richtung, kommt man zum Freilichtmuseum von Wadköping, dem ältesten Viertel Örebros. Die Häuser des Museums hatten früher im Zentrum von Örebro gestanden, mussten jedoch Neubauten weichen und wurden hier wieder aufgebaut. So ist in Wadköping nicht nur ein Freilichtmuseum, sondern auch ein sehenswerter historischer Stadtteil mit Handwerksbetrieben, Museen, Läden und Cafés entstanden (Öffnungszeiten Museen: Mai – Aug. Di. – So. 11 00 – 17.00, sonst bis 16.00 Uhr).

Arboga

Rund 40 km nordöstlich von Örebro liegt die Stadt Arboga. Sie entstand im 12. Jh., als der Fluss schiffbar gemacht wurde, und entwickelte sich rasch zu einem betriebsamen Handelsplatz. Diese Bedeutung verlor sich allerdings, als man im 17. Jh. die Bergbausiedlungen Nora und Lindesberg gründete und den Hjälmarkanal anlegte. Im idyllischen Zentrum gibt es noch viele Kaufmanns- und Handwerkerhäuser; außerdem ist Arboga Sitz einer **Brauerei.** Wenige Schritte westlich vom Rathaus ist das **Stadtmuseum** zu finden, das über die große Zeit der Zünfte informiert und Objekte aus Zinn und Silber zeigt (Öffnungszeiten: Di. – Do. 13.00 – 16.00, Sa. 11.00 – 14.00 Uhr).

Trutzig demonstriert das Schloss von Örebro die Macht der alten Handelsstadt.

Hjälmarsee Die Verbindung zwischen Arboga und Hjälmarsee bildet der 13,7 km lange Hjälmarkanal, der mit neun Schleusen eine Höhendifferenz von 22 m überwindet. Der 483 km² große See erstreckt sich östlich bis Södermanland. An dem fischreichen Gewässer leben viele Vögel.

ÖREBRO ERLEBEN

AUSKUNFT

Destination Örebro
Slottet, Box 32800
70135 Örebro
Tel. (019) 21 21 21, Fax 10 60 70
www.orebro.se

ESSEN

► Erschwinglich

Slottsskänken
im Schloss von Örebro
Tel. (019) 12 23 39
Hier isst man immer gut: entweder im Restaurant im Schloss (Mi. – Sa. 17.00 – 22.30 Uhr) oder günstiger im Tornkaféet, das werktags von 11.30 bis 15.00 Uhr ein sehr preisgünstiges Mittagsbuffet bietet. Auch Bewirtschaftung auf der Schlossterrasse.

ÜBERNACHTEN

► Luxus

Grythyttans Gästgivaregård
Grythyttan, Prästgatan 2
Tel. (05 91) 147 00, Fax 141 24
www.grythyttan.com
Edler Gasthof nordwestlich von Örebro. Exklusive Küche, die zu den besten des Landes zählt, erlesen ist auch die Weinkarte. Historisch-romantische Zimmer.

► Komfortabel

Hotel Göta
Olaigatan 11
Tel. (019) 611 53 63, Fax 18 31 56
20 Zi., www.hotellgota.nu
Charmantes Hotel in unmittelbarer Nähe des Schlosses. Wellness-Abteilung mit skandinavischer Sauna, Solarium und Massage.

EINKAUFEN

In der Innenstadt kann man vor allem im Gebiet Storgatan-Drottninggatan-Stortorg-Våghustorg einkaufen. 9 km südlich von Örebro liegt das riesige Einkaufszentrum Marieberg mit über 60 Geschäften.

FREIZEIT UND SPORT

Ausflüge
Im Hochsommer verkehren Ausflugsboote auf dem Hjälmarkanal, 40 km nordöstlich von Örebro. Auskunft über die Touristenbüros in Arboga (Tel. 05 89/ 871 51) und Kungsör (Tel. 02 27/ 60 01 01).

Vogelbeobachtungen
Jedes Jahr Ende März rasten zwischen 1000 und 3000 Singschwäne auf ihrem Weg nach Russland und Finnland am Tysslingen-See westlich von Örebro. Sie vollführen vor allem am Morgen ihre Tänze und trompeten lautstark. Seit der See renaturiert wurde, lohnt auch ein Besuch außerhalb der Schwanenrast, denn jetzt brüten wieder unzählige Vögel am Tysslingen.

Kanufahren
Der Hjälmarkanal ist auch bei Kanuten ein beliebtes Revier. Routenbeschreibungen und Adressen von Kanuvermietern hält die Touristeninformation bereit.

★ Östersund

G 5

Landschaft: Jämtland
Einwohnerzahl: 58 000
Provinz: Jämtland Län
Höhe: 286 m ü.d.M.

Östersund liegt sehr schön am Storsjön-See. Überregional bekannt ist die Stadt als Mekka des Biathlon – 2008 werden hier die Weltmeisterschaften ausgetragen. Åre, Schwedens wichtigster Wintersportort, liegt ebenfalls in der Umgebung.

★★ Jämtland

Die terrassenförmig am östlichen Ufer des Storsjön ansteigende Stadt ist die einzige Stadt im Jämtland, einer wunderschönen Region, die noch weitgehend völlig unberührt ist. Seen und Berge prägen dieses Gebiet, das vor allem von Skifahrern aufgesucht wird.

Sehenswertes in Östersund und Umgebung

Runenstein von Frösön

Der Runenstein von Frösön vor dem Provinzparlament ist der nördlichste Schwedens und auf ihm wird erstmals der Name der Provinz Jämtland erwähnt. Auch von der Christianisierung der Region ist die Rede, was sonst nirgendwo nachzulesen ist. Auf diesem Stein sind zudem die Runen in den Körper einer Schlange eingeritzt, was manche mit der Sage vom Storsjö-Ungeheuer in Verbindung bringen.

? WUSSTEN SIE SCHON ...?

- ... wie Schweden sein einziges Seeungeheuer schützt? Nach einer Sage lebt seit Urzeiten das »Storsjödjur«, eine Art schwedische Nessie, im Storsjön-See, Hunderte wollen das seeschlangenähnliche Tier gesehen haben. Lange setzte man Himmel und Hölle in Bewegung, um das Ungeheuer zu erlegen, doch es entging seinen Häschern immer. 1986 stellte die Bezirksregierung das Wesen unter Naturschutz, damit ist es endlich vor Jägern sicher und streckt vielleicht gerade heute sein Haupt aus den Fluten ...

Im Storsjön-See liegt, durch eine Fußgänger- und eine Straßenbrücke mit Östersund verbunden, die fruchtbare Insel Frösön. Auf dem Östberg steht ein Aussichtsturm. Nördlich vom Östberg befindet sich der **Frösö-Zoo** mit über 700 verschiedenen Tierarten. Ferner gibt es ein Naturkundemuseum, einen Zirkus und ein Restaurant (Öffnungszeiten: Ende Juni – Mitte Aug. tgl. 10.00 – 18.00, sonst bis 16.00 Uhr, www.frosozoo.com). ⏲

★★ Jamtli

Die bedeutendste Sehenswürdigkeit von Östersund ist das Museum Jamtli im Norden der Stadt, eine Kombination von Volkskunde- und Freilichtmuseum. Im Hauptgebäude befinden sich Gemälde aus Jämtland und Härjedalen, eine Sammlung zur Samenkultur, präparierte Tiere, Hausgerät, Steinzeitfunde sowie die über 1000 Jahre alten **Teppiche aus Överhogdal.** Auf dem Freigelände steht eine große Zahl von historischen Bauernhäusern, hier werden etliche span-

Åre gehört zu den berühmtesten Skigebieten der Welt.

nende Aktivitäten für die ganze Familie angeboten (Öffnungszeiten: Ende Juni – Ende Aug. tgl. 11.00 – 17.00, sonst Di. – Fr. 10.00 – 16.00, Sa., So. 11.00 – 17.00 Uhr, www.jamtli.com).

Åre Schon 1954 richtete Schwedens Wintersportort Nummer 1 die Ski-Weltmeisterschaft aus, **2007** wird Åre wieder **Schauplatz der alpinen Ski-WM**. Alte und neue Nobelhotels prägen das Gesicht des an sich winzigen Ortes mit nur 1000 Einwohnern.

Unmittelbar bei Åre erhebt sich 1420 m hoch der **Åreskutan**, einer der bekanntesten Berge Schwedens, der bequem mit der **Kabinenbahn** erreichbar ist. Im Sommer bietet sich deren Bergstation als Ausgangspunkt für Wanderungen an. Im Winter ist sie das Zentrum eines Alpingebietes der Spitzenklasse. Anfänger erreichen mit einem Verbindungslift problemlos das Skigebiet **Åre Björnen** mit leichten Abfahrten.

✶✶ Tännfors Unweit westlich von Duved zweigt rechts die Straße zum Tännfors ab, Schwedens größtem Wasserfall, der in einem Naturschutzgebiet liegt. Hier stürzt der Indalsälv recht spektakulär auf 60 m Breite 32 m tief in den Nornsjö. 715 m³ Wasser donnern hier pro Sekunde in die Tiefe – ein grandioses Schauspiel! Die Touristenstation Tännforsen ist von Juni bis September geöffnet und bietet dem Hungrigen köstlich-knusprige Tännfors-Waffeln. Wer noch kein Mitbringsel hat: Im Souvenirladen wird samisches Kunsthandwerk angeboten.

ÖSTERSUND ERLEBEN

AUSKUNFT

Turist & Kongressbyrå
Rådhusgatan 44
83182 Östersund
Tel. (063) 14 40 01, Fax 12 70 55
www.turist.ostersund.se

Åre Turistbyrå
St Olavsväg 35
83013 Åre
Tel. (06 47) 177 20, Fax 177 12
www.visitare.se

ESSEN

▶ Erschwinglich

Villa Tottebo
Eisenbahnstation in Åre
Tel. (06 47) 506 20
Solide Küche mit regionalen Zutaten in einer Villa von 1897

En litenröd
Östersund, Brogränd 19
Tel. (063) 12 63 26
Pasta, vegetarische Küche, gute Fleischgerichte und als Spezialität Krabben- und Schokoladenfondue

▶ Preiswert

Café im Frösöturm
Östersund, Utsiktsvägen 10
Tel. (063) 12 81 69
Café auf der Spitze des Aussichtsturmes. Tolles hausgebackenes Brot. Geöffnet nur von Mitte Mai bis Mitte September.

ÜBERNACHTEN

▶ Komfortabel

Hotel Emma
Östersund, Prästgatan 31
Tel. (063) 51 78 40, Fax 51 78 42
www.hotelemma.com
Nettes Hotel mitten in der Altstadt. Außergewöhnlich schöne Gästezimmer im skandinavischen Stil.

Best Western Hotell Fjällgården
Åre, Fjällgårdsvägen 35
Tel. (06 47) 145 00, Fax 145 27
52 Zi., www.fjallgarden.se
Das Hotel liegt einzigartig am Berghang mit Blick auf das Skigebiet. Idealer Ausgangspunkt für diverse Freiluftaktivitäten.

Björknäsgårdens Hotell
Bräcke
Tel. (06 93) 160 20
www.bjorknasgarden.com
Die ehemalige Soldatenkate unweit der E 14 ist heute ein Hotel mit Blick auf den See. Fünf Minuten Fußweg zum Bahnhof.

ERMÄSSIGUNGEN

Im Touristenbüro, in Hotels und auf Campingplätzen kann man die Östersundkarte erstehen. Sie ist von Juni bis August 3 Tage gültig und gewährt freien Eintritt in Bäder und für viele Sehenswürdigkeiten und Museen (Erw. 140 SEK, Kinder 55 SEK).

AUSFLÜGE

Auf dem Storsjön verkehrt im Sommer die »Thomée«, der älteste Dampfer Schwedens, erbaut 1875, tgl. außer Mo. ab Östersund zu den Inseln Verkön und Andersön.

WINTERSPORT

Skifahren
Wegen des stabilen Winterwetters kommt so manche Biathlon-Nationalmannschaft nach Östersund zum Training. Insgesamt ideale Bedingungen zum Eisangeln, Skilanglauf oder zum Schlittschuhlaufen auf dem See.

Hundeschlitten
Das Touristenbüro in Åre vermittelt

✶ Siljansee

G 6

Landschaft: Dalarna
Höhe: 161 m ü.d.M.
Provinz: Dalarna Län

Der Siljansee bildet das Herz der mittelschwedischen Landschaft Dalarna. Eine friedliche Feld-Wald-Wiesen-Idylle erstreckt sich an seinen Ufern, die zu den beliebtesten Ferienregionen Schwedens zählt. Berühmt sind auch die hiesigen Mittsommerfeiern.

Der See – ein Meteoritenkrater

Der Siljansee entstand vor rund 360 Millionen Jahren durch den Einschlag eines riesigen Meteors. Aus der Luft erkennt man noch heute die ringförmige Kraterwand um den See. Dieser hat eine Fläche von 290 km², ist bis zu 120 m tief, 36 km lang, bis zu 25 km breit und wird vom Österdal Älv durchströmt. Am Siljansee finden jährlich **Mittsommerfeiern** mit Tanz um den Maibaum statt. Die Spielmänner spielen mit ihren Fiedeln auf und viele holen ihre farbenprächtige Tracht aus dem Schrank.

Mora

Zielort des Wasalaufs

Mora liegt am nördlichen Ufer des Siljansees. Die Stadt ist Geburts- und Wirkungsstätte des Malers und Bildhauers Anders Zorn (1860 – 1920) und gilt als der beliebteste Urlaubsort am Siljan. Seit 1922 wird es jährlich am ersten Sonntag im März turbulent: Dann steigt der Wasalauf (Vasaloppet), mit 90 km **der längste Skilanglauf der Welt**.

Vasaloppets Hus

Am nordöstlichen Rand der Innenstadt steht auf einem künstlich aufgeschütteten kleinen Hügel das Denkmal für Gustav Wasa (von A. Zorn, 1903). Ganz in der Nähe befindet sich das Vasaloppets Hus mit einer Ausstellung zur Geschichte des Wasalaufs (Öffnungszeiten: Mo. – Fr. 10.00 – 17.00 Uhr, www.vasaloppet.se).

Zorngården

Der Zorngården ist ein hübscher Park mit Wohnhaus und Atelier des Künstlers Anders Zorn (Öffnungszeiten: Mitte Mai – Mitte Sept. Mo. – Sa. 10.00 – 16.00, So. ab 11.00, sonst Mo. – Sa. 12.00 – 15.00, So. 13.00 – 16.00 Uhr, Besichtigung nur im Rahmen von Führungen, www.zorn.se). Nebenan steht das Zorn-Museum, das eine umfangreiche Sammlung von Werken des Künstlers zeigt (Öffnungszeiten: Mitte Mai – Mitte Sept. Mo. – Sa. 9.00 – 17.00, So. ab 11.00, sonst Mo. – Sa. 12.00 – 17.00, So. ab 13.00 Uhr).

Zorns Gammelgård

Südlich vom Stadtkern liegt am Ufer des Siljansees das Freilichtmuseum Zorns Gammelgård, wo man eine Anzahl alter Holzhäuser aus der Region sowie ein eindrucksvolles Textilmuseum besichtigen kann (Öffnungszeiten: Juni – Aug. tgl. 12.00 – 17.00 Uhr).

Die beliebten Dalapferdchen werden noch in Handarbeit hergestellt.

Von Mora um den Siljansee

Orsasee

◀ Orsa Grönklitt

Nördlich von Mora erstreckt sich der 56 km² große und bis 97 m tiefe Orsasee, an dessen nördlichem Ufer die Orte Våmhus und Orsa liegen. Orsa Grönklitt, 17 km nordwestlich von Orsa, ist ein großzügiges Freizeitgebiet mit Angel- und Wassersportmöglichkeiten, im Winter kann man Ski fahren. Außerdem ist Grönklitt für sein **Bärengehege** bekannt, das größte in Nordeuropa (Öffnungszeiten: Ende Juni – Mitte Aug. tgl. 10.00 – 18.00, sonst bis 15.00 Uhr).

Nusnäs

Das bunt lackierte hölzerne **Dalapferdchen**, wohl das bekannteste Souvenir Schwedens, wird im rund 10 km östlich von Mora gelegenen Ort Nusnäs hergestellt. Meist sind die Dalapferdchen rot bemalt und stehen nach Größen sortiert auf stämmigen Beinen in den Regalen (Werkstätten Edåkersvägen 17 und 24, Öffnungszeiten Sommer: Mo. – Fr. 8.00 – 17.00, Sa., So. 9.00 – 17.00 Uhr).

Rättvik

Von Mora führt Str. Nr. 70 in östlicher Richtung am Seeufer entlang nach Rättvik, das an einer Bucht des Siljansees liegt. Im **Freilichtmuseum** Rättviks Gammelgård, 2 km nördlich vom Zentrum, sind rund 30 Häuser, altes Hausgerät und Volkstrachten sowie schöne Dala-Malereien zu sehen (Öffnungszeiten: Mitte Juni – Mitte Aug. tgl. 12.00 – 16.00 Uhr). Im Kulturhaus am Südrand der Innenstadt findet man das **Naturmuseum**, das auch über den Meteoriteneinschlag informiert, der wohl vor über 300 Millionen Jahren den Siljansee formte (Öffnungszeiten: im Sommer Mo. – Do. 11.00 – 19.00, Fr. bis 15.00, Sa. bis 14.00, So. 13.00 – 17.00 Uhr).

SILJANSEE ERLEBEN

AUSKUNFT

Siljan Turism Mora
Strandgatan 14
79232 Mora
Tel. (02 50) 59 20 20, Fax 59 20 21
www.siljan.se

ESSEN

► Fein & Teuer

Fryksås Hotell & Gestgifveri
Fryksås, ca. 20 km von Orsa
Tel. (02 50) 460 20
Hier werden die besten Wildgerichte weit und breit serviert. Wer möchte, kann im kleinen gemütlichen Fryksås Hotell übernachten.

Kungshaga Hotell & Wärdshus
Orsa (2 km außerhalb)
Tel. (02 50) 442 60
Restaurant in einem alten Herrenhaus mit schöner Aussicht über den Orsasee. Bekannt gute Küche.

► Preiswert

Strandrestaurangen
Rättvik, zwischen Långbrybban und Enån
Tel. (02 48) 134 00
Sommerrestaurant in schöner Lage direkt am Siljansee. Abends Musik im Pub. Außerdem Kanuverleih, Minigolfplatz und Kinderschwimmbecken.

ÜBERNACHTEN

► Komfortabel

Dala Husby Hotell & Restaurang
Dala Husby, Smedbyvägen 56
Tel. (02 25) 412 70, Fax 411 25
12 Zi., www.dalahusbyhotell.com
Kleines Hotel, ruhig gelegen am Ufer des Dal Älv. Im Landhausstil eingerichtete, gemütliche Zimmer. Im urigen Gemeinschaftsraum sitzt man bei Kaminfeuer, Kaffee und selbst gebackenen Leckereien zusammen.

► Günstig

Vandrarhem Leksand
Leksand, Källberget
Tel. (02 47) 152 50
Fax 101 86, 80 Betten
www.vandrarhemleksand.se
Eine der ältesten Jugendherbergen Schwedens (1937 erbaut) in einem schönen alten Dalarnahof

Baedeker-Empfehlung

Åkerblads Romantik Hotell & Gästgiveri
Tällberg, Sjögattu 2
Tel. (02 47) 508 00, Fax 506 52
69 Zi., www.akerblads.se
Wunderschönes Hotel an einem sanften Abhang am Siljansee. Exklusive Küche – jedes Jahr ist das Åkerblads unter den besten Gourmetrestaurants Schwedens zu finden. Erschwinglich sind das Smörgåsbord oder das Dagens Rätt zur Mittagszeit.

EINKAUFEN

Die berühmten Dalapferdchen werden bei Mora im Ort Nusnäs hergestellt. Dort kann man sie frisch von der Fabrik weg kaufen.

FREIZEIT UND SPORT

Exkursionen
Elchsafaris und Ausritte mit Isländerpferden werden u.a. vom Sportzentrum Orsa Grönklitt angeboten (Tel. 02 50/ 462 00, www.orsagron klitt.se). Weitere Veranstalter in großer Zahl nennt die Touristeninformation in Älvdalen, Mora oder im Internet unter www.siljan.se sowie www.destination-alvdalen.se

Wandern und Radfahren
Der »Siljansleden« ist ein 340 km langer Wander- bzw. 310 km langer

Fahrradweg rund um den Siljansee. Die Strecke ist durchgehend markiert, leicht zu bewältigen und hat ausreichend Rast- und Übernachtungsmöglichkeiten.
Auch im Sommer kann man den Wasalauf machen in Form einer wenig beschwerlichen Wanderung. Der 90 km lange Weg ist durchgehend markiert und folgt überwiegend der Skispur. Übernachtung in Hütten

Wintersport und Wasalauf
Die Skihänge am Siljansee sind leicht bis mittelschwer und ideal für Anfänger und Familien. Skilangläufer finden in den Wäldern hunderte von Kilometern gespurter Loipen. Traditionell wird der Wasalauf am ersten Sonntag im März ausgetragen, wobei sich rund 15 000 Skiläufer im klassischen Stil auf den 90 km langen Weg von Sälen nach Mora machen. Es gibt auch kürzere Strecken.

FESTE

»Musik vid Siljan«
Anfang Juli wird in Rättvik mehrere Tage lang vom Symphonieorchester bis zur typischen Spelmansstämma alles geboten (www.festivalinfo.se).

! *Baedeker* TIPP

Oper im Steinbruch
Dalhalla, 7 km nördlich von Rättvik, ist ein seit 1990 stillgelegter Steinbruch, an dessen Grund sich ein kleiner See befindet. Die Senke hat die Form eines Amphitheaters und verzückt Besucher wegen der vorzüglichen Akustik. Im Sommer werden in diesem spektakulären Ambiente Opern- und Musikabende veranstaltet. Aber auch ohne Konzert lohnt die Besichtigung im Rahmen einer Führung (tgl. 11.00 – 16.00 Uhr, Tel. 02 48/ 79 79 50, www.dalhalla.se).

»Classic Car Week«
Oldtimerfreunde treffen sich in der ersten Augustwoche in Rättvik. Liebevoll restaurierte amerikanische Straßenkreuzer verstopfen dann die Straßen der kleinen Stadt (www.classiccarweek.com).

Mittsommar
An Mittsommer (um den 24. Juni) wird in den Orten um den Siljansee mit viel Tanz und Musik das Aufrichten der prächtig geschmückten Mittsommerbäume gefeiert.

Beim Wasalauf dabei sein ist für viele geradezu Ehrensache:

Gesunda Die Landstraße umrundet nun den Westteil des Siljansees und führt über Gesunda und Sollerön nach Mora zurück. In Gesunda hat Anders Zorn 1906 das erste schwedische Spielmannstreffen veranstaltet. Das Tomteland (Nikolausland) am Gesundaberg besteht aus einer Gruppe von Blockhäusern mit Nikolauswerkstatt und ist vor allem für Kinder ein Erlebnis (Öffnungszeiten: Mitte Juni – Mitte Aug. 10.00 – 16.00, Jan. – März 15.00 – 19.00 Uhr).

Siljansfors Die von Mora in Richtung Malung führende Str. Nr. 45 berührt den Ort Siljansfors, wo im interessanten Waldmuseum erläutert wird, wie die beschwerliche Waldarbeit vor 200 Jahren bewältigt wurde (Öffnungszeiten: Mitte Juni – Mitte Aug. tgl. 10.00 – 18.00 Uhr).

Fjälldalarna

Fährt man auf der Str. Nr. 70 von Mora aus Richtung Nordwesten, gelangt man ins raue »Fjälldalarna«, die südlichste Wildnis Schwedens. Berge, weite Sumpfgebiete und einsame Wälder bieten Kanufahrern, Wanderern und Skiläufern beste Möglichkeiten. Natürlich kann man auch mit erfahrenen Führern auf Elch- und Bärensafari gehen oder mit dem Kanu den Spuren der Biber folgen.

Älvdalen Das kleine Städtchen Älvdalen liegt in Schwedens einzigem **Porphyrgebiet**. Das vulkanische Gestein, auch Diamant Schwedens genannt, wird hier seit 1788 abgebaut. Heute wird aus dem Stein meist Schmuck hergestellt. Das **Porphyrmuseum** im Zentrum von Älvdalen besitzt eine große Sammlung dieser Steine sowie eine geologische Abteilung (Öffnungszeiten: Ende Juni – Aug. Mo. – Sa. 10.00 – 17.00, So. 11.00 bis 17.00, sonst Di. – Fr. 10.00 bis 12.00 und 13.00 – 15.00 Uhr).

Sälen Von Älvdalen lohnt, speziell im Winter, ein Abstecher ins westlich gelegene Sälen, das wegen seiner hervorragenden Wintersportmöglichkeiten bekannt ist. Am ersten Wochenende im März fällt in Sälen der Startschuss zum traditionsreichen **Wasalauf**.

*** Njupeskärsfall** Auf der Str. Nr. 70 fährt man weiter nach Nordwesten Richtung Idre und biegt auf die Landstraße nach Westen bis Mörkret an der Nordseite des Fulufjäll ab. Nun erreicht man einen Parkplatz, von dem man nach einer kurzen Wanderung den Njupeskärsfall, den mit 93 m (davon 70 m freier Fall) **höchsten Wasserfall Schwedens**.

Idre Idre ist ein kleines Dorf, das sich hervorragend als Ausgangspunkt für Unternehmungen im nordöstlich gelegenen Nipfjäll eignet. Im Winter ist der Wintersportort Idre Fjäll, 10 km nördlich von Idre, ein schneesicheres Alpin- und Langlaufgebiet, viele der Abfahrten sind für Kinder und Anfänger geeignet. Folgt man der Str. Nr. 70 weiter nach Westen, erreicht man die norwegische Grenze.

★ Stockholm

H/J 7

Landschaft: Södermanland **Provinz:** Stockholm Län
Einwohnerzahl: 767 000 **Höhe:** Meereshöhe

Stockholm wird gerne als »Venedig des Nordens« gepriesen: Die größte Stadt Skandinaviens verteilt sich auf 14 Inseln, die über zahlreiche Brücken mit dem Festland verbunden sind. Hier am Wasser sind die Freizeitmöglichkeiten beinahe unerschöpflich und mit über 100 Museen, Kirchen und Schlössern sowie exzellenten Shoppingmöglichkeiten lohnt Stockholm einen längeren Aufenthalt.

Blühende Kapitale

Stockholm ist die Hauptstadt des Königreichs Schweden, Sitz der Ministerien, des Reichstags und des höchsten Gerichts sowie eines katholischen Bischofs. Die Stadt liegt an der engen Mündung des Mälarsees in die Ostsee. Aus den Weltkriegen gingen die schwedische Hauptstadt und ihre prachtvollen Gebäude unbeschadet hervor.

Viel Wasser und viele Brücken sind typisch für die schwedische Hauptstadt Stockholm.

Stockholm Orientierung

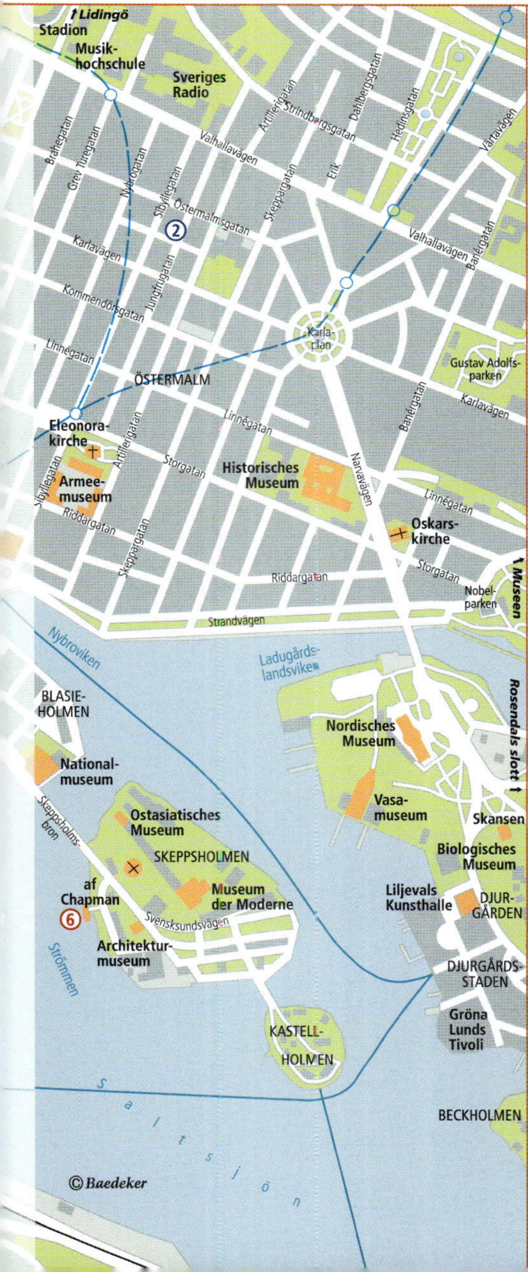

Essen

1. Edsbacka Krog
2. Halv Grek Plus Turk
3. Sturehof
4. Halv Trappa plus Gård
5. Wedholms Fisk
6. F 12
7. Zum Franziskaner
8. Fem Små Hus
9. Den Gyldene Freden
10. Gondolen
11. Strykjärnet

Übernachten

1. Långholmens Vandrarhem
2. Mälardrottningen Hotel
3. Victory Hotel & Conference
4. Tre Små Rum Hotel
5. Grand Hotel Stockholm
6. af Chapman

STOCKHOLM ERLEBEN

AUSKUNFT

Stockholm Visitors Board
Sverigehuset, Hamngatan 27
(Kungsträdgården)
Tel. (08) 50 82 85 00
Fax 50 82 85 10
www.stockholmtown.com

Hotellcentralen
Centralstationen, Stora Hallen
Tel. (08) 50 82 85 08
hotels@svb.stockholm.se
Online buchen: www.stockholm-town.com

What's on Stockholm
Monatlich erscheinende Broschüre in Englisch mit dem kompletten Veranstaltungskalender.

ESSEN

► Fein & Teuer

① Edsbacka Krog
Sollentuna, Sollentunaveien 220
Tel. (08) 96 33 00
Seit 1626 wird hier mit königlicher Erlaubnis ein Restaurant betrieben. Exzellente preisgekrönte Küche und edles Ambiente.

Speisen in Den Gyldene Freden

③ Sturehof
Stureplan
Tel. (08) 44 05 57 30
Das von einem bekannten schwedischen Designer eingerichtete Lokal ist bekannt für hervorragende Fischgerichte.

⑤ Wedholms Fisk
Nybrokajen 17
Tel. (08) 611 78 74
Das beste Fischrestaurant Stockholms. Absolut frischer Fisch und exzellente Saucen. In dieser preisgekrönten Küche sind die Portionen erfreulich groß.

⑨ Den Gyldene Freden
Österlånggatan 51
Tel. (08) 24 97 60
Exquisite schwedische Küche in einem der ältesten Restaurants der Stadt. Literaten der Swedish Academy gehen hier ein und aus.

⑩ Gondolen
Stadsgården 6
Tel. (08) 641 70 90
Hervorragender Blick aus 36 m Höhe über die Stadt. Die Cocktails sind berühmt, aber teuer.

► Erschwinglich

④ Halv Trappa plus Gård
Lästmakargatan 3
Tel. (08) 678 10 50
Eines der besten chinesischen Restaurants von ganz Stockholm

⑥ F 12
Fredsgatan 12
Tel. (08) 24 80 52
Internationale Küche von kreativen Köchen zubereitet. Liegt im Herzen der schwedischen Hauptstadt.

⑧ ***Fem Små Hus***
Nygränd 10
Tel. (08) 10 87 75
Gute schwedische Küche in einem klassischen Restaurant der Stockholmer Altstadt

⑪ ***Strykjärnet***
Skånegatan 47
Tel. (08) 702 10 13
Im Bügeleisen, so die deutsche Übersetzung des Restaurantnamens, wird gute schwedische wie kontinentale Küche angeboten.

► Preiswert

② ***Halv Grek Plus Turk***
Jungfrugatan 33
Tel. (08) 665 94 22
Der Name ist Programm. Preisgünstige griechisch-türkische Küche.

⑦ ***Zum Franziskaner***
Skeppsbron 44
Tel. (08) 411 83 30
Eines der ältesten Restaurants der Stadt bietet schwedische und deutsche Hausmannskost.

ÜBERNACHTEN

► Luxus

② ***Mälardrottningen Hotel***
Riddarholmen
Tel. (08) 54 51 87 80, Fax 24 36 76
60 Zi., www.malardrottningen.se
1924 für den New Yorker Millionär Billing gebaute Luxusyacht, seit 1982 vor der Altstadt Stockholms schwimmendes Hotel mit eleganten Kabinen und außergewöhnlichem Charme.

③ ***Victory Hotel***
Lilla Nygatan 5
Tel. (08) 50 64 00 00
Fax 50 64 00 10
45 Zi., www.victoryhotel.se
Einzigartiges Luxushotel in einem

Grand Hotel Stockholm

mittelalterlichen Gebäude. Jedes Zimmer ist dekoriert mit dem Bild eines berühmten Seefahrers.

⑤ ***Grand Hotel Stockholm***
Södra Blasieholmshamnen 8
Tel. (08) 679 35 00, Fax 611 86 86
www.grandhotel.se
Die Nr. 1 Stockholms, Mitglied der »Leading Hotels of the World« mit einzigartiger Lage am Wasser mit Blick über Hafen, Altstadt und königlichen Palast. Hier logieren die Nobelpreisträger, die im Dezember zur Verleihung nach Stockholm kommen.

► Komfortabel

④ ***Tre Små Rum Hotel***
Högbergsgatan 81
Tel. (08) 641 23 71, Fax 642 88 08
7 Zi., www.tresmarum.se
Kleinstes Hotel der Stadt, dafür richtig gemütlich. Nicht mit drei Räumen, wie der Name glauben macht, sind doch seit der Gründung 1993 immerhin vier neue dazugekommen.

► Günstig

① ***Långholmens Vandrarhem***
Gamla Kronohäktet
Långholmsmuren 20

Tel. (08) 720 85 00
Fax 720 85 75
www.langholmen.com
Hotelaufenthalt der etwas anderen Art. 1840 gebaut, diente das Haus bis Mitte der 1970er-Jahre als Gefängnis.

⑥ ***af Chapman***
Skeppsholmen
Flaggsmansvägen 8
Tel. (08) 463 22 66, Fax 611 71 55
www.stfchapman.com
Schönste Jugendherberge Stockholms auf einem alten Segelschiff. Allerdings muss man hier lange im Voraus buchen! Seit 2004 gibt es die »Bar Chapman«, die auch im Freien Drinks serviert.

TRANSPORT

U-Bahn
Das wichtigste und bequemste innerstädtische Verkehrsmittel ist die Tunnelbana (U-Bahn), mit deren Bau schon 1930 begonnen wurde und die heute mit drei Linien auch das nahe Umland erschließt. Wer die Stockholmkarte besitzt, fährt kostenlos. Sonst kann man Netzkarten mit 24 oder 72 Stunden Gültigkeit erwerben. Fährt man nur in der Innenstadt, kann man auch die »rabattkuponger« (Streifenkarte) kaufen, auf der man je nach Zonenzahl Felder abstempelt.

Oldtimer-Straßenbahn
Ein nostalgisches Erlebnis ist die Fahrt mit der gemütlichen Oldtimer-Straßenbahn, die zwischen der Innenstadt und dem Freilichtmuseum Skansen verkehrt.

VERGÜNSTIGUNGEN

Stockholmskortet
Die Stockholmkarte gewährt freien Eintritt in 75 Museen und Sehenswürdigkeiten sowie kostenlose Fahrten mit öffentlichen Verkehrsmitteln und Stadtrundfahrten mit dem Boot. Rundfahrten mit dem Bus sind ermäßigt. Sie ist erhältlich bei den Tourismusinformationen im Stadtbereich (Erwachsene: 24 Std. 270 SEK, 48 Std. 420 SEK, 72 Std. 540 SEK; Kinder 24 Std. 120 SEK, 48 Std. 160 SEK, 72 Std. 190 SEK, www.stockholmtown.com/stockholmcard).

EINKAUFEN

Öffnungszeiten
Die großen Kaufhäuser und viele große Geschäfte sind werktags teils bis 22.00, So. 12.00 bis 16.00 Uhr geöffnet.

Drottninggatan
Nördlich vom Reichstag durchzieht die Drottninggatan die Stadt, dicht an dicht stehen hier große Kaufhäuser und Shoppingketten, Boutiquen und Nobelgeschäfte.

Kungsgatan / Stureplan
Vom Stureplan gehen alle wichtigen Einkaufsstraßen ab, so auch die Kungsgatan, erste Anlaufstelle in der City mit Nobelgeschäften und Läden aller Art. Exklusive Shoppingwünsche wie auch der Wunsch nach einem deutschsprachigen Buch werden in der Sturegallerian am Stureplan befriedigt. Schwedische Glaskunst z.B. bei Orefors/ Koste Boda und Nordiska Kristall.

Normalm und Östermalm
Hier findet man exklusive Geschäfte für Mode und Design sowie erstklassige Einrichtungshäuser. Östermalm ist außerdem bekannt für Antiquitäten, Kunst und Kunsthandwerk. Kulinarische Köstlichkeiten aus ganz Schweden bieten die Händler in der großen Markthalle am Östermalmstorg feil.

Södermalm
Einstiges Arbeiterviertel im Süden der Stadt, heute Treff der Bohème: jede Menge Galerien, trendige Mode- und Designergeschäfte dazu am Wochenende der Designmarkt »Street«

Nordiska Kompaniet (NK)-Kaufhaus
Luxus und schwedisches Kunsthandwerk hinter Jugendstilfassaden in der Hamngatan

Markt
Mo. bis Sa. bieten am Hötorget Gemüse- und Blumenhändler ihre Waren feil, am Sonntag feilscht man auf dem Flohmarkt.

AUSFLÜGE

Nach Drottningholm und Birka
Vom Kai am Stadshus verkehren Ausflugsschiffe nach Drottningholm (ca. 1 Std.) und Birka (ca. 2 Std.). Fahrplan unter www.strommakanal-bolaget.com oder Tel. (08) 58 71 40 00.

Museumsstraßenbahn
Nostalgie pur, eine Fahrt mit der über 50 Jahre alten Museumsstraßenbahn vom Norrmalmstorg nach Djugården Abfahrt alle 12 min.
April – Dez. nur Sa., So.
Juni – Aug. tgl.
jeweils 11.00 – 18.00 Uhr

In den Schärengarten
Eine ganze Flotte von weißen Schärendampfern bricht jeden Tag von Stockholm aus in den 24 000 Inseln zählenden Schärengarten vor den Toren der Stadt auf. Mit der »Båtluffarkort« kann man die Schiffe beliebig oft benutzen (5 Tage ca. 37 Euro).

Stockholm U-Bahn

Highlights Stockholm

Gamla Stan
Sehen, Staunen, Geld ausgeben: Stockholms malerisches Herz
► Seite 462

Nationalmuseum
Nichts für Eilige: Schwedens größtes Museum birgt 16 000 Kunstwerke.
► Seite 465

Museum der Moderne
Eine der weltbesten Sammlungen moderner Kunst in außergewöhnlichem Haus
► Seite 465

Vasa-Museum
Letzter Hafen für die Vasa, von Besuchern aus aller Welt bewundert
► Seite 469

Skansen
Schweden auf kleinstem Raum mit Windmühlen, Bauernhöfen, Lappenhütte und fröhlichen Feiern zu allen Jahreszeiten
► Seite 472

Schloss Drottningholm
Barockes Domizil der königlichen Familie
► Seite 474

Geschichte

Keimzelle der Stadt ist das Inselchen Helgeandsholmen, das heute fast ganz vom Reichstag eingenommen wird. Dann breitete sich die Siedlung auch auf die Inseln Stadsholmen und Riddarholmen aus. Diese Inseln bilden heute die Altstadt Gamla Stan. 1252 ließ Reichsverweser Birger Jarl eine befestigte Burg auf Stadsholmen bauen, genannt **Tre Kroner** (Drei Kronen), wobei die drei Kronen, die das Staatswappen noch heute zeigt, die vereinigten Königreiche von Götaland, Svealand und Norrland darstellen sollten.
Im 14. Jh. hatte die Hanse großen Einfluss auf die Geschicke der Stadt, viele Deutsche siedelten sich hier an und die Hälfte aller Stadträte hatte deutsch zu sein. 1436 wurde Stockholm **zur Hauptstadt Schwedens**. Ihre Blütezeit begann im 17. Jh., als sie zum Zentrum des schwedischen Ostseereichs wurde. Im 19. Jh. stieg die Bewohnerzahl explosionsartig von 75 000 auf 300 000 an, was zu gravierenden Problemen führte: Stockholm hatte bis 1861 keine Kanalisation und galt als eine der schmutzigsten Städte Europas. Das hat sich längst geändert und heute zählt Stockholm zu den schönsten Hauptstädten Europas – und zu den saubersten. In ihrem Einzugsgebiet leben über 1,6 Millionen Menschen.

Gamla Stan (Altstadt)

Stockholms Herz

Den ursprünglichen Stadtkern bilden die drei Inseln Stadsholmen, Riddarholmen und Helgeandsholmen. Wegen seiner Prachtbauten, der malerischen Gassen und der vielen Restaurants ist Gamla Stan der Touristenmagnet schlechthin. Die vom Gustav Adolfs Torg am Südrand der Nordstadt kommende Norrbro führt zunächst zur Insel Helgeandsholmen. Den westlichen Teil nimmt das Gebäude des Reichstags ein, das 1898 – 1904 errichtet wurde.

Arbeitsplatz von Carl XVI. Gustav, König von Schweden: das Schloss zu Stockholm

★ **Schloss**

Unmittelbar südlich der Norrbro steht auf Stadsholmen das mächtige Königliche Schloss (Kungliga Slott). Es wurde nach Plänen von Nicodemus Tessin d.J. 1754 vollendet und steht an der Stelle der mittelalterlichen Vasaburg, die 1697 einem Brand zum Opfer gefallen war. Es gilt als **einer der bedeutendsten Barockbauten Nordeuropas** und umfasst mehr als 608 Räume. Heute ist das Schloss der Arbeitsplatz des Königs. Der Wohnsitz der königlichen Familie liegt jedoch in Drottningholm. Im ersten Stock befinden sich die Gemächer König Oskars II. (gest. 1907), im zweiten Stock die Prunkräume und die Gästezimmer. Ein silberbeschlagener Thronsessel steht im Reichssaal im Südflügel. In der Schatzkammer im Keller werden die schwedischen Reichsinsignien aufbewahrt (Schlüssel, Reichsapfel und Zepter) sowie das Reichsschwert von Gustav Wasa; in der Rüstkammer funkeln Prunkharnische, Festgewänder und Staatskarossen (Öffnungszeiten: Mai – Aug. tgl. 10.00 – 16.00, sonst Di. – So. 12.00 bis 15.00 Uhr).

Tag für Tag findet im Schlosshof die traditionelle Wachablösung mit Marschmusik unter lauten militärischen Kommandos und unter den Augen vieler Zuschauer statt (Juni – Aug. Mo. – Sa. 12.15, So. 13.15, sonst Mi., Sa. 12.15, So. 13 15 Uhr).

★ Dom Südwestlich vom Schloss erhebt sich die **Storkyrka**, die Domkirche und gleichzeitig das älteste Gotteshaus der Stadt ist. Sie wurde 1306 geweiht, fast 200 Jahre lang ausgebaut und 1736 bis 1743 barockisiert. Als Hochzeits- und Krönungskirche der schwedischen Monarchen besitzt sie eine besonders reiche Innenausstattung. Neben dem großen, in Silber und Schwarz gehaltenen Renaissancealtar ist die vom Lübecker Meister Bernt Notke (gest. 1509) geschaffene berühmte Skulpturengruppe des **hl. Georg mit dem Drachen** einzigartig (Öffnungszeiten: Mai – Aug. tgl. 9.00 – 18.00, sonst bis 16.00 Uhr).

Stortorg Südlich des Doms liegt der nicht sonderlich große Stortorg, einst der Hauptplatz der Stadt. Er wird beherrscht von der klassizistischen Säulenfassade der Börse (1778), die heute die Schwedische Akademie und die Nobel-Bibliothek beherbergt. Am Stortorg stehen außerdem noch einige schmale Bürgerhäuser mit stattlichen Renaissancefronten. 1520 spielte sich hier das **Stockholmer Blutbad** ab, als Christian II. von Dänemark 82 führende Männer Schwedens hinrichten ließ.

Bürgerhäuser auf dem Stortorg

Eine schmale Gasse führt vom Stortorg zur Deutschen Kirche**Pyska Kyrkan**, dem einstigen Gotteshaus der deutschen Kaufmannsgilde, einem Werk der Backsteingotik, jedoch mit starkem Renaissance-Einschlag. Der Turm kam im 19. Jh. hinzu. Nicodemus Tessin d.Ä. entwarf die Kanzel aus Ebenholz und Alabaster (Öffnungszeiten: Mai – Sept. tgl. 12.00 – 16.00, sonst Sa., So. 12.00 – 16.00 Uhr).

Westlich der Kirche liegt das Riddarhus, in dem bis 1866 die schwedischen Ritterschaften ihre Versammlungen abhielten. Das Gebäude entstand 1641 – 1674 nach Plänen des französischen Architekten Simon de la Vallée. Beim Riddarhus überquert man den Riddarholmskanal und kommt zur Insel **Riddarholmen**, der »Ritterinsel«. Viele der ehemaligen Adelspaläste sind heute Regierungsgebäude. Auf dem **Birger Jarlstorg** steht auf hoher Säule ein Standbild des legendären Stadtgründers.

★★ Riddarholm-Kirche

An der Südseite des Platzes steht die an ihrem durchbrochenen Turmhelm schon von weitem zu erkennende Riddarholm-Kirche, einst Teil eines Franziskanerklosters. Seit 1807 wird sie nur noch als Beisetzungs- und Gedächtniskirche genutzt und ist **Grablege der schwedischen Könige**, u.a. liegt hier Gustaf II. Adolf (Öffnungszeiten: Mai – Aug. tgl. 10.00 – 16.00, Sept. Sa., So. 12.00 bis 15.00 Uhr).

Riddarholm-Kirche

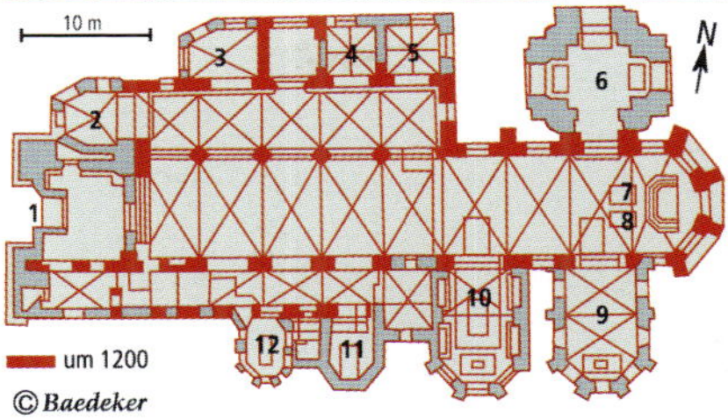

1 Westeingang
2 Torstensonsche Kapelle (1651)
3 Wachtmeistersche Kapelle (1654)
4 Lewenhauptsche
5 Kapellen (1654)
6 Karolinische Kapelle (1671 – 1743)
7 Grabmal von Magnus Ladulås († 1290)
8 Grabmal von Karl Knutsson († 1470)
9 Gustav-II-Adolf-Kapelle (1633 – 1634)
10 Bernadottsche Kapelle (1858 – 1860)
11 Vasaborgsche Kapelle (1647)
12 Banérsche Kapelle (1636)

Blasieholmen und Skeppsholmen

Nordwestlich der Altstadt/ Gamla Stan liegt Blasieholmen. Dort stellt das **Nationalmuseum** Gemälde, Grafiken, Zeichnungen und Skulpturen berühmter schwedischer und internationaler Künstler aus; insgesamt umfasst die Sammlung rund 16 000 Werke vom späten Mittelalter bis zum Beginn des 20. Jh.s. Einen Schwerpunkt bildet die **schwedische Malerei** des 18. und 19. Jh.s. Gezeigt werden darüber hinaus Arbeiten internationaler Künstler wie Rembrandt, Rubens, Goya, Renoir, Degas und Gauguin. Die **Sammlung französischer Malerei** aus dem 18. Jh. zählt zu den bedeutendsten weltweit. Seit 2001 zeigt das Museum die berühmte **Gustavsberg-Porzellansammlung** (Öffnungszeiten: Juni – Aug. Mi. – So. 11.00 bis 17.00, Do. bis 20.00, sonst Mi., Fr., So. 11.00 – 17.00, Di., Do. bis 20.00 Uhr, www.nationalmuseum.se).

Skeppsholmsbron

Über die Skeppsholmsbron erreicht man die Insel Skeppsholmen, wo als weithin sichtbarer Blickfang das als Jugendherberge dienende einstige Segelschulschiff »af Chapman« vor Anker liegt.

★ Museum der Moderne

Nahebei befindet sich das Moderna Museet. Seine große Sammlung zeitgenössischer Kunst und Fotografie gehört zu den besten Europas. Neben großen Namen wie Picasso, Matisse, Dalí und Klee, die die Dauerausstellung dominieren, werden laufend Ausstellungen zur Gegenwartskunst gezeigt (Öffnungszeiten: Di., Mi. 10.00 – 20.00, Do. bis So. bis 18.00 Uhr, www.modernamuseet.se).

Ostasiatisches Museum

Das kleine, sehenswerte Östasiatiska Museet nordwestlich der Kirche zeigt Kunst und Kunsthandwerk aus China, Japan, Korea und Indien und nennt **eine der bedeutendsten Sammlungen chinesischer Kunst** sein eigen (Öffnungszeiten: Mi. – So. 11.00 – 17.00, Di. bis 20.00 Uhr, www.ostasiatiska.se, freier Eintritt).

Norrmalm und nördliche Innenstadt

Norrmalm ist die moderne City Stockholms. Die meisten Gebäude zwischen Sergels Torg, Hötorg, Stureplan und Norrmalmstorg wurden nach dem Zweiten Weltkrieg errichtet und haben die Altbauviertel verdrängt.

Gustav Adolfs Torg

Von Gamla Stan kommt man über die Norrbro zum Stadtteil Norrmalm und zum Gustav Adolfs Torg. Hier befindet sich das 1783 erbaute Erbfürstenpalais, seit 1906 Sitz des Außenministeriums. Rechts, mit Blick auf den Strömmen, steht die **Oper**.

Kungsträdgården

Östlich des Platzes erstreckt sich der Kungsträdgården, im Sommer ein besonders beliebter Treffpunkt. Die Standbilder in diesem Park zeigen die Könige Karl XII. und Karl XIII.

Hamngatan

An der Nordseite des Kungsträdgården verläuft die Hamngatan, die Hauptachse der neueren Innenstadt. In der Nähe des Norrmalmstorgs steht der architektonisch gelungene Komplex des NK-Kaufhau-

Müde vom Stadtrundgang? Dann in den Kungsträdgården!

ses, von dessen Dachrestaurant sich ein weiter Rundblick öffnet. Das Gebäude Hamngatan Nr. 4 ist das von spanischen Vorbildern beeinflusste ehemalige **Hallwylsche Palais**. Im heutigen Hallwylska museet kann man sich ein Bild davon machen, wie reiche Adlige Anfang des 20. Jh. zu leben pflegten (Führungen stündlich Mitte Juni bis Mitte Aug. tgl. 11.00 – 16.00, Mi. bis 18.00, sonst Di. – So. 12.00 – 15.00, Mi. bis 18.00 Uhr).

»Dramaten«

An Nybroplan sticht die Jugendstilfassade des Königlichen Dramatischen Theaters, kurz »Dramaten« genannt, hervor. Es wurde 1908 eröffnet, auch Ingmar Bergman hat schon hier gearbeitet.

Sergels Torg

Am Westende der Hamngatan bildet der weite Sergels Torg einen städtebaulichen Hauptakzent, dessen Wahrzeichen die knapp 40 m hohe Skulptur »Kristallvertikalaccent« bildet. Der in mehreren Ebenen angelegte Platz mit Einkaufspassage ist ein zentraler Verkehrsknotenpunkt und **beliebter Jugendtreff**. Seine Südseite wird beherrscht vom **Kulturhus**, das wegen seiner vielen Kulturveranstaltungen, aber auch dank Galerien, Lesesaal, Theater und Cafés zu den meistbesuchten Sehenswürdigkeiten der Stadt zählt (Öffnungszeiten: Di. – Fr. 11.00 – 18.00, Sa., So. 11.00 – 17.00 Uhr, bei Veranstaltungen verlängerte Öffnungszeiten).

! *Baedeker* TIPP

Kunst im Untergrund

U-Bahn fahren lohnt in Stockholm gleich doppelt. Denn die »Tunnelbana« ist weit mehr als nur ein bequemes Transportmittel, sie ist auch die längste Galerie der Welt. Seit rund 50 Jahren sind die Bahnhöfe die legale Spielwiese der künstlerischen Avantgarde. Mittlerweile haben die Künstler mehr als zwei Drittel der Bahnhöfe fantasievoll und farbenfroh ausgeschmückt.

Vom Sergels Torg führt die Sergelsgatan nach Norden zum Hötorg, wo das Konserthus (1962) steht, Heimstatt der Stockholmer Philharmoniker. Hier werden auch jährlich die **Nobelpreise** verliehen, mit Ausnahme des Friedensnobelpreises, der in Oslo vergeben wird. Vor dem Gebäude steht der Orpheus-Brunnen von Carl Milles.

Kungsgatan

Beim Konzerthaus und Hötorg verläuft in ost-westlicher Richtung die Kungsgatan, eine der Hauptgeschäftsstraßen im Innenstadtbereich. Man flaniert an den beiden 17-stöckigen Königstürmen sowie dem exklusiven Einkaufszentrum Sturegallerian vorbei.

Strindberg-Museum

Westlich parallel zum Sveavägen verläuft die zum Teil als Fußgängerzone gestaltete Drottninggatan. Im Gebäude Nr. 85 wohnte der berühmte Dichter August Strindberg (1849 – 1912), heute ist hier das Strindberg-Museum eingerichtet (Öffnungszeiten: Juni – Aug. Di. bis So. 12.00 – 16.00, in den übrigen Zeiten Mi. – So. 12.00 – 16.00, Di. bis 19.00 Uhr).

Mosaiken aus 18 Millionen Steinchen schmücken den Goldenen Saal im Stadshus.

Kungsholmen

Kungsbron und Klaraberg-Viadukt führen nach Westen zur »Königsinsel«, die eine schmale Bucht von der übrigen Stadt trennt.

*** Stadthaus**

Das Stadshus am Ufer des Riddarfjärden ist eines der markantesten Wahrzeichen von Stockholm. Der dunkelrote Klinkerbau mit seinen grün patinierten Kupferdächern wurde 1911–1923 von Ragnar Östberg errichtet. Ein Fahrstuhl führt hinauf zur Plattform des 106 m hohen Turms, von wo man eine gute Rundsicht genießt. Die **Blaue Halle** ist ein gedeckter Innenhof mit Säulengang. Im großen Ratssaal, heute Sitzungssaal des Stockholmer Gemeinderates, soll die offene Dachkonstruktion das Flair einer Wikingerburg erzeugen. Über 18 Mio. farbige Steinchen sind im **Goldenen Saal** zu prächtigen goldgrundigen Mosaiken zusammengesetzt. In den Sälen findet das jährliche Bankett zu Ehren der frisch gekürten **Nobelpreisträger** statt. (Nur zugänglich im Rahmen von Führungen: Juni–Aug. tgl. 10.00 (Deutsch), 11.00, 12.00. 13.00. 15.00 Uhr (Englisch).

Östermalm

Es ist noch gar nicht so lange her, da grasten in Östermalm noch die königlichen Schafherden, denn erst im 19. Jh. wurde das Viertel Teil der City. Das Zentrum liegt um den Östermalmstorg, den stattliche Häuser, Geschäfte, Restaurants und Galerien säumen.

Zwischen Nybroplan und Djurgården verläuft eine der schönsten Flaniermeilen der Stadt, der Strandvägen, an dem zahlreiche palastartige Bauten aus dem 19. Jh. liegen.

★ **Strandvägen**

Nobel-Stiftung

Östlich des Parks steht an der Sturegatan Nr. 14 das Gebäude der von Alfred Nobel (► Berühmte Persönlichkeiten) gegründeten Nobel-Stiftung, die seit 1901 jährlich die Nobel-Preise für besondere wissenschaftliche, literarische und humanitäre Leistungen vergibt.

An der vom Humlegården südöstlich verlaufenden Linnégatan, Ecke Narvavägen, steht der stattliche Bau des **Historischen Museums** (Historiska Museet), das mit einer Vielzahl archäologischer Funde die Frühgeschichte Schwedens bis zum Mittelalter zeigt. Interesse verdienen u.a. die Bildsteine aus Gotland (Öffnungszeiten: Mai – Sept. tgl. 10.00 – 17.00, sonst tgl. 11.00 bis 17.00, Do. bis 20.00 Uhr).

? WUSSTEN SIE SCHON ...?

- ... dass die »Blaue Mauritius« zwar die berühmteste, aber weder die teuerste noch die seltenste Briefmarke der Welt ist? Immerhin existieren noch 12 Stück, davon 7 auf Briefen. Die teuerste einzelne Briefmarke der Welt ist die schwedische Tre-Skilling-Banco aus dem Jahre 1855. Das einzige bekannte Exemplar wurde 1996 für umgerechnet 1,7 Millionen Euro versteigert und ist damit der teuerste Gegenstand der Welt gemessen im Verhältnis Preis zu Gewicht. Der Stockholmer Händler Heinrich Liechtenstein hatte sie 1886 noch für 7 Kronen erworben ...

Djurgården

Djurgården ist die grüne Lunge der Stadt. Fast die ganze Insel wird als Naherholungsgebiet und für Kultur und Vergnügen genutzt. Hier liegen viele der interessantesten Museen Stockholms.

★ **Nordisches Museum**

Das Nordiska Museet besitzt umfangreiche Sammlungen zur nordischen Volkskunde. Eine Ausstellung samischer Kultur zeigt Jagd- und Fischfanggeräte, Schnitzereien aus Rentiergeweih sowie Schamanentrommeln und andere kultische Gegenstände. Weitere Themen sind schwedische Trachten und Brauchtum, Puppenstuben, volkstümliche Keramik, Tischkultur seit dem 17. Jh. und Weihnachtsbräuche (Öffnungszeiten: Juni – Aug. tgl. 10.00 – 17.00, sonst Mo. – Fr. 10.00 – 16.00, Sa., So. 11.00 – 17.00 Uhr).

★★ **Vasa-Museum**

Schon von weitem ist an den Schiffsmasten das Vasa-Museum zu erkennen, die wohl bedeutendste Sehenswürdigkeit der Hauptstadt (siehe umseitige 3-D-Seite). Das Regalschiff »Vasa« sank 1628 schon bei seiner Jungfernfahrt im Hafenbereich von Stockholm (mehr im ► Baedeker-Special S. 473). Um das geborgene Schiff herum wurde das Museum gebaut, das in drei Galerien den riesigen Schiffsrumpf umzieht und rund um die Seefahrt informiert (Öffnungszeiten: Mitte Juni – Mitte Aug. tgl. 8.30 – 18.00, sonst 10.00 – 17.00, Mi. bis 20.00 Uhr, www.vasamuseet.se).

VASA-MUSEUM

★★ Man muss nicht zu den Schiffsliebhabern zählen, um von diesem Museum begeistert zu sein. Der eindrucksvolle Bau umschließt auf mehreren Ebenen das rund 50 m hohe Kriegsschiff Vasa, das 1628 auf seiner Jungfernfahrt sank, dann aber fast vollständig geborgen und konserviert werden konnte. Das meistbesuchte Museum Skandinaviens gewährt einen einzigartigen Blick auf Schiffsbau und Leben der Menschen im 17. Jahrhundert.

Öffnungszeiten:
Anfang Juni – Aug. tgl. 8.30 – 18.00,
sonst 10.00 – 17.00, Mi. bis 20.00 Uhr

1 Vasa
Kernstück des Museums ist das 1957 geborgene und restaurierte Wrack der Vasa, eines der größten Kriegsschiffe seiner Zeit: 62 m lang, 11,7 m breit und bis zur Mastspitze 52,5 m hoch. Sie hätte 445 Männer aufnehmen können, 145 davon Besatzung sowie 300 Soldaten. Unter den 30 geborgenen Toten befanden sich auch Frauen.

2 Takelage
Rekonstruiert wurde die Takelage nach Vorbildern aus dem 17. Jahrhundert.

3 Rumpf
Im Rumpf des Schiffes hatte man 120 t Steine als Ballast deponiert. Dieses Gewicht reichte jedoch nicht aus, um den zweigeschossigen Aufbau mit dem zu hohen Kanonengewicht stabil zu halten.

4 Werft
Zwei Jahre lang arbeiteten 400 Menschen an der Vasa, die König Gustav II. Adolf bauen ließ.

5 Schiffe im Gefecht
Wie man sich den Seekrieg im 17. Jh. vorstellt, wird hier im Film gezeigt. Von dieser Ebene aus gelangt man auch ins Freie zum Eisbrecher (1915) und zum Feuerschiff (1903).

6 Leben an Bord
Aufgeschnittene Modelle gewähren einen Blick ins Innere der Vasa, die selbst nicht betreten werden kann. So war die Kapitänskajüte recht luxuriös, hart war der Alltag der Mannschaft, die auf Deck schlafen musste, unter Skorbut und Hunger litt. Löffel, Teller, Münzen, sogar ein Backgammonspiel wurden auf der Vasa gefunden.

7 Auf hoher See
Auf dieser Etage wird erläutert, wie man im 17. Jh. segelte und navigierte.

Aus dem Dach des Vasa-Museums ragen drei Schiffsmasten heraus.

Schicksal eines Kriegsschiffes: nur 1500 m auf See, dann auf den Grund der Ostsee.

DER UNTERGANG DER VASA

Eigentlich hätte das Regalschiff Vasa der Stolz der schwedischen Kriegsmarine und der Schrecken seiner Feinde sein sollen. Doch als es am 10. August 1628 unter dem Jubel der Bevölkerung vom Stapel lief, ging es nach 1500 m mit Mann und Maus im Stockholmer Hafen unter. Was war geschehen?

Gustav II. Adolf gab den Auftrag für den Bau des größten Kriegsschiffes der damaligen Zeit, befand er sich doch in einer harten Auseinandersetzung mit Polen. Kaum erfuhr er, dass sein polnischer Rivale ein ebenso mächtiges Kriegsschiff baute, ließ Gustav II. Adolf **mehr Kanonen** als ursprünglich vorgesehen an Bord schaffen. Damit stimmte jedoch die gesamte Statik des Schiffes nicht mehr. Es lag so tief im Wasser, dass selbst bei Wind, der das Schiff nur leicht zum Schaukeln brachte, die offenen Luken der unteren Kanonenreihe unter Wasser zu liegen kamen. Zwei Windstöße genügten, um die Jungfernfahrt zur Katastrophe werden zu lassen, bei der über 30 Seeleute ihr Leben ließen. Auch dem Kapitän wird Schuld gegeben, weil **die Kanonenluken geöffnet** waren.

Die Wiedergeburt

Schon bald nach dem Unglück versuchte man, die Vasa zu heben. Doch es gelang lediglich, die Kanonen mit Hilfe einer Taucherglocke zu bergen, damals ein technisches Bravourstück. Dann wurde es still um die Vasa. Normalerweise sorgt der Schiffsbohrwurm dafür, dass kein Wrack lange in seinem kühlen Grab erhalten bleibt. Doch das brackige Wasser der Ostsee meidet der Wurm und die Vasa blieb intakt. Anders Franzén, Wrackforscher und Ingenieur, suchte von 1953 an systematisch nach der Vasa, wurde drei Jahre später fündig und machte sich an die **Bergung**.

1957, also 333 Jahre nach ihrem Untergang, kam die Vasa wieder ans Tageslicht. Und mit ihr die vollständige Ausstattung eines Schiffes, das gerne als »schwimmender Palast« bezeichnet wird: 14 000 Holzobjekte wurden geborgen, darunter herrliche Skulpturen; allerlei Gerätschaften geben ein eindrucksvolles Bild vom Leben an Bord im 17. Jh wieder. Und die sechs Segel der Vasa sind die ältesten erhaltenen Segel der Welt. Wer heute die Vasa besucht, wird ihr in einem dämmrigen Raum mit festgelegter Luftfeuchtigkeit begegnen. Denn das Schiff muss **aufwändig konserviert** werden, um nicht für immer zu zerfallen.

✶ **Technisches Museum**

Folgt man dem Strandvägen immer in östlicher Richtung, erreicht man fast automatisch die Sehenswürdigkeiten im Stadtteil Ladugårdsgärdet, so das Tekniska Museet, **das größte Wissenschafts- und Technologiemuseum des Landes**. Es zeigt Maschinen vom Bergbau- über den Automobil- bis zum Haushaltsbereich. Das Teknorama lädt zu eigenem Experimentieren ein (Öffnungszeiten: Mo. – Fr. 10.00 – 17.00, Mi. bis 20.00, Sa., So. 11.00 – 17.00 Uhr).

Vetenskapsstaden und Lidingö

Naturhistorisches Reichsmuseum

Im Norden von Stockholm liegt die Wissenschaftsstadt mit der Universität. Hier befindet sich das Naturhistoriska Riksmuseet mit naturgeschichtlichen Sammlungen mit Schwerpunkt auf den **Polargebieten**. Zum Museum gehört auch das **Cosmonova**, ein großer sphärischer Theaterbaum mit Planetarium und Filmangeboten im Omnimax-Format (Öffnungszeiten: Di. – Fr. 10.00 – 19.00, Do. bis 20.00, Sa., So. 11.00 – 19.00 Uhr).

✶ **Ekopark**

An der Nordostseite des Stadtgebiets zieht sich der Ekopark hin, eine riesige, von Wasserläufen durchzogene grüne Parklandschaft, die sich aus königlichem Landbesitz entwickelt hat und heute das wichtigste Naherholungsgebiet im Ballungsraum Stockholm bildet.

Millesgården

Im Nordosten des Stadtgebiets liegt auf der Insel Lidingö der gleichnamige Villenvorort. Sehenswert ist der Millesgården, ehemals Wohnung und Atelier des Bildhauers Carl Milles (1875 – 1955), heute Museum. Im Freigelände stehen Repliken verschiedener Arbeiten des Künstlers. Vom Garten hat man einen schönen Blick auf die Stadt (Öffnungszeiten: Mitte Mai – Ende Juli tgl. 10.00 – 17.00, sonst Di. bis So. 12.00 – 17.00 Uhr).

Sehenswertes in der Umgebung

✶✶ **Drottningholm**

Rund 11 km westlich vom Zentrum steht auf einer Insel im Mälarsee Schloss Drottningholm, heute Wohnsitz der königlichen Familie. Es wurde 1662 im Auftrag Königin Eleonoras von Nicodemus Tessin d.Ä. nach französischen und holländischen Mustern errichtet. Carl Hårleman und Carl Fredrik Adelcrantz bauten im 18. Jh. neue Flügel an, so entstanden die Räume im französischen Rokokostil. Das Schloss zählt zum UNESCO-Weltkulturerbe. Besichtigt werden können das Erdgeschoss und weitere elf Räume (Öffnungszeiten: Mai bis Aug. tgl. 10.00 – 16.30, Sept. tgl. 12.00 – 15.30, sonst Sa., So. 12.00 – 15.30 Uhr).

Schlosstheater und Theatermuseum ►

Der klassizistische Bau von 1766 wird heute noch für Aufführungen von **Barockopern** genutzt – wer Zeit hat, sollte sich dies nicht entgehen lassen! Im Rahmen einer Führung kann man das Foyer und den Zuschauerraum besichtigen. Ein Nebengebäude beherbergt das seit 1922 bestehende Theatermuseum, die größte theatergeschichtliche

Auf Schloss Drottningholm lebt die königliche Familie.

Sammlung des Landes (Öffnungszeiten Juni – Aug. tgl. 11.00 – 16.30, Mai 12.00 bis 16.30, Sept. 13.00 – 15.30 Uhr).

Aus dem Jahr 1766 stammt das Kina Slott, ein kostbar ausgestatteter Pavillon mit Nebengebäuden nach chinesischen Vorbildern. ◀ Kina Slott

Die Schären

Der Stockholmer Schärengarten besteht aus rund 24 000 Inseln. Mitte des 19. Jh.s bauten sich die ersten Stockholmer in den Schären ihre ersten Sommerhäuschen – heute ist deren Zahl auf rund 50 000 angewachsen. Eine ganze Flotte von weißen Schärendampfern bricht jeden Tag von der Hauptstadt in die Inselwelt auf. Wer etwas Zeit hat, besorgt sich eine »Båtluffarkort« mit der man die Schärendampfer beliebig oft benutzen kann (5 Tage ca. 37 Euro). Man kann aber natürlich auch zu Tagestouren starten.

★ Björkö

Etwa 28 km westlich von Stockholm liegt im Mälarsee die kleine Insel Björkö (Birkeninsel). Hier wurde gegen Ende des 8. Jh.s die Wikingersiedlung Birka gegründet, die zu einem der wichtigsten Handelszentren ihrer Zeit aufstieg. Außerhalb der Siedlung erstreckt sich ein Gräberfeld, mit rund 2500 Grabstätten das größte in Schweden. Warum diese blühende Handelsstadt schon bald aufgegeben wurde, ist unbekannt. Birka zählt zum UNESCO-Weltkulturerbe. Im Museum kann man sich über den Stand der laufenden Ausgrabungen informieren (Öffnungszeiten: Mai – Sept. Mo. – Fr. 10.00 – 16.00, Sa., So. bis 17.00 Uhr).

Sundsvall

H 5

Landschaft: Medelpad
Einwohnerzahl: 94 000
Provinz: Västernorrland Län
Höhe: Meereshöhe

Wie Phönix aus der Asche erstand Sundsvall nach einem verheerenden Brand im Jahre 1888 vollkommen neu: diesmal großzügig und ganz aus Stein. Ausreichend Geld für den teuren Baustoff verdiente man mit einem anderen begehrten Material: Holz.

Zentrum des Holzhandels Sundsvall liegt an der Mündung der Selångerån in den Bottnischen Meerbusen. Ein stürmischer Aufschwung setzte im 19. Jh. ein, als zahlreiche Sägewerke gegründet wurden. Heute besitzt die Stadt einen Ölhafen, ist Mittelpunkt der schwedischen Holz- und Papierindustrie und wichtigstes Wirtschaftszentrum von Norrland.

Sehenswertes in Sundsvall

Marktplatz Der Gesamtplan der alten Stadtanlage geht auf Nicodemus Tessin d.Ä. zurück. »Stenstaden« – die Stadt aus Stein – ist mit ihren repräsentativen Häusern rund um den Marktplatz ein architektonisches Highlight. Sundsvall kann man angenehm zu Fuß erkunden, denn viele Fußgängerzonen durchziehen die gesamte Innenstadt.

Kulturmagasin In Verlängerung der Nybrogatan steht das leicht an seiner verglasten Front erkennbare Kulturmagasin, in dem eine Bibliothek, das Medelpad-Archiv und das **städtische Museum** untergebracht sind. Im Museum kann man den **Grabfund von Högom** bestaunen (ca. 500 n. Chr.). Zwei Ausstellungen sind der Stadthistorie und der Holzwirtschaft gewidmet. Eine Sammlung zeitgenössischer Kunst rundet das Angebot ab (Öffnungszeiten: Mo. – Do. 10.00 – 19.00, Fr. bis 18.00, Sa. 11.00 – 16.00 Uhr).

Casino 2001 wurde mit dem Casino Cosmopol das erste internationale Kasino Schwedens eröffnet (Öffnungszeiten: tgl. 13.00 – 3.00 Uhr).

Freilichtmuseum Außerhalb des Zentrums liegt auf dem Stadtberg neben einer großen Freizeitanlage das Freilichtmuseum mit alter Töpferwerkstatt, Handwerksmuseum und historischem Kramladen sowie einem kleinen Tierpark. Ein Unikum ist das Museum Skvaderboden, das dem sagenhaften **Skvader**, einer Art schwedischem Wolpertinger, gewidmet ist (Öffnungszeiten: tgl. 11.00 – 16.00 Uhr).

Njurunda Südlich von Sundsvall Richtung Njurunda durchquert man auf der E 4 eine schöne Landschaft, in der zahlreiche Vögel leben und Erdorchideen vorkommen. In der Nähe von Njurunda steht der größte Grabhügel Norrlands, zu dem ein archäologischer Wanderpfad führt.

SUNDSVALL ERLEBEN

AUSKUNFT

Sundsvall Turism
Stora Torget
85230 Sundsvall
Tel. (060) 61 04 50, Fax 12 72 72
www.sundsvallturism.com

Härnösand Turistbyrå
Järnvägsgatan 2
87145 Härnösand
Tel. (06 11) 881 40, Fax 221 10
www.harnosand.se

ESSEN

▶ Erschwinglich

Sundsvall, Restaurang Kullersten
Storgatan 5
Tel. (060) 17 01 55
Gutes Restaurant im Stadtzentrum. Wer möchte, kann im Nachtklub S5 nach dem Essen das Tanzbein schwingen.

Innergården 1891
Sundsvall, Stortorg
Tel. (060) 61 18 91
Gemütliches Café und Restaurant. Köstliche Kuchen, typisch schwedische Küche. Gute Pasta-Gerichte. Wochentags zwischen 11.00 und 14.00 Uhr günstige Businessgerichte. Im Sommer 40 Plätze im Freien.

▶ Preiswert

Vårdkascaféet
Härnösand (auf dem Vårdkasberg)
Schönes Café mit Traum-Aussicht über die Stadt und das Meer (geöffnet Di. – Fr. 10.00 – 15.00 Uhr)

Restaurang Kajen
Köpmanholmen
Köpmanholmsvägen 2
Tel. (06 60) 22 34 96
30 km südlich von Örnsköldsvik direkt am Wasser. Es gehört zu einer Jugendherberge und serviert Hausmannskost, vor allem Fischgerichte.

ÜBERNACHTEN

▶ Luxus

Elite Hotel Knaust
Sundvall, Storgatan 13
Tel. (060) 608 00 00, Fax 608 00 10
94 Zi., www.elite.se
Luxushotel in der Stadtmitte, das für seine prächtige weiße Marmortreppe bekannt ist. Bei der Renovierung blieb der 19.Jh.-Stil in den Zimmern erhalten, der Standard wurde modernen Bedürfnissen angepasst.

▶ Komfortabel

First Hotel Härnösand
Härnösand, Skeppsbron 9
Tel. (06 11) 55 44 40
Fax 55 44 47
95 Zi., www.firsthotels.com
Nettes Hotel mit Blick über den Hafen, 500 m östlich des Bahnhofs

Hotell Royal
Härnösand, Strandgatan 12
Tel. (06 11) 204 55, Fax 55 53 54
22 Zi., www.hotelroyal.se
Die Räume in diesem schönen Holzgebäude sind relativ klein, in warmen Farben gehalten und wurden erst kürzlich renoviert. Im Restaurant gibt es preisgünstige Mittagsgerichte.

▶ Günstig

Gästa Gård
Börje och Märta-Britta Svensson
Gästa 132
Tel. (060) 321 88
www.bopalantgard.y-lan.org
Urlaub auf einem ökologisch bewirtschafteten Bauernhof aus dem 19. Jh., mit schöner Aussicht aufs Umland. Unweit der E 4, rund 20 km südlich von Sundsvall.

An der Höga Kusten, hier die malerischen Häuser auf der Insel Trysunda

✶ Höga Kusten

Weltweit größte Landhebung

Zwischen den Küstenstädten Härnösand und Örnsköldsvik erstreckt sich die Höga Kusten, ein am Bottnischen Meer gelegener hochinteressanter Küstenabschnitt. An der Hohen Küste, die von der UNESCO in die Liste der Naturphänomene aufgenommen wurde, hat die weltweit größte Landhebung nach der letzten Eiszeit stattgefunden. Bis heute hat sich das Land um 286 m gehoben und jedes Jahr kommen weitere 8 mm hinzu. Nirgendwo sonst am Bottnischen Meerbusen findet man so dicht am Wasser so hohe Berge, Grotten und Geröllfelder.

Härnösand

Um die Region rund um die Höga Kusten zu erkunden, bietet sich Härnösand als Ausgangspunkt an. Die alte Hafenstadt, die schon 1565 die Stadtrechte erhielt, breitet sich zu beiden Seiten des Härnösundes aus. Das Stadtbild wird geprägt von pastellfarbenen Holzhäusern und eleganten Steingebäuden. Vom Festland führt die Nybrogatan auf die Insel Härnö, auf der die Altstadt liegt.

✶✶ Länsmuseum ▶

Nördlich der Nybro liegt 1,3 km außerhalb der Stadt ein Freilichtmuseum mit vielen alten Häusern aus dem Ångermanland. Auch Härnösands altes Rathaus von 1727 sowie einige weitere historische Holzhäuser aus der Stadt werden gezeigt. Der großzügige Neubau des Provinzmuseums wurde wegen seiner gelungenen Ausstellungen schon **preisgekrönt**. Teilweise kurios sind die Nachlässe von Kapitänen, die um die halbe Welt gereist sind, darunter Vogeleier und Mineralien, nautisches Gerät und Puppenstuben – ein kunterbuntes Sammelsurium, witzig und originell (Öffnungszeiten: Mitte Juni bis Mitte Aug. Di. – So. 11.00 – 17.00 Uhr).

Millesgården

Im Nordosten der Stadt liegt auf der **Insel Lidingö** der Millesgården, ehemals Wohnung und Atelier des Bildhauers Carl Milles (1875 – 1955). Heute ist er ein Museum, das die Arbeiten, vor allem Bronzeplastiken, dieses international renommierten Künstlers zeigt (Öffnungszeiten: Mitte Mai – Sept. tgl. 11.00 – 17.00, Do. bis 20.00, Okt. – Mitte Mai Di. – So. 12.00 bis 17.00, Do. bis 20.00 Uhr, www.millesgarden.se).

! *Baedeker* TIPP

Kulinarische Mutprobe

Schon mal Surströmming probiert? An dieser Spezialität der Region scheiden sich die Geister: Durch die Gärung sind die Dosen aufgetrieben und stehen kurz vor dem Platzen, sticht man hinein, entweichen übel riechende Dämpfe. Und der Geschmack? Unbeschreiblich und sehr gewöhnungsbedürftig. Doch das Surströmmingfest am Ende des Sommers ist aus dem Festkalender der Nordländer nicht wegzudenken.

20 km nördlich von Härnösand kommt man zur imposanten Högakustenbron, mit 1800 m **eine der längsten Hängebrücken der Welt**. Sie überspannt das Mündungsdelta des Ångerman Älv. An ihrer Nordseite gibt es eine Hotelanlage, eine Touristeninformation und Kinderspielplätze. Dieses Gebiet eignet sich als Ausgangspunkt für Wanderungen, hier beginnt auch der Högakustenleden, ein 130 km langer **Wanderweg**. Eine detaillierte Beschreibung ist in den Touristenbüros von Härnösand, Kramfors und Örnsköldsvik erhältlich.

Umeå

K 5

Landschaft: Västerbotten
Provinz: Västerbotten Län
Einwohnerzahl: 110 000
Höhe: Meereshöhe

Die Hafenstadt Umeå am bottnischen Meerbusen lebt hauptsächlich vom Holz. 1888 vernichtete ein Brand drei Viertel der Häuser. Beim Wiederaufbau wurden breite Straßen mit Birkenalleen angelegt, die der nüchternen Stadt ein wenig Flair verleihen.

Umeå, der Hauptort der Provinz Västerbotten, blühte erst im 19. Jh. mit dem Aufschwung der Holzindustrie so richtig auf. Forstwirtschaft und Holzverarbeitung spielen auch heute noch eine ausschlaggebende Rolle. Nicht zuletzt den ca. 25 000 Studenten der Universität und der Fachhochschule sind die vielen Musik- und Filmfeste rund ums Jahr zu verdanken.

UMEÅ ERLEBEN

AUSKUNFT

Umeå Turisbyrå
Renmarkstorget 15
90326 Umeå
Tel. (090) 16 16 16, Fax 12 82 70
www.umea.se

Turistbyrå Skellefteå
Trädgårdsgatan 7
93185 Skellefteå
Tel. (09 10) 73 60 20
Fax 73 60 18
www.turistinfo.skelleftea.se

! Baedeker TIPP

Edle Lederwaren

In Bölebyns Garveri werden edle Lederwaren nach alten Traditionen und mit alten Werkzeugen handgefertigt. Die Gerberei, die mit Birkenrinde arbeitet und einzigartig in ganz Skandinavien ist, beliefert auch das Königshaus (Nya Älvvägen 647, Tel. 09 11/620 23, geöffnet Mitte Juni – Mitte Aug. Mo. – Fr. 10.00 bis 18.00, Sa. bis 14.00 Uhr, schönes Freiluftcafé).

ESSEN

► Erschwinglich

Brännlands Wärdshus
10 km vom Zentrum in Brännland
Tel. (090) 301 30
Landgasthof in einem alten Bauerngehöft. Beliebtes Ausflugsziel, hier kommen Spezialitäten der Region Västerbotten auf den Tisch.

Restaurang Vitberget
Skellefteå, Mossgatan
Tel. (09 10) 77 58 00
Etwas außerhalb in der Nähe der alpinen Skistrecke gelegenes Restaurant. Besonders gut sind die Steaks.

ÜBERNACHTEN

► Luxus

Royal Hotel
Umeå, Skolgatan 62
Tel. (090) 10 07 30
Fax 10 07 39
www.royalhotelumea.com
Luxushotel in der Nähe des Folkets Hus. Überall hängen Bilder von Hollywood-Stars. Das Royal bietet kostenloses Frühstück im Bett, Filmvorführungen im hauseigenen Kinosaal und eine Wellnessabteilung.

Furunäset Hotell & Konferens
Piteå, Belonasvängen 2B
Tel. (09 11) 779 50
Fax 378 89
www.furunaset.se/hotell
Hotelkomplex in der Nähe des Pite-Flusses, entworfen und gebaut von Axel Kumlien, der auch das Grand Hotel in Stockholm konstruierte. Angeschlossen ist »Doktors Villan«, ein mehrfach preisgekröntes Restaurant in einer alten, verspielten Holzvilla von 1893. Spezialität ist das dreigängige Nordlandmenü.

SPORT

Der Vindel Älv ist ein ideales Revier für Wassersportler. Viele Veranstalter bieten auch Wildwassertouren mit Jet- und Raftingbooten an. Vermittlung und weitere Infos bietet die Touristeninformation.

BADEN

Die schönsten Sandstrände am Meer befinden sich ca. 20 km südlich von Umeå bei Norrmölje Havsbad und Bettnesand Havsbad. Östlich vom Zentrum lohnt die Umelagun, ein Freizeitbad mit vielen beheizten Becken, einen Besuch (geöffnet: tgl. 10.00 – 20.00 Uhr).

Sehenswertes in Umeå und Umgebung

★ **Museum Gammlia**

Nordöstlich außerhalb des Zentrums liegt das Bezirksmuseum Västerbottens. Dieses zeigt optisch und didaktisch gelungen die Vor- und Frühgeschichte, Dioramen mit einheimischen Tieren sowie eine interessante Ski-Sammlung mit dem angeblich ältesten Ski der Welt. Im Bild Museet stehen zeitgenössische Kunst und Fotografien im Vordergrund. Das angeschlossene Freilichtmuseum mit historischen Gebäuden geht nahtlos in ein Freizeitgelände über (Öffnungszeiten: Di. – Fr. 10.00 – 16.00, Sa. ab 12.00, So. 12.00 – 17.00 Uhr).

Vindel Älv

Der Vindel Älv zählt zu den vier Nationalflüssen Schwedens und wird nicht für die Energiegewinnung genutzt. Sehenswert sind die Stromschnellen – über 100 an der Zahl – auf dem 470 km langen Fluss. Am spektakulärsten: der Mårdseleforsarna (an der Str. 363, ca. 70 km von Umeå). Die kleinen Inseln (Grill- und Rastplätze) in den Stromschnellen sind mit Hängebrücken verbunden.

★ **Skellefteå**

Skellefteå (72 000 Einw.), an der Mündung des Skellefte Älv in den Bottnischen Meerbusens gelegen, verdankt seinen Aufschwung den Erzfunden im Umland. In den Gruben des Bergwerksortes Boliden wurden Gold, Silber und Kupfer gewonnen. Der Stadtkern besitzt noch den ursprünglichen rechteckigen Grundriss und zeigt mit den gut erhaltenen Holzhäusern noch immer das typische Bild einer gewachsenen norrländischen Stadt. Im Bereich von Nordånpark und Bonnstan gibt es noch mehr als 100 Kirchhäuser aus dem 17. Jh. Bei der **Kirche** der Landsgemeinde (1485 erbaut, 1799 umgebaut) sind der Viersäulenportikus und die Kuppel bemerkenswert. Im Innern sollte man den Lübecker Flügelaltar von Bernt Notke und die kleine Skellefte-Madonna (12. Jh.) anschauen. Das nahe **Heimatmuseum** zeigt Bronzeschmuck aus der Zeit um 300 – 400 n. Chr. und informiert über die Stadtgeschichte (Öffnungszeiten: Mitte Juni – Mitte Aug. tgl. 12.00 – 16.00 Uhr).

> **!** *Baedeker* TIPP
>
> **Die längste Seilbahn der Welt ...**
>
> ... ist genau 13 163 m lang und verkehrt zwischen Örträsk und Mensträsk (erreichbar auf der Str. Nr. 370 von Boliden aus ca. 50 km in nordwestlicher Richtung). Mit ihr wurde einst Erz aus den Gruben in Richtung Küste transportiert, heute ist sie eine Touristenattraktion. Rund 90 min. dauert die Fahrt über stille Seen, Moore und Wälder (www.linbanan.com, Tel. 09 18/210 25, Ende Juni – Mitte Aug. tgl. 13.00 Uhr).

Piteå

Für die Schweden liegt Piteå an »Norrlands Riviera« wegen des 5 km langen Sandstrandes, der dank überraschend vieler Sonnenstunden mit angenehm temperiertem Wasser gesegnet ist. Im ehemaligen Rathaus, das sich durch eine schöne Holzarchitektur auszeichnet, ist das Stadtmuseum untergebracht (Öffnungszeiten: Mo. – Fr. 9.00 bis 16.00, Sa. 11.00 – 14.00 Uhr).

★★ Uppsala

H 7

Landschaft: Uppland
Einwohnerzahl: 182 000
Provinz: Uppsala Län
Höhe: 7 m ü.d.M.

Uppsala gehört zu den renommiertesten Universitäten Europas. Schon Carl von Linné studierte hier. Sein Garten und der Dom sind die wichtigsten Sehenswürdigkeiten der überaus lebendigen Stadt.

Uppsala, viertgrößte Stadt des Landes, liegt ca. 70 km nordwestlich von Stockholm in einer fruchtbaren Ebene an beiden Ufern der Fyrisån. Sie ist Hauptstadt Upplands und Sitz des evangelischen Erzbischofs von Schweden. Die Universität wurde 1477 von Erzbischof Jakob Ulvsson gegründet und entwickelte sich dank der Zuwendungen Gustav Adolfs zu einer Hochburg des Geisteslebens. Der berühmteste Bürger Uppsalas war der Botaniker **Carl von Linné** (1707 – 1778). Er entwickelte ein geniales Nomenklatursystem, das erstmals Ordnung in die Pflanzenwelt brachte. Seine binäre Nomenklatur, nach der jede Pflanze durch einen Gattungs- und Artnamen eindeutig beschrieben ist, ist noch heute international gültig.

Der Botaniker Carl von Linné wurde im Dom von Uppsala bestattet.

Sehenswertes in Uppsala

Die Innenstadt von Uppsala hat zwei Teile: westlich der Fyrisån befinden sich der überwiegend kirchlich-akademische Bereich und die meisten Sehenswürdigkeiten, östlich des Flusses liegt das eigentliche Zentrum mit Rathaus, Verwaltung und Wirtschaftsunternehmen.

Auf dem ansteigenden rechten Flussufer steht der 1435 geweihte **Dom**. Durch Brände mehrmals beschädigt, wurde die Kirche jeweils im Stil der Zeit wiederhergestellt. Die beiden Westtürme, nach 1702 teilweise umgebaut, erhielten 1745 neue Helme. Nach der umstritte-

UPPSALA ERLEBEN

AUSKUNFT

Uppsala Turist och Kongress AB
Fyris Torg
75310 Uppsala
Tel. (018) 727 48 00
Fax 13 28 95
www.uppland.nu

ESSEN

► Erschwinglich

① *Markthalle (Saluhallen)*
St. Eriks Torg
Die 2002 umgebaute Markthalle ist heute Sitz zahlreicher Restaurants, z.B. des »Hyllan« (mehr für junge Leute, günstiger Mittagstisch, abends Barbetrieb, am Wochenende Disco, Tel. 018/150 150) oder für den, der Gourmetküche genießen will und bezahlen kann: der »Guldkanten«, Tel. 018/150 151.

② *Birger Jarl*
Nedre Slottsgatan 3
Tel. (018) 71 17 34
Restaurant und Nachtklub, allerdings nur für Leute ab 23 Jahre

③ *Flustret*
Svandammen 1
Tel. (018) 10 04 44
Restaurant in schöner Lage. Hervorragende Fischgerichte, immer wieder auch Musik- und Comedyveranstaltungen.

ÜBERNACHTEN

► Komfortabel

① *First Hotel Linné*
Skolgatan 45
Tel. (018) 10 20 00
Fax 13 75 97
116 Zi., www.firsthotels.se
Zentrale Lage direkt am Linné-Garten. Modernes, schnörkelloses Stadthotel mit eigenem Kräutergarten.

② *Hotel Uppsala*
Kungsgatan 27
Tel. (018) 480 50
Fax 480 50 50
169 Z., www.profilhotels.se
Angenehme, helle Zimmer in modernem Tagungshotel, zentral gelegen

③ *Krusenberg Herrgård*
Krusenberg
Tel. (018) 18 03 00
Fax 18 03 99
60 Zi., www.krusenbergherrgard.se
Altehrwürdiger schwedischer Herrenhof, dessen Anfänge zurück ins 17. Jh. reichen. Wunderschön am Mälarsee gelegen, 10 km südlich von Uppsala. Das Hauptgebäude liegt inmitten von alten Obstbäumen und pittoresken Parkanlagen.

EINKAUFEN

Schöne Geschäfte findet man vor allem am Stora Torget und in der Kungsängsgatan.
Wer in der Stadt des Wissens eher nach Büchern Ausschau halten möchte, wird sicher Vergnügen finden an den Antiquariaten, die immer samstags am Fluss bei der Dombrücke ihre Waren feilbieten.

! *Baedeker* TIPP

Mit Volldampf nach Länna

Im Sommer kann man mit dem Dampfzug, Triebwagen oder Oldtimer-Bus gemütlich von Uppsala ins 20 km östlich gelegene Länna fahren.
Abfahrt ab Ostbahnhof (Uppsala Östra Station), Mitte Juni – Mitte Sept.
www.lennakatten.se

Uppsala Orientierung

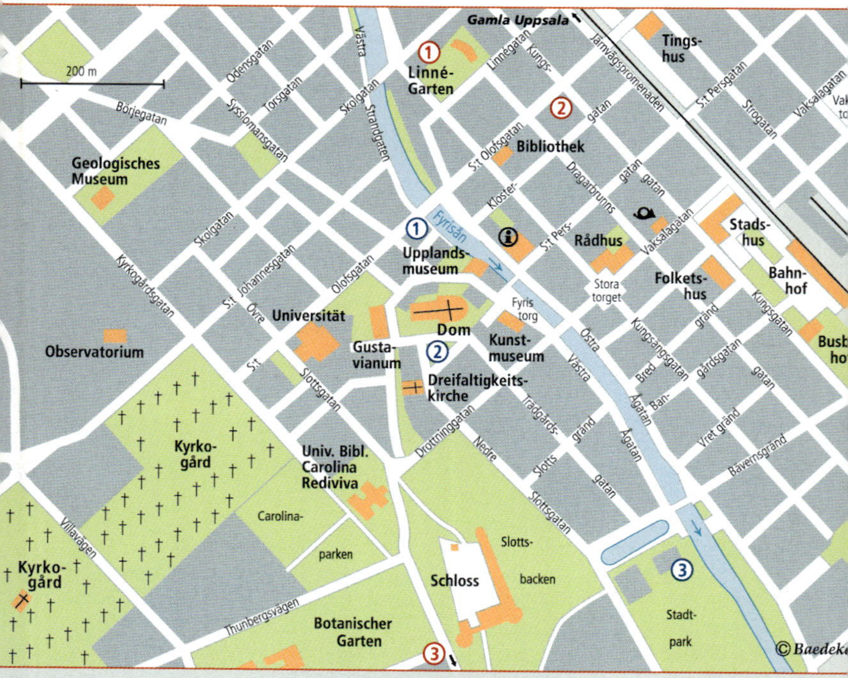

Essen
① Saluhallen
② Birger Jarl
③ Flustret

Übernachten
① First Hotel Linné
② Hotel Uppsala
③ Krusenberg Herrgård

nen Restaurierung in der Zeit des Historismus (um 1880) wurde in den letzten Jahrzehnten versucht, das mittelalterliche Erscheinungsbild der Kirche wiederherzustellen. Dennoch ist der Bau ein Sammelsurium unterschiedlicher Stilepochen. Bis ins 18. Jh. wurden hier Schwedens Könige gekrönt.

Viele berühmte Schweden sind hier bestattet: In der Hauptchorkapelle befindet sich das um 1576 in den Niederlanden gefertigte **Grabmal König Gustav Wasas**. Nahe beim Chorhaupt steht der 1577 angefertigte vergoldete Metallsarkophag mit den Gebeinen König Erichs des Heiligen, des schwedischen Nationalheiligen, der im Jahr 1160 von den Dänen erschlagen wurde. Beim Kircheneingang ist links in den Fußboden das Epitaph des Botanikers Carl von Linné eingelassen. Außerdem sind im Dom der Bischof Nathan Söderblom und der Philosoph Emanuel Svedenborg bestattet (Öffnungszeiten: tgl. 8.00 – 18.00 Uhr).

Im nördlichen Fassadenturm wurde das **Dommuseum** eingerichtet. (Öffnungszeiten: Mo. – Sa. 10.00 – 17.00, So. 12.30 bis 17.00 Uhr).

Außen wie innen ist Uppsalas altehrwürdige Universität ein wahrer Prachtbau.

Gustavianum

Wenige Schritte vom Dom entfernt steht das von einer Kuppel gekrönte Gustavianum. Hier befinden sich hier das Museum für nordische Altertümer und das Victoria-Museum, das ägyptische und griechische Altertümer ausstellt. Weiter beherbergt es das Anatomische Theater (1663), ein Hörsaal mit Blick auf den Seziertisch (Öffnungszeiten: Juni – Aug. Di. – So. 10.00 – 16.00, sonst 11.00 – 16.00, Sa., So. 13.00 Uhr, englische Führungen, www.gustavianum.uu.se).

Universitätsbibliothek

★ ★ ◀ Codex Argenteus

Zwischen der Universität und dem Schloss prangt das stattliche Gebäude der Universitätsbibliothek (Carolina Rediviva), der mit über fünf Millionen Bänden größten Bibliothek des Landes. Im Ausstellungsraum ist als kostbarster Besitz der Codex Argenteus zu sehen, ein Evangelienbuch in gotischer Sprache aus dem 6. Jh., das seinen Namen dem silberbeschlagenen Einband aus dem 17. Jh. verdankt. Zum Bestand der Bibliothek gehören ferner der Codex Upsaliensis, die älteste erhaltene Handschrift der von Snorre Sturlasson verfassten **jüngeren Edda** um 1300 (Öffnungszeiten: Mitte Juni bis Mitte Aug. Mo. – Fr. 9.00 – 17.00, Sa. ab 10.00, So. 10.00 – 16.00, sonst Mo. – Fr. 9.00 – 20.00, Sa. 10.00 – 17.00 Uhr).

Schloss

Von der Bibliothek führt der Weg zum Schloss hinauf auf dem Berg, das 1548 unter Gustav Wasa begonnen wurde. Von den Bastionen bietet sich ein schöner Blick auf Stadt und Umland. Im Schloss ist das städtische Kunstmuseum eingerichtet (Öffnungszeiten: Di. – Fr. 12.00 – 16.00, Sa., So. 11.00 – 17.00 Uhr).

Botanischer Garten

Vom Schloss gelangt man über eine Freitreppe zum Botanischen Garten. Im Linnéanum sind das Institut für systematische Botanik und eine bemerkenswerte Kakteensammlung untergebracht. Im tropischen Gewächshaus gibt es ein großes Victoria-Regia-Becken, Orchideen und im Innenhof einen stilechten Japangarten (Öffnungszeiten: Mai – Aug. tgl. 7.00 – 17.00, sonst bis 19.00 Uhr).

Linné-Garten und Museum

Im Norden der Innenstadt liegt an der Svartbäcksgatan der 1655 angelegte und einst von dem Botaniker Carl von Linné betreute Garten, in dem er die Pflanzen nach seinem bahnbrechenden System ordnete. Hier befindet sich auch das Linné-Museum. Zu besichtigen ist das Arbeitszimmer des Naturwissenschaftlers mit allerlei Kuriositäten und Tierpräparaten (Öffnungszeiten: Juni – Mitte Sept. Di. – So. 12.00 – 16.00 Uhr).

✶ Gamla Uppsala

Rund 5 km nördlich vom Zentrum liegt Gamla Uppsala, Keimzelle der heutigen Stadt und ehemaliger Hauptort des Svea-Reichs. Der archäologische Bereich mit Grabhügeln und Thinghügel reicht bis ins 4. Jh.n.Chr. zurück und gehört zu den größten vor- bzw. frühgeschichtlichen Denkmälern Skandinaviens. Gleich nebenan steht der Dom von Alt-Uppsala, vermutlich im 11. Jh. errichtet und später zum Bischofssitz auserkoren. Man vermutet, dass entweder an dieser Stelle oder in der Nähe ein Tempel für Odin stand. Sicher ist, dass Alt-Uppsala einst **religiöses Zentrum** des wikingerzeitlichen Schwedens war.

Umgebung von Uppsala

✶ Linnés Hammarby

Ein lohnendes Ausflugsziel ist Linnés Hammarby, das knapp 10 km südöstlich von Uppsala gelegene einstige Sommerhaus des Botanikers Carl von Linné, dem »Kanzleibeamten Gottes«, wie er mitunter gerne genannt wird wegen des von ihm ersonnenen Nomenklatur-Systems. Er hatte das Haus 1758 gekauft und ließ sein Arbeits- und Schlafzimmer mit Seiten aus Botanik-Büchern von Kollegen tapezieren. Noch heute bedecken diese Pflanzenzeichnungen lückenlos die Wände. Im Hauptgebäude sind Hausrat, Textilien und Kleidungsstücke zu sehen (Öffnungszeiten Park: Mai – Sept. tgl. 8.00 – 20.00, Museum und Café Di. – So. 12.00 – 16.00 Uhr).

Morasteine

In der Nähe von Linnés Hammarby befinden sich in einem 1779 errichteten Haus die Morasteine. Hier leisteten die gewählten Könige den Eid, worauf ihr Name auf einen Stein geschrieben wurde. Unweit davon lohnt auch die Kirche von Lagga einen Besuch, die Wandmalereien aus dem 15. Jh. besitzt.

★ Vänersee

F/G 7

Landschaft: Värmland, Dalsland und Västergötland

Verlässt man mit dem Schiff den Götakanal und fährt auf den Vänersee hinaus, glaubt man sich auf dem offenen Meer. Die endlose Wasserfläche reicht bis zum Dunst des Horizonts und weit und breit ist kein Land in Sicht auf Schwedens größtem See.

Ein Kind des Meeres

Der bis zu 92 m tiefe Vänern ist mit einer Fläche von 5546 km² der drittgrößte See Europas. Am Ende der letzten Eiszeit hatte er noch Verbindung zum offenen Meer und wurde erst vor rund 9000 Jahren durch die Landhebung abgetrennt. Damals hatte er fast doppelte Größe und weite Teile des heutigen Värmland waren vom Wasser bedeckt. Heute liegt der Wasserspiegel des Sees 45 m über dem Niveau des Meeres – ein Resultat der immer noch fortschreitenden Landhebung.

Spätersommerlicher Farbenrausch am Vänersee

VÄNERSEE ERLEBEN

AUSKUNFT

Karlskoga Turistbyrå
Kyrkbakken 9
69183 Karlskoga
Tel. (05 86) 614 74
Fax 619 60
www.karlskoga.se

Karlstad Turistbyrå
Biblioteksbuset
V. Torggatan 26
65220 Karlstad
Tel. (054) 29 84 00
www.karlstad.se

Lidköping-Götene Turistbyrå
Stationshuset, Banggatan 3
53132 Lidköping
Tel. (05 10) 220 20
Fax 271 91
www.lackokinnekulle.se

Mariestad Turistbyrå
Hamnplan
54242 Mariestad
Tel. (05 01) 100 01
Fax 121 40
www.vastsverige.com

Vänersborg Turistbyrå
Järnvägsstationen
46222 Vänersborg
Tel. (05 21) 27 14 00
Fax 27 14 01
www.vanersborg.se

ESSEN

► Fein & Teuer

Källaren Munken
Karlstad, Västra Torggatan 17
Tel. (054) 18 51 50
Gourmetrestaurant im Kellergewölbe. Hochklassige schwedische Küche. Zum selben Haus gehört auch die Brasseriet Munken, die wesentlich günstigere Gerichte anbietet.

► Erschwinglich

M/S Sjökronan
Arvika
Storgatan 32
Tel. (05 70) 140 40
Schiffsrestaurant am Hafen. Die besten Plätze sind im Sommer auf dem Oberdeck, wo man gut essen und gemütlich in der Sonne sitzen kann.

Heat Kök & Bar
Trollhättan
Kungsgatan 24
Tel. (05 20) 187 33
Die Bar ist für ihr reichhaltiges Sortiment – angeblich das größte der Stadt – bekannt, das Restaurant für seine Fischgerichte.

► Preiswert

Café August
Karlstad
Kanikenäsholmen
Tel. (054) 217747
Café am See, das auch warme Gerichte serviert, Galerie mit 300 Plätzen im Freien

Skogshyddan
Etwas außerhalb von Vänersborg
Tel. (05 21) 127 74
Ältestes Sommerrestaurant der Stadt in einem alten Landhaus von 1898. Beliebtes Ausflugsziel, bekannt für seine Waffeln, die in verschiedenen Variationen angeboten werden.

Gate Gästgiveri
Arvika, Gate
Tel. (05 70) 131 20
Restaurant im ältesten Haus Arvikas, bekannt für seine typisch värmländische Küche. Allerdings wird hier nur mittags serviert. Etwas außerhalb am Kreisverkehr des RV 61 Richtung Karlstad.

ÜBERNACHTEN

▶ Luxus

Hotel Oscar Statt
Arvika, Torggatan 9
Tel. (05 70) 197 50, Fax 197 55
73 Zi., www.oscarstatt.se
Der Name des noblen Hotels spiegelt die Geschichte Arvikas wider, das zu Anfang des 19. Jh.s noch Oskarstad hieß. Stadtbekannt auch das Restaurant Sofia, Spezialität ist das »Kalbsfilet Oskar« mit Hummer, Spargel und Sauce Bearnaise.

▶ Komfortabel

Bristol Hotel Arvika
Arvika
Kyrkogatan 25
Tel. (05 70) 132 80
32 Zi., www.bristolhotel.com
Im Zentrum von Arvika versprüht das nette, familiäre Hotel britischen Charme. Gute Alternative für Preisbewusste und Junggebliebene, denn die zahlreichen Restaurants, Pubs und Geschäfte in der Umgebung versprechen viel Abwechslung und internationales Flair.

Ramada Karlskoga Hotel & Konferens
Karlskoga
Boåsvägen 2
Tel. (05 86) 637 40
Fax 637 45
www.karlskogahotel.se
Mittelklassehotel in der Nähe vom Alfred-Nobel-Museum Björkborn. Zentral gelegen.

Comfort Home Hotel Bilan
Karlstad
Karlsbergsgatan 3
Tel. (054) 10 03 00
Fax 21 92 14
www.choicehotels.se
First-Class-Hotel im ehemaligen Bezirksgefängnis von Karlstad. Die Zellen in dem fast 200 Jahre alten Gebäude wurden in 68 bequeme Hotelzimmer umgebaut.

Scandic Hotel Klarälven
Karlstad, Sandbäcksgatan 6
Tel. (054) 776 45 00, Fax 776 45 11
www.scandic-hotels.com
Direkt am Fluss gelegenes Hotel der Scandicgruppe, natürlich mit Restaurant, Bistro und Bar

Hotell Läckö
Lidköping
Gamla Stadens Torg 5
Tel. (05 10) 230 00, Fax 621 91
19 Zi., www.hotellacko.se
Hotel mit viel Atmosphäre im Zentrum von Lidköping. Trotz zahlreicher Renovierungen im Laufe der Jahre kann man immer noch das Flair der Gründungszeit vom Ende des 19. Jh.s genießen.

▶ Günstig

Österberga Gård Bed & Breakfast
Mariestad
Österberga Gård
Tel. (05 01) 205 00, Fax 200 00
Einfache Unterkunft in ländlicher Umgebung, nördlich von Mariestad

FREIZEIT UND SPORT

Elchsafari
Die Tafelberge am Südrand des Vänern sind allein schon einen Ausflug wert. Mehr noch, wenn man ihn mit einer Elchsafari verbindet. Von Vänersborg aus startet der Bus im Juli und August Mo. und Do. jeweils um 18.30 Uhr. Anmeldung im Turistbyrå.

Draisinenfahrt
Von Gullspång (nordöstlicher See) kann man mit der Draisine eine sehr nette Tour bis Degerfors machen. Buchung über das Gullspånger Touristenbüro, Tel. (0551) 361 40.

Sehenswertes am Vänersee

Trollhättan

Die Gegend an der Südwestspitze des Vänersees, aus dem hier der Göta Älv austritt, war schon vor 7000 Jahren besiedelt. Heute nennt sich der Ort Trollhättan; hier sitzen Firmen wie Saab und Nohab. Trollhättan wird übrigens auch **»Trollywood«** genannt. Denn hier werden auch Filme produziert. Mit rund 20 Produktionen im Jahr, darunter auch Lars von Triers »Dogville« mit Nicole Kidman, ist die Stadt jetzt reif für einen »Walk of Fame« nach Hollywood-Art.

Lidköping

Etwas abseits vom Seeufer geht es zur reizvoll an der Bucht Kinneviken gelegenen industriereichen Stadt Lidköping. Das hölzerne Jagdschlösschen am Stortorg diente später als Rathaus und entwickelte sich zum Wahrzeichen der Stadt. An den weiten Platz schließt sich die hübsche Fußgängerzone mit ihren niedrigen Häusern an. Einen Besuch verdient die **Porzellanmanufaktur Rörstrand** im Industriegebiet. Es gibt ein großes Werksmuseum sowie eine Verkaufsausstellung, auch mit preisgünstigeren Waren zweiter Wahl (Öffnungszeiten: Mo. – Fr. 10.00 – 18.00, Sa. bis 15.00, So. 12.00 – 16.00 Uhr).

★ Schloss Läckö

Nördlich von Lidköping ragt die Halbinsel Kallandsö in den Vänern. Nahe der Spitze steht etwas erhöht über dem See Schloss Läckö, das 1298 zunächst als Festung errichtet wurde. Nach der Reformation wurde es mehrfach umgebaut. Das 700-jährige Schloss ist die meistbesuchte Sehenswürdigkeit Westschwedens. Nicht nur die herrliche Lage zieht die Besucher an, sondern auch die überaus gut besuchten Ausstellungen und Konzerte im Königssaal und auf dem Burgwall.

Einst eine Festung: Schloss Läckö

Für Gartenliebhaber ist der **Schlossgarten** ein Paradies. Im Stallcafé gibt es Tagesgerichte und Kuchen, das Restaurant Fataburen serviert Spezialitäten aus der Region. In der Nähe des Schlosses kann man an einem Sandstrand baden oder sich dort ein Boot leihen. Das prunkvoll ausgestattete Innere (248 Räume hat das Schloss insgesamt) ist nur mit Führung zugänglich (Öffnungszeiten: Mai bis Aug. tgl. stündliche Führungen 11.00 – 17.00, Sept. Mo. – Fr. 11.00 bis 15.00, Sa., So. bis 16.00 Uhr, www.lackoslott.se).

Skara

Einen netten Abstecher bildet die Fahrt nach Skara, das aus einer alten Thing- und Kultstätte hervorgegangen war und später Bischofssitz wurde. Die imposante **Domkirche** ist ein dreischiffiger gotischer Bau aus den Jahren 1312–1350. Einige Schritte weiter nordöstlich breitet sich der Stadsträdgård aus, in dem sich das **Provinzmuseum** von Västergötland befindet. Besonders sehenswert sind die 1985 ausgegrabenen Bronzeschilde von Fröslunda aus dem 7./8. Jh.v.Chr. (Öffnungszeiten: Mo.–Fr. 10.00 bis 17.00, Sa., So. ab 12.00 Uhr). Unmittelbar daneben befindet sich das **Freilichtmuseum Fornbyn** mit rund 30 Häusern aus der Gegend von Skaraborg (Öffnungszeiten: Mitte Mai–Ende Sept. tgl. 8.00 bis 16.00 Uhr).

! *Baedeker* TIPP

Der Tanz der Kraniche

Der Hornborgasee zwischen Skara, Skövde und Falköping ist wegen seines reichen Vogellebens weit über die Landesgrenzen berühmt. Im Frühjahr kommen mindestens 5000 Kraniche zu dem von weiten Sumpfflächen umgebenen See und bieten beim Paarungsritual den sehenswerten »Tanz der Kraniche«, der jedes Jahr Ornithologen und Naturfotografen anlockt.

Falköping

Auf der Str. Nr. 184 gelangt man von Skara aus zu dem 27 km südlich gelegenen Städtchen Falköping, in dessen Umgebung sich etwa zwei Drittel der 300 bekannten Ganggräber Schwedens aus der Zeit um 3300 v. Chr. befinden. Das bekannteste Grab liegt südlich von Falköping, unweit östlich der Kirche von Luttra. Das größte Ganggrab Skandinaviens liegt bei Karleby, nur wenige Kilometer östlich.

✶ Kinnekulle

Auf der Rückfahrt zum Vänersee sieht man schon von weitem den Kinnekulle, der die Bucht Kinneviken im Osten begrenzt. Tannen bedecken den 306 m hohen **Tafelberg**, der einen ausgezeichneten Panoramablick auf den Vänersee bietet. Die Tafelberge in diesem Gebiet entstanden vor etwa 500 Millionen Jahren. Damals lagerten sich Sedimente auf dem Meeresboden ab, die sodann zum Teil von untermeerischer Lava bedeckt wurden. Diese harte Lava bildete einen perfekten Panzer: Während bei der später einsetzenden Landhebung die ungeschützten Sedimentgesteine abgetragen wurden, blieben die mit Lavahülle stehen.

Mariestad

Der nächste größere Ort am Vänersee ist die an der Mündung der Tidan gelegene Industriestadt Mariestad. Nach einem Brand 1895 musste die Stadt nahezu völlig neu aufgebaut werden. Im nördlichen Teil der Innenstadt steht der 1593–1619 erbaute Dom, auf einer Insel im Fluss das Schloss Marieholm.

Kristinehamn

Kristinehamn an der nordöstlichsten Stelle des Vänersees wurde Mitte des 19. Jh.s an das Eisenbahnnetz angeschlossen und stieg zum Umschlagplatz für das Holz der Region und das Eisenerz aus Bergslagen auf. Im Sporthafen steht die einem Seezeichen ähnelnde, 15 m hohe Betonskulptur, die **Pablo Picasso** der Stadt 1964 schenkte.

Karlskoga Rund 25 km östlich von Kristinehamn befindet sich am Nordufer des kleinen Möckelnsees in einem alten Bergbaugebiet die Stadt Karlskoga. Außerhalb liegt Alfred Nobels Björkborn, ein weitläufiges Werksgelände mit dem einstigen Wohnhaus des Sprengstofffabrikanten und seinem Laboratorium mit der originalen Einrichtung.

Nobelmuseum ► Der Herrenhof Björkborn diente **Alfred Nobel** (► Berühmte Persönlichkeiten) einst als Wohnsitz und Arbeitsstätte. Sein elegantes weißes Haus ist zum größten Teil noch so eingerichtet wie zu seinen Lebzeiten; besichtigt werden kann auch das Labor, in dem er u.a. Versuchen mit künstlich hergestellter Seide und synthetischem Gummi nachging. Sein riesiges Vermögen, das er größtenteils durch **Waffenverkäufe** erwirtschaftet hatte, wird von der Nobelstiftung verwaltet, die nur die Zinsen als Nobelpreis ausschüttet. Interessierte können dem **Bofors Industriemuseum** einen Besuch abstatten, das die über 350-jährige Geschichte des Rüstungskonzerns, dessen Eigentümer einst Alfred Nobel war, dokumentiert (Öffnungszeiten: Juni – Aug. tgl. 10.00 – 17.00 Uhr, www.nobelmuseetkarlskoga.se).

Karlstad

Altstadt Karlstad, das Kultur- und Handelszentrum von Värmland, liegt an der Mündung des mit 500 km längsten Flusses von Schweden, dem Klar Älv, in den Vänersee. Die Älvgatan vermittelt mit ihren alten Bürgerhäusern ein Bild des alten Karlstad vor dem großen Brand von 1865. Auch die Domkirche (1723 – 1730) und das Bischofspalais von 1780 stammen noch aus jener Zeit. Auf dem Stortorg steht ein Friedensmonument von Ivar Johnsson, das an die Auflösung der schwedisch-norwegischen Union 1905 erinnert.

Värmlands Museet Das Värmland-Museum liegt auf der Landzunge Sandgrundsudden mitten im Stadtzentrum. 2005 wurde es zu Schwedens »Museum des Jahres« gewählt. Schon die beiden Gebäude, Meisterwerke von einigen der bedeutendsten Architekten Schwedens, lohnen einen Blick. Das alte Haus, genannt Cyrillushaus, bekam seinen Namen nach dem Architekten Cyrillus Johansson. Dort befindet sich die Kunstabteilung mit värmländischer Kunst vom 18. Jh. bis zur Gegenwart. Das neue Museumsgebäude wurde 1998 eröffnet, stammt von Carl Nyrén und beherbergt Dauer- und Wechselausstellungen sowie ein großes Café (Öffnungszeiten: Di. – Fr. 10.00 – 17.00, Mi. bis 21.00, Sa., So. 11.00 – 17.00 Uhr).

✶ Frykenseen Nördlich von Karlstad erreicht man über die Str. Nr. 61 und 45 das Gebiet der Frykenseen, einer Kette von drei lang gestreckten, schmalen Seen, die durch Selma Lagerlöfs Roman »Gösta Berling« bekannt wurden.

✶ Rottneros Der 40 ha große **Rottneros-Park** gehört zu den wichtigsten Sehenswürdigkeiten Värmlands. Vorbild für das klassizistische Herrenhaus

In der Bibliothek von Gut Mårbacka schrieb Selma Lagerlöf viele ihrer Romane.

war »Ekeby« in Selma Lagerlöfs »Gösta Berling«. Die gepflegte Gartenanlage beinhaltet nicht nur schöne Blumenbeete, die in Zusammenarbeit mit der deutschen **Blumeninsel Mainau** gestaltet werden, sondern auch eine Vielzahl von Skulpturen von internationalen Künstlern wie **Carl Milles, Gustav Vigeland und Jean Goujon**. Auch Kindern wird es in Rottneros nicht langweilig dank Nils-Holgersson-Abenteuerpark, Minizoo und Tropenhaus (Öffnungszeiten: Mitte Juni – Mitte Aug. tgl. 10.00 – 18.00, ab Mitte Mai und bis Ende Aug. bis 16.00 Uhr).

Sunne

Nach weiteren 5,5 km erreicht man Sunne, das »Broby« aus »Gösta Berling«. Der als Sommerziel gerne besuchte, freundliche Ort liegt am Sund zwischen Mellan Fryken und Övra Fryken. Beachtenswert ist die erhöht gelegene Kirche aus dem 19. Jh.

★ Mårbacka

Von Sunne gelangt man auf einer Landstraße zu dem nahe am Ostufer des Sees gelegenen Gut Mårbacka, wo die Dichterin **Selma Lagerlöf** (1858 – 1940) geboren wurde und ab 1907 wieder wohnte. Im Sommer kann man im Rahmen von Führungen das Herrenhaus besichtigen. Der beeindruckendste Raum ist die Bibliothek des Hauses, in der Selma Lagerlöf viele ihrer berühmten Romane schrieb (Öffnungszeiten: Juli tgl. 10.00 – 17.00, Juni, Aug. bis 16.00, ab Mitte Mai bis 15.00, Sept. Sa., So. 11.00 – 14.00 Uhr, www.marbacka.s.se). Auf dem Friedhof von **Östra Ämtervik** südlich von Mårbacka liegt Selma Lagerlöf begraben.

Åmål Zurück am Vänern überquert man die Grenze zwischen Värmland und Dalsland und gelangt nach Åmål. Schön ist der Örnäspark mit dem Hembygdsgård, wo außer einem kleinen Tierpark historisches Werkzeug und Mobiliar aus der Gegend zu sehen sind. Bei Seglern und sonstigen Wassersportlern ist vor allem die Marina der Stadt bekannt und beliebt.

Mellerud Hinter dem kleinen Industrieort Mellerud entfernt sich die Straße vom See und erreicht nach 30 km die Stadt Vänersborg und kommt von dort aus nach Trollhättan, dem Ausgangspunkt der Fahrt um den Vänern.

★ Varberg

F 8

Landschaft: Halland
Einwohnerzahl: 64 000
Provinz: Halland Län
Höhe: Meereshöhe

Von einer großen Vergangenheit als Kur- und Bäderort ist das Varberger Kaltbadehaus geblieben. In der westschwedischen Stadt wird immer noch gebadet, heute aber vor allem an den schönen Sandstränden in der Umgebung.

Sehenswertes in Varberg und Umgebung

Societetspark Im zentrumsnahen, gepflegten Societetspark beeindruckt das stattliche Societetshaus von 1880, das heute Café, Pub und Diskothek beherbergt. Das verspielte weiße Holzgebäude mit den Türmchen erinnert noch an die Zeit des vornehmen Kur- und Badetourismus.

★ Festung Das Wahrzeichen der ansonsten etwas gesichtslosen Stadt ist die große Festung, die auf einem ins Meer vorspringenden Felsen liegt. Sie wurde im 13. Jh. von den Dänen erbaut und später mehrmals verändert. Bis 1830 erfüllte sie Verteidigungsfunktionen und diente dann bis 1931 als Gefängnis.
Inmitten des Mauerkarrees erhebt sich das schon im 14. Jh. erbaute Schloss, in dessen nördlichem und westlichem Flügel seit 1925 ein **Museum** eingerichtet ist. Dessen bedeutendstes Exponat ist der Bockstenmann, eine **Moorleiche** aus dem 14. Jh., dessen durch die Huminsäuren konservierte Kleidung die besterhaltene ihrer Art in Europa ist. Warum der Mann mit einem Eichenpfahl durchbohrt wurde, darüber kann man nur spekulieren. Ausgestellt wird auch die Kugel, die 1718 König Karl VII. traf, als er Frederikstad belagerte.
Im nördlichen Teil des Festungsareals befinden sich ein Fahrradmuseum und die Jugendherberge (Öffnungszeiten: Mitte Juni – Mitte Aug. tgl. 10.00 – 17.00, sonst Mo. – Fr. 10.00 – 16.00, Sa., So. 12.00 – 16.00 Uhr, www.lansmuseet.varberg.se).

VARBERG ERLEBEN

AUSKUNFT

Varbergs Turistbyrå
Brunnsparken
43224 Varberg
Tel. (03 40) 868 00, Fax 868 07
www.turist.varberg.se

ESSEN

▶ Fein & Teuer

Wärdshuset
Varberg, Kungsgatan 14
Tel. (03 40) 801 11
Gourmetrestaurant mit internationaler Speisekarte, der Mittagstisch ist etwas günstiger

▶ Erschwinglich

Borggården
Varberg/Festung
Tel. (03 40) 108 66
In der Festung mit schöner Aussicht über das Kattegatt. Nur im Sommer geöffnet. Hier kann man auf Vorbestellung auch an einer Mittelaltertafel teilnehmen.

Hertigen Island
Falkenberg (Zugang südlich vom Elvägen)
Tel. (03 46) 100 18
Elegantes Restaurant auf einer Insel in der Stadt mitten im Fluss Ätran; zum Komplex gehören auch ein Weinkeller, eine Bar und ein Nachtclub.

ÜBERNACHTEN

▶ Komfortabel

Comfort Home Hotel Fregatten
Varberg, Hamnplan
Tel. (03 40) 67 70 00, Fax 61 11 21
www.comforthotelfregatten.se
Erstklassiges Hotel unweit von Hafen und Badestrand

Okéns Bed & Breakfast
Varberg, Västra Vallgatan 25
Tel. (03 40) 808 15, Fax 808 47
www.okens.se
Kleine, familiäre Unterkunft, romantisch eingerichtete Zimmer mit großen bequemen Himmelbetten und vielen kleinen Extras

Värdshuset Hwitan
Falkenberg, Storgatan 24
Tel. (03 46) 820 90, Fax 597 96
32 Zi., www.hwitan.se
Im Zentrum am Ätranfluss. Besonders lohnend im Sommer wegen der großen Gartenterrasse und der Musikveranstaltungen.

Grand Hotel
Falkenberg, Hotellgatan 1
Tel. (03 46) 144 50, Fax 144 59
70 Zi., www.grandhotelfalkenberg.se
Nettes Hotel mit Blick über den Ätranfluss; am Wochenende spielen lokale Gruppen zum Tanz auf.

SPORT UND FREIZEIT

Angeln
Durch Falkenberg fließt der Ätran, einer der legendärsten Lachsflüsse Schwedens. Einige der besten Fangplätze liegen mitten in der Stadt. Beste Angelzeit für die Meerforelle ist der April und für den Lachs die Periode von Mai bis September.

Baden und Surfen
Südlich von Varberg liegen bei Träslövsläge die schönsten Sandstrände, die auch bei Surfern sehr beliebt sind. Um Falkenberg erstrecken sich 13 km Strand. Die stadtnächsten sind der 2 km lange Skrea-Strand mit hohen Sanddünen unmittelbar südlich der Flussmündung und der Stafsinge-Strand nördlich des Flusses mit einigen steinigen Abschnitten.

Sieht doch irgendwie orientalisch aus: das Kaltbadehaus von Varberg.

Kaltbadehaus Vom Nordtor der Festung erreicht man auf dem Weg zum Hafen das 1903 erbaute Kaltbadehaus. Es steht auf Stelzen ein Stück vor dem Strand im flachen Wasser und ist mit seiner orientalisch verspielten Fassade und den Türmchen durchaus ein Blickfang (Öffnungszeiten: Mo. – Do. 7.30 – 21.00, Fr. bis 19.00, Sa. 9.00 bis 16.30, So. 14.00 bis 18.30 Uhr).

Sender SAQ Technik- und Funkfreunde zieht der Sender SAQ bei Grimeton zwischen Varberg und Rolfstorp magisch an. Die Anlage gehört zum UNESCO-Weltkulturerbe und ist dank der 127 m hohen Sendemasten kaum zu übersehen. 1924 für den Funkverkehr mit den USA gebaut, stellt sie ein einzigartiges Industriedenkmal dar (Öffnungszeiten: Juli – Aug. tgl. außer Mo. 11.00 – 16.00 Uhr).

★ Falkenberg Die Hafenstadt Falkenberg liegt an der Mündung des lachsreichen Ätran in das Kattegatt. Zwar hat sich auch hier viel Industrie und Gewerbe angesiedelt, doch es gibt im Zentrum noch charmante alte Holzhäuser.

★ Laurentius-Kirche ▶ Aus der Zeit der Burg stammt auch die St. Laurentii Kyrka inmitten der Altstadt. An den relativ kleinen, teils noch romanischen einschiffigen Bau wurde im 18. Jh. der recht massige Turm angefügt. Die Wände im Inneren sind noch vollständig mit Resten spätromanischer bzw. frühgotischer Fresken bedeckt. Die tonnenförmige Holz-

decke trägt eine besonders reiche Bemalung aus dem 17. Jh.
1789 gründete Töpfermeister Hans Törngren die Törngrens Krukmakeri in Falkenberg. In diesem Familienbetrieb bekommt man auch tönerne **Kuckuckspfeifen** (»Lergökar«), die früher von Lehrlingen gefertigt wurden, die damit ihren spärlichen Lohn aufbesserten (Öffnungszeiten: Mo. – Fr. 9.30 – 16.30 Uhr, Krukmakaregatan 4).

! *Baedeker* TIPP

Kaufrausch in der Provinz

Gekås, das größte Warenhaus Nordeuropas, liegt in Ullared (ca. 40 km östlich von Varberg) und bietet alles von Bekleidung über Sportartikel bis zu Unterhaltungselektronik (geöffnet: Mo., Di. 8.00 – 18.00, Mi. – Fr. bis 20.00, Sa 7.00 – 16.00 Uhr, www.gekas.se).

Falkenberg ist auch Sitz einer **Brauerei.** Deren hochmoderne Brauanlagen können besichtigt werden (Termine und Voranmeldung bei der Touristeninformation Falkenberg, Tel. 03 46/88 61 00).

✶ Vättersee

G 7/8

Landschaft: Västergötland, Östergötland, Närke und Småland

Der Vättersee ist der zweitgrößte See Schwedens. Sein Wasser ist so klar, dass man bis 10 m Tiefe auf den Grund sehen kann. Touristische Höhepunkte sind das mittelalterliche Vadstena, der Götakanal und Jönköping, die größte Stadt am Vättern.

Auch der Vättersee liegt in der Mittelschwedischen Senke. Er ist rund 1912 km² groß, 130 km lang und bis 30 km breit bei einer Tiefe von maximal 128 m. Sein Wasser ist so klar, weil er ein Quellsee ist und von nährstoffarmen, klaren Bergbächen gespeist wird. Solches Wasser schätzen nicht nur die Gäste, sondern auch die Fische, die hier in großer Zahl vorkommen.

✶ Jönköping

Größte Stadt am See

Jönköping (112 000 Einw.) liegt sehr schön an der Südspitze des Vättersees und ist von der Land- und Forstwirtschaft des Umlandes geprägt.

✶ ◄ Landesmuseum

Südlich vom Zentrum steht am Dag Hammarskjölds Plats der großzügige Neubau des Landesmuseums mit einer recht umfangreichen Sammlung von Werken der klassischen Moderne sowie einer stadtgeschichtlichen Abteilung und historischen Sammlungen (Öffnungszeiten: Di. – So. 11.00 – 17.00, Mi. bis 20.00 Uhr).

✶ **Streichholzmuseum**

Die Västra Storgatan führt zum einstigen Werksgelände der Streichholzfabrik, das heute als Tändsticksområdet ein Kultur- und Sozialzentrum bildet. In den ehemaligen Betriebsräumen der Fabrik ist das

VÄTTERSEE ERLEBEN

AUSKUNFT

Gränna Turistbyrå
Brahegatan 38 – 40
56322 Gränna
Tel. (03 90) 410 10, Fax 102 75
www.grm.se/ turistinfo

Jönköping Resecenter
Järnvägsstationen
55189 Jönköping
Tel. (036) 10 50 50, Fax 10 77 68
www.jonkoping.se

Motala Turistbyrå
Hamnen
59123 Motala
Tel. (01 41) 22 52 54, Fax 521 03
www.motala.se

Vadstena Turistbyrå
Slottet
59280 Vadstena
Tel. (01 43) 315 70, Fax 315 79
www.vadstena.com

! Baedeker TIPP

Bunt geringelte Zuckerstangen

»Polkagrisar« heißen die bunt geringelten Zuckerstangen, meist mit Pfefferminzgeschmack, die in über zehn Kochereien in Gränna hergestellt werden. Erfinderin dieser Köstlichkeit war die mittellose Witwe Amalia Eriksson, die 1895 vom Magistrat der Stadt die Erlaubnis erhielt, Backwerk und Zuckerstangen herstellen zu dürfen – eine geniale Geschäftsidee, wie die Scharen der kleinen und großen Abnehmer zeigen.

ESSEN

► Erschwinglich

Idas Brygga
Karlsborg, Skepparegatan 9
Tel. (05 05) 131 11
Direkt am Götakanal gelegen und bekannt für seine ausgezeichneten Fischgerichte. Günstiges »Dagens Rätt«. Auch Zimmervermietung.

① ***Mäster Gudmunds Källare***
Jönköping, Kapellgatan 2
Tel. (036) 10 06 40
Lokale Spezialitäten, darunter auch Elchgerichte, werden in diesem Kellerrestaurant serviert.

► Preiswert

② ***Hamnens Fisk***
Jonköping, am Hafen
Tel. (036) 15 00 12
Kein Restaurant, sondern nur ein kleiner Verkaufsstand mit wenigen Sitzplätzen. Am besten isst man den frisch geräucherten Fisch einige Schritte weiter am Seeufer (10.00 – 18.00 Uhr geöffnet).

ÜBERNACHTEN

► Luxus

① ***Elite Stora Hotellet***
Jönköping, Hotellplan
Tel. (036) 10 00 00
Fax 215 50 25
135 Z., www.elite.se/jonkoping
Direkt am Südufer des Vättern und zentral in Jönköping gelegenes Hotel in einem wunderschönen Gebäude aus dem 19. Jh.

Hotel Gyllene Uttern
Gränna
Tel. (03 90) 108 00
Fax 418 80
51 Zi., www.gylleneuttern.se
Gepflegt eingerichtete Zimmer im Ambiente eines herrlichen Herrenhauses, der Großteil von ihnen mit Aussicht auf Gränna, den Vättersee und die Insel Visingsö. Golfplatz nahebei.

Vadstena Klosterhotell
Vadstena, Klosterområdet
Tel. (01 43) 315 30, Fax 136 48
www.klosterhotel.se
Dezenter Luxus im mittelalterlichen Kloster aus dem 13. Jh. Angeschlossen ist das Restaurant »Munkklostret« mit exzellentem Essen, teils mit mittelalterlicher Musik.

► Komfortabel

Kanalhotellet
Karlsborg, Storgatan 94
Tel. (05 05) 121 30, Fax 127 61
27 Zi., www.kanalhotellet.se
Ehrwürdiges Holzhotel von 1894 im Schweizer Stil. Direkt am Götakanal mit toller Aussicht.

FESTE UND SPORT

Blasmusikfestival
An Pfingsten spielen in Jönköping Bigbands, Brass-Ensembles, Militärorchester und Solisten um die Wette beim Internationalen Schwedischen Blasmusikfestival (www.blasmusik.smot.nu).

Ballonfahrerfest
Gränna ist eines der bekanntesten schwedischen Zentren für Ballonfahrer. Jeden Februar wird hier Skandinaviens größtes Ballonevent ausgetragen und alljährlich am 11. Juli gedenkt man der Andrée-Expedition im Jahre 1897 mit Ballonaufstiegen.

Radrennen um den Vättersee
Mitte Juni kommen viele Tausende begeisterter Radfahrer nach Motala, um am Jedermannrennen rund um den Vättersee teilzunehmen. Die 300 km lange »Vätternrundan« muss aber am Stück absolviert werden (Anmeldung: www.cyklavaettern.com).

AUSFLÜGE

Von Hjo aus fährt neben normalen Schiffen auch ein über 100 Jahre altes Dampfboot zur Insel Visingsö.

Hier braucht man Kondition: 300 km misst die Rad-Rennstrecke um den Vättersee.

Außergewöhnlich: die Habo-Kirche

Streichholzmuseum eingerichtet, in dem nicht nur die Fertigungstechnik, sondern auch die soziale Situation der Fabrikarbeiter Thema ist. Weiter kann man eine umfangreiche Sammlung von Streichholzschachteln bestaunen sowie sich über den zwielichtigen Zündholzkönig Ivar Kreuger informieren.
Auf dem Gelände befinden sich außerdem ein Radiomuseum, Boutiquen und Behindertenwerkstätten, ein Kulturhaus mit Café und das Landestheater (Öffnungszeiten: Juni – Aug. Mo. – Fr. 10.00 – 17.00, Sa., So. bis 15.00, sonst Di. – So. 11.00 – 15.00 Uhr).

Noch weiter westlich erstreckt sich der **Stadtpark**, von dem man einen guten Blick auf den Vättersee hat. Außerdem gibt es hier ein Museum mit **Schwedens größter Sammlung präparierter Vögel** sowie ein Freilichtmuseum mit småländischen Häusern (Öffnungszeiten: Juni bis Aug. tgl. 11.00 – 17.00 Uhr).

Der Stadtteil **Huskvarna** ist weitgehend industriell geprägt. Besonders in der Sparte der Motorsägen ist der Markenname Husqvarna bekannt. Das Husqvarna-Werksmuseum veranschaulicht 300 Jahre Industriegeschichte (Öffnungszeiten: Mai – Aug. Mo. – Fr. 10.00 bis 17.00, Sa., So. 12.00 – 16.00, sonst Mo. bis Fr. 10.00 – 15.00 Uhr, Hakarpsvägen 1). Auch das einstige Schmiededorf ist mit seinen Kunsthandwerkerateliers einen Besuch wert.

Store Mosse

Das größte schwedische Moorgebiet südlich von Lappland ist der Nationalpark Store Mosse, der südlich von Jönköping über die E 4 zu erreichen ist. Hier eröffnete 2003 ein schön gestaltetes Naturzentrum, wo die Besucher, gut gewärmt vom Kaminfeuer, Kraniche, Kanadagänse und Singschwäne beobachten, die am Kävsjön-See brüten (Öffnungszeiten: Juni – Aug. tgl. 10.00 – 16.00 Uhr).

★★ Habo-Kirche

Rund 15 km nördlich von Jönköping, am Westufer des Vänersees, liegt der kleine Ort Habo. Seine große, mit roten Schindeln verkleidete Holzkirche ist einer der eigenartigsten Sakralbauten Schwedens.

Wände und Decken sind aus Holz und lückenlos mit farbenprächtigen Bibelmotiven geschmückt, die 1741–1743 geschaffen wurden. Die dreischiffige Holzkirche selbst wurde 1680 umgebaut; von der mittelalterlichen Kirche ist noch der Taufstein erhalten (Öffnungszeiten: im Sommer tgl. 9.00–18.00, sonst außer Sa. 10.00–16.00 Uhr).

Sehenswertes am Vättersee

Gränna

Das hübsche Städtchen Gränna liegt am Südostufer des Vättersees am Fuß des steilen Grännaberges. Am kopfsteingepflasterten Markt befindet sich das Kulturzentrum Medborgargård. Die schöne Barockkirche steht etwas erhöht über den Häuserzeilen am Fuß des Berges. Gränna ist der Geburtsort des Polarforschers Salomon August Andrée (1854–1897), der in einem Heißluftballon den Nordpol überqueren wollte. Das Unternehmen scheiterte jedoch, die Überreste der Expedition fand man erst 1930. Das kleine **Expeditions-Museum** an der Brahegatan zeigt, was von dem wagemutigen Unternehmen übrig geblieben ist. Gegenüber steht Andrées Geburtshaus.

★ Visingsö

Mit dem Schiff kommt man in 20 min. von Gränna nach Visingsö, der größten Insel im Vättersee. Prähistorische Gräberfelder beweisen eine frühe Besiedlung. Die Familie Brahe errichtete Visingborgs Slott, einst das prachtvollste Schloss des Landes, aber seit dem Brand von 1718 eine Ruine.

★★ Runenstein von Rök

Von Gränna folgt man der E 4 in nördlicher Richtung bis jenseits von Ödeshög und biegt links nach Rök ab. Dort steht vor der Kirche Schwedens größter und bedeutendster Runenstein. Der zweieinhalb Meter hohe Block ist von 700 Runenzeichen bedeckt, in denen so mancher Philologe das erste Gedicht Schwedens zu erkennen glaubt. Sicher ist aber, dass ein Wikingerhäuptling zu Beginn des 9. Jh.s den »Rökstenen« zum Gedenken an seinen verstorbenen Sohn Värmod aufstellen ließ.

★ Vadstena

Vadstena verdankt seinen Ursprung der Heiligen Birgitta. Sie war zunächst Haushofmeisterin bei König Magnus Eriksson und Königin Blanka, bis sie ein Offenbarungserlebnis hatte und 1346 den Kungsgård als Klosterstiftung erhielt. Das Kloster wurde allerdings erst sechs Jahre nach ihrem Tod fertig gestellt. Später wurde Vadstena ein wichtiger Wallfahrtsort. Reizvoll sind die Lage des Ortes direkt am Seeufer, die engen Gassen und die Vielzahl alter Häuser.
Unmittelbar am Hafen steht das von Gustav Wasa im 16. Jh. errichtete **Schloss**, ein abweisender und glattflächiger, wuchtiger Bau mit gedrungenen Ecktürmen, der von einem Wassergraben umgeben ist. Heute ist das Schloss u.a. Sitz des Landesarchivs (Führungen auf Deutsch oder Englisch im Sommer um 13.00 und 14.00 Uhr).
Zwischen Schloss und See liegt der Hamnpark. Auf der Strandpromenade geht man nordwestlich zum Birgittakloster und weiter zur

Picknick mit Blick auf den Vättersee, der für sein kristallklares Wasser berühmt ist.

1430 geweihten einstigen Klosterkirche. Die dreischiffige gotische Hallenkirche wird nach der Farbe des blaugrauen Steins Blåkyrkan, **Blaue Kirche**, genannt. Bemerkenswert ist die farbige Fassung der Gewölberippen. Größter Schatz ist der Birgitta-Flügelaltar, eine Lübecker Arbeit aus dem 15. Jh. Links davon steht das 1331 gefertigte Reliquiar der Heiligen, die im Mittelteil dargestellt ist.

Motala Die schon im 14. Jh. als Thingplatz erwähnte Stadt Motala liegt am Götakanal, der hier den Vättersee mit dem Borensee verbindet. Beim Gästehafen am Götakanal ist im ehemaligen Kanalgesellschaftshaus von 1822 das **Kanal- und Seefahrtsmuseum** eingerichtet, in dem das Modell einer Schleusen- und Hubbrückenanlage und eine Reihe von Schiffsmodellen zu sehen sind (Öffnungszeiten: Mitte Juni – Ende Aug. tgl. 9.00 bis 18.00, ab Anf. Mai tgl. 10.00 – 18.00 Uhr).
An die motorsportliche Tradition der Stadt erinnert das **Motormuseum**, das in einem großen roten Lagergebäude am Hafen untergebracht ist. Es zeigt eine ganze Reihe exzellent restaurierter Oldtimerautos und -motorräder sowie historische Radioapparate (Öffnungszeiten: Juni – Aug. tgl. 10.00 – 20.00, Mai, Sept. bis 18.00, sonst Mo. bis Fr. 8.00 – 16.00, Sa., So. 11.00 – 17.00 Uhr).

Nationalpark Tiveden Der kleine Tiveden-Nationalpark zwischen Vättern und Unden besteht aus einer wild zerklüfteten Felsenlandschaft, die von Kiefernurwald bedeckt ist. Von der Str. Nr. 49 zweigt bei Granvik die Zufahrt zum Park ab und endet an einem Parkplatz mit Infohäuschen. Von hier kann man auf einem rund 5 km langen, markierten Wanderweg den unübersichtlichen Tivedenurwald erkunden.

Karlsborg

Auf der Str. Nr. 49, **einer der landschaftlich schönsten Strecken Schwedens**, fährt man am Westufer des Vättern weiter nach Süden bis Karlsborg, wo der Götakanal in den Vättersee eintritt. Die größte Sehenswürdigkeit der Stadt ist die weitläufige **Festung**, die zwischen 1819 und 1909 auf der in den See ragenden Landspitze angelegt wurde und auch heute noch militärischen Zwecken dient. In die südwestliche Festungsmauer ist die Garnisonskirche integriert, unter der sich ein wehrtechnisches Museum befindet.

★ Växjö

G 8

Landschaft: Småland
Einwohnerzahl: 77 000
Provinz: Kronoberg Län
Höhe: 160 m ü.d.M.

Die Provinzhauptstadt Växjö liegt im »Glasreich«, wo sich besonders viele Glasbläsereien konzentrieren. So ist es nicht verwunderlich, dass Växjö auch das größte Glasmuseum von ganz Skandinavien unterhält.

Växjö wird »Wäckschö« ausgesprochen und liegt am gleichnamigen See. Hier, wo die Wege (Väg) am See (Sjö) zusammentrafen, gab es schon in der Eisenzeit und unter den Wikingern einen Handelsplatz. Zwischen der südschwedischen Einkaufsstadt und dem weiter östlich gelegenen Nybro erstreckt sich das berühmte »Schwedische Glasreich« (► Baedeker-Special S. 505).

Sehenswertes in Växjö und Umgebung

Dom

Das bemerkenswerteste Bauwerk der Stadt ist der weithin sichtbare Dom mit seinem charakteristischen, von zwei spitzen Turmhelmen gekrönten Westwerk. Erbaut im 12. Jh., erscheint die Kathedrale nach der bislang letzten Sanierung 1995 heute sehr hell und wird von modernen Kunstwerken geziert, die u.a. die bekannten Glaskünstler Göran Wärff und Bertil Vallien geschaffen haben (Öffnungszeiten: tgl. 9.00 – 17.00 Uhr).

Auswandererhaus

Unterquert man die Eisenbahnlinie, steht rechter Hand das Utvandrarnas Hus, das dem Gedenken der zahlreichen Bürger von Växjö gewidmet ist, die in der Zeit zwischen 1850 und 1930 nach Amerika ausgewandert sind. Hier werden wechselnde historische und ethnologische Ausstellungen veranstaltet (Öffnungszeiten: Di. – Fr. 9.00 bis 16.00, Sa. ab 11.00 Uhr).

Xperiment Hus In dem 100 Jahre alten Lokomotivschuppen können Kinder und Erwachsene nach Herzenslust experimentieren und die Welt der Wissenschaft und Technik erkunden (Öffnungszeiten: Di. – Fr. 10.00 bis 16.00, Sa., So. ab 11.00 Uhr, Regementsgatan).

★ Smålands Museum/ Glasmuseum Im Bezirksmuseum werden die småländische Kulturgeschichte, Archäologie, Waldwirtschaft und landwirtschaftliche Entwicklung dokumentiert. Das äußerst sehenswerte, international renommierte **Schwedische Glasmuseum** zeigt eine repräsentative Sammlung schwedischen Glases aus fünf Jahrhunderten – die ideale Einstimmung auf eine Fahrt durch das Glasreich (Öffnungszeiten: Di. – Fr. 10.00 – 17.00, Sa., So. ab 11.00 Uhr).

VÄXJÖ ERLEBEN

AUSKUNFT

Touristenbüro
Stadsbiblioteket
V. Esplanaden 7
35112 Växjö
Tel. (04 70) 414 10, Fax 478 14
www.turism.vaxjo.se

ESSEN

► Erschwinglich

Lagerlunden
Kungsgatan 6
Tel. (04 70) 134 00
In diesem zum Stadshotell gehörenden Restaurant wird moderne schwedische Küche geboten. Im Sommer kann man auch draußen sitzen und das Treiben auf der belebten Kungsgatan beobachten.

! *Baedeker* TIPP

Kostbares Papier

Der kleine Ort Lessebo liegt ungefähr in der Mitte zwischen Växjö und Kalmar. Hier kann man handgeschöpftes, nach jahrhundertealter Tradition hergestelltes Papier kaufen oder sich auf einer Führung die Papierherstellung erklären lassen (Lessebo Handpappersbruk, Tel. 04 78/476 91).

ÜBERNACHTEN

► Komfortabel

Tofta Strand Hotell & Konditori
Lenhovdavägen 72
Tel. (04 70) 652 90
Fax 614 02
www.toftastrand.nu
Gemütliches, kleines Hotel in schöner Lage auf einem Wassergrundstück am Toftasjö mit Zimmern und Hütten zu Niedrigpreisen. Das kleine Extra: köstliche, hausgemachte Back- und Konditoreiwaren.

EINKAUFEN

Zauberhaftes Glas
Die Hütte Bergdala bei Växjö ist für ihr blaues Glas bekannt.
In Kosta werden Gläser in sehr modernem Design geschaffen, großer Verkaufsraum, Tel. (0478) 345 00.
In der Glashütte Orrefors erzeugen zehn Designer neben bunten Glaskunstwerken auch wunderschöne aus Kristallglas, Tel. (04 81) 341 89.
Öffnungszeiten siehe Baedeker-Special auf der nebenstehenden Seite.
Über weitere Glashütten informiert die Glasriket Tourism AB, 38280 Nybro, Tel. (04 81) 452 15, www.glasriket.se.

DAS SCHWEDISCHE GLASREICH

Zwischen Växjö und Nybro, versteckt in den småländischen Wäldern, liegt das Glasreich. Seine Glasbläser leisten Meisterhaftes und so sind ihre filigranen Kunstwerke mittlerweile weltweit in Museen zu bewundern. Natürlich kommen auch die Gläser, mit denen die Gäste den Nobelpreisträgern alljährlich im Stockholmer Rathaus zuprosten, aus Småland.

Am Hofe König Wasas war es üblich, Gelage mit Scherben zu beenden, doch leider war es immer kostbares venezianisches Glas, das dabei zu Bruch ging. Geldmangel soll es gewesen sein, der den König schließlich auf die Idee brachte, statt ständig teure Gläser zu importieren, **Glasbläser nach Schweden** zu holen. Der älteste heute noch existierende Betrieb wurde 1742 von Anders Koskull und Georg Bogislaus Stael gegründet. Den Namen ihres Unternehmens **»Kosta«** bildeten sie aus den ersten Buchstaben ihrer Nachnamen. Anfangs produzierte »Kosta« hauptsächlich profane Gebrauchsgegenstände aus Glas, doch mit der Zeit wurden die Produkte immer kunstvoller.

Aus Meisterhand

Als gegen Ende des 19. Jh.s immer mehr småländische Eisenhütten schließen mussten, kam der Aufschwung der Glashütten. Die Voraussetzungen waren ideal, die Wälder lieferten Holz für die hungri-

Vasen aus der Glashütte Kosta

gen Öfen, die rund um die Uhr brannten. Die Wasserkraft der Flüsse trieb die Schleifereien an und auch Arbeitskräfte standen Schlange vor den neuen Fabriken. Während der Blütezeit gab es **77 Glashütten** in Schweden, über die Hälfte davon in Småland. Heute bestehen noch 14 Hütten, wobei jede ihren eigenen, unverwechselbaren Stil hat und mit bekannten Künstlern zusammenarbeitet. Bertil Vallien, Göran Wärff, Gunnel Sahlin, Mats Jonasson, Lena Bergström oder Monica Backström sind Namen, die in Schweden jeder kennt. Sie versuchen immer neue Techniken, ihrer Phantasie entspringen immer neue Ideen. Besucher sind dabei willkommen, sie können den Glasbläsern an ihrem schweißtreibenden Arbeitsplatz auf die Finger schauen.

»... jede Luftblase ist wie ein Fingerabdruck ...«

Jedes Stück ein Unikat

Glasblasen ist ein altes Handwerk und die Technik, Glas durch ein Eisenrohr aufzublasen, kannte man schon vor unserer Zeitrechnung. Im Grunde hat sich seitdem nicht viel verändert: Hat der Glasklumpen die richtige Temperatur erreicht, wird die glühend heiße Masse aus dem Feuer genommen und mit der **Glasmacherpfeife** gerollt. Dann wird der sirupweiche Klumpen unter Zischen gegen nasses Zeitungspapier oder ein Stück Holz gehalten und bekommt so die grobe Form. Dies ist die Geburtsstunde eines gläsernen Kunstwerkes, das nach seiner Vollendung unter klangvollen Namen wie Pandora, Gustaviana, Felicia oder Cancan in den Handel kommt. Jedes Exemplar ist einmalig, denn auch der beste Glasbläsermeister leistet sich **kleinste Unregelmäßigkeiten**. Jede Luftblase im Glaskörper, und sei sie auch nur mikroskopisch klein, ist wie ein Fingerabdruck, der das Gütesiegel »Echte Handarbeit« fast überflüssig macht. Der Meister hat zwar die Idee, aber Glasherstellung ist

Teamwork. Am Ofen stehen ein Glasanfänger und ein Einbläser, der übergibt an den Stielanfänger, der an den Stielmacher und der zum Fußanfänger. Um ein einziges Glas der berühmten Serie »Intermezzo« zu fertigen – ein Kelch aus dünnem, klarem Glas mit einem kornblumenblauen Tropfen im Stiel – werden sieben Personen benötigt. Kein Wunder, dass diese Gläser nicht billig sind, doch in dem Laden, den jede Hütte betreibt, werden Gläser mit winzigen, kaum sichtbaren Fehlern zu deutlich günstigeren Preisen angeboten.

Nach der Arbeit Hering

Für die Touristen hat man auch die Tradition des **»Hyttsill«** wiederbelebt. Früher war die Glashütte mehr als nur ein Arbeitsplatz. War die Arbeit getan, trafen sich die Menschen aus dem Dorf, um in der Fabrik einen gemütlichen Abend zu verbringen. Die Wärme der Öfen wurde genutzt, um Hering, Kartoffeln und Brot zu backen und besonders im Winter schätzten die Menschen die gemütliche Wärme um die Glasöfen. Landstreicher auf der Durchreise hatten oft **spannende Geschichten** zu erzählen, einer spielte auf dem Akkordeon, man sang und aß in gemütlicher Runde. Aus dem einfachen »Hyttsill« von früher ist heute ein echtes Festmahl geworden, das an langen Tafeln serviert wird, wenn die Glasbläser nach Hause gegangen sind. Serviert werden Hering, knusprig gebratener Speck, Griebenwurst, Preiselbeerkompott und zum Abschluss echter småländischer Käsekuchen mit Erdbeeren und Sahne.

In den meisten Hütten kann man den Glasbläsern werktags von 7.00 – 15.00 Uhr bei der Arbeit zuschauen, während der Sommersaison auch an den Wochenenden.

Wer gerne an einem **Hyttsill** teilnehmen will, erhält Termine und Vorabinformationen bei der Glasriket Tourism AB, 38280 Nybro, Tel. (04 81) 452 15, www.glasriket.se.

★ Ystad

F 9

Landschaft: Skåne (Schonen)
Einwohnerzahl: 27 000
Provinz: Skåne Län
Höhe: Meereshöhe

Kopfsteinpflaster und über hundert historische Fachwerkhäuser begründen den besonderen Charme von Ystad. Im Mittelalter war es ein Hauptort des Heringsfangs, dann Schmugglerhochburg, heute pilgern Krimifans auf den Spuren von Kurt Wallander hierher.

Die südschwedische Hafenstadt Ystad liegt an der schonischen Ostseeküste. Ursprünglich dänisch, kam sie erst 1658 an Schweden. Ihre eigentliche Blütezeit setzte mit der napoleonischen Kontinentalsperre (1806 – 1810) ein, als der Handel mit Schmuggelware den Bürgern in kürzester Zeit hohe Gewinne brachte.

Sehenswertes in Ystad

Petrikirche

Nördlich des Marktplatzes gelangt man zur Petrikirche (13. Jh.). Nahebei steht das ehemalige Franziskanerkonvent, nach dem in Vadstena das besterhaltene in Schweden. Im Jahr 1267 wurde mit dem Bau begonnen, nach der Profanierung durch die Reformation um 1530 benutzte man den Gebäudekomplex als Spital, Schnapsbrennerei und Lagerhaus. Heute dienen die Konventsgebäude auch als Stadtmuseum (Öffnungszeiten: Juni bis Aug. Mo. – Fr. 10.00 – 17.00, Sa., So. 12.00 – 16.00 Uhr).

Ystads gemütliche Altstadt

Das Alte Rathaus am Stortorgwurde über einem Keller mit Kreuzgewölben aus dem 14. Jh. errichtet. Am Stortorg steht auch die **Marienkirche,** deren geschweifte kupferne Haube aus dem 16. Jh. ein Wahrzeichen der Stadt ist. Das Innere ist reich geschmückt und mit schönen Schnitzereien ausgestattet. Sehenswert ist auch die wertvolle Silbersammlung.

Südostwärts vom Stortorg liegt das **Charlotte-Berlins-Museum,** ein Bürgerhaus mit schöner Einrich-

YSTAD ERLEBEN

AUSKUNFT

Ystads Turistbyrå
St. Knuts Torg
27142 Ystad
Tel. (04 11) 57 76 81
Fax 55 55 85
www.ystad.se

ESSEN

► Fein & Teuer

Restaurang Store Thor
Stortorget
Tel. (04 11) 185 10
Hier speist man gut und stimmungsvoll in den aus dem 15. Jh. stammenden Kellergewölben des Alten Rathauses.

► Erschwinglich

Bryggeriet
Långgatan 20
Tel. (04 11) 699 99
Minibrauerei und Restaurant. Das »Ysta Färsköl« wird in Kupferkesseln mitten im Restaurant gebraut. Die Küche verwendet bei der Zubereitung der Speisen, wo immer es geht, einen kräftigen Schluck Bier.

► Preiswert

Bäckahästens Kaffeestuga
Lilla Östergatan 6
Tel. (04 11) 140 00
Gemütliches Kaffeehaus, im Sommer auch Gaststätte mit Mittagstisch. Besonders schön ist es im Sommer, wenn im Freien am alten Apothekengarten serviert wird.

Sandskogens Värdshus
Saltsjöbadsvägen
Tel. (04 11) 147 60
Schönes altes Holzhaus in Strandnähe. Um die Mittagszeit wird ein preisgünstiges und gutes »Dagens Rätt« serviert.

ÜBERNACHTEN

► Luxus

Ystads Saltsjöbad
Saltsjöbadsvägen 6
Tel. (04 11) 136 30
Fax 55 58 35
www.ystadssaltsjobad.se
Grandhotel in einzigartiger Lage direkt am Meer vor den Toren Ystads. Hervorragende Küche. Leider ist der Sandstrand beim Hotel recht schmal.

► Komfortabel

Anno 1793 Sekelgården
Långgatan 18
Tel. (04 11) 739 00
Fax 189 97
36 Zi., www.sekelgarden.se
Kleines, familiengeführtes Hotel im Herzen von Ystad. Das Hotel ist in einem Fachwerkhaus untergebracht, die Zimmer sind liebevoll eingerichtet und sprühen vor Nostalgie.

FREIZEIT UND SPORT

Badestrände
Östlich von Ystad, zwischen Ales Stenar und Skillinge, liegen kilometerlange Sandstrände, der schönste Abschnitt ist bei Sandhammaren.

! Baedeker TIPP

Auf Wallanders Spuren

Jetzt kann man in Ystad auch auf den Spuren von Kurt Wallander wandern. In zehn Mankell-Büchern hat der melancholische Kommissar bisher versucht, mysteriöse Morde in seiner Heimatstadt aufzuklären. Mehr als 30 Schauplätze listet der »Wegweiser für Wallander-Fans« auf. Der treue Wallander-Fan quartiert sich im Hotel Continental ein, isst im »Lottas« zu Abend und trinkt seinen Kaffee in »Fridolfs Konditori«.

tung aus dem 19. Jh. (Öffnungszeiten: Juni – August Mo. – Fr. 12.00 bis 17.00, Sa., So. bis 16 Uhr).

Nur wenige Schritte weiter südlich steht das regionale **Kunstmuseum** mit einer guten Sammlung von Kunst des 19. und 20. Jh.s aus Schonen und Dänemark, ferner Gastausstellungen, Fotogalerie, Museumsladen und Café (Öffnungszeiten: Mitte Juni – Ende Aug. Di. bis Fr. 10.00 – 17.00, Sa., So. 12.00 – 16.00 Uhr, sonst Di. – Fr. 12.00 – 17.00, Sa., So. bis 16.00 Uhr).

! *Baedeker* TIPP

Spettkaka – ein knuspriger Kuchen

Auf den ersten Blick hat Spettkaka, den man in fast jeder Konditorei sieht, große Ähnlichkeit mit unserem Baumkuchen. Doch der schonische Spettkaka ist ein knuspriger Kuchen aus Fett, Eiern, Zucker und Mehl, der über offenem Feuer getrocknet wird. Ein leckeres Souvenir, aber nicht leicht zu transportieren, denn die Pyramiden erreichen teilweise eine beeindruckende Größe und sind höchst zerbrechlich.

An der Ecke von Stora Östergatan und Pilgränd steht das teilweise von 1480 stammende Pilgrändshus, angeblich Skandinaviens ältester erhaltener Fachwerkbau. Der hier gegenüberliegende Aspelinska Gården (1778) war einst Eigentum einer erfolgreichen Goldschmiedfamilie. Weiter östlich und etwas abseits der Stora Östergatan liegt der Per Hälsas Gård, der mehrere Gebäude aus dem 17. – 19. Jh. umfasst.

Sandskog Östlich außerhalb des Zentrums liegt der Sandskog (Sandwald). Zu Beginn des 19. Jh.s wurden hier zum Schutz gegen den vom Wind herangetragenen Flugsand Bäume angepflanzt. Heute ist die Gegend ein Naherholungsgebiet mit schönen Badestränden.

Umgebung von Ystad

Schloss Snogeholm Verlässt man Ystad in nördlicher Richtung auf der Str. Nr. 13, erreicht man noch vor Sjöbo Schloss Snogeholm. In wunderschöner Lage auf einer Landzunge im Snogeholmssjön war es ursprünglich eine Burg aus dem 15. Jh., die um 1860 im französischen Barock umgebaut wurde. Heute beherbergt es ein exklusives Hotel.

★ Ales Stenar An der Küste südöstlich von Ystad liegt das kleine Fischerdorf Kåseberga. Etwas erhöht über dem Strand befindet sich die hervorragend erhaltene Steinsetzung Ales Stenar, die höchstwahrscheinlich aus der Wikingerzeit stammt. Insgesamt 59 Steinblöcke bilden einen 67 m langen und 19 m breiten Schiffsgrundriss. Es könnte aber auch sein, dass Ales Stenar Kalenderfunktion hatte, da man mit der Steinsetzung auch die Tage des Sonnenjahres und die Stunden des Tages bestimmen kann.

Simrishamn Idyllisch und liebevoll herausgeputzt präsentiert sich das Fischerstädtchen im Sommer seinen Besuchern. Wer baden möchte, findet

Eine Burg, die seit ihrem Bau nicht mehr verändert wurde: Glimmingehus

in der Umgebung viele schöne Strände.
Die St. Nicolaikirche wurde im 12. Jh. erbaut. Im Innern sind die Kanzel mit einem Monogramm von König Christian IV., das prächtige Taufbecken und das Votivschiff von 1776 sehenswert.
Das Museum im Zentrum zeigt Ausstellungen zu Fischerei und Seefahrt sowie zur Klöppeltradition in Österlen (Öffnungszeiten: Mitte Juni – Mitte Sept. Mo. – Fr. 10.00 – 18.00, Sa. bis 14.00, sonst Di. – Fr. 12.00 – 16.00, Sa. bis 14.00 Uhr).

★ Glimmingehus

Die Burg, südöstlich von Simrishamn etwas landeinwärts gelegen, wurde 1499 begonnen und seit der Fertigstellung nicht mehr verändert. Zahlreiche Verteidigungsanlagen und die Wassergräben betonen den Festungscharakter. Im Sommer finden in der Burg publikumswirksame und gut besuchte **Ritterspiele**, Mittelalterfestivals und nächtliche Führungen statt (Öffnungszeiten: Juni – Aug. tgl. 10.00 bis 18.00, April, Mai, Sept. 11.00 – 16.00 Uhr).

Kivik

Von Simrishamn führt die Str. Nr. 9 rund 20 km nach Norden zu dem kleinen Küstenort Kivik. Mitten im Apfelanbaugebiet von Österlen liegt das größte Rollsteingrab Schwedens. Das Königsgrab aus der Bronzezeit ist leicht an dem beeindruckenden Steinhaufen mit 75 m Durchmesser zu erkennen. Im Innern befindet sich eine Kammer mit Steinritzungen, auf denen Sonnenräder, Pferde und Wagen zu sehen sind (Öffnungszeiten der Grabkammer: Mai – August täglich 10.00 – 18.00 Uhr).

FINNLAND

»Suomi«, wie die Finnen ihre Heimat nennen, übt eine ganz besondere Faszination aus. Die riesigen Seen in der Mitte des Landes, die grenzenlosen Wälder und die Ruhe bieten Raum für ungestörte Erholung wie auch für Aktivurlaub.

Finnische Seenplatte

Das »Land der Tausend Seen« wird Finnland gerne genannt. In Wirklichkeit sind es aber wesentlich mehr und ein Labyrinth aus Seen und Inselchen, Kanälen, Wasserfällen und Stromschnellen überzieht ein Drittel des Landes. Wassersportler finden hier ein riesiges Revier. Wo die Seen enden, beginnt auch gleich der Wald und hört erst zur Meeresküste hin wieder auf.

Der Süden

Der Süden und der Südwesten sind die am dichtesten besiedelten Gebiete. Hier liegt auch die Hauptstadt **Helsinki**, die zu den Geheimtipps unter den europäischen Kapitalen gehört: Unmittelbar am Meer gelegen, prunkt der Stadtkern mit klassizistischen Bauten. Entlang der Südküste liegen Badeorte, die einst vom russischen Adel frequentiert wurden. Zu den Höhepunkten einer Finnlandreise gehört eine Bootsfahrt durch die **Schären** der Südwestküste.

Ålandinseln

Die Ålandinseln liegen wie eine Art Trittstein zwischen Schweden und Finnland. Hier spricht man **Schwedisch** und fühlt sich auch so. Reisende zieht es vor allem der Strände und der malerischen Schärenlandschaft wegen hierher.

Westküste

Zahlreiche Hafenstädte ziehen sich am Bottnischen Küstensaum entlang, der die Westgrenze des Landes bildet. Das ehrwürdige **Turku**, die älteste Stadt Finnlands, war vor Helsinki auch Hauptstadt. In **Vaasa**, der wärmsten Stadt Finnlands, steigt das Thermometer zuweilen bis auf 25 °C.

Karelien

Ein nicht unbeträchtlicher Teil der finnischen Besitzungen musste nach dem Zweiten Weltkrieg an die Sowjetunion abgetreten werden. So blieb nur ein kleiner Zipfel Kareliens finnisch. Diesen weitgehend unberührten Wäldern tief im Osten des Landes wohnt ein ganz eigener Zauber inne.

Lappland

Nördlich von Tornio beginnt Lappland mit seinen Wäldern, Mooren und kargen Heideflächen. In dieser dünn besiedelten Region leben noch Reste der skandinavischen Urbevölkerung, die **Samen**. Nur noch wenige von ihnen ernähren sich allerdings heute von der traditionellen Rentierzucht.

← *Der Blick von den Koli-Bergen gilt vielen Finnen als der Inbegriff der Schönheit ihres Landes.*

★ Ålandinseln · Åland (Ahvenmaa)

J/K 6/7

Region: Autonomes Verwaltungsgebiet Åland (Ahvenanmaan maakunta)
Einwohnerzahl: 26 000
Gesamtfläche: 6739 km² (Landfläche: 1481 km²)

Zwischen dem südlichsten Zipfel Finnlands und Schweden liegen die Ålandinseln, wo auch Schwedisch gesprochen wird. Die liebliche Schärenlandschaft, das milde Klima und die vielen Sonnentage machen sie zu einem beliebten Reiseziel.

Liebliches Inselreich

Mehr als 6500 Inseln, Klippen und Felsen bilden die Region der Ålandinseln. Das milde, sonnige Klima und der kalkreiche Boden lassen hier eine für Skandinavien eher untypische Flora gedeihen; man findet hier Eichen, Eschen, Ulmen, Ahorn und Linden sowie verschiedene Orchideengewächse. Die wichtigsten Erwerbszweige sind Schifffahrt, Gemüseanbau und Tourismus. Nach dem Wegfall der Duty-Free-Shops in der Europäischen Union sind die Ålandinseln eine der letzten **Duty-Free-Oasen** in der EU.

Man spricht Schwedisch

Bereits 4200 v. Chr. siedelten erste Menschen hier. Im Laufe der Jahrhunderte entwickelten sich die Inseln immer mehr zum Brückenkopf zwischen Finnland und Schweden und die Bevölkerung wuchs stetig. Während des großen Nordischen Krieges wurde Åland 1714 von den Russen zerstört. 1809 kamen die Inseln mit ganz Finnland an Russland, 1921 wurden sie Finnland zugeschlagen. Doch blieb die Region autonom, hat eine **Selbstverwaltung** und seit 1954 eine eigene Flagge (rotes Kreuz im gelben Feld auf blauem Grund), zudem spricht die gesamte Bevölkerung **Schwedisch**. Es gibt seit 1984 eigene Briefmarken, finnische gelten hier nicht. Die Åländer sind übrigens sehr stolz auf ihre Selbständigkeit und lassen sich nicht gerne als Finnen bezeichnen.

Sehenswertes auf den Ålandinseln

Mariehamn

Auf der Hauptinsel Ålands, dem »Festland Åland«, liegt Mariehamn (Maarianhamina; 11 000 Einw.), die einzige Stadt der Inselgruppe, in der gut 40 % der Bevölkerung Ålands leben. Die »Stadt der tausend Linden« wurde 1861 auf einer Landzunge im Süden der Insel von Zar Alexander II. gegründet und nach seiner Gemahlin Maria Alexandrowna benannt. Seit 1889 ist sie eine viel besuchte Kur- und Badestadt und heute das Wirtschafts- und Verwaltungszentrum von Åland. Neben der 1000 m langen Prachtstraße **Norra Esplanadgatan**, die vom West- zum Osthafen (Österhamn) führt, ist das alte Seefahrtsviertel zu besichtigen.

An der Storagatan liegt das **Ålands-Museum** mit einer international prämierten Ausstellung zur Archäologie und Kulturgeschichte der

Skandinavien wie aus dem Bilderbuch: der Hafen von Karlby

Inseln. Im selben Gebäude ist auch das Ålands-Kunstmuseum untergebracht (Öffnungszeiten: tgl. 10.00 – 16.00, Di. 10.00 – 20.00 Uhr). Am Westhafen liegt das in Form eines Schiffes errichtete **Seefahrtsmuseum**, das einen Querschnitt durch die åländische Seefahrtstradition zeigt (Öffnungszeiten: Mai, Juni, Aug. 9.00 – 17.00, Juli 9.00 – 19.00, sonst 10.00 – 16.00 Uhr).
Ebenfalls am Westhafen liegt, umgeben von zahlreichen Cafés und Restaurants, die als Museum eingerichtete 95 m lange **Viermastbark »Pommern«**, das Wahrzeichen der Stadt. Von 1903 bis 1952 brachte sie Weizen von Australien nach England (Öffnungszeiten: Mai – Aug. 9.00 – 17.00, Juli 9.00 – 19.00, Sept. – Okt. 10.00 – 16.00 Uhr).

Ramsholmen

3 km westlich von Mariehamn erstreckt sich das schöne Naturschutzgebiet Ramsholmen. Dort findet man für die Inseln typische artenreiche Hainwiesen und Laubgehölze.

Festung Kastelholm

Etwa 23 km nordöstlich von Mariehamn liegt die Festung Kastelholm. Im 13. Jh. errichtet, wurde die Burg erstmals 1388 schriftlich erwähnt. Bis 1634 war das »Gibraltar des Nordens« Sitz des Statthalters von Åland. Dänische Flotteneinheiten verwüsteten Kastelholm im Jahre 1507. In der Mitte des 18. Jh.s wurde die Burg durch ein Feuer zerstört. Inzwischen ist die restaurierte Festung im Rahmen von Führungen wieder zugänglich (Öffnungszeiten: Mai, Juni, Anfang bis Mitte Aug. 10.00 – 17.00, Juli 10.00 – 17.30, Mitte Aug. bis Sept. 10.00 – 16.30).

ÅLANDINSELN ERLEBEN

AUSKUNFT

Ålands Turistförbund
Storgatan 8, AX-22100 Mariehamn
Tel. (018) 24 00, Fax 242 65
www.visitaland.com

ANREISE

► Autofähren
von Schweden: Stockholm, Kapsellskär, Grisslehamn
von Finnland: Helsinki, Turku und Naantali

► Flugverbindungen
von Stockholm, Helsinki, Turku

! Baedeker TIPP

Radtour durch den Schärengarten

Eine besondere Tour für Radfahrer ist die »Södra skärgårdsturen«, Südliche Schärenroute, mit Start und Ziel in Mariehamn. In sechs 10 – 30 km langen Tagesetappen geht es von Insel zu Insel.

ESSEN & ÜBERNACHTEN

► Komfortabel
Bastö Hotel und Feriendorf
AX-22310 Pålsböle
Tel. (018) 423 82
Fax 425 20
20 Zi., www.basto.aland.fi
In der Mitte von Åland, 27 km nördlich von Mariehamn, liegt das sympathische Feriendorf mit komfortablem Hotel, Restaurant und 27 Ferienhütten.

► Günstig
Kastelholms Gästehem
Tosarbyvägen 47
AX-22520 Kastelholm
Tel. (018) 438 41
Fax 437 41
kastelholms.gasthem@aland.net
Ganz in der Nähe der berühmten Festung und unmittelbar neben dem Golfplatz liegt das sympathische rot gestrichene Gästehaus mit 35 Betten und einigen Ferienhütten und guter Bewirtung.

Freilichtmuseum Jan Karlsgården ►

In der Nähe zeigt das Freilichtmuseum Jan Karlsgården Ausstellungen zur alten åländischen Bauernkultur sowie das historische Krongefängnis »Vita Björn« (Weißer Bär) aus dem 18. Jh. (Öffnungszeiten: Mai – Sept. 10.00 – 17.00 Uhr).

Sund

Wenige Kilometer nördlich von Kastelholm ist in Sund die **Steinkirche St. Johannes** (13. Jh.) mit alten Holzskulpturen sehenswert. Nicht weit entfernt entdeckte man in einem Wald die spärlichen Reste der Burg Borgboda aus der Wikingerzeit.

Festung Bomarsund

Östlich von Kastelholm (11 km) steht die Festung Bomarsund (um 1830 erbaut), die ursprünglich die größte Burg des Nordens werden sollte. Sie diente dem zaristischen Russland als Festung und wurde 1854 im Krimkrieg zerstört. Weitere Informationen zur Geschichte erhält man im Lotsenhaus auf der Insel Prästö (Öffnungszeiten: Mai – Mitte Aug. 10.00 – 15.00 Uhr, Mo. geschlossen).

Saltvik

Rund 23 km nördlich von Mariehamn (Straße über Jomala, vor Kastelholm links ab) liegt Saltvik. Die Kirche St. Mariaist eine der ältesten der Inseln. Im Innern befinden sich ein Taufstein aus gotländischem Kalkstein, Triumphkreuz und Altarschrein (15. Jh.).

Orrdalsklint

Ein Ausflug führt zum Orrdalsklint nordöstlich von Saltvik, der mit 129 m ü. d. M. höchsten Erhebung der Insel. Schön ist auch die Aussicht vom Kasberg, einer Anhöhe nördlich von Saltvik.

Finström

Etwa 20 km nördlich von Mariehamn (hinter Jomala links weiter) liegt die Gemeinde mit **Godby** als Zentrum. In der St.-Michaelskirche (13. Jh.) sind Wandmalereien aus dem 15. Jh. zu sehen.

Geta

Weiter nördlich folgt nach 21 km der Ort Geta (460 Einw.), die nördlichste Gemeinde der Insel. Eine herrliche Aussicht genießt man vom zweithöchsten Berg, dem Soltuna.

Hammarland

Rund 21 km nordwestlich von Mariehamn kommt man zur Kirche **St. Catharina** von Hammarland (13. Jh.). In dem zur Gemeinde Hammarland gehörenden **Heimatmuseum** in Skarpnåtö sind Hofanlagen vom Anfang des 18. Jh.s mit alten bäuerlichen Gebrauchsgegenständen und alte Windmühlen zu sehen.

Eckerö

In Storby bei Eckerö ist im alten Posthaus (1827) ein **Postmuseum** untergebracht (Öffnungszeiten: Mai – Mitte Juni, Mitte Aug. – Mitte Sept. 10.00 – 16.00, Mitte Juni – Mitte Aug. 10.00 – 18.00 Uhr). Hier sind die kleinen Boote zu sehen, mit denen die Post des Zaren bis 1910 nach Schweden befördert wurde. Im Juni findet alljährlich das 40 km lange traditionelle Postbootrennen über den Bottnischen Meerbusen nach Grisslehamn (Schweden) statt.
Über die Lebensbedingungen der åländischen Fischerbevölkerung in früherer Zeit informiert das **Jagd- und Fischereimuseum** (Käringsund, Eckerö, Öffnungszeiten: April – Sept. Sa., So. 10.00 – 18.00, Mai – August tgl. 10.00 – 18.00 Uhr).

Lemland

Etwa 15 km südöstlich von Mariehamn liegt auf einer weiteren Insel die Gemeinde Lemland. Hier befindet sich nahe der Ruine der Lemböte-Seefahrerkapelle St. Olaf (13. Jh.) ein **Wikingerfriedhof**, der zu den größten auf Åland zählt. Die labyrinthische Steinsetzung weist auf einen Kultplatz der Wikinger hin. Mitte Juni bis Mitte August ist der 1884 erbaute **Reederhof Pellas** zu besichtigen.

Kökar

Mit Fähren von Korpo (74 km südwestlich von Turku) und Långnäs (28 km östlich von Mariehamn) ist das malerische **Seglerparadies** Kökar (300 Einw.; Gästehäfen Sandvik und Hellsö) zu erreichen. Sehenswert ist die Grausteinkirche, errichtet auf den Ruinen eines Franziskanerklosters (14. Jh.). Es gibt ein kleines Heimatmuseum sowie Hotel, Restaurant und Campingplatz.

★ Hämeenlinna (Tavastehus)

M 6

Gebiet: Südfinnland **Einwohnerzahl:** 47 000

Finnlands älteste Binnenlandstadt erhielt ihren Namen von der mächtigen Backsteinburg Häme. Die Stadt selbst liegt reizvoll am lang gestreckten See Vanajavesi und ist vor allem Musikliebhabern als Geburtsort von Jean Sibelius bekannt.

Geschichte

Das 100 km nördlich von Helsinki gelegene Hämeenlinna ist Verwaltungszentrum der Provinz Südfinnland. Im Jahre 1639 wurde der Ort vom schwedischen Statthalter Per Brahe gegründet, 1777 verlegte man die Stadt an die heutige Stelle. Ein Brand zerstörte 1831 fast alle Gebäude. Heute ist Hämeenlinna kein Schmuckstück, aber mit genügend Sehenswürdigkeiten ausgestattet, um hier einen angenehmen Tag zu verbringen.

Sehenswertes in Hämeenlinna

Nördlich des Marktplatzes verläuft die Hallituskatu. Hier liegt das Geburtshaus des Komponisten **Jean Sibelius** (► Berühmte Persönlichkeiten). In dem als Museum gestalteten Gebäude kann man das Klavier sehen, auf dem Sibelius als Kind geübt hat, und auf Wunsch seine Kompositionen anhören (Öffnungszeiten: tgl. 10.00 – 16.00, Sept. – April 12.00 – 16.00 Uhr).

★★ Burg Häme

Wahrzeichen von Hämeenlinna und das kulturgeschichtlich wichtigste Bauwerk ist die gut erhaltene Burg Häme. Die am Ufer des Vanajavesi thronende Festung wurde im Jahre 1260 vom schwedischen Reichsvorsteher Birger Jarl als Militärbasis angelegt und vom Gouverneur der schwedischen Krone, Per Brahe, 1639 fertig gestellt. Die Bastion wurde nie belagert oder gar eingenommen und ist daher gut erhalten. 1837 bis 1972 war sie Gefängnis. Neben dem Dom zu Turku und der Kirche von Hattula ist die Burg Häme der dritte mittelalterliche Backsteinbau Finnlands. Durch ein schön gestaltetes Hauptportal gelangt man in den Burghof, dessen Fassaden mit reicher Ornamentik versehen sind. Vier Ecktürme und ein mächtiger Südwestturm, der wie eine Burg in der Burg wirkt, flankieren die eindrucksvolle Festung (Öffnungszeiten: Mai – Mitte Aug. 10.00 – 16.00 Uhr).

! Baedeker TIPP

Erbsensuppe satt!

Dass die Finnen traditionell Anhänger von einfacher, wärmender und vor allem sättigender Kost sind, ist bekannt. Wer das ganz authentisch probieren möchte, sucht auf dem Markt (Kauppatori) den Stand mit den Hinweisen: »Hernekeitto« und »Ohravelli«. Hier gibt es für wenig Geld einen Napf echt finnischer Erbsensuppe oder landestypischen Haferbrei. Finnische Gourmets übrigens essen Erbsensuppe nie ohne einen satten Schlag Senf!

Kein Feind hat je seinen Fuß in die Burg Häme gesetzt, die hervorragend erhalten ist.

Direkt neben der Burg liegt das Gefängnismuseum, einst selbst Gefängnis. Neben dem Gang durch die Zellen lohnt ein Besuch der Ausstellung über das Gefängniswesen in Finnland (Öffnungszeiten: tgl. 11.00 – 17.00 Uhr).

Aulanko-Park

Etwa 4,5 km nördlich vom Bahnhof liegt die Parkanlage Aulanko mit dem Hotel Rantasipi Aulanko, die nach dem Vorbild mitteleuropäischer Parkanlagen mit exotischen Bäumen, Sträuchern, Pavillons und Spazierwegen angelegt wurde. In einer künstlichen Burgruine finden im Sommer Märchenaufführungen statt, vom Aussichtsturm bietet sich eine weite Sicht, und im Seidenhaus findet man eine Ausstellung über die Seidenproduktion.

Umgebung von Hämeenlinna

Parola

Nordwestlich von Hämeenlinna liegt Parola. Biegt man vor der Eisenbahnkreuzung links ab, erreicht man das weltgrößte **Artillerie-Museum**, ein Freilichtmuseum mit knapp 100 Panzern und Panzerabwehrwaffen aus zwölf Ländern. Besonders gut vertreten sind Geschütze der ehemaligen sowjetischen Armee (Öffnungszeiten: tgl. 10.00 – 18.00, im Winter Sa., So. 12.00 – 18.00 Uhr).

HÄMEENLINNA ERLEBEN

AUSKUNFT

Häme Tourist Service
Raatihuoneenkatu 11
13100 Hämeenlinna
Tel. (03) 621 33 73
Fax 621 33 74
www.hameenlinna.fi

ESSEN

► Erschwinglich

① ***Piparkakkutalo***
Kirkkorinne 2
Tel. (03) 64 80 40
Das »Pfefferkuchenhaus« ist in dem 1906 erbauten Haus des finnischen Malers Albert Edelfelt eingerichtet und sicherlich das beste Restaurant der Stadt. Einfache Pastagerichte oder erlesene Wildkreationen – für jeden Geschmack und Geldbeutel sollte sich etwas finden lassen.

► Preiswert

② ***Salaattivitriini Minna & Mika***
Raatihuoneenkatu 13
Tel. (03) 653 30 66
Leichte Salate mit duftenden Baguettes am Rande des Marktplatzes in der Stadtmitte.

ÜBERNACHTEN

► Luxus

③ ***Rantasipi Aulanko***
Aulanko-Park
Tel. (03) 65 88 01
Fax 682 19 22
246 Zi., www.rantasipi.fi
Eines der besten Hotels der Region, ruhig zwischen Wald und See gelegen, mit fünf Saunas, Restaurants und angrenzendem Golfplatz.

► Komfortabel

① ***Sokos Hotel Vaakuna***
Possentie 7
Tel. (03) 658 31
Fax 658 36 00
121 Zi., www.sokoshotels.fi
Nahe dem Bahnhof liegt dieses große moderne Hotel, das baulich an den Stil der gegenüberliegenden Burg erinnern soll.

► Günstig

② ***Hotelli Emilia***
Raatihuoneenkatu 23
Tel. (03) 612 21 06
Fax 616 52 89
40 Zi., www.hotelliemilia.net
Das preisgünstigste Hotel der Stadt, klein und freundlich mit gutem Frühstücksbuffet

SPORT

Berühmt in ganz Finnland ist der Finlandia-Skilauf, der im Spätwinter auf dem See Katumajärvi in Hämeenlinna startet und nach Lahti führt.

AUSFLÜGE

Silberlinie
Die berühmte Schifffahrtsroute »Silberlinie« ist eine wundervolle Art, ein Stück Finnland kennen zu lernen. Täglich um 11.30 Uhr fahren die weißen Schiffe von Hämeenlinna ab und kommen 19.50 Uhr in Tampere an. Rückfahrt: Tampere/ Hafen Laukonori ab 9.30 Uhr, Ankunft im Hämeenlinna gegen 17.45 Uhr.
Wer will, kann die Rückreise auch mit dem Bus (70 min.) buchen. Eine rechtzeitige Reservierung ist im Hochsommer sehr zu empfehlen (www.finnishsilverline.com).

Dichterweg
Von Tampere aus kann man die Fahrt auf dem sogenannten Dichterweg über den Näsijärvi-See bis Virrat fortsetzen.

Hämeenlinna Orientierung

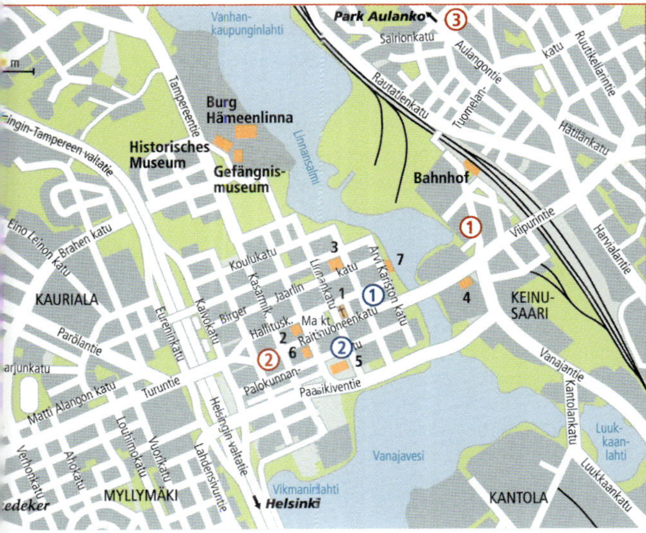

Essen

① Piparkakkutalo
② Salaattivitriini Minna & Mika

Übernachten

① Sokos Hotel Vaakuna
② Hotelli Emilia
③ Rantasipi Aulanko

1 Kirche
2 Sibeliusmuseum
3 Holzhaus Palander
4 Kunstmuseum
5 Busbahnhof
6 ℹ
7 Hafen

★ Hattula

Nach ca. 6 km erreicht man eine der ältesten christlichen Gemeinden Finnlands, Hattula. Die Kirche vom Heiligen Kreuz (14./15. Jh.) ist neben der Burg von Hämeenlinna und dem Dom von Turku der einzige erhaltene Backsteinbau aus dem Mittelalter und war während der Zeit des Katholizismus eine in ganz Skandinavien bekannte Wallfahrtsstätte. Farbenfrohe Wandmalereien aus dem 16. Jh. veranschaulichen biblische Szenen sowie Marien- und Heiligenlegenden. Hervorzuheben sind die zahlreichen mittelalterlichen Holzskulpturen, so die Statue des hl. Olav, die in Lübeck angefertigt wurde, und der hl. Georg als Drachentöter. Die Kanzel stammt aus der Zeit des Barock.

Glasfabrik Iittala

Über die E 12 gelangt man zu dem allen Glasliebhabern bekannten Ort Iittala am Nordufer des schmalen Kalvolanjärvi. In der 1881 gegründeten Glasfabrik werden u. a. die berühmten Aalto-Vasen produziert. Bei Führungen kann man die Produktion in der Fabrikhalle erleben. Angeschlossen ist ein Glasmuseum, das die Erzeugnisse der Fabrik präsentiert, sowie ein Werksverkauf, wo man Produkte mit kleinen Unregelmäßigkeiten zu reduzierten Preisen erwerben kann (Öffnungszeiten 9.00 – 18.00, Mai bis Aug. 9.00 – 20.00 Uhr).

! *Baedeker* TIPP

Dem Meister über die Schulter schauen

Direkt neben der Besuchercafeteria auf dem Fabrikationsgelände in Iittala kann man bei leckerem »Kahvi ja Wieneri« (Kaffee und Plundergebäck) einem Glasbläser zuschauen, der aus glühenden Glaskugeln kleine Vögel, Pferde oder ähnliche Preziosen zaubert.

★ Hamina (Fredrikshamn)

N 6

Gebiet: Südfinnland **Einwohnerzahl:** 21 000

Der Stadtname Hamina bedeutet schlicht »Hafen«. Sehr ausgeklügelt erscheint hingegen der sternförmige Grundriss der Stadt. Ringsum erstreckt sich eine einladende Schärenlandschaft mit zahlreichen Stränden – ideal für Wassersport aller Art.

Geschichte Die Garnisonsstadt Hamina liegt auf einer Halbinsel am östlichen Finnischen Meerbusen. Im 14. Jh. gegründet, erhielt der Ort 1653 die Stadtrechte. Nachdem die Herrschermacht Schweden Vyborg an Russland verloren hatte, begann man 1722 mit dem Ausbau der Fortifikationen in Hamina. Doch wenig später konnte die Stadt gegen Russland nicht gehalten werden. Hamina kam 1743 zu Russland und war somit Grenzstadt bis 1809, als ganz Finnland an Russland ging. Seit 1821 ist in Hamina eine Kadettenschule angesiedelt. Heute noch gibt es hier eine Reserveoffiziersschule und eine Garnison. Nach Kotka ist Hamina der zweitwichtigste finnische Exporthafen für Produkte der Holz- und Papierindustrie.

Sehenswertes in Hamina und Umgebung

Stadtplan mit Festungsanlagen Feuersbrünste zerstörten 1821 und 1887 große Teile der Stadt, sodass die Holzbauten meist jüngeren Datums sind. Einzigartig ist der sternförmige Altstadtkern mit seinen Wällen und Festungsanlagen. Vom achteckigen Rathausplatz gehen strahlenförmig acht Straßen aus. Zwei Ringstraßen verbinden die Radialstraßen im Zentrum. Die Wälle und Bastionen sind meist gut erhalten.

Im Mittelpunkt der Stadt steht das 1796 errichtete **Rathaus**. Im Jahre 1840 wurde es nach Plänen des berühmten Architekten **Carl Ludwig Engel** im neuklassizistischen Stil umgebaut und mit einem Turm versehen. Ebenfalls am Rathausplatz steht die evangelische **Kirche**, die 1843 – wiederum von Carl Ludwig Engel – im Stil eines griechischen Tempels entworfen wurde. Ältester Gegenstand ist eine 1703 gedruckte Bibel, die auf dem Lesepult liegt. Über dem Taufbecken hängt ein Schiffsmodell von 1763, das aus einer Holzkirche im russischen Koivisto stammt.

Kaufmannsmuseum In der Kasarminkatu gab es um die Jahrhundertwende viele kleine Geschäfte. Eines davon (Nr. 6) kann als Kaufmannsmuseum besichtigt werden. Zu sehen sind der alte Laden und die Wohnung eines Kaufmanns, die Werkstatt eines Schmiedes und Handwerkerstuben.

Stadtmuseum In dem ältesten Gebäude der Stadt wurde das Stadtmuseum eingerichtet. In diesem Haus verhandelten 1783 die russische Zarin Katharina II. und Gustav III. von Schweden.

HAMINA ERLEBEN

AUSKUNFT

Hamina Tourist Service
Raatihuoneentori 16
49400 Hamina
Tel. (05) 749 26 41
www.hamina.fi

ÜBERNACHTEN

▸ Komfortabel

① *Hotelli Haminan Seurahuone*
Pikkuympyräkatu 5
Tel. (05) 350 02 63
Fax 350 03 73
Das kleine Hotel mit 12 Zimmern liegt im historischen Zentrum und besitzt auch ein Restaurant und einen Pub. Im Sommer nach Sondertarifen fragen!

ESSEN

▸ Erschwinglich

① *Rosso*
Isoympyräkatu 15
Tel. (05) 350 02 46
Wer im Laufe des Stadtbummels schnell etwas essen möchte, ist in dieser Gaststätte am Markt, die zu einer bekannten Restaurantkette gehört, richtig.

② *Tullimakasiini*
Passagierhafen Tervasaari
Tel. (05) 344 74 70
Am historischen Zoll- und Packhaus am Passagierhafen Tervasasari. Serviert werden maritime Spezialitäten in maritimer Umgebung.

Hamina *Orientierung*

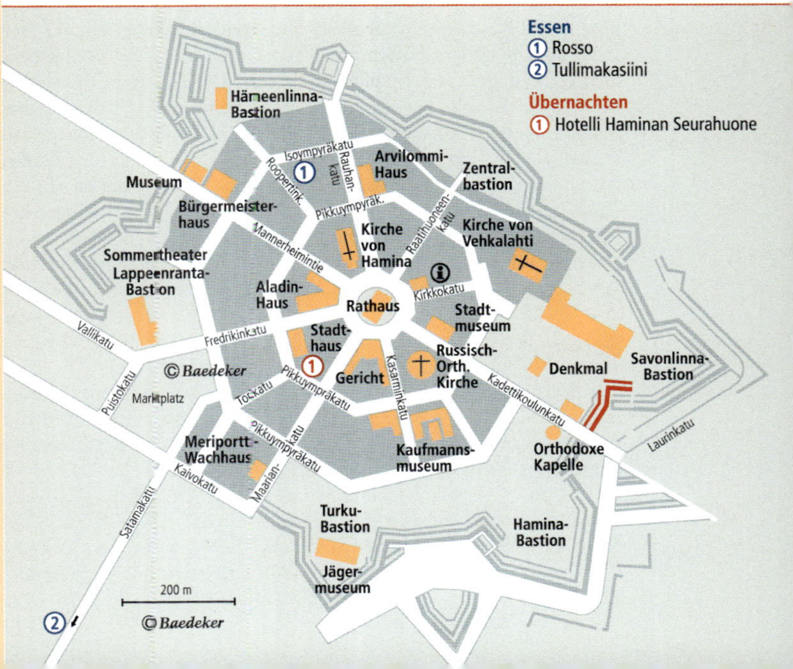

Kirche von Vehkalahti Im alten Dorf Vehkalahti, der Keimzelle von Hamina, gibt es eine sehenswerte mittelalterliche Kirche aus dem 14. Jh., die **Carl Ludwig Engel** 1823 renoviert hat. Von den mittelalterlichen Malereien blieb nur ein heiliges Kreuz an der östlichen Außenwand stehen.

Vyborg Ostwärts von Hamina gelangt man zum Grenzübergang Vaalimaa (43 km) und erreicht nach etwa 100 km die heute russische Stadt Vyborg (Viipuri), ehemals Hauptstadt der einst finnischen Landschaft Karelien. Bis nach St. Petersburg sind es insgesamt 261 km (Visum erforderlich). Vyborg ist heute von ►Lappeenranta aus in eintägigen Schiffsausflügen zu besichtigen.

✶ Hanko · Hangö

L 7

Gebiet: Südwestfinnland **Einwohnerzahl:** 10 000

Hanko ist die südlichste Stadt des Landes und ein sehr beliebter Urlaubsort. Schon gegen Ende der Zarenzeit schätzten russische Adlige und Künstler die Halbinsel und ihre Strände als Sommerfrische. Zahlreiche prächtige Holzvillen erinnern an diese Epoche und dienen heute als nostalgische Gästehäuser und Restaurants.

Geschichte Hanko ist wegen seiner strategisch wichtigen Lage zwischen Finnischem und Bottnischem Meerbusen ein seit langem besiedelter Ort, umstritten in vielen Kriegen und Schauplatz zahlreicher Schlachten. Stadtrecht besitzt Hanko seit 1874, nachdem die Eisenbahnverbindung mit Helsinki zu wirtschaftlichem Aufschwung führte. Über Hanko wanderten zwischen 1880 und 1930 Hunderttausende von Finnen in die USA aus. Im Zweiten Weltkrieg mussten die Finnen das Gebiet um Hanko an die Sowjetunion zwangsverpachten (1940). Doch bereits im Sommer 1941 eroberten sie Hanko nach langer Belagerung zurück. Die bedeutende Hafenstadt unterhält heute unter anderem regelmäßige Fährverbindung nach Rostock. Die eine Hälfte der Bevölkerung ist finnischsprachig, die andere spricht Schwedisch.

Sehenswertes in Hanko

Hauensuoli Auf der Insel Hauensuoli (Hechtdarm) kann man Spuren von Seglern sehen, die vor Hanko auf günstige Winde warteten: 640 in den Fels geritzte Inschriften aus dem 16. bis 18. Jh. Anfahrt im Sommer per Charterboottaxi oder mit der MS Marina.

Wasserturm Vom Wasserturm hat man eine herrliche Aussicht über die Stadt, das Meer und die vorgelagerten Inseln. Die Aussichtsplattform erreicht man bequem mit dem Fahrstuhl (Öffnungszeiten: Juni – Mitte Aug. 12.00 – 18.00, Mitte – Ende Aug. 13.00 – 15.00 Uhr).

Aus Hankos Blütezeit stammen die vielen verspielten Holzvillen.

Osthafen

Pittoresk ist der Osthafen, der größte Gästehafen Finnlands. Mittwochs und freitags findet hier der beliebte Abendmarkt statt.

Stadtstrand

Geradezu nostalgisch wirkt der Strand an der Merikatu mit den Umkleidekabinen im Stil der Jahrhundertwende. Ein Monument erinnert an die Auswanderer, die Finnland Ende des 19. Jh.s über Hanko in Richtung Vereinigte Staaten verließen.

★ Tammisaari · Ekenäs

Südlicher Charme

Das malerische Küstenstädtchen mit dem ausgedehnten Schärengebiet ist dank seiner geschützten Lage mit einem außergewöhnlich milden Klima gesegnet. Im Sommer finden Paddler und Bootsbesitzer im Schärengarten ideale Bedingungen, auch Kreuzfahrten und Angeltouren sind beliebt. Da rund achtzig Prozent der Bevölkerung schwedischsprachig sind, ist der schwedische Ortsname Ekenäs gebräuchlicher.

Im Schatten Helsinkis

Ekenäs ist eine der ältesten Städte Finnlands. Bereits 1546 verlieh König Gustav Wasa dem Ort Stadtrechte, in der Hoffnung, ein konkurrenzfähiges Gegengewicht zur baltischen Hansestadt Reval (heute Tallinn) zu schaffen. Kurze Zeit später wurde jedoch Helsinki gegründet, sodass Ekenäs eine Kleinstadt mit marginaler Bedeutung blieb. Von 1900 bis zum Ausbruch des Ersten Weltkriegs war Ekenäs ein bei russischen Adligen beliebter Badeort.

HANKO ERLEBEN

AUSKUNFT

Tourist Office Hanko
Raatihuoneentori 5
10901 Hanko
Tel. (019) 220 34 11, Fax 220 32 61
www.hanko.fi

The Southern Point of Finland Ltd
Kråkholmen
10600 Tammisaari/Ekenäs
Tel. (019) 212 92 00, Fax 212 92 99
www.southfinland.com

ESSEN

► Erschwinglich

Origo
Hanko, Satamakatu 7
Tel. (019) 248 50 23
www.restaurant-origo.com
Charmantes Restaurant mit Terrasse. Zu empfehlen ist das täglich zusammengestellte Schären-Buffet, aber auch die à-la-carte-Fischgerichte sind frisch und schmackhaft.

Knipan
Tammisaari/Ekenäs
Tel. (0 19) 2 41 11 69
www.knipan.com
In dem 1867 am Hafenpier gebauten Holzhaus gibt es das beste Sommerrestaurant der Stadt mit à-la-carte-Menü oder reichhaltigem Mittags- und Abendbuffet.

► Preiswert

Neljän Tuulen Tupa
Hanko, Pieni Mäntysaari
Tel. (019) 248 24 55
Von Mitte Mai bis Ende August geöffnet ist das »Haus der vier Winde«. Sein berühmtester Besitzer war der finnische Generalmarschall Mannerheim, der es von 1927 bis 1933 nach orientalischem Geschmack ausstattete. Während der Jahre der Prohibition konnte man hier »harten Tee« (Alkohol) bestellen.

ÜBERNACHTEN

► Komfortabel

Stadshotellet
Tammisaari/Ekenäs, Strandgatan 1
Tel. (0 19) 4 41 31 31, Fax 2 46 15 50
www.stadshotell.nu
Schon etwas bessere Tage gesehen hat das immer noch beste Hotel von Ekenäs. Die Zimmer haben Balkon, es gibt Sauna und Swimmingpool.

Villa Maija
Hanko, Appelgrenitie 7
Tel. (019) 248 29 00, Fax 248 39 00
www.villamaija.fi
Das Haupthaus ist eine hölzerne Schönheit aus dem Jahre 1888, die Zimmer an der Seeseite haben eine Glasveranda oder einen Balkon.

Villa Doris
Hanko, Appelgrenitie 23
Tel. (019) 248 12 28
Charmante Pension aus dem Jahr 1881 mit antiker Möblierung in allen Zimmern. Badestrand gleich über die Straße.

AUSFLÜGE

Zur Insel Bengtskär
Im Sommer fährt die MS Summersea in Tagestouren täglich 11.30 Uhr nach Bengtskär. Hier steht der höchste Leuchtturm Skandinaviens, es gibt ein Museum, ein Café und man kann sogar wildromantisch übernachten, Tel. (02) 466 72 27.

In die Schären
Sehr empfehlenswert ist vom Osthafen aus ein Bootsausflug in die Schären (Kreuzfahrten nach Ekenäs und Helsinki).

Im Altstadtviertel **Barckens udde** sind zahlreiche Holzgebäude des 19. Jh.s erhalten, die unter Denkmalschutz stehen. Die Namen der engen Straßen erinnern an die Hutmacher, Weber und Kunsthandwerker, die einst hier wohnten. Im Stadtmuseum (Öffnungszeiten: im Sommer tgl. 11.00 – 17.00 Uhr) sind Gegenstände der ländlichen Kultur aus der Umgebung zu besichtigen. Von Alvar Aalto stammt der Bau der Sparkasse (1964 – 1967).

Altstadt

Über die Landstraße nach Snappertuna gelangt man zu den Ruinen der Burg Raasepori (schwed. Raseborg), die heute im Landesinneren liegt, zur Bauzeit im 14. Jh. aber von Wasser umspült war und mit Booten angefahren wurde. Sie wurde bereits im 16. Jh. aufgegeben.

Burgruine Raasepori

Im Schärengarten südlich der Stadt liegt mit der Insel Älgö als Zentrum der Nationalpark Tammisaaren-Saaristo. Eine Bootsverbindung nach Rödjan vom Nordhafen existiert nur an Wochenenden, in der Woche muss man ein Wassertaxi nehmen. Auskünfte über die diversen Sperr- und Schutzgebiete bekommt man im Besucherzentrum im Hafen von Tammisaari (Öffnungszeiten: Juni und Juli tgl. 10.00 – 20.00, Aug. 10.00 – 18.00, sonst Di. – So. 10.00 – 15.00 Uhr).

Tammisaaren-Saaristo-Nationalpark

★ Helsinki · Helsingfors

M 6

Gebiet: Südfinnland **Einwohnerzahl:** 560 000

Die »Tochter der Ostsee«, wie Helsinki gerne genannt wird, liegt direkt am Meer, und wer mit dem Schiff anreist, steigt quasi in der Stadtmitte aus. Finnlands Hauptstadt ist bekannt für ein besonderes Flair, das man vor allem in den Sommermonaten spürt, wenn bis tief in die Nacht hinein die Straßen voller Leben sind.

Helsinki liegt zum größeren Teil auf einer stark zerklüfteten Halbinsel aus Granit. Ein Labyrinth vorgelagerter Klippen und Inseln macht bereits die Anfahrt mit dem Schiff zum Erlebnis. Weithin sichtbar sind die größte orthodoxe Kirche Finnlands, die aus roten Ziegelsteinen errichtete Uspenski-Kathedrale, und die in kräftigem Weiß erstrahlende Domkirche. Um die Stadt herum wuchsen ab 1950 Vororte, die heute nahtlos in die Städte Espoo im Westen und Vantaa im Nordosten übergehen. In diesem Ballungsgebiet lebt heute jeder sechste Einwohner Finnlands.

Tochter der Ostsee

Helsinki bildet schon seit mehr als 150 Jahren das **Zentrum des finnischen Geisteslebens**. Die Stadt verfügt seit mehr als 350 Jahren über eine Universität, neueren Datums sind die Technische Universität und zahlreiche andere Ausbildungsstätten mit Hochschulcharakter. Der Großstadtraum ist Sitz der meisten Großunternehmen und besitzt den wichtigsten Importhafen.

Highlights Helsinki

Marktplatz (Kauppatori)
Das vormittägliche Markttreiben ist bestens zu empfehlen für eine erste Begegnung mit der Stadt, ihren Menschen und ihren Spezialitäten.
► Seite 535

Senatsplatz (Senatin tori)
Einer der berühmtesten klassizistischen Plätze Europas
► Seite 535

Esplanadi
Flanieren und entspannen auf der baumbestandenen Prachtmeile
► Seite 537

Stadtrundfahrt mit der Straßenbahn 3T
Die Schönheiten der Stadt in weniger als einer Stunde und zum normalen Fahrpreis!
► Seite 534

Felsenkirche (Temppeliaukion kirkko)
Kontemplationsstätte und berühmtes Architekturdenkmal: der in den nackten Fels gesprengte Andachtsraum
► Seite 539

Suomenlinna
Festungsinsel vor den Toren der Stadt
► Seite 544

Geschichte

Helsinki wurde 1550 auf Befehl von Gustav I. Wasa gegründet, um mit der estnischen Handelsstadt Reval (heute Tallinn) zu konkurrieren. 1808 wurde ganz Finnland dem russischen Großfürstentum Finnland einverleibt. Um eine bessere Verkehrsanbindung nach St. Petersburg zu ermöglichen, verlegte man die **Hauptstadt 1812** von Turku (Åbo) nach Helsinki. 1816 erhielt der deutschstämmige Baumeister **Carl Ludwig Engel** den Auftrag, die Stadt wieder aufzubauen, nachdem 1808 ein Drittel den Flammen zum Opfer gefallen war. Die großzügig angelegten Straßen und Boulevards geben der Stadt ein luftiges Gepräge; die hellen Fassaden haben Helsinki den Beinamen »weiße Stadt des Nordens« verschafft. Während des Zweiten Weltkriegs war Helsinki eine der wenigen europäischen Hauptstädte, die nicht von fremden Truppen besetzt wurden.

Architektonische Glanzstücke aus den letzten Jahrzehnten sind die Finlandia-Halle (1970) des bekanntesten finnischen Architekten Alvar Aalto (► Berühmte Persönlichkeiten), die Felsenkirche (1969) von Timo und Tuomo Suomalainen, das Opernhaus (1993) an der Töölö-Bucht und das erst 1998 fertig gestellte Museum für Moderne Kunst des New Yorker Architekten Steven Holl. Vorbildlich sind die Randsiedlungen, die zu den Städten Espoo und Vantaa gehören.

Zwei Ereignisse führten dazu, dass die relativ junge Hauptstadt international bekannt wurde: die **Olympischen Sommerspiele** wurden 1952 hier ausgetragen, und 1975 fand in Helsinki die Konferenz über Sicherheit und Zusammenarbeit in Europa **(KSZE)** ihren Abschluss (► 3D-Seite S. 540).

Helsinkis Stadthafen liegt direkt beim Präsidentenpalast. →

Helsinki *Orientierung*

Essen

1. Namaskaar
2. La Tour
3. Cantina West
4. Kappeli
5. Amarillo
6. Saslik
7. Svenska Klubben
8. Sipuli

Übernachten

1. Crown Plaza
2. Akademisches Sommerhostel
3. Cumulus Seurahuoni
4. Hotel Kämp
5. Omapohja
6. Scandic Hotel Grand Marina

1 Rathaus
2 Präsidentenpalais
3 Uspenski-Kathedrale
4 Universität
5 Regierungspalais
6 Ritterhaus
7 Universitätsbibliothek
8 Domkirche
9 Haus der wissenschaftlichen Gesellschaften (Ständehaus)

U-Bahn

HELSINKI ERLEBEN

AUSKUNFT

Helsinki City Tourist Office
Pohjoisesplanadi 19
79700 Helsinki
Tel. (09) 169 37 57
Fax 169 38 39
www.hel.fi/tourism

Hotel Booking Centre
Tel. (09) 22 88 14 00
www.helsinkiexpert.fi
Wer im Vorfeld eine Unterkunft reservieren möchte (im Sommer dringend zu empfehlen!), kann dies bei Helsinki Expert online erledigen. Vor Ort kann man sich an das Booking Centre in der Haupthalle des Hauptbahnhofs wenden bzw. an die Filiale im City Tourist Office.

HELSINKI CARD

Sie ermöglicht kostenlose Fahrt in öffentlichen Verkehrsmitteln und mit Fähre nach Korkeasaari und Suomenlinna; ermäßigte Stadtrundfahrten, -ausflüge und -wanderungen, freien Eintritt in rund 50 Museen im Großraum und Preisnachlässe auf Opern- und Konzertkarten. Erhältlich in der Touristeninformation, bei Reisebüros und in Hotels (24 Std. kosten für Erwachsene (Kinder) 29 (11) €, 48 Std. 42 (14) €, 72 Std. 53 (17) €.)

ESSEN

► Fein & Teuer

① ***Namaskaar***
Bulevardi 6
Tel. (09) 62 20 11 55
www.namaskaar.fi
In Helsinki geht man gerne »exotisch« essen, was die vielen ausländischen Lokale beweisen. Das wohl teuerste Restaurant der Stadt bietet indische Küche vom Feinsten.

⑥ ***Saslik***
Neitsytpolku 12
Tel. (09) 348 97 00
Russisch für Ausländer: Die besten russischen Gerichte in Helsinki serviert das elegante Saslik in sieben verschieden gestalteten Räumen. Jeden Abend wird Live-Musik gespielt.

⑦ ***Svenska Klubben***
Maurinkatu 6
Tel. (09) 135 47 06
www.svenskaklubben-helsinki.fi
Ein teures Gourmet-Restaurant, das neben sehr gutem Essen ebenso viel historischen Charme des alten Helsinki bietet.

⑧ ***Sipuli***
Kanavaranta 3
Tel. (09) 17 99 00
www.royalravintolat.com
In einem alten Backsteinspeicher liegt direkt unterhalb der Uspenski-Kathedrale das Restaurant »Zwiebel«. Spezialität: Gourmet-Wildgerichte.

► Erschwinglich

② ***La Tour***
Mannerheimintie 5
Tel. (09) 648 07 40
www.latour.fi
Gutes à-la-carte-Restaurant in einem eindrucksvollen Gebäude im Herzen der City

④ ***Kappeli***
Esplanade-Park
Das Kappeli ist alles in einem: Treffpunkt, Sehenswürdigkeit, Café, Restaurant, Mini-Brauerei, Bierkeller und Legende (Bild S. 534).

► Günstig

③ ***Cantina West***
Kasarmikatu 23

Beliebtes mexikanisches Restaurant mit gutem Mittagsbuffet.

⑤ ***Amarillo***
Mikonkatu 9
Tel. (09) 686 00 00
In der Restaurant-Kette sind Pasta, Burger und pikante Tex-Mex-Gerichte zu haben.

ÜBERNACHTEN

► Luxus

① ***Crown Plaza***
Mannerheimintie 50
Tel. (09) 25 21 00 00, Fax 17 60 41
349 Zi., www.crowneplaza-helsinki.fi
Gegenüber dem Opernhaus liegt dieses luxuriöse Hotel, das in der Liste der »Leading Hotels of the world« geführt wird. Die verbilligten Sommertarife machen es auch für Privatreisende erschwinglich.

Nostalgie im Hotel Cumulus Seurahuone

③ ***Cumulus Seurahuone***
Kaivokatu 12
Tel. (09) 691 41, Fax 691 40 10
101 Zi., www.cumulus.fi
Direkt gegenüber dem Hauptbahnhof. In den Jugendstil-Räumlichkeiten verbinden sich 150 Jahre Hotelgeschichte mit modernem Komfort.

④ ***Hotel Kämp***
Pohjoisesplanadi 29
Tel. (09) 57 61 11
179 Zi., www.hotelkamp.fi
Das Kämp war einst Helsinkis berühmteste Adresse. Die Schönen, Reichen und Talentierten der Stadt verkehrten in den glamourösen Restaurants und Bars. Nach einer langen Phase als Bankgebäude versucht man heute, an die glorreiche Geschichte und den Geist des legendären alten Kämp anzuknüpfen.

⑥ ***Scandic Hotel Grand Marina***
Katajanokanlaituri 7
Tel. (09) 166 61, Fax 66 47 64
462 Zi., www.scandic-hotels.com
Direkt neben den Kais, wo die großen Fähren anlegen, liegt das luxuriöse Grand Marina, das zu Beginn des 20. Jh.s noch ein Hafenspeicher war.

► Komfortabel

⑤ ***Omapohja***
Teatterikuja 3
Tel. (09) 66 62 11, Fax 62 28 00 53
Ganz nahe beim Bahnhof liegt dieses schöne, leicht altmodische Gasthaus mit gepflegten Räumen und nettem Personal.

► Günstig

② ***Akademisches Sommerhostel***
Hietaniemenkatu 14
Tel. (09) 13 11 43 34, Fax 44 12 01
www.hostelacademica.fi
Während die Akademiker von morgen im Sommerurlaub weilen, stehen ihre Gemächer den Touristen von heute zur Verfügung.

SIGHTSEEING

mit Bus oder Straßenbahn
Busrundfahrten starten am Hauptbahnhof (Simonkatu 1) und am Siljabzw. Viking-Terminal am Hafen. Eine preiswerte, aber zu empfehlende Möglichkeit, Helsinki zu erkunden, ist eine Fahrt mit der Straßenbahnlinie 3 T, die am Bahnhof abfährt und beinahe alle wichtigen Sehenswürdigkeiten passiert. Bei den Fahrkartenverkaufsstellen kann man ein Begleitheft erwerben, das die Highlights entlang der Route erläutert.

zu Fuß oder mit dem Fahrrad
Vorschläge für Stadtwanderungen enthält eine Broschüre der Touristeninformation inklusive Adressen zum Mieten von Fahrrädern.

mit dem Schiff
Vom Marktplatz und vom Hakaniemi-Platz starten im Hochsommer ab 10.00 Uhr stündlich Rundfahrten durch die Inselwelt vor Helsinki.

EINKAUFEN

Shoppingmeilen
Esplanaden und Sleksanterinkatu sind die wichtigsten Flaniermeilen der Stadt mit Nobelläden und kleinen Boutiquen.

Bauernmarkt
Was Finnen so gut schmeckt (und Gästen vielleicht auch), bekommt man auf dem Marktplatz am Hafen immer Mo. – Sa. 6.30 – 14.00 Uhr; im Sommer von 15.30 – 20.00 Uhr.
Kurz nach der Pitkäsilta-Brücke erreicht man den Hakaniemi-Marktplatz. Hier zahlt man immer ein bisschen weniger als am großen Marktplatz am Hafen.

Flohmarkt
Am Ende des Bulevardi liegt der Hietalahdentori-Markt mit seiner besuchenswerten Markthalle (Öffnungszeiten: Mo. – Fr. 8.00 – 18.00, Sa. bis 15.00, im Sommer auch So. bis 15.00 Uhr).

Café und Brauerei in einem: das Kappeli am unteren Ende der Esplanade

Innenstadt

★★ Marktplatz

Helsinkis Herz ist der Marktplatz (Kauppatori), an dem das ganze Jahr über buntes Markttreiben herrscht. Er grenzt direkt an den Südhafen, an dessen beiden Seiten die aus Schweden kommenden Fähren anlegen. Der pittoreske gelb-rote Ziegelbau unweit südlich an der Wasserseite des Eteläranta ist die **alte Markthalle** (1891, Kauppahalli). Ein Besuch lohnt allemal, denn hier gibt es die ganze Palette echt finnischer Delikatessen: Fisch jeglicher Art und Zubereitung, Elch- und Rentierfleisch, frisches Obst und Gemüse, finnische Backwaren, Imbissstände, Cafés und sogar eine der wenigen Sushi-Bars in Helsinki (Öffnungszeiten: Mo. – Fr. 8.00 – 17.00, Sa. 8.00 – 14.00 Uhr). In der Nordostecke des Marktes steht das **Präsidentenpalais** (Presidentinlinna), das jedoch nur zu Repräsentationszwecken genutzt wird. (Bild S. 536).

! *Baedeker* TIPP

Sightseeing einmal anders

Das »Spårakoff«, eine rollende Kneipe auf Schienen, ist in einer alten Straßenbahn untergebracht und verkehrt zwischen dem Hauptbahnhof und dem Marktplatz. Im Fahrpreis ist das erste Getränk bereits eingeschlossen. Das »Spårakoff« erkennt man schon von weitem an seiner leuchtend roten Farbe – alle anderen Straßenbahnen in Helsinki sind grün (im Sommer tgl. 11.00 – 15.00 Uhr, freitags bis 22.00, samstags bis 17.00 Uhr).

Östlich vom Markt, direkt an den Südhafen anschließend, führt eine Brücke zur **Halbinsel Katajanokka**. Der gleichnamige Stadtteil repräsentiert finnischen Jugendstil auf seinem Höhepunkt. Am Südufer von Katajanokka wurden die früheren Zollspeicher und Lagerhäuser zu Hotels, Konferenzhallen, kulturellen Institutionen oder zu feinen Restaurants und Boutiquen umgestaltet.

★ Uspenski-Kathedrale

Gleich links auf einem felsigen Hügel erhebt sich die weithin sichtbare orthodoxe Hauptkirche des Landes, die Uspenski-Kathedrale. Sie gilt als größter orthodoxer Sakralbau außerhalb Russlands (Bild S. 56). Der rote Backsteinbau von 1868 wird von 13 vergoldeten Kuppeln gekrönt, die Christus und die Zwölf Apostel symbolisieren. An den Wänden sieht man die charakteristischen Heiligenbilder des russisch-orthodoxen Glaubens, die nach strengen Regeln gemalt und vor allem durch die Klöster überliefert wurden (Öffnungszeiten: Di. – Fr. 9.30 – 16.00, Sa. 9.30 – 14.00, So. 12.45 – 14.15 Uhr).

Senatsplatz und angrenzende Gebiete

★★ Senatsplatz

Im Zentrum des eindrucksvollen Senatsplatzes (Senaatintori) erhebt sich seit 1894 ein Bronzestandbild des Zaren Alexanders II., gegossen von Walter Runeberg. Wann immer demonstriert wird oder sonstige Massenveranstaltungen anstehen, wählt man dieses städtebauliche Herz von Helsinki als Schauplatz. Auf der Ostseite des Platzes steht

Der Senatsplatz dient auch als Showroom für Selbstinszenierungen aller Art.

das **Regierungspalais** (Valtioneuvoston linna). Auf der linken Seite befindet sich das blaue Sederholm-Haus von 1757, das älteste Steingebäude der Stadt.

★ **Dom**

An der Nordseite führt eine imposante breite Treppe zur lutherischen Domkirche (Tuomiokirkko), die 10 m höher auf einem Granitfelsen liegt. Das dominierende Gebäude des Senatsplatzes wurde 1830 nach Plänen von **Carl Ludwig Engel** begonnen und 1852 in verändertem Stil vollendet. Die Domkirche ist dank ihrer erhöhten, weithin sichtbaren Position zu einem Wahrzeichen der Stadt geworden. Der ursprünglich rein klassizistische Dom mit der korinthischen Säulenvorhalle hat die Form eines griechischen Kreuzes. Erst später hinzugefügt wurden die vier kleinen Kuppeln und die zwölf Apostelstatuen an der Fassade.

Kircheninneres ▶

Das geräumige Kircheninnere mit der großen Hauptkuppel wirkt sehr schlicht mit seinen weiß getünchten, schmucklosen Wänden. Nur an den Ansätzen der Kuppelpfeiler sieht man Standbilder dreier Männer, die für den protestantischen Glauben eine zentrale Rolle gespielt haben: Martin Luther, Melanchthon und der finnische Reformator Mikael Agricola. Der mit vergoldeten Holzschnitzereien verzierte Orgelprospekt fügt sich harmonisch in die Gestaltung des Innenraums ein (Öffnungszeiten: Juni – Aug. 10.00 – 24.00, sonst 10.00 bis 18.00 Uhr).

Universitätsbibliothek

An der Westseite des Senatsplatzes steht die Universität (Yliopisto, 1828 – 1832), nördlich davon die Universitätsbibliothek (1836 – 1845; Yliopiston kirjasto) mit **der größten Sammlung slawischer Werke in**

der westlichen Welt. Sie besitzt etwa 1,5 Mio. Bände und 2000 Handschriften. Die Bibliothek gilt in Helsinki als der schönste Engel-Bau.

Kaufhaus Stockmann

Folgt man vom Senatsplatz der Aleksanterinkatu nach Westen, kommt man zum Kaufhaus Stockmann, Skandinaviens größtem Kaufhaus. Es ging aus einem kleinen Gemischtwarenladen hervor, den der Lübecker Geschäftsmann G. F. Stockmann 1862 in Helsinki gründete.

Esplanade und Bulevardi

★★ Esplanade

Die beiden Straßenteile der Esplanade, Pohjoisesplanadi (Nordesplanade) und Eteläesplanadi (Südesplanade), waren einst die Promeniermeile der feinen Gesellschaft. Heute ist die Esplanade die Prachteinkaufsstraße von Helsinki. Zwischen den beiden Straßenteilen liegt ein stets belebter schmaler Park. Hier liegt auch das **Schwedische Theater** (Svenska Teatern, Ruotsalainen Teatteri), einst von Engel geplant und 1863 – 1866 gebaut. Die heutige Ausführung stammt von Jarl Eklund und Eero Saarinen (1936).

Im Bulevardi 27 liegt das Alexandertheater. Es wurde ursprünglich in den siebziger Jahren des 19. Jh.s als Theater für die Angehörigen der in Helsinki stationierten russischen Truppen gebaut. Von 1918 bis 1993 war das Haus dann Sitz der Nationaloper.

! *Baedeker* TIPP

Saunieren bei den Profis

Kein Finnland-Aufenthalt ist komplett ohne einen Gang in die Sauna. Für das »echte« Erlebnis muss man allerdings in einer original Holzofensauna sitzen und zum Abkühlen direkt in die Ostsee abtauchen. Bei »Profis« saunen kann man bei der Finnischen Saunagesellschaft in der Vaskiniementie (Tel. 09/86 05 60). Man schwitzt hier – wie in Finnland üblich – nach Geschlechtern getrennt und sollte sich deshalb nach »seinem« Termin erkundigen.

Museum für ausländische Kunst

Am Ende der Straße (Bulevardi 40) lohnt das Museum für ausländische Kunst einen Besuch. In dem 1842 erbauten Patrizierhaus **Sinebrychoff** ist die größte Sammlung Finnlands mit italienischen, niederländischen, flämischen und französischen Gemälden vom 14. bis zur Mitte des 19. Jh.s zu sehen, die die Familie Sinebrychoff 1921 dem Staat schenkte. Hier werden auch Ikonen, historische Möbel, Glas- und Porzellangegenstände ausgestellt (Öffnungszeiten: Mo., Do., Fr. 9.00 – 17.00, Mi. 9.00 – 20.00, Sa., So. 11.00 – 17.00 Uhr).

Koff-Bier, Hietalahdentori-Markt

Neben dem Museum lag früher die Sinebrychoff-Brauerei. Hier wurde das in Finnland berühmte Koff-Bier gebraut. Den Namen bekam das Bier, weil die Finnen den eigentlichen Namen der Brauerei, Sinebrychoff, nicht aussprechen konnten. Gegenüber liegt der Hietalahdentori-Markt.

Bahnhofsbereich

Hauptbahnhof Rechts vom Postamt liegt der monumentale Hauptbahnhof (Rautatieasema) mit dem 48 m hohen Uhrturm. Der Bahnhof ist 1919 als einer der letzten Bauten im Stil der Nationalromantik entstanden und das wichtigste Bauwerk, das der Architekt Eliel Saarinen in Finnland entworfen hat.

Nördlich vom Bahnhofsplatz (Rautatientori) steht das Finnische Nationaltheater (Kansallisteatteri; 1901), ein Bau mit Granitfassade; davor das Denkmal des finnischen Nationaldichters Aleksis Kivi, von Wäinö Aaltonen 1934 geschaffen. Hinter dem Nationaltheater erstreckt sich bis zur Töölö-Bucht der weitläufige Botanische Garten (Kasvitieteelinen puutarha), eine Oase der Ruhe.

✶✶ Ateneum Im **Museum für finnische Kunst**, dem Ateneum, findet man die bedeutendste Kunstsammlung Finnlands, vorwiegend mit Werken aus der Zeit von 1700 bis 1960. Eines der eindrucksvollsten Gemälde ist das Triptychon »Aino-Mythos« von Gallen-Kallela (1891), das Szenen aus dem Nationalepos »Kalevala« darstellt. Der Maler ließ sich dabei von mittelalterlichen Flügelaltären inspirieren. In der Skulpturenhalle sind Arbeiten der finnischen Künstler V. Vallgren, W. Aaltonen, W. Runeberg und S. Hildén zu sehen (Öffnungszeiten: Di., Fr. 9.00 –18.00, Mi., Do. – 20.00, Sa., So. 11.00 – 17.00).

Der Bahnhof von Helsinki, 1919 erbaut, ist außen wie innen eine Augenweide.

Unweit vom Hauptbahnhof, an der Mannerheiminaukio 2, wurde 1998 das vom New Yorker Architekten Steven Holl entworfene **Museum für Moderne Kunst**, genannt Kiasma, eröffnet. Das Museum zeigt überwiegend zeitgenössische Werke finnischer und skandinavischer Künstler, doch finden hier auch Theater- und Musikaufführungen sowie andere kulturelle Veranstaltungen statt (Öffnungszeiten: Di. 9.00 – 17.00, Mi. – So. 10.00 – 22.00 Uhr).

★★ Kiasma

Schräg gegenüber steht an der Mannerheimintie der Reichstag (Eduskuntatalo), ein neoklassizistischer Monumentalbau von J. S. Sirén (1930) aus hellrotem Granit (Führungen: Sa., So. 11.00, im Sommer auch Mo. – Fr. 14.00 Uhr).

Reichstag

Das eindrucksvolle Gebäude aus Granit und Backsteinen mit weithin sichtbarem Spitzturm bietet einen Einblick in die Kulturgeschichte und Völkerkunde des Landes. Das Spektrum reicht von der Frühgeschichte bis zur mittelalterlichen Sakralkunst und zur Neuzeit. Besonders beachtenswert ist die Sammlung der finnisch-ugrischen Völker mit Trachten und Gebrauchsgegenständen. Ferner wird die Entwicklung Finnlands zu einem modernen Staat dokumentiert (Öffnungszeiten: Di., Mi. 11.00 – 20.00, Do. – So. 11.00 – 18.00 Uhr).

★ Nationalmuseum

Im Park gegenüber dem Nationalmuseum befindet sich in der einstigen Villa Hakasalmi seit 1912 das Stadtmuseum, das die Geschichte der Stadt dokumentiert (Öffnungszeiten: Mo. – Fr. 9.00 – 17.00, Sa. und So. ab 11.00 Uhr).

Stadtmuseum

Wenige Hundert Meter westlich des Nationalmuseums liegt die unterirdische, überkuppelte Felsenkirche (Temppeliaukion Kirkko), die 1968/1969 nach einem Entwurf der Brüder Timo und Tuomo Suomalainen in den Granitgrund gesprengt wurde. Sie zählt zu den Hauptsehenswürdigkeiten von Helsinki und gilt als hervorragendes Beispiel des architektonischen Expressionismus der 1960er-Jahre. Durch die flache, kreisrunde Kuppel aus Kupferplatten und verglasten Betonrippen fällt Licht in das Innere der Grottenkirche. Bis zur Kuppelspitze ist die Kirche 13 m hoch; sie dient auch als Konzertsaal (Öffnungszeiten: Mo., Mi., Fr. 10.00 – 20.00, Di. 10.00 – 12.45, Sa. 10.00 – 18.00, So. 11.45 – 13.45 Uhr).

★ Felsenkirche

Am südlichen Ufer der Töölö-Bucht steht die mit weißem Carrara-Marmor verkleidete Finlandia-Halle, die 1970 nach dem Entwurf des Architekten Alvar Aalto fertig gestellt wurde (►3D-Seite S. 541).

★ Finlandia-Halle

Danach folgen eine große Parkanlage entlang der Töölö-Bucht und das neue Haus der Finnischen Nationaloper. Der moderne Bau mit klaren Linien wurde Ende 1993 eröffnet und ist ein Werk der Architekten Eero Hyvämäki, Jukka Karhunen und Risto Parkkinen.

★ Opernhaus

FINLANDIA-HALLE

★★ Das Kongress- und Konzertzentrum Finlandia-Halle an der Töölö-Bucht in Helsinki ist zugleich eines der letzten und der bekanntesten Werke des Architekten Alvar Aalto. Er plante sie ursprünglich als Mittelpunkt eines völlig neu gestalteten Stadtteils. Seine städtebauliche Vision, die als Symbol des modernen, selbstständigen Finnlands des 20. Jh.s fungieren sollte, wurde jedoch nie vollständig realisiert.

Öffnungszeiten Info-Shop:
9.00 – 16.00
Hier kann man Führungen durch das Gebäude buchen (Informationen: Tel. 09 / 4 02 41).

Gebäude

Der Entwurf zur Finlandia-Halle entstand 1962, gebaut wurde sie von 1967 – 1972. Der später entstandene Kongressflügel wurde nach einem Plan von 1970 im Anschluss angefügt.

Materialien

Zentraler Bestandteil von Aaltos Entwurf ist die Fassade aus leuchtend weißem Carrara-Marmor, der auch im Inneren als Leitmaterial fungiert und ein symbolisches Zitat mediterraner Kultur und Lebensfreude darstellt. Dass das edle Material den harten finnischen Winterfrösten nicht standhält und alle 25 Jahre ausgetauscht werden muss, ist ein viel belächelter Treppenwitz der Architekturgeschichte.

Details

Aalto war bekannt für seine Detailbesessenheit: Seine Entwürfe bestimmten immer auch die Details im Inneren, man achte insbesondere auf die Türgriffe – ein Markenzeichen vieler Aalto-Gebäude – und Treppengeländer. Auch sämtliche Möbel und Leuchten sind eigens für das Gebäude entworfen worden.

1 Finlandia-Saal

Der größte Konzertsaal des Gebäudekomplexes fasst 1700 Besucher, 500 davon auf der Empore, und ist die Spielstätte des Philharmonischen Orchesters Helsinki sowie des Finnischen Radio-Sinfonieorchesters.

2 Helsinki-Saal

Der mit 340 Sitzplätzen viel intimere Saal eignet sich besonders für Kammermusikaufführungen, Konferenzen oder Vorträge.

3 Piazza

Das ganz in Marmor gestaltete Foyer des Finlandia-Saals, die sog. Piazza, bietet einen grandiosen Blick auf die Töölö-Bucht und wird für Empfänge oder Ausstellungen genutzt.

4 Kongress-Halle

Hier werden Kongresse, Messen oder Ausstellungen abgehalten.

KSZE-Konferenz

Die erste Konferenz für Sicherheit und Zusammenarbeit in Europa fand ab 3. Juli 1973 in der Finlandia-Halle statt. Teilnehmer der blockübergreifenden Konferenz waren die USA, Kanada, die Sowjetunion und alle europäischen Staaten außer Albanien.
Die Schlussakte von Helsinki vom 1. August 1975 enthält Prinzipien wie Gewaltverzicht, Unverletzlichkeit der Grenzen (aber nicht Unveränderbarkeit) und Achtung von Menschenrechten, einen Beschluss über Zusammenarbeit in Wirtschaft, Wissenschaft, Technik und Umwelt sowie Grundsätze der Zusammenarbeit im humanitären Bereich, Erleichterung von menschlichen Kontakten über Blockgrenzen hinweg und Informationsaustausch.

Weiß und blau: Ein finnischer Bau zeigt finnische Farben.

re- und Kunstausstellungen in einer alten Holzvilla des 19. Jh.s sehen. Kinder erfreuen sich besonders an den zahmen Eichhörnchen im Park (Öffnungszeiten: Juni – Aug. tgl. 11.00 bis 17.00, Mi. bis 19.00 Uhr; Mai und Sept. kürzere Öffnungszeiten).

Südliches Stadtgebiet

Observatorium

Südlich des Marktes erhebt sich der Observatoriumsberg (38 m ü. d. M.) mit einer schönen Aussicht auf die Stadt. Hier befindet sich die 1833 von Carl Ludwig Engel gebaute **Sternwarte**, die heute zur Universität von Helsinki gehört.

Mannerheim-Museum

Folgt man der Küstenstraße nach Süden, der Ehrenströmintie, kommt man bald zum Mannerheim-Museum, wo der berühmte Marschall und spätere Staatspräsident seit 1924 wohnte. Das Haus ist heute als Museum eingerichtet und zeigt Erinnerungsstücke, darunter viele Fotografien aus der Zeit, als Mannerheim Forschungsreisender in russischen Diensten war und entlang der Seidenstraße reiste, ferner eine Sammlung von Orden und Dokumenten zur Geschichte Finnlands (Öffnungszeiten: Fr. – So. 11.00 – 16.00 Uhr, freier Eintritt immer am 4. Juni, dem Geburtstag Mannerheims).

Kunstsammlung Cygnaeus

In der Kalliolinnantie Nr. 8 steht das 1860 errichtete Haus des Professors und Kunstmäzens Fredrik Cygnaeus, der an der Universität von Helsinki Ästhetik lehrte. Seine Kunstsammlung umfasst vor allem finnische Gemälde des 19. Jh.s, wobei vor allem die Maler Walter Runeberg und Albert Edelfelt vertreten sind (Öffnungszeiten: Do. bis So. 11.00 – 16.00, Mi. bis 19.00 Uhr).

Ein Stück weiter beginnt der schön gelegene **Brunnenpark** (Kaivopuisto). Ein Kuriosum für Mitteleuropäer ist die **Teppichwaschanlage** am Meeresufer. Auf Holztischen schrubben meist Männer mit Kernseife und Bürste die traditionellen Flickenteppiche.

In der Korkeavuorenkatu 23 dokumentiert das **Designmuseum** finnisches Industriedesign und Kunstgewerbe (Öffnungszeiten: im Winter Di. 11.00 – 20.00, Mi. – So. 11.00 – 18.00, im Sommer tgl. 11.00 – 18.00 Uhr).

Treff am Meer: die Teppichwaschanlage

Kultur statt Kabel Kaapeltitehdas war früher genau das, was der Name sagt – eine Kabelfabrik. Heute ist es ein Kunst- und Kulturzentrum mit Theatern, Kinos, Cafés, Restaurants und Künstlerateliers. Fast täglich finden hier interessante Veranstaltungen statt (Programm bei der Touristeninformation), aber auch sonst lohnt sich ein Besuch des in der Tallberginkatu 1 schön am Wasser gelegenen Gebäudes.

Arabia-Museum Im Nordosten der Stadt findet man an der Hämeentie 135 – Richtung Lahti – (etwa 15 Min. vom Zentrum) die bedeutende Porzellanmanufaktur Arabia (Museum). Sie zeigt repräsentatives finnisches Geschirr und Kunstgegenstände aus der 120-jährigen Geschichte der Arabia-Fabrik (Öffnungszeiten: Mo. 10.00 – 20.00, Di. – Fr. 10.00 – 18.00, Sa., So. 9.00 – 15.00 Uhr).

Altstadt Unweit nordöstlich, an der Mündung des Vantaanjoki, liegt der Platz, an dem Helsinki im Jahre 1550 gegründet wurde, die Vanhakaupunki (Altstadt). Eine Steinplatte erinnert an den Standort der ersten Kirche und des ersten Friedhofs. Ein Stück weiter, rechts, ist an einer Wand ein Porträt von Gustav Wasa zu sehen. Auf der Erde befindet sich eine Platte mit dem alten Stadtplan.

★ Festungsinsel Suomenlinna

Anfahrt In 15 min. erreicht man mit der Personenfähre (Fahrschein wie bei Bussen/Straßenbahnen; Helsinki-Karte ist gültig) die Festungsinseln von Suomenlinna (Finnische Burg), die zum **UNESCO-Kulturerbe** zählen und durch mehrere Brücken verbunden sind.

Geschichte Die Festung Suomenlinna wurde von 1748 an während der Zeit der schwedischen Herrschaft erbaut. In 40-jähriger Bautätigkeit entstanden hier Mauern, Befestigungsanlagen, Wohnhäuser und eine große Werft, sodass die Stadt bald mehr Einwohner zählte als Helsinki. 1806 war die Festungsanlage mit ihren 4600 Einwohnern nach Turku die zweitgrößte Stadt Finnlands. Die Festung fiel im schwedisch-russischen Krieg von 1808/1809 an Russland und wurde weiter zur großen Garnison mit Kasernen, Krankenhäusern und einer Kirche ausgebaut. Nach der Unabhängigkeit zog das finnische Militär hier ein. Heute geht mit der Restaurierung die bemerkenswerte Umwandlung in ein Gebiet für Freizeit und Kultur einher.

Auf der Insel sind zahlreiche Museen sowie ein **Kunstzentrum** mit diversen Galerien in den histori-

! *Baedeker* TIPP

Kaffee- oder Badepause – oder beides?

Auf der Insel Suomenlinna liegt das kleine Café Piper, das im Sommer ein beliebtes Ausflugsziel ist. Es thront auf einem kleinen Hügel und bietet einen guten Überblick. Wer auf der Terrasse keinen Sitzplatz mehr findet, kann mit Kaffee und Kuchen auch auf die Liegewiese vor dem Café ausweichen und anschließend am Strand die Kalorien wieder abtrainieren.

Festungsinsel Suomenlinna *Orientierung*

schen Bauten untergebracht. Im **Besucherzentrum** an der Brücke wird über die Geschichte informiert; ein Modell zeigt die Insel im Jahre 1808 kurz vor der Besitzübernahme durch die Russen. Hier starten auch Führungen (englische Führungen Juni – Aug. tgl., deutsche Führungen n. Vereinb. mit der Touristeninformation Helsinki).

Das **Ehrensvärd-Museum**, benannt nach dem ersten Baumeister der Burg, beleuchtet die Geschichte der Seefestung. Im **Kriegsmuseum** werden Kriegsgeräte aus dem Zweiten Weltkrieg gezeigt. Das **Küstenartilleriemuseum** dokumentiert die Geschichte der Küstenverteidigung, weiter gibt es ein **Zollmuseum**. Das restaurierte **U-Boot »Vesikko«** wurde im Zweiten Weltkrieg im Finnischen Meerbusen eingesetzt. Ferner gibt es hier auch ein **Puppen- und Spielzeugmuseum** in einer alten russischen Holzvilla (Öffnungszeiten der meisten Museen: Mai – Aug. tgl. 10.00 – 17.00 Uhr).

◄ Nordisches Kunstzentrum

Die fünf Staaten des Nordischen Rats (Dänemark, Finnland, Island, Norwegen, Schweden) haben hier ein Kunstzentrum für Stipendiaten eingerichtet. In den Galerien des Kunstzentrums sind Werke zeitgenössischer Künstler ausgestellt.

Ausflüge von Helsinki

✶✶ Atelierzentrum Hvitträsk

Über den Ring III (Kehä III oder Straße 50) erreicht man 30 km südöstlich von Helsinki die Gemeinde Kirkkonummi. Architektur- und Jugendstilfreunde aus aller Welt pilgern hier nach Hvitträsk auf den Spuren des finnischen Architekten-Trios **Eliel Saarinen, Herman Gesellius** und **Armas Lindgren**. Die Freunde und Kollegen entwarfen und verwirklichten hier 1902 ihre Heim- und Arbeitsstätten nach Ideen des von ihnen maßgeblich entwickelten finnisch-volksromantischen Stils, der Jugendstilelemente mit karelischer Bauweise kombiniert. Heute ist das Atelier- und Wohnhaus der Familie Saarinen zu besichtigen. Außerdem gibt es einen kleinen Museumsshop, ein Café sowie ein viel gelobtes Feinschmeckerrestaurant (Öffnungszeiten: Nov. – März 11.00 – 17.00, April – Okt. 11.00 – 18.00 Uhr).

Espoo

Espoo (Esbo), mit 220 000 Einw. die zweitgrößte finnische Stadt, schließt schon längst nahtlos an den Westrand der Metropole Helsinki an und ist mit ihrer Konzentration von High-Tech-Unternehmen so etwas wie ein zwischen Wald und Seen gebettetes finnisches Silicon Valley. Sehenswert ist die Jugendstilvilla, die der bedeutende finnische Maler **Akseli Gallen-Kallela** (1865 – 1931) entwarf. Haus **Tarvaspää** wurde 1911 – 1913 in schöner Aussichtslage auf einem Hügel unweit der Stadtgrenze zu Helsinki errichtet, ist heute ein überaus lohnendes Museum und zeigt Werke des Künstlers sowie Sonderausstellungen (Öffnungszeiten: Mitte Mai – Aug. 10.00 – 18.00, Sept. bis Mitte Mai Di. – Sa. 10.00 – 16.00, So. 10.00 – 17.00 Uhr).

Für Autofans: Das größte **Automuseum** Finnlands in Pakankylä (Bodomintie 35) zeigt eine Sammlung von 130 Oldtimern, die die Geschichte des Automobils in Finnland veranschaulichen (Öffnungszeiten: Mai – Aug. Di. – So. 11.00 – 18.00, sonst an Wochenenden 11.00 – 18.00 Uhr).

Lohja

40 km nordwestlich von Espoo lohnt der Besuch von Lohja. Bereits im 16. Jh. entstand hier die erste Erzgrube Finnlands. Zudem beherbergt Lohja eine der schönsten mittelalterlichen Steinkirchen Finnlands, die St.-Laurentius-Kirche. Das Innere des Feldsteinbaus aus dem 15. Jh. ist über und über mit herrlichen Wandmalereien aus dem 16. Jh. ausgeschmückt, die nahezu vollständig und hervorragend erhalten sind. Die Vermischung von heidnischen Motiven, volkstümlichen Teufelsdarstellungen und biblischen Szenen wirkt auf den heutigen Besucher äußerst naturalistisch (Öffnungszeiten Sommer: 9.00 – 16.00, Winter: 10.00 – 17.00 Uhr).

✶✶ St.-Laurentius-Kirche ►

Künstlerkolonie Tuusula

Ca. 30 km nördlich von Helsinki führt von Tuusula nach Järvenpää die Uferstraße **Tuusulan Rantatie**, die um 1900 eine bei Künstlern und Bohemiens beliebte Wohngegend war. Inzwischen gilt die Uferstraße Tuusula als Museumsstraße; die einstigen Sommervillen wurden restauriert und können besichtigt werden.

Besonders schön ist das Wildnis-Atelier des Malers **Pekka Halonen** von 1902. Heute werden hier seine Gemälde ausgestellt. Das Anwesen liegt malerisch auf einer Landzunge direkt am See Tuusula (Öffnungszeiten: im Sommer Di. – So. 11.00 – 19.00, Mo. 11.00 – 16.00 Uhr). Am nördlichen Ende der Rantatie-Straße liegt die **Villa Ainola** in Järvenpää. Hier lebte von 1904 bis zu seinem Tode 1957 der Komponist **Jean Sibelius** (► Berühmte Persönlichkeiten) mit seiner Ehefrau Aino. Nach ihr wurde das Landhaus benannt, das der arrivierte Komponist auf einem vom finnischen Staat geschenkten Grundstück bei dem Jugendstilarchitekten Lars Sonck in Auftrag gab (Öffnungszeiten: Juni – Aug. Di. – So. 11.00 – 17.00 Uhr; Mai und Sept. Di. geschlossen).

✶ ◄ Villa Halosenniemi

✶ ✶ ◄ Villa Ainola

Riihimäki

In der Industriestadt Riihimäki (67 km nördlich von Helsinki) ist das **Finnische Glasmuseum** in einer Glashütte von 1914 in der Tehtaankatu 23 sehenswert. Hier wird man mit der 300-jährigen Geschichte der Glasherstellung in Finnland und mit finnischem Design vertraut gemacht. Neben dem Glasmuseum befindet sich das **Finnische Jagdmuseum** (Öffnungszeiten für beide Museen: Mai – Aug. Di. – So. 10.00 – 18.00 Uhr).

Außergewöhnlich prachtvoll ist die Ausmalung der Kirche in Lohja.

Joensuu

05

Gebiet: Ostfinnland **Einwohnerzahl:** 50 000

Joensuu am Nordostrand der Finnischen Seenplatte ist das Bildungs- und Handelszentrum von Nordkarelien. Wichtigste Sehenswürdigkeit der Gegend ist das orthodoxe Kloster Uusi Valamo.

Sehenswertes in Joensuu und Umgebung

★ **Carelicum**

Die neueste und größte Sehenswürdigkeit der Stadt ist das Carelicum (Koskikatu 5) – eine Kombination aus Bürgerzentrum und Museum. Auch die Touristeninformation, ein Café und kostenlose Internetterminals sind hier untergebracht. Das **Nordkarelische Museum**, das ebenfalls hier eine neue Heimat gefunden hat, befasst sich mit der Geschichte und Kultur der Region. Auf Kinder wartet die **Kinderstraße**. Hier wurden eine Straße mit bunten Holzhäuschen, ein Marktplatz und ein Hafen nachgebaut, in der lebende Comicfiguren »wohnen« und mit den Kindern spielen (Öffnungszeiten: Mo. – Fr. 10.00 bis 17.00, Sa., So., 11.00 – 16.00).

★★ **Kloster Uusi Valamo**

Zu den beliebtesten Ausflugszielen in Nordkarelien gehört das orthodoxe Kloster Uusi Valamo. Es liegt ca. 60 km südwestlich von Joensuu in Papinniemi an der Südspitze des Juojärvi. Zuerst folgt man der Straße Nr. 17 nach Kuopio und biegt dann auf die Str. Nr. 23 nach Varkaus ab. An der Abzweigung einer Nebenstraße fährt man rechts zum Mönchskloster Uusi Valamo (übersetzt »Neu-Valamo«). Hier fanden die orthodoxen Mönche eine neue Heimstatt, nachdem sie 1940, als die Russen in jenes Gebiet vorrückten, ihr altes Kloster auf der Insel Valamo im Ladogasee hatten verlassen müssen. Sie retteten Ikonen, darunter die wundertätige Ikone der Gottesmutter von Konevitsa, wertvolles Kirchengerät und die Bücher der Klosterbibliothek, die auf das 15. Jh. zurückgeht. Einige dieser Gegenstände sind in dem orthodoxen Kirchenmuseum in Kuopio zu sehen.

Geschichte des Klosters ►

Heute ist das alte Kloster größtenteils verfallen und verwaist. Es wurde um 1329 gegründet und wuchs im Laufe des Mittelalters zu einem großen und bedeutenden Kloster von russischen und karelischen Mönchen heran. Nach der russischen Oktoberrevolution und der Unabhängigkeit Finnlands 1917 ging die Zahl der Mönche stark zurück, und russische Pilger konnten wegen der gesperrten Grenze nicht mehr nach Valamo kommen.

Klosterbetrieb heute ►

Uusi Valamo mit seiner 1976 geweihten Kirche gilt als **das größte russisch-orthodoxe Kloster außerhalb Russlands**. Lange Zeit lebten nur noch wenige Mönche im Kloster, dem schon die Schließung drohte. Doch eine Renaissance des orthodoxen Glaubens brachte die Wende. Die geschäftstüchtigen Mönche haben inzwischen ihr Kloster zu einem Glaubenszentrum für jedermann ausgebaut. Im riesigen

Kloster Uusi Valamo ist das Zentrum der russisch-orthodoxen Kirche in Finnland.

Andenkenladen kann man von der geweihten Ikone bis zur Kerze alle nur denkbaren Souvenirs kaufen, Hotel, Tagungszentrum und Restaurant gehören zum Kloster. Besonders an Ostern und anderen kirchlichen Feiertagen ist Uusi-Valamo ein beliebtes Ausflugsziel.

★ Koli-Berge

Vorchristliche Opferstätte

In vorchristlicher Zeit waren die Koli-Berge nördlich von Joensuu eine heilige Opferstätte, von der sich im 19. Jh. viele finnische Künstler der Nationalromantik inspirieren ließen. Der Blick von diesen Bergen gilt als das **Spiegelbild finnischen Nationalgefühls** schlechthin, bieten sie doch eines der reizvollsten Landschaftsbilder im ansonsten recht flachen Finnland (Bild S. 513). Sie erheben sich 253 m über dem Wasserspiegel des Sees Pielinen, der die Finnische Seenplatte im Nordosten abschließt. Der einst mächtige Gebirgszug fiel der eiszeitlichen Erosion zum Opfer, allein die besonders harten Quarzitschichten konnten widerstehen, die heute als Koli-Berge die Seenlandschaft überragen. Dichte Haine mit Fichten sind an den in den Pielinen-See mündenden Bächen zu finden, während die Westhänge und Bergkuppen trockener und daher vegetationsärmer sind.

Nationalpark

Ganzjährig bilden die Koli-Berge eines der bestbesuchten Ferienzentren des Landes. Das Besucherzentrum mit Hotel liegt oberhalb des Ortes Koli und ist vom Parkplatz aus mit einer Seilbahn zu erreichen. Von der Südseite des Hotels führt ein Treppenweg auf den felsigen Gipfel **Ukko-Koli** (347 m ü. d. M.); von dort bietet sich eine

JOENSUU ERLEBEN

AUSKUNFT

Karelia Expert Tourist Service GmbH
Koskikatu 5
80100 Joensuu
Tel. (013) 248 53 08, Fax 12 39 33
www.kareliaexpert.com

Koli Besucherzentrum
Tel. (013) 688 84 00
www.metla-fi.koli
Das Besucherzentrum des Koli-Nationalparks ist in der Eingangshalle des Hotels Koli zu finden und bietet eine Ausstellung zur Geschichte und Geologie des Parks sowie Informationen zu Wanderwegen.

ANREISE KOLI-BERGE

Über den See Pielinen verkehren ab Joensuu und Nurmes Schiffe zum Dorf Koli (Seilbahn zum NP-Besucherzentrum). Im Süden des Pielinen stellt der Pielisjoki – mit mehreren Schleusen – die Verbindung zum Saimaasee her.

ESSEN

► Erschwinglich

Puukello
Auf der Insel Ilosaari
Tel. (013) 12 32 72
Authentische karelische Buffets und andere regionale Spezialitäten

Astoria
Joensuu, Rantakatu 32
Tel. (013) 22 97 66
Mit großer Terrasse, schön am Flussufer gelegen

ÜBERNACHTEN

► Komfortabel

Hotel Atrium
Joensuu, Siltakatu 4
Tel. (013) 25 58 88
Fax 255 83 00
www.hotelliatrium.fi
Stadthotel am Fluss mit hübschen Zimmern und Suiten mit eigener Minisauna

Hotel Koli
Tel. 0 13 / 6 88 71 00
Fax 6 88 72 00
Der riesige, den Berg dominierende Beton- und Glasbau des Hotels Koli mit Restaurant und Café liegt auf dem Ukko-Koli-Berg; von dort bietet sich eine fantastische Aussicht auf den Pielinen-See.

► Günstig

Karelia
Joensuu, Kauppakatu 25
Tel. (013) 22 43 91
Fax 12 08 98
Zentral gelegenes kleines und günstiges Hotel

prächtige Aussicht auf den 253 m tiefer gelegenen Pielinen mit seinen zahlreichen bewaldeten Inseln. Südlich erheben sich zwei weitere Gipfel: der 339 m hohe **Akka-Koli** und der 334 m hohe **Paha-Koli**. Man erreicht sie auf Wanderwegen vom Besucherzentrum (1,5 bis 2,5 Std.). Den Nationalpark sollte man auf jeden Fall zu Fuß erkunden. In der Umgebung des Besucherzentrums sind viele markierte Wanderwege angelegt. Darüber hinaus gibt es im Winter gespurte Langlaufloipen.

Jyväskylä

N 5

Gebiet: Südfinnland **Einwohnerzahl:** 81 000

In Jyväskylä lebte der berühmte Architekt Alvar Aalto lange Zeit, über 30 Gebäude hat er in der Region konzipiert. Die Stadt selbst liegt sehr schön am Ufer des Jyväsjärvi und bietet etliche Möglichkeiten für Wassersport aller Art.

Architekturstadt

Die 1837 vom russischen Zaren Nikolai I. gegründete Stadt ist ein wichtiger Verkehrsknotenpunkt, Sitz zahlreicher Fabriken, eine bedeutende Messestadt sowie Verwaltungs- und Kulturzentrum der Provinz Mittelfinnland. Die Universität hat vor allem in der Fachrichtung Architektur große Bedeutung.

Sehenswertes in Jyväskylä und Umgebung

★ Bauten von Alvar Aalto

Das Nebeneinander von Holzhäusern und modern gestalteten Steinbauten ist charakteristisch für Jyväskylä. Außerdem gibt es hier besonders viele Gebäude nach Plänen Alvar Aaltos (► Berühmte Persönlichkeiten). In Jyväskylä verbrachte er seine Jugend und gründete 1923 sein erstes Architekturbüro. Geht man Richtung Hafen und zum Jyväsjärvi, so kann man das von Alvar Aalto entworfene Verwaltungs- und Kulturzentrum sehen. Auch der Neubau der Universität stammt von ihm. Zu seinen Arbeiten sind im Alvar-Aalto-Museum und in der Touristeninformation Sonderbroschüren erhältlich.

Mekka für Architekturinteressierte aus aller Welt: das Alvar-Aalto-Museum

★ Alvar-Aalto-Museum

In der Alvar Aallonkatu Nr. 7 befindet sich das Alvar-Aalto-Museum, das Aalto selbst entworfen hat. Es zeigt eine Architektur- und Designsammlung des berühmten Architekten sowie Kunstwerke der Sihtola-Stiftung.

Holzkirche Petäjävesi

An der Straße nach Virrat (westlich) erreicht man nach 32 km die historische Holzkirche von Petäjävesi (1764). Sie zählt zu den schönsten Gotteshäusern in Nordeuropa und wurde 1994 in die UNESCO-Liste der schützenswerten Kulturgüter aufgenommen.

Saunadorf Muurame

Nach weiteren 4 km folgt Muurame mit einem sehenswerten Saunadorf. Zu sehen sind mehr als 20 finnische Saunen aus verschiedenen Regionen, die die Geschichte der Sauna-Tradition beleuchten. Hier gibt es auch ein Café und einen Kunsthandwerk-Verkauf (Öffnungszeiten: Juni – Aug. Di. – So. 10.00 – 18.00 Uhr).
Die Kirche von Muurame ist die erste Kirche, die Alvar Aalto entworfen hat (1928).

Säynätsalo

Rund 10 km südöstlich von Jyväskylä befindet sich der Industrieort Säynätsalo, der 1993 eingemeindet wurde. Das Rathaus aus rotem Backstein von 1952 ist eines der bedeutendsten Bauwerke von Alvar Aalto. Umweit davon, in Muuratsalo, liegt sein Sommerhaus.

JYVÄSKYLÄ ERLEBEN

AUSKUNFT

Jyväskylä Tourist Information
Asemakatu 6, 40100 Jyväskylä
Tel. (014) 62 49 03, Fax 21 43 93
www.jyvaskylaregion.fi/travel

ESSEN

► Preiswert
Old Bricks Inn
Kauppakatu 57, Tel. (014) 61 62 33
Essen schmeckt, Portionen sind groß und das Bierangebot international.

ÜBERNACHTEN

► Luxus
Rantasipi Laajavuori
Laajavuorentie 30
Tel. (014) 62 82 11, Fax 62 58 00
196 Zi., www.rantasipi.fi
Schon allein die herrliche Aussicht von einem Hügel über der Stadt lohnt einen Aufenthalt.

Baedeker-Empfehlung

► Komfortabel
Hotel Yöpuu
Yliopistonkatu 23
Tel. (014) 33 39 00
Fax 62 05 88
Herrliches Nostalgie-Hotel mit 26 individuell eingerichteten Zimmern und zwei gemütlichen Restaurants.

VERANSTALTUNGEN

Jyväskylä-Winter (Jan./Feb.) und Jyväskylä-Sommer (Ende Juni/Anfang Juli) sind kulturelle und künstlerische Ereignisse von hohem Niveau. Diskussionsveranstaltungen und Dichterlesungen stehen dann ebenso auf dem Programm wie klassische Konzerte und Theateraufführungen.

Karelien

P/Q 4/5

Gebiet: Ostfinnland

Im äußersten Osten Finnlands erstreckt sich entlang der russischen Grenze die Landschaft Karelien. Weite unberührte Wälder laden zu Wander- und Kanutouren in das Land ein, in dem die »Kalevala« spielt, der finnische Nationalepos.

Während Südkarelien auch das Saimaa-Seengebiet sowie die Städte ► Lappeenranta und ► Savonlinna einbezieht, bildet das nördliche Gebiet die frühere Provinz Nordkarelien. In diesem Kapitel wird der Begriff Karelien mit Nordkarelien gleichgesetzt. Ausgenommen ist das unter einem eigenen Stichwort beschriebene ►Joensuu.

Lieksa und Umgebung

Pielinen

Der Pielinen ist einer der schönsten Seen Finnlands. An der Ostseite ist neben Lieksa vor allem Vuonislahti einen Besuch wert, nicht zuletzt wegen des herrlichen Blicks, den man von hier aus auf die gegenüberliegenden Koli-Berge hat.

Einer der interessantesten Orte in Nordkarelien ist das Städtchen **Lieksa**. Seine landschaftlich reizvolle Umgebung schließt den See Pielinen ein sowie den **Nationalpark Patvinsuo**. Lieksa ist bei Wanderern wie auch bei Wassersportlern sehr beliebt.

In dem sehr gut ausgestatteten **Pielisen Museo** findet man zahlreiche traditionelle Holzhäuser mit authentischer Einrichtung und Exponate zur Ortsgeschichte des 19. und 20. Jh.s. (Öffnungszeiten: Mitte Mai bis Mitte September tgl. 10.00 – 18.00 Uhr). Die moderne **Kirche** wurde 1982 von den berühmten zeitgenössischen Architekten Reima und Raili Pietilä an der Stelle einer von Carl Ludwig Engel erbauten Kirche errichtet, die 1979 abgebrannt ist. Beeindruckend ist das kreuzförmige, geschwungene Dach mit den großen Fenstern.

Karelische Spezialität: Kalakukko – Fisch im Brotteig

KARELIEN ERLEBEN

AUSKUNFT

Nurmes Tourist Service
Lomatie 12
75500 Nurmes
Tel. (013) 687 25 05; Fax 6 87 25 10
www.hyvarila.com

Besucherzentrum Ruuna
81750 Pankakoski, Ruunantie 129
Tel. (205) 64 57 57
www. luontoon.fi

Karelia Expert Matkailupalvelu Oy
Kalevalantie 11
82900 Ilomantsi
Tel. (013) 88 17 07; Fax 88 32 70
www.ilomantsi.fi

Tourist Office Ilomantsi
Mantsintie 8
Tel. (013) 88 17 07
Hier kann man auch Trekking- oder Skiausrüstung mieten.

ESSEN

► Fein & Teuer

Bomba-Haus
Nurmes
Tel. (013) 67 82 00
Im Restaurant des berühmten Bomba-Hauses gibt es ein fantastisches, sehr umfangreiches, jedoch nicht ganz billiges karelisches Buffet.

ÜBERNACHTEN

► Komfortabel

Bomba Spa Hotel
Nurmes, Suojärvenkatu 1
Tel. (013) 68 72 00
Fax 687 21 00
www.bomba.fi
Moderner Hotelkomplex mit allen erdenklichen Wellnesseinrichtungen.

SPORT

Wildwasserfahrten
Erfahrenen Wildwasserfahrern empfehlen sich die Stromschnellen von Ruuna. Auf der 31 km langen Strecke zwischen Matkalahti und dem Fluss Naarajoki werden sechs Stromschnellen durchfahren. Treffpunkt für organisierte Touren, z. B. Schlauchbootfahrten, ist das Besucherzentrum Ruuna am Naarajoki.

Kanuwandern
Kanuwanderer können die Region um Ilomantsi auf vier Hauptrouten unterschiedlicher Schwierigkeitsgrade auf dem Wasserweg erkunden. Die einfachste und beschaulichste Strecke führt über den Koitajoki. Informationen zu Kanutouren im Tourismusbüro oder unter
www.finnland.de/paddeltouren

★ Ruuna Das Besucherzentrum Ruuna am Fluss Naara informiert über das Wander- und Naturschutzgebiet Ruuna anhand von Schautafeln und einer Filmvorführung (Rafting-Möglichkeiten siehe oben).

Nurmes Von Lieksa folgt die Str. Nr. 73 dem Ufer des Pielinen und führt nach knapp 60 km nach Nurmes, das schon von weitem durch den hohen Kirchturm zu erkennen ist. Sehenswert ist die Altstadt nordwestlich vom Bahnhof mit Holzhäusern, ferner das **Stadtmuseum** auf dem Ikola-Hof im Stadtteil Porokylä (Öffnungszeiten: Juni – Aug.)

✶ ◄ Bomba-Haus

An der Einfallstraße von Süden liegt 2 km von Nurmes entfernt das rekonstruierte karelische Bomba-Haus mit Ferienhütten, Freizeitanlagen und einer Freilichtbühne. Die Blockhäuser wurden in den Jahren 1976 bis 1981 gebaut und sind Musterbeispiele karelischer Baukunst. Als Vorbild diente ein Farmhaus der Familie Bombin, das 1855 in einem karelischen Dorf, heute auf russischem Gebiet, errichtet wurde. Das Haupthaus beherbergt heute ein traditionelles karelisches Restaurant. Die umliegenden Holzhäuser sind zu Unterkunftsmöglichkeiten umfunktioniert worden. Das Ferienzentrum Bomba, zu dem auch ein Spa-Hotel gehört, ist bei finnischen und neuerdings auch bei russischen Touristen sehr beliebt.

! *Baedeker* TIPP

Freilichtmuseum der Spitzenklasse

Knapp 30 km nördlich von Nurmes zweigt bei Puukari ein Fahrweg zum Freilichtmuseum Murtovaara (Hinweisschild: talo-museo) ab. Mitten in der Einöde liegt hier eines der schönsten Museen dieser Art in Finnland. Zwar gibt es an vielen Orten größere und spektakulärere Freilichtmuseen, doch die einsame Lage mitten im Wald macht Murtovaara einzigartig. Man kann sich richtig vorstellen, wie hier im 18. Jh. die Bauern gearbeitet haben (nur im Sommer Mi. – So. 11.00 – 19.00 Uhr).

Ilomantsi und Umgebung

Ilomantsi

Die Stadt, rund 70 km östlich von Joensuu (Str. Nr. 74) gelegen, ist das Herz von Nordkarelien und ein guter Ausgangspunkt für alle Wandertouren der Region. Die orthodoxe **Elias-Kirche** zählt mit ihren sechs Türmen zu den schönsten und größten ihrer Art im ganzen Land. In **Parppeinvaara**, einem karelischen Themendorf, gibt es Vorstellungen von mit Kantele begleiteten Runengesängen (Öffnungszeiten: Mitte Juni – Mitte Aug. tgl. 10.00 – 18.00 Uhr). ◷

Nationalpark Petkeljärvi

Der Nationalpark Petkeljärvi an der russischen Grenze gehört mit 6 km² zu den kleinsten Nationalparks Finnlands. Von der Landstraße Ilomantsi nach Möhkö (Busverbindung) führt ein 6 km langer Weg in den Nationalpark. Zwei Drittel der Parkfläche bestehen aus Gewässern, von denen der kristallklare See Kuikkalampi mit seinen weiten Schwemmwiesen der größte ist. Diese Wiesen dienten früher den Bauern zur Versorgung des Viehs mit Winterfutter. An den Ufern der Seen, Bäche und Teiche sind auch noch zahlreiche Biberburgen anzutreffen.

Wanderungen im Nationalpark

Ein guter Ausgangspunkt für Wanderungen ist **Petraniemi** mit Informationszentrum, Campingplatz, Sauna und Kiosk. Zahlreiche markierte kürzere Wanderwege (3,5 und 5,5 km) führen durch den Park, und etliche längere Touren haben hier ihren Ausgangspunkt. Beliebt ist die gelb markierte Wanderroute **Taitajan-Taival** von Ilomantsi zum Dorf Putkela (26 km) mit zum Teil beträchtlichen Höhenunterschieden.

★ Kuopio

N 5

Gebiet: Zentralfinnland **Einwohnerzahl:** 87 000

Kuopio zählt zu den beliebtesten Zielen in Ostfinnland. Das kulturelle Angebot der Universitätsstadt ist groß und die Umgebung voller Wälder und Seen. In der Markthalle kann man »Kalakukko« kosten, Roggenbrot mit Fisch und Fleisch.

Beliebter Ferienort

Von dem belebten Passagierhafen starten zahlreiche Ausflugsboote, die durch die Inselwelt des Kallavesi-Sees führen; auf der Heinävesi-Route kommt man bis nach ► Savonlinna. 1653 erhielt Kuopio von Per Brahe das Stadtrecht. Im Krieg von 1808/1809 ergab sich die Stadt zunächst kampflos der russischen Armee, wurde aber später von einer finnischen Einheit unter Führung von Oberst Sandels in einem Überraschungsangriff zurückerobert. Der Aufschwung begann mit der Eröffnung des Saimaa-Kanals 1856.

Sehenswertes in Kuopio

★ Zentrum

Der **Marktplatz** (Kauppatori) bildet den Mittelpunkt der Stadt: Im Sommer finden hier beim internationalen Tanzfestival Konzerte und Tanzveranstaltungen statt. Gegenüber dem prächtigen Rathaus (1884) steht die im Jugendstil gehaltene **Markthalle** (Bild siehe auch

Die Jugendstil-Markthalle von Kuopio ist etwas ganz Besonderes.

S. 558). Durch die Kauppakatu gelangt man zum **Dom**, der östlich auf einer kleinen Anhöhe liegt. Er wurde 1815 vollendet. Östlich schließt sich der Snellman-Park (Snellmanin puisto) an.

Museen

Nördlich vom Park, in der Kauppakatu Nr. 23, liegt in einem schönen Jugendstilgebäude das **Kuopio-Museum**. Gezeigt werden, neben einer Reihe von Exponaten zur Stadtgeschichte, kulturgeschichtliche und naturwissenschaftliche Sammlungen aus der Region Nord-Savo (Öffnungszeiten: Mo. – Fr. 9.00 – 16.00, Mi. bis 20.00, So. 11.00 bis 18.00, Sommer auch Sa. 9.00 – 16.00 Uhr).
Das **Kunstmuseum** zeigt hauptsächlich finnische zeitgenössische Kunst (Öffnungszeiten: Di. – Fr. 10.00 – 17.00, Mi. bis 19.00, Sa., So. 11.00 – 16.00 Uhr).
Südlich des Doms liegt das zu einem Museum umfunktionierte **Fotografiezentrum** »Valokuvakeskus« eines Fotografen mit alten Kameras und Fotos (Öffnungszeiten: Juni – Aug., Mo. – Fr. 10.00 – 19.00, Sa., So. 11.00 – 15.00, Sept. – Mai Di., Do., Fr. 11.00 – 17.00, Mi. 11.00 bis 19.00, Sa., So. 11.00 – 15.00 Uhr).
Weiter südlich folgt das **Freilichtmuseum** Kuopio (Öffnungszeiten: Mitte Mai – Mitte Sept. 10.00 – 17.00, Mi. bis 19.00 Uhr; Mitte Sept. – Mitte Mai Di. – Fr. 10.00 – 15.00, Sa., So. 10.00 – 16.00 Uhr).

Kuopio Orientierung

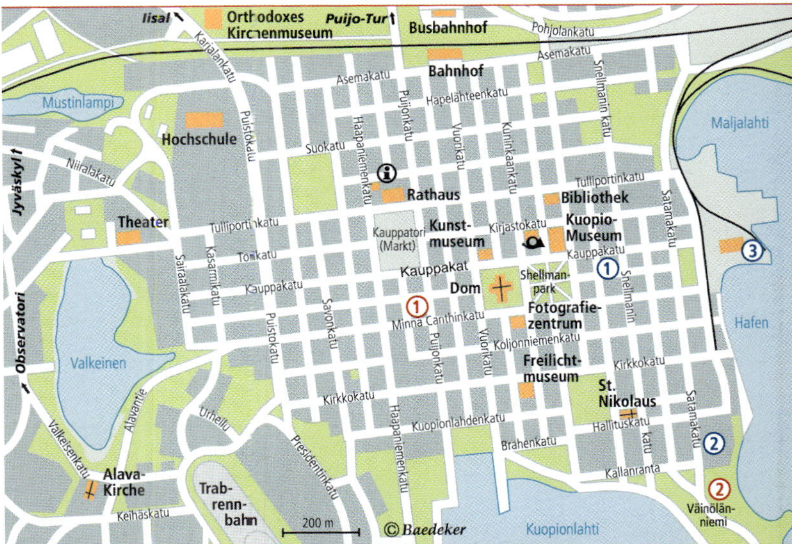

Essen
① Sampo
② Musta Lammas
③ Vanha Satama

Übernachten
① Sokos Hotel Puijonsarvi
② Scandic Hotel

KUOPIO ERLEBEN

AUSKUNFT

Kuopio Tourist Service Ltd
Haapaniemenkatu 17
70100 Kuopio
Tel. (017) 18 25 84
www.kuopioinfo.fi

ESSEN

► Fein & Teuer

② ***Musta Lammas***
Satamakatu 4
Tel. (017) 581 04 58
Der Keller einer alten Brauerei von 1862 wurde zu einem Gourmet-Restaurant der Spitzenklasse umgestaltet. Im »Schwarzen Schaf« gibt es original finnische Küche auf Feinschmecker-niveau.

► Erschwinglich

① ***Sampo***
Kauppakatu 13
Tel. (017) 216 46 77
Das Sampo ist ein uriges Restaurant mit Hafenkneipenflair. Auch einheimische Kneipengänger bestellen gerne die liebevoll zubereiteten Fischgerichte. Spezialität des Hauses: Maräne/Felchen (finnisch: Siika).

③ ***Vanha Satama***
Matkustajasatama (Passagierhafen)
Tel. (017) 19 73 04, Fax 19 73 06
Im alten Zollmagazin ist dieses rege frequentierte Restaurant eingerichtet; es gibt auch Konzerte und Tanzveranstaltungen.

Köstlichkeiten aus der Markthalle

ÜBERNACHTEN

► Komfortabel

① ***Sokos Hotel Puijonsarvi***
Minna Canthin katu 16
Tel. (017) 192 20 00, Fax 192 20 01
www.sokoshotels.fi
In der Straße, die sowohl zum Hafen als auch auf den Marktplatz führt, liegt dieses angenehme Hotel in ruhiger Lage.

② ***Scandic Hotel Kuopio***
Satamakatu 1
Tel. (017) 19 51 11, Fax 195 22 11
Das Scandic ist zentrumsnah und gleichzeitig sehr ruhig am Ufer des Kalavesi-Sees gelegen. Große Fitness- und Saunaabteilung mit Pool.

FESTE

Mitte/Ende Juni findet das Tanzfest statt, ein Event, bei dem die ganze Stadt brodelt (www.kuopiodancefestival.fi).

MARKT

Unbedingt empfehlenswert ist ein Gang über den Marktplatz anlässlich des Wochenmarktes, nicht nur des »Kalakukko« wegen (Mo. – Fr. 7.00 – 15.00, im Sommer bis 17.00, Sa. 7.00 – 15.00 Uhr).

★ **Orthodoxes Kirchenmuseum**

Die bedeutendste Sehenswürdigkeit von Kuopio, das Orthodoxe Kirchenmuseum, liegt nördlich der Innenstadt in der Karjalankatu 1. Das reich bestückte Museum führt die bereits 1911 begonnene Museumstätigkeit des früheren Klosters Valamo auf einer Insel im Ladogasee (► Joensuu, Umgebung: Kloster Uusi Valamo) weiter und beherbergt eine der größten Sammlungen orthodoxer Kirchenschätze außerhalb von Russland. Ausgestellt sind wertvolle Ikonen, Ikonostasen, allerlei sakrale Gegenstände sowie reich verzierte liturgische Textilien (Öffnungszeiten: Mai – August Di. – So. 10.00 – 16.00, Sept. bis April Mo. – Fr. 12.00 – 15.00, Sa., So. 12.00 – 17.00 Uhr).

Sehenswertes in der Umgebung

★ **Puijon Torni**

Vom Orthodoxen Kirchenmuseum kann man nordwärts zu Fuß zu der bewaldeten Höhe Puijomäki gehen. Zwei Wanderwege führen bis zu einem der bekanntesten Reiseziele in Finnland: dem 75 m hohen **Aussichtsturm** (Puijon Torni), der sich 225 m über dem Spiegel des Sees Kallavesi erhebt. Von hier hat man einen hervorragenden Ausblick auf die Finnische Seenplatte (Öffnungszeiten: Juni – Aug. 9.00 bis 22.00, Mai, Sept. Mo. – Sa. 9.00 – 20.00 Uhr; mit Restaurant).

! *Baedeker* TIPP

Zum höchsten Wasserfall Finnlands

Der 45 km nördlich von Kuopio gelegene Wasserfall Korkeakoski (Gemeinde Maanika) ist mit einer Fallhöhe von 46 m der größte Wasserfall des Landes, wobei es sich genau genommen »nur« um eine sehr steile Stromschnelle handelt. Sehr schön ist die »Schluchtenrunde«-Wanderung, die zur Felsformation Rotkolaakso führt.

Etwas außerhalb liegt beim Campingplatz Rauhalahti das **Uppo-Nalle-Haus**. Uppo Nalle ist eine von der Künstlerin Elina Karjalainen geschaffene Bärenfigur, die in Finnland sehr beliebt ist. Kinder werden sich über einen Besuch beim »Bären« sicher freuen.

Riuttala

Kurz vor Kuopio lohnt ein Abstecher westwärts Richtung Karttula (36 km). Bei Riuttala (nördlich) kann man ein großes Bauernhofmuseum ansehen (Öffnungszeiten: Mitte Juni – Aug. Mo. – Sa. 11.00 – 16.00, So. bis 18 Uhr). In Tervo, 14 km von Karttula entfernt, befindet sich das große **Angelzentrum** »Lachsland« (Lohimaa).

Iisalmi

Rund 100 km nördlich von Kuopio liegt die Industriestadt Iisalmi am Nordufer des Porovesi. Am Seeufer unweit der Brauerei (mit Brauereimuseum) findet man einige nette Restaurants. Höhepunkt des Stadtrundganges ist das orthodoxe Kulturzentrum **Evakkokeskus** mitten in Iisalmi mit dem Hotel Artos, zwei Restaurants und einem Museum mit einer Sammlung von Ikonen und Modellen orthodoxer Kirchen aus Karelien. Alljährlich im Juli wird das orthodoxe **Prusniekka-Festival**, das dem örtlichen Kirchenheiligen geweiht ist, im Kulturzentrum gefeiert.

Kuusamo

04

Gebiet: Nordostfinnland **Einwohnerzahl:** 11 000

Die Kleinstadt Kuusamo liegt auf einer Hochebene am See Kuusamojärvi. Vor allem die Umgebung ist hier interessant für Paddler, Angler, Sportfischer und Wanderer; im Winter findet man ein sehr gutes Skigelände.

Kreuzungspunkt zweier Kulturen

Schon im 15. Jh. bildete Kuusamo die bedeutende Schnittstelle zweier Kulturen. Bis hierher reichte der Einflussbereich des damaligen schwedischen Reiches von Westen, während aus dem Osten der kulturelle Einfluss Russlands kam. Ein Viertel der Bevölkerung der Region lebt von Land- und Forstwirtschaft, insbesondere die Rentierzucht hat hier noch Bedeutung. Die Stadt selbst wurde im Zweiten Weltkrieg zerstört und bietet keine Sehenswürdigkeiten, eignet sich aber sehr gut als Stützpunkt für Fahrten oder Wanderungen in die Umgebung mit ihren vielen Naturschönheiten und dem reizvollen Gegensatz von ausgedehnten Wasser- und Sumpfflächen und felsigen Partien.

KUUSAMO ERLEBEN

AUSKUNFT

Tourist & Nature Center Karhuntassu
Torangintaival 2
93600 Kuusamo
Tel. (08) 850 29 10
Fax 850 29 01
www.ruka.fi und www.kuusamo.fi

Oulanka Naturzentrum
Liikasenvaarantie 132
Tel. 02 05 / 64 68 50
Fax 64 68 51
www.luontoon.fi

ANREISE OULANKA

Von Kuusamo fährt man auf der E 63 nach Ruka Von dort weiter über die Straße Nr. 950 in Richtung Salla. Der Oulanka-Nationalpark ist von den Seitenstraßen, die nach Juuma, zum Oulanka-Informationszentrum und zur Naturhütte Hautajärvi führen, erreichbar. Es besteht eine tägliche Busverbindung von Kuusamo und Salla zur Hütte Hautajärvi.

ESSEN & ÜBERNACHTEN

► **Komfortabel**

Sokos Hotel Kuusamo
Kirkkotie 23
Tel. (08) 201 23 46 93, Fax 852 12 63
www.sokoshotels.fi
Das wie ein großes Samenzelt gestaltete Dach des Hotels sieht man schon von weitem. Innen findet man ein erstklassiges Hotel mit Pool, Fitnessräumen, Tennis- und Badmintonplätzen. Das Restaurant ist berühmt für seine köstlichen Rentier- und Fischspezialitäten.

WANDERN

Eine der berühmtesten Wanderstrecken Finnlands ist die »Bärenrunde« ab Ruka (s. S. 562).

Sehenswertes in der Umgebung

Rukatunturi

Ein lohnender Ausflug führt zum Rukatunturi an der Str. Nr. 5. Auf dem 462 m hohen Berg gibt es 18 Lifte und 28 **Abfahrtspisten.** Auch das Langlaufgebiet in Kuusamo und Ruka ist ausgezeichnet. Loipenkarten sind im Touristenbüro erhältlich. Der Sessellift ist auch im Sommer in Betrieb und bietet dem Besucher ein weites Panorama. Auf der längsten **Sommerrodelbahn** (1 km) Finnlands kann man zum Ausgangspunkt zurückkehren, aber natürlich auch den Sessellift nehmen.

Julma Ölky

Etwa 50 km nördlich von Kuusamo (über die Str. Nr. 913 zu erreichen) liegt in einer tiefen Schlucht mit 50 m hohen Wänden der See Julma Ölky. Obwohl dieses Naturkunstwerk ziemlich klein ist, ist der Julma Ölky der berühmteste See der Region. Bei einem Bootsausflug sind am Ostufer die von einer gewölbten Felsplatte gebildete sog. Teufelskirche und die aus zahlreichen Bächen gespeiste Regenbogenquelle (»Sateenkaarilähde«) zu sehen.

✶ Oulanka-Nationalpark

Besuch bei Wolf, Bär und Adler

Nördlich von Kuusamo in der Nähe des Polarkreises liegt der Oulanka-Nationalpark (269 km²). Stellenweise bilden tiefe Felsschluchten die Kulisse für canyonartig eingeschnittene Täler. Wenn sich die Blätter der Espen, Birken und Ebereschen während der »Ruska« (Herbstfärbung) in eine leuchtende Farbenpracht verwandeln, ist das die ideale Zeit für ausgedehnte Wanderungen. Hier leben noch Wölfe, Adler und Braunbären. Im **Naturzentrum** des Nationalparks (13 km östlich von Käylä, ausgeschildert von dort ab) informiert eine Ausstellung über die Region. Eine Multimediavorführung gibt Einblick in den Artenbestand des Nationalparks. Angelberechtigungen für die Flüsse der Region sind hier ebenfalls erhältlich (www.luontoon.fi).

Ein Singschwan setzt im Oulanka-Nationalpark zur Landung an.

Die wilden Stromschnellen sind die große Hauptattraktion des Parks. Am eindrucksvollsten ist die Stromschnelle **Kiutaköngäs** (1 km zu Fuß vom Naturzentrum). Zwischen schmalen Felswänden aus

Auf jeden Fall besser als nasse Füße: Hängebrücke im Oulanka-Park

Quarzit und Dolomit stürzt hier der ansonsten ruhige Oulankajoki 14 m auf einer Länge von 600 m in die Tiefe.

Bekannt ist auch **Tailvalköngäs** (9 km östlich der Straße Kuusamo – Salla). Auf dem Weg dorthin eröffnen sich Ausblicke auf die Talschluchten Ristikallios. Ein unvergessliches Erlebnis ist es, die tosenden Stromschnellen **Niskakoski** (bei Juuma) und die des **Myllykoski**, an dem eine malerische alte Mühle liegt, auf einer schaukelnden Hängebrücke zu überqueren.

Wandern auf der Bärenrunde

Eine der berühmtesten Wanderrouten Finnlands ist die »Bärenrunde« (finnisch »Karhunkierros«, kein Rundweg!) im Oulanka-Nationalpark. Je nach Kondition kann sich der Wanderer entscheiden, ob er die ganzen 95 km (4 – 6 Tage) oder die kürzere, aber anspruchsvollere »Kleine Bärenrunde« (ca. 12 km, Start und Ziel in Juuma) abwandert. Ausgangspunkt für die große Bärenrunde ist die Naturhütte Hautajärvi (an der Str. Kuusamo-Salla), Endpunkt ist Rukatunturi.

Übernachten kann man gratis in den Wildmarkshütten am Wegesrand. In der Hochsaison ist jedoch die Mitnahme eines kleinen Zeltes und Schlafsacks zu empfehlen. Wer gerne allein ist, wandert in dieser Zeit die Strecke genau umgekehrt.

Juuma

Das Dorf Juuma ist ein guter Ausgangspunkt für Tageswanderungen; Langstreckenwanderer können hier ihren Proviant aufstocken, bevor es über die mittelgebirgsähnlichen Höhen der Kontaainen-Valtavaara- Bergkette dem Ziel entgegengeht.

Rukatunturi

Die Bärenrunde endet in Rukatunturi, einem der beliebtesten Wintersportgebiete Finnlands. Die Schneebedingungen sind ab Anfang November bis Ende April für Alpinski (28 Pisten, davon 22 beleuchtet), Snowboard und Skilanglauf hervorragend.

★ Lahti

M 6

Gebiet: Südfinnland **Einwohnerzahl:** 98 000

Lahti (sprich: Lachti) liegt etwa 100 km nordöstlich von Helsinki und ist als Austragungsort internationaler Skispringen ein Begriff. Sehr schön ist die Lage der Stadt am Südende des Sees Vesijärvi und am Rand des eiszeitlichen Höhenzugs Salpausselkä.

Wintersportzentrum

Lahti ist ein weltbekanntes Wintersportzentrum. Hier wurden seit 1926 bereits sechsmal, zuletzt 2001, die Weltmeisterschaften in den Nordischen Skisportdisziplinen ausgetragen. Im Februar jeden Jahres findet zwischen Lahti und ► Hämeenlinna der Finlandia-Lauf statt. Im März werden die Salpausselkä-Winterspiele veranstaltet.

Sehenswertes in Lahti

Marktplatz

Den Mittelpunkt der Stadt bildet der große, von Geschäftshäusern umsäumte Marktplatz (Kauppatori). In der Kirkkokatu erhebt sich die »Kirche des Kreuzes« **Ristin Kirkko**, ein Backsteinbau, der 1978 am Standort der hölzernen Vorgängerkirche nach dem Entwurf von Alvar Aalto fertig gestellt wurde. Südlich vom Markt steht das Rathaus, ein monumentaler Jugendstilbau, der 1912 von Eliel Saarinen, dem Erbauer des Bahnhofs von Helsinki, errichtet wurde.

Museen

Westlich befindet sich das **Historische Museum**. Das Gebäude mit stilisiertem Barockgiebel und umgebendem Park wurde 1897 als Privatwohnung des Hofrates August Fellman erbaut (Öffnungszeiten: Mo. – Fr. 10.00 – 17.00, Sa., So. 11.00 – 17.00 Uhr).
Einen Besuch lohnt das **Kunstmuseum**, das eine Sammlung aus dem ehemaligen Museum von Vyborg und moderne finnische Kunst zeigt (Öffnungszeiten: Mo. – Fr. 10.00 – 17.00, Sa., So. 11.00 – 17.00 Uhr).
Westlich des Friedhofs liegt die alte **Rundfunkstation**, in der über 1000 Objekte zur Rundfunktechnik ausgestellt sind, darunter alte Radio- und Fernsehgeräte und ein Rundfunkstudio der 1950er-Jahre (Öffnungszeiten: Mo. – Fr. 10.00 – 17.00, Sa., So. 11.00 – 17.00 Uhr).

Wasserorgel und Skulpturenpark

Im Teich des Kariniemi-Parks befindet sich seit 1997 der größte Springbrunnen Skandinaviens. Das Zusammenspiel von Licht, Wasser und Farben wirkt an Herbst- und Winterabenden am schönsten.

★ Alter Hafen

Lahtis »Schokoladenseite«, der **Vanha Satama**, liegt am Ufer des Vesijärvi. Wo einst weitab vom Stadtgeschehen Holz vom See auf die Bahn verladen wurde, lädt eine schön gestaltete Promenade zum Flanieren ein. Cafés und Restaurants am Seeufer sind bei gutem Wetter eine beliebte Freizeitadresse. Von hier startet auch eine Reihe von Ausflugsschiffen zu Touren oder Rundfahrten über den See.

Lahti Orientierung

Essen
① Mamma Mia
② Santa Fe
③ Café Sinuhe

Übernachten
① Sokos Lahden Seurahuone

✶ Sibeliushalle Am Alten Hafen liegt auch Lahtis neue Attraktion: Im Frühjahr 2000 wurde mit der Sibeliushalle einer der schönsten Konzertsäle Skandinaviens eröffnet. Das von den jungen finnischen Architekten Hannu Tikka und Kimmo Lintula entworfene Holzbauwerk beeindruckt sowohl mit seiner fantastischen Akustik als auch mit seiner gewaltigen Glasfront, die den Blick auf den See freigibt.

Das Herz von Lahti: der Alte Hafen mit der Sibeliushalle

Im Westen der Stadt erstreckt sich das **Sportzentrum** mit drei Sprungschanzen, zwei Freibädern, Eishalle und Stadion. Auf die 90 m hohe Großschanze führt ein Fahrstuhl zu einer **Aussichtsplattform**.

Skimuseum

Das Skimuseum auf dem Sportgelände zeigt die Entwicklung des Wintersports von den Anfängen bis heute. Sportliche Eindrücke kann man auf einem **Skisprungsimulator** gewinnen oder indem man sich beim Skilanglauf versucht (Öffnungszeiten: Mo. – Fr. 10.00 – 17.00, Sa., So. 11.00 – 17.00 Uhr).

Umgebung von Lahti

✶ Hollola

Knapp 20 km nordwestlich von Lathi kommt man zu der mittelalterlichen Steinkirche von Hollola (Hollolan kirkko). Das zweischiffige Gotteshaus mit einer besonders schön gestalteten Westfassade wurde bereits im 14. Jh. angelegt und war im Mittelalter eine der bedeutendsten Kirchen in ganz Finnland. Im Inneren gibt es schöne Holzschnitzereien. Kunstgeschichtlich am bedeutsamsten ist die kleine Figur des hl. Georg an einer Säule im Mittelgang. Der separat stehende Glockenturm von 1831 entstand nach einem klassizistischen Entwurf Carl Ludwig Engels. Direkt hinter dem umgebenden Friedhof liegt ein kleines **Freilichtmuseum** mit einer Ansammlung alter bäuerlicher Holzgebäude der Umgebung, die hier wieder aufgebaut wurden.

LAHTI ERLEBEN

AUSKUNFT

Lahti Travel Oy
Aleksanterinkatu 13
15111 Lahti
Tel. (03) 87 76 77
Fax 877 67 00
www.lahtitravel.fi

! Baedeker TIPP

Musik liegt in der Luft

In der Sibeliushalle veranstaltet das Sinfonieorchester Lahti, eines der Spitzenorchester der nordischen Länder, unter seinem Dirigenten Osmo Vänskä nahezu wöchentlich hochrangige Konzerte. Ein Erlebnis, das sich lohnt! (Kartenverkauf: Tel. 03/ 814 28 00, www.sibeliustalo.fi)

ESSEN

► Erschwinglich

① *Mamma Mia*
Vapaudenkatu
Tel. (03) 751 67 16
Die finnische Interpretation italienischer Pizza ist ja immer so ein Thema, aber das Mamma Mia gleich neben dem Marktplatz bietet authentisch italienische Gerichte und gutes, selbst gemachtes Eis.

② *Santa Fe*
Aleksanterinkatu 10
Tel. (03) 781 80 07
Direkt am Marktplatz liegt das Santa Fe. Die Außenterrasse mit Blick auf das Markttreiben ist sehr beliebt, die Karte mexikanisch inspiriert.

③ *Café Sinuhe*
Mariankatu 21
Tel (03) 751 16 20
Gemütliches Straßencafé ganz in der Nähe vom Marktplatz mit ausgezeichneten Kuchen

ÜBERNACHTEN

► Komfortabel

① *Sokos Lahden Seurahuone*
Aleksanterinkatu 14
Tel. (020) 123 46 55
Fax (03) 752 31 46
125 Zi., www.sokoshotels.fi
Komfortables Spitzenhotel im Zentrum der Stadt. An Wochenenden werden Sonderpreise gewährt.

Gutshotel Mukkula
Ritaniemenkatu 10
Tel. (03) 87 41 40
Fax 83 96 99
20 Zi., www.mukkulankartano.fi
Rund 5 km nördlich der Stadt liegt am Ostufer des Vesijärvi das Freizeit- und Ferienzentrum Mukkula. Hauptattraktion ist das zu einem Hotel umfunktionierte romantische alte Herrenhaus des Gutshofes; es gibt aber auch einen schön gelegenen Campingplatz.

Freizeitzentrum Messilä
Messiläntie 308
Tel. (03) 8 60 11
Fax 86 01 23
www.messila.fi
Gemütliche Zimmer im Hotel neben dem ehemaligen Gutshaus, in alten Speichergebäuden oder Blockhütten. Restaurant muss vorgebucht werden.

FESTE

Jährlich Mitte September findet in Lahti das Sibeliusfestival statt mit zahlreichen Konzerten (www.lahti.fi/symphony).
Bereits im August wird der musikalische Reigen mit einem einwöchigen Jazzfestival eröffnet.

Vääksy

Vääksy liegt rund 50 km nordwestlich von Lahti. Bekannt ist der kleine Ort durch einen Kanal mit Schleuse – ein Nadelöhr, das alle Schiffe vom Vesijärvi zum Päijänne passieren müssen. Weiter nach Norden führt eine der schönsten Straßen Finnlands landschaftlich spektakulär über die zu beiden Seiten von Wasser gesäumte schmale Landbrücke **Pulkkilanharju**. In der von der Eiszeit sichtbar geformten Landschaft zwischen Vääksy und Sismä liegt der besuchenswerte Nationalpark Päijänne.

Heinola

Rund 40 km nördlich von Lahti liegt der beliebte Erholungsort Heinola am Nordufer der Jyrängönvirta, einer Stromschnelle des Kyminjoki. Neben der schön gelegenen Holzkirche (1811) steht der von Carl Ludwig Engel 1834 entworfene Glockenturm.

★ Lappeenranta

O 6

Gebiet: Südostfinnland **Einwohnerzahl:** 59 000

Lappeenranta liegt nahe der Grenze zu Russland und ist der südlichste Hafen auf dem Saimaasee. Beim russischen Adel war der Ort einst als Sommerfrische überaus geschätzt. Heute sind Stadt und Umgebung ein beliebtes Ziel nicht nur für Wassersportler.

Tor nach Osten

Der aus einem mittelalterlichen Handelsplatz hervorgegangene Ort war 1741 Schauplatz einer entscheidenden Schlacht, in der ein schwedisch-finnisches Heer von den Russen geschlagen wurde. Von 1743 bis 1811 gehörte die Stadt zu Russland. Aus dem 17./18. Jh. und der russischen Zeit stammen die stellenweise noch erhaltenen Wälle der einstigen Stadtbefestigung. Nach der Entdeckung einer radioaktiven Mineralquelle (1824) entwickelte sich ein reger Kurbetrieb, der vor allem russische Adlige anzog.

Saimaakanal

Ein Kanal verbindet seit 1856 den Saimaasee mit Vyborg (Viipuri) an der Ostsee. Der Höhenunterschied von 76 m wird auf der 43 km langen Strecke durch acht Schleusendurchfahrten geregelt. Für die Benutzung des 20 km langen russischen Teilstücks zahlt Finnland Pacht.

Sehenswertes in Lappeenranta

★ Lappee-Kirche

Die Hauptstraße von Lappeenranta, die **Kauppakatu**, verläuft von Norden nach Süden. Nahe dem Marktplatz liegt die große Lappee-Kirche. Die 1794 erbaute, schön renovierte Holzkirche ist eine der wenigen erhaltenen sog. Doppelkreuzkirchen in Finnland. Der frei stehende Glockenturm von 1856 wird von dem Park Keskuspuisto umgeben.

Stadtmitte An der Ecke Kauppakatu und Raastuvankatu erhebt sich das Rathaus, das im Jahre 1829 nach Plänen von Carl Ludwig Engel aus Holz errichtet wurde. Folgt man der Kauppakatu nach Norden, liegt links auf einer Anhöhe (130 m ü. d. M.) die **Stadtkirche** von 1924. In der Kauppakatu 26 kann man das **Wolkoff-Talomuseo** besuchen, das original erhaltene und eingerichtete Wohnhaus einer russischen Emigrantenfamilie (Öffnungszeiten: Sa., So. 11.00 – 17.00, im Sommer auch Mo. – Fr. 10.00 – 18.00 Uhr).

LAPPEENRANTA ERLEBEN

AUSKUNFT

Lappeenranta Tourist Service
Kievarinkatu 1
53101 Lappeenranta
Tel. (05) 66 77 88, Fax 667 78 40
www.lappeenranta.fi/matkailu

ESSEN

► Erschwinglich

② ***Tiglio's***
Raatimiehenkatu 18
Tel. (05) 411 83 11
Pasta und Pizza, echt italienisch. Als Vorspeise gibt es immer erst einmal kostenlos Oliven, Brot und verschiedene Gemüse.

► Preiswert

① ***Kahvila Majurska***
Kristiinankatu 7
Tel. (05) 453 05 54
Im alten hölzernen Garnisonsgebäude oben auf der Festung liegt eines der gemütlichsten Cafés in Finnland. Eingerichtet ist es mit stilvollen Antiquitäten; es gibt leckere selbst gebackene Kuchen, Tee aus dem Samowar, und in den vielen kleinen Galerien und Kunsthandwerks-Boutiquen im anderen Teil des Hauses findet man Schönes zum Mitbringen.

ÜBERNACHTEN

► Komfortabel

① ***Scandic Hotel Patria***
Kauppakatu 21
Tel. (05) 67 75 11, Fax 451 24 41
134 Zi., www.sandic-hotels.com
Mit Blick auf den Seehafen liegt Lappeenrantas Top-Hotel mit Sauna, Restaurant und Bar.

Valtionhotelli
Imatra, Torkkelinkatu 2
Tel. (05) 625 20 00, Fax 625 22 99
92 Zi., www.rantasipi.fi
Hier stieg 1997 der damalige deutsche Bundespräsident Roman Herzog ab. Nach wie vor ist das Valtionhotelli, wo sich einst russische Adlige, geheime Agenten oder gefeierte Künstler die Klinke in die Hand gaben, ein Erlebnis. Auch wenn der Lack etwas ab ist.

► Günstig

② ***Hotelli Pallo***
Pallonkatu 9
Tel. (05) 411 84 56
Das kleine und freundlich geführte Gästehaus besteht aus mehreren kleinen Häuschen in einem ruhigen Wohngebiet.

AUSFLÜGE

Von Lappeenranta werden visumsfreie Minikreuzfahrten bis zum russischen Ort Vyborg auf dem Kanal veranstaltet. Wunderschön und unbedingt empfehlenswert sind die Ausflüge mit Segel- oder Motorboot auf den Saimaa-See (Start an der Stadtseite des Hafens).

Festung

Lebendigster Teil Lappeenrantas ist nach dem Hafen das Festungsviertel mit seinen Cafés, Läden, Kunsthandwerkern und Museen: Im nördlichen Teil der Festung (Linnoitus) befindet sich das **Südkarelische Museum**. Neben karelischen Trachten sind vor allem die Exponate aus der früher finnischen Stadt Vyborg (Viipuri) und das Modell der Stadt interessant.

In der ehemaligen Festungswache befindet sich ein **Kavalleriemuseum**, zu sehen gibt es Uniformen, Sättel und Waffen der finnischen Kavallerie. Auf dem Gebiet der alten Festung befindet sich auch ein **Kunstmuseum** mit Wechselausstellungen (Öffnungszeiten aller Museen: Juni – Aug. Mo. – Fr. 10.00 – 18.00, Sa., So. 11.00 – 17.00, Sept. bis Mai Di. – So. 11.00 – 17.00 Uhr, Eintrittskarte für alle Museen gültig).

Lappeenranta Orientierung

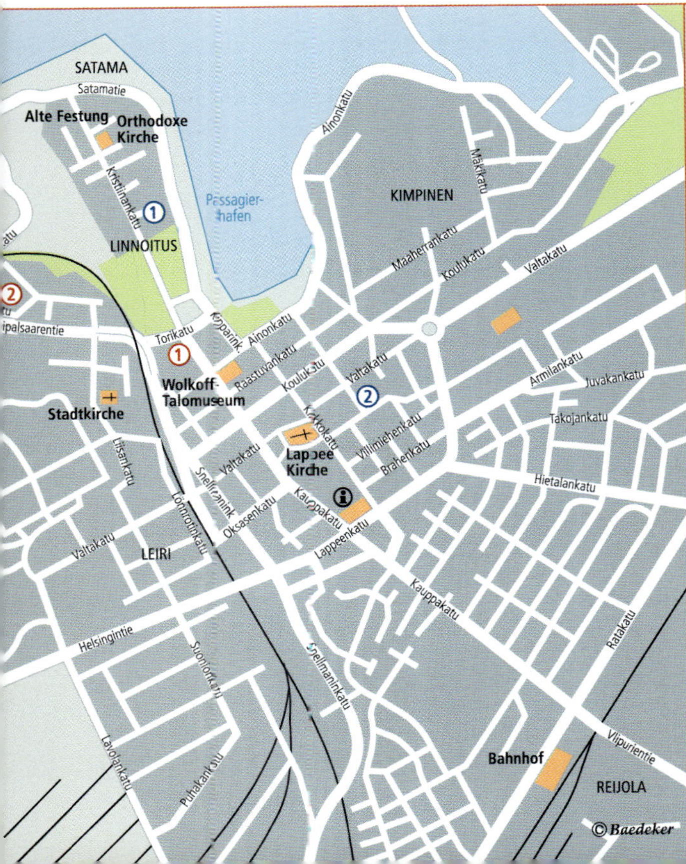

Essen
① Kahvila Majurska
② Tiglio's

Übernachten
① Scandic Hotel Patria
② Hotelli Pallo

Hafen Unterhalb der Festung liegt der größte Binnenhafen Finnlands. Am Hafenmarkt gibt es zahlreiche Cafés, hier liegt auch das Oldtimer-Restaurantschiff »Prinsessa Armaada«. Im Osten der Bucht erstreckt sich der Kimpinen-Park mit einem Badestrand.

Umgebung von Lappeenranta

★ Saimaasee Der Saimaa, der sich nördlich von Lappeenranta erstreckt, wird gern als der »See der tausend Inseln« bezeichnet. Sunde und Ströme verbinden ihn mit seinen Nachbarn, sodass dieser Teil der Finnischen Seenplatte aus der Luft wie ein gewaltiges Labyrinth aus Wasser und Land erscheint. Der eigentliche Saimaasee, 76 m ü. d. M. gelegen und bis 90 m tief, bedeckt – ohne die vielen Inseln – eine Fläche von etwa 1300 km², während die Seenplatte insgesamt annähernd 7000 km² umfasst. Den niedrigen Rand des Saimaa bildet der Höhenrücken des **Salpausselkä**, der den direkten Abfluss des Sees nach Süden verhindert. Das ganze Seensystem, dessen tiefdunkles, an flachen Stellen gelblich wirkendes Wasser seinen Ursprung in den zahlreichen Mooren des Landes hat, wird durch den Vuoksi entwässert, der nördlich der Stadt Imatra den Saimaa verlässt. Die hügeligen Ufer sind fast überall von Nadelwald, weiter nördlich auch von Birkenwald bedeckt.

Die Saimaa-Robbe Im Wasser des Saimaa lebt eine artenreiche Fauna. Der Saimaa-Lachs und die bei Tierliebhabern bekannte Saimaa-Ringelrobbe sind dabei einzigartig. Im nördlichen Teil des Sees lebt mit 220 – 250 Tieren die

Idyllische Szenen am Saimaasee

größte Population dieser stark vom Aussterben bedrohten Art. Wer Glück hat, kann sie bei Wanderungen durch den Linnansaari-Nationalpark beobachten.

★ Imatra

Etwa 40 km nordöstlich von Lappeenranta liegt die Stadt Imatra, die wegen der **Wasserfälle** schon im 19. Jh. ein international bekanntes Reiseziel war. Bei Imatra fällt der Vuoksen – eine Verbindung zwischen Saimaa und Finnischem Meerbusen – auf einer kurzen Strecke um 18 m; das Wasser hat sich mit der Kraft seines Falls eine 20 m breite Rinne in den Granit gegraben. Heute dient es, umgeleitet, der Stromerzeugung. Von Mitte Juni bis Mitte Aug. gibt es Di. – So. um 19.00 Uhr ein **einmaliges Spektakel**: Zu den Klängen von Jean Sibelius öffnen sich die Schleusen für 20 min. und unter gewaltigem Tosen füllt das Wasser das ansonsten trockene Flussbett. An Samstagabenden im August kann man um 22.00 Uhr eine »Abendvorstellung« mit zusätzlicher **Lightshow** genießen.

Direkt neben den damals touristisch viel besuchten Stromschnellen entstand während der Zarenzeit das eindrucksvolle **Valtionhotelli** (Staatshotel), ein 1903 im Jugendstil errichtetes Märchenschloss. Am westlichen Ufer des Vuoksi befindet sich ein Touristenzentrum: Es gibt dort einen Campingplatz, Bungalows, Wanderherbergen, eine Reitschule, einen Bootshafen und Badestrände.

★ ◄ Gemeindezentrum

Im Stadtteil Vuoksennista sollte man das Gemeindezentrum, das 1957 von **Alvar Aalto** errichtet wurde, ansehen: Dazu gehören eine Kirche (Ruokolahdentie 27, Öffnungszeiten: Mo. – Fr. 12.00 – 13.00 Uhr), ein Pfarrhaus, eine Friedhofskapelle und Gemeindehäuser.

★ Lappland

Gebiet: Nordfinnland, Lappland

Finnisch-Lappland unterscheidet sich nur in den geringeren Höhen der Berge von den norwegischen und schwedischen Teilen. Gleichwohl erhebt sich hier der Haltiantunturi, mit 1328 m der höchste Berg Finnlands. Nur in den höheren Lagen findet man Moor und Tundra, ansonsten ist die Region vollständig von Wald bedeckt.

Groß und leer

Lappland besuchen heißt, in eine große Einsamkeit eintauchen. Nur 2,2 Einw./km² leben hier, insgesamt sind es rund 380 000 Menschen (davon ca. 188 000 in Finnland), von denen 30 000 – 32 000 Samen (Lappen) sind, davon ca. 7000 in Finnland. Hauptstadt von Finnisch-Lappland ist ►Rovaniemi. Mehrere Regionen dieser unberührten Landschaft stehen als National- oder Naturpark unter Schutz. Bevor man zu einer Wanderung in die Wildnis aufbricht, sollte man sich gutes Kartenmaterial sowie einen Kompass besorgen und das Mückenschutzmittel nicht vergessen.

FINNISCH-LAPPLAND ERLEBEN

ANREISE

Pallastunturi

Von Muonio folgt man der Straße nach Rovaniemi. Nach 13 km zweigt man bei Särkijärvi von der Hauptstraße links ab und fährt auf einer Bergstrecke aufwärts. Nach 15 km kommt man zu einer Straßenteilung: Dort wendet man sich nach links, dann sind es noch 7 km bergauf zum Besucherzentrum und dem Pallastunturi Turisthotel. Busverbindung in den Park während der Hauptsaison.

Urho-Kekkonen-Nationalpark

In den Park gelangt man über Waldautowege. Parkplätze und Informationstafeln findet man am Fluss Luttojok, Aittajärvi und Kemihaara. Es gibt eine tägliche Busverbindung auf der Strecke Rovaniemi – Sodankylä – Vuotso – Tankavaara – Kiilopää – Saariselkä und von Kemijärvi über Ruuvaoja nach Tulppio.

Inarisee

Am bequemsten erfolgt die Anreise über den Flughafen Ivalo.

Lemmenjoki-Nationalpark

Von Inari fährt man in südwestliche Richtung nach Kittilä. Hinter Menesjärvi biegt man zum Dorf Njurkulahti (Information, Zeltplätze, Privatunterkünfte und Feriendorf) ab. Motorbootverkehr zum Ravadasjärvi und nach Kultsastama.

AUSKUNFT

Pallastunturi Visitor Centre

Tel. (02 05) 64 79 30

Das Besucherzentrum liegt neben dem Pallastunturi Turisthotel am Fuß des Taivaskero (geöffnet: Juni bis Sept. tgl. 9.00 – 7.00, Mai, Okt. bis Dez. Mo. – Fr. 9.00 – 16.00 Uhr).

Inari Info

99871 Inari, Inaritie 38
Tel. (016) 66 16 66, Fax 66 17 77
www.saariselka.fi

Lemmenjoki-Nationalpark

SIIDA/Northern Lappland
Visitor Centre
Inarintie, 99870 Inari
Tel. (02 05) 64 77 40

Beliebter Sport in Lappland: Wettrennen aller Art mit den Rentieren

ESSEN & ÜBERNACHTEN

▶ Luxus

Hotel Ylläs Saaga
95980 Ylläsjärvi, Ylso-Ylläksentie 42
Tel. (016) 215 80 00
Fax 215 88 88
84 Zi., www.yllassaaga.com
Erst 2003 wurde das neueste Fjäll-Hotel eröffnet (zwischen Kittilä und Kolari). Es bietet hohen Komfort, exklusive Wellness-Einrichtungen sowie ein anspruchsvolles Restaurant.

▶ Komfortabel

Hotel Pallas
99330 Pallastunturi
Tel. (016) 53 24 41, Fax 53 27 41
63 Zi., www.laplandhotels.com
Das erste Fjäll-Hotel wurde bereits 1938 auf den Höhen des Ounusselkä errichtet und war immer auch Schauplatz finnischer Zeitgeschichte. Im Winter kommen viele Besucher zum Skifahren.

Hotel Inarin Kultahovi
99800 Inari
Tel. (016) 67 12 21
Fax 67 12 50
29 Zi., www.finlandiahotels.fi
In der Nähe des Sámi-Freilichtmuseums gelegen gibt es hier traditionell samische Küche und jede Menge Naturaktivitäten in der näheren und weiteren Umgebung.

Hotel Ivalo
99800 Inari, Ivalontie 34
Tel. (016) 68 81 11
Fax 66 19 05
94 Zi., www.hotelivalo.fi
Am Fluss gelegen, bietet das Haus Zimmer mit Aussicht und eine gute Küche.

MITTERNACHTSSONNE

Utsjoki: 19. Mai bis 24. Juli
Ivalo: 22. Mai bis 21. Juli
Sodankylä: 29. Mai bis 14. Juli

Urho-Kekkonen-Nationalpark

Paradies für Wandervögel

Im äußersten Nordosten Lapplands liegt der Nationalpark Urho-Kekkonen (Urho Kekkosen kansallispuisto), benannt nach Finnlands langjährigem Präsidenten. Wandern ist hier Freizeitvergnügen Nummer eins. Die Flüsse werden von Kiefern-, andernorts von Fichtenwäldern und ausgedehnten Teppichen aus Rentierflechte sowie Weißmooren gesäumt. Der Nationalpark ist Heimat von ca. zwei Dutzend **Bären**, und immer mal wieder streifen Wölfe über die russische Grenze in den Park.

Tankavaara

In Tankavaara kann der Besucher die alte Goldgräbertradition Lapplands kennen lernen (Museumsdorf, Goldmuseum); es besteht die Möglichkeit, **Gold** zu waschen. Erst 1996 wurden im finnischen Teil Lapplands umfangreiche Goldvorkommen entdeckt. Nach Meinung der Geologen ließen sich aus der Ader etwa zehn Tonnen Gold schürfen, das einem Marktwert von rund 165 Mio. Euro entspricht. Am Ort befindet sich das Informationszentrum des Nationalparks. Außerdem besitzt das Museum eine der schönsten Mineraliensammlungen Finnlands (Öffnungszeiten: Juni – Sept. tgl. 9.00 – 18.00, Okt. bis Mai Mo. – Fr. 10.00 – 16.00 Uhr).

Karg ist Lappland, doch umso atemberaubender strahlen die Farben im Sommer

Wanderungen im Nationalpark

Die für Wanderungen im Park wichtigen Informationen sind im Informationszentrum bei Tankavaara (Kolliskaira) erhältlich. Hier erfährt man, ob einzelne Flüsse überschwemmt sind, und es können Reservierungen für einige der vierzig Hütten im Park vorgenommen werden. Eine beliebte einwöchige Wanderung durch den Nationalpark folgt der Route Kiilopää – Suomunruoktu – Tuiskukuru – Luirojärvi – Lankojärvi – Rautulampi – Kiilopää.

Pallastunturi

Im äußersten Nordwesten des Landes liegt nahe der schwedischen Grenze die Berggruppe des Pallastunturi. Mit seinen baumlosen Hängen zählt der Pallastunturi zu den beliebtesten Skigebieten Finnlands.

★ Nationalpark Pallas-Ounastunturi

Der Nationalpark Pallas-Ounastunturi zeigt die großartige, aber karge Natur lappländischer Gebirgslandschaft. Die um den Ounastunturi (723 m) vorherrschenden Fichtenwälder werden nach Norden zum Pallastunturi (807 m) hin von Kiefernwäldern abgelöst. Im Sommer sind 120 km markierte Wanderwege, im Winter 200 km Skirouten vorhanden. Eine sehr schöne, 55 km lange ausgeschilderte Route führt durch den gesamten Park. Sowohl in der Sioskuru-Hütte als auch in den Schutzhütten der Rentierhirten bei Tappuri kann übernachtet werden.

★ Lemmenjoki-Nationalpark

Größter Park Finnlands

Der Nationalpark Lemmenjoki nahe der norwegischen Grenze ist der größte und bekannteste Park Finnlands. Zusammen mit dem benachbarten norwegischen Nationalpark Øvre Anarjokka bildet er ein Schutzgebiet, das fast so groß ist wie die Schweiz.

Berg und Fluss

Mehrere Gebirgsgruppen umrahmen den Kern des Parks, deren höchsten Punkt die Region Viipustunturit/Viibustuoddarak (599 m) im Osten bildet. Von den Höhenzügen wird ein Tiefland mit spärlichem Birken- und Kiefernbewuchs und Mooren eingeschlossen. Auf einer Wasserscheide gelegen, entspringen im Park zahlreiche **Flüsse,** einst die wichtigsten Verkehrswege der Samen. Besonders sehenswert ist das Tal des Lemmenjoki (samisch: Leämmi).

Samische Dörfer

Das Wildmarksgebiet um den Lemmenjoki ist ein traditionelles Siedlungsgebiet der Samen. Am **Rajajoki** kann bei Sallivaara ein alter Rentierscheidungsplatz besichtigt werden. Das typische Samendorf **Lisma** liegt direkt im Park.

Wanderungen

Der beste Ausgangspunkt für Wanderungen im Lemmenjoki-Nationalpark ist **Njurkulahti**. Von hier führt ein markierter Weg entlang des Lemmenjoki zum See Ravadasjärvi (14 km). Es schließt sich ein 20 km langer Rundwanderweg an, der durch das Gebiet der Goldgräber führt. So mancher Tourist versucht hier sein Glück mit der Goldpfanne. Nur entlang der oben genannten Wege sind Feuerstellen und Zeltplätze eingerichtet, ansonsten ist der Nationalpark weglos. Am Radavasjärvi und Morgamjärvi stehen kleine Hütten.

★ Inarisee

Heiliger See

Der Inarisee (Inarijärvi) hoch im Norden ist der drittgrößte See in Finnland. Er ist übersät von etwa 3000 Inseln und Inselchen und gilt den Sami als heilig. Diese bizarre Welt im Reich der Mitternachtssonne gehört zu Finnlands faszinierendsten Landschaften. An den felsigen Ufern wachsen Fichten, Kiefern und Birken – alle in polaren Zwergformen. Das Klima ist hier bis weit ins Frühjahr hinein von arktischer Härte. Oft löst sich die geschlossene Eisdecke des Sees erst im Juni auf.

Inari

In Inari, das an der Mündung des fischreichen Joenjoki liegt, leben nur 550 Menschen. Beim Forstamt liegt das **Sámi-Freilichtmuseum** (Lappensiedlung), das neben alten Häusern auch samisches Kunsthandwerk zeigt. Angeschlossen ist das **Museumszentrum Siida**, das Informationen über die Geschichte und Kultur der Samen bietet. Hier befindet sich auch eine Informationsstelle der Forstverwaltung, wo man Wanderhütten mieten kann oder Angel- und Jagdscheine sowie Auskunft über Wandertouren erhält (Öffnungszeiten: Juni – Sept. tgl. 9.00 – 20.00, Okt. – Mai 10.00 bis 17.00 Uhr).

! *Baedeker* TIPP

Fahrt auf die Heilige Insel

Besonders schön sind Bootsfahrten auf dem Inarisee. Sie können sich z.B. einer Fahrt zur Insel Ukkokivi anschließen, einstmals die heiligste Insel der Samen (Abfahrten im Sommer ein- bis dreimal täglich ab Inari; Dauer 2 Std.).

★ Oulu (Uleåboorg)

M 4

Gebiet: Nordfinnland **Einwohnerzahl:** 127 000

Oulu liegt an der Mündung des Oulujoki in den Bottnischen Meerbusen. Jenseits der Metropole beginnt Lapplands Wildnis. Wer möchte, kann hier nochmal Kultur tanken oder Teerschnaps probieren, eine Spezialität der Universitätsstadt.

Boomtown im Norden

Schwedens König Johan III. ließ gegen Ende des 15. Jh.s auf der Insel Linnansaari in der Flussmündung eine Burg erbauen. Um diese entwickelte sich ein Ort, der dank der verkehrstechnisch günstigen Lage schnell zu einer der wichtigsten Seefahrts- und Handelsstädte Finnlands heranwuchs. Ein Großbrand vernichtete 1822 fast die ganze Stadt. Im 19. Jh. konnte Oulu als Hafenstadt besonders vom Teerhandel profitieren. Heute ist die größte Stadt Nordfinnlands einer der bedeutendsten Wirtschaftsräume des Landes.

Sehenswertes in Oulu

Dom

Am nördlichen Ende der belebten Kirkkokatu liegt der Dom, der 1777 fertig gestellt wurde und damit die ältere Vorgängerkirche von 1613 ablöste. Nach dem Stadtbrand von 1822 musste er in den Jahren 1828 – 1832 nach Plänen von **Carl Ludwig Engel** gänzlich erneuert werden (Öffnungszeiten: Juli tgl. 11.00 – 21.00, Juni und Aug. tgl. 11.00 – 20.00 Uhr).

★ Rathaus

Südwestlich des Doms steht an der Kreuzung Kirkkokatu/Hallituskatu das Rathaus (Kaupungintalo) mit der prächtigen Fassade im Stil der Neorenaissance. Das Innere mit dem schönen Empfangssaal und Kristallleuchtern aus Böhmen kann besichtigt werden.

Insel Hupisaari

Vom Nordende der Kirkkokatu gelangt man über eine kleine Brücke in den Stadtpark Ainola, der schön auf der Insel Hupisaari liegt. Im Westen der Insel befindet sich das überregional bedeutende **Regionalmuseum**. Dort werden historische und ethnografische Sammlungen sowie eine Lappland-Ausstellung gezeigt (Öffnungszeiten: Mo., Di., Do. 10.00 – 17.00, Mi. bis 19.00, Sa., So. 11.00 – 17.00 Uhr).

★ Tietomaa

Das wie die Startrampe einer Raketenstation gebaute **Wissenschaftszentrum** Tietomaa ist mit seinem Observatorium, der Computer-Schau und dem Omnimax-Kino, das beeindruckende Filme zu Themen aus Natur und Wissenschaft zeigt, ideal für einen Besuch mit der ganzen Familie geeignet. An über 170 Schauplätzen kann man nach Herzenslust experimentieren und spielen (Öffnungszeiten: März – Aug. 10.00 – 18.00, Juli bis 20.00, Sept. – Feb. Mo. – Fr. 10.00 – 16.00, Sa., So. 10.00 – 18.00 Uhr).

Oulu Orientierung

Essen
① Sokeri-Jussi Kievari
② Neptunus
③ Ravintola Franzén

Übernachten
① Holiday Club Oulun Eden
② Radisson SAS Club
③ Hotel Turisti

Marktplatz

Nahe des Hafenbeckens (Venesatama) liegt der weite Marktplatz (Kauppatori) mit dem Theater, der Kongresshalle und alten Salzmagazinen, die mit der typischen rostroten Erdfarbe (Punamulta) gestrichen sind. Während auf dem Marktplatz Gemüse, Beeren, Blumen, Kleidung und Reiseandenken verkauft werden, kann man sich in der **Markthalle** mit geräuchertem Fleisch, frischem Fisch, ofenwarmem Brot und Gewürzen eindecken (Öffnungszeiten: Mo. – Do. 8.00 – 16.00, Fr. bis 17.00, Sa. bis 15.00 Uhr).

OULU ERLEBEN

AUSKUNFT

Oulu City Tourist Office
Torikatu 10
90015 Oulun Kaupunki
Tel. (08) 55 84 13 30, Fax 55 84 17 11
www.oulutourism.fi

ESSEN

► Fein & Teuer

③ *Ravintola Franzén*
Kirkkokatu 2
Tel. (08) 311 32 24
Die mit finnisch-französischer Küche kulinarisch erste Adresse am Ort liegt gegenüber dem Dom in einem historischen Gebäude. Im Keller wurde eine gemütliche »deutsche« Bierstube mit guter Küche eingerichtet.

② *Neptunus*
Torinranta
Tel. (08) 37 25 72
Das in Porvoo 1947 erbaute Segelschiff wurde zu einem beliebten Schiffsrestaurant umgebaut.

► Günstig

① *Sokeri-Jussi Kievari*
Pikisaarentie 2
Tel. (08) 37 66 28
Diese rustikale Kneipe auf der Insel Pikisaari bietet eiskaltes Bier und gemütliche Außentische. Einheimische schwärmen von dem Restaurant.

ÜBERNACHTEN

► Luxus

② *Radisson SAS Club*
Hallituskatu 1
Tel. (08) 887 76 66, Fax 887 78 88
222 Zi., www.radissonsas.com
In herrlicher Aussichtslage direkt am Marktplatz und am Wasser befindet sich dieses sehr gepflegte und mit allen Einrichtungen eines erstklassigen Hauses ausgestattete Hotel.

① *Holiday Club Oulun Eden*
Nallikari
Tel. (08) 550 41 00
Fax 554 41 03
169 Zi., www.holidayclub.fi
Dieses luxuriöse Spa-Hotel liegt nur 4 km außerhalb der Stadt naturnah auf einer Landzunge mit direktem Zugang zum Sandstrand. Doch große und auch kleine Badefreunde kommen schon im hoteleigenen Erlebnisbad vollkommen auf ihre Kosten.

► Komfortabel

③ *Hotel Turisti*
Rautatienkatu 9
Tel. (08) 563 61 00, Fax 311 07 55
36 Zi., www.hotellituristi.fi
Gegenüber vom Bahnhof liegt das vergleichsweise günstige helle und saubere Hotel.

SPORT

Volksskilauf Tervahiito
Anfang März findet der älteste ohne Unterbrechung durchgeführte Langstreckenlauf auf Skiern weltweit statt, der 2006 schon zum 116. Mal auf Strecken von 20 – 70 km ausgetragen wurde.

Wintersport
Die schönste Zeit für Winteraktivitäten ist der März. Dann sind die Tage schon wieder länger und der Schnee liegt in der Regel noch einen halben Meter hoch. Möglich sind: Skilanglauf auf 100 km präparierten Loipen, Eisangeln, Schlittschuhlaufen oder Motorschlittenfahren.

Radfahren
Im Sommer bietet sich das ausgezeichnete Radwegenetz der Stadt für Unternehmungen an (mehrere Fahrradverleihe in der Stadt).

Skyline von Oulu, der letzten Station, bevor die Wildnis von Lappland beginnt

Nördlich außerhalb liegt der Stadtteil Linnanmaa mit der zweitgrößten Universität des Landes. Auf dem Campus befinden sich ein geologisches und ein zoologisches **Museum** sowie am Nordende des Campus am Kuivasjärvi-See ein **Botanischer Garten** (Buslinie Nr. 19 ab Oulu Zentrum). In den beiden pyramidenförmigen Gewächshäusern »Romeo & Julia« gedeihen subtropische und tropische Pflanzen (Öffnungszeiten Garten: 7.00 bis Sonnenuntergang, Gewächshäuser: Di. – Fr. 8.00 – 15.00, Sa., So. 12.00 – 15.00 Uhr).

Universität

Umgebung von Oulu

Mit einem traditionellen Holzboot kann man von Oulu aus den Oulujoki hinauf bis zum 13 km südöstlich gelegenen Freilichtmuseum Turkansaari fahren. Früher wurden in solchen Booten Teerfässer über die Flüsse nach Oulu transportiert. Vor dem Besteigen des Bootes bekommt der Gast ein Glas **Teerschnaps** serviert, eine Spezialität von Oulu. Auf der etwa 40 min. dauernden Fahrt erblickt man schöne Häuser, Villen und Saunahäuschen.

Bootsfahrt nach Turkansaari

Das Freilichtmuseum Turkansaari enthält mehr als 40 alte Gebäude, die einen hervorragenden Einblick in das harte Leben der Holzfäller und Teerbrenner in den Weiten des finnischen Waldes bieten. Im Sommer werden Themenwochen zum Teerbrennen, Handwerk, Handarbeit und Volkstanz veranstaltet (Öffnungszeiten: Juni – Aug. tgl. 10.00 – 19.00 Uhr).

◄ Freilichtmuseum Turkansaari

Insel Hailuoto

Der Küste vorgelagert, 27 km südwestlich von Oulu, liegt im Bottnischen Meerbusen die Insel Hailuoto. Im Sommer ist sie mit einer stündlich verkehrenden kostenlosen Fähre von Oulunsalo aus zu erreichen, im Winter über das geschlossene Eis. Beliebt ist die Insel vor allem wegen ihrer herrlichen Sandstrände an der Westküste. In Marjaniemi am Inselende liegt ein Campingplatz mit Ferienhütten.

Raahe

Die alte Stadt Raahe mit ihren rund 200 hölzernen Bürgerhäusern aus dem 19. Jh. bietet ein schönes Beispiel finnischer Holzbautradition. 1810 vernichtete ein verheerender Brand drei Viertel aller Häuser der Stadt. Beim Wiederaufbau wurden auch zahlreiche Blockhäuser aus der nahen Provinz aufgekauft, abgetragen und in Raahe wieder aufgebaut. Am Myhberg-Park steht, neben vielen Holzhäusern im Stil des 19. Jh.s, das älteste Haus Raahes. Das zweigeschossige Haus des Reeders Sovelius (Rantakatu 36) wurde 1780 errichtet und wegen seines chromoxidgrünen Anstrichs von der Bevölkerung »gröna slottet« (grünes Schloss) genannt. Im oberen Stockwerk befindet sich eine Ausstellung über die Lebensweise einer Reederfamilie von anno dazumal (Öffnungszeiten: Juni – Aug. Mo. – Fr. 12.00 – 18.00, Sa., So. 12.00 – 16.00 Uhr).

Kutter vor dem Lokalmuseum Raahe

In einem alten Lagerhaus von 1848 (Rantakatu 33) wurde 1862 das älteste Lokalmuseum Finnlands eröffnet. Es zeigt eine Seefahrtssammlung, zu der auch zahlreiche Souvenirs der Seeleute gehören, die sie von ihren Fahrten auf den Weltmeeren mitgebracht haben. Bedeutendstes Ausstellungsstück ist **der älteste Taucheranzug der Welt** (18. Jh.). Die Kopie dieses Originals erwies sich als funktionstüchtig (Öffnungszeiten: Juni – Aug. Mo. – Fr. 12.00 – 18.00, Sa., So 12.00 – 16.00, sonst Di. – Fr. 13.00 bis 17.00, Sa. 12.00 – 16.00 Uhr).

Kalajoki

Kalajoki, 140 km südwestlich von Oulu, ist einer der beliebtesten Ferien- und Badeorte in Finnland. Denn südlich des Städtchens erstrecken sich hinter Dünen die längsten Sandstrände des Landes. Am Strand sorgt der Vergnügungspark Juku Jukumaa für Abwechslung; viele neue Hotels, Ferienhütten und ein Golfplatz sind entstanden; bei dem Feriendorf Tapion Tupa wurde ein Schwimmbad mit Saunen eröffnet. Von der Terrasse des Restaurants Rantakalla hat man eine weite Aussicht auf die Badestrände.

Pori

K 6

Gebiet: Südwestfinnland **Einwohnerzahl:** 76 000

Im südwestfinnischen Pori bewies man im Laufe der Geschichte Flexibilität: Zweimal musste man den Ort verlegen, weil sich die Küste wegen der Landhebung immer weiter nach Westen verschob. Heute ist die Stadt dank des Jazzfestivals wohlbekannt.

Fisch und Holz

Im Jahre 1558 verlieh Herzog Johan III., ein Sohn des Schwedenkönigs Gustav Wasa, Pori die Stadtrechte. Nach dem letzten großen Brand (1852) wurde die Stadt von Grund auf neu geplant. Das »neue« Pori entstand um zwei Esplanaden herum, die einander rechtwinklig kreuzen. Von wirtschaftlicher Bedeutung sind heute neben den Frachthäfen auf Tahkoluoto und Mäntyluoto auch der Fischereihafen auf der Insel Reposaari sowie Holzveredelungs- und metallverarbeitende Industrie.

Sehenswertes in Pori

*** Rathaus**

Die interessantesten Gebäude und Museen liegen am nördlichen Ende der Esplanade Pohjoispuisto am Ufer des Kokemäenjoki. Der Stadtteil bietet ein geschlossenes Bild des ausgehenden 19. Jh.s. Direkt an der Esplanade steht das alte Rathaus, ein Kaufmannspalais im venezianischen Palaststil, das von dem Architekten August Krook für die Familie Junnelius entworfen und 1895 fertig gestellt wurde.

Kunstmuseum

Sehenswert ist das Kunstmuseum (Eteläranta). Neben dem festen Bestand (moderne Malerei und Skulptur; Kunstfonds Maire Gullichsen) werden in dem Museum wechselnde Ausstellungen einheimischer und ausländischer Künstler gezeigt (Öffnungszeiten: Di. – So. 11.00 – 18.00, Mi. 11.00 – 20.00 Uhr).

Satakunta-Museum

Westlich der Esplanade liegt an der Hallituskatu 11 das Museum für die Landschaft Satakunta. Ausgestellt sind Exponate zur Geschichte von Pori und der umliegenden Region, ferner Stilmöbel aus mehreren Jahrhunderten (Öffnungszeiten: Di.– So. 11.00 – 17.00, Mi. 11.00 – 20.00 Uhr).

*** Juselius-Mausoleum**

Westlich des Stadtzentrums befindet hinter dem Alten Friedhof der Neue Friedhof. Hier steht eine der schönsten Sehenswürdigkeiten von Pori, das Juselius-Mausoleum. Der Industrielle F. A. Juselius ließ das Mausoleum im Jahre 1902 für seine Tochter Sigrid erbauen, die im Alter von elf Jahren starb. Der weiße Sarkophag ist umgeben von naturalistisch wirkenden Fresken des bekannten finnischen nationalromantischen Malers Akseli Gallen-Kallela (Öffnungszeiten: Mai bis Aug. tgl. 12.00 – 15.00, im Winter So. 12.00 – 14.00 Uhr).

PORI ERLEBEN

AUSKUNFT

Pori Tourist Office
Yrjönkatu 17
28100 Pori
Tel. (02) 621 12 73
Fax 621 12 75
www.pori.fi

ESSEN

► Fein & Teuer

Raatihuoneen Kellari
Hallituskatu 9
Tel. (02) 633 48 04
Im eleganten »Ratskeller« gibt es exquisite finnische Küche und an Wochentagen ein reichhaltiges und schmackhaftes Lunchbuffet.

► Erschwinglich

Reposaari
Satamapuisto 34
Tel. (02) 638 40 44
Eines der hervorragenden Fischrestaurants auf der Insel Reposaari: Ein Ausflug zum Abendessen ist ein schönes Erlebnis.

ÜBERNACHTEN

► Komfortabel

Hotel Amado
Keskusaukio 2
Tel. (02) 631 01 00
Fax 633 81 75
53 Zi., www.amado.fi
Das Amado liegt nahe des Busbahnhofs und ist – bei perfektem Komfort – eines der günstigeren Hotels in der Stadt. Das à-la-carte-Restaurant genießt einen guten Ruf.

Merimaailma Yyteri
Tel. (02) 6 28 53 00
Fax 628 37 76
Moderne Kurhotel-Anlage an der Traumbucht von Yyteri. Mit Restaurants und Nachtclub.

BADEN UND SURFEN

Lohnend ist eine Fahrt auf der Str. Nr. 265 zum Sandstrand von Yyteri mit seinem naturbelassenen Dünengürtel – übrigens auch ein hervorragendes Surfrevier. Hier gibt es Hotels, einen Campingplatz und Ferienhütten.

! *Baedeker* TIPP

Pori-Jazz

An der Nordseite des Kokemäenjoki liegt auf einer Halbinsel der Park Kirjurinluoto. Dort finden – einer der Höhepunkte des Jahres – alljährlich Mitte Juli die Konzerte des Internationalen Pori-Jazz-Festivals statt. Renommierte Musiker aus aller Welt treten hier auf (über 100 000 Zuschauer, 11 Bühnen, 100 Gruppen, 600 Künstler). In der Festival-Woche hat man kaum Chance, kurzfristig ein freies Hotelzimmer zu finden, da die Stadt hoffnungslos überfüllt ist.

Im malerischen Zentrum von Rauma stößt man auf ansprechende Läden.

Umgebung von Pori

Reposaari

Folgt man der Str. Nr. 265 weiter nach Nordwesten, kommt man zur Insel Reposaari, die im 19. Jh. ein bedeutender Hafen war. Sehenswert ist die Kirche von 1876, in norwegischem Stil von norwegischen Seeleuten erbaut. Am Ende der Insel befindet sich ein sehr schöner Campingplatz mit mehreren Ferienhäusern.

★ Rauma

Rauma, die drittälteste Stadt Finnlands, besitzt die größte alte Holzhausstadt der nordischen Länder und zählt zum UNESCO-Weltkulturerbe: Rund 600 Holzhäuser aus dem 18. und 19. Jh. bilden das größte zusammenhängende Holzhausviertel von Skandinavien. Bis heute blieb der mittelalterliche Charakter der Stadt mit engen und verwinkelten Gassen erhalten. Im früheren Rathaus (Kauppakatu 13) befindet sich heute das **Stadtmuseum**, in dem u. a. Miniaturmodelle von hiesigen Segelschiffen sowie Klöppelspitzen ausgestellt sind – Seeleute aus Rauma lernten in fremden Ländern das Spitzenklöppeln, das heute noch Tradition hat (Öffnungszeiten: Mitte Mai – Ende Aug. tgl. 10.00 – 17.00, sonst Di. – Fr. 11.00 – 17.00, Sa. 10.00 bis 14.00, So. 11.00 – 17.00 Uhr).

Aus dem 19. Jh. stammt das als Museum geführte **Bürgerhaus »Marela«**, das die Wohnverhältnisse einer reichen Reederfamilie um 1900 zeigt. Das gut erhaltene Gebäude beeindruckt durch seine aus dem Beginn des 19. Jh.s stammenden Kachelöfen, Spiegeltüren und Wand- und Deckenvertäfelungen, die jedoch später im Stil der Neorenaissance renoviert wurden (Öffnungszeiten: Mitte Mai – Ende Aug. tgl. 10.00 – 17.00, sonst Di. – Fr. 11.00 – 17.00, Sa. 10.00 – 14.00, So. 11.00 – 17.00 Uhr).

★★ Porvoo · Borgå

M 6

Gebiet: Südfinnland **Einwohnerzahl:** 45 000

Die südfinnische Stadt Porvoo liegt eine gute halbe Fahrstunde nordöstlich von Helsinki und ist durchaus einen Abstecher wert, lassen doch die historischen Gassen und die malerischen Speicherhäuser etwas vom beschaulichen Leben vergangener Jahrhunderte in Finnland erahnen.

Geschichte Auf dem Berg Linnamäki wurde um 1200 die Festung Porvoo errichtet, nach der die Stadt auch ihren schwedischen Namen Borgå erhielt. Bedeutung erlangte die kleine Siedlung aber erst, als der schwedische König Magnus Eriksson zu Füßen der Burg 1346 eine Stadt gründete. Damit ist sie nach Turku **die zweitälteste Stadt Finnlands**. Vom Wohlstand im Mittelalter zeugen noch heute die roten Magazine am Fluss sowie die gepflegten Kaufmanns- und Bürgerhäuser. Auch der schwedische Einfluss hat Spuren hinterlassen: Ein Drittel der Bevölkerung spricht Schwedisch.

Eine der berühmtesten finnischen Stadtansichten: die roten Speicher von Porvoo.

Sehenswertes in Porvoo

✶ Altstadt

Am linken Ufer des Porvoonjoki befindet sich der historische Kern der Stadt. Auch das idyllische Porvoo blieb nicht von Zerstörung verschont: 1508 brannten die Dänen und 1708 die Russen die Stadt nieder. 1760 wurde ein Großteil der Altstadt auf Grund der Unachtsamkeit einer Hausfrau durch eine Feuersbrunst zerstört. Dennoch ist die mittelalterliche Stadtanlage mit ihren malerischen kleinen Häusern und den sich schlängelnden, mit Katzenkopfpflaster versehenen Gassen ein historisches Kleinod Finnlands geblieben.

Empirestadt

Neben Alt-Porvoo besitzt die Stadt noch ein zweites historisches Gesicht. Der Nachfolger von Alexander I., Zar Nikolaus I., ließ südlich von der engen Altstadt vom deutschen Architekten **Carl Ludwig Engel** einen dem Zeitgeist entsprechenden Stadtteil errichten. Auf einem quadratischen Grundriss reihen sich die Steinhäuser entlang der Straßenzüge. Dadurch sollte die Stadtansicht zum einen eine stärkere russische Prägung erhalten und nicht mehr so deutlich an die Herrschaft der Schweden erinnern, zum anderen waren Steinbauten weniger feuergefährdet.

PORVOO ERLEBEN

AUSKUNFT

Porvoo City Tourist Office
Rihkamakatu 4
06100 Porvoo
Tel. (019) 520 23 16, Fax 520 23 17
www.porvoo.fi

ESSEN

► **Erschwinglich**

① *La Carte*
Kirkkokatu 1
Tel. (019) 758 58 48
Stimmungsvolles kleines Restaurant mit französischer Küche und auch skandinavischen Spezialitäten

② *Restaurantschiff Glückauf*
am Flussufer
Tel. (019) 547 61
Fax 524 93 29
Auf einem Dampfsegler der Jahrhundertwende gibt es finnische Fleisch- und Fischspezialitäten.

ÜBERNACHTEN

► **Komfortabel**

① *Hotel Sparre*
Piispankatu 34
Tel. (019) 58 44 55
Fax 58 44 65
40 Zi., www.avainhotellit.fi
Zentral gelegenes Hotel, die hübsche Altstadt ist rasch erreicht.

! *Baedeker* TIPP

Ausflugsfahrten nach Porvoo

Von Helsinki aus kann man von Juni bis August an Samstagnachmittagen knapp zweistündige Ausflugsfahrten nach Porvoo mit einem Museumszug unternehmen (Tel. 09/ 752 32 62). Das Dampfschiff »M/S J.L. Runeberg« fährt täglich außer Do. um 10.00 Uhr von Helsinki nach Porvoo (Tel. 019/ 524 33 31). Die Fahrt dauert ca. 3,5 Std., Rückfahrt nach Helsinki um 16.00 Uhr.

Porvoo Orientierung

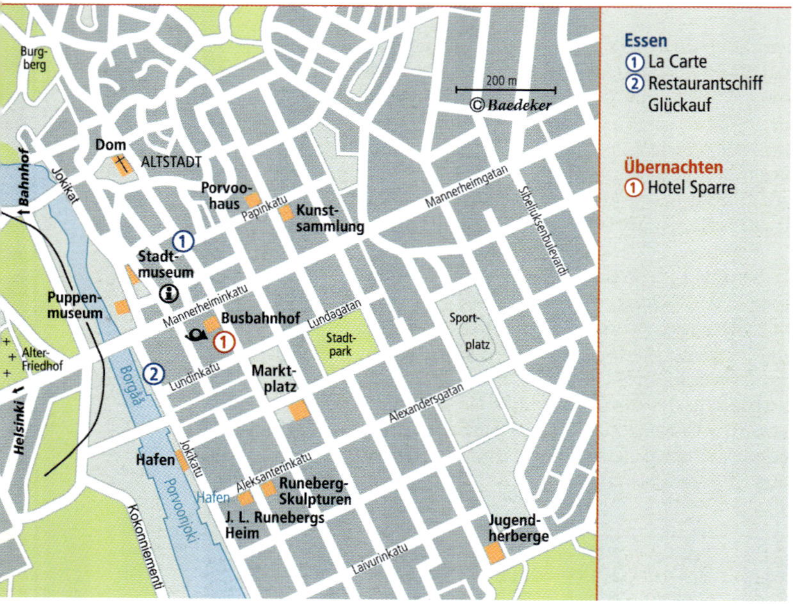

Dom Der gotische Dom thront auf einem Hügel in Alt-Porvoo. Teile der Vorgängerkirche aus dem 13. Jh. sind noch erhalten, das Innere ist mit schönen Rokoko-Ornamenten ausgeschmückt. Die dem Fluss zugekehrte weiße, mit Backsteinornamenten verzierte Giebelwand stammt aus dem frühen 15. Jh. und wurde 1978 vollständig renoviert. Im Jahre 1732 wurde Porvoo Bischofssitz. Neben dem Dom stehen der Glockenturm und eine kleine Holzkirche von 1740 (Öffnungszeiten: Mai – Sept. Mo. – Fr. 10.00 – 18.00, Sa. bis 14.00, So. 14.00 – 17.00, sonst Di. – Sa. 10.00 – 14.00, So. bis 16.00 Uhr).

Stadtmuseum Vom Dom gelangt man zum Stadtmuseum, das im Alten Rathaus (fertig gestellt 1764) untergebracht ist. Ausgestellt sind insbesondere Dokumente über die Fabrik Iris, in der um die Jahrhundertwende Jugendstilmöbel nach den Entwürfen Louis Sparres und Keramiken von A. W. Finch hergestellt wurden. Eine Multimedia-Schau zeigt die Verhältnisse in Porvoo im Mittelalter (Öffnungszeiten: Mai – Aug. tgl. 11.00 – 16.00, sonst Mi. – So. 12.00 – 16.00 Uhr).

Edelfelt-Vallgren-Museum Im Eckhaus östlich daneben, dem ehemaligen Kaufmannshaus (gebaut 1762) der Familie Holm, sind die Skulpturensammlung des Bildhauers Ville Vallgren (1855 – 1940) und die Werke des Malers Albert Edelfelt (1854 – 1905) sehenswert (Öffnungszeiten: Mai – Aug. tgl. 11.00 – 16.00, sonst Mi. – So. 12.00 – 16.00 Uhr).

Runebergs Heim

Im Empire-Stadtteil steht das Wohnhaus des Dichters Johan Ludwig Runeberg. Er arbeitete von 1837 bis 1857 am örtlichen Gymnasium und schrieb hier u. a. den Text zur finnischen Nationalhymne (Öffnungszeiten: Mai – Aug. Mo. – Sa. 10.00 – 16.00, So. 11.00 – 17.00 Uhr, übrige Monate Mo., Di. geschl.).

Runeberg-Skulpturen

Im Nachbarhaus (Aleksanterinkatu 5) ist die 140 Werke umfassende Skulpturensammlung von Walter Runeberg (1838 – 1920), dem Sohn des Dichters, untergebracht (Öffnungszeiten: Mai – Aug. tgl. 11.00 – 16.00, sonst Mi. – So. 12.00 – 16.00 Uhr).

Kunstsammlung

Die Yrjö A. Jäntti-Kunstsammlung zeigt einen Überblick über die finnische Malerei. Ferner sind Grafiken, Zeichnungen und Schnitzereien zu sehen (Öffnungszeiten: Mi. – So. 12.00 – 16.00 Uhr).

✶ Magazinschuppen

Am Flussufer reihen sich pittoresk die roten Magazinschuppen, die nach dem großen Brand von 1760 mit Blockstammwänden errichtet wurden. Hier landeten die Barken mit ihren Lasten an und wurden entladen. Porvoo war zu dieser Zeit ein geschäftiges Handelszentrum und Umschlagplatz für Exportgüter wie Butter, Trockenfisch, Schnittholz, Teer und Leinen. Aber auch südländische Waren wie Früchte, Gewürze, Kaffee, Tabak und Wein wurden von hier ins ganze Land transportiert. Den roten Anstrich erhielten die schwarz gedeckten Häuser erst Ende des 18. Jh.s., als König Gustav III. von Schweden nach Porvoo reiste. Der neue Anstrich sollte ihm einen freundlicheren Anblick bereiten; nebenbei bot er einen idealen Schutz gegen Witterungseinflüsse. Von der großen Brücke (Mannerheiminkatu) über den Porvoonjoki bietet sich die schönste **Aussicht** auf Magazine und Altstadt.

? WUSSTEN SIE SCHON ...?

- Ein beliebtes Mitbringsel aus Porvoo ist der »Porvoo-Becher« aus Zinn, der an die Zeit der Schwedenherrschaft erinnert. Als Messbecher sollte er dem Vogt beim Eintreiben der Steuern für die Krone dienen. Der Vogt ließ aber einen zweiten Boden einziehen, sodass er mit der größeren Seite die Steuern erhob und bei der Abrechnung mit dem König den Becher drehte und die kleinere Seite benutzte. Die beträchtliche Differenz floss in seine Privatschatulle. Noch heute gibt es in Finnland die Redewendung, etwas sei »mit dem Maß von Porvoo« gemessen.

Umgebung von Porvoo

Gletschermühlen

An der Str. Nr. 55, die von Porvoo in Richtung Lahti führt, folgt man nach ca. 26 km bei Korttia dem Hinweisschild **»Hiidenkirnu«**. Das bedeutet auf deutsch »Des Teufels Butterfass« und bezeichnet ein Feld von etwa 20 Gletschermühlen unterschiedlicher Größe. Die Löcher sind bis zu 10 m in den Granit gefräst. Sie sind in der letzten Eiszeit vor 10 000 Jahren entstanden, als Gletscher über den Felsen schabten und Schmelzwasserfluten voller Geröll und Kies Wirbel bildeten.

★ Rovaniemi

M 3

Gebiet: Lappland **Einwohnerzahl:** 35 000

Rovaniemi liegt knapp unterhalb des Polarkreises und ist eine beliebte Anlaufstelle für Nordkap-Fahrer. Im Dezember platzt die Stadt aus allen Nähten, wenn über eine halbe Million Besucher jährlich ins Weihnachtsmann-Dorf strömt.

Lapplands Hauptstadt

Das mehr als 800 km nördlich von Helsinki gelegene Rovaniemi ist die einzige Stadt und zugleich wirtschaftliches, kulturelles und Verwaltungszentrum Lapplands, der größten Provinz Finnlands. Der Ort entstand am Zusammenfluss von Kemijoki und Ounasjoki, wo einst Wildmarkgänger, Flößer und Goldgräber in der Wildnis ihr Glück suchten. Bereits vor 8000 Jahren kamen Nomaden auf der Jagd nach Robben in diese Gegend. Doch erst für das 11. und 12. Jh. sind Belege für eine ständige Besiedlung vorhanden.
Bekannter wurde Rovaniemi im 16. Jh., als die Steuereintreiber der schwedischen und russischen Herrscher auch auf der Nordkalotte auftauchten und hier ein durchaus florierendes Handelszentrum vorfanden. Als der Holzbedarf im Zuge der Industrialisierung weiter anstieg, gewann Rovaniemi erheblich an Bedeutung, da im Stadtgebiet zwei der wichtigsten Flößwege aus dem Inneren Lapplands zusammentreffen. Erst 1992 wurde die Flößerei auf dem Kemijoki endgültig eingestellt.

Krieg und Wiederaufbau

Rovaniemi bestand einst fast nur aus Holzhäusern. Im Winter 1944/1945 brannte die Stadt im Verlauf des »Lappland-Kriegs« zwischen finnischen und deutschen Truppen zu mehr als vier Fünfteln ab. Noch lange danach bedachte man in Finnland die Deutschen mit dem Schmähnamen »Lapplandverbrenner«. Der Wiederaufbau oblag dem finnischen Architekten **Alvar Aalto** (► Berühmte Persönlichkeiten). Als neuen Grundriss für die Führung der Hauptstraßen wählte er die Grundlinien des Rentiergeweihs; auch plante er die wichtigsten Gebäude: Stadthaus, Bibliothek und das Lappia-Haus.

Sehenswertes in Rovaniemi

Stadtbild

Während die eigentliche Stadt am linken Ufer der Stromschnellen des Ounaskoski liegt, befinden sich am rechten Ufer mehrere öffentliche Gebäude und Sportanlagen. Im Stadtgebiet gibt es zahlreiche Halbinseln und Buchten, die im Sommer hervorragende Naherholungsgebiete sind und zum Baden einladen. Über den Kemijoki führt die 320 m lange **Brücke Jätkänkynttilä** (1989) mit ihrem markanten zentralen Pfeiler, an dem die Zugseile befestigt sind und dessen Spitze die ewige Flamme ziert. Bei Dunkelheit ist das Stadtwahrzeichen schön beleuchtet.

Sehr viel mehr als nur ein Museum: das weithin sichtbare Arktikum

Bibliothek

Die Stadtbibliothek verfügt über eine umfangreiche Literatursammlung über Lappland und die samische Urbevölkerung. Das Gebäude gilt als eine der bemerkenswertesten Arbeiten von Alvar Aalto. Das gegenüberliegende **Lappia-Haus** zählt ebenfalls zu Aaltos Werken und dient Theater- und Konzertveranstaltungen.

★★ Arktikum

Nördlich der Innenstadt liegt das Arktikum, das zwei beeindruckende Ausstellungen zeigt. Die dänische Architektengruppe Birch-Bonderup & Thorup-Waade entwarf das ungewöhnliche Gebäude mit der weithin sichtbaren, 172 m langen gewölbten Glaskuppel. Bei der Gestaltung der Innenräume wurden ausschließlich lappländische Materialien und Baustoffe verwendet. Auch das Museumsrestaurant bietet nur heimische Spezialitäten wie Beeren, Pilze, Wild und Fisch.
Das **Arktische Zentrum** gibt einen Überblick über das Leben der Menschen in einem Gebiet, das durch klimatische Extreme geprägt wird. Langen Wintern stehen nur kurze Sommer gegenüber. Mit Hilfe moderner Techniken werden die unterschiedlichsten Landschaftsformen der Regionen nördlich des 60. Breitengrades vorgestellt. Zukunftsszenarien, die von dem angeschlossenen Wissenschaftszentrum erarbeitet wurden, zeigen, wie sich unachtsame Eingriffe in die empfindliche Natur auswirken könnten.
Im **Lappländischen Provinzmuseum** werden das Leben des Menschen von prähistorischer Zeit bis heute und der Überlebenskampf der Sami und Inuit in den arktischen Gebieten vorgestellt (Öffnungszeiten: Mai, Juni tgl. 10.00 – 18.00, Juli, Aug. tgl. 10.00 – 20.00, Sept. – April Di. – So. 10.00 – 18.00 Uhr).

ROVANIEMI ERLEBEN

AUSKUNFT

Rovaniemi Tourist Information
Rovakatu 21
96200 Rovaniemi
Tel. (016) 34 62 70
Fax 342 46 50
www.rovaniemi.fi/tourism

ANREISE

mit dem Flugzeug
Am schnellsten erreicht man Rovaniemi mit einer der Maschinen, die täglich von Helsinki, Kemi und Oulu aus starten. Der Flughafen liegt ca. 10 km außerhalb der Stadt.

mit Bus oder Bahn
Auch die Busanbindung ist sehr gut. Wer jedoch von Helsinki aus anreisen will, nimmt besser den Zug, der ca. 12 Stunden bis in den hohen Norden benötigt.

ESSEN

► Erschwinglich

Puolakki
Valtakatu
In dem optisch eher unscheinbaren Lokal gibt es sehr gute traditionell-lappländische Küche.

► Preiswert

Mariza
Ruokasenkatu 2
Tel. (016) 31 96 16
Das Mariza hat nur mittags an Werktagen geöffnet, dafür gibt es hier kein feines, dafür aber umso reichhaltigeres Mittagsbuffet mit finnischer Hausmannskost.

ÜBERNACHTEN

► Komfortabel

Rantasipi Pohjanjovi
Pohjanpuistikko 2
Tel. (016) 337 71, Fax 31 31 21
Das älteste, größte und berühmteste Hotel Lapplands liegt direkt am Kemijoki, bietet allen modernen Komfort und ein Gourmet-Restaurant.

Clarion Hotel Santa Claus
Korkalonkatu 29
Tel. (016) 32 13 21
Fax 321 32 22
www.hotelsantaclaus.fi
Rovaniemis neuestes Hotel liegt direkt im Stadtzentrum neben einer Einkaufspassage und bietet hohen Komfort und zwei anspruchsvolle Restaurants.

MARKT

Dreimal im Jahr finden in Rovaniemi die berühmten Markttage statt (Frühlingsmarkt: Mitte März, Sommermarkt: zweite Junihälfte, Herbstmarkt: Mitte September). Sie wurden erstmals im Februar 1881 abgehalten, um Waren und Neuigkeiten auszutauschen, Ehen zu schließen oder sich einfach zu amüsieren. Seit Kriegsende wird diese Tradition wieder gepflegt.

MITTERNACHTSSONNE

6. Juni bis 7. Juli

! *Baedeker* TIPP

Scharfe Sachen

Wer sich mit Messern auskennt, dem ist der finnische Hersteller Marttiini vielleicht ein Begriff. In der alten Messerfabrik südlich des Arktikums wird heute in einer kleinen Ausstellung über die Geschichte der berühmten Klingen informiert und Sie können sich hier auch mit Messern eindecken (Vartiokatu 32, geöffnet Mo. – Fr. 10.00 – 18.00, Sa. bis 13.00 Uhr).

Orthodoxe Kirche

Im Stadtteil am Ostufer der Ounaskoski-Stromschnellen steht die orthodoxe Kirche. Sehr sehenswert sind die wertvollen Ikonen aus dem Kloster Valamo, die nach vorheriger Anmeldung besichtigt werden können.

Ethnografisches Museum und Forstmuseum

Etwa 4 km südlich vom Stadtzentrum, ebenfalls am Kemijoki, liegen das Ethnografische Museum Pöykkölä (Bauernhäuser, bäuerliches Gerät, Öffnungszeiten Di. – So. 12.00 – 16.00 Uhr) und das lappländische Forstmuseum, das die für den hohen Norden wirtschaftlich bedeutsame Waldarbeitertradition beleuchtet (Öffnungszeiten Di. – So. 12.00 – 18.00 Uhr). Die zentrale Forstbehörde hat am Polarkreis den **Informationsstand Etäinen** eingerichtet. Hier sind Fischereigenehmigungen, Karten, Materialien zu Wildniswanderungen und Buchungsunterlagen von Wildmarkshütten erhältlich. Beide Museen sind mit der Stadtbuslinie 6 ab Ruokasenkatu zu erreichen.

Umgebung von Rovaniemi

Polarkreis

Etwa 8 km nördlich von Rovaniemi kreuzt die Straße nach Kemijärvi den Polarkreis (finn. Napapiiri). Dort befindet sich ein trubeliges Einkaufszentrum für Souvenirs, ein eigenes Postamt, in dem der begehrte Sonderstempel zu erhalten ist, und ein Kinderland; ferner kann man ein Polarkreiszertifikat erwerben.

Büro des Weihnachtsmannes

Hauptattraktion am Polarkreiszentrum ist das Büro des Weihnachtsmannes, wo jährlich über 700 000 Briefe aus aller Welt eingehen. Seit neuestem bekommt der alte Herr auch E-Mails, denn er verfügt über eine Homepage (www.santaclausoffice.fi). Bei den vielen Anfragen und den rund 500 000 Besuchern muss der Weihnachtsmann natürlich das ganze Jahr über arbeiten, man findet ihn deshalb jeden Tag in seinem Büro. Seine Brief-Adresse: Santa Claus Office, FIN-96930 Arctic Circle, santa.claus@santaclausoffice.fi

2 km vom Weihnachtsmanndorf entführt der **Santa Park** seine Besucher in eine weihnachtliche Vergnügungswelt (Öffnungszeiten: Mitte Nov. – Mitte Jan. tgl. 10.00 bis 18.00 Uhr, sonst nur an Wochenenden). Auf halber Strecke zwischen Weihnachtsmanndorf und Santa Park macht ein Rentierpark mit der traditionellen Rentierzucht vertraut.

Nikolaus im Innendienst

★ Eismeerstraße In Rovaniemi beginnt die wichtigste Straße nach Norden, die Eismeerstraße (Str. Nr. 4/ z.T. E 75), die nach **Sodankylä** führt, einen Stützpunkt des Tourismus, in dem nur die alte Kirche (1689) wirklich sehenswert ist. Die Straße führt weiter an den großen Wasserreservoirs Porttipahta und Lokka vorbei nach Norden. Nach knapp 100 km gelangt man zum Urho-Kekkonen-Nationalpark (► S. 573).

Ounasvaara Südöstlich von Rovaniemi erhebt sich am linken Ufer des Kemijoki der Berg Ounasvaara (204 m ü. d. M.). Dort gibt es ein Café, ein Hotel, ein Wintersportzentrum mit großer Sprungschanze und eine Skihütte. Der Sportpark bietet Besuchern die Möglichkeit, fast 50 verschiedene Sportarten auszuprobieren. Angeboten werden z. B. Wandern auf Naturlehrpfaden, Golf, Skilanglauf, Schwimmen, Tennis, Trimm-dich-Pfade und eine Sommerrodelbahn. Vom Ounasvaara bietet sich ein herrlicher Blick über die Fluss- und Fjälllandschaft der Umgebung Rovaniemis. In der Mittsommernacht werden hier die Johannisfeuer entzündet. Sehr schöne landschaftliche Ziele und Rentierfarmen, die einen Einblick in die lappländische Kulturtradition ermöglichen, liegen zu Füßen des Berges an dem Fluss Ounasjoki entlang in Richtung Pello und Kittilä.

★★ Savonlinna

O 6

Gebiet: Südostfinnland **Einwohnerzahl:** 28 000

Savonlinna liegt malerisch auf einer Kette kleiner Inseln im Saimaa-Seengebiet. Opernfreunden ist der Ort nicht unbekannt, finden doch in der Festung Olavinlinna die Internationalen Opernfestspiele statt. Im Sommer lockt der Ort Tausende Besucher an und dürfte als das beliebteste Ferienzentrum Finnlands gelten.

Geschichte Graf Per Brahe verlieh dem Ort Savonlinna 1639 Stadtrechte. Dieser hatte sich allmählich um die 1475 gegründete Burg Olavinlinna entwickelt. Die mächtige Burganlage sollte das Schwedisch-finnische Reich vor der aus dem Osten drohenden Gefahr schützen. Im Frieden von Turku gerieten die inzwischen zu einem beliebten Handelszentrum herangewachsene Stadt und die Burg unter zaristische Herrschaft. 1812 wurde Savonlinna dem autonomen Großfürstentum Finnland angeschlossen.

Sehenswertes in Savonlinna

Marktplatz Die lange, in Ost-West-Richtung verlaufende Olavinkatu ist die Hauptverkehrsstraße der Stadt. Im Westen der Altstadt liegt unmittelbar an dem Sund Haapasalmi der Marktplatz mit dem Anlegeplatz für die Schiffe des Saimaa-Verkehrs. Von hier führt in nördlicher

Richtung eine Brücke zur **Halbinsel Vääräsaari**. Dort befinden sich die modernen **Kureinrichtungen** sowie das Kurhotel »Casino«; ferner gibt es hier Parkanlagen und eine Freilichtbühne.

★★ Burg Olavinlinna

Unbedingt sehenswert ist die Burg Olavinlinna, die wohl am besten erhaltene Festung Skandinaviens. Sie liegt südöstlich der Altstadt auf einer kleinen Insel, zu der eine Brücke über die Bucht Kyrönsalmi führt. Benannt wurde die Festung nach dem norwegischen Heiligen Olav (► Trondheim, S. 331). Die 1475 gegründete Burg wurde nach dem Nordischen Krieg 1743 den Russen zugesprochen und von diesen mehrmals verstärkt. Man betritt sie durch ein Torgewölbe an der Westseite und gelangt in den kleinen Innenhof, den ältesten Teil der Burg. Die gut renovierte Burg enthält mehrere Säle, die auch für Festlichkeiten und Kongresse genutzt werden. Drei dicke Rundtürme sind erhalten; im dritten Stockwerk des so genannten Kirchenturms steht eine kleine Kapelle, in der Andachten gehalten und Hochzeiten zelebriert werden. In der Dicken Bastion befindet sich ein Sommercafé. Aus den Schießscharten und den Luken der Türme bietet sich ein schöner Blick auf die Landschaft. Die Burg beherbergt ein kleines **Museum** über die Geschichte der Festung und eine Sammlung orthodoxer Kirchenschätze. Olavinlinna kann nur im Rahmen einer einstündigen Führung besichtigt werden (Öffnungszeiten: tgl. 10.00 bis 15.00, Juni – Aug. bis 17.00 Uhr.

Olavinlinna ist die am besten erhaltene mittelalterliche Burg in ganz Finnland.

Romeo und Julia oder Wagners Fliegender Holländer vor mittelalterlicher Kulisse im Burghof der Festung Olavinlinna

NORDISCHES BAYREUTH

Sie werden in einem Atemzug mit Salzburg und Bayreuth genannt und gelten als international bedeutendstes Ereignis im sommerlichen Finnland: die Savonlinna-Opernfestspiele. Seit über 30 Jahren sind sie Motor und Ausdruck der landesweiten Opernbegeisterung und nicht selten wurden sie zum Sprungbrett finnischer Sängertalente auf die großen Bühnen der Welt.

Schon tagsüber sieht man Autos, in denen feine Jacketts und Anzüge hängen, während die Insassen in kurzen Hosen und T-Shirt aus dem Wagen steigen, um sich an der Seepromade zu tummeln. Ab 18 Uhr strömen immer mehr festlich gekleidete Menschen in Richtung Burg Olavinlinna. Immerhin fasst der zum »Opernhaus« umfunktionierte Innenhof 2500 Sitzplätze, und die sind meist **schon Monate vorher ausgebucht**. Man muss schon Glück haben, um kurz vor Vorstellungsbeginn einzelne Karten von Privatpersonen kaufen zu können – da erscheint der Preis von bis zu 200 € noch das kleinere Problem zu sein.

Olavinlinna-Festspiele

Was fasziniert die rund 60 000 Besucher, davon 20 % ausländische Gäste, die jährlich von Anfang Juli bis Anfang August bei den Opernfestspielen in Savonlinna dabei sind? Bei einer Führung durch die Burg erfährt der erstaunte Besucher, dass die ersten Festspiele bereits in den Jahren **1912 bis 1916** stattfanden. Initiatorin war die auf den Bühnen der Welt beheimatete finnische Operndiva **Aino Acktè**, die von dem Wunsch beseelt war, finnische Opernkunst einem größeren Publikum bekannt zu machen. Der Erste Weltkrieg, die Unabhängigkeitserklärung Finnlands 1917 und die Weltwirtschaftskrise 1930 bedeuteten jeweils das vorläufige Ende der Olavinlinna-Opernfestspiele – so hießen sie damals.

Fenster finnischer Opernkunst

Zu neuem Leben erwachten die Festspiele erst 1967 und finden nun seit fast vierzig Jahren regelmäßig statt. Das verschlafene Städtchen Savonlinna erwarb sich seitdem den Ruf einer kulturellen Touristenattraktion par excellence. Diesmal war es ein Wiener Gesangsprofessor, der Beethovens »Fidelio« auf der Bühne der Burg aufführen wollte. Die szenischen Möglichkeiten der **Festung** begeisterten ihn wie seinerzeit Aino Acktè und der erneute Auftakt der Festspiele war ein durchschlagender Erfolg. Den

geistigen Hintergrund bildete die auch in Finnland spürbare Studentenrevolte. Die »Hochkultur« sollte heraus aus dem Elfenbeinturm und einem breiten Publikum zugänglich werden.

Die Ära Talvela

Seit 1972 veranstaltet ein von dem bedeutenden finnischen Bassisten **Martti Talvela** (1935 – 1989) ins Leben gerufener Förderverein die Festspiele. Talvela war in seiner dreißigjährigen Karriere zum internationalen Star aufgestiegen. An der Metropolitan Opera in New York und am Bolschoi-Theater in Moskau wurde er gefeiert; das deutschsprachige Publikum kannte ihn durch seine Auftritte an der Deutschen Oper Berlin und bei den **Bayreuther Festspielen** als König Marke in Wagners »Tristan und Isolde«. In Salzburg begeisterte er sieben Jahre lang als Sarastro in Mozarts »Zauberflöte«, und unvergessen sind seine Auftritte als König Philipp in Verdis »Don Carlos«, als Boris Godunow und als Wagner-Interpret.

Wie bereits von Aino Acktè propagiert, wusste Talvela, wie wichtig **Uraufführungen** für das internationale Image der Festspiele sind, wenngleich auch mit größeren finanziellen Risiken behaftet. Inzwischen werden die Produktionskosten zu 80 % durch Eintrittskarten eingespielt. Nach dem Erfolg der ersten Oper von Aulis Sallinen »Der Reitersmann« – ein Auftragswerk zum 500-jährigen Jubiläum der Burg –, gab Talvela weitere Opern in Auftrag. Auch unter dem neuen künstlerischen Leiter, dem Sänger **Jorma Hynninen**, gab es zum dreißigjährigen Jubliläum der Festspiele 1997 eine Uraufführung: »Aleksis Kivi« von Einojuhani Rautavaara.

Uraufführungen und Altbewährtes

Doch sind es nicht nur finnische Uraufführungen, die den Ruf der Opernfestspiele begründeten, sondern seit der Aufführung von Mozarts »Zauberflöte« unter Martti Talvela auch Opern wie Richard Wagners »Tannhäuser«, »Tristan und Isolde«, »Parsifal« und »Der fliegende Holländer«, ferner Charles Gounods »Faust«, Musorgskis »Boris Godunow« und die Verdi-Opern »Don Carlos«, »Aida«, »Rigolleto« oder »Macbeth«. Auch bekannte **ausländische Opernhäuser** gastieren mit eigenen Produktionen bei den Festspielen. Bei hohen Staatsbesuchen bieten die historische Kulisse der Burg Olavinlinna und die künstlerisch hochwertigen Aufführungen ein angemessenes Rahmenprogramm – und es dauert nicht mehr lange, dann können die Fetspiele ihr 100-jähriges Jubiläum feiern.

SAVONLINNA ERLEBEN

AUSKUNFT

Savonlinna Tourist Service
Puistokatu 1, 57100 Savonlinna
Tel. (015) 51 75 10
Fax 517 51 23
www.savonlinnatravel.com

FESTE

Opernfestspiele
Im Burghof von Olavinlinna finden im Sommer (Juli) die internationalen Opernfestspiele statt, Finnlands bekannteste kulturelle Veranstaltung. Neben den Opern, darunter Werke finnischer Komponisten, stehen Konzerte auf dem Programm (z.T. Gastspiele auswärtiger Opernensembles; Infos unter www.operafestival.fi).

! Baedeker TIPP

Das größte Ruderfestival der Welt

Seit über 30 Jahren steht der kleine Ort Sulkava südwestlich von Savonlinna am zweiten Juliwochenende während der Regatta »Sulkavan Suursoudut« Kopf. Beim größten Rudererereignis der Welt treffen sich 10 000 Ruderer, vom schnellen Einer bis zum traditionellen Kirchenboot, um an diesem einmaligen Langstreckenrennen teilzunehmen – ein unvergessliches Event (mehr Infos sowie Wettkampfanmeldung unter www.suursoudut.net).

ESSEN

► Erschwinglich

Majakka
Satamakatu 11
Tel. (015) 53 14 56
Gleich gegenüber dem Hafen liegt das Restaurant Majakka. Es gibt gute Mittagsbuffets und ausgezeichnete Fischgerichte.

► Preiswert

Liekkilohi
Kauppatori
Tel. (015) 53 61 01
Auf einem Steg gleich neben dem Marktplatz liegt dieses Sommerrestaurant und es bietet exzellente Fischspezialitäten wie geflammten Lachs oder gebackene Strömlinge.

ÜBERNACHTEN

Während der Opfernfestspiele sind die Unterkünfte in Savonlinna in der Regel ausgebucht. Es empfiehlt sich daher, sehr frühzeitig zu buchen bzw. sich in der Umgebung nach einem Quartier umzutun.

► Komfortabel

Pernehotelli Hospits
Linnankatu 20
Tel. (015) 51 56 61, Fax 51 51 20
Das kleine, ganzjährig geöffnete Hotel liegt in der Nähe der Burg. Es besitzt einen schönen Garten und Zugang zu einer schmalen Badebucht.

Villa Aria
Puistokatu 15
Tel. (015) 476 75 15
Fax 476 75 40
Das jährlich ab 15. Juni geöffnete Sommerhotel liegt in einer Holzvilla aus dem Jahre 1896. Heute befinden sich hier 20 anspruchsvolle Gästezimmer.

AUSFLÜGE

Von Savonlinna aus starten Schiffsfahrten zu allen anderen Städten am Saimaasee, etwa nach Kuopio oder Lappeenranta. Auch Punkaharju mit dem Kunstzentrum Retretti ist von Savonlinna aus mit dem Schiff zu erreichen; dasselbe gilt für die Klöster Uusi Valamo und Lintula.

Auf der Halbinsel Riihisaari ist in einem ehemaligen Getreidemagazin (1851) das Provinzmuseum untergebracht, in dem wechselnde Ausstellungen stattfinden. Südlich befinden sich drei **Museumsschiffe**. Hier finden auch Ausstellungen zur Schifffahrt auf dem Saimaasee statt (Öffnungszeiten: Juni – Mitte Aug. tgl. 11.00 – 20.00, sonst Di. – So. 11.00 – 17.00 Uhr). **Provinzmuseum**

Auf der Halbinsel Savonniemi, zwischen dem Haapasalmi und der Bucht Haislahti, erhebt sich als neugotischer Ziegelbau der evangelische Dom, der im Winterkrieg 1939/ 1940 durch Bomben beschädigt und 1949 neu geweiht wurde (Öffnungszeiten: Juni – Mitte Aug. tgl. 11.00 – 19.00 Uhr). **Dom**

Die Ausstellungen des Naturzentrums (Aino Ackten puistotie 5) informieren über den Saimaasee, den Linnansaari- und Kolovesi-Nationalpark, den Siikalahti-Vogelsee und verschiedene andere geschützte Gebiete in der Umgebung von Savonlinna (Öffnungszeiten: Juli und Aug. tgl. 11.00 – 18.00; Mai, Juni, Sept. 11.00 – 17.00 Uhr). **Nestori**

Umgebung von Savonlinna

Im Norden der Stadt erstreckt sich der Haapavesi, im Süden der Pihlajavesi. Die Gewässer der Region Savo sind vom Humus der zahlreichen Sümpfe leicht bräunlich gefärbt. Eine Ausnahme stellt der See Puruvesi dar (östlich des Pihlajavesi), der wegen seines klaren Wassers unter Einheimischen sehr beliebt ist. **Seen**

Der am Westufer des Puruvesi gelegene Ort Kerimäki ist bekannt für die angeblich größte Holzkirche der Welt. Angeblich soll das 1847 erbaute Gotteshaus nur deshalb so riesig geworden sein, weil die Maße, auf den Plänen des Stifters in Fuß eingetragen, als Meterangaben angesehen wurden. In der Kirche finden Konzerte im Rahmen der Opernfestspiele von Savonlinna statt (Öffnungszeiten: Mitte Juni bis Mitte Aug. tgl. 10.00 – 18.00, Anfang Juni bis 17.00 Uhr). ✶ **Kerimäki**

Zurück zur Str. Nr. 14 führt der Weg neben der Eisenbahnlinie auf einem schmalen Damm über den etwa 7 km langen und bis 25 m hohen Hügelrücken Punkaharju. Der nach beiden Seiten steil abfallende Rücken ist ein Relikt der Schmelzwasserströme aus der letzten Eiszeit. Er ist mit Kiefern-, Lärchen- und Birkenwald bedeckt und wird von mehreren Wanderwegen durchzogen. Eine touristische Attraktion für Familien mit Kindern ist der Freizeitpark »Kesämaa« bei Punkaharju (Öffnungszeiten: im Sommer tgl. 10.00 – 19.00 Uhr). ✶ **Punkaharju**

Nebenan liegt das Kunstzentrum Retretti, das größte seiner Art in den nordischen Ländern. Es wurde als Höhle in den Fels gesprengt; die unterirdische Galerie (Wechselausstellungen) und der Konzertsaal haben eine Größe von knapp 4000 m² (Öffnungszeiten: Juli tgl. 10.00 – 18.00, Juni und Aug. 10.00 – 17.00 Uhr). ✶ ◄ Retretti

Forstmuseum ► Ebenfalls in Punkaharju wurde 1994 der architektonisch anspruchsvolle Holzbau des Finnischen Forstmuseums Lusto eröffnet. Das moderne Museum bietet Einblick in die Geschichte finnischer Forstkultur, die Holzindustrie und vermittelt die neuesten Erkenntnisse zu den Themen Holz und Wald (Öffnungszeiten: Mai – Sept. tgl. 10.00 – 18.00, sonst Di. – So. 10.00 – 17.00 Uhr).

Nationalpark Linnansaari Ungefähr 45 km nordwestlich von Savonlinna entfernt liegt die Region Rantasalmi, die den Hauptteil des Nationalparks Linnansaari im See Haukivesi beinhaltet. In den Park selbst gelangt man nur mit dem Boot. Von Rantasaari (Porosalmi) und Oravi verkehren Ende Juni – Mitte Aug. regelmäßig Boote. Abfahrten von Porosalmi 11.00 und 17.00 Uhr, von Linnansaari 10.00 und 16.00 Uhr. Abfahrten von Oravi 12.30 und 18.15 Uhr, von Linnansaari 12.00 und 17.45 Uhr. Informationen im **Besucherzentrum Seenland** in Rantasalmi, Ohitustie 7 (Öffnungszeiten: Mitte Juni – Mitte Aug. tgl. 10.00 – 18.00, sonst Di. – Fr. 10.00 – 16.00 und Sa. 10.00 – 14.00 Uhr).

★ Tampere (Tammerfors)

L 6

Gebiet: Südfinnland **Einwohnerzahl:** 203 000

Finnlands drittgrößte Stadt ist zugleich die bedeutendste Industriestadt des Landes. Tampere wurde genau zwischen zwei Seen angelegt, die miteinander durch eine gewaltige Stromschnelle verbunden sind. Deren geballte Wasserkraft nutzten die Industriebetriebe schon früh geschickt für ihre Energieversorgung.

»Finnisches Manchester« Die Stadt wurde erst 1779 als industrieller Mittelpunkt vom schwedischen König Gustav III. gegründet. Nach der Machtübernahme durch Russland 1809 wurde Tampere von den russischen Zaren weiterhin gefördert, etwa durch die Befreiung von Zollabgaben bei Lieferungen nach Russland 1821 bis 1906.

Trist und trostlos ist die Industriestadt aber keineswegs: Auf dem Stadtgebiet liegen fast 200 Seen mit 20 Badestränden, und von Tampere gehen mehrere Binnenschiffslinien aus, zum Beispiel die Motorschiffe der Silberlinie und die gemütlichen Dampfer des Dichterwegs. Film- und Musikfestivals tun das ihre, die Besucher gut zu unterhalten.

! *Baedeker* TIPP

Köstlich! Oder ...?

Mustamakkara (Blutwurst) ist eine typische Spezialität aus Tampere. Die Meinungen über diese kulinarische Errungenschaft gehen allerdings weit auseinander, entweder man liebt sie oder man findet sie scheußlich. Am besten man geht in die Markthalle und sucht einen Stand, der die nahrhafte Blutwurst verkauft, die man dann gleich heiß mit Preiselbeermus direkt aus dem Einwickelpapier isst.

Tampere Orientierung

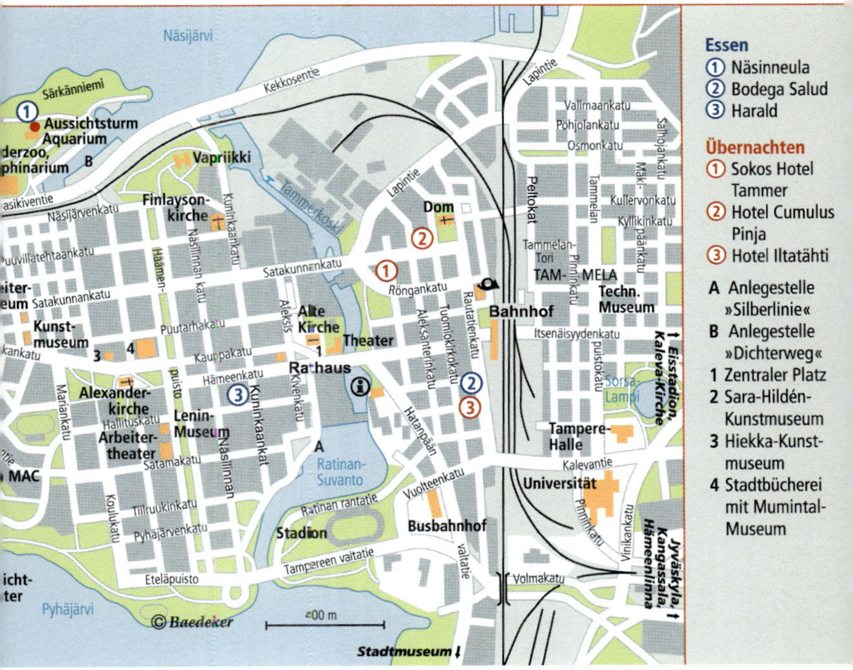

Sehenswertes in Tampere

Zentraler Platz (Keskustori)

Die Hauptachse der Stadt ist die Hämeenkatu, die vom Bahnhof über den zentralen Platz Keskustori zur Hämeenpuisto führt. Die Alte Kirche, eine klassizistische Kreuzkirche von 1824, besitzt einen Glockenturm im Empirestil. Weitere schöne Gebäude am Zentralplatz sind das 1890 von Georg Schreck entworfene Rathaus und das 1913 gebaute Tampere-Theater. Am Wasserfall liegt das Einkaufszentrum Koskikeskus.

Lenin-Museum

Das einzige ständige Lenin-Museum der Welt (Hämeenpuisto 28) erzählt die Geschichte des Revolutionärs in erster Linie aus finnischer Sicht (Öffnungszeiten: Mo. – Fr. 9.00 – 18.00, Sa., So. 11.00 – 16.00 Uhr).

Hiekka

Im Kunstmuseum Hiekka werden unter anderem Werke des finnischen Bildhauer-Titanen Wänio Aaltonen sowie Gold- und Silberarbeiten gezeigt (Öffnungszeiten: Di. – Do. 15.00 – 18.00, So. 12.00 bis 15.00 Uhr).

TAMPERE ERLEBEN

AUSKUNFT

Tampere City Tourist Office
Verkatehtaankatu 2, 33101 Tampere
Tel. (03) 146 68 00
Fax 146 64 63
www.tampere.fi

ESSEN

► Erschwinglich

① ***Näsinneula***
Särkenniemi
Tel. (03) 248 82 34
Vom langsam rotierenden Restaurant im höchsten Gebäude der Stadt, dem Näsineula-Turmrestaurant, genießt man eine hervorragende Aussicht über Tampere und sein Umland.

② ***Bodega Salud***
Tuomiokirkonkatu 19
Tel. (03) 223 44 00
www.bodega-salud.fi
Anspruchsvolles Gourmet-Restaurant mit den angeblich besten Steaks in ganz Finnland. Besonders das seit 20 Jahren erprobte Rezept für Pfeffersteak erfreut sich bei den Gästen großer Beliebtheit.

③ ***Harald***
Hämeenkatu 2
Tel. (03) 213 83 80
Beim Konzept des Restaurants standen die Wikinger Pate. Viele Rentierfleischgerichte

ÜBERNACHTEN

► Komfortabel

① ***Sokos Hotel Tammer***
Satakunnankatu 13
Tel. (03) 262 62 65
Fax 262 62 66
87 Zi., www.sokoshotels.fi
Eines der Traditionshotels in Tampere. Es kombiniert modernen Komfort mit etwas nostalgischer Eleganz.

② ***Hotel Cumulus Pinja***
Satakunnankatu 10
Tel. (03) 241 51 11
Fax 24 15 55
60 Zi., www.cumulus.fi
Ruhig gelegen in einem prächtigen Jugendstil-Gebäude. Das Restaurant und der Saal Olympia sind nostalgisch original ausgestattet.

► Günstig

③ ***Hotel Iltatähti***
Tuomiokirkonkatu 19
Tel. (03) 31 51 61
Fax 31 51 62 62
90 Zi., www.hoteliltatahti.fi
Unweit des Bahnhofs, einfaches Hotel.

AUSFLÜGE MIT DEM SCHIFF

Silberlinie
Landschaftlich sehr reizvoll ist ein Ausflug mit den Motorschiffen der Silberlinie von Tampere nach Hämeenlinna. Sie legen täglich in Tampere am Laukontori-Marktplatz an.

Dichterweg
Die Fahrt mit dem rund 100 Jahre alten Dampfer »Tarjanne« von Tampere nach Virrat im Näsijärvi-Seengebiet dauert rund 8 Std.
Abfahrten Anfang Juni bis Mitte Aug. Di., Do., Sa. 10.45 ab Tampere, Ankunft in Virrat 18.30.
Mi., Fr., So. 10.45 ab Virrat, Ankunft in Tampere 18.30 Uhr).

FESTE

Typisch finnisch ist die Akkordeonmusik. Und die zelebriert man Jahr für Jahr Ende Juni/Anfang Juli beim überregional bekannten Akkordeonfestival »Sata-Häme Soi«.

Außergewöhnlich in Architektur und Ausgestaltung: der Jugendstil-Dom von Tampere

Mumintal-Museum

In Finnland kennt jedes Kind die Geschichten der Autorin und Künstlerin **Tove Jansson** (1914 – 2001). Im Museum, das der Stadtbücherei angeschlossen ist, erfährt man alles über die Welt der Mumins (Öffnungszeiten: im Sommer Mo. – Fr. 9.00 – 17.00, Sa., So. 10.00 – 18.00 Uhr, im Winter Mo. geschl.).

Arbeitermuseum

Im Arbeitermuseum werden die Lebensverhältnisse der Arbeiter aus der Zeit um 1880 bis zu den 1970er-Jahren gezeigt. Über 30 originalgetreu eingerichtete Häuser wie Bäckerei, Schusterwerkstatt, Genossenschaftsladen oder Gemeinschaftssauna sind zu sehen (Öffnungszeiten: Di. – So. 10.00 – 18.00 Uhr).

Willa MAC

Die Willa MAC ist ein Privatmuseum für finnische zeitgenössische Kunst in Pyynikki (Palomäentie 23); es umfasst rund 800 Werke finnischer Künstler sowie eine kleine Abteilung naiver und traditioneller Kunst (Öffnungszeiten: Mi., Sa., So. 12.00 – 17.00 Uhr).

Särkänniemi

Im Norden der Stadt am See Näsijärvi liegt der **Vergnügungspark** Särkänniemi. Weithin sichtbarer Mittelpunkt des Geländes ist der **Aussichtsturm Näsinneula** (173 m ü. d. M.), um den in 124 m Höhe ein Aussichtsrestaurant rotiert. Neben Karussells und anderen Vergnügungseinrichtungen gibt es ein Aquarium, ein Delfinarium und ein Planetarium. Zu dem Vergnügungspark gehört auch das äußerst sehenswerte **Sara-Hildén-Kunstmuseum** (Öffnungszeiten: im Sommer tgl. 11.00 – 18.00 Uhr, sonst Mo. geschl.).

Museum Vapriikki Am Ufer des Tammerkoski in Tamperes altem Industrieviertel liegt das Museumszentrum Vapriikki, eines der vielseitigsten und interessantesten Museen der Stadt. Es ist in der ehemaligen Maschinenwerkstatt von Tampella in einem historischen Fabrikmilieu untergebracht. Der Bogen der Ausstellungen spannt sich von der Archäologie über zeitgenössische Kunst bis zu Technik und Natur. Das Vapriikki beherbergt auch das finnische Eishockeymuseum und seit 2004 ein Schuhmuseum. Vom Restaurant Valssi genießt man einen schönen Blick auf den Fluss; im Sommer sitzt man auf der Terrasse direkt über der Stromschnelle (Öffnungszeiten: Di., Do., Fr. – So. 10.00 – 18.00, Mi. 11.00 – 20.00 Uhr).

✶ Dom Nördlich des Bahnhofes befindet sich der zwischen 1902 und 1907 unter Leitung von Lars Sonck gebaute Dom (Bild S. 601). Er gilt als besonders typisches, weit über die Grenzen des Landes bekanntes Bauwerk des finnischen Jugendstils, der auch im übrigen Stadtbild immer wieder gestalterisch in Erscheinung tritt.

✶ Universität, Tampere-Halle Bemerkenswerte Profanbauten östlich des Bahnhofs sind die 1961 von Toivo Korhonen gebaute Universität. Die moderne Konzert- und Kongresshalle, eine der größten ihrer Art in Nordeuropa, wurde 1990 nach Plänen von Sakari Aartelo und Esa Piironen erbaut.

Kaleva-Kirche Einige Minuten nordöstlich der Tampere-Halle liegt die Kaleva-Kirche, ein abweisender Betonbau der bedeutenden finnischen Architekten Reima und Raili Pietilä. Drei Jahrzehnte nach seiner Fertigstellung 1966 ist die Kaleva-Kirche **noch immer umstritten**. Der Innenraum ist aber durchaus beeindruckend.

Volkspark von Kauppi Nördlich der Kaleva-Kirche gelangt man in den großzügig angelegten Volkspark von Kauppi mit einem Bootshafen. Im Park befinden sich das Observatorium und eine Reihe von Sportanlagen.

Park von Pyynikki Südwestlich vom Zentrum liegt an einer Anhöhe der große Park von Pyynikki, dessen Freilichttheater eine drehbare Zuschauertribüne hat; im Sommer finden hier Aufführungen des Arbeitertheaters statt (Auskunft im Touristenbüro). Westlich schließt sich an den Park der alte Stadtteil **Pispala** an, dessen von Holzhäusern gesäumte Straßen steil bergan oder bergab führen. Von hier bietet sich ein schöner Blick auf die Stadt.

Umgebung von Tampere

Viikinsaari Die Insel Viikinsaari im See Pyhäjärvi ist das beliebteste Naherholungsgebiet der Einheimischen. Hier findet man ein breites Freizeitangebot wie Kinderspielplätze, Ruderboote, überdachte Grillplätze, malerische alte, verzierte Holzhäuser und auch einen schönen Badestrand. Es gibt regelmäßige Bootsverbindungen von Tampere.

✶ **Näsijärvi-See**

Nördlich von Tampere erstreckt sich der große Näsijärvi-See bis nach **Ruovesi**, das wegen seiner schönen Lage im Sommer viel besucht wird. Neben Ausflügen per Schiff (► S. 600) kann man das Gebiet auch durch Wanderungen in den Nationalparks der Umgebung kennen lernen.

◄ Nationalpark Seitseminen

Der Nationalpark Seitseminen ist über die Landstraße von Kuru nach Länsi-Aure (1 km zum Informationszentrum) zu erreichen. Im 1982 gegründeten Schutzgebiet herrschen interessante landschaftliche Gegensätze zwischen Urwäldern, Kiesrücken, Seen, Teichen und Mooren. Am See Pitkäjärvi steht eine ehemalige Waldarbeiterunterkunft aus den 1930er-Jahren, und eine besondere Sehenswürdigkeit ist der restaurierte **Kätnerhof Kovero** (Ende 19. Jh.), wo traditionelle Arbeitsmethoden vorgestellt werden (Öffnungszeiten: Juni – Aug. tgl. 10.00 – 18.00, Sept. und Mai tgl. 9.00 – 17.00 Uhr).

◄ Wanderweg Pirkan Taival

Teile des Nationalparks können auf einem gut beschilderten Rundwanderweg (8 km) durchwandert werden. Erweiterungsmöglichkeiten bieten der Naturlehrpfad zum Multiharju oder der markierte »Pirkan Taival«, der die Nationalparks Seitseminen und Helvetinjärvi durchquert. Die Wanderstrecke führt von Kuru über Ruovesi und Virrat nach Ähtari.

Die Farben des Sommers am Näsijärvi-See

Tornio · Torneå

M 4

Gebiet: Nordfinnland **Einwohnerzahl:** 23 000

Hier verläuft die urbane Nahtstelle zwischen Finnland und Schweden. Tornios schwedische Schwesternstadt Haparanda liegt nur einen Steinwurf entfernt und beide pflegen seit jeher enge familiäre und wirtschaftliche Kontakte.

Die »friedlichste Grenze der Welt«

Tornio liegt an der Mündung des Grenzflusses Tornionjoki in den Bottnischen Meerbusen. Der westlichste Teil der Stadt liegt auf der früheren Insel Suensaari, die mit dem Festland am schwedischen Ufer verwachsen ist. Beim Grenzübertritt muss man die unterschiedliche Zeit beachten: In Finnland gehen die Uhren um eine Stunde vor.

Tornio wurde bereits im 14. Jh. erwähnt, als dort Erzbischof Hemming Finnen und Samen taufte. 1621 erhielt Tornio durch Gustav II. Adolf Stadtrechte und entwickelte sich dank seiner Lage schnell zu einem blühenden Handelszentrum. Erst mit der Gründung Haparandas auf der schwedischen Seite fast 200 Jahre später setzte die über Staatsgrenzen hinweg verlaufende Entwicklung der Doppelstadt Tornio/Haparanda ein.

Sehenswertes in Tornio und Umgebung

Holzkirche

Die 1684 – 1688 erbaute Kirche zählt zu den besterhaltenen und schönsten Holzkirchen des 17. Jh.s in Finnland. Das stimmungsvolle Innere wird vor allem durch die gemalte Holzdecke, eine Kanzel mit Holzschnitzereien und einen Messingkronleuchter geschmückt (Öffnungszeiten: Juni und Juli Mo. – Fr. 9.00 – 19.00, Sa., So. 11.30 bis 17.00, Mai und Aug. Mo. – Fr. 9.00 – 17.00 Uhr). Nördlich der Kirche bieten die Aussichtsplattform und das dortige Café auf dem Wasserturm einen Blick über die Stadt.

Museen

Sehenswert ist das Aine-Kunstmuseum (Torikatu 2), das finnische Kunst des 19. und 20. Jh.s zeigt. Einen Besuch lohnt auch das Regionalmuseum (Keskikatu 22) mit interessanten volkskundlichen Sammlungen aus dem Torniotal und aus Lappland (Öffnungszeiten Kunstmuseum: Di. – Do. 11.00 – 18.00, Fr., Sa. 11.00 – 15.00; Regionalmuseum: Mo. – Fr. 12.00 – 17.00, So. 12.00 – 15.00 Uhr).

Torniotal

Nach Norden führt ein lohnender Ausflug auf der Str. Nr. 21 in das Torniotal. Nach 15 km kann man einen ersten Abstecher zum Fluss und den **Stromschnellen Kukkolankoski** machen. Diese haben ein Gefälle von 13,8 m auf einer Strecke von 3,5 km und sind somit die längsten frei fließenden Stromschnellen Finnlands. Hier werden von örtlichen Veranstaltern Wildwasserfahrten angeboten. In den am

Ufer des Flusses gelegenen Restaurants (z. B. die Cafeteria Myllypirtti oder das Kukkolaforsen Touristcenter auf der schwedischen Seite) gibt es sehr gute Fischgerichte.

Kemi

Kemi (24 000 Einw.) liegt am Nordende des Bottnischen Meerbusens an der Mündung des einst sehr fischreichen Flusses Kemijoki. Im Sommer ist der Ort kaum touristisch interessant – im Winter hingegen ist das Schloss aus Schnee eine echte Attraktion.

★ ◄ Edelsteingalerie

Die wohl bedeutendste Sehenswürdigkeit von Kemi ist die Edelsteingalerie in der Kauppakatu 29. Zu sehen sind etwa 3000 Edelsteine, Juwelen- und Diamantschleifereien, eine Goldschmiedewerkstatt und eine Dokumentation über die Entstehung und die Lagerstätten von Edelsteinen (Öffnungszeiten: im Sommer Mo. – Fr. 8.00 – 18.00, Sa., So. 10.00 – 18.00, sonst Mo. – Fr. 10.00 – 16.00 Uhr).

◄ Schloss aus Schnee

Von Januar bis Mitte April entführt die »Lumilinna«, ein jährlich neu errichtetes gewaltiges Schloss aus Schnee und Eis den Besucher in eine eisig-schöne Märchenwelt. Es gibt ein Restaurant mit Bar, ein

TORNIO ERLEBEN

AUSKUNFT

Tornio – Haparanda Matkailu
Green Line, 95400 Tornio
Tel. (016) 43 27 33
Fax 48 00 48
www.tornio.fi

ESSEN

► Erschwinglich

Golden Flower
Eliaksenkatu 8
Tel. (016) 48 13 84
Multi-kulti in Suomi: In diesem chinesischen Restaurant werden auch Pizzen zubereitet.

ÜBERNACHTEN

► Komfortabel

Tornion Kaupunginhotelli
Itäranta 4
Tel. (016) 24 41 22 11
Fax 48 29 20
www.tornionkaupunginhotelli.fi
Im Herzen von Tornio, direkt am Ufer des zum Rafting einladenden brausenden Tornijoki, liegt das »Stadthotel« mit 98 Zi. und einem Spitzenrestaurant.

BESICHTIGUNGEN

Die Lapin-Kulta-Brauerei in der Lapinkullankatu wurde 1873 eröffnet und ist damit der älteste Betrieb im Norden Finnlands. Von Juni bis August werden dienstags und donnerstags einstündige Fabrikbesichtigungen angeboten, Treffpunkt am Haupteingang der Brauerei.

! *Baedeker* TIPP

Edles Kunsthandwerk

In Laivainiemi, 10 km südöstlich von Tornio, kann man einen Blick in die Welt der Porzellanmalerei werfen, Paula Salminen bei der Arbeit zuschauen und erstklassiges Kunsthandwerk erwerben (Postelli Paula Salminen, Niemeläntie 2, Tel. 016/ 44 98 82, geöffnet: Mo. – Fr. 10.00 – 17.00, Sa. 10.00 – 15.00 Uhr).

Luxus-Iglu: Jährlich wird in Kemi das Schneeschloss neu gebaut.

Hotel, wo man bei – 5 °C in polartauglichen Schlafsäcken übernachten kann, und einen Abenteuerspielplatz. Informationen: Lumilinna, Kemi, Tel. 016/ 25 95 02, www.snowcastle.net

Ausflug mit dem Eisbrecher

Im Hafen von Kemi hat der 1961 gebaute Eisbrecher »Sampo« seinen Liegeplatz. Vor einigen Jahren wurde er in ein luxuriöses Kreuzfahrtschiff umgewandelt. Von Dezember bis Mai ist es möglich, 2- bis 6-stündige Fahrten zu unternehmen (bis zu 150 Passagiere). Diese schließen Ski- und Motorschlittenausflüge oder Hunde- und Rentiersafaris ein. Im Sommer kann man das Schiff besichtigen und im Restaurant essen.

★★ Turku · Åbo

L 6

Gebiet: Südfinnland **Einwohnerzahl:** 175 000

Turku ist die älteste Stadt des Landes und war bis 1812 Hauptstadt von Finnland. Dann musste die Bischofs- und Universitätsstadt diesen Rang an Helsinki abtreten. Vor Turkus Küste breitet sich ein sehr einladender Schärengarten aus.

Finnlands erste Unistadt

Die Stadt liegt etwa dort, wo Nachfolger der schwedischen Wikinger Mitte des 12. Jh.s an Land gingen und zur Eroberung des heutigen Finnland ansetzten. 1229 wurde die Stadt Bischofssitz, 1525 erhielt sie von König Gustav Wasa die Stadtrechte. Im Jahre 1630 legte Gustav II. Adolf durch Stiftung eines Gymnasiums das geistige Fundament für Finnlands erste Universität. 1809 fiel die Stadt mit ganz

Die Lage am Fluss Aurajoki macht Turku besonders attraktiv.

Finnland an Russland. Im selbstständigen Finnland wurde 1918 eine neue, private schwedischsprachige Universität, die Åbo Akademi, und 1920 eine finnischsprachige staatliche Universität gegründet. Turku, das einzige finnische Mitglied der modernen Hanse, war 2004 zum 775-jährigen Stadtjubiläum Gastgeber der Hansetage.
Lange Zeit war die Stadt Zentrum des Schiffsbaus für Eisbrecher. Die bedeutende Industrie umfasst u. a. eine Schiffswerft, Maschinenfabriken, Nahrungsmittelverarbeitung und Textilwerke. In den letzten Jahren hat sich Turku zu einer Kongressstadt und zu einem Zentrum der Computer- und Biotechnologie entwickelt.

Sehenswertes in Turku

Marktplatz

Verkehrsmittelpunkt von Turku ist der Marktplatz (Kauppatori) am Nordufer des Aurajoki. Werktags sind hier bis 14.00 Uhr die Stände aufgebaut, und es herrscht ein geschäftiges Markttreiben. Am Marktplatz liegen das schwedische Theater (1838), die historische Markthalle, das mit Glas überdachte Einkaufszentrum Hansa und die orthodoxe Kirche (um 1840)

Kunstmuseum

Vom Markt führt die belebte Aurakatu nordwestlich zum Kunstmuseum (Taidemuseo). Er enthält eine vielfältige Sammlung von Bildern und Gemälden meist finnischer Künstler (Öffnungszeiten: Di. – Fr. 11.00 – 19.00, Sa. – So. 11.00 – 17.00 Uhr).

Apothekenmuseum

Wo die Aurakatu den Aurajoki überquert, wurde nahebei, im ältesten Holzhaus der Stadt (1957 restauriert), das Apothekenmuseum eingerichtet (Öffnungszeiten: Mitte April – Mitte Sept. tgl. 10.00 – 18.00, sonst Di. – So. 10.00 – 15.00 Uhr).

TURKU ERLEBEN

AUSKUNFT

Turku Touring
Auragatan 4, 20100 Turku
Tel. (02) 262 74 44, Fax 262 76 74
www.turkutouring.fi

TURKU CARD

Mit der Turku Card hat man freien Zugang zu allen Museen und Sehenswürdigkeiten der Stadt und kann den öffentlichen Nahverkehr beliebig oft nutzen. Außerdem ermäßigen sich einige Übernachtungs- und Restaurantpreise. Sie ist im Touristenbüro erhältlich und gilt für 24 oder 48 Std. (21 bzw. 28 €).

ESSEN

► Fein & Teuer

③ ***Panimoravintola Koulu***
Eerikinkatu 18
Tel. (02) 274 57 57
In einem alten Schulgebäude aus dem Jahr 1889 ist im oberen Geschoss ein anspruchsvolles Restaurant untergebracht. Im Erdgeschoss gibt es eine Brauerei-Kneipe, einen Biergarten und eine Weinbar mit günstigen Mittagsmenüs.

► Erschwinglich

① ***Vaakahuonen Paviljonki***
Linnankatu 38
Tel. (02) 515 33 24
Im jazzigsten Restaurant Turkus am Ufer des Aura kann man perfekt in den Abend starten: Die Karte bietet Pasta, Pizza und Steak sowie ein günstiges Fisch-Buffet. Und dazu fast immer Live-Musik.

② ***Teini***
Uudenmaankatu 1
Tel. (02) 223 02 03
Gute, nahrhafte, traditionelle finnische Küche.

Baedeker-Empfehlung

④ ***Uusi Apteeki***

Eine besonders empfehlenswerte Adresse für den späteren Abend ist die Kultkneipe »Neue Apotheke«. Sie ist in einer alten Apotheke eingerichtet, die antiken Original-Regale sind mit Hunderten alter Bierflaschen gefüllt. Sie diente schon als Kulisse für Filme und man trifft hier die Crème der Turkuer Intelligenzia Seite an Seite mit etwas abgestürzten Kneipenoriginalen.

L'Escale
Schäreninsel Nagu / Nauvo
Rantatie 1
Tel. 02/ 460 44 00
Segler können direkt anlegen: Das maritime Gourmet-Restaurant liegt idyllisch direkt am Hafen. Wem der Sinn gerade nicht nach Edel-Küche steht, der kann im nebenan liegenden Restaurantschiff Najaden Pizza ordern oder einen edlen Tropfen aus der Hinterhof-Schnapsbrennerei erwerben.

ÜBERNACHTEN

► Komfortabel

① ***Park Hotel***
Rauhanklatu 1
Tel. (02) 251 96 66
Fax 251 96 96
www.parkhotelturku.fi
Turkus romantischstes Hotel ist in einem Jugendstilgebäude aus dem Jahr 1902 eingerichtet. Jedes der gemütlichen Zimmer ist anders eingerichtet und es gibt günstigere Wochenendtarife.

② ***Sokos Hotel Seurahuone***
Eerikinkatu 23
Tel. (02) 33 73 01
Fax 251 80 51
www.sokoshotels.fi
Bei den 131 Zimmern im Sokos Seurahuone kann man sich für italienisches, orientalisches oder amerikanisches Flair entscheiden. Gleich im Haus liegt das Restaurant »Sevilla«.

③ ***Seaport Hotel***
Passagierhafen
Tel. (02) 22 83 30 00
Fax 22 83 31 00
www.hotelseaport.fi
In einem renovierten Zollspeicher direkt am Passagierhafen ist das Hotel Seaport der Best-Western-Kette untergebracht. Die Burg liegt gleich nebenan und auch ins Stadtzentrum sind es nur drei Kilometer.

AUSFLÜGE IN DIE SCHÄREN

Schärenringstraße
Eine gute Möglichkeit, die Inselwelt auf eigene Faust kennen zu lernen, ist die Schärenringstraße. Sie ist mit braunen Wegweisern »Saariston Rengastie / Skärgårdens Ringveg« ausgeschildert. Die rund 200 km lange Rundtour beginnt in Turku und führt über zwölf Brücken und acht Fähren wieder zum Ausgangspunkt zurück. Mit dem Auto schafft man die Runde an einem Tag. Wer die Inselwelt nicht auf eigene Faust erkunden möchte, bucht eine der Pauschalreisen mit Tagesetappen von 25 bis 40 km bei der Touristeninformation.

Fahrt mit dem Dampfer
Für einen ersten Eindruck von der Schärenwelt eignet sich eine Fahrt mit dem nostalgischen Seedampfer »Ukkopekka«, der im Sommer zwei Mal täglich zwischen Turku und Naantali pendelt (Abfahrt von Turku 10.00 und 14.00 Uhr).

FESTE

Ruisrock
Ende Juni/Anfang Juli findet auf der Insel Ruissalo jährlich das größte Rockfestival von ganz Finnland statt. Programminfos und Termine unter www.ruisrock.fi

Mittelaltermarkt
In der zweiten Julihälfte wird der Alte Markt von Turku für einige Tage zum Schauplatz eines mittelalterlichen Spektakels. Spielmannsmusik, Ritterumzüge und zünftiger Handel, dazu Hunderte von Schauspielern in bunten Kostümen – die Mittelalter-Illusion ist perfekt!

Weihnachten in Turku
Vom ersten Advent an verwandelt sich die Stadt in ein Weihnachtsmärchen. Die Flussufer sind erleuchtet, Museen und Kirchen veranstalten Sonderausstellungen und Konzerte. Auf dem Alten Markt findet an den Adventswochenenden ein Weihnachtsmarkt statt, auf dem unter anderem hochwertiges Kunsthandwerk angeboten wird und in der Burg werden die Weihnachtstische gezeigt. Aktuelle Veranstaltungshinweise: www.christmascity.com.

★★ Dom

Zentrum südlich des Flusses ist der Domplatz. Auf dem Unikankari-Hügel steht die um 1230 gegründete und 1300 geweihte Domkirche, die Hauptkirche der evangelisch-lutherischen Kirche in Finnland. Dieses Nationalheiligtum Finnlands ist ein massiver Backsteinbau aus spätromanischer Zeit mit gotischen und Renaissanceanbauten sowie einem 98 m hohen markanten Turm. Sie ist der Jungfrau Maria geweiht und hat den Heiligen Henrik als Schutzheiligen. Das **Innere des Doms** wurde nach einem Brand 1827 wieder hergestellt und beherbergt zahlreiche **Grabmäler** (Öffnungszeiten: Mitte April – Mitte Sept. tgl. 9.00 bis 20.00, im Winter bis 19.00 Uhr).

Sibelius-Museum

Nördlich vom Dom liegt das Sibelius-Museum. Neben Sammlungen über den Komponisten kann man hier auch noch Hunderte von Musikinstrumenten aus aller Welt besichtigen (Öffnungszeiten: Di. – So. 11.00 – 16.00, Mi. auch 18.00 – 20.00 Uhr).

★★ Museum Aboa Vetus & Ars Nova

Die Museen Aboa Vetus und Ars Nova sind im prachtvollen Rettig-Palast zu finden, der einst das Privathaus eines Tabakfabrikanten war. Das äußerst sehenswerte Doppelmuseum wurde 1999 als **zweitbestes Museum Europas** ausgezeichnet. Der Kern des Museums Aboa Vetus ist der mittelalterliche Stadtteil, der 1990 bei Bauarbeiten entdeckt wurde. Im Keller sieht man die Ausgrabungen aus dem 14. Jh., die zusammen mit den Ausstellungen ein gutes Bild des mittelalterlichen Turku vermitteln. Zentraler Bestandteil des Ars Nova, des Museums der modernen Kunst, ist die Sammlung der Matti-Koivurinta-Stiftung (Öffnungszeiten beider Museen: Mitte April – Ende Sept. tgl. 11.00 – 19.00, Jan.. bis Mitte April und Okt., Nov. Do. – So. 11.00 – 19.00 Uhr).

! *Baedeker* TIPP

Kneipe auf dem Klo

Sehenswert sind die Toiletten des Puutori, des Baumplatzes. Warum Klohäuschen in einem Reiseführer stehen? Das Toilettenhäuschen aus dem Jahre 1933 ist seit 1977 ein Restaurant, das im Sommer auch Sitzmöglichkeiten draußen auf dem Platz anbietet.

Universität

Åbo Akademi wird die 1919 eröffnete **Schwedische Universität** genannt. In den Anlagen vor dem Gebäude steht ein Bronzestandbild Per Brahes, des schwedischen Statthalters in Finnland und Universitätsgründers, geschaffen von W. Runeberg (1888).

Kupittaa-Park

Vom Domplatz führt die Uudenmaankatu südöstlich zum Kupittaa-Park. Hier befinden sich ein Schwimmbad und die St.-Heinrich-Quelle, mit deren Wasser die ersten Finnen christlich getauft worden sein sollen.

★★ Handwerksmuseum

Den großen Brand von Turku 1827 überstand unbeschadet ein Viertel auf der stadtabgewandten Seite des Vartivuori. Mit seinen historischen Holzhäusern, niedrigen kleinen Höfen und unregelmäßigen

Turku Orientierung

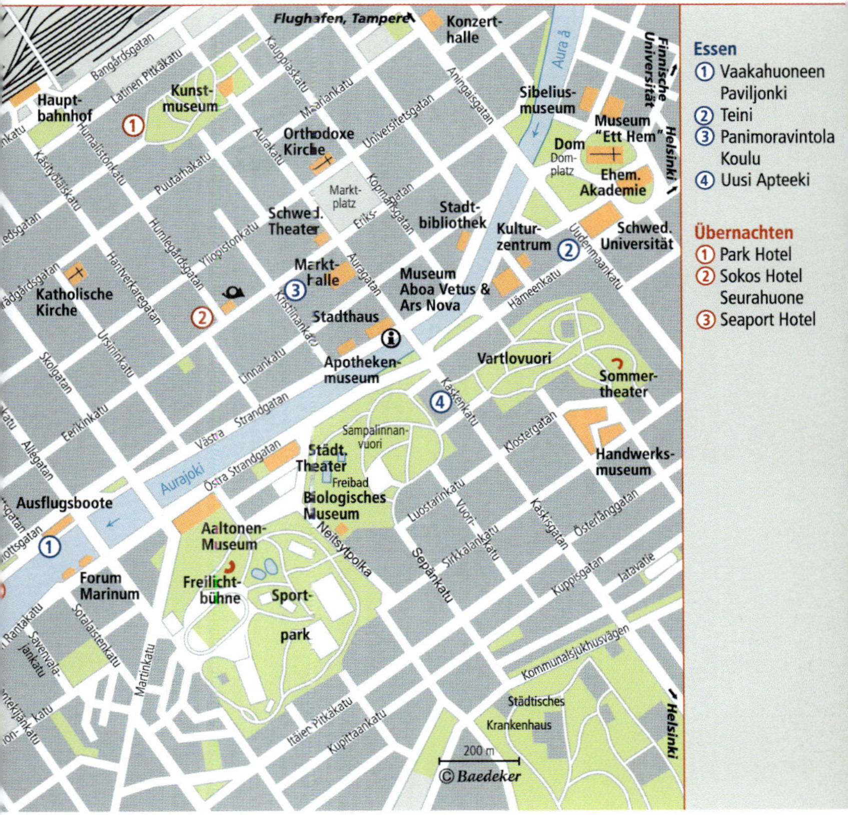

Gassen ist das geschlossene Ensemble von ganz besonderem kulturgeschichtlichen Wert. Es ist heute zum Handwerksmuseum (Käsityöläismuseo) zusammengefasst und bietet einen hervorragenden Einblick in die vorindustrielle Handwerksproduktion und Lebensweise einfacher Leute vor ca. 200 Jahren. Im Sommer arbeiten täglich Handwerker in den Werkstätten, und in den beiden Verkaufsläden kann man ihre Produkte als besonders stilvolle Reiseandenken erwerben (Öffnungszeiten: Mitte April – Mitte Sept. tgl. 10.00 – 18.00, sonst Di. – So. 10.00 – 15.00 Uhr).

Biologisches Museum

Auf dem Hügel von Sampanlinna gibt es ein Freilichttheater und eine alte **Windmühle**. Das nahe gelegene Biologische Museum gibt einen Überblick über die finnische Tier- und Pflanzenwelt (Öffnungszeiten: Mitte April – Mitte Sept. 10.00 – 18.00, sonst Di. – Do. 10.00 – 15.00 Uhr).

Burg Turku, eine der bedeutendsten Sehenswürdigkeiten von Finnland.

Aaltonen-Museum (Öffnungszeiten-Symbol)

Weiter westlich befindet sich das von Irma und Matti Aaltonen entworfene Wäinö-Aaltonen-Museum (1967), wo Skulpturen des Bildhauers und moderne Kunst ausgestellt sind (Öffnungszeiten: Di. – So. 11.00 – 19.00 Uhr).

Forum Marinum

Unweit von Hafen und Burg befindet sich das Forum Marinum, das Themen rund um die Seefahrt anhand von wechselnden Ausstellungen zeigt. Zum Museum gehört auch eine Flotte von historischen Schiffen, die im Sommer besichtigt werden können (Öffnungszeiten: Mai – Sept. tgl. 11.00 – 19.00, sonst Di. – So. 10.00 – 18.00 Uhr).

★★ Burg von Turku

Ein Stück westlich vom Forum Marinum liegt am rechten Ufer des Aurajoki die massive Feldsteinburg (Turun linna), eine der bedeutendsten Sehenswürdigkeiten von ganz Finnland. Die Burg wurde 1941 bei Bombenangriffen stark zerstört, nach dem Krieg aber bis 1961 umfassend renoviert. Die Festung wurde wahrscheinlich um 1280 erbaut und während der Wasazeit im 16. Jh. erweitert, nachdem König Gustav Wasa seinen Sohn Johan zum Herzog von Finnland ernannt hatte. In dieser Zeit wurde das Renaissance-Stockwerk der Festung gebaut. Zu den Attraktionen gehört das Verlies, in dem Herzog Johan um 1570 seinen Bruder, den entmachteten Erich XIV., gefangen hielt. Die Ausstellungen der Burg zeigen alte Gewänder und Spielzeuge sowie Glas-, Porzellan-, Gold- und Silbergegenstände. In der Burgkirche ist eine Sammlung mittelalterlicher Holzskulpturen zu sehen und in der Vorburg wird die Stadtgeschichte präsentiert (Öffnungszeiten Mitte April – Mitte Sept. tgl. 10.00 – 18.00, sonst Mo. 14.00 – 19.00, Di. – So. 10.00 – 15.00).

Umgebung von Turku

✶ Naantali

Naantali ist ein reizvolles kleines Städtchen, 17 km westlich von Turku an der Küste gelegen. Es entwickelte sich im Umkreis eines Brigittenklosters (1443 errichtet). Im 17. Jh. zerfiel der Großteil der alten Klostergebäude, nur die monumentale **Klosterkirche** blieb als das von weitem sichtbare Wahrzeichen der Stadt erhalten. Im Sommer wird allabendlich um 20.00 Uhr von Trompetern zur Abendvesper geblasen, die so an die alten Klosterzeiten erinnern.
Schon frühzeitig wurde die heilende Kraft der nahe gelegenen Quelle Viluuluoto genutzt und 1863 eine Kuranstalt gebaut. Im Hochsommer sieht man viele Besucher durch die von gelben Holzhäusern gesäumten Gassen flanieren; die Hafenrestaurants- und Cafés sind gut besucht. Der größte Teil der Häuser stammt aus dem 18. und 19. Jh. Direkt am idyllischen Jachthafen gelegen, bilden die niedrigen Holzhäuser mit ihren gepflegten Gärten rund um die Klosterkirche den gemütlichen Kern der Stadt.
Im ältesten und schönsten Bürgerhaus sind der **Museumshof Hiilola** (Katinkäntä 1) und das **Städtische Museum** untergebracht. In den Museumshäusern werden das bürgerliche Leben und der Alltag der Handwerker aus dem 19. Jh. dargestellt (Öffnungszeiten: Mitte Mai – Ende Aug. tgl. 12.00 – 18.00 Uhr).

✶✶ Schären

Der Schärengarten vor Turku besteht aus 14 Gemeinden und der Stadt Parainen, die sich auf mindestens 20 000 Inseln und Inselchen verteilen. Jedenfalls ist es das weltweit größte Schärengebiet und die meisten Inseln sind nur winzige, unbewohnte und kahle Felsbuckel. Die Zahl der festen Einwohner beträgt ca. 20 000, im Sommer, wenn sich die Ferienhäuser mit Gästen füllen, sind es erheblich mehr.
Mehrmals täglich und auch abends legen Schiffe vom Hafen zu **Minikreuzfahrten** durch die vorgelagerte Schärenwelt ab (s. S. 609).

Lieto

Knapp 20 km nordöstlich von Turku, nahe dem Bahnhof von Lieto, in Nautelankoski, liegen die schönsten **Stromschnellen** des Aurajoki (16 km nordöstlich von Turku). Der Fluss und die Ufer stehen unter Naturschutz, man kann aber die Gegend auf einem 1,5 km langen Natursteig erkunden.

Insel Ruissalo

Im Südwesten von Turku (auch erreichbar mit dem Bus) liegt vor der Auramündung die Insel Ruissalo, die durch eine Brücke mit dem Festland verbunden ist. Hier gibt es ein großes Freizeitgelände mit Campingplatz, Gelegenheit für Golf, Reiten, Minigolf und Wasserski.

Uusikaupunki Uusikaupunki liegt malerisch an einer Meeresbucht nördlich von Turku. Die Autoproduktion in der **nördlichsten Autofabrik der Welt** begann schon vor mehr als 30 Jahren als Kooperation der Unternehmen Valmet (finnisch) und Saab (schwedisch). Im September 1997 rollten dann die ersten **Porsche Boxster** bei Valmet vom Band.

Museen ► Im 19. Jh. besaß Uusikaupunki die zweitgrößte Handelsflotte des Landes. Exponate, die aus dieser Zeit der Stadt stammen, befinden sich im **Kulturhistorischen Museum** (Ylinenkatu 11), im **Seemannsheim** (Myllymäki-Hügel) und im **Lotsenmuseum** (auf dem Vallimäki-Hügel); Öffnungszeiten: Sommer tgl. 11.00 – 15.00, Sa., So. 12.00 – 15.00 Uhr. Das **Automobilmuseum** (Autotehtaankatu 14) zeigt eine große Sammlung von Saab-Modellen, unter ihnen viele wertvolle Oldtimer (Öffnungszeiten: Juni – Aug. tgl. 10.00 – 18.00, sonst 11.00 – 17.00 Uhr).

Wenn man vom Marktplatz die Meeresbucht über eine Brücke überquert, kommt man zum Museum Bonk (Siltakatu 2). In einem alten Dynamo-Zentrum werden nicht funktionstüchtige, jedoch phantasievolle Maschinen gezeigt. Die begleitenden Texte offenbaren viel Sinn für Humor (Öffnungszeiten: Juni – Aug. tgl. 10.00 – 18.00, sonst Mo. – Fr. 10.00 – 16.00 Uhr).

Opferkirche von Pyhämaa Etwa 25 km nördlich von Uusikaupunki kommt man zu der beeindruckenden Holzkirche von Pyhämaa. Sie besticht vor allem durch die Malereien (1667) an der Decke und an den Innenwänden (Öffnungszeiten: Juni – Mitte Aug. Mo. – Sa. 11.00 – 17.00, So. nach dem Gottesdienst bis 17.00 Uhr).

Vaasa

K 5

Gebiet: Westfinnland **Einwohnerzahl:** 54 000

In keiner anderen Stadt Finnlands sprechen so viele Bewohner Schwedisch. Verheerende Brände machten 1852 einen Neuaufbau der Stadt nötig, der etwas nüchtern ausfiel. Von Vaasa aus kann man direkt ins schwedische Umeå auf der anderen Seite des Bottnischen Meerbusens übersetzen.

Landhebung Die Küstenlinie auf der Höhe von Vaasa wird auf Grund der Landhebung in jedem Jahrhundert um einen Meter ins Meer vorgelagert. Dieser ehemalige Meeresboden bildet den fruchtbaren Ackerboden für die Kornkammer Finnlands. Unzählige rote Korn- und Heuspeicher prägen das Bild der Stadt. Wegen der Bodenerhöhung hatte der Hafen, der ursprünglich bei Korsholm angelegt war, wenig Wasser und musste deshalb näher ans Ufer verlegt werden. Auch heute muss regelmäßig Schlamm aus dem Hafen ausgehoben werden, damit die Schiffe ungehindert fahren können.

Zwei Silotürme setzen Akzente in der Stadtansicht von Vaasa.

Schwedisches Erbe

Die Stadt lag bei der Gründung durch König Karl IX.im Jahre 1606 etwa 6 km landeinwärts bei Mustasaari, wo damals die Küste verlief. Im Jahre 1611 erhielt die Siedlung Stadtrechte und den **Namen des schwedischen Königsgeschlechts Wasa**, dessen Wappen auch Teil des Stadtzeichens wurde. Nach der Unabhängigkeitserklärung Finnlands 1917 wurde Vaasa zur provisorischen Hauptstadt des »weißen Finnlands«, da Helsinki sich bis zum Ende des Bürgerkriegs 1918 noch in den Händen der »roten« sozialistischen Milizen befand.

Sehenswertes in Vaasa

Museum Österbotten

Das Landschaftsmuseum Österbotten (Pohjanmaa-Museum) zeigt Sammlungen zur regionalen Kultur und zur Stadtgeschichte. Ferner werden Einrichtungsstile der unterschiedlichsten Epochen vorgestellt und Kunstwerke der finnischen Malerei des 19. und 20. Jh.s gezeigt (Öffnungszeiten: tgl. 10.00 – 17.00, Mi., Do. bis 20.00 Uhr).

Freilichtmuseum Bragegården

Im Süden der Stadt erstreckt sich der Park von Hietalahti mit dem Freilichtmuseum Bragegården. Hier kann man in die Atmosphäre finnisch-schwedischer Bauernkultur eintauchen und sich im Sommerrestaurant gemütlich stärken (Öffnungszeiten: Juni – Aug. Di. bis Fr. 13.00 – 18.00, Sa., So. bis 16.00 Uhr).

Tikanoja-Kunstgalerie

Im Haus des Kommerzienrates Frithjof Tikanoja ist dessen umfangreiche Kunstsammlung mit etwa 1000 Gemälden zu sehen (Öffnungszeiten: Di – Sa. 11.00 – 16.00, So. 12.00 – 17.00 Uhr).

VAASA ERLEBEN

AUSKUNFT

Vaasa City Tourist Office
Kaupungintalo, 65101 Vaasa
Tel. (06) 325 11 45, Fax 325 36 20
www.vaasa.fi

ESSEN

► Fein & Teuer

① ***Gustav Wasa***
Raastuvankatu 24
Tel. (06) 326 92 00
Finnische Küche vom Feinsten: Ganz nahe beim Tourist Office liegt das Kellerrestaurant mit der kleinen, aber sehr anspruchsvollen Karte.

► Erschwinglich

② ***Segeli***
Niemeläntie 14
Tel. (06) 317 20 37
Das Sommerrestaurant liegt auf dem Gelände des Segelclubs. Hier bekommt man edle Fleisch- und Fischgerichte, aber auch ein günstiges Lunchbuffet.

ÜBERNACHTEN

► Luxus

① ***Radisson SAS Royal Hotel***
Hovioikeudenpuistikko 18
Tel. (06) 212 81 11, Fax 312 38 61
285 Zi., www.radisson.com
Das anspruchsvolle Radisson ist mit Pub, Nachtclub und zwei Restaurants das größte der Top-Hotels in Vaasa.

► Komfortabel

② ***Rantasipi Tropiclandia***
Lemmenpolku 3
Tel. (06) 283 80 00, Fax 628 38 88
184 Zi., www.rantasipi.fi
Wer hier wohnt, kann die Pools des Tropiclandia sowie sieben Saunen voll auskosten.

***Vaasa** Orientierung*

Die kleinen Hütten auf den Schäreninseln kann man auch mieten.

Wasalandia

Die Vaasanpuistikko führt über einen engen Sund zur Insel Vaskiluoto hinüber. Dort lohnt der Vergnügungspark Wasalandia, zu dem auch ein Tierpark gehört, einen Besuch (Öffnungszeiten: Mitte Mai – Mitte Aug. tgl. 11.00 – 20.00 Uhr). Südlich von Wasalandia befindet sich das tropische Bad **Tropiclandia** (Öffnungszeiten: Mo. – Sa. 10.00 bis 21.00, So. 10.00 – 20 Uhr).

Umgebung von Vaasa

Alt-Vaasa

Alt-Vaasa (finn. Vanha Vaasa) liegt etwa 6 km südöstlich vom Zentrum. An diesem Platz befand sich ursprünglich die von Carl IX. gegründete Stadt bis zum alles vernichtenden Brand von 1852.

Stundars

Südlich der E 12 liegt bei Sulva das österbottnische Handwerkerdorf Stundars mit 60 alten Gebäuden, mehreren Werkstätten und volkskundlichen Ausstellungsstücken. Stundars wurde von dem Lehrer und Ethnologen Gunnar Rosenholm gegründet und ständig erweitert. Die Bauernhäuser sind Kulisse der Freiluftbühne des Sommertheaters, bei dem vor allem Volksstücke auf dem Programm stehen.

✶ Schärengürtel

Besonders reizvoll ist der abwechslungsreiche Schärengürtel im Bottnischen Meerbusen. Die noch immer aktive Landhebung hat seit der Eiszeit immer wieder neue Inseln entstehen lassen. Man kann zum Angeln Boote mieten oder auch auf Fischerbooten mitfahren. Auf den Inseln gibt es zahlreiche Hütten, die über das Verkehrsbüro der Stadt zu mieten sind. Mit dem Fernglas kann man Seevögel, darunter auch Seeadler, sowie Robben beobachten.

Seinäjoki

Alljährlich seit 1985 bricht über die kleine ostbottnische Stadt Seinäjoki eine immer größere Heerschar von Tangoverrückten und Tangotouristen herein (Siehe dazu ► Baedeker Special S. 70).

REGISTER

Hinweis: Umlaute werden wie A, O, U behandelt. Die skandinavischen Buchstaben Å, å, æ bzw. Ø, ø werden wie A bzw. O eingeordnet. In Norwegen und Schweden hingegen folgen diese Buchstaben am Ende des Alphabets nach Z.

a

b

c

d

e

i

j

k

VERZEICHNIS DER KARTEN & GRAFISCHEN DARSTELLUNGEN

BILDNACHWEIS

Aalto-Museum: 84, 551
Aune Forlag: S. 278
Bilderberg / Christophe Boisvieux: S. 50, 325 o. rechts, 416
Bilderberg / Rainer Drexel: S. 211
Bilderberg / Hans Madej: S.32
Bilderberg / Jerzy Modrak: S. 67 (© VG Bild-Kunst, Bonn 2006), 176/472
Bilderberg / Dorothea Schmid: S. 152
Branscheid, Barbara: S. 473
Felbert, Peter von: S. 62
Feltes-Peter, Astrid: S. 62, 75 (© The Munch Museum/ The Munch Ellingsen Group/ VG Bild-Kunst, Bonn 2006), 77/175 (© VG Bild-Kunst, Bonn 2006), 204, 261, 290, 314, 326, 556, 580
Finnish Tourist Board: S. 7/115, 11/594, 17, 28, 152, 519, 538, 574/U2, 616
Finnish Tourist Board / Thys: S. 10, 16/103, 18, 103, 179/542, 540, 558, 561, 591, 607
Frobitzsch: S. 562
Glaser, Th.: S. 277
Haafke: S. 515, 536, 576, 615, 617, U4
Haltner, Thomas: S.199
HB-Verlag: S. 202, 250, 342
HB-Verlag / Krüger: S. 111, 179/584, 525, 553, 582, 583, 589, 595, 601
HB-Verlag / Modrow: S. 5, 195, 227, 256/15, 334
HB-Verlag / Nowak: 6/215, 64, 89, 105, 107, 157, 172, 173, 187, 193, 197, 216, 218, 221, 224, 232, 236, 240, 235, 242/275 o., 253, 255, 276, 283, 295, 299, 302, 317, 319, 322,
HB-Verlag / Riehle: S. 4/464, 6/507, 15 (Mitte), 16/97, 51/170 rechts, 88/89, 353, 349, 372, 376, 388, 392, 394, 411, 417 oben, 421, 429, 439, 455, 458, 468, 475, 485, 490, 499, 500, 502
Helsinki City: S. 543
Huber (Bildagentur): S. 14, 177
Huber (Bildagentur) / Belenos PS: S. 1
Huber (Bildagentur) / Damm: S. 42
Huber (Bildagentur) / Gräfenhain: S. 183/280, 463
Huber (Bildagentur) / Römmelt: S. 398
Huber (Bildagentur) / Schmid: S. 2, 211
Hurtigruten: S. 226, 272
IFA-Bilderteam: S. 330
Interfoto: S. 72, 78, 80 82
Klüche: S. 189
laif: S. 594
laif / Arcticphoto/Bryan & Cherry Alexander: S. 171/260, 409
laif / Daams: S. 374
laif / Galli: S. 185, 274, 338, 493
laif / Heuer: S. 186/187, 190, 263
look / Dressler: S. 345, 508,
look / Gruene: S. 448
look / Hoffmann: S. 36
Lumilinna: S. 606
mauritius-images: S. 31, 170/247, 308, 487, 513, 593
mauritius-images / age fotostock: S. 12/13, 161, 168/169, 436
mauritius-images / Boerner: S. 436: S. 170/247, 308, 487,
mauritius-images / Credit Super Stock: S. 424
mauritius-images / Ekholm: S. 41
mauritius-images / Great shots: S. 384, 442
mauritius-images / Hardenberg: S. 328
mauritius-images / Magnusson: S. 10/445
mauritius-images / Nordic Photos: S. 425 rechts
mauritius-images / Schmidt-Luchs: S. 8
Nahm, Peter M.: S. 30, 176/418, 358, 417 u. links u. rechts, 425 links, 427, 441
Nokia: s. 13/38, 39
Nordis: S. 228, 311
Nowak, Christian: S. 106, 167, 294, 269, 325 u. links und rechts, 341, 354, 362, 364, 366, 367, 371, 380, 405, 425 unten, 451, 466, 482, 505, 506, 511
Picture-alliance / akg-images: S. 44, 87, 295 (2x)
Picture-alliance / dpa: S. 15/426, 27, 59, 402, 407, 453, 478, 434, 435 o. links, 435 unten
Picture-alliance / epa / Eriksen: S. 49
Picture-alliance / Reck: S. 496
Picture-Pool: S. 305
Randebrock, Silwen: S. 26, 56, 60, 71, 147, 149, 181, 533, 534, 541 (3x), 547, 565, 570, 608
Silja-Lines: s. 93
Strobel: S. 1
Szerelmy, Beate: S. 459, 470, 471 (3x)
Van de Perre, Erik: S. 8, 281, 297, 325 o.links
Wikingerschiffsmuseum Oslo: S. 45
ZEFA: S. 165

Titelbild: mauritius-images/ Nordic Photos

Umschlagklappe innen: HB-Verlag/Nowak

IMPRESSUM

Ausstattung:
267 Abbildungen, 54 Karten und grafische Darstellungen, eine große Reisekarte

Textbeiträge:
P. Almoslechner, Achim Bourmer, Dr. Helmut Eck, Astrid Feltes-Peter, Dr. Teppo Jokinen, Wolfgang Hassenpflug, Dr. Cornelia Hermanns, Johannes Holzleiter, Rasso Knoller, Helmut Linde, Christoph Merten, Hans Molter, Peter M. Nahm, Dr. Christian Nowak, Nordis Redaktion, Guido Pinkau, Silwen Randebrock, H.J. Schmidt, J. Schneider-Rapp, Arja Carstanjen Schroth, Dina Stahn, Werner Strasdat, Christine Wessely, Reinhard Zakrzewski

Bearbeitung:
Baedeker Redaktion (Dina Stahn)

Kartografie:
Franz Huber, München; Franz Kaiser, Sindelfingen; MAIRDUMONT/Falk Verlag, Ostfildern (Reisekarte); MAIRDUMONT, Ostfildern (Karte Umschlagseite)

3D-Illustrationen:
jangled nerves, Stuttgart

Gestalterisches Konzept:
independent Medien-Design, München (Kathrin Schemel)

Sprachführer in Zusammenarbeit mit Ernst Klett Sprachen GmbH, Stuttgart, Redaktion PONS Wörterbücher

Chefredaktion:
Rainer Eisenschmid
Baedeker Ostfildern

10. Auflage 2007
Völlig überarbeitet und neu gestaltet

Urheberschaft:
Karl Baedeker Verlag, Ostfildern

Nutzungsrecht:
MAIRDUMONT GmbH & Co KG; Ostfildern

Anzeigenvermarktung:
MAIRDUMONT MEDIA
Tel. 0049 711 4502 333
Fax 0049 711 4502 1012
media@mairdumont.com
http://media.mairdumont.com

Printed in China
Gedruckt auf 100% chlorfrei gebleichtem Papier

BAEDEKER VERLAGSPROGRAMM

- Ägypten
- Algarve
- Amsterdam
- Andalusien
- Athen
- Australien
- Bali
- Baltikum
- Barcelona
- Belgien
- Berlin
- Bodensee
- Brasilien
- Bretagne
- Brüssel
- Budapest
- Bulgarien
- Burgund
- Chicago • Große Seen
- China
- Costa Blanca
- Costa Brava
- Dänemark
- Deutsche Nordseeküste
- Deutschland
- Djerba • Südtunesien
- Dominikanische Republik
- Dresden
- Elba
- Elsass • Vogesen
- Finnland
- Florenz
- Florida
- Franken
- Frankfurt am Main
- Frankreich
- Fuerteventura
- Gardasee
- Gomera
- Gran Canaria
- Griechenland
- Griechische Inseln
- Großbritannien
- Hamburg
- Harz
- Hongkong
- Indien
- Irland
- Island
- Istanbul
- Istrien • Kvarner Bucht
- Italien
- Italien • Norden
- Italien • Süden
- Italienische Adria
- Italienische Riviera
- Japan
- Jordanien
- Kalifornien
- Kanada • Osten
- Kanada • Westen
- Kanalinseln
- Kenia
- Köln
- Kopenhagen
- Korfu • Ionische Inseln
- Korsika
- Kos
- Kreta
- Kroatische Adriaküste • Dalmatien
- Kuba
- La Palma
- Lanzarote
- Lissabon
- Loire
- Lombardei • Mailand • Oberitalienische Seen
- London
- Madeira
- Madrid
- Malaysia
- Malediven

- Mallorca
- Malta • Gozo • Comino
- Marokko
- Mecklenburg-Vorpommern
- Menorca
- Mexiko
- Moskau
- München
- Namibia
- Nepal
- Neuseeland
- New York
- Niederlande
- Norwegen
- Oberbayern
- Österreich
- Paris
- Peking
- Piemont
- Polen
- Portugal
- Prag
- Provence • Côte d'Azur
- Rhodos
- Rom
- Rügen • Hiddensee
- Sachsen
- Salzburger Land
- St. Petersburg
- Sardinien
- Schottland
- Schwäbische Alb
- Schwarzwald
- Schweden
- Schweiz
- Sizilien
- Skandinavien
- Slowenien
- Spanien
- Sri Lanka
- Stuttgart
- Südafrika
- Südengland
- Südtirol • Dolomiten
- Sylt
- Syrien
- Teneriffa
- Tessin
- Thailand
- Toskana
- Tschechien
- Tunesien
- Türkei
- Türkische Mittelmeerküste
- Umbrien
- Ungarn
- Usedom
- USA
- USA • Nordosten
- USA • Südstaaten
- USA • Südwesten
- Venedig
- Vietnam
- Washington DC • Capital Region
- Weimar
- Wien
- Zypern

LIEBE LESERINNEN, LIEBE LESER,

ein herzliches Dankeschön, dass Sie sich für einen Baedeker Allianz Reiseführer entschieden haben. Er wird Sie zuverlässig auf Ihrer Reise begleiten und Sie nicht im Stich lassen.
Natürlich beschreibt er die wichtigen Sehenswürdigkeiten, aber er empfiehlt auch interessante Veranstaltungen, nennt Hotels für den großen und kleinen Geldbeutel, gibt Tipps für Restaurants, Shopping und für vieles mehr, was eine Reise zum Erlebnis macht. Dafür haben die Autoren und die Redaktion Sorge getragen. Sie sind für Sie regelmäßig nach Skandinavien gereist und haben all ihre Erfahrungen und Kenntnisse in diesen Reiseführer gepackt.

Trotzdem: Die Erfahrung zeigt, dass Fehler und Änderungen nach Drucklegung, für die der Verlag keine Haftung übernehmen kann, nicht ausgeschlossen werden können. Für Kritik, Berichtigungen und Verbesserungsvorschläge sind wir Ihnen außerordentlich dankbar. Schreiben Sie uns, mailen Sie uns oder rufen Sie an:

► **Verlag Karl Baedeker GmbH**
Redaktion
Postfach 3162
D-73751 Ostfildern
Tel. (0711) 4502-262, Fax -343
E-Mail: info@baedeker.com

Besuchen Sie uns auch im Internet unter www. baedeker.com. Hier finden Sie jeden Monat den aktuellen Reisetipp der Redaktion und das gesamte Verlagsprogramm. Hier können Sie auch lesen, wer Karl Baedeker war und wie er seinen ersten Reiseführer geschrieben hat. Mit seinen über 175 Jahren ist der Karl Baedeker Verlag der älteste Reiseführer-Verlag der Welt.

www.baedeker.com

ZU GEWINNEN: STADTREISE NACH LONDON

Unter allen Einsendungen verlost der Verlag am Jahresende – unter Ausschluss des Rechtswegs – eine Städtekurzreise für zwei Personen nach London.
Freuen Sie sich auf ein spannendes Wochenende in London. Natürlich ist ein Baedeker Allianz Reiseführer London auch dabei!